国家社科基金重大项目　批准号：2015MZD035
2015年度马克思主义理论研究和建设工程重大项目

深化收入分配制度改革研究

贾康　等著

企业管理出版社

图书在版编目（CIP）数据

深化收入分配制度改革研究 / 贾康等著. -- 北京：
企业管理出版社, 2018.7

ISBN 978-7-5164-1710-2

Ⅰ.①深… Ⅱ.①贾… Ⅲ.①收入分配—分配制度—
经济体制改革—研究—中国 Ⅳ.①F124.7

中国版本图书馆CIP数据核字（2018）第089428号

书　　名：	深化收入分配制度改革研究
作　　者：	贾康　等
责任编辑：	聂无逸
书　　号：	ISBN 978-7-5164-1710-2
出版发行：	企业管理出版社
地　　址：	北京市海淀区紫竹院南路17号　邮编：100048
网　　址：	http://www.emph.cn
电　　话：	编辑部（010）68701891　发行部（010）68701816
电子信箱：	niewuyi88@sina.com
印　　刷：	北京宝昌彩色印刷有限公司
经　　销：	新华书店
规　　格：	710毫米×1000毫米　16开本　45.75印张　670千字
版　　次：	2018年7月第1版　2018年7月第1次印刷
定　　价：	148.00元

版权所有　翻印必究·印装错误　负责调换

目 录

第一篇　总报告

第一章　导 论　003
第二章　马克思主义经典作家关于收入分配的理论要点　007
第三章　国民收入初次分配分析及优化建议　013
第四章　国民收入再分配基本分析与对策建议　025
第五章　国民收入第三次分配分析及优化建议　044
第六章　国际视角与哲理延伸：收入分配理论与实际
　　　　结合的概略考察及对中国的启示　058
第七章　中国收入分配格局基本认知和代表性问题分析　071
第八章　优化收入分配的激励——约束认知框架、基本思路、原则与建议　107

第二篇 分报告

分报告一	财政均富是共同富裕的重要调节机制	135
分报告二	雇员薪酬与收入分配	161
分报告三	收入分配国际比较研究	216
分报告四	中等收入发展阶段的收入分配研究	271
分报告五	基于优化收入分配格局视角的中国税制改革大思路与制度设计	330
分报告六	预算框架下收入分配制度改革的政策优化与绩效创新	399
分报告七	收入分配制度改革视角下推进基本公共服务均等化的思路与政策研究	436
分报告八	我国国有企业收入分配制度改革探索	470
分报告九	涉农收入分配制度改革	500
分报告十	我国科研创新激励视角下的收入分配优化	527
分报告十一	中小微金融视角下的收入分配与相关机制优化	617
分报告十二	住房保障、房地产市场发展与收入分配制度改革研究	654
附录	国民收入分配两种效应的理论推导及现有观点分歧的兼容性分析	716

第一篇

总报告

本书总报告写作分工

	章节	
1	第一章　导论	贾　康　程　瑜
2	第二章　马克思主义经典作家关于收入分配的理论要点	韩晓明　贾　康
3	第三章　国民收入初次分配分析及优化建议	韩晓明
4	第四章　国民收入再分配基本分析与对策建议	于长革　程　瑜
5	第五章　国民收入第三次分配分析及优化建议	于长革　苏京春
6	第六章　国际视角与哲理延伸：收入分配理论与实际结合的概略考察及对中国的启示	苏京春　贾　康
7	第七章　中国收入分配格局基本认知和代表性问题分析	贾　康
8	第八章　优化收入分配的激励——约束认知框架、基本思路、原则与建议	贾　康　程　瑜　于长革
	总纂	贾　康

第一章　导　论

马克思主义政治经济学的原理，在揭示社会再生产基本规律的层面，阐发了人类社会物质资料再生产与生产关系再生产的内在关联，刻画了其运行过程中生产、分配、交换、消费四大环节的依次继起、互动和周而复始的循环。根据历史唯物主义原理，在肯定生产的关键意义和根本性决定作用的同时，也以辩证唯物主义的思维逻辑深刻地指出了分配、交换和消费对生产的能动的反作用。

在物质资料生产的总过程中，分配、交换和消费不只是消极地被生产所决定，而且还对生产起着重要的反作用。分配对生产的反作用表现在产品分配得是否合理，会加速或阻碍生产的发展；交换对生产的反作用表现在产品交换的快与慢，对生产的发展起着促进或阻碍作用；消费对生产的反作用表现在：第一，消费是生产的最终目的；第二，消费使产品的生产行为才算真正完成，使产品成为真正意义上的产品；第三，消费作为原生动力引导生产的发展；第四，消费为再生产创造出劳动力。

党的十八大报告指出，"实现发展成果由人民共享，必须深化收入分配制度改革"，这是解决好人民最关心的利益问题、提高人民物质文化生活水平的一个重大的、足以影响全局的基础性制度建设。党的十九大报告做出重要的新判断："中国特色社会主义进入新时代，我国社会主要矛盾已经转化为人民日益增长的美好生活需要和不平衡不充分的发展之间的矛盾。"要求在提高人民收入和共同富裕导向下，坚持在经济增长的同时，实现居民收入同步增长，在劳动生产率提高的同时，实现劳动报酬同步提高，扩大中等收入群体，履行好政府再分配调节职能，加快推进基本公共服务均等化，缩小收入分配差距。这些重要指导精神的贯彻落实，与深化收入分配制度改革息息相关。改革开放以来，我国收入分配制度改革逐步推进，按劳分配为主体、多种分配方式并存的分配制度框架基本确立，以税收、社会保障、转移支付为主要手段的再分配调节机制框架初步形成，配合和促进了社会主义市场经济体制的建立和国民经济发展、人民生活水平显著提高。同时，也要看到收入分配领域仍存在不少亟待解决的突出问题，城乡区域发展差距和居民收入分配差距依然较大，收入分配秩序不规范，隐性（灰色）收入、非法（黑色）收入问题不容忽视，部分底层群众生活比较困难，"收入分配不公"成为颇多社会成员的焦虑，与宏观收入分配格局和社会成员获得感、幸福感相关的一系列基础性制度建设的改革任务难度很大，推进迟缓。这些问题的存在，关联于我国转轨与发展全局的"矛盾凸显、隐患叠加"，迫切需要我们加强深化收入分配制度改革研究，以求形成合理思路和全套要领设计，有效地优化收入分配机制与结构，促进经济发展方式转变，维护社会公平正义与和谐稳定，实现发展成果由人民共享，为全面建成小康社会和实现伟大民族复兴的现代化"中国梦"奠定扎实基础。

关于收入分配及其制度安排的研究，也是社会科学和经济学领域持续的热点。在马克思、恩格斯的论著中，关于"社会扣除"与社会保障的理论（《哥达纲领批判》）和运用累进税实施调节的主张（《共产党宣言》）都包含了深刻的人文内容与学术内涵。在国外研究成果中，库兹涅兹的"倒U曲线"基于实证考察形成的收入分配差距演变趋势的认识形成了广泛的影响；近年皮凯蒂的《21世纪资本论》关于资本收益增长率长期视界内高于劳动收入增长率而导致收入分配两极分化的分析认识，又带来了全球性的关于收入分配及相关问题的热议与观点交锋。

中国进入改革开放新时期的经济社会转轨中，邓小平很早就高瞻远瞩地提出了允许一部分人、一部分地区先富起来，最终实现共同富裕的全局性、战略性思路，尤其在邓小平晚年，更是把共同富裕问题提高到改革发展成功与否的高度加以强调，具有长久深远的启示与警醒、指导意义。针对现实生活中收入分配、财产配置格局的变化和社会生活中伴随"矛盾凸显"的高度关注和不满，不少学者从学术研究角度探讨了相关的一些重大问题，如白重恩等关于国家、企业、个人三者分配比重的深度考察分析；李实、赵人伟等关于收入分配的一系列数据分析和政策考评；王小鲁关于中国居民灰色、黑色收入的测算；贾康、华生、蔡昉、徐滇庆、卢迈等牵头组织课题研究，系列文章或专著写作形成的多视角分析认识和政策主张等。

在指出中国学者的研究取得值得肯定的成果的同时，还有必要指出在收入分配重大认识判断上的不到位与紊乱：在社会上同时存在两种都堪称主流的认识判断，一种是认为收入分配格局中政府、企业所得的部分明显偏高了，换句话说，居民所得份额是明显偏低的。这种认识多年来多次被人们强调，白重恩教授等对具体数据也有细致考察，大概念是居民收入份额十余年间下降了约 10 个百分点，消费率明显偏低——当然，这种认识还会与社会成员进入中等收入阶段后社会上新的不满情绪联系在一起，因此很多人就提出，扩大内需的同时要努力地增加居民收入占比，使消费成为以后主要的动力源，或者说，将来要从投资推动转到消费为主推动的新状态上去，但与这个观点有关的何为优化量值的依据，在讨论中几乎看不到。还有一种认识是有学者做了自己的研究论证和几轮测算之后提出的，中国收入分配存在灰色、黑色收入规模巨大的特征（虽然官方统计上并不提供数据），这些灰色、黑色收入是被社会的一部分成员掌握的：根据代表性研究者王小鲁教授最新一轮测算结果认为，我国现在整个 GDP 里面，实际上有 6 万多亿元的部分是灰色、黑色收入。

由此可引出一个判断：如果认可存在后一观点涉及的约 6 万亿元的居民隐性收入，那么前一观点提到的那个主流认识便不成立：因为中国当时（2014 年前后）的 GDP 是在 60 万亿元左右，如果有相当于 10 个百分点以上部分实际上是未统计的个人所得，那么前面所指责的偏低的居民收入份额就要加上这个 10 个百分点或其中的很大一部分，变成了至少接近 50% 或 50% 以上，变得可接受了。所以要问，这两个都带有主流特征、广泛被人们认同的认识，到底哪个对？现在还没有看到任何一个学者在这方面正式做出回应。我们并不认为学术界可以迅速在这方面取得共识，但两个相互矛盾、如同冰炭难容一器的认识，却在社会上同时得到了广泛的认同，这非常值得我们思考：真正的问题在哪里？现在尚未有研究者可以很确切无疑地把前面所提到的收入格局的量值说清楚，到底中国政府、企业、居民三者收入份额和真实的投资率、消费率是怎样的数量值（这样的研究工作当然很有价值，本项研究的努力及其引出的初步认识将在后文展开——但可以想见，即使有了一些特定研究结论，也还会争论不休），我们应当更深刻地切入中国收入分配中居民收入的内部结构问题，就是在看到通盘收入分配的情况之下，在对政府、企业、居民三者比重和投资、消费两大块加以考虑之外，需要进一步探讨，是不是我们居民内部收入分配的差距过大、规则紊乱、激励偏差、不公正和巨量隐匿等问题，在严重地影响着中国的现代化提升进程。我们认为这才是问题的关键，或者说是研究者应该更加注重的中国收入分配的关键性真问题之所在。

收入差距大，已有关于基尼系数的统计测算结果证明（官方给出的数据是 2009 年为 0.49，2014 年降为 0.469，2016 年则进一步微降为 0.465，仍属明显偏高状态）。更为关键的是，这种收入差距在与财产配置如影随形互动的同时，在很大程度上包含了种种不公正的机制、不合理的规则、不到位的制度问题。因此，有效推进制度化的公平正义、反腐倡廉和着力实施再分配制度机制的优化建设（如逐步提高直接税比重，合理构建收入分配规则与秩序），确立符合科研创新规律的科研、技术开发激励机制等，就成为我们建设现代化国家所必须经受的历史性考验。

本课题研究运用马克思主义基本原理，并基于已有的多项中外具积极意义的社会科学研究成果，紧密结合中国实际，分析和力求洞悉中国收入分配的真问题，同时努力全面、深入、系统地认识和把握收入分配的整个流程和相关的各个主要因素，特别是相关要素对初次分配、再分配和第三次分配进行力求透彻的考察，并借鉴福利国家的经验与教训，结合中国问题导向对代表性案例做出深刻剖析和总体性的基本诊断，在深入剖析问题之后"对症下药"而"综合施治"地提出中国深化收入分配制度改革、优化收入分配机制和结构的基本思路、原则和体系化政策主张。

本课题研究团队的追求，是我们的研究成果将具有全球视野下聚焦中国"问题导向"而"理论密切联系实际"的独到学术价值，有关制度建设、机制转变和政策优化的重要应用价值，和助益中国实现从人本主义立场出发的现代化"伟大民族复兴"目标的社会意义。课题的最终成果，包括本篇总报告及十三份分报告。

第二章 马克思主义经典作家关于收入分配的理论要点

一、马克思关于社会再生产四环节的理论，及消费需求与分配状况的内在关联

马克思在《〈政治经济学批判〉导言》中阐述了单个资本再生产的四个环节：生产、分配、交换、消费，强调了生产的决定作用，分配与交换的反作用与中介作用，以及消费的最终极的意义。[①] 马克思有关资本循环及其实现理论从这四个基本环节入手，揭示了商品经济社会自我发展的内在机制，以及社会财富实现增殖的方式。资本循环与市场机制中的价格机制、供求机制、竞争机制相互配合，共同发挥作用，构成了市场经济运行的基本理论框架。

在资本循环过程中，有两个关键点：其一是在生产资本阶段，资本通过吸收剩余劳动而使自身发生增殖；其二是在商品售卖阶段，商品资本转化为货币资本。假如商品卖不掉，资本循环就无法回到原来的出发点，资本的再生产过程就会中断，所以马克思把这一阶段称为"惊险的跳跃"。在市场经济中，商品的销售能否实现主要取决于两方面的因素：一是商品自身的售价和质量；二是社会的总体需求能力，而社会的总体需求能力又和社会财富的分配有密切的联系，因此，社会管理主体的经济政策对于社会资本的循环、周转、运动会产生重要影响。

同时，资本的循环周转是否顺利也直接关系到经济社会的可持续发展能力。

---

① 选自《马克思恩格斯全集》第12卷，人民出版社，第733—762页。

根据马克思的消费理论，满足社会消费能力中的资本增值是资本运动的根本动力，它决定了经济社会的可持续发展能力。结合西方经济学的相关理论，富人的边际消费倾向较低，穷人的边际消费倾向较高，如果社会财富的分配倾向于富人，那么增加消费的空间就是比较有限的，整个社会的消费能力不会有很大的提高，消费对于经济增长的拉动作用就会减弱。

当前，中国经济发展中出现的贫富差距扩大及其中的紊乱与不公，影响了经济发展的均衡性及可持续性，对以经济内生动力机制实现"惊险的跳跃"也产生不利的制约。中国的贫富差距主要表现为地区差距、城乡差距、行业差距、行业内部差距等，这些情况一方面说明生产力的分布不均和要素流动的不充分导致了收入差距拉大，另一方面说明收入差距拉大导致了货币边际效用递减，影响整体购买力水平的提高。

因此，加大收入分配优化调节力度，提升其公正性、规范性，努力实现居民收入增长与经济发展同步，劳动报酬的增长与劳动生产率的提高同步，并使低收入者收入适当增加，中低收入群体持续扩大，贫困人口显著减少，人民生活水平不断提高，是使发展成果惠及全体人民和加快转变经济发展方式的有效途径，具有全局意义和战略意义。

二、马克思社会再生产理论揭示的"按比例"规律

马克思社会再生产理论是马克思主义政治经济学极为重要的组成部分，揭示了为保证社会再生产顺利进行，社会生产两大部类之间、各部类的不变资本、可变资本与剩余价值的配置之间，必须保持适当比例关系的基本经济规律。[①] 根据马克思社会再生产理论，可知国民经济中各产业互相促进、协同发展，不能相互割裂，三个产业中，由于第三产业提供的服务，使第一、第二产业的资本循环周转得以顺畅，从而提高了资本的利用效率，支持了社会财富的增值。这也就是从产

[①] 见《马克思恩格斯全集》第 24 卷（《资本论》第二卷第三篇），人民出版社，第 435—550 页、第 551—592 页。

业结构的比例及未来发展变化的趋势上，阐明了生产结构及供给结构的变动，是回应需求及其结构的变化，从而，才能从整体上完成社会产品实现过程中的"惊险的跳跃"。

马克思指出，社会再生产是生产消费和生活消费的统一，这个过程既包括生产消费（直接的生产过程）和作为其媒介的形式转化（从物质方面考察，就是交换），也包含个人消费和作为其媒介的形式转化也即交换。社会再生产实现的核心问题在于实现物质的与价值的两个补偿，归根结底就是"合乎比例"问题。社会总产品的价值补偿和物质补偿，表现在市场上，是要求所有生产部门的产品要卖得出去，即通过卖掉产品收回价值，实现价值补偿；还要买得进来，即通过购买，把已消耗掉的各种物质资料买回来，实现物质补偿。由于供给结构具有一定程度的刚性，结构调整往往相对滞后，使得现有生产体系不能充分提供有效供给，这是造成供求间结构性矛盾的根本原因。因此，必须推进供给侧结构性改革，动态地实现经济总量和结构的均衡。

近年来，在中国市场配置资源能力逐渐增强的转轨过程中，发生了分配格局的变异，除了城乡差距显著以外，还有城乡内部差距拉大的问题与不同行业间贫富差距长期扩大的趋势。收入的两极分化，形成了有消费能力无消费需求和有消费需求无消费能力两个阶层，使经济运行矛盾加剧。以理论与实际相结合，显然政府宏观调控中需要运用收入政策优化收入的分配与再分配，提高城乡低收入者的收入，使他们潜在的消费意愿转化为现实的消费需求，强化内需与经济发展的动力机制。

三、马克思的社会扣除理论

马克思在《哥达纲领批判》[1]中，提出了社会总产品分配所应遵循的顺序及其分配原则，即社会总产品对社会成员进行分配时，必须根据社会再生产和社会公共消费的需要，依次进行一系列扣除，这就是著名的"社会扣除理论"。具体的扣除包括：第一，用来补偿消费掉的生产资料的部分；第二，用来扩大再生产的

---

[1] 见《马克思恩格斯全集》第19卷，人民出版社，第11—35页。

追加部分；第三，用来应付不幸事故、自然灾害等的后备基金或保险金。……剩下的总产品中的其他部分用来作为消费资料。在把这部分进行个人分配之前，还得从里面扣除：第一，和生产没有直接关系的一般管理费用，和现代社会比起来，这一部分将会立即极为显著地缩减，并将随着新社会的发展而日益减少；第二，用来满足共同需要的部分（如学校、保健设施等），和现代社会比起来，这一部分将会立即显著增加，并将随着新社会的发展而日益增加；第三，为丧失劳动能力的人等设立的基金，总之，就是属于所谓官办济贫事业的部分。

马克思关于社会总产品分配的上述扣除理论，指明了社会总产品分配的顺序和原则，并阐述了社会总产品分配的内部结构，覆盖了初次分配和再分配，要求在社会总产品分配中，对满足社会再生产的需要与保证社会共同消费的需要形成适当的协调，这是整个社会经济进步和发展不可或缺的重要条件。上述"六项扣除"的每一项，都和政府政策与财政分配相关，特别是其中用于教育的部分、用于后备和保险的部分、用于弱势群体社会保障的部分、用于社会管理的部分等，需与其他相关政策和机制构成系统工程的优化状态。

四、马克思恩格斯的社会保障理论

社会保障是化解国民生活后顾之忧和调节国民收入分配，决定国家长治久安的制度安排。马克思、恩格斯并未提出过社会保障的概念，他们的社会保障相关思想贯穿于其对资本主义生产方式的解剖之中。马克思对社会保障的必要性表示认可，同时指出资本主义的社会保障措施不过是资本家维护其自身利益的工具，其根本目的是更多地榨取工人阶级的剩余价值，实现剥削最大化，以获取更多的利益。在资本主义制度下，工人阶级得到的社会保障基金表面上看是资本家提供的，实质上来源于工人阶级创造的剩余价值，因此，其本质上带有欺骗性和虚伪性。

马克思主义经典作家也从社会再生产和人类社会发展一般规律的角度论述了建立社会保障的必要性。社会保障制度产生于工业化代表的社会化大生产的进程中，是抵御相关社会风险的重要手段之一。马克思在著名的社会扣除理论中指出，在把社会总产品进行个人分配之前，还得从里面扣除包括学校等满足社会公共需要的设施，以及用来保障社会弱势群体的专门基金等。[1]恩格斯也在《反杜林论》中着重强调社会保障基金对未来社会的稳定发展、政治安定、国民教育的重要作用，指出社会保障基金应在社会主义社会保障制度的建立中发挥应有的作用。[2]

马克思认为，国家是社会保障的责任主体，恩格斯对此作了进一步阐述，提出以公有制为基础的新社会要求以国家化的形式来推进和实施工人的保险事业，国家当局是保证社会保障制度贯彻实施的最终主体，在未来社会必须由国家或由国家通过立法和行政权威等措施来实施，只有这样才能实现社会保障制度的公平与效率。[3]

马克思指出，社会公平是社会主义社会保障的价值取向，真正的公平并不是以同样的标准来对待每一个人，而是对每一个人的不同需求都给予同等的关注。[4]马克思的公平观是以劳动为基础的，劳动是每一个劳动者都拥有的最基本的权利，是生产环节的公平。社会保障是以保障社会公平为目标的再分配领域的公平，是在分配环节对公平的最后保障。

五、马克思的相对贫困理论

马克思指出，无产阶级或工人阶级可以从增长的社会财富中分一杯羹，在经济繁荣时期扩展其享受范围，这是马克思中后期的著作如《1857—1858年经济学手稿》《工资、价格和利润》（1865年）中所阐述的工资理论。

马克思理论阐述中，强调无产阶级或工人阶级的相对贫困。相对贫困主要体现在两点：一是工人所得在社会总收入中所占的比例较之前更小；二是相对于被资本主义生产所激发出来的新需求而言，工资的匮乏——也就是说，工人的实际

---

[1] 见《马克思恩格斯全集》（第19卷），人民出版社，第20—21页。
[2] 见《马克思恩格斯全集》（第3卷），人民出版社，第538页。
[3] 见《马克思恩格斯全集》（第5卷），人民出版社，第4—5页。见《马克思恩格斯全集》（第22卷），人民出版社，第277页。
[4] 见《马克思恩格斯全集》（第19卷），人民出版社，第20—21页。

工资也许的确是增加了，但这并不妨碍工人仍然陷于相对的贫困（实指收入分配中的差距扩大）之中。马克思在《资本论》中说，不管工人的报酬高低如何，工人的状况必然随着资本的积累而日趋恶化，所反映的就是工人阶级的相对贫困。相对贫困所必然带来的是相对社会地位的下降，正如马克思在《工资、价格和利润》中所指出的，虽然工人生活的绝对水平依然照旧，但他的相对工资以及他的相对社会地位，也就是与资本家相比较的地位却会下降。这意味着虽然生活条件比过去好了，但活得却更没尊严了。虽然马、恩身后社会实际生活中社会福利制度的发展淡化了与此相关的矛盾，但马克思的分配思路仍可对我们深化认识收入分配等问题带来重要的启发。

六、关于征收高额累进税、遗产税的思路和政策主张

根据马克思主义理论，为顺应生产力和生产关系的发展，首先，无产阶级革命将建立民主的国家制度，从而建立起无产阶级的政治统治。然后，无产阶级要利用自己的政治统治实施各种措施来限制乃至消灭私有制，恩格斯曾列举了12条最主要的措施，包括用征收高额累进税、高额遗产税，对全体社会成员实行同样的义务劳动制，取消一切私人银行等。马、恩与此有关的思路、设想和建议，在《共产党宣言》[①]第二章中有明确的意见表述，对于收入分配调节机制优化有重要的启示。

[①] 见《马克思恩格斯全集》（第4卷），人民出版社，第461—504页。

第三章　国民收入初次分配分析及优化建议

一、初次分配格局：理论与现状

国民收入分配过程分为两个阶段：初次分配阶段和再分配阶段。在初次分配阶段，企业作为市场主体创造社会财富，基于"效率原则"将财富以劳动报酬和生产税的形式分配到居民部门和政府部门，市场机制和市场规则在这一阶段发挥核心作用，资源有效配置和保证市场效率是该阶段的基础条件，建立有序、公平、竞争充分的市场，是保证初次分配阶段国民收入分配按要素合理分配的关键。

收入初次分配阶段主要体现企业部门与居民部门的关系，政府部门也参与其内；再分配阶段政府的作用更为突出，主要体现政府部门和企业部门、政府部门与居民部门的关系。

（一）企业部门与居民部门的关系分析

1. 劳动生产率与劳动报酬的关系

劳动生产率是衡量经济产出的能力和效率。理论上，劳动生产率与劳动报酬的同步增长有利于维持合理的劳动力再生产投入，实现劳动生产率与劳动报酬相互促进的良性循环。劳动生产率增速过高于劳动者的收入增速，会导致居民收入增长滞后于经济发展，劳动力再生产投入不足而伤害劳动者的"获得感"与社会和谐，反之，劳动生产率增速过低于劳动者的收入增速，则导致经济发展丧失"后劲"，劳动者收入增长也失去可持续性。因此，保持两者的合理关系十分重要。从根本上讲，劳动生产率的提升，意味着单位劳动投入创造出更多的经济产出，使劳动者提高报酬成为可能，对于促进经济增长和提高劳动者收入具有基础性意义。

数据表明，20世纪90年代到2009年，我国劳动生产率年均增速高于劳动者年均实际工资水平增速，形成"剪刀差"。[①] 从2009年开始，受到劳动力结构性短缺、劳动力成本上升等因素的影响，劳动生产率和人均劳动报酬的增长出现了交替上升的情况，"剪刀差"现象得到缓解，劳动生产率增长低于人均劳动报酬增长的现象开始出现，劳动生产率和人均劳动报酬增长关系趋于不明朗（表1、图1）。

表1 2000—2013年度劳动生产率、人均劳动报酬及其增长情况

年份/年	劳动生产率（元/人）	劳动生产率增速/%	人均劳动报酬（元/人）	人均劳动报酬增速/%
2000	13 841.48	—	7 247.40	—
2001	15 147.66	9.44	7 902.77	9.04
2002	16 512.28	9.01	8 802.06	11.38
2003	18 520.75	12.16	9 728.73	10.53
2004	21 640.96	16.85	10 900.40	12.04
2005	24 903.32	15.07	12 478.46	14.48
2006	29 029.40	16.57	14 186.69	13.69
2007	35 583.62	22.58	16 983.17	19.71
2008	41 918.33	17.80	19 918.44	17.28
2009	45 580.68	8.74	22 017.98	10.54
2010	53 728.80	17.88	25 079.75	13.91
2011	63 350.37	17.91	29 105.45	16.05
2012	69 634.31	9.92	33 448.57	14.92
2013	76 388.90	9.70	—	—

数据来源：国家统计局网站 http://data.stats.gov.cn。

[①] 参见罗知、赵奇伟：《为什么中国高投资与低劳动收入占比并存？——劳动生产率与工资增速差距的视角》，《世界经济文汇》2013年第6期。

第三章 国民收入初次分配分析及优化建议

(%)

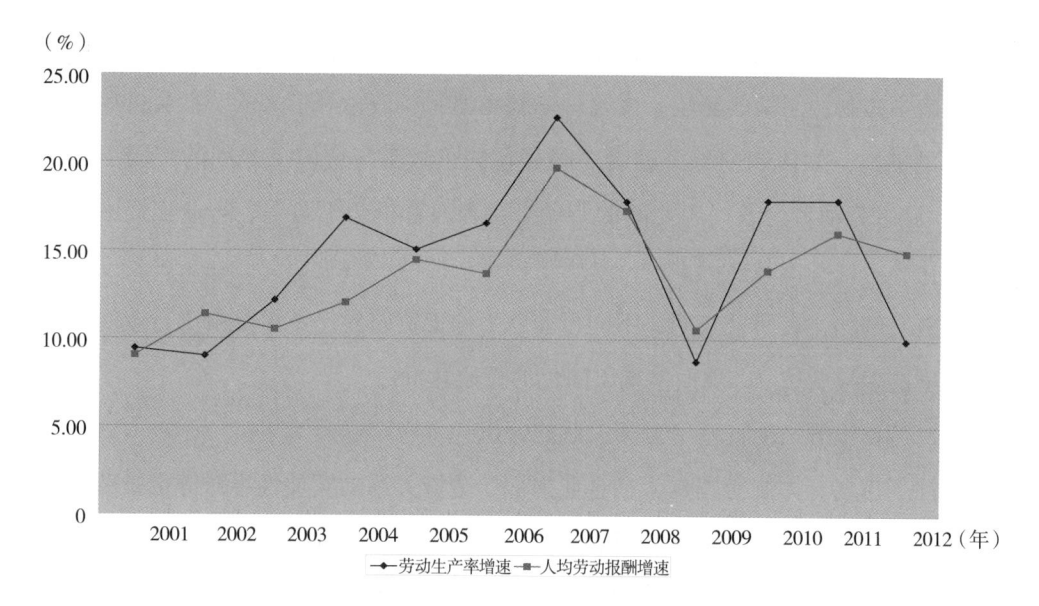

图 1　2001—2012 年度劳动生产率年增速与人均报酬年增速的对比

劳动生产率与劳动报酬是相互促进的。从长期看，提高劳动生产率是实现劳动报酬持续提高的基本条件，但在短期内，工资收入的上涨也可以使企业施行要素替代、形成企业创新技术的"倒逼机制"。改革开放后，我国企业基于劳动力低成本的比较优势参与开放条件下的国际竞争，表现出超常规增长特征，实现了经济起飞，但进入中等收入阶段后，简单地延续这种竞争已不利于我国经济结构的转型升级，达到刘易斯拐点后的"涨工资"，可以通过更加公平合理地增加劳动者报酬收入，对资源浪费型、环境污染型的企业形成"挤出效应"，促进企业主动创新，积极发掘供给侧其他要素的潜力进行产业转型升级，进而形成劳动生产率提高和劳动者报酬收入增加相互促进的良性循环机制。经济新常态下，随着经济增速放缓、劳动力数量增速下降、劳动力成本上升等趋势出现，提高劳动生产率成为实现可持续劳动报酬提高的基本前提条件。

2. 劳动报酬失衡：基于市场、体制的分析

近年来，我国收入分配中劳动报酬（雇员薪酬）差距的扩大集中表现为地区差距、行业差距和城乡差距。判断这些差距的存在合理与否，需要进行具体的分析。

市场作为要素配置的机制，效率是首要的标杆。但从中国的现实情况看，市

场机制的作用并不纯粹和充分，除了市场本身发育不足、不够完善的影响，还掺杂了诸多体制性因素的影响，由管理体制和编制、户籍等带来的"社会排斥"现象屡见不鲜，如体制内外劳动者之间存在的正式工与合同工之间的"同工不同酬"、城市劳动者与农民工之间的劳动机会和教育机会不对等、行业工资水平相对固化等。这些体制性因素使得基于市场进行的劳动力资源配置在某种程度上功能失效，例如，有研究表明，不同行业职工的工资差异已不再是由于行业间劳动生产率的差异所致[1]，反而呈现出固化的行业性特色。[2]

3. 劳动报酬失衡：基于劳资关系的分析

除了市场、体制等因素，在企业内部，劳资关系的实质性不对等也是劳动报酬失衡、收入分配差距拉大的原因。目前劳方和资方的力量对比往往严重失衡，劳动者在工资和福利谈判中的话语权偏低，工会与资方的规范化谈判机制远未成型，同时劳动法又面临以"无固定期限劳动合同"等规制降低劳动力市场弹性和激励机制作用的问题，导致一方面劳动者报酬往往无法随企业效益增长而同步提高，而另一方面劳动激励、"艰苦奋斗"的机制与意识又往往明显不足。

从国际经验看，建立高效、公平的工资调整机制，主要依靠政府、企业、劳动者三方进行工资集体协商。目前我国的三方协商工资调整机制还在探索阶段，过去三方中的劳动者易处于实质性弱势，缺乏话语权，而近几年，随着劳动力资源逐渐转向结构性短缺，劳动者地位有所改善，这为形成新的劳资关系提供了契机。

（二）政府部门与企业部门的关系分析

1. 政府补贴的异化与失衡：政府的补贴政策与收入分配的矛盾

虽然理论上，政府对企业的财政补贴是运用财政支出手段实施的再分配，但却是作用于初次分配领域的重要变量。财政补贴显然与市场竞争的机制是相违背的，政府补贴介入意味着使市场机制发生扭曲而无法正常运作，但作为一种政策

---

[1] 周君（2009）的研究表明，劳动密集型行业工资对劳动生产率的推动力要高于知识密集型行业，建筑业和高科技产业无论是工资对劳动生产率还是劳动生产率对工资的影响值都不大，生产率差异不是构成行业间收入差距（或劳动力成本差异）的主要原因。见周君：《行业收入差距：从劳动生产率的角度分析——以高新技术产业和建筑业为例》，《生产力研究》，2009年第14期。

[2] 数据表明，近年来，工资收入最高的金融业一直是最低的农、林、牧、渔业的4~5倍。

经济杠杆式引导手段，政府补贴可以用来实现多重政策目标，如支持高新技术、稳定市场价格和引导产业升级等，如能合理运用，有利于经济社会的整体发展。从目前中国的情况看，政府补贴的使用比较容易偏离政策制定的初衷，实际上成为抑制创新、补贴资方的政策工具，甚至沦为权力寻租的工具。从公开披露的信息看，中国的上市公司获得政府补贴的情况具有普遍性和广泛性，而且，地方政府对亏损上市公司的补贴比例逐年上升，金额不断增加，其中有很大一部分公司是连续数年获得补贴，反映出政府补贴在存在明显的针对性的同时所存在的资金效率低下现象（表2、表3）。这表明，政府补助作为政府产业政策的一个重要实现途径，如何充分发挥预期作用还存在诸多问题，特别是地方政府运用财政资金支持本地上市公司所发挥的负面作用，可能已经导致了市场机制的严重失效，并且由此而直接影响收入分配在企业间、劳资间的公平。

表2 2010—2013年度上市公司获得政府补贴基本情况一览表

指标	2010年	2011年	2012年	2013年
A部分	—	—	—	—
每年获政府补贴公司数	2 183	2 282	2 371	2 437
其中：亏损公司数	169	219	358	370
年度亏损公司比例（%）	7.74	9.60	15.10	15.18
年度补贴总额（亿元）	523.76	708.61	883.09	1 030.11
年度平均补贴额（万元）	2 399.27	3 105.21	3 724.55	4 226.96
B部分	—	—	—	—
4年均获补贴公司数	2 068	2 068	2 068	2 068
其中：亏损公司数	155	203	336	349
4年均获补贴公司补贴总额（亿元）	508.15	638.53	801.43	788.20
4年均获补贴公司补贴总额占比（%）	97.02	90.11	90.75	76.52
4年均获补贴公司年度平均补贴额（万元）	4 912.01	6 172.38	7 747.00	7 619.00
4年均获补贴公司年度平均补贴额/全部公司年度平均补贴额（倍）	2.05	1.99	2.08	1.80

数据来源：wind资讯。

表3 2010—2013年度连续获得政府补贴上市公司亏损情况表

指标	
4年均获补贴公司数（个）	2 068
其中：亏损4年公司数（个）	37
亏损3年公司数（个）	79
亏损2年公司数（个）	153
亏损2年及以上合计（个）	269
亏损2年及以上公司占比（%）	13.01

数据来源：wind资讯。

除了对上市公司的补贴，政府还通过多种方式鼓励和支持资方，包括免税、土地零地价、雇佣劳动力等，反映出财政资金向资本的倾斜，其结果是，一方面，劳动者在劳资关系中的地位进一步弱化；另一方面，政府财政资金用于民生的比重相应下降。

2. 企业所有制差别与用资成本等对收入分配的影响

在市场经济条件下，企业作为市场主体，寻求在竞争中的生存与发展是其根本的规定性。但在我国，国有企业的垄断性等特点导致了企业的超额利润、职工的高薪酬与显著的内部收入差距：一方面，国有企业的整体报酬高于其他企业；另一方面，在国企内部，管理者与普通员工（特别是"劳务派遣工"）的薪酬往往差距巨大。

从用资成本的角度看，不同所有制企业的用资成本及贷款的可获得性也存在较大差异，导致利润率不同，影响到市场对资源配置的导向作用[1]。具体到银企关系，从贷款规模、贷款时间到具体业务，国有企业由于有政府扶持，具有显著的优势，例如并购贷款业务，针对国企及民企的贷款执行可能有两套标准，国企享受贷款利率下浮10%的优惠，而民企的利率则上浮10%。企业所有制导致的不公平竞争会直接导致劳动者收入差距不适当地被拉大。

---

[1] 如丁立章等（2013）研究了不同所有制企业的用资成本，结果表明，国有企业的平均贷款利息为6.2%，民营企业的平均贷款利息为7.09%，两者相差0.81个百分点。见丁立章、步丹璐：《国有企业高利润的融资贷款优势分析》，《中国外资》2013年4月下。

二、优化国民收入初次分配格局的方向

在我国经济进入中等收入阶段和亟需引领新常态的情况下,增量改革带来的收入分配调整空间已经较为有限,局部性收入分配政策调整治标不治本,因此,有必要清晰界定三大部门的关系,从整体上进行制度性变革,重构国民收入分配体系。收入分配体制改革应当从理顺收入分配各部门关系入手,充分发挥市场和政府的积极作用,兼顾劳动报酬流量分配和财产性存量调节配置,注重收入分配长效机制的优化构建和动态调整,以求在经济发展过程中逐步而有效地解决收入分配领域存在的问题。

1. 坚持收入分配改革的系统性

收入分配改革涉及政府、企业、居民"三大部门"、市场与行政"两大机制",它们相互影响,相互补充,又相互渗透,各自有其预期目标和运行特点,关系错综复杂,合力是多因素、多向量综合而成的。因此,理顺收入分配体系与机制的核心关系、明确改革目标,通过配套改革的顶层设计实现系统性优化,避免"头痛医头、脚痛医脚"的局部性措施,是收入分配改革应当遵循的基本思路与原则。

2. 厘清市场作用与政府作用

作为收入分配的"两大机制",市场机制和政府调节机制各有侧重,应相互补充,二者合理配合的前提是厘清政府权力与市场的边界:首先在初次分配领域通过市场调节机制实现合理的收入差距与市场效率,体现经济生活中的公平竞争;进而通过政府调节机制对初次分配结果的缺陷做出弥补,实现包括起点公平、过程公平、机会公平的社会公正公平,并把握好分配结果适当均平的合理量度。在国民收入初次分配阶段,政府在尊重市场作用的前提下参与建立公平、有序竞争的市场制度,市场机制发挥主导作用,在国民收入再分配阶段,政府通过税收和公共服务、转移支付的支出推进基本公共服务均等化,防抑市场机制运行导致的收入与财富累积差距的过大。政府还应鼓励、引导以社会公益慈善机构非

政府的自愿者组织为主体的"第三次分配",扶助弱势群体,支持公益事业和促进社会和谐。

3. 提高全社会收入分配的透明度

收入分配是一个运行系统,有效、公平的收入分配机制的建立和顺畅运行,需要以合理的制度安排和政策引导尽可能理顺方方面面的关系。在市场调节层面,需要在法治化框架下建立明确的市场运行规范,保障市场机制有效发挥资源配置作用,使得收入分配在信息充分透明、要素自由流动的市场上完成。在政府调节层面,要形成明确的制度政策与建立动态调整机制,使得依靠政府权力的调节行为有章可循、接受公众监督。在"第三次分配"的调节层面,相关信息的透明度与必要的社会监督更是保持公信力与可持续性的必备条件。只有通过维护收入分配过程的透明度,避免可能出现种种扭曲、不断回应相关的公众诉求,才能够实现收入分配机制在正常轨道上的顺利运行。

三、优化国民收入初次分配格局的政策建议

(一)依法优化市场秩序,充分发挥要素市场的资源配置作用

从国民收入初次分配过程看,当年收入流量分配在要素市场上形成,存量财富创造的流量收入也依托于市场实现,建立一个公平竞争、公开透明、有序运行、充分发挥作用的市场,是决定该阶段收入分配机制能否良性运行的关键。优化国民收入分配机制,首先需要依法维护市场秩序,保障市场竞争的公平性,包括:提供高标准法治化的市场运行环境;建立合理的尽可能从低的市场准入标准;建立市场化的公平用工制度和有弹性的工资分配及增长制度;鼓励按要素分配形成合理的收入差距,以要素流动竞争遏止不合理的行业差距、财产差距、地区差距;提高国土开发中不动产与资源的规划配置水平与效率,为企业实现必要资金报酬率创造基础性条件,促进企业实现有效资本积累提高劳动生产率;理顺劳动收入与财产性收入的关系,充分发挥要素市场资源配置在收入分配方面的基础性作用。

（二）厘清政府主体和市场主体权力与权利作用的边界，激发市场活力

在优化市场机制的过程中，必须厘清政府主体权力（公权）和市场主体权利（私权）作用的边界，减少政府部门对基础性资源配置机制的干预，减少、力求消灭寻租性收入机会。政府应当在尊重市场运行规律、企业家精神和创业创新"试错"空间的前提下，依法建立统一的、规则清晰的要素市场，消除体制性壁垒，减少对市场主体行为的行政收费，减少交易中间环节，降低交易成本，合理尽责地进行市场监管，保障以市场公平、有序运行，引导各主体、各部门对流量收入、存量财产增长的合理预期。同时，政府应当积极鼓励和引导企业加强劳动者保护，形成和谐的劳资关系，提高企业竞争力和运行效率。

（三）在深化改革中重新定位国民收入初次分配格局中的政府部门职能

在国民收入初次分配过程中，政府的基本职能是在尊重市场运行规律的前提下，建立起一整套市场运行规范并进行合理监管，通过政策调节维持国家、企业、个人三方面收入分配的动态合理平衡，促进国民经济的持续、健康增长。为正确发挥这一基本职能，必须通过改革进一步消除政府在初次分配领域职责的越位与缺位，即减少、取消过度的行政垄断因素和对于企业过多干预与过多关照，也要弥补法治化环境建设中的缺失与短板，保护产权和纠正侵害正当私权的各种不良案例。

政府在引导产业发展的过程中，应当把握好收入分配调节的中性角色，合理确定政府补贴政策的贯彻机制，明确目标，与市场结合，通过清晰、严格的制度规范，把政府补贴和政策性融资支持合理地融入要素流动的竞争性市场。

（四）优化国民收入初次分配格局的具体建议

1. 促进城乡统筹发展，逐步缩小城乡居民收入差距

以多种政策手段拉伸农业生产链条，促进发展特色品牌、农业、绿色循环农业，促进农业产业化经营和提高农业产品附加值。

稳步推进城市中的农村转移人口市民化。制定公开透明的各类城市入城转移人口的落户政策，探索建立政府、企业、个人共同参与的市民化成本分担机制，把有稳定劳动关系、在城镇居住一定年限并按规定参加社会保险的转移人口积极

转为城镇居民。

在促进城乡公共资源均衡配置中实现生产要素自由流动。城乡一体化和以"市民化"为核心的新型城镇化进程中，城市公共资源的供给应兼顾为缩小城乡之间的发展差距，让更多的城市公共资源向农村居民开放，更多的城市公共服务向农村延伸。

2. 以最低工资、集体协商制度"提低、限高"，缩小收入绝对差距

完善最低工资制度。综合考虑经济发展、物价变动、劳动生产率提升和企业承受能力等因素，形成最低工资标准调整机制。应适时将最低工资标准由月最低工资标准改为小时最低工资，防止企业通过延长工时的办法规避管制。

建立企业工资集体协商制度，由劳资双方通过集体民主协商来促使本企业工资分配形式和分配水平等的方案优化。着力推行区域性、行业性职代会制度，完善私营企业内部利益协调机制和工资集体谈判机制。集体协商制度体系中需要进一步完善工会制度、劳资对话和劳工的利益表达机制。这两项制度的内在取向是使市场环境下企业雇员薪酬水平从"提低"的侧面缩小收入绝对差额。

另外，还应有适当的"限高"。在建立与企业领导人分类管理相适应、选任方式相匹配的企业高管人员差异化薪酬分配制度，根据企业经营管理绩效、风险和责任确定薪酬，对行政任命的国有企业高管薪酬水平实行限高，同时市场竞争中从"人才市场"竞聘不任的国企高管，在有"随行就审"的弹性机制，并推行薪酬延期支付和追索扣回制度。对非国有金融企业和上市公司高管薪酬，应通过完善公司治理结构，充分发挥董事会、薪酬委员会和股东大会对畸高薪酬的抑制作用。

3. 健全农民工工资支付保障机制

政府应将拖欠工资问题突出的领域和容易发生拖欠的行业纳入重点监控范围，完善与企业信用等级挂钩的差别化工资保证金缴纳办法。进一步落实清偿欠薪的工程总承包企业负责制、行政司法联动打击恶意欠薪机制、保障工资支付的属地政府负责制等制度。

4. 缩小收入的体制性差距

完善公务员工资制度。在基层政府推行公务员职务与职级并行制度，逐步完

善公务员工资水平调整机制。提高艰苦边远地区津贴标准，制订完善地区附加津贴实施方案。严格规范党政机关津贴补贴和奖金发放，抓紧出台规范实物补贴转货币补贴的实施方案。

深化事业单位收入分配制度改革。结合分类推进事业单位改革，实现对事业单位工资分配制度分级分类管理，健全与岗位职责、知识技能、工作绩效挂钩的分配激励制度。全面落实和不断完善事业单位绩效工资制度，结合事业单位用工激励制度，按照"调高、稳中、托低"的思路合理确定事业单位绩效工资。

深化国有企业工资制度改革。改革国有企业工资总额管理办法，限制国有企业尤其是垄断行业国有企业员工工资的过快增长，使其与非国有企业的社会劳动工资水平保持较适当的比例关系。规范"劳务派遣工"的薪酬制度。对垄断行业的工资总额和工资水平实行双重调控，逐步缩小行业工资收入差距。

5. 以资本预算为依托建立健全国有资本收益分享机制，逐步弱化垄断性收入影响

在国有资本经营预算框下加大国有资本经营收益收缴力度，促进垄断行业、部门改革。加大国有资本经营收益上缴比例，降低垄断行业和部门的收入，减少过高的垄断利润和特许权收入对于市场秩序与收入分配差距的影响。提高收益收缴力度首先在中央本级国有资本经营预算层面执行，一是在促进垄断行业、部门深化改革过程中，对于现行的征收比例做出调整；二是扩大征收范围，逐步向金融类以及各特殊部门所属的国有企业扩展。在地方层面，应尽快建立与完善国有资本经营预算制度，加强对国有资本收益的管理。

统筹国有资本经营预算支出。对于国有资本经营预算中集中的资产收益，要坚持"资产全民所有，收益全民所用"的大原则，与社会保障预算、公共财政预算相互连通，依规范的预算程序统筹国有资本收益，将之用于支持公共支出、民生改善。同时，要通过国有资本经营预算信息公开制度，强化问责和绩效管理，增强国有企业红利使用的透明度，提升其综合效益。

6. 落实利率市场化改革，实现企业用资成本合理化

利率市场化包括利率水平和波动幅度的市场化，还包括利率管理方式的市场化，其实也还包括金融机构准入和退出的市场化，只有使各个环节与方面的改革相互匹配，才能保证资金要素充分竞争中的流动和金融市场的有效运行。管理部门优化和加强货币调控，具体包括建立适应利率市场化的金融监管工具和手段、加强监管协调、培育货币调控的价格型工具等。在利率市场化改革的基础上，推进汇率市场化，并进而争取创造条件择机推进资本账户开放，使国际资本的流动为我国经济发展所用，其波动亦能被汇率、利率波动机制和风险消化机制较好地对冲。

7.政府推动科技体制改革和科技成果产业化机制创新，鼓励科技创新投入

与科技体制改革有机结合起来，政府应鼓励科技成果产业化和引导企业加大研发投入。财政政策引导、支持的重点主要集中在两个方面：一是支持自主创新和科技成果转化，尊重科研规律，优化收入分配激励，力求加快实现成果的产业化。因此，加大财政对科技创新的政策支持力度，尤其要支持对战略性新兴产业具有重要意义的科技创新项目并优化相关激励规则，争取在关键技术与共性技术上实现重点突破；应引导和协调科技资源的优化配置，集聚资金与人才，提高重点领域的科技创新能力。二是积极培育科技成果应用与交易的市场，借助市场的物质利益驱动原则，做好知识产权保护和入股、期权等制度，加大市场推广应用力度。要合理运用鼓励消费者使用新型环保节能产品的财政补贴、政府采购等政策，积极培育和引导市场需求，为企业创新提供政策助力来加快发展。

第四章　国民收入再分配基本分析与对策建议

一、收入差距的扩大挑战人们的心理底线

近年来，收入分配差距的扩大和关于收入分配不公的抱怨现象在中国日趋严重，并已经对社会稳定和经济发展产生了不良影响。根据世界银行发布的报告，近10年来中国贫富分化日趋严重：从2000年开始，基尼系数越过0.4的警戒线，并逐年上升，2006年已高达0.496，后虽有所回落，但2016年仍在0.462左右。国家统计局公布的调查数据显示，城镇居民中收入最高和最低10%的家庭人均可支配收入之比，从1985年的2.9倍，上升至2005年的9.2倍，近年这一收入差距已达到惊人的20倍之多。贫富分化加剧已造成中国社会"两头大，中间小"的凹陷。[1] 据皮凯蒂团队2017年披露的研究分析结果，2015年最富10%人群占全部收入的比重为41%；最富1%人群占全部收入的比重为14%。至于财产分布，2015年最富10%人群占全部财产的67%，最富1%人群占全部财产的30%（中国最富1000万人的人均财产为835万元），最富1.06万人的人均财产为16.23亿元。

另根据世界银行的报告，中国1%的人口掌握了全国41.4%的财富，美国是5%的人口掌握了60%的财富。[2] 从当前中国财富的集中程度看，中国财富的集中

---

[1] 丘林：《中国基尼系数到底是多少？》参见 http://www.bwchinese.com/article/1025178.html。
[2] 同上。

度已超过美国,成为世界上收入分配两极分化最严重的国家之一。中国不断加剧的贫富差距及收入分配、财产配置中出现的各种矛盾和不公平现象,不断挑战着人们的心理底线,并成为社会不稳定的因素之一。因此,加快收入分配制度改革,缩小收入分配差距,形成防抑收入分配不公的社会公信力,已成为中国社会亟须解决的问题之一。

二、当前应加快推进由"先富"向"共富"的阶段性转换

改革开放初期,针对社会生产力低下、经济社会发展水平落后的国情特点,我国实施以经济增长为核心、鼓励一部分人先富起来的"先富"战略。邓小平明确地指出了如下认识要点:贫富不是社会主义,所以要鼓励致富;致富不可能所有人齐头并进,需要允许一部分人、一部分地区先富,然后再走向共同富裕,这一决策是正确的选择,有利于使我国尽快摆脱贫困落后状况。当然,这一不平衡发展战略也是有代价的,随着经济社会的发展,以收入差距扩大为代表的负面后果日益凸显,不同程度的种种危害表现已经产生。后来,我国已具备经济发展战略由"先富"向"共富"转换的条件,改革开放取得的伟大经济成就为收入分配战略的调整奠定了坚实的物质基础;以公有制为主体、多种所有制共同发展的经济制度为收入分配战略的调整匹配了相关的制度保证;同时,我国经济社会矛盾凸显的现实也迫切要求缩小收入分配差距。因此,我国经济发展战略从"先富"向"共富"的转变已具备了物质条件和现实迫切性。

在恰当的时机实现由"先富"向"共富"的转变是社会主义共同富裕的本质要求。20世纪末,我国先后启动了西部大开发、中部崛起、振兴东北老工业基地、农村税费改革等发展战略,迈出从"先富"向"共富"转变的步伐。这些战略的实施逐步拉近了地区之间、城乡之间的距离,缩小了收入分配差距,我国的总体基尼系数在2006年达到顶点后开始逐步下降,城乡差距作为总体收入差距形成的重要因素,在2003年达到顶点后则一直保持稳定。但这些仅仅是初步的,实现共同富裕的目标仍然任重而道远。

当前和今后一个时期，我们需要一方面继续推进地区间均衡发展战略；另一方面继续推进收入分配制度改革，将"先富带后富，最终实现共同富裕"确立为未来经济发展的中心轨道，使经济发展的成果更好地集中到逐步实现共同富裕这一根本目标上来。

三、进一步改革和完善国民收入再分配制度机制势在必行

西方国家居民收入差距的缩小主要通过再分配环节来实现。但在我国，税收以间接税为主，再分配功能有限，调节乏力，甚至某些再分配政策实施中存在逆向调节问题，使居民收入差距难以有效缓解。

（一）现行财政支出配置对居民收入再分配调节作用有限

1.财政社会性支出规模有限，抑制居民收入差距力度不大

中国作为一个发展中国家，长期以来以经济建设为中心，实施赶超战略，GDP增长成为政府部门的至上目标。与之相对应，政府官员的考核指标也主要是看经济性指标，而非社会性指标。加之政府"大部制"和"扁平化"改革迟迟未能取得较大实质性进展，我国财政支出结构中经济性支出与行政运行支出长期占较大比重，而社会性支出规模比较有限。

这种支出配置导致如下局面：经济增长指标全面达到甚至远远超过规划的预期，而环保等一些社会发展指标却没有达到规划的要求，对居民实际收入差距也难以做出较大矫治。为推进与民生状况改善直接相关的社会事业发展，政府应该精简机构，调整财政支出结构，增加社会性支出，保证低收入居民的基本生活需要，更充分地优先提供教育、医疗、社会保障等基本公共服务，解决低收入群体在这些公共服务方面的可获得性问题。

2.城乡之间的公共产品供给严重不均衡，城乡居民收入差距显著

公共产品供给支出的城乡不均衡，在义务教育、公共卫生、公共设施与基础设施等方面的城乡供给差异上有鲜明表现。从义务教育方面看，由于农村义务教育政府财政投入实行县级财政负担的体制，而县财政普遍困难，所以农村义务

教育经费普遍低于城市。从公共卫生方面看，城乡之间卫生经费投入存在较大差距，国家财政2015年用于医疗卫生与计划生育的支出为11 953.18亿元，而对农村基层医疗卫生机构的投入偏低，用于乡镇卫生院的支出仅为613.05亿元。再从公共设施和基础设施方面看，城市的基础设施和公共设施与农村相比不仅齐全和先进，而且在城市是不需要市民直接负担相关投入的，但在农村则往往需要农民负担至少一部分的投入，这也在一定程度上拉大了城乡居民的实际收入差距（多年来，我国城乡居民人均收入之比在2.5∶1~3.1∶1间演变，如再加上公共设施抽象因素，两者的差异将更大）。

3. 政府预算支出中的民生支出偏低

在财力有限性约束条件下，财政分配不可能在某一时期对于民生事项面面俱到，只能在认真权衡各种利弊得失后，选择本阶段最需要保障的民生事项予以重点倾斜，即从基本民生的"托底"保障做起。民生支出与居民生活息息相关，有利于保障低收入群体的基本生活需要，降低收入群体的生活负担。

近年来，我国加大了对有关"民生"方面的投入，但总体来看这方面的投入仍然不足。例如，近几年我国房价暴涨，"买房难"的问题引起民众极大关切，而政府承建保障性住房是实现"居者有其屋"的重要政策措施，但我国政府在这方面的投入严重不足。2006年，全国财政用于廉租房建设的资金总共不到40亿元，享受廉租房政策的居民只占总户数的0.5%，而发达国家一般是10%左右。2015年中央财政用于住房保障的支出上升为401.18亿元，但也仅占当年本级财政支出的1.5%。世界大多数国家的社会福利支出在其政府财政支出中占据相当大比例。2003年，美国这一比例为47.39%，德国为71.49%，法国为48.65%，俄罗斯为39.45%，巴西为38.73%；而我国的社会福利性支出（包括教育、医疗卫生、社会保障和就业等）占财政支出的比例，2006年为25.9%，2009年为28.8%。与人民生活直接相关的这些民生支出比重偏低，便难以保障低收入居民的基本生活需要，不利于缩小居民收入差距。

（二）政府间事权、财权配置不合理不利于调节收入分配

1994年分税制改革初步划分了中央与地方政府的事权和财权，但省以下未

做统一要求。在具体实施过程中,省以下政府间财政收支的划分颇具随意性。同时,我国财政法制建设比较滞后,分税制有关事宜主要源于行政法规,始终没有通过立法程序,中央与地方政府之间的事权和财权在划分过程中无法可依,在划分之后的运行中更无法得到宪法与相关法律的保障。加之分税制改革没有完全到位,省以下政府间根本不是按照划分税基模式,而是依照讨价还价的包干与分成模式处理四个层级的财政分配关系,为高层级政府上提财权、下压事权提供了空间,从而形成了政府间事权与财权的反向移动,直接导致了各级政府事权与财权的严重错位,最可悲的基层政府财力需求显著大于财力供给,严重的入不敷出逐步使基层财政陷于"揭不开锅"的困境之中。

另外,本应由财政承担的公共服务责任,包括农村义务教育、医疗卫生、社会保障等,过去主要由农民自己承担,近年来为了减轻农民负担,这部分支出责任回归财政,主要由基层财政承担,从而使基层财政的支出责任进一步扩大。2001年,全国拖欠工资的县、乡占全国县、乡总数的18.7%和27.1%,财政境况稍好的县、乡也仅仅限于"保工资、保运转",用于经济建设的财力非常有限,各方面的支出欠账越来越多,形成了巨额的隐性负债。

(三)政府间转移支付制度调节收入分配的功能较弱

我国在构建和发展完善政府间转移支付制度以调节区域差异和社会成员收入差异方面还做了多年努力,取得了值得肯定的成绩,但仍存在一些明显的问题。

第一,以政府间转移支付调节区域和收入差异的力度和规模还不足以缓解收入悬殊、促进共同富裕。

第二,转移支付结构有待进一步优化。尽管"优化转移支付结构,逐步提高一般性转移支付比重,清理整合专项转移支付"的要求已提出若干年,但削减专项牵动和影响其背后的部门行政权力和资金配置权力难度很大。事实上,近年来一些财力性转移支付也出现"专项化"倾向。

第三,转移支付均等化效应不理想。财政转移支付制度的目的是实现财政能力的纵向和横向平衡,从而促进基本公共服务均等化。在我国现行财政转移支付制度中,中央对地方的转移支付包括三大类:税收返还、专项转移支付和一般性转移支付。其中，税收返还重在维护既得利益，不具备均等化效应；专项转移支付重在实现政府特定政策目标，并有配套要求，且规模偏大，均等化效应较弱；只有一般性转移支付具有均等化效应，但规模不够大，三者未能有效实现财政均等化进而促进基本公共服务均等化的目标。

第四，已有的区域间横向转移支付以"对口支援"和"生态补偿"试点为点，制度规范性有待提高，需要在继续探索、总结经验的基础上打造可持续的长效机制。

（四）税收调节弱化成为居民收入分配差距大的一个重要因素

1. 个人所得税应发挥的"抽肥补瘦"再分配功能远未到位

我国现行个人所得税主要对工薪所得实行7级超额累进税率，不能实行综合收入的超额累进调节，而且级距设计不够恰当，导致税负不够合理，中等收入阶层成为收入调节的主要对象，负担了较大部分税收。综合制与分类制的区别在于公平的标准不同。综合税制是将纳税人一定时期的各种不同来源的收入进行汇总，经必要扣除后，适用统一的累进税率表。分类税制是将纳税人一定时期的所得按来源划分成若干类别，分别扣除后适用不同的税率表。前者从收入数量的角度强调量能负担，后者则是强调所得取得的不同方式区别对待的必要性，两者的调节是有明显差异的。我国现行分类制明显背离大多数国家个人所得税制度的综合为主的取向，社会成员的薪酬（劳动所得）承担了较大比重的税负。

由于税制设计的问题和缺陷，使得原本是调节高收入群体的个人所得税，在我国却主要调节工薪阶层，而且覆盖面仅3000余万人，占全国总人口数的2%强，年度个税收入仅占税收总收入的6%左右，致使个人所得税在调节收入分配差距方面的主体手段作用没有充分发挥，实际上已被边缘化，这在一定程度上加剧了收入差距悬殊的负面影响，导致收入再分配的不力。

2. 财产税在税收收入中的占比很低，房产税只在上海重庆两地"柔性切入"，迟迟未能启动立法程序

我国现行财产税主要包括车船税、房产税、城镇土地使用税等税种。财产税一般都被作为调节收入分配差距的主要税种，但我国财产税在税收收入中的占比

低，尽管近些年随修订税制和经济社会发展，这项收入增长加快，但总体而言比重仍然较低，尚难以成为收入调节的主要工具。为优化收入再分配，税制改革方向是应加大财产税在我国税收收入中的占比。

房产税属于财产税，具有取得财政收入、调节收入分配和调控房地产市场等多方面的作用。目前我国住房保有环节的房产税只在上海重庆两地有试点，而且是柔性切入，只涉及增量或以增量为主，远未全面铺开。2011年1月28日，国务院批准上海和重庆作为试点进行房产税改革，上海市政府和重庆市政府分别发布了《上海市开展对部分个人住房征收房产税试点的暂行办法》和《重庆市人民政府关于进行对部分个人住房征收房产税改革试点的暂行办法》，对本次房产税改革试点的内容做出具体规定。虽由于种种主客观原因调节力度有限，但毕竟是敢为天下先的改革试水，并取得了弥足珍贵的本土试点经验。2014年党的十八届三中全会在此试点基础上要求"加快房地产税立法并适时推进改革"，但时至今日，相关立法进程始终未能加快，尚未正式启动一审。

3. 遗产和赠与税缺失

遗产和赠与税直接面向的是那些不通过自己的努力而获得巨额存量资产的高收入阶层，它的出台既可以缩小由于代际和偶然原因而造成的个人收入差距，同时也倡导了个人要通过自己的努力获得收入的正确理念。目前我国遗产和赠与税尚未进入议事日程，但相关文件已提出要"研究开征"。作为开征遗产税的必要条件，需大力健全财产保护制度、财产实名登记制度等相应的管理制度，并积极考虑首先确立官员财产的报告与公示制度，另外作为其将来出台时的配套事项，也应一并设计赠与税，并大力加强公益性基金会的规范化制度建设。

4. 消费税应有的调节居民消费结构的功能有待完善

我国消费税是一种特别消费税，选择了部分消费品征税，其主要目的在于引导消费、保护环境、调节收入分配。近年来，消费税的调整更多从调节消费、保护环境方面出发，而对其收入分配功能的关注相对较少。首先，消费税征收范围较窄。消费税对烟、酒、实木地板等十几个税目进行征税，部分高档消费行为还没有纳入征税范围，例如高档卡拉OK、高档洗浴、高档餐饮、高档会所等。随着"营改增"的全面覆盖，应在增值税的基础上选择部分高档消费行为征收消费税，充分发挥消费税调节收入分配的作用。其次，我国消费税部分消费品的消费税税率较低。为发挥消费税应有的调节居民消费结构的功能，可以调整部分消费品的消费税税率，时下的重点是：提高高尔夫球及球具、游艇的消费税税率，使其发挥调节收入分配的作用；考虑资源环境因素和收入分配作用，应对高档实木地板设置更高的消费税税率；调整乘用车消费税税率，发挥其抑制消费、保护环境、调节收入分配的作用。

（五）社会保障制度的缺陷使其对收入分配调节作用受限

社会保障也是收入再分配的重要工具。我国社会保障制度的发展，使之在调节收入分配中发挥了一定的作用，但仍存在诸多问题，不利于社会保障功能作用的充分发挥。

1. 社会保障的覆盖面不足

从总体上来看，我国社会保障制度的覆盖面还不足，由于种种原因，相当一部分人还没有参加社会保险，也还有一部分贫困人口没有纳入最低生活保障范围中，不少人没有享受到应得的社会福利。在养老保险方面，与城镇就业人员数和全部就业人员数相比，养老保险制度的覆盖面仍然有限，还有大量城乡就业人员和城乡居民没有被纳入。失业保险方面，一些灵活就业人员、乡镇企业人员还没有纳入进来，大学生也未被纳入失业保险范围。工伤保险还没有将全部城镇就业人员纳入进来。生育保险制度的覆盖率也相当有限。非正规就业群体、灵活就业人员、农民工等群体中，还有大量人员没有被纳入社会保障范围。鉴于此，在逐步解决制度覆盖范围内不合理的待遇差距问题的同时，更要关注制度缺失带来的相当一部分人群无法享受社会保障的问题，积极建立覆盖城乡全体居民的社会保障体系。

2. 社会保障的发展不均衡

中国社会保障发展的不均衡，影响社会保障的收入分配调节效果，主要表现在：第一，社会保障的项目发展不均衡。从目前来看，社会保险的发展相对较快，在国家投入、覆盖面、保障水平、制度建设等方面都要好于社会福利和社会救助。相比之下，针对贫困人口和弱势群体的社会救助、社会福利发展更显不足。第二，社会保障的城乡发展不均衡。长期以来，我国社会保障制度主要面向城市人口，广大的农村人口被排除在范围之外。在城市，建立了包括养老、医疗、失业、工伤、生育等在内的社会保险制度；最低生活保障制度也率先在城市建立，并且保障水平明显高于农村；各项福利服务在长时间内成为城镇人口的专利，农村人口极少享有。教育、医疗、住房保障的城乡差距也比较明显，农村这方面的发展普遍滞后。第三，不同群体社会保障的不均衡。一些群体由于职业的优越性，更加容易被纳入社会保障的范围，并且享受相对较高的保障待遇——比如公职人员由于其职业优越性而获得较高水平的社会保障待遇；一些低收入群体、非正规就业人员、灵活就业人员还没有被社会保障完全覆盖，即使被覆盖，其享受的待遇也比较低。

3. 社会保障制度设计不完善

制度设计的不完善影响社会保障制度的收入分配调节作用，主要表现在：第一，制度设计的碎片化。现行许多社会保障项目表现为对部分人员"量身订做"，相互分割，在工业化、城镇化、劳动力自由流动的背景下，已出现了诸多弊端。制度的碎片化影响了社会保障制度的公平性，也形成了对一些群体的忽略。中低收入群体不仅收入较低，而且获得的社会保障待遇也较差。第二，筹资机制不合理。主要体现在：筹资责任分担不合理，公职人员几乎无需由个人履行任何养老缴费义务，低收入人口却需要按要求缴费。第三，筹资水平过高，容易对一些低收入群体造成压力。筹资水平的差异性导致保障待遇的差异性，主要体现在不同的医疗保险制度方面，城镇职工与城乡居民医疗保险筹资水平的差异性，直接导致了享受医疗保障的差距。此外，缴费上限、下限、基数等制度参数的设计不完善也影响其收入分配效果。第四，待遇补偿机制不科学。目前社会保障的待遇确定以缴费确定的模式为主，待遇享受与缴费的关联性较大，这种待遇确定模式不利于贫困人口提高实际收入，虽然有社会统筹的因素，但力度还不大，互助共济的作用不足。第五，财政投入机制不健全，政府在社会保障方面的财政投入总体不足是导致一些低收入和贫困人口难以获得较好的社会保障的重要原因。第六，社会保障待遇的计算方法不利于调节收入分配，没有形成"累退"的待遇享受机制；如养老保险待遇计算基数的选择不够合理，城镇职工的基础养老金参照上年度职工平均工资计算，而对城镇居民、农村居民，则发给固定、较低的基础养老金；医疗保险往往设定起付线与封顶线，而且门诊大多数不给予报销，不利于中低收入群体减轻医疗负担。最低生活保障标准过低，低保政策对缩小收入差距的作用并不明显。待遇调整机制不完善。目前的待遇调整措施大多数是临时性、随意性的，没有形成规范、稳定的调整机制，不利于低收入群体享受待遇。

四、健全和完善我国国民收入再分配制度的思路和对策

国内外经济社会发展的经验告诉我们，经济增长中的效率激励与分配结果的适当均平化必须同时兼顾，国民收入的再分配尤其要注重防抑贫富差距过大甚至趋向两极分化。因此，就需要优化政府的再分配调控职能，通过财政的支出安排、税收、转移支付和社会保障等手段调节收入分配状况，为实现经济社会的协调、可持续发展服务。

（一）优化财政支出结构，进一步加大基本公共服务投入力度

政府制定并实施合理的公共支出政策，促进基本公共服务均等化，既有助于抑止居民实际收入差距过大，又有助于实现社会成员的起点公平。事实上，诸多民生问题以及日显突出的城乡差距、区域差距和社会阶层间的差距，无不与基本公共服务供给的不足与不均等密切相关。优化财政支出结构，健全民生财政，需要更多的财政资金投向公共服务领域，满足人们不断增长的公共需求，特别是要在推行公共服务均等化的同时，突出重点，各级政府的财政支出安排应结合国家和地方的具体情况，重点向以下四个方面倾斜：

1. 财政支出要向民生领域倾斜

民生涉及领域十分广泛，其中最重要的教育、社保、医疗卫生等问题，实际就是一个社会的基本公共服务。公共财政建设要求通过加强民生领域的资金分配，来增加城乡基本公共服务供给，逐步实现基本公共服务均等化。近年来，虽

然各级政府不断增加对民生事业的投入，但与发达市场经济国家相比还有很大差距，还难以满足我国居民日益增长进入中等收入阶段被进一步激活的基本民生需求。今后需要进一步优化调整财政支出结构，加大对教育、医疗、社会保障等基本公共服务的支出力度。

2. 财政支出要向农村、农业、农民倾斜

近年来，农村公共服务供给水平虽不断提高，但仍然相对滞后于城镇，"三农"需要得到工业、城镇和市民群体的"反哺"。财政需要进一步加强。因此，需要努力做好以下几方面工作：一是进一步完善农村义务教育经费长效保障机制，尤其是把提高农村义务教育公共经费标准、农村中小学校舍维修改造以及提高农村中小学教师待遇等问题作为支持重点。具体而言，提高教师地位和待遇，对长期在基层和艰苦边远地区工作的教师实行一定的政策倾斜扶助；为完善教师培训体系建设，提高教师专业水平和教学能力，推进师范生免费教育，实施农村义务教育学校教师特设岗位计划，鼓励高校毕业生到艰苦边远地区当教师。二是切实加强对农村医疗卫生的投入，完善村与乡镇、县的三级医疗卫生网络，大力气改变农村医疗卫生落后的局面，切实做好以下几方面工作。首先加强县级医疗机构的医疗卫生能力建设，提高其服务水平，引导县乡大病患者在县级医院治疗；其次，建设乡镇医院，使之同时也承担农村公共卫生防疫等职责，并能够治疗一般常见病、多发病、慢性病，能够承担小型手术，能够进行急救处理；再次，要对乡村卫生室进行必要补贴，提供足够的场所，购置必要的小型医疗设备，以及对村医进行技术培训，提高其服务水平。三是提高农村社会保障水平。要逐步提高农村最低生活保障补助标准，缩小城乡低保水平之间的差距；要建立规范有效的社会补助和医疗补助制度，加快新农合和城市居民医疗保险制度的并轨，加快农民医疗保险基金异地转移和报销制度的落实。

3. 财政支出要向欠发达地区倾斜

近年来，国家通过实行地区间差别化政策，促进欠发达地区基本公共服务的发展，但在我国仍然存在着地区间基本公共服务的巨大差距。今后一个时期，需要在继续加大各项民生投入时进一步向欠发达地区倾斜，提高补助标准，尤其对普遍关注的农村医疗卫生经费补贴、新农合和新农保的补助标准、农村中小学公用经费补助等项目予以更多关注和支持，缩小地区间基本公共服务差距。

第四，财政支出要向社会成员中的弱势群体倾斜。要完善扶助弱势群体的财政投入机制，对他们在医疗、教育等方面增加补助，帮助他们争取逐渐向上流动。为缩小居民收入差距，尤其要重视提高低收入群体的收入水平，使他们收入的增长快于社会平均水平。在农村，要提高低收入群体收入水平，需要抓住对此产生决定性作用的因素，即提高劳动者的受教育水平和增加低收入群体的就业机会，增加非农就业者占全部劳动力的比重，以利缩小收入差距，并由此促进经济良性发展。

(二) 调整政府间财政分配关系，使政府间公共服务的事权与支出责任基本相适应

理顺政府间事权与财权配置关系的总体思路是：一方面，中央在认真履行好自身职责的基础上，适度上收一部分事权，减轻地方政府的负担；另一方面，在下放部分财权的基础上，加快构建地方税体系，提高地方政府特别是基层政府的公共服务供给能力，为实现基本公共服务均等化奠定财力基础。

1. 合理划分中央和地方政府的事权与支出责任，尽可能由粗到细形成从中央到地方政府的支出责任明细单

中央与地方之间的事权和支出责任划分，关键是中央要适度上收一部分事权，并认真履行好自身职责。在此基础上，真正实现中央和地方政府间事权与支出责任的详细划分，尽可能由粗到细形成从中央到地方政府的支出责任明细单。那些需要中央和地方政府共同承担的事项也要尽量细化。具体改革要点是：

第一，中央要认真履行好自身职责。按照公共产品的层次性和受益范围，包括国防、外交、海关、空间开发和海域海洋使用管理等国家主权性和安全性公共产品的提供，属于中央政府事权，应由中央政府全权负责，并力争做到自己完成。在执行方式上，中央政府可考虑按照区域或者行政级次建立垂直派出机构履行上述职责，尽量少用共担方式。

第二，将部分基本公共服务兜底类事权上收中央。在以 GDP 为导向的政绩

考核机制下,地方政府通常对经济增长具有天然的冲动,而在基本公共服务提供方面往往缺乏充分的内在激励,从而造成基本公共服务供给不足、质量低下,而基本公共服务事关社会公平正义和人的权利平等,也直接关系劳动力的自由流动。因此,可考虑将部分基本公共服务兜底类事权上划中央,包括养老保险、失业保险、最低生活保障、社会抚恤、廉租房租金补贴等,由中央保障下限标准,下限之上的改善型服务由地方政府负责,通过"锦上添花"改善本地区的公共服务条件和水平,增强本地区对人力资本、先进技术等生产要素的吸引力。

第三,部分资源环境类事权应上划中央。一般来说,资源环境保护在短期内往往会影响地方经济发展,而我国资源环境保护事权当前主要由地方政府负责。在以 GDP 为导向的政绩考核机制下,地方政府通常会以牺牲资源环境来换取较高的 GDP 增速,从而导致现实中问题重重,例如环境污染日趋严重、资源利用上的"竭泽而渔"、生态退化日益加剧等。因此,应考虑将部分资源环境保护事权上划中央,包括全国性环境保护、跨地区污染防治、跨流域大江大河治理等具有全国性和跨区域影响的资源环境事务,应由中央负责,以增强资源环境事权管理的统筹性和一体化效应。

第四,基本生存条件类事权应由中央负责。众所周知,人类要生存,就必须吃饭、喝水、呼吸,有病就需要吃药,保证饮水、大气和食品药品的安全是人类最基本的生存条件,属于跨地区外部性公共产品,对民众身体安全、社会和谐、政府信誉至关重要。近年来,关于饮水、食品、药品安全的事件频出、屡禁不止,在民众中造成极坏的影响。究其原因,主要是由于相关产业与地方政府的经济增长、财政收入、GDP 指标紧密相关,在以 GDP 为导向的政绩考核机制下,地方官员为了谋取政绩,往往会对相关问题企业睁一只眼、闭一只眼,甚至提供保护伞。在这样的利益关系链条下,农产品、食品和药品等难以保证安全,相关产品的监督和管理,包括农产品检测、食品药品监督和卫生监督等职责应该上划中央,由中央相关部门直接管理,保障人类的基本生存条件,提高政府的信誉。

第五,跨区域司法管理事权应由中央负责。司法是国家的执法机构,代表着国家的正义和公平。我国的司法事务主要集中在地方,形成了中央一套体系和地方一套体系，造成地方与中央的博弈。随着经济社会的发展，跨地区社会案件、经济纠纷越来越多，某一地区司法部门难以应对，切实需要跨区域司法管理。因此，部分地方司法事权，特别是跨区域司法事权，如铁路法院、海事法院、环境法院、知识产权法院等应上划中央，由最高人民法院垂直领导，保障司法权的公正性和统一性。

2. 赋予地方政府相应的财权，加快构建地方税体系

在上收部分事权的同时，中央应按照事权与财权相匹配的原则适度向地方政府下放部分财权，使地方政府享有必要的税收政策制定权和税种选择权。在可能的条件下，经过审批，中央可考虑允许地方政府依照法定程序自主开辟地方税种和税源，以便地方政府筹集适量的用于履行事权的资金，实现责与权的统一。同时，中央要按照事与钱相一致的原则，结合营改增的全面覆盖，尽快调整中央与地方政府之间的收入划分办法，关键是培植地方政府的主体税种，建立健全地方税体系，使地方政府有财力实现分级预算、自求平衡。具体而言，在保持现有中央和地方财力格局总体稳定的前提下，可考虑通过深化资源税、房地产税、环境保护税等税制改革，培植地方税主体税种，健全和完善地方税体系。

（三）改革和完善转移支付制度，促进基本公共服务均等化

1. 精简项目，优化结构

首先，严格规范专项转移支付和专项资金的设置，清理整合归并中央对地方各种补助项目。专项转移支付应进一步突出重点，仅对涉及重大国计民生的事项设立，取消零星专项，改变项目分散繁杂的现状。其次，要着力优化转移支付框架结构，增加一般性转移支付的规模，归并现行具有特定政策目标的工资性转移支付等财力性转移支付项目，对年度之间变化不大，且将永久存在的项目列入体制补助，冲减地方上解。再次，将现有地方专项按政府收支分类科目的款级进行归类，与部门预算的编制协调统一起来，使地方专项分类更合理、规范、有序，也有利于人大和审计监督。执行中再进一步细化到科目的项级，并根据项目需要，对项目资金按支出用途分别进行管理，如农村义务教育经费保障机制改革经费等。最后，对现有地方专项进行整合、压缩。专项整合有自上而下和自下而

上两种路径，在目前条件下，地方自下而上整合比较困难，基层财政承受压力较大。因此，必须注重自上而下的整合：对使用方向一致、可以进行归并的项目予以整合；对到期项目、一次性项目以及根据宏观调控需要不必设立的项目予以取消。

2. 改进转移支付的分配方法

应不断提高转移支付的透明度，动态规范和完善基于因素法的一般性转移支付的计算公式和模型，力求设计科学的指标体系来评定各地的财政能力和基本公共需要，尽量消除讨价还价的余地。遵循公正、公开、透明的程序，科学合理地分配转移支付资金，避免不规范的人为调整和主观随意性。

在因素选择上，可以借鉴国际经验，并结合我国现阶段的国情和地区间均衡发展的目标，除人均 GDP、人均基本公共服务可获得量等指标外，应重点突出三个因素，即人口密度和地区间自然禀赋差异因素（如土地表起伏度、海拔高度），维护民族地区、边疆地区社会稳定和民族团结因素；"三农"和重点区域援助因素。将这三个因素合理纳入分配公式中，使其保有必要的权重。

3. 切实加强转移支付资金和专项拨款的管理。

凡是适用因素法分配的转移支付资金，都要采用因素法，避免分人情钱、"撒胡椒面"和"跑部钱进"的现象；适合采用项目管理的应加强制度建设，规范操作，形成科学合理的分配依据和制度规范；对专项转移支付资金要制订明确的资金使用绩效目标，对资金使用效果做跟踪检查。

4. 积极探索横向转移支付的合理机制与路径

从国际实践来看，德国和斯堪的纳维亚半岛国家的横向财政平衡提供了成功的经验，特别是德国的横向财政平衡制度在东西德合并统一的进程中发挥了重大作用，值得借鉴。目前，我国和世界上大多数国家采用的都是纵向转移支付为主的模式，但对口支援、生态补偿等横向转移支付也已在实践中取得一些初步经验，在权衡中央政府的财力状况和明确实现基本公共服务均等化的目标后，还应进一步引入和开拓横向模式，发展纵横交错、相得益彰的转移支付体系，以进一步扩展均等化渠道，增强均等化能力。

5. 完善保障农民工基本公共服务的转移支付制度

城乡基本公共服务一体化要求将农民工应享受的基本公共服务纳入城镇居民的公共服务体系中，而我国长期存在的城乡二元结构造成了农村及进城务工人员的公共服务水准明显低于城镇。将农民工完全纳入城镇公共服务体系，必然要求所在地政府增加公共支出。考虑到农民工的流动性具有不确定性，则应该由高端层级来承担较多责任，重点应由中央财政和省级财政通过转移支付解决。

将农民工纳入城镇公共服务体系需要制度的保障与改革。一是建立相关的指标体系。一般性转移支付资金是通过因素法按照既定公式的计算得出的结果进行分配的，如对原一年一拨的农民工基本公共服务专项资金借鉴一般性转移支付的方法来加以精确化，就必须完成像人口数、服务标准、特殊影响因素等信息的收集与整理，依靠科学有效的统计工作，逐步形成科学规范、具有可比性的数据库，做好相关转移支付的基础工作。二是形成正向激励机制。财政体制的优化需要引导与激励，做得好的地方不仅能够获得转移支付资金，还可以获得适当的奖励。对农民工的基本公共服务转移制度的改革中，可将总的转移支付金额与农民工的基本公共服务质量挂钩，并规定其中可用以对政府管理人员发放奖金的比重，激励地方政府提供更好的基本公共服务。

（四）深化税制改革，充分发挥税收调节收入分配的功能

1. 优化税制结构

现代市场经济所要求的税制体系，总体来说是一种"多种税、多环节、多次征"的复合税制，不可能简单地依靠一两种税就解决好征税问题，必须着眼于整个税制体系的建设，构建一个包括增值税、消费税、资源税、环境税、企业所得税、个人所得税、房产税、遗产税和赠与税、社会保障税等在内的税收调节体系，对接预算体系，从消费支出、收入流量和收入存量各方面"抽肥补瘦"地调节社会各收入阶层的收入，以多渠道缓解和缩小社会收入差距形成的矛盾。这些税种在调节范围、调节力度和广度上是相互补充、相互协调的关系，按照市场经济的国际经验及学理分析，应形成一个以直接税为主，以所得税调节即期收入分配，消费税和财产税、遗产税调节个人财富积累水平，社会保障税作为社会保障

制度主要收入来源，具有连续性和整体协调性的税收调节机制。

在复合税制组合中，直接税的作用更多体现为在筹集政府收入的同时调节收入分配，调节经济和社会生活。直接税的这种调节作用是按照支付能力原则"区别对待"的，在社会成员收入必然有高低差异的情况下，直接税使有支付能力的、更为富裕的社会成员对公共金库做出更多的贡献。进入公共金库的资源，再通过规范的预算安排、以财政分配形式转为扶助弱势群体的支出，去倾斜式增进低端社会成员的福利。直接税这种遏制两极分化趋向的功效，使其在社会分配全流程里面有着不可或缺的地位。党的十八届三中全会明确提出了在我国"逐步提高直接税比重"的方针。

2. 进一步改革和完善个人所得税制度

首先，要改变个人所得税的征收模式，实行综合和分类相结合的个人所得税制，制订更合理的税率和费用扣除标准。在把工薪所得与其他收入尽可能综合的基础上，简化超额累进的税率档次，拉大低档间距，降低低档税率，体现量能负担原则。坚持实行全国统一的个人所得税费用扣除标准，按照家庭年度收入适当考虑纳税人赡养家庭人口数、住房按揭贷款月供的利息负担等因素作专项费用扣除。其次，将个人所得税的征管权限划归中央。个人所得税作为缩小收入差距的直接税，其征管权限划归中央不仅是增强国家调控分配能力、配合中央财政转移支付的需要，也是防止各地扣除基数不统一、征管不严、税款流失的需要。再次，要加强个人所得税征管，改善征管手段。强化并建立以个人自行申报为主的申报制度，统一个人纳税编码，建设覆盖全国的税务网络系统，全国共享个人税务信息资料，堵塞征收漏洞。加大对偷逃税款等违法行为的监管查处力度，增加纳税人偷逃税款的成本和风险约束。

3. 加快推进消费税改革

对于消费税，首先应根据经济形势的变化，及时调整征税范围。在扩大消费税征税范围时，不仅要增加一些奢侈消费项目，如私人飞机、私人游艇、高档娱乐节目等，还可以包括一些高端消费行为，如洗浴桑拿、夜总会等。其次要调整消费税的征税环节。目前我国消费税主要实行生产环节单环节征收，容易偷逃税。如有些企业通过设立独立核算的销售公司，先以低价把产品销售给销售公司，然后由销售公司按正常价格对外销售来规避消费税。可通盘考虑把一些消费税推到销售、消费环节征收。

4. 房地产税可在一线城市率先实施

近期，由于经济持续下行，出于去房地产库存和稳增长等方面的考虑，房地产税改革未能加快其生活进程。2016年之后，北上广深等一线城市带动下，一大批中心城市出现房价暴涨之势。在这种背景下，应全面总结房地产调控经验，积极考虑加快房地产税立法进程，把这一税制改革任务纳入打造房地产业健康发展长效机制所需的"基础性制度建设"，如得到立法机关审批通过，住房保有环节的房地产税可率先在北上广深等房价上升压力大的城市实施。这样既有利于抑制一线城市的房价和房地产泡沫，也有利于打造地方税主体税种、构建地方税体系，又可为中央与地方的收入划分创造条件，进而推动央地财政关系改革的实施。

5. 研究开征赠与税和遗产税

遗产和赠与税属于直接税，纳税人与负税人相统一，征税对象可精准定位，是社会财富"抽肥补瘦"式再分配的重要手段之一。它直接面对高收入阶层，可以抑止居民通过非个人努力取得继承的财富而暴富，有利于缩小代际之间的收入差距。我国应该在"共同富裕"导向下及早研究如何推出该税种，以积极发挥其调节收入分配、财产配置的作用，并促进公益性基金会等的形成与成长，在社会文化方面倡导个人通过自身努力增加收入的"勤劳致富"精神。

另外，征收遗产税还能从完善税制的角度阻止收入分配差距扩大。由于我国尚处于经济体制转型时期，部分收入处于灰色或黑色状态。个人所得税只能作用于透明收入，对不透明收入难以发挥其调节作用。为了促进分配公平，防止收入差距过大，对不透明收入的调节可以更多依靠遗产税在财富继承环节实现。根据世界各国的经验结合各税种特点来看，开征遗产税可以把遗产人生前的不透明收入也纳入其中，从而弥补个人所得税的不足。

（五）进一步健全社会保障体系，合理提高居民转移性收入

社保体系需按照系统工程来全面把握其制度建设，基本思路是坚持全民覆

盖、保障适度、权责清晰、运行高效,稳步提高社会保障统筹层次和水平,建立健全更加公平、更可持续的社会保障制度。第一,应完善社会保险体系,实施全民参保计划,基本实现法定人员全覆盖。大幅提升灵活就业人员、农民工等群体参加社会保险比例。第二,坚持精算平衡,完善筹资机制,分清政府、企业、个人等的责任,适当降低社会保险费率。第三,完善统账结合的城镇职工基本养老保险制度,构建包括职业年金、企业年金和商业保险的多支柱、多层次养老保险体系,推出税收递延型养老保险。第四,实现职工基础养老金全国统筹,完善职工养老保险个人账户制度,健全参保缴费激励约束机制,建立基本养老金合理调整机制。第五,更好发挥失业、工伤保险作用,增强费率确定的灵活性,优化调整适用范围。建立更加便捷的社会保险转移接续机制。第六,持续做好划转部分国有资本充实社保基金,拓宽社会保险基金投资渠道,加强风险管理,提高投资回报率。第七,加强公共服务设施和信息化平台建设,实施社会保障卡工程,使持卡人口覆盖率逐步达到全社会。

社会救助体系是社会保障体系的重要组成部分,统筹推进城乡社会救助体系建设,应完善最低生活保障制度,强化政策衔接,推进制度整合,确保困难群众基本生活。加强社会救助制度与其他社会保障制度、专项救助与低保救助统筹衔接。构建综合救助工作格局,丰富救助服务内容,合理提高救助标准,实现社会救助"一门受理、协同办理"。建立健全社会救助家庭经济状况核对机制,努力做到应救尽救、应退尽退。开展"救急难"综合试点,加强基层流浪乞讨救助服务设施建设。

第五章　国民收入第三次分配分析及优化建议

缩小中国社会增大的贫富差距所需要的国民收入分配体系改革，包括发挥好第三次分配的作用。国民收入分配体系中的第一次分配和第二次分配分别是在市场机制主导下和政府主导下进行的，第一次分配强调效率优先，带来收入分配差距和贫富差距拉大在所难免；第二次分配虽然对第一次分配后的差距进行了调整，但仍然难以达到充分合理的境界。现代社会治理十分注重已有多国实践经验和正面案例积累的第三次分配，是以伦理道德为驱动力，以社会公益慈善、志愿者组织自治式机制，在法治化环境中奉行"道德原则"，依靠"精神力量"，对市场机制和政府机制调控不到的地方进行有益的补充和完善，成为调节优化社会收入分配的重要机制。

一、第三次分配的内涵和特征

从概念层面的严格意义上来讲，国外经济学文献中没有对"第三次分配"做出特别的强调，但美国等经济体中被称为"第三部门"的社会非营利组织、公益性基金会、志愿者机构的作用，早已引起了学术界的研究关注。我国著名经济学家厉以宁明确提出，"市场经济条件下的收入分配包括三次分配。第一次分配是由市场按照效率原则进行的分配，第二次分配是由政府按照兼顾效率和公平原则，侧重公平原则，通过税收、社会保障支出这一收一支所进行的再分配。第三次分配是在道德力量的作用下，通过个人资源捐赠而进行的分配"。① 厉以宁还认为，"在第一次分配和第二次分配之后，社会发展方面依旧会留下一些空白，需要第三次分配来填补"。②

基于第三次分配在经济社会中产生的渊源，结合国内学者开展的相关分析，对第三次分配概念的认识主要分为以下两个要点：第一种观点认为，第三次分配是社会收入的转移支付，是富人和较富裕的人为主多出钱来弥补财政转移支付的不足；第二种观点认为，第三次分配是一种公益慈善行为。两个认识只是视角上有所不同，一个是从第三次分配的功能和资金流向的角度来看，另一个则是从施行主体的角度来看。因此，我们认为可以结合这两个方面，将第三次分配的概念定义为：第三次分配是个人和企业在自愿前提下，基于道德、伦理力量的影响，把可支配收入的一部分捐赠出去，形成公益资金来源，主要用于慈善用途，形式可以表现为适应社会需要的多样化，最终结果是通过社会中较富裕人群的资金流向相对贫困人群而实现社会收入转移，对初次分配和再分配形成优化补充。

第三次分配以公益慈善为取向，提倡的是社会责任，鼓励社会成员在自愿和有能力的基础上，拿出部分财富来帮助弱势群体（见表1）。与前两次分配相比，第三次分配具有以下特征：

表1 国民收入三次分配比较

	第一次分配	第二次分配	第三次分配
准则	经济规律	公共原理	伦理道德
功能	经济效率	社会公平	弥补第一、第二次分配不足
运行方式	生产要素和要素报酬的等价交换	税收、政府购买、政府转移支付	社会捐赠（社会救助）等

一是非政府性。国民收入的第一次分配以市场竞争经济规律为基础，以效率优先为目标，主要依靠市场这只"看不见的手"发挥调节作用。第二次分配以公共品理论和市场缺陷理论为基础，将社会收入分配的适当平均为目标，主要依

① 厉以宁：《股份制与现代市场经济》，江苏人民出版社1994年版。
② 厉以宁：《第三次分配与慈善资本主义的兴起》，《观察与思考》2007年第2期。

靠政府主导的机制与政策调控发挥调节作用。第三次分配则以道德、伦理、习惯为基础，基于个人或社会组织自愿捐赠，形成公益慈善的社会供给来扶助弱势群体和缩小贫富差距。这次分配属于个人或民间非政府群体组织的决策和行为，它不受市场和政府机制的直接控制，但需要得到法治化的社会条件和必要的政府培育、引导机制与政策支持。

二是非营利性。第一次分配是以效率为主导的有偿分配，有投入就可以参与收入分配；第二次分配是在财税均衡下的分配，所有的社会成员都可以基于公民、纳税人的定位享受政府提供的公共福利；而第三次分配是在民间个人或组织自愿的前提下进行的具有无偿性表征的公益慈善活动，行为主体不应具有营利目标和行为，接受捐赠或扶助的人不需付出任何代价。

三是多元性。参与第三次分配的主体具有多元性，一般来说有个人、企业和民间团体三种，其中民间团体，以社会非政府机构、志愿者组织和基金会为主要的三种模式，在第三次分配中发挥着重要的作用。资源要素的民间捐赠主体是多元的，资源在公益慈善取向下的具体用途也是多元的，提供各种帮扶的具体手段、方式、解决方案也是多元的。

四是志愿性。第三次分配建立在民间自愿的基础上，以募集、捐助和服务等公益慈善事业的形式进行再分配。第三次分配的这种自愿性与前两次分配形成鲜明的差别，有着社会"自组织"的本质特征，也是其健康发展所需遵循尊重的规律性的内在机制。

二、中国现阶段发展完善第三次分配的必要性

（一）资源配置的"二分法"缺陷

在经济学中，传统观点对于资源配置的分析通常采取"二分法"：将政府和市场看作资源配置的两个主体，认为两者对立对等、非此即彼，当一方出现失灵现象时，就认为另一方一定是弥补该缺陷的合适选择，"要么是在相对完善的政府和不完善或不充分的市场间进行选择，或者是在相对完善的市场和不完善的或

不充分的政府之间进行选择"。①

理论界对这种"二分法"提出了质疑,并对政府与市场的关系进行了一系列的探讨。美国经济学家斯蒂格利茨从信息经济学的角度,以不完全信息与不完备市场为分析前提,提出政府与市场之间应建构一种新型"合作伙伴"关系的模式。1991年的世界银行发展报告认为:"发展的核心,也是本报告的主题是政府与市场的相互作用。这不是干预和放任主义的问题——虽然这种二分法广为流行,但并不正确。……这不是市场或国家的问题,它们各自都有巨大的和不可替代的作用。"②

1997年的世界银行发展报告提出了"合作关系"模式,认为"市场与政府是相辅相成的;在为市场建立适宜的结构性基础中,国家是必不可少的。……绝大多数成功的发展范例,不论是近期的还是历史的,都是政府与市场形成合作关系"。③

我国曾有学者将政府与市场的关系抽象为相互替代、相互补充、完全排斥和共同失灵四种情况。④这些观点虽然超越了在这一问题上长期以来形成的二元对立的思维模式,但仍存在一个明显的缺陷,即将政府与市场看作资源配置仅有的两个主体,并将两者看作同一层面的关系,仅表达了政府与市场相互补充的关系。虽然比传统的"二分法"认识较为深刻,并具有一定的现实解释力,但仍不能全面解释现实中存在的一些资源配置现象,例如民间捐赠、社会出资兴办福利院等既非市场提供,也非政府提供的公益设施。

贾康、冯俏彬在中国学者中较早把相关思维框架扩展为政府、市场主体和志愿者部门三方的体系,提出在从各自的"失灵"、替代的认识基础上,有必要延伸至各自"有效性"的认识而形成三者"合作治理"关系的新认识。⑤

(二)超越"二分法":资源配置的三种机制

做理论密切联系实际的考察,资源配置可归纳为存在三种机制:一是市场机

---

① [美]查尔斯·沃尔夫:《市场或政府——权衡两种不完善的选择/兰德公司的一项研究》,中国发展出版社1994年版,第5页。
② 世界银行:《发展面临的挑战》,中国财政经济出版社1991年版,第1—4页。
③ 世界银行:《变革世界中的政府》,中国财政经济出版社1997年版,第3页。
④ 杜人淮:《论政府与市场关系及其作用的边界》,《现代经济探讨》2006年第4期。
⑤ 贾康、冯俏彬:《从替代走向合作:论公共产品提供中政府、市场、志愿部门之间的新型关系》,《财贸经济》2012年第8期。

制，即通过价格、竞争等市场机制，以自由竞争与自由交换的形式实现资源配置。这种配置资源的目的是为了以追求个人利益为激励形成发展动力与效率提升机制、实现经济社会发展的基本需要。二是政府机制，即政府通过公共权力，以税收等形式取得公共收入，形成可支配的公共资源，并以我们调节、公共支出和转移支付等形式进行配置。这种配置资源的目的是为了履行政府职能、满足社会公共需要。三是社会机制，即社会组织通过社会自愿的公益保障与救助机制，以捐献和无偿援助的方式，实现资源配置中的第二次分配调整。这种配置资源的目的是人们出于道德或伦理等动因，形成在市场、政府配置中表现不够或顾及不到位的利他主义行为，对社会上的弱者给予关心和扶持。

（三）第三次分配是调节收入分配的重要机制

如前所述，中国在中等收入发展阶段已经出现了收入分配差距不断扩大的现象，贫富差距明显拉大。中情局世界概况（CIA World Factbook）近年来数据显示，中国与发达国家的数据相比，基尼系数超过美国的 0.45、英国的 0.34、加拿大的 0.32 和韩国的 0.35，达到 0.47 的水平。此外，若从最穷 10% 的人口和最富 10% 的人口所占社会财富的比率来看，中国最穷 10% 的人口所占财富比率仅为 1.6%，远低于美国的 2.0%、英国的 2.1%、加拿大的 2.6% 和韩国的 2.7%，而中国最富 10% 的人口所占财富比率却高达 34.9%，远高于美国的 20.0%、英国的 28.5%、加拿大的 24.8% 和韩国的 23.7%。由此不难得出中国现阶段存在贫富差距过大的现象和问题，迫切需要运用可行的调节机制做出矫正。根据国际经验和中国经济社会近年已做出初步总结的本土经验，以非政府组织为主体的"第三部门"形成的"第三次分配"的作用，是随经济发展、人均收入提高、中产阶级以上社会成员比重上升而趋于显著提升的。第三次分配日益成为中国社会中调节收入分配的重要机制。先富起来的社会阶层和国民素质提高过程中的众多社会成员，会越来越多地生发出对于公益慈善的重视和偏好，现实生活中的"第三次分配"行为，必然会表现出其影响力的扩增，政府亟应对此因势利导，激励以企业和个人为主体的第三次分配，来帮助实现缩小收入差距的目标。

（四）中国现阶段发展第三次分配机制的可行性

中国现阶段着力发展第三次分配机制已经在很大程度上具备了现实可行性，这主要体现在三个方面：第一，中国经济的快速腾飞使人民生活水平得到显著提高，工资性收入的较快增长、财产性收入的多元化和资产价格的攀升等因素，都为中国富裕阶层和中产阶层的增长奠定了基础，中国的城乡居民储蓄余额近年来呈现不断增长趋势，这些都成为中国第三次分配发展的物质支撑因素。第二，中国有关第三次分配的制度陆续建立，立法方面，现阶段与第三次分配慈善捐赠相关的法律法规有《中华人民共和国慈善法》《中华人民共和国公益事业捐赠法》《中华人民共和国红十字会法》《社会团体登记管理条例》《基金会登记管理条例》《个人所得税条例实施细则》《救灾捐赠管理办法》等，此外还陆续出台了一些志愿服务的规范性文件等，尽管还难免存在种种不足之处，但已经为中国发展和引导第三次分配奠定了基本制度框架。第三，近些年民间的慈善、赈灾、公益捐赠活动迅速发展，既反映着民间慈善公益活动的收入基础趋于雄厚，更反映着随着人民群众生活水平提高对于公益慈善的心理认同与社会偏好、文化氛围的提升。

三、我国第三次分配的现状与问题

（一）近年第三次分配的状况

根据2016年5月27日中国社会科学院社会政策研究中心及社会科学文献出版社联合发布的《慈善蓝皮书：中国慈善发展报告（2016）》中的数据显示，中国现阶段慈善公益事业已经较前些年有了长足发展。截至2015年年底，中国国内社会组织的数量已达到65.8万个，比2014年增长了8.6%，其中有32.6万个社会团体、4719个基金会和32.7万个民办非企业单位；中国国内登记注册的志愿者数量已经超过1亿人，包括志愿者捐赠和志愿者服务在内的志愿者捐赠总价值已经达到600亿元，增长了近三分之一；从社会捐赠总量来看，已经达到的992亿元中，基金会系统接受的捐赠总额约为374亿元，慈善会系统为362亿元，民政系统为56.23亿元，其他机构为200亿元，由此可见我国的社会捐赠主要接受结构仍然是基金会。总的来看，近年来我国慈善公益事业虽然取得了一定发展，但第三次分配方面仍然存在一系列问题，可分为以下两个方面：

1. 总体发展方面的问题

第一，慈善机构数量虽增多，但筹款能力相对较弱，第三次分配力度不强。根据《慈善蓝皮书：中国慈善发展报告（2016）》，我国 2015 年捐赠总规模虽然已经达到了 992 亿元，但是与国际水平相比，仍然低下。以美国为例，按照美国施惠基金会（Giving USA Foundation）发布的最新数据显示，2015 年美国的慈善捐款总规模已经达到 3733 亿美元。

第二，参与第三次分配的主体仍然以企业为主，个人参与积极性不高。根据中国慈善联合会发布的《2015 年中国慈善捐助报告》，中国现阶段参与第三次分配的主体仍然是民企和国企，2015 年企业捐赠总额达到了 783.85 亿元，占总捐赠额的 70%，民企比国企捐赠总额更高，占企业年度捐赠总额的 52.24%，而国企仅占 32.77%，外资企业捐赠额则下滑幅度较大。而同样以美国为例，2015 年，慈善捐赠总规模的 3 733 亿美元中，个人捐赠部分占据了 66.7% 以上，即 2 646 亿美元来自个人，比 2014 年同比增长 3.8%，可见美国第三次分配的主体是个人，而基金会的捐赠为 586 亿美元，企业捐赠仅为 184.5 亿美元。

第三，第三次分配关注的领域较为传统，对"大慈善"领域的关注仍不足。就中国 2015 年慈善捐赠的结构来看，教育是慈善捐赠最受瞩目的领域，高等院校、偏远贫困地区的爱心小学等，都是慈善捐赠的热点。除了教育之外，医疗健康和扶贫领域也是中国 2015 年慈善捐赠分布的主要领域。总体来看，中国现阶段的第三次分配关注度并没有集中在科学、文化、卫生等"大慈善"领域，同时期美国的慈善捐赠主要去向是宗教机构，然后是教育和公共事业，此外包括国际事务、环境和动物保护等。

2. 体制机制方面的问题

中国现阶段在第三次分配方面的调节机制，突出体现在税收制度上，总体看来，中国在税收制度上的规定又主要体现在流转税和所得税两个大方面。在流转税的规定中，"营改增"之后，原来营业税中规定的"个人无偿赠与不动产不征收营业税"，改为增值税后继续享受"不征收增值税"的规定。此外还有关税中对纳税人进行公益性捐赠规定免征进口关税和增值税的规定。除以上两条之外，个人进行实物捐赠都视同销售行为，捐赠行为不区分公益性捐赠和非公益性捐赠，与销售行为征税相同。在所得税的规定中，2008年之前，中国旧企业所得税税法规定捐赠支出扣除的限额是年应缴纳所得额的3%，若为金融类企业，这一标准更是低至1.5%，2008年开始实施的新企业所得税税法则将这一扣除比例提高到了12%，无论是内资捐赠还是外资捐赠。对于个人捐赠行为的规定，分为两个方面：一方面是个人如果履行了税法允许的捐赠行为，那么最高可享受到应缴纳所得额30%的扣除；另一方面是若个人通过公益性非营利组织或者国家机关进行捐赠，那么最高可以获得个人所得额的全额扣除。伴随这些相关规定，实际上中国现阶段第三次分配存在以下问题。

第一，尚无超额捐赠结转制度，在一定程度上限制了大额捐赠的比例。中国现行所得税制中还没有建立捐赠超额结转制度，不像美国等西方发达国家规定捐赠额度超过税前扣除比例的部分可以顺延到第二年结转扣除，这在很大程度上限制了中国第三次分配中大额捐赠的占比。加之，无论是以企业为主体还是以个人为主体，这些慈善捐赠都必须同时满足税法所规定的公益性捐赠和采取间接捐赠方式两个条件，才有可能享受税收优惠中的部分扣除，而对企业和个人的直接捐赠不予扣除——这样做虽然在很大程度上减轻了管理部门的负担、简化了管理程序，却在一定程度上限制了第三次分配的必要灵活性与潜力的发挥。

第二，免税退税程序复杂，在很大程度上抑制了第三次分配的发展。由于免税和退税程序非常复杂，最终成功实现的比例不高。以个人捐赠退税为例，中国目前采用的是分项课征，将个人所得分为11项并按照不同的费用扣除标准和税率来计算个人所得税，如果个人的收入是多元化的，在退税时需要分别按照不同的所得项目进行退税，即捐赠额来自哪个项目就在哪个项目上进行退税，追踪起来十分复杂。还不仅如此，办理手续也十分复杂，以最简明的工资薪金所得捐赠为例，也要至少经过捐赠、由第三方慈善机构出具收据、送民政部门、财务计算抵扣税额、修改当月工资扣税额、修改税务明细申报表、填报税收缴款书、送至银行、回单位入账、次月减免相应税款等十大步骤，而且每一项办理起来都不便捷。这些纷繁复杂的制度实际上在很大程度上抑制了中国现阶段第三次分配的发展。

第三，没有开征遗产和赠与税，不利于为第三次分配提供持续资金基础。西方发达国家民间大笔捐赠的基础动因在很大程度上取决于科学合理的综合财产税制，而中国至今还没有开征遗产和赠与税，这直接导致大批富豪和绝大多数中产阶层都选择积累财富、再直接传递给子孙后代之流程中，并不会首先考虑进行慈善捐赠。这一点从近年来的数据中也不难看出，中国在灾难多发年或存在突发性重大灾害的非常态情况下，慈善捐赠总额会明显飙升，而在平稳的常态情况下，慈善捐赠总额会呈现非常明显的下降趋势，实际上就是制度供给短缺所导致的第三次分配持续资金基础缺乏的写照。

四、第三次分配的国际经验与借鉴

尽管各方面条件千差万别，但是国外发达国家开展第三次分配的相关制度规定较中国而言，总体呈现扣除比例更为宽松、相关规定更为详尽的特点。现以英国、美国、德国为例，简述国外开展第三次分配的经验，具体如下：

(一) 英国经验：按照主体来划分

英国对慈善捐赠的规定与中国有相似之处，都是按照主体来划分：企业的慈善捐赠可以从应税所得额中进行扣除，个人的慈善捐赠享受较低税率，且慈善组织可以得到部分税收返还。若个人或企业以股票等有价证券的形式捐赠给慈善团体，那么将以抵扣的形式提供税收优惠。英国有着较为完善的遗产税制度，遗产税税率高达40%，而如果继承人选择将所继承遗产的10%以及以上捐赠给慈善机构，那么其就可以享受遗产税优惠，达到4%，即遗产税税率降低至36%。

(二) 美国经验：按照慈善组织的性质来划分

美国将以个人或者企业为主体的慈善捐赠按照接受捐赠的慈善组织的性质来进行划分。第一类，慈善捐赠的客体为公益性慈善组织。若个人或企业将慈善捐赠给公益性慈善组织，那么在整个纳税年度之内，个人捐赠的扣除额最高可达50%，而企业捐赠的扣除额则最高可达10%。特别值得注意的是，尽管美国对企业捐赠扣除比例看似较低，但是却对每年度超出可扣除比例的慈善捐赠做出了可在随后 5 个年度进行结转扣除的规定，而且这种结转扣除也同样适用于个人捐赠，这实际上在很大程度上激励了企业和个人参与第三次分配的积极性。第二类，慈善捐赠的客体为私人基金会。若个人或企业将慈善捐赠给私人基金会，那么仅以个人为主体的慈善捐赠能够享受最高 20% 的税金扣除，而以企业为主体且慈善捐赠的客体为私人基金会的情况不能享受任何税收优惠。美国税法规定的捐赠物的形式分为现金、带有长期资本利得性质的财物以及带有普通所得性质的财物三种，不同的捐赠物享受的扣除条件并不相同，都有相关的细则规定，但总体看来，美国相关制度的规定体现了更加鼓励以个人为主体进行慈善捐赠的积极性。美国遗产和赠与相关的税收制度包括了遗产税、赠与税和隔代赠与税。在遗产税方面规定，2015 年联邦政府遗产免税额为 543 万美元，美国不同的州对最高免税额有不同的规定，但遗产免税额和赠与额之间关系的规定都是相同的，那就是如果生前没有缴纳过赠与税，那么赠与免征额与遗产免征额是相通的，如果生前已经缴纳过赠与税，那么遗产免征额可以按照最高标准享受免税。在赠与税方面，美国税务局颁布的税法规定，2015 年美国每个人一年最多可以赠与他人价值 14 000 美元的财物，这也可以理解为免征额，此外还进一步规定每个人一生共有 543 万美元的生前赠与额度，若一生积累超过这个标准，就要缴纳赠与税，税率最高可以达到 45%。在隔代赠与税方面，美国税务局颁布的税法规定，首先要按照规则缴纳遗产税，税收的部分还要继续按照规则缴纳一笔隔代赠与税，而隔代赠与税的税率最高可达 50%。

（三）德国经验：按照捐赠目的来划分

德国税法规定，根据捐赠目的的不同，慈善捐赠扣除的比例也是不同的：用于宗教、科学、慈善和有益于社会等目的的捐赠，若以企业为捐赠主体，则最高可享受 5% 的应纳税所得额或者 20% 的营业额的扣除，若以个人为捐赠主体，那么最高可享受全部扣除；用于受到特别支持的慈善、科学、文化艺术等目的的捐赠，最高可享受 10% 的扣除；此外，针对以个人为主体的捐赠，高出一定标准的部分可以在随后的 7 年之内进行结转扣除。

总体而言，在美国、德国这样的发达国家，第三次分配已发展得比较成熟，其中，政府、营利性机构和非政府组织的三方合作是国际慈善事业发展的成功经验，也是推动慈善事业发展的必然趋势。而非政府组织（NGO）所做的就是要争取政府的支持，主动配合政府，并积极吸引企业及大众参与到以慈善捐赠为主要形式的第三次分配中来。同时，捐赠客体也出现了全球化的趋势，捐赠主体及中介将目光投向了落后国家，关注如何帮助他们解决贫困问题。

五、健全和完善我国第三次分配体系的思路和对策

（一）加强慈善组织建设

第三次分配主要由慈善组织来承担，分配效果还取决于慈善组织的自身建设和这种社会团体能否得到社会的广泛信任。因此，一定要以加强慈善组织自身的建设促进公益慈善事业健康发展。

1. 培育慈善文化

第三次分配固然是一种经济行为，但也在很大程度上体现出社会文化，核心内容就是慈善和社会公益。一个承载着厚重历史和具有深厚文明积淀的国度，慈善公益事业应有长足的发展。党的十六大已经将公益慈善事业发展上升到国家战略的高度。我们更应该让慈善理念深入人心，使第三次分配得到更广泛的关注，真正成为缩小贫富差距和增进社会和谐的助推器。

2. 完善相关法律制度

1999年6月28日，我国政府颁布出台了《中华人民共和国公益事业捐赠法》，但是这部法律仅对捐赠和受赠、捐赠财产的使用和管理、优惠措施、法律责任等几个方面做出了初步规定，而且民间捐赠和社会捐赠由于不属于公益性社会团体捐赠而不受该法的约束。为了推动第三次分配，我国在法律制度方面一直在致力于逐步完善，多方促进慈善机构的发展。2016年3月16日，我国出台了《中华人民共和国慈善法》（主席令第四十三号），对慈善组织、慈善募捐、慈善捐赠、慈善信托、慈善财产、慈善服务、信息公开、促进措施、监督管理、法律责任等多维度进行了较为详细的规定，推动中国第三次分配走向更加规范。此外，捐赠行为在法律层面是一种资源的合同行为。根据《物权法》，明确慈善组

织的捐赠主体产权是保证捐赠行为符合法律的首要条件，因为慈善主体所拥有的资源既不属于私有产权，也不属于国有产权，而应当定位为一种社会公益产权，不能够改变受益对象，也不能够私有化。与此同时，捐赠作为一种合同行为，实际上在《合同法》的管理框架之内，也随着其调整变动而变化。

3. 培育和加强慈善组织的公信度

慈善组织要想获得更多善款，必须得到社会及民众的认可，否则一切将是空谈。第一，要求慈善组织必须依法和依公益宗旨加强自身建设，取信于民，服务于民。第二，要建立公开、透明的信息披露制度和财务管理制度。要取信于民，就必须让民众了解关于慈善组织的所有信息，尤其是财务运行状况。公开的透明的信息披露制度和财务制度，是慈善组织健康运行并能够取信于民的重要保证。第三，在策划、劝募和实施公益活动中建立健全内部监督机制，进行合理的安排、组织和协调，努力提高工作效率。第四，培养高素质的公益慈善工作者。当前，我国慈善事业发展的主要制约因素之一是缺乏从事慈善工作的专业人才。为此，亟须在高教、职教领域设置慈善管理专业，培养专业人才充实慈善工作队伍，提高慈善工作者的素质。第五，沟通信息优化协调。目前，我国公益慈善活动由不同机构和部门组织完成，捐赠信息和捐赠物资等的统计标准不同，信息统计往往存在较大误差。因此，需要建立统一的捐赠统计标准，引入现代化的信息技术，基于准确、标准化的信息优化公益慈善领域内各相关组织与活动的协调，从而提高和保证社会公信力。第六，总结各类案例中可吸引的正反两面经验教训，发展健全危机公关机制。有关政府管理协调部门应组织对郭某某—红十字会事件等社会上产生重大影响案例的深入调查，总结经验教训，举一反三，亡羊补牢。正面经验案例则应做必要的社会引介、交流推广。

（二）完善激励机制

1. 研究开征遗产和赠与税，为第三次分配奠定持续资金基础

作为税负不能转嫁的直接税，结合国际经验和专业考察认识，遗产税需要与赠与税配套设计实施。全球现在至少有一半的国家都开征遗产和赠与税，形成对于公益慈善资金来源的倒逼与催化式制度配套。中国对此税的研究从20世纪80

年代就开始了，但官方意向一直起伏未定。从发达国家的经验来看，以美国为例，遗产和赠与税的存在在很大程度上推动了美国第三部门的发展，包括公益基金会、慈善机构、公益性非营利组织等带来的第三次分配之所以在社会生活和收入分配中起到了很强的调节作用，与遗产和赠与税引致的持续稳定的资金来源和资金基础有密切关系，可认为是这一切形成的重要前提条件之一。尽管在开征多年之后，美国的遗产税账户已收入不高，但这恰恰成为遗产和赠与税推动个人和企业参与第三次分配的最佳例证，说明绝大多数富豪都将自己的大量资产纳入了全社会的第三次分配，而不是选择直接由后辈继承。

2. 加大个人捐赠的税收抵扣额度，调动个人参与第三次分配的积极性

中国近年来在企业捐赠扣除额度方面迈出了一大步，不仅由原来的扣除额度仅为3%（金融企业更是低至1.5%）提高到了2008年的12%，而且由原来的内资、外资企业两个扣除标准发展到了2008年的统一标准，显示了这方面的切实进步。然而，就国外经验来看，第三次分配的参与主体不限于企业，而更多的是个人，但是中国现阶段参与第三次分配的主体却恰恰相反——这当然在很大程度上与中国的遗产和赠与税尚未开征有很大联系，但是不难发现，这与我国对个人捐赠的个人所得税扣除额度仍然较低也有直接关联。中国现阶段个人捐赠所能够得到的最高优惠扣除额度为30%，而欧美等发达国家对个人捐赠的扣除率都达到了50%，甚至是全额扣除。如果说遗产和赠与税能够通过提高不捐赠的成本来推动第三次分配的发展，那么加大个人捐赠扣除额度势必能够有力地引导和提升许多自然人的捐赠意愿，以此来调动更多的社会力量参与到第三次分配中来。

3. 建立超额捐赠结转制度，为大额捐赠开辟道路

中国现在还没有建立捐赠超额结转制度。从理论上讲，这当然不影响小额捐赠的企业或个人的捐赠行为，只要在标准以下，都不涉及超额结转事项，但是对于整笔大额捐赠来讲，超额捐赠结转制度就非常重要了。结合国际经验，无论是借鉴美国允许在随后的5个年度还是借鉴德国在随后的7个年度施行超额捐赠结转，都能够为大额捐赠开辟道路。中国现阶段这样为了管理的便捷和默守相关既成规定而选择一刀切不准予超额结转，制约了大额捐赠进入第三次分配，亟应

改变。

4. 合理简化免税退税程序，切实保障捐赠的税收优惠落到实处

如前所述，中国现阶段无论是企业捐赠还是个人捐赠都存在免税退税程序复杂的问题，这与现阶段中国所得税分项课征有直接关系，但是在管理实践中应考虑，首先对于以个人为主体的纳税人的捐款，税务机关按照统一的税率和优惠政策进行计算，并给予一次性退税，从而从源头上简化退税的程序，促进税收优惠落到实处。从数据上来看，办理退税和免税优惠的第三次分配主体占比非常低，纷繁复杂的步骤，再加上办理每一个步骤的艰辛，直接导致许多税收优惠实际上形同虚设，并没有像学理分析中那样切实降低捐赠的成本和提高捐赠的效用，这除了影响捐赠积极性以外，实际上还直接制约着纳税人每个年度的捐赠次数，因此还应当积极考虑在年终申报纳税的时候，对于纳税人在年度内实现的多次捐赠进行一次性退税，以切实保障将捐赠的税收优惠落到实处。

（三）健全监督机制

首先，要加强政府监督和引导服务，避免慈善捐赠偏离第三次分配的初衷和应有的轨道。第三次分配是以慈善捐赠为主要内容，由于它的服务对象是社会中的一些特殊人群，在捐赠中容易产生慈善特殊主义；慈善捐赠的资金来源比较单一，在决定慈善资金的用途时，由于资源掌控者的个体倾向，很容易在分配时产生家长作风；同时，由于开展慈善活动的多为有爱心的企业和志愿者而非专业人士，导致慈善活动在进行时往往缺乏专业性。因此，完善慈善业务和第三次分配，亟需政府加强对慈善机构的监督，对慈善机构的财务状况进行严格的审计，对违规者进行必要的纠正乃至处罚，同时积极正面地提供引导服务。

其次，要加强社会监督。应调动社会力量特别是充分利用媒体的力量，对慈善机构的活动进行监督。除此之外，可借鉴国外，组织一些独立的专门机构对慈善组织活动进行评估，并披露评估信息，让民众参考这些信息自主决定是否向慈善机构捐款。

第六章 国际视角与哲理延伸：收入分配理论与实际结合的概略考察及对中国的启示

一、经济增长能否自动解决收入分配问题：库兹涅兹曲线述评

收入分配问题一向是经济学家关注的重点研究领域，从威廉·配第、马尔萨斯、大卫·李嘉图、卡尔·马克思到后来的亨利·乔治，都非常关注贫富分化问题的考察分析。这些理论大家的关注除了基于时间节点上的横断面，也涉及时间序列的纵向维度，如结合相关的变量，马克思考察了无产阶级的贫困化趋势；马尔萨斯考察了社会财富增长及其分配与人口规模的动态制约关系等。

1954年，美籍俄裔经济学家西蒙·库兹涅兹在美国经济学年会上发表了著名的《高收入阶层在收入和储蓄中占有的份额》一文，基于这篇论文所阐述的"库兹涅兹事实"提出了"库兹涅兹曲线"（Kuznets Curve），他在1913年至1948年美国数据的基础上，观察并总结了美国收入不平等随着经济增长出现的下降趋势，收入最高的10%人口的总收入占国民收入的比例从45%～50%下降到了30%～35%，从而提出了收入分配不平等随着人均国民生产总值的增加将呈现出先增后降的假说，在图形上表现为倒U曲线。经济学研究中有许多条倒U曲线，但都比不上库兹涅兹所提出的这条绝非简单的倒U曲线影响大，原因就是这条曲线引发了对一个重要问题的反思，即伴随经济增长，收入分配格局究竟会何去何从，经济增长是否能够自动解决收入分配差距过大的问题。当然，按照库兹涅

第六章　国际视角与哲理延伸：收入分配理论与实际结合的概略考察及对中国的启示

兹的概括，收入分配差距虽然一开始会随着经济增长而扩大，但是随着经济继续增长，这种差距会逐渐缩小，而且这种改善是自动的，即经济增长会自行解决收入分配中的差距过大问题。

"库兹涅兹曲线"及其结论性认识在经济学界掀起的讨论浪潮可谓一波接一波，视角也呈现出多样化，但主要线索有两条，其一就是沿着库兹涅兹的研究方向继续探讨和验证是否真的存在这样一条倒 U 曲线，其二就是何时实现以及如何实现这样一条倒 U 曲线上关键性的拐点。值得强调的是，首先，对于库兹涅兹曲线难以自动实现的论证已经得到较广泛的认同，这是建立在学界对此曲线进行研究的热烈回应和历史继续发展的客观事实基础上的。随着 1948 年以后数据的获得和处理水平等方面的提高，不少学者都利用模型得出了与库兹涅兹曲线相悖的结论，因而库兹涅兹曲线也一度遭学界摒弃，认为其错误的结论使之丧失了被关注的意义。但其实库兹涅兹曲线所提出的问题及其引发的关注与探讨是有重大意义的。在首先承认库兹涅兹曲线不会自动产生，即收入分配公平程度的改善不会随经济增长而自动发生的基础上，学界对库兹涅兹曲线如何实现的探讨，主要集中在库兹涅茨转折点相伴刘易斯转折点而生、政府缩小差距的意愿和政策力度至关重要、产业和技术结构以及全球化影响收入分配、单纯分蛋糕的民粹主义政策适得其反四个方面，是颇具参考意义的"新库兹涅兹事实"（蔡昉，2015）。

对于经济增长不会自动解决收入分配问题这一结论，学界已陆续有许多研究得证，其中包括具有一定说服力的夏威尔·萨拉-伊-马丁《全球收入分配》（2002）一文。从国际视角分析，世界范围内的经济增长实践已经造成了三个结果：

第一个结果：整体收入水平提高。首先，世界范围内的经济增长实践导致的整体收入水平的提高，可详见图 1 和图 2。其中，图 1 是世界范围内 1970 年的收入分配情况图，图 2 是世界范围内 1998 年的收入分配情况图，将两幅图进行仔细对比，不难发现，世界收入分布的曲线呈现出了整体的右移，而这两幅图的横轴所代表的都是收入水平，那么这种右移显然就意味着世界范围内人均 GDP 出现了显著增长，这两幅图的纵轴所代表的都是在相应人均 GDP 指标下的人口数量，那么不难看出处于峰值即最多人口所在的 GDP 区间也出现了显著右移，这同样意味着人均 GDP 出现了显著增长。鉴于此，国际视角下经济增长的第一个结果就是使整体收入水平得以提高。

第二个结果：贫困显著减少。如图 3 所示，无论是以每天少于 2 美元为临界值标准（位于下图中上半部分的曲线），还是以每天少于 1 美元为临界值标准（位于下图中下半部分的曲线），都可以看到，自 1970 年以来，世界贫困率都呈现出一种不断下降的趋势，这意味着随着经济增长，世界范围内的贫困显著减少了。

第三个结果：贫富差距显著扩大。从图 1 和图 2 不难看出，虽然世界范围内的人均 GDP 水平分布曲线呈现出了整体右移，而且世界范围内位于峰值的人均 GDP 数值也出现了显著右移，但是世界范围内的收入分配分布却发生了重大变化。在图 1 所显示的 1970 年世界收入分配分布中，世界收入分配的曲线相对更加收敛，而发展至图 2 所显示的 1998 年世界收入分配分布中的时候，世界收入分配的曲线相对而言变得更加离散了，这显然意味着世界范围内随着经济增长出现了贫富差距显著扩大的现象。

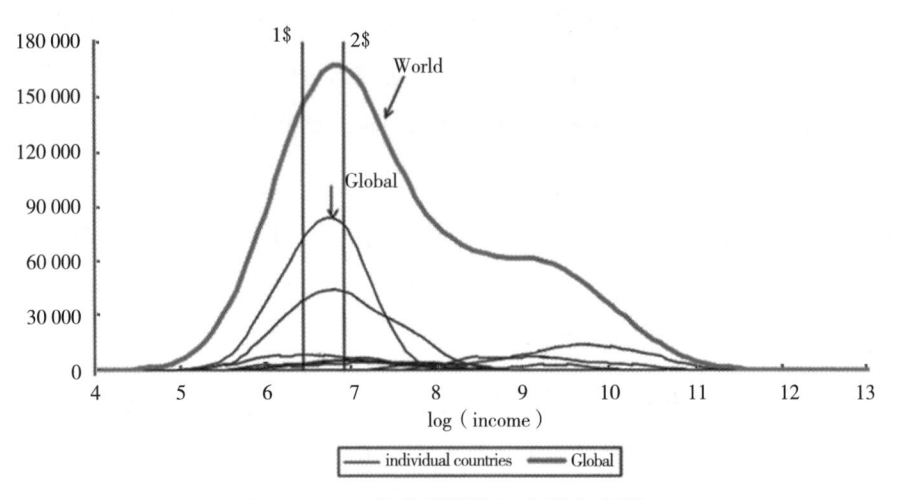

图 1　1970 年的世界收入分配分布图

资料来源：Sala-i-Martin Xavier（2003a），*The World Distribution of Income 1970-2000*，Unpublished，Columbia University.

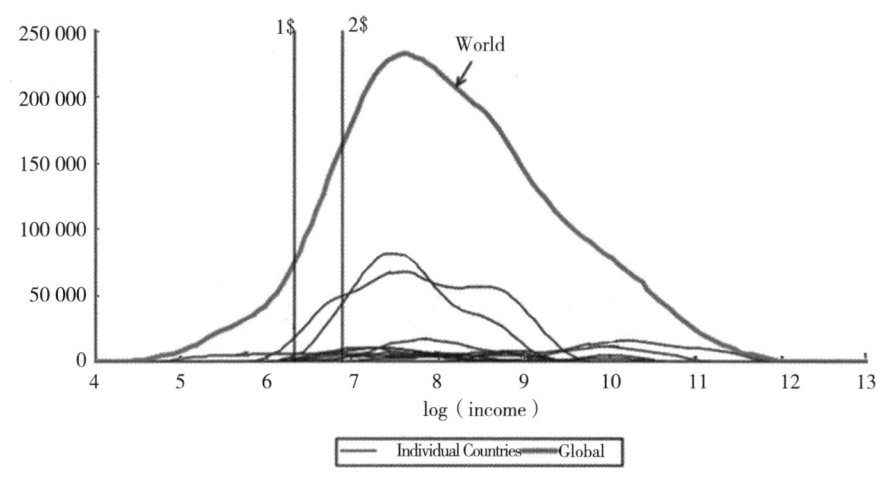

第六章　国际视角与哲理延伸：收入分配理论与实际结合的概略考察及对中国的启示

图2　1998年的世界收入分配分布图

资料来源：Sala-i-Martin Xavier（2003a），*The World Distribution of Income 1970-2000*，Unpublished，Columbia University.

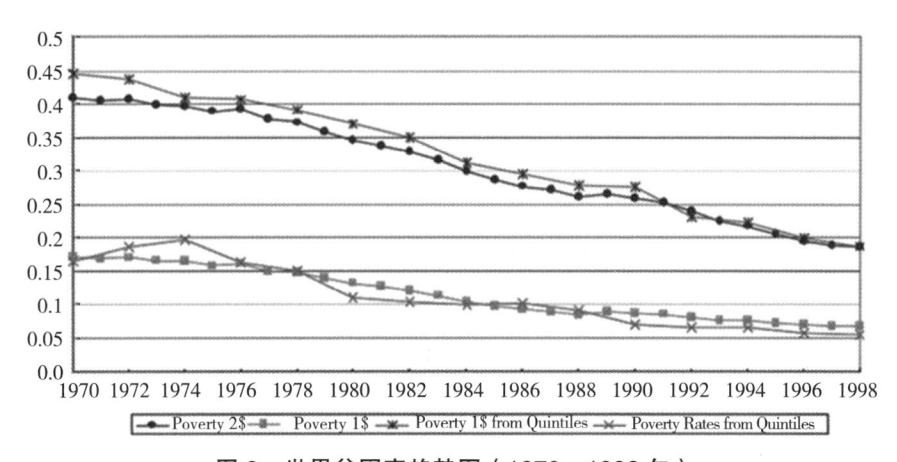

图3　世界贫困率趋势图（1970—1998年）

资料来源：Sala-i-Martin Xavier（2003a），*The World Distribution of Income 1970-2000*，Unpublished，Columbia University.

依此实证分析结果，可知：①在所考察的时间段内，世界视野而言的多经济体实现了整体收入水平的上升与贫困率的降低，换言之，没有出现绝对贫困化而且可观察到总体而言的致富趋势；②但与此同时，多经济体总体而言可观察到相对贫困化，即高、低两端群体的收入差距有明显扩大。这项研究实际上否定了库兹涅兹的倒 U 曲线认识框架。考虑到以上这两项研究一个是用美国数据,一个是用多国数据,具有不可比性,又都只覆盖 30 年左右的较短时间段,故均不足以给出关于收入分配格局变动长期趋势的较有把握的论断。更长时间段的考察分析,便成为很有价值的延伸研究了。

二、收入分配不平等主要缘自资本:《21 世纪资本论》述评

经济学界于 2014 年出现了一部产生广泛影响的关于收入分配的著作,即托马斯·皮凯蒂的《21 世纪资本论》,而其中最引人注目之处,就在于皮凯蒂将库兹涅兹当年所做的研究做了推展,进一步证实,虽然在 1913—1948 年期间美国的收入分配不公平程度的确有显著下降,但是进入 20 世纪 50—70 年代后,这一程度开始趋于稳定,并没有继续下降,而进入 20 世纪 80 年代之后,这一程度重新开始扩大,以至于截至 2000 年,这一程度已重新回到 1913 年的水平。这一研究可以说是对库兹涅兹曲线最直接的颠覆。换言之,皮凯蒂的一个重要结论,就是基于实证视角的库兹涅兹曲线在美国经济实践中从近百年的视野看其实并不存在,或者我们转而从规范视角去理解,即库兹涅兹倒 U 曲线不会自动地稳定形成,至少基于美国的实践可以得到这样的结论。虽然在诸多媒体当中,颠覆库兹涅兹曲线这一点都被当作皮凯蒂这一著作的最大亮点,但是我们认为,这一点还是应当排在"资本/收入比"这一指标认知的后面。因为在《21 世纪资本论》之前,学界已陆续有许多相关研究进行了如上所述对库氏倒 U 曲线的颠覆性证明,而皮氏的原创性贡献,在于正面解释关于收入分配差距形成机制的重要新发现。

《21 世纪资本论》的最大亮点,在于使用资本(财富)与国民收入的比例这一指标来研究分析收入不平等问题。皮凯蒂认为,基尼系数将所有的不平等因素都囊括在一起进行反映,不尽科学,因为由于努力工作而导致的不平等是应当得到鼓励的,而由于继承财富以及财富的膨胀所带来的不平等扩大则是应当抑制的。基于此,与大多数情况下总是简单关注流量有所不同,皮凯蒂基于资本(财

第六章　国际视角与哲理延伸：收入分配理论与实际结合的概略考察及对中国的启示

富）这样一个存量概念，构造了资本／收入比这样一个融合了存量与流量的指标，这个指标的高低能够反映资本所带来的收入究竟是不是越来越多地集中在了少部分富人手中。按照皮凯蒂的分析逻辑，这一比例越高，就说明拥有相对更高储蓄率、更多投资机会和更高回报率的富人更多地拥有了该国资本带来的收入。经过对一个相当长历史时期翔实数据的分析，得到了随着经济增长，收入分配不公平会加剧的结论。具体而言，皮凯蒂计算出19世纪和20世纪初，欧洲的资本／收入比为6～7，美国为4～5，也就是说，欧洲的资本总量相当于6～7年创造出来的国民收入，而美国是4～5年；到20世纪50年代，欧洲的资本／收入比降至2～3，美国也降至4以下；而后又开始一路飙升，截至2000年，欧洲的资本／收入比已上升至5~6，皮凯蒂估计这一数值会在未来进一步上升至6.5。

《21世纪资本论》的另一亮点和认识贡献，就在于提出资本的收益率虽然在经济学理论上已有（常规投资）边际递减规律存在，但是在现实运行中由于条件总在变化，资本总是相对于劳动而言有更多的投资扩张机会，并且随着技术的不断进步，越来越多的市场主体都在为了吸引资本而相互竞争，能够得到资本支持的市场主体往往能够将技术再向前继续推进，所以在经济实践当中，资本收益率呈现逐步上升的趋势。以这一认识再加上资本／收入比不断提高的事实，皮凯蒂得出资本在国民收入中所占比例将会越来越高的判断。自19世纪以来，尽管贫富差距有过不继续恶化的时期，也有过缩小差距而改善的时期，但总体来讲却是趋于恶化的，而且唯独可认定的改善时期出现在两次世纪大战爆发时期，并非市场经济自发形成的结果。鉴于此，皮凯蒂主张对资本征收累进税来扭转21世纪贫富恶化的趋势。

皮凯蒂的论述在全球范围内产生广泛影响而引发的热烈讨论中，得到了一些经济学家的支持。保罗·克鲁格曼认为《21世纪资本论》是"本年度最重要的经济学著作，甚至将是21世纪10年代最重要的一本书"，也认为富人的巨额财富在现阶段已经不能那样理所当然地获得，因为越来越多的富人财富来自于继承，而非创业和工作。罗伯特·索洛也认为皮凯蒂"总体来看是对的"，甚至认为其以资本在国民收入中所占份额这一指标作为衡量标准的"富者越富的动态学说"填补了经济学分析的重要空白。

同时，皮凯蒂的论述也受到一些经济学家的批评。劳伦斯·萨默斯首先对皮凯蒂的论述条件提出了质疑，针对皮凯蒂所认为的资本收益率下降缓慢，萨默斯指出这一前提条件没有考虑资本贬值，认为如果将其考虑进去，资本收益率显然下降得更快，而针对资本收益全部用于再投资这一前提条件，萨默斯则以美国为例说明每增长1单位财富居民就会增加0.5单位的消费来进行了反驳。此外，对于不平等问题的日益加剧，萨默斯认为主要是技术创新和全球化所导致的，这种以天赋为条件的不平等是具有合理性的。其次，萨默斯还对皮凯蒂所提出的对资本征收累进税的政策建议提出了质疑，认为存在特殊资产定价难题、可能引发非理性消费等。曼昆认为皮凯蒂所论述的收入最高的1%的人其收入在国民总收入中的占比高达20%这一结论不科学，因为没有考虑个人税收支付和非现金收入，而如果将所有因素都综合考虑，那么收入末端20%的人其总收入上升了50%，而中间20%的人其总收入也上升了36%。阿西莫格鲁则认为收入分配不平等在长期看来与资本/收入比这个指标关系并不大，主要还是制度在起作用，而且仅用最高的1%的人的收入状况作为研究指标存在偏颇。（大卫·哈维则认为虽然贴上了"马克思主义者"的标签，但是皮凯蒂这本书与马克思关系不大，甚至认为这是一本以"资本论"为题目却不是关于资本论述的专著。）中国学者在讨论中，李稻葵指出皮凯蒂的实证研究没有覆盖近几十年主要发展中经济体如中国的情况，考虑到中国等国减贫等方面的成效，皮凯蒂的舆论恐需做出重大修正（当然，如考虑到三十余年中国基尼系数的状态，李稻葵的观点又有可商榷之处）。秦晖在肯定皮凯蒂论述涉及的冷战时代全球化的确造成了发达国家内部分配不均平的重新扩大时主要使用"%—倍数"指标（即顶端的n%人群之总收入占比为底端的n%人群的若干倍），同时强调经济高增长时期"资本优势"会上升而相反时期则下降的原因，并非皮凯蒂所说 $r > g$（资本收益率高于经济增长率规律），而是全球化时代资本、商品双向流动中"低人权优势"经济体与相反的高人权优势体间"畸形互动"：外向型发展中的全球市场均衡条件下使两类大相径庭的"社会市场经济"的要素配置带来收入不均年度扩大的如此结果（秦晖的分析确有其深刻之处，但其量化分析还需做更多的工作）。

第六章　国际视角与哲理延伸：收入分配理论与实际结合的概略考察及对中国的启示

不论上述见仁见智的讨论如何发展与演化，皮凯蒂研究成果的贡献应得到充分肯定，其认识意义与价值至少包括：①更长期视野的关于倒 U 曲线的研究可以引出十分重要的发现，显著地丰富相关认识。②关于收入分配格局的认知十分需要把资本、财富的存量与收入流量结合做出动态的关联性考察研究，以揭示更为深层的收入变动机制问题。③延伸的研究已推进到收入分配不均平之成因的全球化时代全球资源配置的综合性均衡条件、利益格局形成机制，以及区别对待式的分析认识框架与区别化对策的明显必要性问题。④抑制收入分配结果不均平程度的制度与政策设计（涉及税制等）显然是十分必要的，推演到即使认可长期存在倒 U 曲线，在此曲线达到其"爬坡"的峰值之前，就应积极研讨抑止收入差距扩大的"全要素"（流量＋存量）方案。

三、民粹主义福利赶超拖垮经济升级成长：关于拉美落入"中等收入陷阱"的教训

拉美民粹主义基础的福利赶超最为直接的触发原因是应对 20 世纪"30 年黄金增长期"带来的社会收入差距扩大。拉美国家经历过长期殖民地生活，加之种族十分多样化，始终对平等问题非常敏感，又叠加了遗留下来的制度因素，使工业化和城市化进程举步维艰，创造就业和解决城乡一体化发展问题更加困难（社会收入差距扩大问题也与多语种、多信仰等人口结构问题有一定关联，多元民族间的差异性与歧视因素，容易催化收入差距矛盾）。外部发达国家的榜样效应本来是经济赶超的催化条件之一，落后经济体运用后发优势对发达经济体进行技术学习和制度仿效而实行赶超，是中等收入经济体赶超阶段的合理路径。然而，拉美后来的赶超路径并没有沿着学习技术和依托长久有效制度体系继续推进经济赶超的方向来进行，而是扭曲地转向了忽略本土财政约束、机械照搬发达国家福利水平和福利体制的方向。当时的发达国家已经经历了几轮的"经济迅速增长—工资福利上涨—经济继续迅速增长"，在经济发展水平到达一定高位且逐步稳定后，才进入"工资福利上涨—建立福利保障体系"的转变，又经历一定时期的福利覆

盖面扩大和福利水平提高，终于建成福利国家体制。拉美作为经济落后的经济体，在民粹主义情绪与政治家争取选票的契合之下，过早地照搬发达经济体历经多年发展才得以推行的体制，只能是力不从心、适得其反。

这种福利赶超的结果不是单一因素所导致的。拉美地区在经济高速增长了30年之后，收入分配不平等问题日渐尖锐，这种缩小贫富差距的愿望在各个阶层都非常强烈，加之从较低的收入水平步入了中等收入水平，生活各个方面都得到了显著提高，公民于是更加关注自身利益，尤其是自身福利与发达国家的比较，形成一种"大众情感的政治主张"即所谓"民粹主义"倾向，加之从宏观经济尤其是国家经济发展水平、国家财力水平、国民收入等发展与积累的理性角度来考虑，公民上述对福利无限的渴望本不应盲目地、一味地去迎合，但是拉美国家政治上的不稳定加上选举制度下为了迎合选民的意愿而推崇民粹主义政策的政治领袖当权，导致选民的这种非理性意愿不断地、简单地、不计后果地被政治领袖所迎合与满足，因而最终导致了拉美地区"民粹主义基础上的福利赶超"。这种福利赶超导致国民收入分配中应当用于继续推动经济赶超的经济发展成果几乎都作为福利提前分配，而没有强大的力量再支撑经济的继续增长，加上当时的"进口替代工业化"战略的错误导向，推拉美的宏观经济进入几近万劫不复的境地，在短短的时间中内耗掉了难能可贵的经济发展成果而落入"中等收入陷阱"一蹶不振几十年，引发各种社会矛盾和恶性循环。

福利本来应是随中等收入经济发展、赶超的不断推进而逐步提高的，然而，拉美的民粹主义基础上的福利赶超把福利的增长作为重要的目的而忽视了福利增长的可持续机制，掏空了经济发展的后劲和持续改进民生福利的基础。拉美地区与中国经济发展历程具有相当程度上的相似性，都经历了30多年的高速增长时期，都存在收入分配不平等、市场体制机制等多重问题，因此特别值得我们关注和吸取其前车之鉴。

四、中国经济增长中收入分配的抉择：重要结论及启示

以上国际视角的概略考察分析可为中国经济增长中正确处理收入分配问题的抉择提供重要启示：第一，经济增长不会自动解决收入分配"两极分化"问题，收入分配差距先扩大再缩小的库兹涅茨曲线不会自动实现；第二，收入分配不平等的问题可能随着资本（财富）向少数人手中集中而继续扩大，并且随着技术进步和全球化而呈现新的"加码"特点；第三，高速经济增长所带来的贫富分化问题决不能通过简单的福利赶超即盲目提高全民福利来解决，短期行为式地内耗经济发展成果最终将因吊高民众胃口又不可持续、激发矛盾而导致经济失去发展后劲，不仅福利将从云端跌落尘埃，而且整个发展势头也随之丧失，从而落入"中等收入陷阱"。

从中国的收入分配数据分析结果来看，中国经济增长已出现了三个阶段性结果，除了符合世界范围内经济增长所导致的成长性结果以外，还带有自己的特点。第一个结果：整体收入水平不断提高。如图4所示，中国的收入分配曲线在1970年、1980年、1990年和1998年呈现出整体不断右移的趋势，而且峰值也呈现不断右移的趋势，即中国随着经济增长实现了居民整体收入水平的不断提高。第二个结果：贫富差距显著扩大。随着经济增长，中国整体收入水平在呈现不断提高的同时，还呈现出不断离散的特点。图4从左至右的四条曲线分别代表了1970年、1980年、1990年和1998年的中国收入分配分布曲线，不难看出，1970年的收入分配分布曲线最为收敛，随后的1980年收入分配分布曲线开始呈现出离散的特点，再后的1990年收入分配分布曲线离散的幅度更大，至1998年，收入分配曲线已经呈现出非常显著的离散特点，这个动态过程揭示的就是不同收入水平的人群不断拉开距离的过程，显示了中国随着经济增长呈现的贫富差距显著扩大的特点。

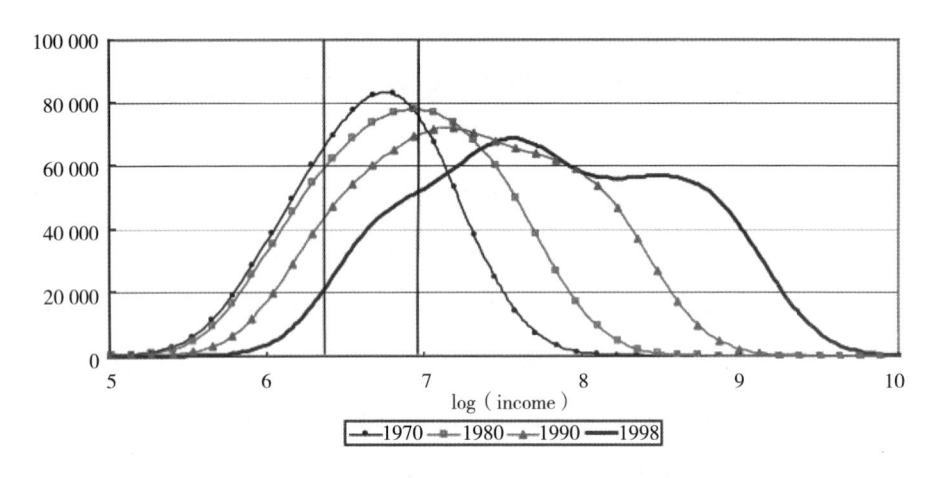

图 4　中国的收入分配分布曲线（1970 年、1980 年、1990 年、1998 年）

资料来源：Sala-i-Martin Xavier（2003a），The World Distribution of Income 1970–2000，Unpublished，Columbia University.

客观而论，这种发展结果总体特征尚符合我们在经济赶超战略下的相关预期，即符合邓小平所说的"允许一部分人先富起来"，而现阶段相关问题的重中之重就落在了怎样实现"先富"带动"后富"，从而"最终实现共同富裕"。结合以上考察分析中的初步结论，理论研究和国际经验至少告诉我们这样几个要点：

第一，收入分配差距（不平等）的"两极分化"问题不会随着经济增长而自动解决，需要通过政府"看得见的手"进行合理干预而谋求矛盾的缓解和最终得以解决，这必须作为相关制度机制和政策研究的一个重要方向。第二，随着中国步入中等收入发展阶段，收入流量指标所产生的差距可能不再像改革开放初期那样突出，而由于资本（财富）存量指标所产生的差距可能会更加突显，加之中国现在正逐步成为全球化的核心之一，并且日益成为全球技术创新的重要引领者之一，由于资本（财富）所导致的收入分配不平等可能会更加明显，并且呈现出更为复杂的特点，正如萨默斯所说的那样，这种收入分配不平等可能带有资本结合天赋、资本结合创业、资本结合技术、资本结合机遇等多重特点，绝非像单纯继承大笔财产而导致的收入分配不平等那样容易得到明确的对经济发展具有积极或是消极影响的判断。第三，已有学术研究论证表明，财政进行收入分配与再分配

第六章　国际视角与哲理延伸：收入分配理论与实际结合的概略考察及对中国的启示

过程中，存在"三元悖论"，即指任一特定时期，人们在减少税收、增加公共福利支出和控制政府债务及赤字水平这三个通常看来都"很有道理"的目标之中，至多只能同时实现其中两个，而不能同时实现，且未能达成的目标会同时制约其他两个目标实现时的水平。这一结论也在一定程度上呼应印证了拉美地区因民粹主义基础上的"福利赶超"而导致的消极发展结果。在统计现象层面归结起来，1950年以来，全球100多个达到中等收入阶段的经济体中，仅有十余个国家和地区成功跨越"中等收入陷阱"而成为高收入经济体，中国在改革开放以来的经济社会发展过程中先经历了"黄金发展期"而后又遭遇"矛盾凸显期"，多种矛盾压力之下，必须正确面对经济增长所带来的收入分配差距过大等日益带有风险、隐患特征的问题，一方面须避免社会贫富分化而导致的社会失稳动荡，另一方面须避免民粹主义基础上的福利赶超即以牺牲经济赶超来饮鸩止渴或短期地平息社会矛盾而后却导致整个发展难以为继，在力求完成技术突破性进展的同时，更重要的是如何完成制度突破性进展，从而实现从计划经济传统体制向社会主义市场经济体制的成功转轨、达成弥合"二元经济"的平稳过渡，有足够的支撑力跨越"中等收入陷阱"（大概率看2025年前后为考验期），步入世界发达经济体之林。

主要参考文献

［1］Simon Kuznets. *Economic Growth and Income Inequality* ［J］.American Economic Review，1955，45（1）：1-28.

［2］Sala-i-Martin Xavier. The World Distribution of Income 1970-2000 ［R］. Columbia University，2003.

［3］皮凯蒂.21世纪资本论［M］.北京：中信出版社，2014.

［4］贾康，苏京春.中国突破"瓶颈期"亟须制度创新［N］.参考消息，2016-3-23.

［5］贾康，苏京春.中国的坎：如何跨越中等收入陷阱［M］.北京：中信出

版社，2016.

［6］蔡昉.收入分配的新库兹涅茨事实［N］.上海证券报，2015-9-10.

［7］何帆.《21世纪资本论》导读本［M］.北京：中信出版社，2015.

［8］贾康.区分"公平"与"均平"，把握好政府责任与政策理性［D］.财政部财政科学研究所《研究报告》，2006-10-23.

［9］苏京春.避陷阱、求坦途：中等收入阶段的福利赶超与经济赶超［M］.北京：经济科学出版社，2013.

［10］秦晖.全球化困境：原因与出路——兼评《21世纪资本论》（上）［J］.领导者，2015（63）.

第七章　中国收入分配格局基本认知和代表性问题分析

中国的收入分配格局及其相关制度机制如何优化，是经济社会转轨中推进国家治理体系和治理能力现代化的重大现实问题。本文首先考察现阶段中国收入分配的基本格局及其中的关键问题，随后勾画培育壮大中产阶级所面临的特定挑战，并讨论与收入分配相关的中国企业负担、特朗普减税冲击、科研经费管理等热点案例。

一、居民收入增长中其占比走低后有所回升，部分居民"灰色收入"可观：最关键问题应聚焦于"非公平、非规范"及其制度性成因

我国改革开放以来的经济社会发展中，国民收入分配总体格局发生一系列演变。2000—2014 年，居民收入与人均 GDP 增速之比，经历了先走低、后抬高的过程，前面 8 年（2000—2008 年），我国人均 GDP 实际年均增长率为 10%，城镇居民人均可支配收入的实际年均增长率为 9.9%，农村居民人均纯收入的实际年均增长率为 6.4%，均低于经济增长速度，但后面 6 年（2008—2014 年），人均 GDP 的实际年均增长率为 8.1%，而城镇居民人均可支配收入与农村居民人均纯收入的实际年均增长率分别为 8.2% 和 10%，都超过了经济增幅。可知居民家庭收入在国民收入中的占比在经历了下降过程之后，又转为上升过程。（刘伟，蔡志洲：《新世纪以来我国居民收入分配的变化》，北京大学学报，2016 年第 5 期）。

根据国家统计局数据，可计算出 2000—2014 年，我国政府、企业、居民三部门在国民收入初次分配与上次分配中的占比情况（见表 1、表 2）。

表 1 2000—2014 年国民收入初次分配格局

时间/年	初次分配/亿元 住户	政府	非金融企业	金融机构	占比/% 住户	政府	非金融企业	金融机构
2000	65 811.00	12 865.20	18 529.92	794.40	67.15	13.13	18.91	0.81
2001	71 248.72	13 697.28	21 617.68	1 504.54	65.93	12.67	20.00	1.39
2002	76 801.57	16 599.95	23 666.49	2 027.70	64.49	13.94	19.87	1.70
2003	86 512.46	18 387.52	27 132.28	2 944.75	64.09	13.62	20.10	2.18
2004	97 489.67	21 912.66	36 979.34	3 071.90	61.14	13.74	23.19	1.93
2005	112 517.06	26 073.94	41 532.18	3 494.24	61.28	14.20	22.62	1.90
2006	131 114.93	31 372.99	48 192.56	5 223.88	60.73	14.53	22.32	2.42
2007	158 805.28	39 266.86	61 525.47	6 824.39	59.61	14.74	23.09	2.56
2008	185 395.44	46 549.14	74 609.24	9 476.51	58.66	14.73	23.61	3.00
2009	206 544.03	49 606.34	73 275.18	10 894.40	60.69	14.58	21.53	3.20
2010	241 864.51	59 926.74	83 385.82	14 582.48	60.50	14.99	20.86	3.65
2011	284 282.94	72 066.93	94 853.93	17 358.58	60.67	15.38	20.24	3.70
2012	319 462.37	80 975.88	97 023.47	20 753.02	61.65	15.63	18.72	4.00
2013	353 759.88	88 745.04	120 826.03	19 865.78	60.66	15.22	20.72	3.41
2014	387 473.11	98 266.40	137 142.34	21 909.25	60.09	15.24	21.27	3.40

资料来源：2008、2013 年经济普查修订的资金流量表。

表2　2000—2014年国民收入二次分配格局

时间/年	再次分配/亿元 住户	政府	非金融企业	金融机构	占比/% 住户	政府	非金融企业	金融机构
2000	66 538.67	14 314.06	17 152.68	517.59	67.90	14.61	17.50	0.53
2001	71 865.34	16 324.18	19 327.19	1 254.42	66.50	15.11	17.88	1.16
2002	77 423.32	19 505.94	21 313.62	1 927.53	65.01	16.38	17.90	1.62
2003	87 268.45	21 946.82	24 339.09	2 866.89	64.65	16.26	18.03	2.12
2004	98 508.92	26 517.58	33 246.66	3 075.63	61.78	16.63	20.85	1.93
2005	112 910.16	32 573.69	36 987.87	3 100.65	61.49	17.74	20.14	1.69
2006	131 426.42	39 724.85	42 687.11	4 303.44	60.87	18.40	19.77	1.99
2007	158 558.63	51 192.09	54 207.96	5 284.53	59.51	19.21	20.35	1.98
2008	185 926.31	60 544.07	65 450.94	7 106.18	58.83	19.16	20.71	2.25
2009	207 302.37	62 603.34	64 171.08	8 405.70	60.91	18.40	18.86	2.47
2010	243 121.74	74 116.25	72 069.17	13 206.55	60.82	18.54	18.03	3.30
2011	285 772.58	90 203.21	78 990.47	15 179.18	60.99	19.25	16.86	3.24
2012	321 399.16	101 301.11	78 875.93	16 855.35	62.02	19.55	15.22	3.25
2013	357 113.36	110 375.99	100 204.35	14 963.20	61.23	18.93	17.18	2.57
2014	391 109.95	121 574.23	116 262.29	15 932.81	60.66	18.85	18.03	2.47

资料来源：同表1。

根据表1、表2中的情况，居民所占比重在经历下降过程后走过2008年的低点而有所回升，但总体上此期间下降了6个百分点左右。这种"蛋糕三分情况"的变化曾一度成为多方关注与讨论的热点，认为与我国消费率偏低等现象密切相关。白重恩等学者的相关研究测算了这个"比重走低"问题，具有中国学界主流观点的影响力（白重恩、钱震杰：《国民收入的要素分配：统计数据背后的故事》，《经济研究》2009年第3期）。

但根据王小鲁的研究，我国国民收入分配中存在巨额的灰色收入，未能反映在国家统计局的数据中，属于隐性收入，在 2008 年，约为 4.6 万亿元的总规模（王小鲁：《灰色收入与国民收入分配的比较》，《比较》2007 年总第 31 辑），后根据他的又一轮估算，基本结论是 2011 年，我国灰色收入总规模为 6.2 万亿元，相当于 GDP 的 12.2%（王小鲁：《灰色收入与发展陷阱》，中信出版社 2012 年），而且这种隐性收入的分布是极不均衡的：这块收入中的 63% 集中在前 10% 的高收入家庭，80% 集中在前 20% 的高收入家庭。

根据王小鲁这一同样广泛引起关注和重视、形成主流观点影响力的研究成果，白重恩等学者根据官方统计数据的研究结论，恰恰与之是"冰炭不能同器"的观点：居民收入占比考虑了这一巨额的影响成分后，非但不是下降的，依基本逻辑关系，还应当是有所上升的。到底如何，自然会有见仁见智的讨论，但限于种种条件制约，各种观点的量化结果均不可能十分精确。但应当看到，王小鲁这一研究结果的独特价值却是无可否认的，即把实际生活中人们早已可感受到的非规范收入问题纳入严肃的学术研究框架，得出其规模巨大的一种量化分析结果——具体量值上的难以精确，并不能否定问题性质上的重大现实意义，即我们不应局限于统计局的官方数字认识中国收入分配问题，也不宜局限于居民部门所占比重的下降问题，特别是应深入探究"隐性灰色收入"问题背后的收入分配结构问题，即收入差距、财产差距问题，收入分配的公正性、规范性问题，以及与之相关的深层次制度性成因。

关于中国居民收入分配结构视角的"收入差距过大"问题，早已引起各方关注，以基尼系数的官方数据衡量，2008 年达到历史记录最高值的 0.491，以后逐渐走低，但 2016 年仍在 0.46 以上，属于过高状态；而非官方研究群体对于中国基尼系数的测算结果，往往明显高于官方数值，如西南财大甘犁团队的研究结论，是高达 0.61。与之相随，居民财产分布的基尼系数更高，北京大学中国家庭追踪调查（CFPS）形成的《中国民生发展报告 2015》基于全国 25 个省市 160 个区县 14 960 个家庭的基线样本，得出的结果是全国居民家庭财产基尼系数已从 1995 年的 0.45 扩大为 2012 年的 0.73。顶端 1% 的家庭占有全国约三分之一的财产，底端 25% 的家庭拥有总量仅在 1% 左右（2016 年 1 月 13 日《第一财经日报》)(参见表3)。

表3　各类来源基尼系数比较

基尼系数	国家统计局	西南财大 CHFS	北大 CFPS
2002	0.454	—	0.55(财产)
2003	0.479	—	—
2004	0.473	—	—
2005	0.485	—	—
2006	0.487	—	—
2007	0.484	—	—
2008	0.491	—	—
2009	0.490	—	—
2010	0.481	0.60	—
2011	0.477	—	—
2012	0.474	0.61	0.49/0.73(财产)
2013	0.473	—	—
2014	0.469	—	—
2015	0.462	0.60	—
2016	0.465	—	—

资料来源：作者根据公开报道整理。

特别关键性的认识是：与居民收入、财富差距扩大形影不离的是收入分配的不规范、不公正问题。大量的隐性收入，包括"灰色"（涉及尚不宜直接认定为违法乱纪的种种不规范分配）的和其中的"黑色"（涉及腐败等犯罪行径）的收入，在分配格局中占据不容忽视、相当可观的分量。探究其成因，自然应聚焦在相关制度供给的有效性不足问题上，进而探求以改革来矫治之路。

如把王小鲁估算的5万~6万亿元规模的不规范灰色收入考虑在内，我国居民部门所得在这些年间并非是减少份额，而且很可能其份额还会有所增加，只是关于具体增加了多少的认定，的确成为一个棘手的难题，无法形成权威解释。然而，我们依据常识和相关指标的逻辑关系，应可知王小鲁所指称的隐性收入，一部分会是在财务与统计信息中"偷梁换柱"地从非居民部门转到居民部门内的，这一块只影响"蛋糕"的切分结构，不影响我国GDP的总量，另一部分却会是以"坐支方式"不进入财务与统计信息的，于是合乎逻辑地说，这一块应是以做"加法"的因素影响我国GDP的总量，即构成使"蛋糕"增大的贡献因子。但实际上，这个"加法"也肯定将难以为官方统计部门所接受。我们愿意在此特别强调的是，在种种制约条件下，依王小鲁的研究成果而量化地调升中国GDP的总规模，虽然可以认为不具备可操作性，但在中国GDP内部结构视角上，适当调升居民部门份额，却显然是合理的、必要的。至于调升多少，确实也难以精确论定，但至少，这个审视已显著冲淡了关注"居民所得比重下降"问题的必要性，而启示我们更多地把注意力放在中国国民收入分配的真问题——不规范、不公正、差距悬殊上来，特别是应循着改革逻辑深刻认识其所关联的深层制度性成因，进而探求有效对策。

刘鹤指出，"收入分配差距是中国经济最大的不平衡"[为彭文生专著《渐行渐远的红利——寻求中国新平衡》（2013年社会科学文献出版社出版）而写的评语]。这种收入分配差距中内含的非规范性、非公正性，与现实生活中主要源于制度供给有效性不足而发生的不正之风、贪污腐败、权钱交易、化公为私、国资流失、巧取豪夺等实为一体，弊病性质最为严重，事关人民的基本福祉、社会的公平正义和执政党与国家的命运、前途，是当代中国正确处理收入分配所需解决的核心与要害问题之所在。

二、关于中产阶层重要意义的认识、判断和培育、壮大中产阶层面临的挑战

关联于中国收入分配基本格局的认知，还需特别注重中国中产阶层的状况及如何使其得到培育和壮大的问题。

中国在实施现代化战略中的基本诉求，是基于人本主义立场、维护和促进内

外部和谐状态下的"和平崛起"。把收入分配联系于社会和谐状态的追求，有一条十分为人们所看重的基本经验，即培育和壮大中等收入阶层（"中产阶层"）是促进与实现社会稳定和谐的重要条件。一个中等收入阶层成为社会成员主体的社会之中，更高端的巨富者和更低端的贫困者都是少数，可形象地称为"橄榄型"（"两头小，中间大"，形似橄榄）的社会，是最具有稳定、和谐特征的社会，因为大量有"恒产"的中产者，容易具有敬业乐群的"恒心"，中产之上的富豪阶层及之下的低产阶层均相对量较少，则客观上有利于缓解高、低两端间的矛盾，不少发达经济体的实证情况，正是这一判断的基本依据，而中国与这一类型社会的明显差异，被认为是需要努力加以改变之处。这即是"培育和壮大中等收入阶层"内在逻辑与必要性的缘由。

从传统体制下十分过度的平均主义，演变为改革开放中"一部分人、一部分地区先富起来"，中产阶层的增加应是顺理成章的情况。但在当下如何估量中国中产阶层的发育程度，还有不同的认识与不少的纠结。在此特别阐明如下两个层次上的基本认识。

首先，在相关的概念上应强调，中等收入阶层是个相对的、定性的概念。所谓相对概念，就是说不要太计较与别的经济体在绝对数值上的对比，主要应看居民于所在经济体内的上下对比关系。所谓定性概念，就是要理解中等收入阶层应该是这样的一些社会成员：他们有恒产——中国人特别看重的有房有车（特别是有房的时候，不应是以痛苦的当房奴的状态去占有它），还要有一定量的储蓄，有相匹配的教育、医疗等方面中高水平的生活服务，并与社保体系要融为一体，而且还应具备享受旅游等生活闲暇的能力，等等。对于这样的中等收入阶层，从定性上来认识它，值得进一步探究在参考现有的官方统计数据方面，要怎样消除一些假象而努力接近真实图景。

2016年，按国家统计局数据，全国居民五等份收入分组，基本情况如表4和图1所示：

表4 2016年全国居民五等份收入分组统计表

	人均可支配收入/元	占总人均可支配收入的比重/%
低收入组	5 529	4.23
中等偏下收入组	12 899	9.88
中等收入组	20 924	16.02
中等偏上收入组	31 990	24.49
高收入组	59 259	45.37

注：全国居民五等份收入分组是指将所有调查户按人均收入水平从低到高顺序排列，平均分为五个等份，处于最高20%的收入群体为高收入组，依此类推依次为中等偏上收入组、中等收入组、中等偏下收入组、低收入组。

资料来源：国家统计局网站《中华人民共和国2016年国民经济和社会发展统计公报》。

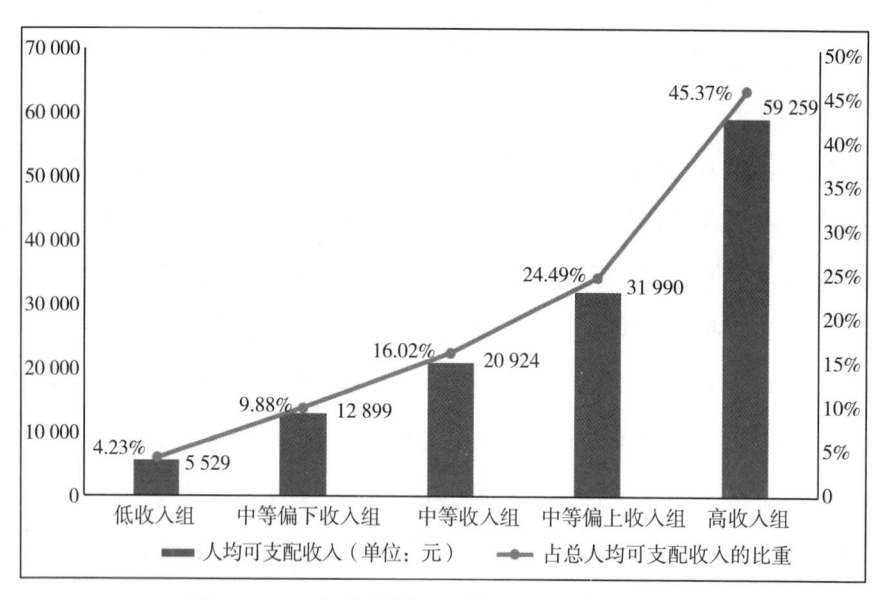

图1 2016年全国居民五等份收入分组统计图

资料来源：本图注与资料来源同表4。

官方统计数据表明，全国居民现在的"收入五等份"，直观看上去，收入最高层级的和次高层级的这两组，合在一起占到69.86%的总人均可支配收入，其中最高收入组占 45.37%，即按社会成员收入结构比重的分布来看，五分之一的家庭掌握了近二分之一的总收入，其次的五分之一家庭掌握了约四分之一的总收入，这是从有别于基尼系数的另一个统计视角，表明中国社会收入分配的差异悬殊状况。应当指出，这一统计结果对中国社会真实收入差异的反映仍是严重不足的，其非常重要的原因，就是这一套五等份统计数据，主要来自家计调查，而家计调查是由人们自愿填报的（抽取调查户时，不自愿，即跳过）。现实生活中，真正的富豪没有人愿意填报。王小鲁教授做过深入研究的中国那些有"灰色"收入、"黑色"收入的人们，一般也是不填报的，即使他填报的时候，也不会真正如实填报自己的"灰色"收入、"黑色"收入。所以，这些家计调查数据放在一起，我们不能说它没有意义，但它跟中国社会的真相有相当大的距离。它无法充分揭示中国居民收入分配这个视角上实际的收入、财富占有倒金字塔型和人口比重正金字塔型这两个方面的结构差异特征，也会由此掩盖一些有关中等收入阶层的真实情况，使关于中国中产阶层成长的相关判断偏于乐观。

其次，中国已有的中产阶层陷于较明显的焦虑，折射着现阶段很突出的挑战性问题。

应指出，在已经形成的我国"新中产"人群中，客观上的种种原因，还促成了他们主观心理状态上较高程度的"焦虑"，表现为与其他经济体中产阶级心态稳定特征的明显不同。2016 年 7 月，英国《经济学人》杂志在专题报道中称，中国中产阶级有 2.25 亿人，他们是世界上最焦虑的一群人。该报道把中国中产阶级定义为：家庭年收入在 1.15 万到 4.3 万美元之间的人，约为家庭年收入从 8 万到 30 万元人民币的群体——这个数量区间，特别是未按家庭人均年收入这个更准确的指标来衡量，都还是值得商榷的，标准偏低，但数量规模应低得还不算太离谱，与之大同小异的估计，是麦肯锡和波士顿咨询的规模估计：2020 年，中国的中产阶段人数将达到 3 亿或再高一些。换言之，近 14 亿人中，除了为数不太多（肯定达不到 1 亿人）的高收入阶层成员和这 3 亿人左右的中产阶层成员外，其余全部都是中产阶层以下的中低收入与低收入成员。

中产阶层所焦虑的，主要是住房的价位节节升高，环境安全威胁明显，子女教育、医疗、未来养老等的负担都在趋向于愈益沉重，加班太多、个人时间被挤占所带来的紧张，等等。怎样消除这些焦虑，使他们充分体现助益社会稳定的作用，这是中国在培育、壮大中产阶级（中产阶层）方面所面临的特定挑战。

三、热点案例观察："曹德旺议题"应引出的全景图考察分析——中国的企业负担如何降低与合理化？

2016年12月，福耀玻璃董事长曹德旺的一番言语"一石激起千层浪"，引出社会热议。他在谈到于美国投资办厂的同时，强调了中美对比之下的企业负担问题，实际上所讨论的是国民收入分配体系中的税、费及其他分配机制应怎样合理化的问题——从这个视角可正面表述为如下命题："中外税、费及其他企业负担的'全景图'和相关改革的分析认识"，相关考察可简要展述如下：

（一）曹德旺议题重要，结论还不到位

曹德旺所涉及的美国和中国对比的企业人工费、电费、天然气成本、物流中的过路费，其他开销里的厂房、土地与各种各样的融资、清关、配件的相关负担，这些其实与税没有直接关系，不是以税的概念能涵盖的。他把这些所有的项目都做了相关的考量以后，最后做的总结却是一句话：中国综合税负比美国高35%。这就需要澄清一点：他到底说的是税，还是税和其他负担的总和？显然他实际上已在全盘考虑后者，结论却未说到位，我们作为研究者的学术探讨，更应该按后者即税内税外的所有负担来把握"全景图"。

（二）全球发展竞争中确有用脚投票，相关的企业负担问题决不限于税，但可以先从减税开始讨论

社会热议中的"曹德旺要跑"之说使他感到十分委屈，是可以理解的。他其实早在20年前就在美国布局，早早就"走出去"的情况下到了新的阶段，在生产经营方面有自己进一步乘势扩大规模的意愿和感受到的现实可能性，专业化生产汽车玻璃要跟着汽车产能走，中国国内的产能和美国的产能都在发展，他两边都得跟上。

但社会关注的企业家会否"跑掉"问题又不是空穴来风。全球发展过程中，实际上确实存在不同主体会"用脚投票"来实施要素流动、实现资源配置的竞争。在这方面曹德旺提出这样一个引起大家普遍关注的企业负担重要问题，形成社会广泛的讨论之后，应该乘势引发理性认识，更好地清晰地形成对真实情况的把握、分析，然后力求建设性地提出应该尽快采取的一些对策措施。

中国企业普遍反映"负担沉重"这种情况，与其他经济体相比，既有共性（几乎所有企业都存在"税收厌恶"，必说税负重，主张轻些更好）；又有个性（中国的企业负担与其他经济体相比名目更多更复杂），考虑在全球化背景下企业"用脚投票"的竞争中提升中国投资环境的吸引力，减轻企业负担，需考虑的绝不限于税，但可以先从减税开始讨论。

"减税"显然是回应社会诉求的"得人心"之举。中国现在设立的正税为18种，要想再减，具体减什么，这是关键的问题。

如果按照决策层要稳定或降低宏观税负同时又要"逐渐提高直接税比重"的意向，那么言下之意就是要以降低间接税的税负（主要是表5中第一类）为大方向。

表5 中国税种一览表（17种）

税种类别	税种内容
流转税（3种税）	增值税、消费税、关税
所得税（2种税）	企业所得税、个人所得税
财产税类（3种税）	房产税、车船税、船舶吨税
行为目的税类（6种税）	印花税、土地增值税、耕地占用税、契税、车辆购置税、城市维护建设税
资源税类（2种税）	资源税、城镇土地使用税
农业税类（1种税）	烟叶税

注：按照全国人大常委会2016年12月审批通过的《环境保护税法》，我国于2018年1月1日起开征环境保护税，现时我国实际开征的税种总数为18种。

(三)中国降间接税的同时需考虑提高直接税比重；中美"减税"基本不可比，应防"东施效颦"

在减税的同时，必须维持整个政府系统还要安排的支出，满足一系列的社会目标要求，比如要保民生改善与"社会政策托底"的很多事情，涉及一系列与7000万贫困人口脱贫的"精准扶贫"相关的财力投入，涉及维持我们所有的社会保障事项（从住房保障到教育、医疗、就业、养老）相关的所有投入，可预计的财政支出是要不断加码的，收支缺口压力之下，我国财政赤字率2016年和2017年已抬到了3%，今后这个赤字率再往上抬一些不是不行，但是需更加审慎。

虽然纳税人都不愿意加税，但是选择性加税，实际上是在努力降低可打主意降负的流转税、维持适当的宏观税负水平和优化税制结构、加强直接税再分配功能遏止两级分化这些大前提之下必须处理的配套改革问题。如要"降低宏观税负"，在以税改提高直接税比重这方面的要求可相应宽松一点儿，但要增加直接税毕竟是十分棘手的改革难题，即使行动起来，其收入的上升估计也必是一个较慢的变量，以这个很慢的变量配一个很快的向下调整的变量（就是减少间接税），必须找到短期内填补其缺口的收入来源（如增加政府举债），而这又将会面临越收越紧的约束条件。

曹德旺议题的热度与美国新任总统特朗普的减税方案有关。特朗普的减税与当年里根的减税基本在一个套路上，都是主要减降美国联邦政府的财力支柱来源——个人所得税，也包括减降州政府为主征收的公司所得税，是直接税概念下的减税。

中国的情况则是直接税中，个人所得税几乎无足轻重（近年仅占全部税收收入的6%左右），企业所得税已经减了许多（标准税率早已降为25%，高科技企业更早已优惠至15%，中小企业减半征收即为12.5%，加速折旧、研发抵扣都有匹配，许多地方政府提供"两免三减"等），继续减降空间很有限了。而且只讲减间接税，就变成了仍在"顺周期"框架里的"东施效颦"（经济偏热时会继续升温，偏冷时升温会很有限，还会刺激地方政府"正税损失非税补"的"刮地皮"扭曲行为），非但没有"自动稳定器"功能，还会对我国的一些矛盾问题（粗放发展、累退分配、价格波动等）推波助澜。

那么，在以上综合考察之下，具体考虑中国企业税收上还能减什么？应主要有两个方向：

第一，营改增这一"结构性减税"已经于2016年5月1日之后在框架上做到全覆盖，细处还有一些问题，需调查研究后寻求解决，具体落实到改进措施的设计与实施。如若干年后条件具备时，不排除增值税的标准税率水平做一轮较明显的向下调整（此事近期似不具备可行性）。第二，企业所得税标准税率，还可讨论从25%进一步调低到20%左右——这至多是介乎于"微调"与"中调"之间的调整；小型企业所得税的征收上，"起征点"还可以再抬高，但抬高后，一家企业也不过一个月充其量减降一两千元的税，对企业来说未必能有多大帮助；企业研发支出得到企业所得税最高175%的抵减这一优惠政策，亦可讨论能否进一步提高优惠程度，但也已非多大力度的减税措施。从这些已经可以感受到在我国正税框架里，我们所面对的减负空间的局限性已比较明显。

（四）从国际可比宏观税负水平看，中国并不高，把各负担因素综合起来考虑，减降正税不是减轻企业负担问题的全部，甚至已不是最主要的部分

按照IMF标准口径做对比，中国大致和发展中国家平均宏观税负相当：近年不到35%，明显低于发达国家宏观税负的平均值（参见韩洁、刘红霞《中国宏观税负低于世界水平》，人民日报海外版2017年1月17日；《专家：中国宏观税负水平总体较低》，中国新闻网2016年12月21日）。

但我们至少应把正税之外中国特别需要讨论的行政性收费，五险一金，还有一些隐性的、在政策环境中明规则之外潜规则起作用而形成的各种综合成本因素（很多是隐性的，但企业不得不承担的成本）综合在一起考虑。那么至少必须强调：

1. 减少行政收费关联大部制改革等的攻坚克难

行政性收费需要减降，关键在于怎么减？

我国对行政性收费已做了若干年间不少的整合、清理，有关部门多次表示能

取消的取消、能降低的降低之后，仍然形成了这方面我国企业明显高于其他经济体的负担。娃哈哈集团反映的高达500项以上的各种收费，经有关部门核对，可归并的归并之后，仍高达300多项，也称得上"多如牛毛"了。这后面的背景，是相关公共权力环节的各个部门，在这方面已经形成了一定的既得利益，部门的审批权，后面跟着的往往就有明的收费权和暗的"设租"权。很多的具体收费，是跟着这种公权在手的"权力行使"带出来的。

这些行政性收费里很多的负担怎么往下降，遇到一个难题，就是整个政府的架构如何完成一个"脱胎换骨"，至少"伤筋动骨"，最好是整合在一起的改造：即实施大部制、扁平化的改革。但实际上，横跨两届政府，我国的大部制改革只走了一点"小碎步""小花步"，连一个技术性方案早无硬障碍的国地税合并都做不了。这是中国改革深水区要给实权部门"拆香火"的难题。

2. 降低"五险一金"水平，必须解决社保基金制度机制问题

关于"五险一金"的减降，有空间，有基本共识，但潜力空间需要改革才能打开。

如果基本养老的全社会统筹做不到位，现在所讨论的"五险一金"要往下降，有些地方支付压力大到过不去怎么办？如果真正冲破省级统筹局限做到全社会统筹，"过不去"就变成"过得去"了，因为至少30多个（实际上为数更多）"蓄水池"（社保基金池）变成了一个，互济、共济的功能将马上大为提高，降低"五险一金"自然而然就可以跟上来了。整个蓄水池系统潜在的调节功能，可以承担降低"五险一金"的这个调整，但如没有这个蓄水池的改造，却就是总也过不去，问题就这么简单，但又属触动既得利益的"攻坚克难"改革任务。

3. 企业的隐性负担问题在中国相当严重

中国企业负担中的一大"特色"是隐性负担沉重。比如，企业开办至少要盖几十个章，需要种种"打点"，实际上必然产生一系列、合成一大块的隐性成本与综合成本；待企业运行起来了，对几十个局、委、办等公权部门的"打点"也会常年不断。这些成本在国外不能说没有，但应该讲与中国比，可能是有天壤之别的。

所以，正税减降不是中国减轻企业负担问题的全部，甚至已不是最主要的部分。减轻企业负担的讨论，实际上需要从"减税"切入而自然而然对应现实情况扩展到必须怎样整顿、改进整个市场营商环境的讨论，特别是延伸到如何遏制种种潜规则造成的设租寻租、变相索贿，等等。近年企业反映还有另一种变相的负担："为官不为"，这同样也是负担，拖着企业的时间，可能就把企业拖死了，这不也是负担吗？这些约束要破除，依靠什么呢？需要依靠习近平总书记说过多次的"冲破利益固化的藩篱"，实质性推进配套改革。原则有，但怎么做？这是"中国特色"概念下非常现实的问题。

（五）如何看待人工费、电费、过路费等

接下来，还需讨论更多种类的企业负担问题：

1. 人工费能不能减

中国现在这方面对美国还有比较优势，但对东南亚等地已成劣势了。应该注意到，人工费的上升合乎这些年中国进入中等收入阶段后的阶段转换，大的趋势是未来人工成本还会继续上升，换言之，还会继续减少低廉劳动成本"比较优势"对中国经济增长的支撑力。从正面讲，这是中国经济发展到"中等收入阶段"，走过"刘易斯拐点"后劳动者，特别是低端劳动者（粗工、壮工、农民工等）随"民工荒、招工难、用工贵"而在市场环境中提高了工资的要价能力，代表着劳动者能够更好"共享改革开放成果"的新境界；从负面讲，则是在中国出现发展阶段变化后，"无可奈何花落去"，旧的比较优势和动力体系支持在滑坡，代表着产业结构"腾笼换鸟"等挑战带来了严峻的新考验，迫切需要以供给侧结构性改革增加"全要素生产率"的贡献实现动力体系转型升级来对冲下行因素。人工费的高低总体由市场决定，不是企业决策者想减就能减的。

2. 电费要借改革压低，但中国不能与美国比拼电价

曹德旺提到电费在美国是中国的一半，中国有没有可能继续降？电力部门的改革可以部分地解决这个问题，而电力改革又是攻坚克难的问题。如能在电力改革中使电回归商品定位，竞争性机制产生选择性，电的成本有可能依靠一些改革带来的潜力释放而往下压低，这是我们非常值得争取的。

但中国的基本能源禀赋与美国大不相同，今后一个很长的时间内，中国的电力供给 70% 左右还将是以煤烧出的火电。煤有很多实际的"外部性"，其清洁使用是最难的，烧煤发电的综合成本（特别是环境污染造成的社会成本），还没有很好地体现在中国的电价里。我国必须准备在很长的一段时间里，在其他化石能源替代空间已很有限，可再生能源发展"远水解不了近渴"，不得不以煤为主的情况下，"不惜工本"地把煤的清洁利用这个关口突破，使煤的清洁利用在中国能够面对着自己的"胡焕庸线半壁压强型三重叠加"的"非常之局"，产生以非常之策升级支持可持续发展的与国情相匹配的特点和绿色发展效应（参见贾康、苏京春：《胡焕庸线：我国"半壁压强型"环境压力与针对性供给管理战略》，《中共中央党校学报》，2015 年第 1 期）。那么，如要减少雾霾的威胁，减少环境方面的污染，中国最合理的方法，应该是实行适当的高电价政策，逼着企业千方百计地开发有利于绿色、低碳发展的节能、降耗、减排的工艺技术和产品，这才有利于在经济压力形成动力的情况下，去解决中国怎么突破这个非常之局的历史性考验问题。中国作为将近 14 亿人口的"第一人口大国"，加上"胡焕庸线"这样的"半壁压强型三重叠加"的格局，造成在绿色发展方面，别的经济体都不能与中国同日而语的国情。适当高电价以经济手段引出相对少烧煤，虽不能让我国的煤炭消耗绝对量马上往下调，但可在努力控制绝对量的同时，让每个单位产出里所含的关联污染的成分、比重下降。以经济手段为主减少煤的耗费和减少这方面电力能源的耗费以治理污染，是一个中国特别国情之下必须说清楚的机制构建问题上的正确选择。

3. 中国也不宜与美国比拼过路费

在很长一段时间内，中国做不到美国那样于交通干道、高速公路上基本不收费，因为我们还不得不依靠贷款和 PPP 途径融资，然后以收过桥过路费的方式，形成在这样一个循环中加快基础设施建设的机制，这是中国现代化过程中从追赶到赶超的特色之一，虽然也引起了老百姓的一些不满，但是同时必须说清楚，老百姓在这方面总体而言是受益的。关键是要提高收费机制阳光化的程度，让社会一起监督，使这些钱滚动式地真正用到支持基础设施加快建设和升级换代方面。

要承认这里面会发生一定的人工维持费与管理成本，但是不能过分，不应在透明度不高的情况下，少数人把它处理成一种既得利益的固化，然后再在其间膨胀小团体利益和私人利益，引出很多实际上不符合公共利益最大化的偏差来——这又涉及制度机制的改革。

4.公路上对车辆滥罚款的痼疾，主要是吏治问题，已不是税费问题

在中国公路网上的货运车辆，多年来面临一种悖论：一方面由于种种过路费和罚款太高，车主不超载货运就赚不到钱，另一方面政府的公权环节正是依靠普遍的货车超载而不断形成违规罚款的依据和罚金收入的来源，从而"加强管理干劲十足"，这种恶性循环是怎么形成的？简言之，是法治不到位和阳光化监督机制不到位，而罚纳两方陷入螺旋上升的畸形博弈。要解决这一问题，显然已与税制、税改无关，关键是如何建立相关良法、实现阳光化执法、动真格整顿吏治等措施，来处理好公路货运的一整套制度安排问题。

（六）如何看待土地、厂房成本和融资成本

首先，土地、厂房成本降低涉及基础性制度建设和优惠政策的可实现性。企业用地这方面，取向上当然是应当尽可能地控制其成本，但一般是当一个区域的经济发达程度上去了，地价也就随之会抬起来，用地企业需要给出对价，具体的价位水平没有一定之规，是在要素流动的市场竞争环境中生成的。关键是，为什么这些年中国有条件来靠土地批租把收入水平抬高的这些地方政府，它们的短期行为不能得到有效遏制呢？为什么一定要"单打一"地依靠土地批租收入呢？比照美国，那里也有相当于地租的一部分政府收入，但最主要最关键的，是美国地方政府有由土地开发形成不动产后在其保有环节早已确立的财产税收入来源，这种直接税，一年一年稳定地构成地方政府最主要的大宗收入，而使之不必一味依靠土地批租"一次把钱拿足"。机制优化了，相关的地价和地皮上形成的厂房等不动产的价格会更沉稳，不会"地王"频出，企业用地的相关负担也不会动辄提升。中国人如果说过去没有意识到这是现代社会、现代国家必然有的特征，那么现在我们别无选择，需要积极向房地产税等这些"基础性制度建设"上靠近。十八届三中全会要求的"加快房地产税立法并适时推进改革"，在实践中

历经数年寸步难行，已表现了其异乎寻常的难度，这也唯有"攻坚克难"才能取得进步。

至于曹德旺在美国办厂发生的用地、厂房方面的费用由于得到州政府的补助而冲销，这种情况在中国不少地方（特别是中西部）也存在相应的优惠政策规定，但如果其他配套条件跟不上，还是缺少其"可实现性"，难以迎来"招商引资"的成功，因为投资者不会只看不动产的成本这一项相关因素。

其次，如何考虑融资等方面的成本？

中国企业融资的成本有高有低，但总体而言大量民营企业、小微企业融资既难且贵，是影响企业发展的一个非常重要的负担因素。

前些年的"温州跑路事件"（当地一批成规模的民营企业资金链断裂，老板们"跑路"避祸）表明：由于正规金融"低利贷"其实已边缘化，大量"灰色"金融和高利贷式高成本融资的"黑色"金融却唱了主角，潜规则强制替代明规则，待到世界金融危机发生以后，正是由这种高利贷的畸高融资成本的脆弱性，表现为引致资金链断裂，爆发局部危机形成跑路事件，随之是暴露了温州当地产业空心化、实体经济升级发展受阻问题。

也有正面案例和十分值得肯定的创新突破，如阿里巴巴公司提供的小额贷款，在没有政府特定政策配套支持情况下，主要就是依靠现代信息技术，不要求抵押，也不用见面办理，处理程序上"零人工操作"，工作中是由软件系统基于大数据、云计算掌握风控，对小额贷款的网上申请可以很快确定具体支持对象，小额贷款得以按比官方规定利率略高一点儿的水平，源源不断发放。这就是对小微企业融资实实在在的贡献了。

我国整个金融体系应力求在改革中实现金融产品供给的多样化，形成"无缝对接"的供给体系，从而达到对需求侧的多种需求类型全覆盖，并使政策性金融（如普惠金融、绿色金融、小微金融、"精准扶贫的金融支持"等）健康地可持续运行，在充分竞争和金融深化过程中，降低融资成本，把高利贷边缘化、从市场上挤出去，这又是依靠配套改革才能得到出路的解决方案了。

第七章 中国收入分配格局基本认知和代表性问题分析

（七）考虑了"减税减负"，还不得不考虑"增税负、加税种"——以直接税制度建设为例

中国在减税措施的进行中，还有客观存在的"增税负、加税种"的税制改革任务。党中央十八届三中全会改革部署中所要求的"逐步提高直接税的比重"，是属于无可回避的增税、加税的方面。

其一，个人所得税是典型的直接税，其改革中应是有减税，有加税。个税的减税在中低端，加税在高端，关键是要实现"综合与分类相结合"，加上必要的"专项扣除"，以家庭为单位按年征收，这是已讨论多年的个税建设发展的大方向。我国的个人所得税改革还会有较漫长的路，启动个税法律下一轮的修订时，应把工薪收入与其他可归堆的收入归堆，合并在一起实行超额累进税率；直接投资产生的资本利得可另做处理（原则上是做比例税的处理），表示鼓励直接投资。还应加上另外一些符合国际惯例、顺应民众要求的考虑家庭赡养系数和住房按揭"月供"利息负担等特定调整、专项扣除。与之相匹配的个人所得税的信息系统建设运行与征收管理，也都是具有挑战性问题。

其二，房地产税需从无到有，攻坚克难。从全局、长远考虑，中国住房保有环节的房地产税，是另一项势在必行的直接税制度建设，属于有多种正面效应的基础性制度改革任务，也是我们打造房地产领域健康发展长效机制和使整个税制与整个社会走向现代化必须经受的历史性考验。房地产税改革是供给侧改革中一个"啃硬骨头"的典型。狭义上讲，这个改革是要解决的，是我国不动产里消费性质住房持有环节上的税收，要从无到有。上海、重庆两地已经有这方面的本土改革试点，十八届三中全会要求"加快房地产税立法并适时推进改革"，但迄今为止一直未见"加快"。房地产税对中国现在特别重视的共享发展、收入再分配有独特意义，亦有久拖不决的高难度特点。从构建现代化经济体系的客观需要看，房地产税改革应尽快提上议事日程。其作为一个直接税，除了筹集政府收入，特别重要的是会发生按照支付能力原则在税收上"抽肥"的作用，让有豪宅、有多套房的社会成员多做一些税收贡献，而使这些资金进国库的"抽肥"之后，就能"补瘦"，即政府用此种税收收入支出于扶助弱势群体，加强保障房建设，促进社会福利。这种"抽肥"不是让先富起来的人伤筋动骨，而是在他们发展、享受的层面上适当让渡一部分物质利益，本质上是一个促进社会和谐的"共赢"的税收。我国在经过了多年物业税模拟试点和实施了上海、重庆两地称为房产税的改革试点后，房地产税的改革任务应排除阻力，争取尽快得到推进，路径是在"税收法定"轨道上，尽快落实十八届三中全会关于"加快房地产税立法"的指导意见，一待立法完成，可在房价上涨压力大的一、二线城市率先实际开征。第一，必须立法先行，最关键的要先进入一审，把有关部门在内部做了很多年的草案先公之于世，来征求全社会的意见。第二，在税率的设置上，应该根据房产的价值（市场影子价格）等因素确定税基和税率。对满足生活基本需求的房屋面积可实行零税率，对超过住房标准的房屋面积实行各地标准税率，使高收入群体在享有大面积住房的同时也承担更多税负。第三，要注重广义口径上和房地产相关的所有税费的整合和配套改革。第四，要对地方充分授权，于立法完成后在不同区域酌情分步实施。综合地考虑，在中国强调住房保有环节征税势在必行的同时，又必须设计可行方案给出家庭住房"第一单位"的扣除，否则社会接受不了，建不起框架来。相关的立法程序，亟应争取尽快启动。

其三，展望中长期，还需研究开征遗产和赠与税。遗产税是一种税负不能转移的直接税，实践中通常要与赠与税一起设计、配套实施，据研究者统计，世界上至少有90余个国家征收此税。我国在税制体系里，其实一直有其概念和一席之地，20世纪80年代后改革讨论中，也曾明确提到此税，但一直没有开征。改革开放多年后，社会变化巨大，财富的积累与增长有目共睹，社会阶层的分化和矛盾凸显也十分刺眼。于是乎在近十年期间，遗产税问题成了一个更为敏感的问题，在官方的文件和公开场合已久不提及。而在2012年"研究开征"此税问题，写入了国家有关部门关于收入分配制度改革的指导文件，于是社会重开议论，如何深化相关的理性讨论很有必要，也无法回避。从邓小平所强调的"社会主义的本质是共同富裕"的基本观点及中国现代化过程中"先富共富"的战略思维考虑问题，显然要认同开征遗产税的"价值取向"，它主要体现在调节收入与财产分配、促进慈善公益事业发展和合理协调先富共富关系三个方面（贾康：《遗产税考量上的"价值取向"与其改革设计的"问题导向"》,《全球化》2014 年第 3 期),有促使收入分配机制优化的功能和在中国研究开征的必要。但还需考虑此税关联的一系列配套条件与制度建设问题,其开征所应具备的前提条件要求与房地产税相比,有过之而无不及,比如居民财产的登记、报告、查验、保护制度需达到较高的水平,官员财产的报告与公示制度有必要先行,还需充分准备如何匹配对先富阶层的包容式引导和持续创业发展的激励、对中等收入阶层的培养、对"第三部门"的扶持与规范以及一系列与社会可接受性和技术性相关的问题。因此,此项改革的排序在中国直接税体系建设事项中摆得相对靠后,应是比较理性的选择,在充分肯定其大方向后,"研究有必要,快进不现实",需从长计议,积极稳步寻求推进。

(八)需要面对全景图在改革的攻坚克难中解决"真问题",配套改革包括构建直接税体系的历史性任务

综上所述,我们必须把曹德旺所说到的所有企业负担问题和其生发的积极讨论,引导到更全面看待的正税负担、非税收入负担、税外隐形负担、社会环境里的综合成本等所有相关因素的全景图上,切忌"盲人摸象",各执一词。如果仅从某一个特定视角做出强调,比如简单化、概念化地指责"死亡税率",显然还无法中肯地引导共识和形成建设性的解决方案。

必须特别强调,对这些降低负担和使负担合理化的要做之事,关键点与难点在于其所匹配的改革上,敢不敢"啃硬骨头",能不能真正通过改革攻坚克难形成有效的制度供给,构建一个高标准、法治化、低负担、公平竞争的营商环境和社会和谐环境,这是中国企业降负、减少制度性成本的真问题之所在。同时,企业税负与负担相关的改革,还"牵一发动全身"地必然关联整个社会中自然人、家庭所应有的直接税制度改革。

税负不能(或极难)转嫁的直接税,是调节社会成员收入分配、财产配置的规范化再分配工具,其比重目前在中国税收中还很低,不超过 30%,作用还很弱(梁季:《直接税和间接税的理论探讨与实证分析》,《中国财经信息资料》2013 年第 28 期)。其中个人所得税已实际上严重地边缘化,在年度税收总额中仅占

6%左右。但中国为完成现代化而构建现代税制的过程中，必须借鉴市场经济共性经验"顺势而为"，同时也要应对民众"税收厌恶"与渐进改革中日渐强大的既得利益阻力"逆势而行"，在配套改革"攻坚克难"中完成逐步构建和完善直接税体系的历史性任务。否则，中国收入分配调节机制的合理化，将在越来越大的程度上滞后于经济社会进步的客观需要而沦为空谈。

四、热点案例观察二：财政分配的"三元悖论"与中国怎样应对"特朗普减税"冲击

公众对于减税、增加公共福利支出和控制政府赤字与举债水平，都是持强烈呼吁和拥护支持态度的，但贾康和苏京春于2012年比照蒙代尔与克鲁格曼的"不可能三角"与"三元悖论"的直观形式，考察财政分配的内在制约，已指出可以于常规限定条件下得出财政分配的"三元悖论"：即在财政经常性支出的管理水平、政府的行政成本水平和政府举债资金融资乘数既定情况下，均很得人心、表现为公众主流诉求的在财政分配中减少税收、增加公共福利支出和控制政府债务及赤字水平三大目标，至多只能同时实现其中两项，而不可能全部实现（贾康，苏京春：《财政分配"三元悖论"制约及其缓解路径分析》，《财政研究》2012年第10期）。

```
              A.减少税收
               ↗  ↖
              ↙    ↘
B.增加公共福利支出   C.控制债务及赤字水平
```

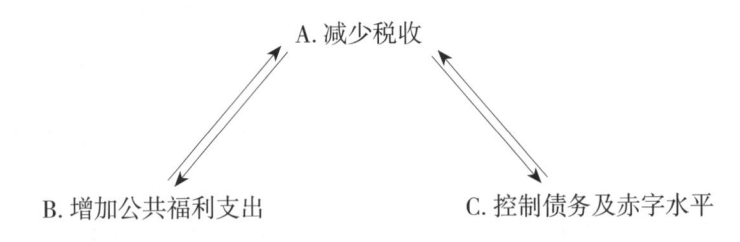

图2 限定条件下财政分配"不可能三角"的图示

图2直观地表明前述限定条件下，财政分配的"不可能三角"：任一特定时期，人们在减少税收、增加公共福利支出和控制政府债务及赤字水平这三个通常看来都"很有道理"的目标之中，其实只能进行以下三种选择：第一，若在财政分配中"减少税收"和"控制债务及赤字水平"，那么必须以减少（而不可能是增加）公共福利

第七章 中国收入分配格局基本认知和代表性问题分析

支出为前提；第二，若在财政分配中"减少税收"和"增加公共福利"，那么必须通过提升（而不可能是控制）债务及赤字水平来实现；第三，若在财政分配中"控制债务及赤字水平"和"增加公共福利"，那么必须通过增加（而不可能是减少）以税收为代表的政府非债收入来实现。由此有图3：财政分配"三元悖论"：

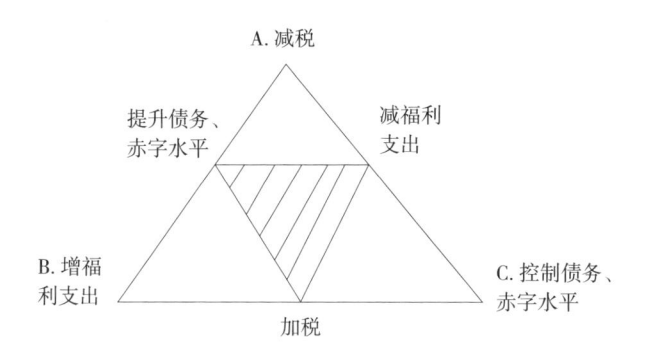

图 3 财政分配"三元悖论"的图示

图3直观地表现在"三元悖论"关系下，只有三角型三条边上各自成一条线上的三个选项的组合才是可行的。其实，这里面关键性的数量关系十分明白，因而相关的公众关切与分类取向所可能产生的内在悖谬这层"窗户纸"也是很容易捅破的，即为：A.减税可减少企业、居民负担，因而会受到广泛欢迎；B.增加公共服务方面的福利性支出会增加社会成员的实惠，因而也会受到广泛欢迎；但这两者并行恰会扩大政府收支缺口，必带来C即增加赤字，从而提升为弥补赤字必须举借的政府债务的总水平——这便涉及"安全问题"——其实公众对这个问题也并不缺少"常识"：因为一说到"政府债台高筑"，又往往会引出公众广泛的忧虑与不满。所以可知，"巧妇难为无米之炊""鱼与熊掌不可兼得"的常识，在财政分配中不过是说：税为收入，福利为支出，两者必须是顺向匹配的，一般情况下，加则同加，减则同减，如果一定要顺向增加福利而逆向削减税收，那就必须找到另一个收入项——举债，来顺向地提高它以支撑原来的匹配关系。前述A、B、C三者中，要同时保A、B，就必须放弃对C的控制，但这又会遇到公共风险的客观制约。若想三全其美，则绝没有可能。这里体现的约束是客观规律，并一定会引伸、联通到整个经济社会生活"可持续"概念下的终极约束。

以上分析可归结出一个基本认识：虽然公众福利的增进是经济社会发展的出发点与归宿，但在一个经济体发展的任一特定阶段、具体条件下，公众福利的水平（可以用公共福利支出规模为代表）却并非越高越好，高过了一定点，对于经济发展的支撑作用会迅速降低，甚至导致经济增长过程不可持续。福利支出水平带来的福利增进对于经济发展的正面效应及其转变，在直角坐标系上可简明表示为图4：

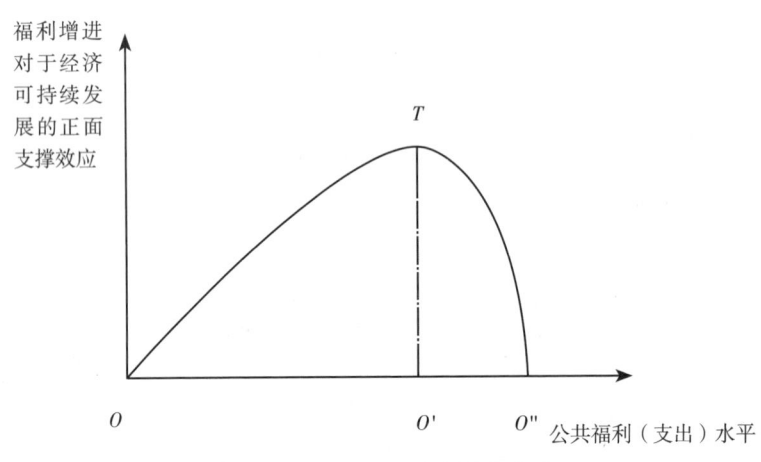

图 4　福利增进的效应转变曲线

图中横轴表示公共福利水平（以公共福利支出水平为代表），纵轴表示福利增进对于经济可持续发展的正面效应或支撑作用（亦可按一定数值单位量化），在原点 O，假设为无福利，其正面效应当然无从谈起，其右方一旦有一定的公共福利，便会随其水平上升迅速表现为对经济成长的正面支撑效应的上升（现实生活中常被称为人民群众的积极性因基于物质利益原则的激发与调动等措施而促成经济活力的上升），一直可上升到对应于横轴上"O'"点的曲线上 T 这一最高点（最佳值），但若还一味继续增进福利，其正面效应的下滑（现实生活中表现为经济体成长活力的迅速滑落）将迅速导致 O'' 点上正面效应丧失殆尽而进入负值区间（可与实际生活中可观察的拉美式"中等收入陷阱"案例比照），而 O'—O'' 的距离是相当短的。也就是说，公共福利水平一旦超出最佳值，其对一国经济可持续发展的正面支撑作用会很快转变为迅速下滑后的负面效应，所以从调控当局而言，必须精心、审慎地把状态控制在接近或达到峰值，但不超过临界点的区间内。

第七章 中国收入分配格局基本认知和代表性问题分析

这一福利增进效应转变曲线与贾康于 20 世纪 90 年代提出的国债规模正面效应变化曲线十分相似（贾康：《关于我国国债适度规模的认识》，《财政研究》1996 年第 10 期；贾康、赵全厚：《国债适度规模与我国国债的现实规模》，《经济研究》2000 年第 10 期。），两者的内在逻辑完全一致，在某种意义上可认为是同一演变过程的不同角度表述而已。

近日美国特朗普政府公布减税方案，有媒体称这将掀起世界范围的减税潮，人们也在关注这一举措对中国可能形成的"竞争"影响乃至"冲击"，一时众说纷纭。结合上述"财政三元悖论"认识框架和中美两国相关情况，可得出的基本看法可以简述如下。

（一）减税是美国、中国的共同选项，并都有原已积累的理性认识和经验

美国早在 20 世纪 80 年代即有所称"里根经济学"指导的减税实践；中国也是从改革开放开始，就在力行"减税让利，搞活企业"的方略——均已积累了相关经验，取得了积极的成果。当下，在世界金融危机的负面影响需要继续加以消除的背景下，美国新任总统特朗普要兑现其"让美国重归伟大"与"大规模减税"的竞选承诺，中国要认识、适应和引领"新常态"而深化供给侧结构性改革，进一步简政放权减税，这是两大经济体在税收取向上的共性表现。作为共同的选项，其内含的学理支撑因素也是一致的：需要以减税进一步降低市场主体的实际负担，在供给侧激发微观层面创业、创新的潜力与活力。"拉弗曲线"运用定量研究的曲线方式，至少在原理上定性地表明了一个最佳（宏观）税负点的存在，如果越过了这一点，虽然税率设计得更高，但实际上政府的收入却会趋于下降，同时经济活动将明显趋于低迷。所以，现实生活中的政策制定者，就一定要把可能越过这一点的税负因素明智地调减下来，以优化经济运行，同时从中长期看，这也将会优化政府收入。在政府设计层面，美国已有当年供给学派政策主张之下的减税方案的经验可资借鉴，中国则已有 30 余年间减税让利与税制改革基础上近年以"营改增"为代表的"结构性减税"经验，以及将继续贯彻实施的安排。

（二）美国方面以减税取得一定成效是大概率事件

特朗普上任被称为"黑天鹅事件"是表示其胜选颇为出乎意料，他的减税承

诺及上任百天即明确宣布的兑现方案，体现了他作为原长期居于市场竞争一线的企业家基于亲身感受而发的政策设计取向，以及他现作为总统回应广大市场主体诉求的鲜明态度。估计这一力度较大的减税方案在依照美国决策程序推进到具体实施的过程中，还会受到国会等方面的制约，不排除其方案会有某些调整，但以减税为特征而得到适当"打磨"之后的通过，并在实施后取得成效，应是大概率事件。

但减税作为一柄"双刃剑"，也将会加大美国的赤字与公共部门债务压力，如果再配上特朗普已明确表态要推行的大规模基础设施升级建设，这种压力就会更为可观。客观地说，由于有财政"三元悖论"原理揭示的"减税、增加公共支出和控制政府债务与赤字水平三大目标至多只能同时实现两项"的现实制约，特朗普政府还需认真捉摸和权衡，把握其减税、加大基础设施开支与控制赤字、举债风险的临界点。估计PPP（公私合作伙伴关系，即我国现称的"政府与社会资本合作"）会由此在美国引起更高程度的重视和更为有声有色的推行，以助益于其权衡中临界点的外移而力求"少花钱，多办事，办好事"；另外还要特别指出，美国在全球独一无二所掌握的"美元霸权"即世界货币主导权，也可以为特朗普上述"新政"匹配上放松其自身所受财政"三元悖论"约束的有利条件，因为其由此抬得较高的赤字和债务水平所带来的风险因素，可以在很大程度上分散到全球各经济体（包括中国）美元资产持有者身上来共同消化、共同承担——当然，这种共担机制只是扩大了"可容忍"的边界，并不能否定"三元悖论"的终极制约。

（三）中国方面自应"顺势而为"进一步减税，但最为关键的是"全景图"概念下的减负

在全球化时代，国际合作与竞争中的互动影响是客观存在、必然发生的。特朗普减税，也会以吸引包括中国在内的市场主体选择"要素流动"方向而调整预期的机制竞争压力，使中国有关部门更加注重把减税做实、做好、做充分——如把这种互动称为"减税竞争"，似乎也未尝不可。但中国并不应惧怕这种国际合作与竞争中的"税收竞争"，因为中国从自身发展战略出发，确实也有进一步减税的必要和相对应的一定弹性空间，特别是，中美之间"要素流动"的竞争绝不会仅仅由一个税收因素决定，这还广泛涉及"高标准法治化营商环境"

概念下众多的其他因素,和由于国情发展阶段等而客观决定的其他"比较优势"因素。美国降低税负,客观上对于中国降税也会形成外部促进因素,但更为重要的是,中国的"降税"与"降负"的关系,比美国要复杂得多,必须确立"全景图"的视野。

以中国"正税"负担而言(即狭义的宏观税负而言),中国现不到 GDP 的 20%,并不比美国高,但说到"税外负担"中的政府行政性收费、社保"五险一金"缴纳等负担(合成广义的宏观税负),中国已接近 35%,不算低了,特别是这些众多的税外负担给市场主体实际造成的负担还涉及和包括了未统计的时间成本、讨价还价"处关系"中的精力耗费、"打点开支"等隐性成本与综合成本——这是双方明显不可比的中方弱项。中国应由此痛下决心以深化配套改革来减负——我认为必须指明,"减税"在中国决不代表减轻企业负担的全部问题,甚至已不是企业减负的最主要的问题,关键是在中国"全景图"之下如何能够"啃硬骨头",把减轻企业负担中正税之外的负担做实做好(参见贾康:《中国企业税费负担的"全景图"和改革的真问题》,《经济导刊》2017 年第 8 期)。

(四)中美税制结构迥然不同,切忌东施效颦、邯郸学步

特朗普的减税主要是大幅削减企业所得税和个人所得税,中国"照猫画虎"是学不来的,因为中国的企业所得税标准税率早已下调到大企业的 25% 和小企业普遍的"减半征收",还有地方政府广泛提供的"三免五减"等,哪里有美国从 35% 水平向下调为 15%(初定,可能达不到)的那个空间?至于中国的个人所得税,与美国完全不可同日而语,美国的个人所得税占到美国联邦政府税收收入的 47% 左右(同时也对州与地方政府做出 10% 左右的贡献),而在中国,早已边缘化地只占全部税收收入的 6% 左右,还有减此税的多大空间呢?中国的税收制度结构是个以间接税(增值税、消费税等)为主体的框架,要学美国的减税,在这个领域里其实不必再强调"学",我们已把应当做的"营改增"做到了全覆盖,真正的学习任务,倒是如何借鉴美国经验(也是一般市场经济体的共性经验),把中央十八届三中全会指明的"逐渐提高直接税比重"的税制改革任务真正贯彻落实——虽然难度极大,需要"冲破利益固化的藩篱",但中国若要

走向一个现代社会而构建现代税制，这是别无选择的路径。如能真正构建、培育起具有"自动稳定器"和"抽肥补瘦"优化全社会再分配功能的直接税体系，中国也就具备了进一步考虑削减间接税负担的"本钱"与可能。这样一来，具体到中国对美国减税与税制应有的借鉴学习，哪里只是"减税"二字所能概括？在中国，实为减税、减负（税外负担）和适当增税（增直接税）的配套改革任务。

我国成语中早有"东施效颦""邯郸学步"的典故，就是先人早已总结了"画虎不成反类犬"的教训，强调应结合自己的实际情况和"比较优势"、可能空间，制订合理正确的借鉴学习方案（当代中国特别是税制改革方案）。特朗普减税举措所应带来的中国的"学习"反应，作如是观！

（五）中国除减税、减负、税改外，还应该做好两件大事

中国税制与美国有极大不同，中国必须"量体裁衣"来应对美国减税的"冲击"。除必要的继续减税、税外的企业降负和积极的税改之外，中国至少还应抓住两件大事不放：一是以政府精简机构压低行政成本开支；二是大力推进 PPP 创新以融资合作提升绩效。

由财政三元悖论可知，减税会衍生一个新问题——在保证政府财政赤字可控的前提下使公共服务供给支出受限。如何在实现降低企业综合负担、不扩大政府赤字的同时，尽可能保证公共服务的供给数量和质量，是政策制定者需要深入思考的关键所在。这就需要抓住在中国使既有财政三元悖论式制约边界外推扩围或内部松动的创新方式：努力缩小政府规模与充分发展 PPP（政府与社会资本合作）的必要性，由此便更加凸显了。

1. 以"大部制""扁平化"改革缩小政府规模

大部制（以归并和减少政府机构为代表）与扁平化（以省直管县为代表）的改革方向早已确立，但十余年间的推进还十分有限。政府机构、部门设置过多，由各层级过多，引出的问题是行政成本高昂，而且企业要拜的"香火"过多，部门权力派生的是过多的明的"收费权"和暗的"设租权"，使企业实际负担抬高，苦不堪言，也使政府开支中的行政成本（自身运转的维持费用）居高不下。显然行政收费减免等、涉及大部制改革等"拆香火"式的实质性问题，一方面要对企业降费，另

一方面要精简政府机构，从而进一步降低行政开支来保障公共开支。由此看来，改革中缩小政府规模是降费、降行政成本并服务于改善民生的不二选择。所以必须这样理解：中国式减税降负绝不是单纯靠税务部门能够独立完成的任务，需要各部门、整个体系的配套改革联动。即便我们在减降正税上已空间有限，未来动作不会太大（直接税逐步替代间接税则需要税制改革的大决心、大动作），但通过优化政府规模，依然可以取得削减企业实际负担的效果，对冲特朗普"税收洼地"的吸引力。由于缩小政府规模的改革是一场"啃硬骨头"的硬仗，更需要各方凝聚共识，积极研讨可行操作方案，力求付诸实施。只有这样，才能达到更少税外负担、更少行政开支的境界，也就是在财政三元悖论于中国实际制约的边界之内，形成了减税、控制赤字债务和加大公共支出的新的组合空间，优化了公共资源配置。

2. 以积极推进PPP这一制度供给创新，扩大融资提升绩效

众所周知，政府发挥职能是现代国家治理不可缺少的组成要素，由此看来，政府规模不可能无限小，这使得我们必须在供给机制上关注除缩小政府规模之外的一项另辟蹊径的创新，即在传统公共服务供给方面别开生面、定将有所建树的PPP。

以公共支出形成基础设施等公共服务供给是政府的责任之一，需要持续稳定的资金支撑。传统上，我国的公共服务供给由政府独家提供，然而，许多不尽如人意的地方不容忽视：一是以税收方式筹资往往导致供给不足，而以赤字方式支付往往导致公共债务膨胀和代际负担不公。二是上下级政府之间信息不对称，权责不清晰，上级政府无法准确判断下级政府的真实需求，地方政府之间为了争夺财政资金而"创造必需"的竞争现象会加剧区域差异和若干不均（欧纯智、贾康：《以PPP创新破解基本公共服务筹资融资掣肘》，《经济与管理研究》2017年第4期）。三是政府支出用于公共工程等项目建设，往往引发超概算、拖工期、低质量以及竣工使用后服务水平差等多年来为人所诟病的问题。千年之交后，我国进入中等收入阶段，民众的公共服务需求被进一步激活。多方压力之下，财政赤字率已于近年升高至3%，地方财政也持续增压，截至2015年末，我国地方政府的债务余额已达16万亿元（全国人大常委会预算工作委员会2015年12月15日地方债调研报告）。可以预见，在减税降负的过程中，至少短期内财政收入

趋紧,如果其他条件不变,不增加政府财政赤字与举债规模的情况下,可用于公共服务供给的资金就会进一步减少。如果单纯靠财政资金支持公共服务供给,不但很难回应特朗普减税,而且供给能力不足与绩效难达意愿将是显而易见的,财政三元悖论制约之下的捉襟见肘更是无法得到改善,还会加剧矛盾的凸显。现阶段,面对经济社会发展对国家治理提出的更高要求,以 PPP 创新拉动政府体外业已十分雄厚的民间资本、社会资金,来与政府合作形成伙伴式有效供给来适应公共服务的多元需求,从种种公共工程相关的"托底"事项和发展事项来改善民生、增进公共福利满足民众诉求,是公共服务供给机制的有效升级,特别是这还将使政府、企业、专业机构在伙伴关系中形成"1+1+1＞3"的绩效提升机制,不仅使政府少花钱、多办事,而且能办好事、获好评。凭借 PPP 这一制度供给创新,可把财政三元悖论在中国的制约边界实际上形成安全的外推。这当然是在特朗普减税冲击下我们更应该做得有声有色的一件大事。其多种正面效应,还涉及政府、民众、企业受益之外,会促进混合所有制改革,引领新常态中对冲经济下行压力和倒逼、催化法治化等方面(贾康:《PPP:制度供给创新及其正面效应》,《光明日报》2015 年 5 月 27 日)。做一粗线条框算,在今后 3~4 年间,中国如果把公共部门负债率同口径提高到 50% 左右(仍在安全区内),可增加的公共工程投资资金规模至少将达 7 万亿元以上,结合 PPP,有望较好拉动民间资本跟进,以发挥乘数效应(贾康:《PPP 制度创新打开了民间资本跟进的制度空间》,财新网 2015 年 1 月 16 日)。PPP 作为制度供给的伟大创新,在我国供给侧结构性改革当中,能够在保证减税降负以及适当控制财政赤字的同时,开启我国更多更好增加公共服务供给的新篇章。

五、热点案例观察三:加强科研经费管理与把激励—约束机制搞对——如何尊重科研规律走通"创新型国家"之路?

改革开放之初,邓小平再次强调了"科学技术是第一生产力",全国科技大会带来"科学的春天"的社会氛围,决策层逐步提炼,最终清晰表述了"科教兴国"基本国策，在20世纪80年代反复要求"尊重知识、尊重人才""落实党的知识分子政策"之后，于问题导向下积极推进科研管理体制等相关制度机制的创新，针对"知识分子政策只是落实在《光明日报》上"和商品、市场经济发展大潮中"搞导弹的收入不如卖茶叶蛋的"之类"脑体倒挂"现象，采取了一系列政策措施和收入分配制度改革安排。至20世纪90年代后，决策层明确提出了走创新型国家发展道路的全局性指导方针，千年之交后，组织全社会专家力量编制《国家中长期科技发展规划纲要（2006—2020年）》，以求我国在新技术革命时代激烈的国际竞争中抓住创新发展机遇，为加快推进社会主义现代化建设的全局服务。

近些年，在我国科技创新取得多方面成绩的同时，相关的收入分配机制优化问题，仍持续成为现实生活中的热点与难点。党的十八大之后，在严格加强党员干部和行政官员廉政管理的"八项规定"和一系列有关收入分配的制度文件推出之后，我国高校、科研事业单位的"比照"式加强管理蔚为风气，科研经费管理与创新激励机制方面的弊病与问题，屡屡成为舆论关注的重点。几年间，批评的主要取向曾是"管理不严"，科研人员被认定为贪污科研经费而锒铛入狱的报道也时有所闻，然而"一种倾向掩盖另一种倾向""加强管理"中的偏颇已不容忽视并引起了决策层高度重视，自2016年以来连续发文做出实际上的纠偏指导。加强科研经费管理的思路和机制问题是关键之所在，事关如何遵循科研规律，把科研创新应有的激励—约束机制搞对，从而支持我们如愿走通创新型国家之路，实现现代化"中国梦"。

科技作为"第一生产力"，具体分析观察，它并不是对传统生产力三要素（劳动力、劳动对象、劳动工具）做加法来加个第四项，而是做乘法即产生一个乘数的放大效应，所以科技的创新成为名列前茅的"第一"，其成功可以带来颠覆性创新、革命性进步和阶跃式的变迁，但实际的推动过程中，它面临的又是具体事项上表现的巨大的不确定性。

首先，很显然科研成果产业化的突破是具有不确定性的。如现在人们主要看到的是在应用互联网现代信息技术成果方面，阿里巴巴等公司的巨大成功，其实在前些年，曾有多少公司冲进这样一个创新领域"烧钱"，而结果是失败了。20世纪90年代，中国已有很多的互联网公司在不惜一切努力做创新，当时在业界引领潮流的那一家公司，现一般公众已经听不到其名字了。这些人们的大量探索，是扮演了"铺路石"的角色，而真正像"风口上的猪"一样一飞冲天的发展成功者是侥幸的。

其次，在科技创新成果产业化突破的不确定性旁边，显然还有基础科研成果应用的不确定性，甚至成果已经看清楚了，已经被人们所接受了，仍然如此。中国科学院一位院士曾感慨地说其最主要的科研成就，是古地质学的一项论证，全世界都接受了，但苦恼的是终身最引为自豪的这个成果和现实生活的关系在哪里？很多的科研成果都具有或一度具有这样的特点。丁肇中博士现在还在孜孜以求地努力研究暗物质，调动大量的资源，建设和运行全世界功率最大的欧洲粒子加速器，在尽其所能寻求突破。但是人们问他，你的这个成果出来以后，对人类社会的影响何在？他说我不知道。然而，人类社会的发展需要不需要这些科研呢？这些伴随巨大的不确定性的基础性科研推进过程，后来却有可能在某个时候，一下表现出特别重大的意义。与爱因斯坦的相对论公式相关，约100年前科学家所说的引力波，它到底跟人类社会的功利性联系在哪里？我们早已经看到了相对论公式所揭示的原子能，其影响是划时代的，并且新近引力波又已经被具体的实验观测所证实，但认识引力波对人类社会的影响，不知有无可能在未来某一时点一下清楚地表现出来。

可知我们所需要的科技第一生产力，从基础理论上以及在实际的成果应用方面有这样的规律性特点：在某些临界点没有达到之前，看到的只是苦苦的追寻，可能是一系列这方面的纠结，但是一旦成功以后，它的第一生产力的作用、颠覆性创新的作用，就会极为强烈地表现出来。

如果确认科技是第一生产力，那么为使这个供给侧要素里如此重要的因素发挥其作用，当然就要注意怎样能够符合科研规律地力求使科研创新者心无旁骛，甚至带有一种癫狂的投身、献身精神而去孜孜以求、持之以恒地从事面对巨大不确定性的创新活动。这旁边一定需要匹配上制度供给，即制度所给出的创新环境所内含的包容性与人文关怀，符合科研规律的持续激励、合理约束。一定要解决的，是以有效制度供给的巨大能动性，打开创新主体的潜力区间，使这种不确定性的科技创新活动能够得到长效机制的支持。政府必须在这方面提供的（由硅谷经验所表明）应是带有公共产品性质的看起来"无为而治"的宽松环境，实际上体现深刻的人文关怀，体现对于创新者、创新主体的好奇心、个性与人格尊严的爱护，对他们的创新弹性空间及其背后的科研规律的充分的认知，以及需由政府在这方面提供的法治保障。

这种经验在中国过去确实传递不足，一般只知道硅谷经验里政府有一个开明姿态，税收方面比较宽松，然后让这些科技精英在那里整天做奇思异想、胡思乱想，几个研究生可以在教授指导下于小小的车库里异想天开做白日梦，一大群天使投资、风投、创投寻找可支持的对象……听起来似乎很简单，美国的硅谷就是这样成功的，日后引领了全世界信息革命的潮流，到现在仍然是谁也无法与之争锋的最前沿的引领者。但是其中隐含的政府怎样更好发挥作用的哲理，对于一线创新者首先从人文关怀方面表现出来的尊重，以及顺应科研规律真正能够融合到深层次的创新保障，恰是在中国现实生活中明显可以看到巨大差异的一个重要视角。

考察分析近年实际生活里中国科研工作者碰到的苦恼和困扰，恰是在反证我们现在走创新型国家之路过程中制度创新的意义和作用：在基本没有人再谈知识分子政策问题的近年，碰到了令人遗憾的情况。2014年全国政协主席俞正声曾特别强调，不要把八项规定出来以后用来约束官员的一些规则，包括经费管理的一些条条框框，简单地套用到知识分子和科研人员身上，但这却不幸被言中。2015年到2016年这段时间，高校、科研机构及其"主管部门"管理环节手上有实权的人员，非常起劲地对知识分子的科研活动、"产学研"合作一线的课题研究等"加强管理"，而加强管理所依据的最基本的规则是官本位、行政化的一套。这些事情已引起李克强总理直截了当的批评意见。国务院办公厅有关优化学术环境的文件下发后，李总理在很多场合多次强调要砍掉科研管理领域里的繁文缛节。除了国办文件里专门说到去官本位、行政化的指导方针之外，还有后来中央专门发出强调尊重人才、培养人才、让人才充分发挥作用的文件。李克强总理到北大、清华调研视察的时候，直截了当说到具体案例：教授做科研出行只能坐飞机的经济舱、高铁的二等座，这都是什么规定？

大量现实案例里，我国有关方面这种加强管理遵循的规则是什么呢？正是官本位、行政化、等级森严的一套，把知识分子、教授、研究员都按照行政级别来对号入座。一个学术带头人、教授、研究员、老科学家，哪怕白发苍苍了，但是如果没有行政上的司局级待遇，那么在国内出行坐高铁就不能坐一等座，只能坐二等座——这样的加强管理其实连天理人伦都说不过去，也就是李克强总理所责问的成为带有荒唐意味的规定。

从科研规律讲，要调动起创新者内生的积极性，当然要有一些物质条件的因素，但一定还要有最基本的人文关怀、人格尊重，至少时间、氛围上应有传统体制下我国科研管理上就有说法的六分之五以上的时间投入到科研的条件与心情。如果科研人员十分苦恼地整天翻账本，填表，写检查，编思想认识汇报，派自己的研究生、学生到教务处的楼道里彻夜排队解决报销的问题，等等，怎么能够有可持续的创新大潮和走创新之路意愿中的巨大成功？

总之，要解决好创新动力体系的可持续性的问题，使科技人员在创新中面对种种不确定性，能够内生地形成较充分的积极性。这样一个制度环境问题，即是把激励—约束机制搞对的制度供给问题，一定要在问题导向下于我国真正解决好。如果按此视角来说，制度、科技、管理三层次创新互动下，应该抓住解决问题的要领，就是我们所有的创新者、高校研究人员及"产学研"互动一线的参加各种各样课题研究的人员，应该更多地从正面宣传科研常识，更多地向各个手上有管理实权的领导机关、领导者做积极的沟通，共同促进把相关的激励—约束机制搞对。中国到了当下这样一个只有把创新发展作为第一动力才能引领出后面的协调发展、绿色发展、开放发展、共享发展等新常态的新阶段，为实现现代化，针对现实问题，必须在追赶过程中走通创新型国家之路。在创新视角上，第一动力的打造构建，显然需要从学理认识出发把握好中国经济社会完成转轨过程中的制度创新这个龙头因素，落实到科研经费管理制度的合理优化，以制度创新真正打开科技创新、管理创新的空间，形成可持续的、长效的创新发展机制。

参考文献：

[1] 刘伟，蔡志洲. 新世纪以来我国居民收入分配的变化[J]. 北京大学学报，2016（05）：92-105.

[2] 王小鲁. 灰色收入与国民收入分配的比较[J]. 比较，2007（31）.

[3] 王小鲁. 灰色收入与发展陷阱[M]. 北京：中信出版社，2012.

[4] 白重恩，钱震杰. 国民收入的要素分配：统计数据背后的故事[J]. 经济研究.2009（03）：27-41.

[5] 韩洁，刘红震. 中国宏观税负低于世界水平[N]. 人民日报海外版，2017-1-17.

[6] 专家. 中国宏观税负水平总体较低[N]. 中国新闻网，2016-12-21.

[7] 贾康，苏京春. 胡焕庸线：我国"半壁压强型"环境压力与针对性供给管理战略[J]. 中共中央党校学报，2015（1）：64-75.

[8] 贾康. 中国企业税费负担的"全景图"和改革的真问题[J]. 经济导刊，2017（8）：20-28.

[9] 贾康. 关于我国国债适度规模的认识[J]. 财政研究，1996（10）：2.

[10] 贾康，赵全厚. 国债适度规模与我国国债的现实规模[J]. 经济研究，2000（10）：46-54.

[11] 贾康，苏京春. 财政分配"三元悖论"制约及其缓解路径分析[J]. 财政研究，2012（10）：2-12.

[12] 欧纯智，贾康. 以PPP创新破解基本公共服务筹资融资掣肘[J]. 经济与管理研究，2017（4）：85-94.

[13] 贾康. PPP制度供给创新及其正面效应[N]. 光明日报，2015-05-27.

[14] 贾康. PPP制度创新打开了民间资本跟进的制度空间[N]. 财新网，2015-01-16.

[15] 李羚中国社会不平等趋势扩大：1%的家庭占全国三分之一的财产[N].

第一财经日报，2016-01-13.

［16］贾康.遗产税考量上的"价值取向"与其改革设计的"问题导向"［J］全球化，2014（3）.

［17］梁季.直接税和间接税的理论探讨与实证分析［J］，中国财经信息资料，2013.（28）.

第八章 优化收入分配的激励——约束认知框架、基本思路、原则与建议

收入分配问题是个重大而复杂的社会问题，受诸多因素的影响，同时又是诸多社会问题的根源所在。改革开放以来，我国收入分配制度改革逐步推进，按劳分配为主体、多种分配方式并存的分配制度框架基本确立，以税收、社会保障、转移支付为主要手段的再分配调节机制框架初步形成，配合和促进了社会主义市场经济体制的建立和国民经济发展、人民生活水平显著提高。同时，也要看到收入分配领域仍存在不少亟待解决的突出问题，城乡区域发展差距和居民收入分配差距依然较大，收入分配秩序不规范，隐性（"灰色"）收入、非法（"黑色"）收入问题比较突出，部分底层群众生活比较困难，与宏观收入分配格局相关的一系列制度建设合理化改革任务难度很大，推进迟缓。这些问题的存在，关联于我国经济社会转轨与发展全局的"矛盾凸显"，迫切需要我们加强深化收入分配制度改革研究。

党的十八大报告指出，"实现发展成果由人民共享，必须深化收入分配制度改革"。党的十九大报告进一步指出，"坚持在经济增长的同时实现居民收入同步增长、在劳动生产率提高的同时实现劳动报酬同步提高"。可见，收入分配问题已成为解决好人民最关心的利益问题、提高人民物质文化生活水平的一个重大的、足以影响全局的基本问题。我国在过去近40年里取得的发展奇迹，得到了人民群众广泛的拥护和积极的参与，根本原因就在于，改革开放的伟大变革带来了生产力的解放、国力的增强和人民生活水平的提高。随着经济社会持续快速发

展,人民生活需要日趋多样化,以多方面、多层次生发的对美好生活的向往更加强烈。与此同时,我国仍然是一个发展中国家,人均国内生产总值在国际上尚处于中等收入国家行列。党的十九大把新时代我国社会主要矛盾概括为人民日益增长的美好生活需要和不平衡不充分的发展之间的矛盾,并有针对性地提出了提高人民收入的重要原则与要领:"坚持按劳分配原则,完善按要素分配的体制机制,促进收入分配更合理、更有序。鼓励勤劳守法致富,扩大中等收入群体,增加低收入者收入,调节过高收入,取缔非法收入。"这些为优化收入分配、更好满足人民需要给出了重要的指导。

坚持以人民为中心,把人民对美好生活的向往作为奋斗目标,保证全体人民在共建共享发展中有更多获得感,不断促进人的全面发展、全体人民共同富裕,是习近平新时代中国特色社会主义思想的精神实质,体现在新时代坚持和发展中国特色社会主义的基本方略之中,也是破解不平衡不充分的发展的关键。而解决好收入分配问题促进共同富裕,从学理视角而言,需在激励—约束的认知框架下,把握好优化收入分配的政策理性,厘清追求共同富裕愿景和做好"先富"向"共富"转换的基本思路,在遵循承认各要素的贡献、把按劳分配与按其他要素分配相结合等基本原则下,以改革即解决有效制度供给问题为龙头,带动初次分配、再分配、第三次分配及其配套政策设计和政策体系动态优化。

一、收入分配激励—约束分析认识框架

收入分配问题相关的"激励—约束",实质上就是要处理好"做大蛋糕"与"切好蛋糕"这两个紧密关联、在社会再生产中主要的、互动的对立统一关系。

(一)"公平"的概念和"公平与效率"的关系亟须廓清

关于"公平与效率"的讨论在学术界由来已久,所涉及的现实问题是非常重要的,而且近年来在中国与日俱增地引起了各方面的强烈关注。已有不少研究者指出:公平与效率的关系并非全是此消彼长的对立关系,也有相互促进、互为

第八章 优化收入分配的激励——约束认知框架、基本思路、原则与建议

条件的关系,这一点十分重要,需要进一步细化分析。我们认为,如果从细致、严谨研究的角度,应该把"公平"之内涵再做拆分,通常人们谈到很多公平问题,要视情况的不同再做细分定位才能较准确地表达原意。比如说近年来人们越来越多地认同应做出"规则的公平"、"过程的公平"和"结果的公平"这样的划分,那么规则公平和过程公平所强调的是"公正""正义",这两个公平与效率是没有矛盾的,并且是保护、促进效率的,主要是指通过公正的待遇和处理,使大家各尽所能,得到一种发展中的公平的环境。但论及结果的公平,则实际是指结果的均平状态,这种均平确实与效率有一定的此消彼长的关系。过于平均,则激励不足,影响效率;过于悬殊,则虽有强激励,但弱势、低端人群的困难与不满增升又可能带来矛盾凸显,危害社会和谐稳定,所以调控者需要做出合理的权衡掌握。遗憾的是,人们讨论公平问题时,往往是把这两个概念混同,完全"一锅煮"了,接着带来的问题就是"捣浆糊",无助于问题的廓清。清楚地区分汉语中"公平"在不同情形下实际分别所指的规则、过程公正的"公平"和分配结果相近的"均平"这两个不同对象,对于正确而深入地讨论问题实属必要,有利于大家避免"鸡同鸭讲""苹果与桔子比"。近些年收入分配方面的矛盾凸显之后,人们讨论时往往慷慨激昂,争论激烈,但是却普遍地把应当清楚区分的这两个命题混在一起说,也就带来了在同一个概念下说不同的事情、实际没有共同语言的情况,造成了中文语境中"公平与效率"问题的混乱。观察以中文翻译的西方学界关于"公平与效率"的文献,也有类似的问题,英文 fair, fairness, equity, equality 在词典上普遍是互证互解的关系,中文翻译统统一律译作"公平",但细究词根与最基本的词意,equity 有"股本"之意,更适合于表达标准化的"均平",而 fairness 与"标准化均平"不发生交集,更接近于正义(justice)的含义,一般应首选"公正"译法。如更多地细考这样的语义差别,讨论者陷入"捣浆糊"不良状态的危险性可望由此有所降低。

109

(二)"公平"与"均等化"方面的政府责任应当明晰化、合理化、动态化,把握好市场经济环境中的政策理性

如从起点公平、过程公平(意在公正)的角度来看,政府的应尽之责是制定和维护必要、合理的法律制度和规则,保护合法的产权和公平竞争的环境("刷出一条起跑线")。如果从结果公平(意在均平)的角度来说,政府的作用应更多地体现为通过再分配手段抑制、缓解收入悬殊。前期的"结果"在一定场合又是后期的"起点",于是又联系到政府的另一项应尽之责,就是努力发展和实现基本公共产品、公共服务的"均等化",这个问题的实质是要"托一个底",政府应该提供的诸如普及义务教育、实施社会救济与基本社会保障这类公共产品与服务,应该首先把最低限度上的供给水平托起来。同时这并不应理解为政府可以和应当大包大揽地过度着力,把在公平竞争之中和之后必然形成的差异压得十分扁平。应力求清晰地形成政府职责边界和"政策理性"的要领,促成政策的合理优化调整,以有利于社会矛盾的缓解与多元主体活力的持续释放,保障和支持现代化事业的持续发展。

比如,在"住有所居"的公共供给方面,政府首先要托的底其实不是"经济适用房",一定应该是公租房(廉租房与公租房因为实际很难划清区别界限,可统称为公租房),其入住者是没有产权的,由政府甄别鉴定社会最低收入阶层,让他们入住而"住有所居"。这是关联整个社会稳定的一种"公共产品"。同时政府做这件事情的管理成本也会比较可观,必须在众多社会成员中对公众负责地认清到底谁有资格得到这种公租房待遇。入住进去以后,政府应跟踪观察,如果以后入住家庭的收入上升到一定的程度,还应劝他们搬出去,把资源腾出来去解决届时真正的低收入阶层"住有所居"的问题。这种管理成本是必须付出的,因为这是政府非做不可的事,关系整个社会的稳定。但是如果按这个逻辑不断提升,以类似方式包揽边界不清的"经济适用房"(现实生活中扩展至十几种具体形式)的供给,说起来会很得民众拥护,实际上做起来却发生大量的扭曲,不少收入较高的人混在一起防不胜防地钻各种制度与政策的"空子",大量不具备资格的较高收入者能够买这种房子,实际上是排挤掉了真正在较低层的社会成员的对应机

会，不当地占据了原指望发挥其政府功能的宝贵的公共资源。于是从追求公平、公正的理念出发，造成的却是让人啼笑皆非的结果，使五花八门的"经济适用房"变成了一个"管不了、管不好"的事情，政府做了很多却还要挨骂，因为把应当用来"雪中送炭"的钱，往往变成了"锦上添花"和乌烟瘴气的设租寻租投机取巧，前面好的动机没带来后面好的结果。

（三）为把握好收入再分配的政策理性，需以对收入差异形成原因的正确分析为政策设计的哲理性前提

结果的公平（"均平"）与效率确有一定的负相关关系，在我国的"矛盾凸显期"正确处理"均平"与效率的权衡点，既是各方都非常关注的事情，也是非常复杂、很有难度的事情，是把握好政府于再分配领域的政策理性的核心问题之一。毫无疑问，政府以必要的调节、控制、规范手段介入收入再分配，遏制收入差距悬殊、防止"两级分化"的固化并促其收敛，是政府的应尽之责，但需要以对收入差异的原因做出正确分析为前提来有针对性地实施分类的政策，和协调、组合配套的方案。概而言之：应鼓励的收入差异还需要有所鼓励；正当的收入差异应尽量容忍；不规范的收入差异要调控抑制；不正当的收入差异则应大力消除，进而才有利于把握好均平——效率的权衡。这样的认识，是从居民收入差异的具体分析而来的。

具体分析，中国改革开放以来社会成员收入差距扩大的原因，至少要做出如下七个层次或七个方面的分析、区别：

第一是源于诚实劳动中努力程度和辛劳程度不同而形成的收入差别。在传统体制平均主义大锅饭环境中，"干好干坏一个样"，那是养懒人的机制和体制，收入差异小，但生产力也得不到解放，被有识之士深恶痛绝。改革开放之后，总体的"勤快"程度提高了，但"勤快人"和"懒人"的相对差异仍然存在，新的体制和机制使"懒人"和"勤快人"的收入差异明显扩大，这种因努力程度、辛劳程度不同而形成的收入差别，或作为收入差别中的一种重要构成因素，在社会生活中必然出现。

第二是源于各人禀赋和能力不同而形成的收入差别。社会成员间必然有禀赋

和聪明才智方面的一定差异，在改革开放之后发展起来的竞争环境下，先天禀赋和基于其他原因在后天综合发展起来的聪明才智，结合构成各人各不相同的能力、才干。客观存在的这种差异必然带来各人收入水平上的差异。一些特殊的、稀缺的能力与才干，如企业家才能、科技人员创新才能，也包括文体明星的特殊技能等，一旦在市场中具体化为竞争力，则相关收入差别的扩大，比"努力程度"带来的差别往往要高出许多倍。

第三是源于要素占有的状态、水平不同而形成的收入差别。由于种种客观原因（如继承关系），每一个具体社会成员在资金、不动产乃至家族关联、社会人脉等方面（这些都可归于广义的"生产要素"范畴），必然是有所差异的，而由此带来的收入（如利息、房租及经营活动中的重要信息、正确指导与规劝等促成的收益）高低不同，也是客观存在的，并且有可能形成一定的传承和"自我叠加"的关系。

第四是源于机遇不同而形成的收入差别。比较典型的是市场态势变动不居，不同的人做同样的事，可以纯粹由于时点不同（当然实际生活中也会伴随其他方面可能的种种不同）而结果大相径庭，"好运"的可好到一夜暴富，"坏运"的会坏到血本无归，这里面机遇的因素也是不可否认的，在市场经济的某些场合，其作用还十分明显。

第五是源于现行体制、制度"明规则"因素而形成的收入差别。有些由体制造成的垄断因素和制度安排因素，在现实生活中可以强烈地影响社会成员的收入水平的高低。比如一般垄断行业职工的收入明显高于非垄断行业，又比如公职人员收入水平与组织安排的具体位置关系极大（如某地一位财政局长曾由组织上调他去当地银行当行长，收入一下子翻了几十倍，后来又调回来当财政局长，收入又一下子掉下来几十倍，"组织上让我富我就富，让我穷我就穷"）。

第六是源于现行体制、制度中已实际形成而不被追究、或暂时不被追究的"潜规则"而形成的收入差别。这大体相当于一般人们所说的"灰色收入"，现实存在，透明度很低，往往在规范渠道之外，按"心照不宣"方式或"内部掌握"方式实施其分配。如公职人员前些年相当大的一部分"工资外收入"，在没

第八章 优化收入分配的激励——约束认知框架、基本思路、原则与建议

有"暗账翻明"而阳光化、规范化前,很多可归于这种收入,其因不同条件、不同部门等,又往往差异很大。再比如企业在法规不明不细或监管松弛环境下,因怎样"打擦边球"不同而形成的职工收入分配水平差异,也可能十分显著。

第七是源于不法行为、腐败行为而形成的收入差别。这大体相当于一般人们所说的"黑色收入",往往数额巨大,与违法偷逃税款、权钱交易、贿赂舞弊、走私贩毒等相关。

上述多个角度、不同层面的收入分配差异形成原因,在现实生活中的某一个具体案例之内,到底有多少因素介入、各起多大作用,通常都不可一概而论。从政策理性原则说,应首先在哲理层面明确对应于各个收入源头的不同针对性的政策导向。

粗线条地说:

1. 对于勤劳致富、才能致富(前述第一、二项原因),政策都应当大力鼓励或以鼓励为主。

2. 对于要素占有和机遇不同(前述第三、四项原因)而形成的收入差异,政策上应当适当调节,但不宜做抹平处理(否则开放条件下的要素外流将十分严重,市场经济中客观需要的首创、冒险精神也将受极大抑制)。

3. 对于体制性明规则、潜规则不周全、不合理(前述第五、六项原因)造成的收入差异,在明确需有所调节、抑制的同时,关键是以政策和制度建设推动深化改革、机制转变(包括"花钱买机制"),追求制度合理化、规范化,再配之以必要的再分配调节(只讲调节不注重制度建设,必然流于"法不治众"或"扬汤止沸")。

4. 对于违法乱纪的"黑色收入"(前述第七项原因),必须坚决取缔、惩处,打击其行为,罚没其收入,并注重从源头上加强法治、制度建设以抑制违法乱纪、腐败行径的滋生土壤与条件。

在上述的哲理层面的政策理性引出相关的思路和对策,是在具备正确的大方向和针对性要领之后,再做出具体的政策设计(包括政策工具选择、政策组合和有效率的实施方式与程序等,以及不同阶段政策力度的把握)的任务,方可以落实政府在收入再分配中应当具有的政策理性,正确把握均平——效率间的权衡,

发挥好政策应有的功能。应当说，这是相当复杂而艰巨的任务，是"供给侧结构性改革"中应由粗到细逐步优化的系统工程。

二、优化收入分配的基本思路：共同富裕愿景及其"先富共富"实现路径

马克思主义基于对人类社会发展规律的认知，提出未来社会应是生产力高度发达状态所支持的"自由人的联合体"，其中每个人的自由发展成为一切人自由发展的前提条件（《共产党宣言》）。不言而喻，与此种追求相匹配的一定是"共同富裕"的分配状态（各尽所能，按需分配）。这一共同富裕的科学社会主义的理想愿景，在社会主义初级阶段中国改革开放后之"中国特色社会主义"的伟大实践中，已由邓小平明确地表述为实现现代化而奋斗的战略目标和"社会主义的本质"。邓小平所高屋建瓴而简洁地概况的"共同富裕"认识，上合中国古代早已树立的"大同"理想，下合普通亿万民众对美好生活的向往，可说是代表着人类文明发展与社会进步提升过程中的总纲，是今后优化我国收入分配明确的"目标导向"。

（一）"效率优先，兼顾公平"的分配机制与"先富"战略的确立

改革开放之初，我国的经济发展水平还相当落后，社会生产力极为低下，社会基本矛盾，即人民日益增长的物质文化生活需要与落后的社会生产力之间的矛盾尖锐。为尽快摆脱贫困落后的状况，我国及时制定了以经济增长为核心的发展战略，确定"效率优先，兼顾公平"的分配机制和原则，以发展经济为第一要务，鼓励一部分人先富起来，以先富带后富，最终走上共同富裕之路。

邓小平在改革开放之初就指出，在共同富裕的目标下，可以鼓励一部分地区、一部分人通过诚实劳动和合法经营先富起来。1984年，十二届三中全会提出，"共同富裕决不等于也不可能是完全平均，决不等于也不可能是所有社会成员在同一时间以同等速度富裕起来……只有允许和鼓励一部分地区、一部分企业和一部分人依靠勤奋劳动先富起来，才能对大多数人产生强烈的吸引和鼓舞作

第八章　优化收入分配的激励——约束认知框架、基本思路、原则与建议

用，并带动越来越多的人一浪接一浪地走向富裕"。[①]1992年，邓小平在南方谈话中进而再次强调，"走社会主义道路，就是要逐步实现共同富裕"。[②]党的十四大也提出，"运用包括市场在内的各种调节手段，既鼓励先进，促进效率，合理拉开收入差距，又防止两极分化，逐步实现共同富裕"。[③]1987年，党的十三大提出了允许合法的非劳动收入，在促进效率的前提下体现社会公平等观点。1993年，党的十四届三中全会提出，个人收入分配要"体现效率优先、兼顾公平的原则"，1997年，党的十五大再次重申了这一原则。

"效率优先，兼顾公平"的分配机制由于崇尚效率，从而有效地刺激了经济增长，国家的经济实力显著增强，人民的生活水平得到了明显改善。1979—2006年，国内生产总值从3 624.1亿元增长到209 407亿元，年均增长率高达9.66%，而同期世界平均GDP增长速度仅在3%～4%。近年来，受国际金融危机的影响，我国经济增长速度虽然有所回落，但仍远远高于世界平均水平。与此同时，随着国民经济的快速发展，以收入分配失衡为核心的社会公平问题也在不断加剧，经济增长与社会公平之间的矛盾日益尖锐，并已成为当前经济社会发展中不容忽视的重大问题和突出矛盾。2002年，世界银行指出："大范围的贫困人口减少是中国1979年改革之后所取得的最大成就之一。……此后的深化改革并没有像之前那样让贫困人口受益。在没有解决其他国内市场扭曲问题的情况下进行这些改革反而使得中国的收入差距扩大。"

（二）下一阶段应加快推进由"先富"向"共富"的战略转换

改革开放初期，针对社会生产力低下、经济社会发展水平比较落后的国情特点，我国及时制定了以经济增长为核心、鼓励一部分人先富起来的"先富"战略。事实证明，这一决策是正确的选择，使我国尽快摆脱了贫困落后状况。当然，这一不平衡发展战略也是有代价的，随着经济社会的发展，以收入差距扩大

[①] 中共中央文献研究室：《改革开放三十年重要文献选编》（上），中央文献出版社2008年版，第356页。
[②] 《邓小平文选》第3卷，人民出版社1994年版，第373—374页。
[③] 中共中央文献研究室：《改革开放三十年重要文献选编》（上），中央文献出版社2008年版，第660页。

为代表的负面后果日益凸显,不同程度的危害已经产生,经济发展战略实现由"先富"向"共富"的阶段性转换显得愈发迫切,并且转换时机和条件也已成熟。一方面,改革开放以来所取得的经济成就为调节收入分配和构建和谐社会创造了必要的物质基础,公有制为主体、多种所有制经济共同发展的基本经济制度为此提供了强有力的制度基础;另一方面,缩小贫富差距,避免陷入中等收入陷阱的客观要求已十分迫切。这就标志着我国发展战略重心由"先富"转向"共富"的时机已经成熟,既具备必要的物质条件,也具有很强的现实紧迫性。

选择恰当的时机将经济工作的重心由"先富"转向"共富"是改革初期便确立的一项既定发展战略,也是社会主义共同富裕本质的必然要求。根据世界各国经济发展规律和经验的启示,同时鉴于收入差距过大所带来的越来越多的负面影响和各种危害,在"问题导向"之下我国当前已迎来由"先富"到"共富"阶段转变的全局性契机,特别是基于20世纪末以来陆续制定和实施的西部大开发战略、农村税费改革、东北振兴和中部崛起战略效果的逐步显现,我国地区居民之间、城乡居民之间的生活、收入水平差距在近几年已开始逐渐缩小,为共同富裕发展战略的实施奠定了坚实的基础。下阶段,我国应以十九大精神为指导,针对"人民群众不断增长的美好生活需要与不平衡不充分的发展之间"形成的社会主要矛盾,把"问题导向"结合于"目标导向",正式将"先富带后富,最终实现共同富裕"确立为未来经济发展中的工作重心之一,持续推进收入分配制度改革,从而使全社会的力量更加集中到实现共同富裕这一社会主义根本目标上来。

三、追求共同富裕愿景、走通"先富共富"之路的基本原则

一部分人、一部分地区先富,固然产生了可能带动其他人、其他地区也谋求致富的示范效应、辐射效应,但也必然带来一定阶段内随收入差距扩大、社会矛盾累积而来的较低收入社会成员的不安与不满。对于这种矛盾纠结如果处理不当,必然制约经济社会健康发展,甚至出现由于收入分配领域的经济问题引致社会化、政治化问题的不良结果。邓小平在关于"先富共富"的论述中,已敏锐

第八章　优化收入分配的激励——约束认知框架、基本思路、原则与建议

地、前瞻性地强调指出了防范与克服"必然发生"的两极分化问题,"先富共富"框架中内含着、关联着我们应正确掌握的在国民收入分配领域内的若干基本原则。国内外学者的相关研究,也可给予我们一系列的重要启发。

(一)以合理的收入分配激励创业创新

创业创新所引发的经济发展活力,就是从根本上决定社会发展与支撑生产关系走向进步和升级的社会生产力,"发展是硬道理",要求收入分配一定要首先从有利于发展生产力视角处理好鼓舞、激励"做大蛋糕""创新发展"的机制功能问题。这一原则是从"生产决定分配"的历史唯物论原理出发处理根本发展动力问题。总体而言,人民群众的收入只能是在经济增长的基础上实现同步增长,劳动者的报酬只能是在劳动生产率提高的基础上实现同步提高。否则,再美好的分配愿景也将成为无源之水、无本之木。

(二)承认各要素的贡献,把按劳分配与按其他要素分配相结合

在社会主义初级阶段社会主义市场经济运行中,固然需要处理好"按劳分配"的机制构建,同时还必须结合地、协调地处理好按照资本、土地、技术成果等要素做出分配的机制构建,这样才能有利于解放生产力和可持续发展。这一原则主要处理的是在初次分配环节"分好蛋糕",以求不断地激励"做大蛋糕"的问题。初次分配层面上,需更多侧重市场竞争中规则的公平、过程的公平。

(三)在倒 U 曲线前半段适当允许、容忍收入差距扩大的同时,就要主动地施加调节遏制"两极分化"

倒 U 曲线所图示的在收入差距扩大到顶后又会转为缩小的过程,不应认为是,也不可能是一个纯自然过程。发达经济体所形成的社会福利政策及税收、社保制度等经验,都体现了制度机制设计的可塑性空间与主动作为空间。在明确追求共同富裕的社会主义中国,这种可塑性更值得被积极借鉴和进一步强调、强化。这一原则,是主要处理于再分配和第三次分配领域,针对皮凯蒂研究所揭示的资本长期强势问题形成矫正效应,来进一步"分好蛋糕",以服务于可持续地"做大蛋糕"和谐发展的问题。对再分配、三次分配领域,需要更多侧重对市场竞争所形成结果的适当均平化调整,及与之对接的下一轮各相关主体"起点的

公平"。

（四）以"阳光化、鼓干劲、促和谐、扶弱者"为要领，运用系统工程思维构建分配制度体系

解决收入分配问题是一个庞大的系统工程，与经济结构、经济发展方式、经济体制紧密相连，需要以系统工程的思维看待和改进分配制度体系，注重整体设计，综合集成，标本兼治。分配制度体系的不同层次、不同环节，可以有分配功能的不同侧重，但这一原则总体而言是追求以所有分配功能的系统化协调、互补来形成"做大蛋糕"与"分好蛋糕"两者间的良性循环。发展成果"蛋糕"的做大与分好，通盘都需要规则、过程的"阳光化"，因为"阳光是最好的防腐剂"，是公平正义的必要保障；从基本顺序而言，应首先考虑鼓励、激发创业创新主体的干劲把"蛋糕做大"，因为这是"生产决定分配"所揭示的前提条件；到了分"蛋糕"的环节，则要更多注意以权衡促和谐，既反对平均主义，又防止两极分化；种种主客观原因造成的分配结果环节上的"弱势群体"，则需要再分配机制（二三次分配）特别地予以关怀和扶助。

（五）以改革即有效制度供给为龙头带动分配制度、政策体系动态优化

发展必然表现为具有阶段性，制度安排与政策设计需要适应客观发生的阶段转变，做出动态优化。此原则主要处理的是"做蛋糕"与"切蛋糕"互动循环发展过程中的长效机制框架建设与阶段性动态优化的改革攻坚克难问题。在当下正处于改革深水区的中国，这一原则必然需要处理"冲破利益固化藩篱"而"啃硬骨头"的优化直接税和完善社会保障、政府间转移支付制度等一系列问题。

四、基于思路和原则的优化收入分配主要建议

（一）建立健全规则与过程公平的国民收入初次分配制度

初次分配是将国民收入直接与生产要素相联系的分配，依据是各生产要素在生产中发挥的效率，即"效率原则"，在相关制度框架下，将财富以劳动报酬和生产税的形式分配到居民部门和政府部门，因此，应使市场机制在这一阶段起到

第八章 优化收入分配的激励——约束认知框架、基本思路、原则与建议

核心作用,政府部门可通过税收杠杆和法律法规进行调节和规范。由于初次分配是国民收入分配的首要环节,它要解决的突出问题,主要是货币资本的所有者与人力资本的所有者的利益分配问题,数额大而且涉及面广,如果在此环节出现重大的社会不公正,在政府再分配中就很难加以扭转;如果在此环节居民收入的源流得到较充分的激励,同时收入的差距被较好地加以适当控制了,那么再分配环节就会减轻政府调节的压力,继而能够使政府更好地通过财税等手段进一步完善居民收入分配体系。因此,在初次分配环节如何建立规则与过程公平的分配制度至关重要。所谓规则与过程公平,主要是指整个社会的权利结构的初始规定是正当合理的,各种资源在各地区、各部门、各企业、各群体与诸个体之间具有尽可能充分的流动性,而非向某些地区、部门、企业、群体或个体高度集中;各种机会对于各地区、各部门、各企业、各群体与诸个体普遍平等开放,而非对某些竞争主体开放,却对某些闭锁。

1. 充分发挥要素市场的资源配置作用

既然在初次分配环节市场机制应是核心,那么建立一个公平竞争、公开透明、有序运行的市场,是决定该阶段收入分配机制能否良性运行的关键。这需要提供法治化的市场运行环境,以稳定市场预期,扫清潜规则障碍;建立合理的市场准入标准,禁止设立不合理和歧视性的准入和退出条件;合理确定各种要素贡献度,建立市场化的公平用工制度和有弹性的、有序的工资增长机制;提高国土开发中不动产与资源的规划配置水平与效率,促进企业实现有效资本积累提高劳动生产率;理顺劳动收入与财产性收入的关系,充分发挥要素市场资源配置在收入分配方面的基础性作用。

2. 让市场在资源配置中起决定性作用和更好发挥政府作用相结合

在初次分配阶段,必须厘清政府与市场的作用边界,减少政府对基础性资源配置机制的干预,减少并力求消灭寻租性收入机会。政府主要在让市场在资源配置中起决定性作用的前提下,依法建立统一的、规则清晰的要素市场,消除体制性壁垒,减少对市场主体行为的制度性交易成本,有效进行市场监管,保障以市场公平、有序运行来引导各主体、各部门对流量收入、存量财产增长的合理预

期。同时，政府应当积极鼓励和引导企业形成和谐的劳资关系，提高企业竞争力和运行效率。

3. 促进分配规则的公平和机会均等

在初次分配中，我国存在分配规则不公、机会不均等的问题。为此，应当加大城乡户籍制度改革的力度，健全劳动力市场体系，减少城乡、行业和地区间的收入分配壁垒，促进实现"同工同酬"，逐步消除城乡劳动力市场和劳动力转移的制度性障碍，进一步完善劳动力市场的调节作用，以适当的最低工资制度对劳动力作适当干预，并合理引导劳工谈判，为城乡劳动力提供一个良好的竞争平台。同时，大力发展和完善各种要素市场，促进资本、技术等生产要素的自由流动公平竞争，提高市场配置的效率。打破部门和地方对要素自由流动的各种限制，缓解由此带来的收入分配不公。

4. 加强机制垄断性行业收入的改革

首先，要促进均衡市场价格的实现，抑制或消除垄断价格，使个别部门、个别行业和个别企业无法获得垄断利润，无法取得因高额垄断利润而生成的畸形高收入。其次，要促进法治社会建设，防止市场主体的不合法收入和不合理收入，使"黑色收入"和"灰色收入"大大降低，消除权力垄断所形成的收入。最后，消除人为的进入障碍，降低市场准入门槛，为市场主体提供公平的市场竞争机会，为实现收入分配公平创造必要前提。国家应通过反垄断措施，消除垄断因素，使各行业参加利润平均化过程，从而使行业的利润率接近社会平均利润率。

5. 通过基本公共服务均等化提升社会成员参与社会竞争的能力

社会成员在能力培育与获得方面具有平等的权利，将会对整个社会的收入分配产生预先的合理化调节作用。"促使经济——政治比赛公正进行的努力在事先比事后要重要得多"[①]。具体到措施方面，则要求政府进一步强化制度与政策的普适性与公平性，积极推进就业、教育、医疗、社会保障等基本公共服务的均等化，通过普及基本公共服务来普遍提升社会成员特别是弱势群体参与社会竞争的

---

① ［美］布坎南：《自由、市场和国家——20世纪80年代的政治经济学》，北京经济学院出版社1988年版，第141页。

第八章 优化收入分配的激励——约束认知框架、基本思路、原则与建议

能力,尤其大力发展教育事业是平等地激发个人潜力、推进实质公平的最为重要也是最为有效的途径。通过向各社会阶层平等而普遍地提供教育,广大社会成员可以获得平等进入社会、进行竞争的基本能力与素质。保证全社会教育资源享用的公平性,可以为社会各阶层尤其是弱势群体开辟改变自己命运的渠道,提供实现公正、合理、开放地向上流动的机会。在这个意义上,为每一位社会成员尽可能创造平等的受教育机会和条件,是起点公平的内在要求之一。

(二)建立健全结果适当均平的国民收入再分配制度

一般认为,在国民收入两个分配层次中,初次分配倾向于效率,收入分配差别既是市场效率的源泉和动力,也是市场效率的结果。但收入分配结果如差别过大,又会有悖社会公平和社会整体、长远利益。因此,政府应通过税收和财政支出等进行国民收入再分配的有效调节,以促进实现共同富裕的愿景。初次分配注重规则与过程的公平公正,那么再分配则重点关注结果与下一轮起点的公平均等。

1.落实税收法定原则,发挥其收入分配调节功能,实现"良法善治"

(1)于税收法定中立良法,促善治,保证收入调节效用的发挥

收入分配,从经济上看贯通着生产和消费,从法律上说连接着主体与利益。不可否认,财税问题首先是一个经济问题,但是它无法回避作为人的最基本的需要,即财富的取得与利用。唯有通过确立正义的标准来保障分配的秩序才能确保一个共同体的稳定与和谐。党的十八届三中全会明确提出"落实税收法定原则",这是为推动国家治理体系和治理能力现代化、全面推进依法治国而做出的重要战略部署。

立良法,不仅仅是立法技术问题,更重要的是要厘清税收制度改革的整体思路,需要系统思维,不能就各个税种或实体法与程序法分割考虑,要防止税收立法的碎片化,要建立一个有利于科学发展、社会公平、市场统一的税收制度体系。首先,要将税收制度的改革置于经济社会新常态的大背景之中来考虑,更好地发挥出税收职能作用并服务于经济社会发展。其次,税收制度应有一个整体的和长远的构想,明确税收制度整体框架,做好顶层设计,协调好税收筹集收入、

调控经济运行、调节收入分配等几大职能。在此基础上,还需要明确各税种、各税目之间如何搭配,税制的要素如何组合匹配、如何施行等具体问题。再次,建立科学理性的激励考核机制,引导税务机关转变按照指标或任务征税的思维,以税收法律作为征税的唯一依据。同时,要建立和完善对税收执法的监督和问责机制,切实保障纳税人获得救济,特别是获得司法救济的权利。

(2) 逐步提高直接税比重,形成有利于结构优化、社会公平的税收制度

现代市场经济所要求的税制体系,总体来说是一种"多税种、多环节、多次征"的复合税制,不可能简单地依靠一两种税就解决了征税问题,必须着眼于整个税制体系的建设,从消费支出、收入流量和收入存量各方面调节高收入阶层的收入,以期多渠道缓解和缩小收入差距。这些税种在调节范围、调节力度和广度上相互补充、相互协调,从而形成一个连续性和整体协调性的税收调节机制。在复合税制组合中,直接税的作用更多体现在为筹集政府收入的同时调节收入分配,调节经济和社会生活。直接税的这种调节作用,是按照支付能力原则"抽肥补瘦",在社会成员收入必然有高低差异的情况下,直接税使有支付能力的、更为富裕的社会成员对公共金库做出更多贡献。进入公共金库的资源,再通过规范的预算安排、以财政分配形式转为扶助弱势群体的支出,去增进低端社会成员的福利。直接税这种基于支付能力来遏制两极分化趋向的功效,使其在社会分配全流程里面有着不可或缺的地位。

(3) 进一步完善个人所得税制度

首先,要改变个人所得税的征收模式,实行综合和分类相结合的个人所得税征收模式,结合部分按照家庭和年度以超额累进税率征收,制订更合理的税率和费用扣除标准。在统一市场框架中各地费用扣除标准的基础上,坚持实行全国统一的个人所得税费用扣除标准,同时,适当考虑纳税人、赡养家庭人口等费用扣除。其次,要改革个人所得税征管体制,将个人所得税的征管权限划归中央。个人所得税作为缩小收入差距的直接税,其征管权限划归中央不仅是增强国家调控分配能力、配合中央财政转移支付的需要,也是防止各地扣除基数不统一、征管不严、税款流失的需要。再次,要加强和改善个人所得税征管手段。强化并建立

第八章　优化收入分配的激励——约束认知框架、基本思路、原则与建议

以个人自行申报为主的申报制度，建设全国税务网络征管系统，统一个人纳税编码，全国共享个人税务信息资料，堵塞征收漏洞。加大对偷逃税款等违法行为的监管查处力度，增加纳税人偷逃税款的成本与风险。

（4）推进消费税改革

对于消费税，首先应根据经济形势的变化，及时调整征税范围。在扩大消费税征税范围时，不仅要增加一些奢侈消费品项目，如私人飞机、私人游艇、高档时装等，还可以包括一些高端消费行为，如洗浴桑拿、夜总会、游艺等。其次要调整消费税的征税环节。目前我国消费税主要实行生产环节单环节征收，容易偷逃税。如有些企业通过设立独立核算的销售公司，先以低价把产品销售给销售公司，然后由销售公司按正常价格对外销售来规避消费税，削弱了消费税的收入调节作用。

（5）加快房地产税立法并适时推进改革

房地产税对中国现在特别重视的共享发展、收入再分配有独特意义，亦有久拖不决的高难度特点。其作为一个直接税，除了筹集政府收入，特别重要的是会发生按照支付能力原则在税收上"抽肥"的作用，让有豪宅、有多套房的对象多做一些税收贡献，而使这些资金进国库的"抽肥"之后，就能"补瘦"，即政府用此种税收收入支出于扶助弱势群体，加强保障房建设，促进社会福利。这种"抽肥"不是让先富起来的人伤筋动骨，是在他们发展、享受的层面上适当让渡一部分物质利益，本质上是一个促进社会和谐的"共赢"的税收。我国在经过了多年物业税模拟试点和实施了上海、重庆两地称为房产税的改革试点后，房地产税的改革任务应排除阻力，争取尽快得到推进，路径是在"税收法定"轨道上，尽快落实十八届三中全会关于"加快房地产税立法"的指导意见，一旦立法完成，可在房价上涨压力大的一二线城市率先实际开征。首先要扩大征税范围，不仅对经营性房产和出租房产要征税，对自住房产也需要征税；其次在税率的设置上，应该根据房产的价值（市场影子价格）等因素确定税基和税率。对满足生活基本需求的房屋面积实行零税率或低税率，对超过住房标准的房屋面积实行高税率，使高收入群体在享有大面积住房的同时也承担更多税负。

（6）研究开征遗产和赠与税

遗产税是一种税负不能转移的直接税，实践中通常要与赠与税一起设计、配套实施。由于两个税种的纳税人与负税人相统一，征税对象精准定位，被认为是社会财富再分配的手段之一。而且两个税种直接面对高收入阶层，可以防止居民通过非个人努力取得的财富传承中的暴富，有利于缩小代际之间的收入差距。我国应该及早研究如何推出该类税种，以积极发挥其调节收入分配的作用，遏止收入分配差距的进一步扩大，并客观上促使公益性基金会与慈善事业的发展得到更多的捐助资金支持。尤其在经济体制转型时期，部分收入处于灰色或黑色状态，但个人所得税一般只能作用于透明收入，对不透明收入难以发挥其调节作用。根据世界各国的经验，结合各税种的特点来看，开征遗产税可以把遗产人生前的不透明收入也纳入税收调节之中，从而有力地弥补个人所得税的不足。当然，此税种的设计较为复杂，开征十分敏感，逻辑顺序上应首先推出官员财产报告制度，然后则需要推进居民财产申报、登记、查验、保护、交易制度的全面建设，以及考虑对先富阶层的包容式引导和持续创业发展的激励，充分考虑对中国中等收入阶层的培养，和配套推进对中国"第三部门"的扶持制度与措施。

2. 完善"全口径"政府预算体系，健全收益分享制度

（1）健全完善"全口径"政府预算体系规范政府收入

名目繁多的各类非税收入杂乱零散地存在于现实之中，使企业与国民承受了来源于此的沉重压力，而这部分资金的管理、监督失范更使其隐藏巨大风险因素。实际上，非税收入在辅助性筹措财政资金、缓解行政部门经费不足方面确有必要，但若制度失范、管理不力、监督薄弱，必将引起收费混乱的负面效应，也很容易演变为寻租和贪腐的滋生地，从而加剧社会不公，恶化收入分配。所以，亟须加强对非税收入的规制，通过将其纳入全口径预算、严格审批、跟踪控制、明确权责等方式，防止非税收入的过量、无序蔓延。建立统一全面的预算，有利于将政府的权力关进笼子，防止政府行为导致的资源错配和收入分配不公。

第八章　优化收入分配的激励——约束认知框架、基本思路、原则与建议

（2）扩大国有资本收益征缴范围，提高利润上缴比例

党的十八大报告明确提出：为缓解收入分配不公，将建立公共资源出让收益合理共享机制。国有资本作为公共资源的重要组成部分，其经营成果的全民共享具有合法性与必然性。国有资本经营预算作为规范管理国有资本经营收益的财政制度安排，应该发挥其特定的调节分配作用。合理确定国有资本收益分配比例，应依据"统筹兼顾，适度集中"的原则，兼顾企业自身积累与发展、国有经济结构调整及国民经济宏观调控的需要，实行分类收取。同时，根据企业的实际情况逐步提高纯利润的上缴比例，使之逐渐达到国际上的一般水平。

（3）构建国企上缴利润的全民共享机制

目前我国国有企业上缴的利润还未实现全民共享，上缴利润的九成以上是在国企内部循环。为改变这种倾向，应建立一套完整的利润全民共享机制，调整国有资本预算支出的使用方向，大幅度提高国有资本收益用于社会保障及民生事业的比例，真正做到"资产全民所有，收益全民共享"。为此，须对相关的法规政策进行修改和完善，明确规定国有资本收益用于民生支出的范围、方式和比例，从而为国资利润投入民生事业实现全民共享奠定制度基石。考虑到我国很长时期的社会保障资金缺口巨大，所以在国资收益投入民生领域时，应重点考虑社会保障的要求，可设置一个最低的支出比例，保证每年有一定数额的资金用于社会保障，从而逐步解决该领域的历史欠账问题。

3. 提高直接用于民生的支出比重，均衡城乡公共品供给

（1）改善支出结构，提高民生支出比重

以保障和改善民生为工作重点，进一步优化公共财政支出结构，切实地"把好钢用在刀刃上"，强化民生领域的财政投入、税收扶持和社会建设，为国民提供一个愈益完整、丰富、精细的社会保障制度。同时，在平等、无偏见的立场上，也要考虑不同人群的特殊需求来设计具有针对性、操作性的制度内容，对进城务工者、农村五保户等弱势群体予以特别的关怀。

（2）明确事权与支出责任划分，均衡城乡公共品供给

应按照"事权与支出责任相适应"的原则完善中央与地方的财税关系，合理

界定中央与各级地方政府的事权和支出责任，并逐步通过法律形式予以明确。在明确政府和市场作用边界的前提下，按照明确事权—支出责任—划分收入—匹配财力的思路，统筹调整和规范中央与地方各级政府间的收支关系和财力配置，建立健全财权与事权相顺应、财力与事权相匹配的财税体制，均衡城乡基本公共品的供给，营造深化改革与和谐发展的大环境。

4. 改革和完善转移支付制度，促进基本公共服务均等化

在理顺政府间事权与财权配置关系的基础上，转移支付制度作为政府间财政资金的调节机制，具有财力均衡的特殊功效，是实现基本公共服务均等化的重要工具。现阶段成为促进基本公共服务均等化的重要措施。

（1）优化转移支付结构，增加一般，规范专项

首先，增加一般性转移支付的规模和比重，以此控制和缩小各地区间政府财力差距。应归并现行具有特定政策目标的工资性转移支付等财力性转移支付项目，对年度之间变化不大，且将永久存在的项目列入体制补助，冲减地方上解。其次，严格规范专项转移支付的设置，清理整合归并中央对地方的各种补助项目。专项转移支付要突出重点，仅对涉及国计民生的重要事项设立，取消零星专项，彻底改变专项转移支付项目分散繁杂的现状。对现有地方专项进行整合、压缩，对使用方向一致、可进行归并的项目予以归并；对到期项目、一次性项目及根据宏观调控需要不必设立的项目予以取消或压缩。再次，将现有地方专项按政府收支分类科目的款级进行归类，与部门预算的编制协调统一起来，使地方专项分类更合理、规范、有序，也有利于人大和审计监督。执行中可再进一步细化到科目的项级，并根据项目需要，对项目资金按支出用途分别进行管理，如农村义务教育经费保障机制改革经费等。最后，不得对地方要求对于专项转移支付做资金配套。

（2）改进完善转移支付的计算公式和方法

完善规范的一般性转移支付计算公式和模型，提高转移支付的透明度，消除讨价还价的余地。在因素选择上，结合我国现阶段的区域发展国情和均衡目标，突出人口稀疏程度和各地区自然环境秉赋条件差异等主要客观因素，突出民

第八章 优化收入分配的激励——约束认知框架、基本思路、原则与建议

族地区、边疆地区、革命老区等维护社会稳定和民族团结因素,突出强调将"三农"因素和重点区域援助纳入分配公式,通过反复测算使其科学化合理化。此外,切实加强转移支付资金和专项拨款的管理。凡是适用因素法分配的专项,都要采用因素法,避免分人情钱、"撒胡椒面"和"跑部钱进"的现象;适合采用项目管理的应加强制度建设,规范操作,形成科学合理的分配依据和制度规范;对专项转移支付资金的分配要制订明确的资金使用绩效目标,并对资金使用效果做跟踪检查。

(3)探索建立中国特色的"对口支援"形式的横向转移支付机制

横向转移支付是在既定财政体制下,安排各地方政府之间财政资金的转移,以达到加强地区之间支援、缩小地区差距、均衡财力的目的。世界各国大都实行单一的纵向转移模式,即中央政府对地方政府、上级政府对下级政府的财政转移支付模式,只有德国、瑞典和比利时等少数国家实行纵向与横向混合的转移模式。就历史的路径依赖而言,我国地方政府之间虽然没有一个规范化、公式化、法制化的横向转移支付制度,但具有这种性质的"对口支援"早已存在。东部发达地区支援中西部不发达地区,有利于加快地区间的协调发展,提高国家整体经济发展水平,从而也最终有利于东部地区经济的发展。因此,可以在目前以纵向转移模式为主的同时,试行和发展"对口支援""生态补偿"等横向转移支付。

5. 健全社会保障体系,合理提高居民转移性收入

(1)完善社会保险体系

坚持全民覆盖、保障适度、权责清晰、运行高效,稳步提高社会保障统筹层次和水平,建立健全更加公平、更可持续的社会保障制度。首先,完善社会保险体系。实施全民参保计划,基本实现法定人员全覆盖。坚持精算平衡,完善筹资机制,分清政府、企业、个人等的责任,适当降低社会保险费率。其次,完善统账结合的城镇职工基本养老保险制度,构建包括职业年金、企业年金和商业保险的多层次养老保险体系,持续扩大覆盖面。积极实现职工基础养老金全国统筹。完善职工养老保险个人账户制度,健全参保缴费激励约束机制,建立基本养老金合理调整机制。积极发展企业年金、职业年金和商业寿险的同时,协调地推出税

收递延型养老保险。更好发挥失业、工伤保险作用,增强费率确定的灵活性,优化调整适用范围。再次,建立更加便捷的社会保险转移接续机制。划转部分国有资本充实社保基金,拓宽社会保险基金投资渠道,加强风险管理,提高投资回报率。大幅提升灵活就业人员、农民工等群体参加社会保险比例。

(2)健全社会救助体系

社会救助体系是社会保障体系的重要组成部分,在统筹推进城乡社会救助体系建设中,应完善最低生活保障制度,强化政策衔接,推进制度整合,确保困难群众基本生活。加强社会救助制度与其他社会保障制度、专项救助与低保救助等的统筹衔接。构建综合救助工作格局,丰富救助服务内容,合理提高救助标准,实现社会救助"一门受理、协同办理"。建立健全社会救助家庭经济状况核对机制,努力做到应救尽救、应退尽退。开展"救、急、难"综合试点,加强基层的流浪乞讨人员救助服务设施建设。

(三)健全与完善国民收入第三次分配制度

第三次分配体系是指来自国内、国际的各类社会捐赠的公益慈善和社会救助活动,因此第三次分配的基础是慈善捐赠。我国慈善捐赠资金来源,包括企业、个人及社会团体组织,机制构造方面的主要问题是公益性的基金会十分欠发达,管理上的问题则是对慈善资金的使用和管理不甚规范,所以,为有效弥补初次分配和再次分配在缩小居民收入差距方面的不足,必须在现有分配体系上进一步健全第三次分配制度机制。

1. 加强现有的慈善资金管理机构的管理

近年来关于红十字会等公益性组织工作人员不当处置慈善捐款的负面新闻,使得人们对慈善事业的前途感到担忧。慈善捐款与其他资金不同,完全是社会公众自愿的行为,公众希望他们的爱心能够帮助更多有困难的人,对那些侵吞、挥霍慈善捐款的行为深恶痛绝,认为是对他们爱心的一种亵渎,因此捐款意愿就会明显降低,第三次收入分配体系就将无法较好发挥缩小居民收入差距的作用。所以需要加强慈善管理机构的管理。首先,在人员任用上,应该设置比一般任用标准更严格的标准,确保工作人员思想品质优秀。其次,提高资金收支全过程的透

第八章 优化收入分配的激励——约束认知框架、基本思路、原则与建议

明度,以阳光化支撑公信力,并确保慈善资金使用环节的监管。应建立慈善捐款使用跟踪机制,全程监督捐款的使用,同时定期向社会公开捐款资金使用情况,接受社会监督。再次,加强社会慈善氛围的营造和公益性基金会的建设,推动我国慈善事业发展。从我国慈善捐款的现状来看,社会捐款救助的规模还比较小,所以要通过宣传使社会公众认识捐款的重大意义,营造一个真诚、高尚、充满爱意和互相帮助的和谐社会的氛围。最后,需要通过宣传让社会公众了解慈善捐款如何使用,资金使用到了哪些项目上,让捐款者完全了解自己捐款使用情况,做到对公众全透明,接受社会全面全程监督,这样才能让社会公众放心、高兴、可持续地自愿捐款。

3. 完善税收政策鼓励企业、社会团体组织及个人积极捐款

税收政策应考虑在企业捐款方面提高企业捐款的税前扣除标准,建议可以采用累进比例扣除标准,即企业捐款数额越大,税前扣除比例就越高,这样能够有效调动企业捐款的积极性。而对个人捐款不应设置扣除比例,应该采取全额扣除方式。

4. 鼓励和引导公益基金会、志愿者组织的发展

把慈善捐款制度化、规范化、常态化,避免突然性、突发性和短暂性,这样才能为第三次分配提供持续的资金保障。借鉴国际经验,应把国内已有一定发展基础和强烈发展意愿的公益基金会和志愿者组织更加积极地发展起来,鼓励和引导他们规范、可持续地长期从事公益慈善活动。

(四)推进国民收入分配的配套制度改革

造成居民收入差距扩大的原因是多方面的,因此除了通过对收入的初次分配、再分配和第三次分配进行调控之外,还要在问题导向下有针对性地推进收入分配制度改革,主要包括以下几方面:

1. 积极推进收入分配法律制度体系建设

收入分配领域问题很大程度上是制度缺陷和制度漏洞所引起的。应当尽快建立比较完善、相互配套的收入分配法律法规体系,依法严厉打击各种非法谋取个人收入的行为。加强执法力度,扭转有法不依、执法不严的局面。当前应根据个人收入分配中的突出问题,先建立一些暂行条例和管理办法,再通过不断完善,

逐步形成法律。应大力建立健全有关领域的人员的监督机制，充分利用社会各个方面的监督力量，控制和约束社会非法收入的蔓延趋势。

2.改革现行工会组织

工会组织是职工利益的重要维护者，缩小居民收入差距可以考虑改革现行工会组织，发挥工会真正保障职工利益的职能。

（1）依照工会章程独立自主地开展工作

当前我国的企事业单位工会组织，多是节假日慰问单位职工、组织职工的文化活动以丰富职工生活等，与现代意义上的工会职能相距尚远。按照新《工会法》规定，工会应依照工会章程独立自主地开展工作。企业、事业单位违反劳动法律、法规规定，如有侵犯职工劳动权益情形，工会应当代表职工与企业、事业单位交涉，要求企业、事业单位采取措施予以改正，由此来保护职工合法权益不受侵害。但实际上目前在我国这些要求还是较难执行的，因为工会组织是附属于单位的一个部门，很难真正意义上独立自主地开展与资方交涉等工作。要让工会真正承担起保障职工权利的责任，必须给予其与资方平等协商的权利，以利充分代表和保障职工的权益，这还需要逐步创造条件真正形成工会的独立自主性。

（2）切实发挥工会组织"稳压器"的作用

工会组织的一个重要作用是劳资双方的"稳压器"。主要功能在于协调劳资双方的不和谐关系。一是开展预警服务活动，及时了解和掌握职工的思想动态、心理忧虑以及面对的困难，对各方面给出预警信息；二是加大生活救助力度。对困难职工基本情况掌握之后，接下来就要对生活困难的职工加大救助力度，包括进行慰问和帮扶，对患大病或长期因病致贫的职工进行重点救助，帮助困难职工子女完成学业等；三是帮助困难职工再就业。如开展职工再就业技能培训、职业介绍、自主创业引导等；四是建立工会接访制度，为职工群众反映问题、咨询政策寻求帮助提供途径，解决职工困难、困惑，化解劳资关系矛盾。

3.加快投融资体制改革，建立健全基本公共服务多元化供给模式

（1）大力推广政府、企业和社会力量合作模式（PPP）

设立PPP项目引导基金，规范PPP项目操作程序，建立健全合理投资回报机

第八章　优化收入分配的激励——约束认知框架、基本思路、原则与建议

制,鼓励和引导社会资本参与公共产品和公共服务项目的投资、运营管理,重点在轨道交通、垃圾污水处理、能源、水利、保障性安居工程、医疗、养老、教育、文化、停车设施等领域推广PPP模式,提高公共产品和公共服务供给能力与效率。

（2）进一步推进和完善政府购买公共服务

继续扩大政府购买服务范围和规模,能由政府购买服务提供的,政府不再直接承办;能由政府与社会资本合作提供的,广泛吸引社会资本参与。完善相关政策,制发政府购买服务指导性目录,逐步扩大政府购买服务的范围和规模。制订重点公共服务领域政府购买服务实施方案,逐步加大教育、社会保障、环境保护、文化、市政市容等重点领域政府购买服务力度,推进选取社会影响力大、具有示范性和带动性、市场机制成熟的示范项目,通过购买服务的方式交由社会力量承担,并对示范项目实施情况进行后续跟踪。加强政府购买服务资金管理,提高资金使用效益和公共服务供给水平。加大对社会组织的培育扶持,重视发展服务业市场,激发和调动社会力量参与政府购买服务的积极性。

4.深化教育、科研管理体制改革

要在问题导向下坚决贯彻落实中央关于优化科研环境、加强智力要素激励等指导方针,以实质性地深化教育改革、科研改革,形成符合人才成长规律培养创新型人才,遵循科研规律可持续激励科研创新活动的制度环境和社会氛围,正确处理人文关怀、物质鼓励和经费使用与学术规范制约的关系。

5.探索建立收入分配预警体系

首先,确立收入分配的和谐目标,构建收入差距合理程度的测量尺度,为建立收入差距预警机制奠定基础。其次,探索建立城乡收入分配预警模型、地区间收入分配预警模型、群体间收入分配预警模型和行业间收入分配预警模型。这些预警模型之间并非完全独立,需在各分预警模型对收入差距风险测评时,可以得出收入分配的公共风险,进而工作部门可以依此做到政策制定实施有针对性,把各类风险控制在可接受范围之内。再次,支持收入分配调控机制。收入分配差距预警机制的建立可以帮助政府及时动态掌握各类收入差距和总收入差距的变动过程。进而在改革完善收入分配制度方面加强机制的顶层设计,着力在初次分配中

建立健全职工工资与经济基本同步增长、不同行业收入分配有效调节的机制等；在再分配中，建立健全全社会而言的抽肥补瘦的收入与财富分配调节机制等；在第三次分配中，使慈善和公益事业得到充分发展，以促进我国经济社会的持续健康发展。

参考文献：

［1］胡锦涛.坚定不移沿着中国特色社会主义道路前进 为全面建成小康社会而奋斗［M］.北京：人民出版社，2012.

［2］习近平.决胜全面建成小康社会 夺取新时代中国特色社会主义伟大胜利［M］.北京：人民出版社，2017.

［3］贾康.论居民收入分配中政府维护公正、兼顾公平的分类调节［J］.财政研究，2007（8）.

［4］贾康.收入分配与政策优化、制度变革［M］.北京：经济科学出版社，2012.

［5］邓小平.邓小平文选［M］.3卷.北京：人民出版社，1994.

［6］中共中央文献研究室.改革开放三十年重要文献选编：上［M］.中央文献出版社，2008.

［7］布坎南.自由、市场和国家——20世纪80年代的政治经济学［M］.北京：北京经济学院出版社，1988.

［8］王小鲁.我国国民收入分配现状、问题及对策［J］.国家行政学院学报.2010（6）.

［9］皮凯蒂.21世纪资本论［M］.北京：中信出版社，2014.

第二篇

分报告

本书分报告写作分工

	分报告	负责人
1	分报告一　财政均富是共同富裕的重要调节机制	王泽彩
2	分报告二　雇员薪酬与收入分配	张晓云
3	分报告三　收入分配国际比较研究	韩晓明
4	分报告四　中等收入发展阶段的收入分配研究	苏京春
5	分报告五　基于优化收入分配格局视角的中国税制改革大思路与制度设计	邢丽
6	分报告六　预算框架下收入分配制度改革的政策优化与绩效创新	程瑜
7	分报告七　收入分配制度改革视角下推进基本公共服务均等化的思路与政策研究	于长革
8	分报告八　我国国有企业收入分配制度改革探索	李靖
9	分报告九　涉农收入分配制度改革	张立承
10	分报告十　我国科研创新激励视角下的收入分配优化	龙艳萍　闫晓茗
11	分报告十一　中小微金融视角下的收入分配与相关机制优化	李全
12	分报告十二　住房保障、房地产市场发展与收入分配制度改革研究	李婕
13	附录　国民收入分配两种效应的理论推导及现有观点分歧的兼容性分析	彭鹏

分报告一　财政均富是共同富裕的重要调节机制

"创新是一个民族进步的灵魂，是一个国家兴旺发达的不竭动力"[1]。"财政均富"是共同富裕不可或缺的重要调节机制，它提倡通过二次分配矫正初次分配的偏离度，最终实现财富的共创、共享。本文从实际出发，深入剖析我国阶段性收入分配差异的制度性成因，以马克思主义理论为指导，学习借鉴新公共管理理论，创造性地提出"财政均富"命题，并以此作为调整收入分配差距制度安排的认识基础，践行"为国理财，为民服务"财政宗旨，助推中华民族伟大复兴目标的顺利实现。

"合理的收入分配制度是社会公平正义的重要体现"[2]。党的十八届三中全会指出，"形成合理有序的收入分配格局。着重保护劳动所得，努力实现劳动报酬增长和劳动生产率提高同步，提高劳动报酬在初次分配中的比重[3]"。理想的兼具"效率"和"公平"的收入分配制度，必是基于并能动地助益于政府、市场和社会三种资源配置方式的最优组合。与我国市场经济体制不健全、政府调控缺位越位仍然并存的事实相对应的是，国民收入分配领域也出现了一些比较突出的矛盾和问题。针对我国国民经济运行体系中初次分配、再分配的失当，需要引发人们深入思考：调整收入分配差距，除了采取"提低、限高、扩中"宏观调控政策外，发挥财政的天然分配职能特别是在再分配过程中的均衡作用，能否在本轮

---

[1] 江泽民：《在新西伯利亚科学城的演讲》，《江泽民文选》（第一卷），人民出版社，2006年版，第237页。
[2] 温家宝：《关于发展社会事业和改善民生的几个问题》，《求是》，2010年第7期，第5页。
[3] 习近平：《深化改革若干重大问题的决定》，2012年11月8日，中国共产党十八届三中全会。

财税体制改革中融入"财政均富"理念,强化人们对改革开放成果的获得感?

一、调整收入分配差距是国家治理永恒的主题

权威部门数字显示,2001—2016年,我国地区、城乡、行业间收入分配整体差距相当大,因收入分配严重失衡而导致社会财富逐步向少数地区、行业和人群集中,由此带来的诸多问题日益成为社会各界持续关注的热点。根据世界银行测算,1960年代我国基尼系数为0.17~0.18,1980年代为0.21~0.27,从2000年开始我国基尼系数已越过0.4的警戒线,一度逐年上升,至2008年为0.491。国家统计局发布数据显示,自2001年以来,我国基尼系数一直处在全球平均水平0.44以上,2008年达到最高点之后呈回落态势。2009年为0.490,2010年为0.481,2011年为0.477,2012年为0.474,2013年为0.473,2014年为0.469。2015年全国居民收入基尼系数为0.462,为2003年以来的最低值,而2016年又拉升到0.465,比2015年提高了0.003,但并没有改变中国基尼系数总体下降的趋势[①]。

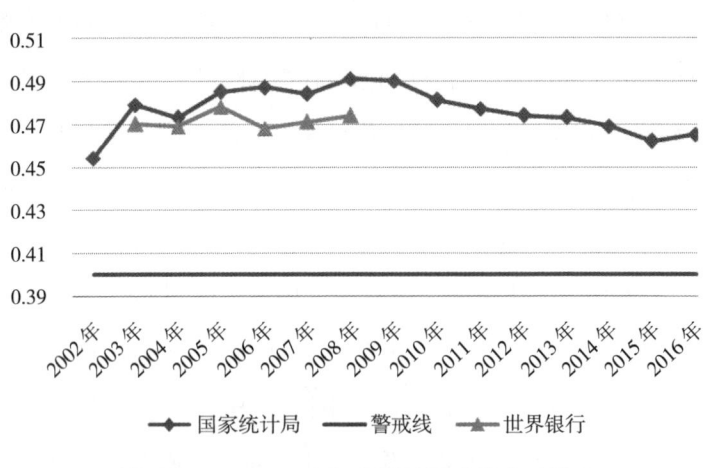

图1 2001—2016年中国基尼系数变动情况

数据来源:国家统计局、世界银行。

长期处于国际警戒线以上水平,这是我国社会财富共享机制发生严重失衡的

[①] 国家统计局:2017年1月20日,中国新闻网。

分报告一　财政均富是共同富裕的重要调节机制

危险信号。主要体现在以下四个方面：

第一，居民私人之间收入差距虽收窄，但差异巨大。国民收入初次分配的公平是社会和谐的基础，但目前初次分配上的严重失衡已动摇了这一根基。一是城乡居民之间收入差距没有根本改善。城镇居民可支配收入占居民可支配收入比重高，农村居民可支配收入占居民可支配收入比重低。特别是进入21世纪，尽管不断增加对农民的各项补贴，努力提高城乡居民收入特别是低收入群体收入水平，但城乡收入差距依旧非常悬殊，2005年城乡收入比为3.22∶1，到2009年扩大到3.33∶1[①]，而根据最新统计口径，2015年城乡收入比略收窄至2.95∶1。二是地区之间收入差距仍十分明显。从经济总量看，东、中、西部占全国经济总量比重，1980年分别为50%、30%、20%，2008年变为53%、29%、18%，至2016年为55%、25%、20%。从人均GDP看，1980年东部地区人均水平比全国平均高34%，2008年提高到69%；中部从相当于全国平均的88%降到83%；西部从70%降到69%。三是行业之间收入差距持续拉大。随着我国企业改制不断深入，国有经济行业间工资水平差距很大。据统计资料显示，1990年，行业最高与最低人均收入比为1.29∶1；1995年达到2.23∶1；1999年达到2.49∶1；2000年为2.63∶1，2005年为4.88∶1，2008年为4.77∶1，2015年国有单位行业最高与最低人均收入比为3.21∶1[②]。

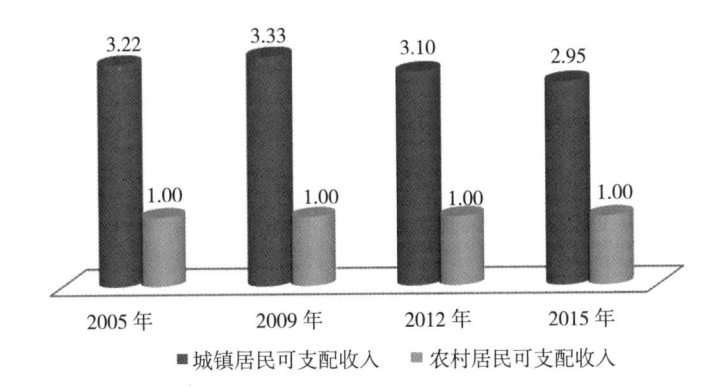

图2　2005—2015年城乡居民可支配收入比

数据来源：财政部预算司《2015地方财政运行分析》。

[①] 温家宝：《政府工作报告》，在2010年3月5日十一届人大三次会议上。

[②] 国家统计局：http://www.stats.gov.cn/tjsj/.

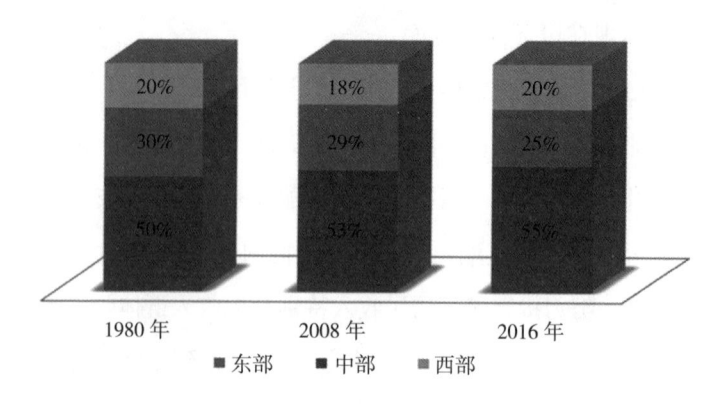

图 3　1980—2016 年东、中、西部 GDP 占全国比重变动情况

数据来源：国家统计局、财政部预算司《2015 年地方财政运行分析》。

第二，公共部门内部收支差距比较大。国民收入分配的基本原则是初次分配追求效率，再分配追求公平，即通过政府调节实现财富公平分配。2003 年全国财政收入占 GDP 比重为 15.9%，2008 年为 19.4%，2015 年提高到 22.5%[1]，财政支持经济和社会事业发展的保障能力显著增强，但区域间公共部门收支差异却仍然较大。一是区域间人均财政收入的差异巨大。按照总人口计算，1994 年我国东部、中部、西部地区人均财政收入比为 2.30∶1.29∶1，2008 年扩大为 2.71∶0.92∶1，2015 年又收窄至 2.01∶0.86∶1；最高的上海市人均财政收入为 22 853 元，是最低的甘肃省的 7.99 倍。二是区域间人均财力的差异较大。1994 年我国东部、中部、西部地区人均财力比为 1.71∶0.86∶1，到 2008 年仍达到 1.63∶0.83∶1，至 2015 年为 1.24∶0.79∶1，其中，最高的上海市人均财力为 24 123 元，是最低的河南省的 4.31 倍。三是区域间人均财政支出的差异很大。1994 年我国东部、中部、西部地区人均财政支出比为 1.64∶1.13∶1，到 2008 年仍为 1.23∶0.79∶1，2015 年为 1.07∶0.76∶1，最高的西藏自治区人均财政支出为 42 642 元，是最低的河南省的 5.95 倍[2]。不难看出，现行分税制财政体制均衡财力分配差异功能并没有充分发挥出来。

---

[1] 财政部预算司：《2015 地方财政运行分析》，第 11 页。
[2] 财政部：《2015 地方财政运行分析》，第 39 页。

	东部	中部	西部
1994年	2.30	1.29	1.00
2008年	2.71	0.92	1.00
2015年	2.01	0.86	1.00

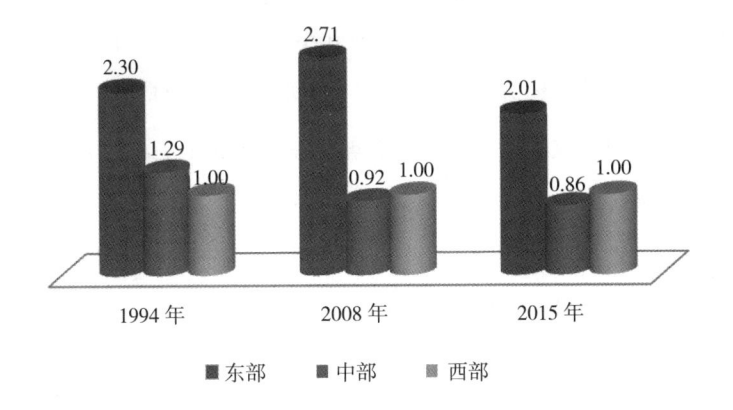

图 4　1994—2015 年东、中、西部人均财收入比

数据来源：财政部预算司《2015 年地方财政运行分析》。

第三，制度安排的"路径依赖"加大再分配调控难度。"路径依赖"（诺思，1981）是指事物一旦进入某一路径，就可能对这种路径产生依赖。这种机制使人们一旦选择走上某一路径，就会在以后的发展中得到不断的自我强化[1]。现行"保存量，调增量"的过渡性分税制财政体制，上级政府凭借行政上的博弈优势，突出高度集中和宏观调控的目标，造成了一方面经济持续增长，另一方面地方财政日趋困难的状况。一是对既得"存量"的照顾，固化了起点上的不公平。现行体制中仍然保留"包干体制"的定额上解、定额补助和结算补助的规定，原体制确定的财力分配格局没有打破，对公共服务均等化埋下了起点上不公平的"隐患"。二是"增量"返还转移支付制度的刚性，削弱了均衡地区财力差异的功效。现行体制"1∶0.3"税收返还的设计，意味着"两税"增长速度越快，地方"两税"增量返还数额就越少[2]。三是法治缺乏导致地方财政供给能力严重失衡。1994 年以来，中央先后取消了筵席税、屠宰税、固投税、农业税、营业税，又将所得税变为共享税种，肢解了地方税收体系，形成"财权上移"格局；同时，中央将煤田、地质、有色地勘等部门和资源枯竭型企业，以及部分高等院校下放地方，形成"事权下移"格局。可以说，财政体制变迁的起点不公平，到过程不公平，必

---

[1] North.D: Structure and Change in Economic History, New York, Norton, 1981。
[2] 高培勇：《财政体制改革攻坚》，中国水利水电出版社，2005 年第 1 版，第 22 页。

然引致地方财政困难的结果不公平。四是近年来新一轮的增值税、消费税、房产税、资源税等改革,建立地方政府主体税种的夙愿并没有真正实现。

第四,转轨时期财政制度安排的相关理论建设明显不足。西方发达市场经济国家的公共财政的建立,是从弥补"市场失灵"的公共产品入手,而我国的公共财政是由政府主导的计划经济向市场经济转轨开始的,这一特点区别于任何一个国家。在此背景之下,自十四届三中全会提出建立公共财政框架以来,时至今日,中国公共财政框架已基本确立无疑成为不争的事实。但是,转轨时期建立一个什么样的财政制度模式和如何建设的问题,目前尚缺乏一个成熟的理论指导。从理论界和实践界对转轨时期的大国财政概念、特征和功能的无休止论战中,我国财政理论建设缺失可窥见一斑。而且,他们的争论都没有从理论上解决转轨时期国家财政职能的定位问题,导致目前财政制度安排供给缺失,私人之间、公共部门之间纵向、横向收入分配差异日益凸显,财政参与初次分配和再分配的职能作用远未得到充分发挥,特别是现阶段在"处理好保持经济平稳较快发展、调整经济结构和管理通胀预期三者关系",让所有民众共享经济社会发展成果等方面尚有许多潜力需要挖掘。

综上所述,财富分配的严重失衡、收入分配的扭曲和贫富差距的扩大,缺乏一个科学的、行之有效的国民财富分配理论作指导。现阶段,唯有大力研究和探索新的理财思路,让广大普通国民获得平等的发展和竞争机会,促使收入分配严重不公、贫富过分悬殊的问题得到有效解决。

二、财政均富是共同富裕的伴生立论

"创新是一个民族进步的灵魂,是一个国家兴旺发达的不竭动力"[1]。基于以上背景,笔者认为,现阶段倡导"为国理财、为民理财"的财政均富理念,进一步探索财政均富立论的理论基础和实践基础,对健全共同富裕实现机制,具有重要的政治、经济和社会意义。

---

[1] 江泽民:《在新西伯利亚科学城的演讲》,《江泽民文选》(卷1),人民出版社2006年第1版,第237页。

第二篇 / 分报告

分报告一 财政均富是共同富裕的重要调节机制

第一，全面建成小康社会需要研究财政均富立论问题。"创新、协调、绿色、开放、共享"是国家和政府的一种执政理念和施政原则，而财政履行政府的分配职能，其活动直接体现了政府意志，从而其财力安排就直接落实、支撑与强化了政府的发展观。共同富裕的核心是坚持以人为本的发展理念，推进"人的全面而自由发展"[1]作为经济社会发展的根本出发点和落脚点，强调发展为了人民、发展依靠人民、发展成果由人民共享。全面建成小康社会，全面是首要的要求，过去那种低水平的、不全面的、发展很不平衡的"小康"已经满足不了当下的需要，"没有农村的全面小康和欠发达地区的全面小康，就没有全国的全面小康"[2]。全面建成小康社会的战略目标要求统筹城乡发展、统筹区域发展力度，实现人民共同富裕。中国特色社会主义公共财政的本质在于取之于民、用之于民，满足人们日益增长的物质文化生活的基本公共需要。统筹解决经济与社会、城市与乡村、发达与欠发达地区、人与自然等存在的市场失灵问题，正是公共财政职能的核心所在。十八大报告明确提出：初次分配和再分配都要兼顾效率和公平，再次分配更加注重公平。深入实践落实科学发展观，实现全面建成小康社会的战略目标，健全财政分配理论首当其冲。"公共财政具有稳定经济、资源配置、收入分配、监督管理等职能作用，是政府履行职能的物质基础、体制保障、政策工具和监管手段[3]"。因此，充分发挥财政均富职能作用，深入研究财政均富立论基础，对现阶段调整收入分配差距、稳定发展经济具有重要的政治意义。

第二，完善市场经济体制需要研究财政均富立论问题。我国经济体制改革的目标是建立社会主义市场经济体制。通常来说，有什么样的经济体制，必然要求有什么样的财政制度与之相适应。现今制度创新成为世界共同关注的问题，处于经济体制转轨的中国更要进行制度创新。随着市场化进程的加快，特别是中国人均 GDP 由 8 000 美元向 12 000 美元过渡阶段，按照一般经济规律，该阶段也是

---

[1] 马克思：《资本论》（卷1），人民出版社 2004 年版，第 683 页。
[2] 习近平 2012 年 12 月 7 日—11 日《在广东考察工作时的讲话》。
[3] 谢旭人：《充分发挥公共财政的职能作用》，《人民日报》2008 年 2 月 29 日，第 7 版。

各种矛盾的突显期,无疑对财政再分配提出新的挑战。财政必须在倒 U 曲线爬升过程中,及时、恰当调节,以熨平经济周期性波动,促进经济"又好又快"发展;同时,社会主义的本质是最终实现共同富裕,离不开财政职能作用的充分发挥,在某种程度上财政体制应成为实现共同富裕的制度保障。从中国财政理论发展现状看,根据目前的阶段性特征研究财政均富立论基础,对于弥补财政理论的缺失"恰逢其时"。

第三,构建和谐社会需要研究财政均富立论问题。"和谐社会"的提出,不仅为解决阶段性分配不公问题奠定坚实的理论基础,也为世界和谐发展指明了方向①。中国财政科学研究院贾康教授认为②,财政维护和提升和谐社会所要求的公平正义可从三个方面来考虑:一是建立一种体现公平正义的制度,对收入按产权规范自主决策分配。二是通过财政支出、转移支付制度,对经济社会发展中一些相对薄弱的领域或地区,比如"三农"、教育、科技、社会保障等领域和一些欠发达地区,给予特别的倾斜,对诸如贫困家庭、下岗职工、丧失劳动能力者等弱势群体,给予雪中送炭般的必要救助。三是对于公权部门,必须坚决推行真正的"收支两条线"管理制度,从理财方面彻底割断公权扭曲经济利益动因,消除以公权谋私利的制度土壤,并加强财政监督,以维护社会的公平正义。很明显,研究财政均富立论基础,对建设和谐社会意义重大。

第四,根本解决财力分配差异需要研究财政均富立论问题。财政体制作为实现财政职能的制度载体,初始安排就要杜绝起点不公。1994 年以来的分税制财政体制改革功效突出表现为:"两个比重"继续稳步提高,中央宏观调控能力显著增强,财政收入持续稳定增长。但是,辩证地看,由于现行财政体制设计指导思想的刚性(为中华人民共和国成立以来运行时间最长的一个体制)、调整的滞后性,使得这些成果难以掩盖层级政府之间纵向财力失衡(Vertical Fiscal Imbalance)和区域间横向财力失衡(Horizontal Fiscal Imbalance)的现实。当前,研究财政均富的立论基础,对丰富财政理论和指导财政实践无疑具有重要的现实

---

① 2006 年联合国前秘书长科菲·安南卸任时称,"和谐"将作为今后联合国工作的基本理念。
② 贾康:《公共财政与社会和谐》,《经济研究参考》2006 年第 45 期。

意义。尤其是，探索、树立财政均富理念，通过再分配弥补初次分配的不足，将进一步夯实制度安排的物质基础。

三、新形势要求亟待廓清财政均富理念基本内涵

财政均富不是目的，不是手段，其追逐的最终目标是促进共同富裕。科学界定其内涵，构筑一种新的理财范式，探索缓解收入分配差距有效途径，实现阶段性调控目标任务是新形势的迫切需要。

（一）财政均富理念的含义

财政均富，是指国家或政府凭借公共权力，科学配置财政资源，调节收入分配差异，使民众共享发展成果，促进共同富裕目标的实现[①]。这里的"财政"涵盖了财政的收入、支出和管理，代表以国家或一级政府为主体的分配行为。"均"，为公平、共享、协调之义，即财政天然的分配功能，它通过税收或支出政策等杠杆调节个体、城乡、地区、行业间的贫富差距，避免两极分化；通过政府提供的公共产品，达到基本公共服务均等化。"富"，指国家或政府通过公共权力集中的财政资源，主要包括各种财政性资金和货物，即分配的客体；另外一层为"使之富"之义，指财政通过自身职能促进经济发展，实现经济总量增长的目标。

共同富裕作为社会主义市场经济的一条基本原则，也是社会主义所有经济领域追求的共同目标和最终目标，这是社会主义市场经济本质的内在要求。笔者认为，财政均富思想是社会主义社会追求共同富裕在财政领域的贯彻和落实。它要求我们科学配置财政资源，调节收入分配差异，从而使社会民众共享发展成果，最终实现共同富裕的目标。它的基本内容和基本要求有以下两个方面：一是发展经济，贫穷不是社会主义。这就要求财政机制在具体运行时要通过补贴、税收等财政手段稳定和发展经济。因此，贯彻财政均富思想还要实现稳定和发展经济的目标，这个目标是实现共同富裕最终目标的有力保证，也是我们在阐述财政均富含义的"使之富"内容。二是实现共同富裕，不是两极分化，也不是平均富裕。

---

① 王泽彩：《财政均富：实现公共服务均等化的理论探索》，《财政研究》2007年第1期。

这要求承担社会财富再分配职能的财政机制要实现公平分配目标，使社会民众大致均等地享受经济发展带来的好处，保证共同富裕。

财政均富界定为再分配范畴，就是以国家或政府为分配主体，以公平优先为再分配原则，以基本公共服务均等化为手段，以促进共同富裕为目标，以法律规制为重要保障，科学配置财政资源，促进经济社会和谐发展。因此，财政均富界定的财政职能为：收入分配、资源配置、稳定发展经济、监督管理，突出"收入分配"为天然首要职能。那么，财政均富理念与传统的国家分配论、公共财政论、平均主义等分配理论有什么区别和联系呢？

第一，财政均富论与国家分配论。国家分配论认为，财政随国家的产生而产生，是以国家为主体的分配关系。财政均富论虽然也是以国家为主体的分配，但它从调节收入分配差异为切入点，强调以公共服务均等化为手段，最终目标是促进共同富裕。二者区别：国家分配论的核心在于分析与探讨财政活动的本质，属于本质论；而财政均富论揭示市场经济条件下初次分配和再分配过程中出现的收入分配差距问题，属于目的论。国家分配论和财政均富论的立论基础不一致。国家分配论以马克思主义的国家学说为立论基础，以马克思主义政治经济学作为其基础经济学依据，建立在劳动价值论的基础之上，而财政均富论则是以西方福利经济学作为立论基础的。国家分配论与财政均富论研究路径不同。国家分配论把财政视为一个历史的范畴，财政均富论则不然，它直接面向市场经济下财政履行收入分配职能的缺陷，并不试图去解决各种社会形态下的财政问题。同时，国家分配论与财政均富论都属于理论财政学范畴，都认为国家或政府是财政活动的主体，都坚持财政活动形式是货币或价值形式，都是为了满足广大民众的公共需要。

第二，财政均富论与公共财政论。公共财政是与市场经济发展要求相适应的一种财政模式，具有财政运行目标的公共性、财政收支活动的公共性、财政行为的规范性和法制性特征。美国财政学家理查德·马斯格雷夫把公共财政职能界定为资源配置、收入分配、稳定发展经济三大职能。从以上论述中可以看出，财政均富论坚持财政是以国家为主体的分配，赋予财政以收入分配、资源配置、稳定发展经济和监督管理为逻辑的四大职能。区别在于：一是公共财政论是一种模式论，而财政均富是一种目的论。二是主体基本相同。如果不考虑社会形态的差异，仅从二者的分配主体来看，它们基本上是一样的，都是作为公共权力行使者的政府。三是阶级属性各异。从公共财政论所体现的经济关系来说，由于资本主义和社会主义两种不同的生产方式和社会制度，决定了二者具有不同的阶级属性，因而作为社会管理者的政府为主体的财政均富论所反映的经济性质也不同。

第三，财政均富论与基本公共服务均等化。基本公共服务均等化，首先是基本。它指明了需要均等化的公共服务的最低范围，即民众基本的生存权、发展权所需，关系民众的基本物质需求。其次是公共服务。作为公共财政目标之一，在本质上公共服务与公共物品具有相同特性，即非竞争性和非排他性。再者是均等化。均衡、平等之义，在现实生活中，均等并不等同于绝对相等和平均主义，而只能是使一定区域内的服务受众达到相对均等的满意程度，同时允许存在合理的差距。通过分析可以看出，公共服务均等化是公共财政的一个目标，是财政均富的一个实现手段，是促进共同富裕的一个措施。因为，公共服务均等化是与市场经济相伴而生的，强调的是基本公共服务的均等化，而笔者所提出的财政均富，既包含了基本公共服务均等化的内容，也包括了促进共同富裕之释义，但要比基本公共服务均等化的内涵更宽泛。

第四，财政均富论与平均主义。平均主义也称为"绝对平均主义"，主张平均分享一切财富。平均主义者认为，社会的不平等是一切罪恶的根源，他们追求社会财富分配的绝对平等。平均主义忽视了人与人之间的能力、素质和历史条件差别，必然抹杀和损害个人的积极性，自然也抑制了个体的创造性。笔者所倡导的财政均富有别于传统的平均主义。首先，从分配范围看，财政均富主要是指对国家和政府集中的财富进行公平分配；而平均主义主要是对全社会所有财富进行平均分配。其次，从分配导向上看，财政均富是国家政策导向下的分配，体现着国家的方针政策；而平均主义要求实现绝对意义上的平均。再次，财政均富的内涵包括效率，即"在促进效率提高的前提下体现社会公平"，是一种按照预算制度进行的相对科学的分配，而平均主义往往忽视了效率。

（二）财政均富理论的立论基础

财政均富作为一个理论体系，其立论基础涉及政治学、经济学、哲学、社会学等多个领域内容。财政均富的立论基础分为思想基础、伦理基础、政治基础、经济基础和实践基础五部分。具体定位：思想基础是从历史角度和哲学角度寻找其立论依据；伦理基础是从政治学和经济伦理学两个角度，即从公平正义视角剖析财政均富的立论依据；政治基础是从国家、阶级、群众、政治制度和经济制度等方面加以阐述；经济基础从财富积累和财富创造机理方面予以论证；实践基础从财富分配和动态均衡角度展开研究。笔者认为，财政均富立论基础，来源于马克思的社会主义理论，借鉴了西方市场经济国家公共财政理论，是对社会主义经济理论进一步探索。

首先，开展财政均富立论的基础研究是对马克思主义的继承与运用。马克思、恩格斯在批判资本主义制度的基础上建立了社会主义制度的基本框架。其对社会主义国家的本质属性、社会主义基本制度等内容作了框架性的设想。而随着后来几代马克思主义学者对相关理论探讨，社会主义经济理论也逐渐成熟。马克思主义认为国家的本质属性是决定性的，国家的本质属性决定相关制度。而作为社会主义国家来说，其本质是解放生产力，发展生产力，消灭剥削，消除两极分化，最终实现共同富裕。这其中也蕴含着马克思所追求的公平分配理想。社会主义国家的这种本质属性决定了相关的经济制度和整个社会生产关系，而财政均富立论基础与马克思主义是一脉相承的。正如上文所述，财政均富的内涵包括了两个基本层次：一是"均"，二是"富"。从"均"的角度看，更多强调的是分配结果的公平，通过公共财政实现收入分配结果适当的平均和基本公共服务的均等化；从"富"的角度看，强调的是财政发挥促进共同富裕的职能和作用。因此，笔者认为，财政均富思想是对马克思主义的继承，是共同富裕理念在财政领域的具体应用和具体表现。

其次，开展财政均富立论的基础研究是对公共财政理论的学习借鉴。公共财政理论伴随着资本主义私有制的产生而产生。市场在资源配置中发挥主导作用，市场运行中契约约束是重要特征。从理论上讲，市场是资源配置的场所，追求效率的最大化是其目标。那么，如何维持和保证社会的公平？显然，这是市场解决不了的，它需要政府参与其中。也就是说，存在着市场失灵，要求政府参与资源配置。公共产品和公共选择理论都主张公共品的提供离不开政府的引导和支持。政府参与资源配置以何为标准？公共财政理论产生和发展的历史表明，提供公共产品和一视同仁的服务，以及宪政管理是其突出特征，公共财政本义就已经蕴含了公平和平等的理论。现代公共财政理论包括的弥补市场失灵理论、公共部门理论、公共产品理论和公共选择理论，无一例外地体现出公平和均等的内涵。所以，政府履行职能在某种程度上可以看作追求社会的均等化，社会均等化包括政治、经济、文化等多个方面。而经济均等，可以看作社会均等的基础和前提，创新和发展公共财政理论是实现经济均等的重要保证。

再者，开展财政均富立论的基础研究是深入贯彻落实科学发展观和共享发展理念，以全面建成小康社会为发展战略的具体体现。科学发展观要求以人为本，是指导发展的科学思想，反映了我们对发展问题的新认识。坚持科学发展观，才能正确处理发展和协调发展、当前发展和持续发展，解决发展过程中的不和谐因素。而全面建成小康社会是我们国家发展的基本战略，我们要建成的小康是全面的小康，而不是低水平的、不全面的、发展不平衡的小康社会，最终要实现人民共同富裕。这些本质上是要构建一个公平、正义的社会主义和谐社会。然而，在我们现实社会生活中还存在着许多不合理、不公正、不平等的现象，成为影响公平均等的因素。例如，贫富差距扩大，地区收入悬殊，"三农"问题突出，垄断行业的暴富，官僚腐败的蔓延，生态环境的恶化，等等。解决这些问题，当务之急就是充分发挥财政均富功能，努力缩小收入分配差距，促进社会公平正义。由此而言，通过对财政均富立论基础的研究，不仅是解决现实矛盾和社会问题的急需，更是维护社会主义公平、正义的客观要求。

四、尝试构建财政均富分配新型调控机制

（一）现行财政体制均富功能不足

第一，行政体制改革滞后，削弱了分税制体制均富功效。财政体制改革是以简约明晰的行政体制为前提的。只有行政体制简约明晰，才会有清晰的事权划分，才能够建立合理的、规范的分税制财政体制。从西方实行分税制的国家情况看，大多是三级政府，政府间事权和财权的划分清晰明了，分税制财政体制运行通畅，上下一致。而我国这些年来的分税制改革，都是在五级政府的行政管理体制环境下实施的，而且中央一级就分去了全部财政收入的一半以上，省里多多少少再分一点后，市、县、乡三级政府基本上已无税可分。同时，财权层层上收，事权层层下移，转移支付链条过长，动摇了基层政府行使职能的物质基础。在我国各级财政实践中，一个非常普遍的现象就是下级政府经常要面对来自上级的财政管制。主要表现为"上出政策，下出资金"，支出政策在上，资金供应在下，上级政府制定统一政策，直接影响着下级支出规模和支出方向，直接左右着下级政府的预算平衡。

第二，经济体制改革不完善，财政没有从一般竞争性领域充分退出。十一届三中全会以来，我国经济体制进行改革已经走过了30多年历程，人们已经充分认识到，市场是一只不以人的意志为转移的"看不见的手"，资源配置由市场总体而言发挥决定性作用有利于满足人民日益增长的物质和文化生活需要，而且效率要比政府高得多。但是，由于我国经济体制改革尚待攻坚克难继续深化，一些地方国有企业及国有控股企业仍然担负着发展地方经济、提供财政收入的重任，加之一些地方长官追求政绩、上项目的热情很高，使财政很难从一般竞争性领域充分退出来。从这些地方对一般竞争性领域的财政投入回报情况看，基本上没有实质性功效。从建立健全公共财政角度，财政资金没有投向重大公益性项目和对经济发展具有全局性和战略性的非经营性基础设施项目。而在培育新的经济增长点和带动产业升级的重大高新技术和技术改造项目，政府还是直接介入，没有真

正使企业成为投资和创新主体。

第三,税收制度以间接税为主,再分配功能严重不足,税收政策的制定基本由中央垄断,削弱了地方政府调节能力。按照新《预算法》《税收征管法》规定,税收政策的制定权集中在中央,地方无权开设新的税种。从这些年的实际情况看,由于税收政策过于集中、一成不变,一些适合地方政府征收的税收,如房地产税、遗产税等直接税迟迟无法出台,为数可观的潜在财政收入白白流失。在举借债务方面,《预算法》和《担保法》有明确规定,但层层政府担保而举借的国债转贷资金,尽管促进了地方经济发展,但在法理上是相悖逆的。在预算编制上,一些地方就把应该列支的支出挂起来,本来应落到纸面上的赤字却变成了隐性赤字,为了维护社会稳定,地方政府为企业还贷、为单位偿债的情况屡见不鲜。中央在宏观和微观政策的制定上,没有给予地方适当的自主权,确需亟待加强。适当给地方税收自主权,不仅有利于增加地方财政收入,也有利于调节不同社会群体的收入分配关系,有利于财政均等化目标的实现。在特殊情况下,应允许地方编制赤字预算,将问题实事求是地摆在桌面上,既有利于争取上级财政的支持,也有利于增强自我发展的动力。否则,既不让开设新的税种,又不让编列赤字预算,举债还存在众多约束,单靠调整支出结构是根本做不到的。根据政府债务管理有关规定,地方政府在财力允许的范围内通过债务限额管理、大力推进政府与社会资本合作,不仅有利于缓解财政资金不足的矛盾,也有利于促进经济社会加快发展,更是有利于政府对现有债务的统筹管理,防范和化解财政风险。否则,继续按现在的理财思想走下去,由于财政资金供给不足,一些债务都分散在地方政府,政府很难对债务实行统一管理,更谈不上防范和化解,政府间债务风险环境进一步恶化。

第四,转移支付制度体制不规范,财政分配均等化效能低下。自 1994 年实行分税制以来,中央与地方在收入划分上并没有根本性的变化,具有指定用途而且分配透明度不高的专项拨款项目有增无减,实现政府间财政分配均等化目标的重任落在了额度不大、分配办法逐步规范的一般性转移支付身上,促使地方政府眼睛"向上"看,助长了决策者"寻租"等不良现象的滋生。近些年来各项制度不断健全和完善，那么，为何地方政府还要继续争相"跑部要钱"呢？其根源在于，中央转移支付的分配还不够透明，分配办法不够规范，大量资金分散掌握中央各部门手里。要想扭转地方政府部门"跑部钱进"的无序状态，必须采取釜底抽薪之策，重新划分与调配中央与地方的事权与财权，给地方政府相应的财权来有效保障事权，使二者相匹配。

第五，省以下财政体制不健全，县乡财政比较困难。省以下分税制财政体制是中央对省分税制的贯彻和延伸。近年来，分税制财政体制改革使省以下地方财政有了很大的发展，尤其是财政收入增长较快，但在运行中也逐渐显露出了许多不可回避的矛盾和问题。一是受中央与地方政府之间事权划分不清、财权事权不统一的影响，省以下各级政府的事权界定也不严格，加之没有鲜明的层次性，"上面出政策，下面拿票子"的事情经常出现。在中央集权的政治体制和"统一领导、分级管理"的财政体制下，省以下财政体制改革不可能在事权划分、支出结构调整上有突破性动作。地方政府明知许多支出项目与结构不合理，也无法进行必要的调整，支出规模也就压不下来，财政困难状况也就不可能从支出管理方面得到改善。二是省以下政府层级过多，政府间税源差异大，分税制无法给基层政府稳定的收入来源。中央与省级政府分税后，中央虽然留给省以下地方政府很多税种作为地方政府的固定收入，但这些税种中除营业税还算得上是主体税种外，其他税种不仅税基小、税源少，而且征收难度大、成本高，根本无法满足地方各项支出的需要。三是省以下地方政府层级多，越是到基层，税源结构越不均衡，地区间收入差别越大。特别是乡镇一级政府，以致根本无税可分，又如何行使宪法赋予的一级事权？

（二）财政均富分配调控机制初步设想

1. 理念转变与职能重置

中华人民共和国成立以来，受国情的限制和传统社会主义经济理论的影响，我国财政几乎包揽了国家的投资建设任务，大部分财政资金用于经济建设。因此，人们往往把这种类型的财政称为经济建设型财政。改革开放后，随着我国经济体制改革的不断深入，学者和实践部门也在强调财政体制的转型、财政观念的转变。但是，直到目前，这种情况没有根本改变，生产建设型财政的痕迹还比较明显。具体表现是经济建设支出仍然占较大比重，不仅承担基本建设投资，而且还参与一些应当由企业、私人或市场从事的经济活动，如企业生产经营需要的增拨挖潜改造资金和科技三项资金等。因为"发展是第一要务"。同时，由于事业单位改革滞后，没有按照公益型、准公益型和非公益型标准安排经费，一些有条件进入市场的经营性单位，如出版社、杂志社、培训中心、各类学会和协会等，仍由财政负担经费。财政支出包揽多，财政负担不规范现象还没有从制度上得到解决。可以说，中国财政由生产建设型向公共型转轨，确实有很长的一段路要走。而今，我国省际间财政收支差距在日趋拉大，这对转型期的财政体制构建，实现基本公共服务均等化，促进共同富裕目标的实现带来了重重困难。如果不彻底转变财政理念，在经济建设领域的过度参与必然影响其他职能的发挥，而这也是我国当前出现收入差距过大的主要原因。众所周知，财政的再分配职能对调节收入差距有着十分重要的作用，正如前面所论述的，我国一直是执行发展经济优先的财政理论，财政机制并没有发挥对收入分配差距应有的调控职能。为此，审时度时需要在财政体制的运行中更加注重财政资源的公平配置，并且主动起到调节社会收入差距的应有作用，从而实现缩小收入差距，达到共同富裕的目标——这正是我们所提的财政均富思想所要完成的任务和解决的问题。财政均富其宗旨就是把共同富裕的理念贯彻到财政领域，重新架构财政体制，着力解决社会财富的分配公平的问题。

可以预见，在今后的财政改革中，我们只有以"财政均富"理念为指导，重新架构转轨时期的政府间财政体制，把握起点公平、调整过程公平、注重结果公平，才能切实解决好区域间财力分配差距过大、贫富分化严重问题，使各层级政府民众共享经济社会改革发展成果，进而推进和谐社会建设。

2. 有效政府的职能界定

有效政府即有效率的政府。如何做到政府有效率？不言而喻，就是在正确划分政府与市场的边界，正确划分层级政府职责的基础上，依法提高政府的行政效能。可以说，政府职责的界定和划分在整个财政关系中居于基础环节，是一项至关重要的国家事务。明确政府职责是政府间事权划分的基本前提。只有在政府职责范围明晰、合理的条件下，政府事权划分的科学性、合理性和有效性才能得到保证，进而在很大程度上才能决定政府间课税权划分和政府间转移支付。如前所述，西方国家宪法或财政法中对政府职责划分的条款和内容相当明确、细致，这是西方国家特别是联邦制国家宪法关于政府职责划分条款的一个突出特点。在现代市场经济条件下，政府职责界定的核心是要遵循社会分工原理，处理好政府与市场关系问题，强调市场有效与政府有效的完美结合，做到既不"缺位"，又不"越位"。因为政府和市场界限的划分，不仅为政府间事权划分提供了依据，而且也直接影响到各级政府的激励和行为，进而影响到事权在政府间分配的效率。政府职能基本上限定在公共性职能范围内，并根据经济和社会发展需要进行一定调整。现阶段，随着全球经济一体化步伐的逐步加快，在我国建立社会主义市场经济的体制转轨背景下，政府职能迫切需要从非公共性向公共性转变。

我国现行政府的职能定位于计划经济时期，改革开放以来虽经多次调整和完善，但适应社会主义市场经济发展需要和社会主义民主政治要求，以经济管理和社会管理（公共服务）为核心职能的有效政府模式还没有完全确立。因此，构建分税制财政体制目标模式，必须突破就"财政"论"财政"的藩篱，首先定位社会主义市场经济体制下政府的基本职能。

在市场条件下，政府的职能应着眼于矫正市场失灵和驾驭市场波动。一般地说，对于市场经济能够做到的地方，政府无须干预。在这些方面，政府的职能有限，但这并不意味着政府就无事可做了。与此相反，政府的作用在市场条件下是相当重要的。首先，政府的作用是矫正市场失灵。由于市场有其自身无法克服的弱点，诸如总量失衡、结构失调、配置资源不到位、经济秩序混乱和市场垄断等，这是"市场失灵"的地方。为了弥补市场的这些缺陷，政府就需要担负起相应的经济职能。其次，政府的作用是驾驭市场波动。政府干预市场不仅仅是为了矫正市场缺陷，更重要的是能够抢在市场波动之前，控制市场的总体运行，防止其周期性波动带来的损失。在全球化和市场经济条件下，我国政府职能的定位必须在尊重市场经济发展规律的前提下，借鉴发达市场经济国家经验的同时，结合中国具体国情,通过创建一系列制度安排来规范市场、稳定市场和引导市场发展,并提供必要公共产品的形式来弥补市场供应的不足。30多年的改革实践证明,市场配置资源的能力远远高于政府。因此,就今后政府与市场的职责而言,凡是政府该管、可管可不管的事情,都应交给市场去做。政府的职能不是要去做大事,而是做自己应该做的事情。也就是说,政府和市场要做到各就其位、各司其职、各行其权、各得其利、各担其险,找到自己合适的位置。

3. 政府间财权、事权与支出责任的划分

中国现行行政管理体制的根本问题,是管理层次的重叠以及由此造成的管理责任不清、授权不明,省、地市和县多级政府审批同一个项目,由此加大了交易成本,降低了行政效率和经济效率。因此,"改革的具体方法只需要将现在省市两级的行政管理任务进行分类和分解,弱化地市和乡镇两级政府,分别将其设置为省级政府和县级政府的派出机构,进而做实中央、省、县这三级政府"。[①] 目前,因地制宜地实行中央—省—市县三级体制,不仅有利于夯实财政体制的低端基础,把县级财政和市辖区的财政建成我国功能齐全、职能完善的基层财政。同时,有利于在减少政府层级、收敛政府间摩擦因素的同时显著减少行政成本,从根本上解决政府职能过宽和机构叠床架屋、财政养人过多的问题。这样,既可以促使政府摆脱大量的微观管理,把与市场经济发展相悖的职责剥离出去,解决政府目前存在的职能转换不到位、事权划分不清和办事效率不高的问题,还可以避免因政府层级过多而形成层层集中模式,增强省级财政对市县级财政的指导和协调功能,从而为规范省以下各级政府间的分配关系,建立架构合理、职能规范、运行高效的分税分级财政体制奠定基础。当然,是实行三级政府还是四级政府架构,还必须注意效率原则,避免出现因整体划一而低效问题。所以,要因地制宜、积极稳妥。

省以下政府间财政支出责任划分,总体上应当与公共经济管理责权的纵向配置格局相一致。在此基础上,严格遵循以下原则:(1)遵循财政支出责任划分的分级负担原则;(2)效益外溢性成本补偿原则;(3)与辖区居民受益紧密衔接原

[①] 贾康、白景明:《县乡财政解困与财政体制创新》,《经济研究》2002年第2期。

则；（4）与财政收入筹集有力相适应原则；（5）与调控能力匹配原则；（6）与对下补助匹配原则；（7）对上配套匹配原则；（8）整体谋划和分步实施原则；（9）因地制宜原则；（10）先易后难原则。

支出责任划分清晰后，事权与支出范围的划分也要明了。在此基础上，由权力机关通过立法方式加以规范。这种法律规范，具体包括两个层次：一是中央与地方政府之间的事权与支出范围，可由全国人民代表大会立法，中央政府无权随意把该承办的事务下放给地方政府。当然，地方政府也无权把该承办的事务推给中央政府。二是地方政府上下级之间的事权与支出范围，也应由地方立法机关通过法律形式加以明确。中央与地方之间的事权划分，是地方政府上下级之间事权划分的前提和基础。但是反过来，地方政府上下级之间事权的明确划分，又能避免和减少中央与地方之间事权执行中的扯皮、推诿现象。着眼于现实，根据我国经济转轨的历史进程，要加强《财政法》《收入法》《支出法》《转移支付法》等立法准备工作。笔者认为在正式法律没有出台前，应切实完善相关制度和办法，努力遏制因事权与财权非对称性设计，而引致财力分配差异日趋扩大现象。

4. 注重公平的财政政策取向

从我国目前经济发展情况看，20世纪80年代以来"效率优先、兼顾公平""让一部分人先富起来"的阶段性目标已经完成。现在摆在我国政府面前的是，在一部分人先富起来后，如何让更多的人共同富裕的问题，公众对公平的要求已经突现出来。因此，今后一段时期，稳健的财政政策的选择和运用，需要效率给公平让步，将公平与效率调节到让公众认可的程度。要实现这一目标，正确处理好改革、发展和稳定三者关系，促进社会公平，保持国民经济更好更快发展，当前我国政府在实施稳健的财政政策过程中，需关注以下几个方面：[1]

首先，完善税制和强化税收征管。1994年以来实行的分税制财政体制，在不断地改革和完善过程中已日渐成熟，有效实现了宏观经济调控目标，促进社会的公平和稳定。但是，在目前我国税制及税收管理方面，还存在一些不尽完善的地方。一是税收征管过程中仍存在跑冒滴漏问题，以及偷漏税和骗税行为，造成

---

[1] 寇铁军，任晓东.《论调节我国收入分配差距的财政政策取向》，《地方财政研究》2005年第9期。

了企业间事实上的不公平，严重影响了诚实守信企业的生产积极性。二是内外资企业所得税两法尚未统一，在赋予外资企业国民待遇的同时，内资企业反倒丧失了国民待遇，形成了不公平竞争，严重影响内资企业的健康发展。三是对个人所得税的征收手段还不健全，除行政事业单位职工个人所得税可以做到如数缴纳以外，对其他社会群体的个人所得还缺乏有效的监管措施和手段，漏税问题比较突出。四是均衡收入差距方面的税制还有待完善，从维持社会分配公平、促进社会成员积极创造财富的角度出发，应适时推出财产税、遗产税、赠与税等税种。

其次，善用财政补贴政策。在运用税收政策调节收入分配的同时，财政补贴政策调节社会公平的重要作用也不可忽视。在我国目前社会保障体系尚不完善的情况下，财政补贴政策的运用显得尤为重要。一是要继续推进企事业单位分离办社会职能。目前，分离企业办社会职能工作已取得初步成效，但一些机关事业单位办社会职能问题仍然存在，机关幼儿园、高校附属的子弟学校等，既增加了机关事业单位的开支规模，也在一定程度上形成了社会资源分配的不公平。二是要及时调整财政补贴政策，尽量取消"普惠制"和"暗补"。以职工采暖费为例，应改变原来由单位按实际住房承担采暖费的做法，改按规定面积和财政补助比例发放采暖费补贴。这样，既可以使没有单位住房、自购住房的职工也享受到应有的财政补贴，也可以使单位住房面积超标准的职工为多出的住房面积付出相应的成本。三是加快完善社会保障体系的步伐。虽然我国目前已经建设以国有企业下岗职工基本生活费、失业保险金和城市居民最低生活费"三条保障线"为主体的较为完善的社会保障体系，但仍有一些生活困难的社会成员无法享受到应有的保障，而一些得到保障、已不需继续扶持的社会成员仍旧享受政府扶持，缺少有效的监督和退出机制。

再次，建立健全政府间转移支付制度。市场经济国家特别是一些市场经济大国的历史经验表明，建立健全规范化的政府间转移支付制度，既是一个长期的过程，也是解决各级政府间财政纵向不平衡、各地区之间横向不平衡、实现全社会公共服务水平均衡化的一条必由之路。从我国现行财政体制来看，各级政府的事权划分还很粗，不够细化，政府间财政转移支付制度还不完善，需要走的路还很长。但是，无论如何，这条路都需要走下去。只有各级政府的事权清晰了，才无法互相推诿，只能政府间财力均衡了，才有实现社会公共服务均等化的可能。

最后，允许地方出现适量的财政赤字。按照国家规定，省级以下地方政府不允许有财政赤字。但据笔者了解，事实上一些地方，尤其是县乡财政，大量存在着隐性赤字，即财政挂账。财政支出规模和财政赤字，不仅是国家调控宏观经济的重要手段，也是一级政府调控地方经济的有效措施，一味地要求预算收支平衡，只能促使地方政府丢弃实事求是，弄虚作假，把本来可以摆到桌面上的问题隐藏起来，形成隐患。因此，应本着实事求是的原则，允许地方政府在短期内存在财政赤字，在长期内保持大体平衡，既可以客观反映地方政府的财政政府取向，也可以有效防范财政风险。

5. 促进均衡的转移支付模式

转移支付，也可解释为政府间的财政赠款，主要用于增加下级政府提供公共服务的能力，以及平衡各地区的公共服务水平。同时，"也是中央政府调节和控制地方政府行为，以实现其宏观经济政策的重要工具"[1]。笔者认为，按照财政均富的指导思想，均衡的转移支付要实现以下目标：

第一，解决财政纵向非均衡和横向非均衡，实现基本公共服务能力的均等化。纵向财政失衡实质是上下级政府之间的自有财政收入与其承担的支出责任不对称出现的财政缺口。横向财政缺口是不同辖区政府在提供公共服务方面不能达到最低标准，某些地区与其他地区相比自然资源较为贫乏，税源较少，财政能力也相对较少，有些地区支出需求相对较大，需要支出许多额外费用。这些地方政府不可控制的因素，会造成一些地区在同样的税收努力下无法提供与其他地区相同的公共服务项目，这就需要转移支付来解决。弥补横向不平衡和纵向不平衡的根本目标，是实现各地公共服务能力的均等化。

第二，解决地区间的外溢性问题。地方政府在提供公共产品时往往存在外溢性，某些公共产品的受益范围，不可能被恰恰限定于地方政府的辖区内，如污染控制、跨地区的公路铁路、教育等。地方政府对这些为他人作嫁衣项目的提供，

---

[1] 杨之刚、马栓友：《政府间财政转移支付的国际比较》，《中南财经大学学报》1996年第1期。

往往会低于社会最优水平，这就需要中央的转移支付来调节。

第三，促进资源合理流动。在没有矫正机制的情况下，通过均等化的政府间转移支付劳动力和资源倾向于流入那些税收负担较低而公共服务较好的地区，这会造成不公平。通过均等化的转移支付制度可以解决这一问题。

第四，实现社会政治目标。转移支付在解决经济问题的同时可以实现一定的政治目标。即一个均等效果好的转移支付制度，在缩小地区差别的同时，也能增强地区间的团结，增强国家的凝聚力。

如前所述，在实行分税制的国家，并不一定要求地方政府完全用自已组织的收入弥补其支出，通常是中央和上一级财政的收入大于支出，地方或下级财政的支出大于收入，其差额由中央和上级财政通过转移支付的形式予以弥补。目前，地区间公共服务水平差距呈现进一步扩大的趋势，这固然与地区间经济发展水平的差异有关，而财政转移支付制度本身的缺陷也是其重要原因。针对财政转移支付制度方面存在"转移支付制度总体设计存在缺陷，形式过多，结构不合理"和"转移支付资金分配办法不规范，不公开、透明度差"等问题，需要进一步改革和完善转移支付制度。当然，上述转移支付制度的目标确定，要以实现财政均富目标之一——全国各地公共服务水平的均等化为出发点。当然这要有一个过程，应逐步实现。要坚持公平、公正、公开的原则，用客观、科学的方法规范财政转移支付制度。要实行一般转移支付为主、专项转移支付为辅的模式。

第一，逐步取消税收返还，将其并入一般转移支付形式。为此，首先要公开承认税收返还以往的合理性，并且它是目前中国转移支付的主要形式。在1994年分税制财政体制改革以后的相当长的一段时间内，我们是把税收返还作为财政转移支付的主要，甚至唯一的形式。但是，目前在财政部门所列的转移支付中，却找不到税收返还这一形式，似乎被取消了。不承认税收返还形式的存在，理论上是错误的，后果是不良的，这是一种掩盖矛盾的做法。税收返还是为了维护既得利益，是旧体制的延续。按照分税制的规定，这部分收入理应归中央所有和支配，但为了保护地方改革前的利益，才将这部分收入以税收返还的形式转让给地方，很明显，其性质属于转移支付。当时采取税收返还形式，维护地方既得利益，是为了分税制财政体制改革方案的顺利推行，是必要的。但应看到，由于税收返还的数量大，又属于非均等化转移形式，它同实现公共服务均等化目标是相悖的，因此，不能将其永久化和固定化，甚至扩大化。目前已经具备了取消税收返还的条件，当然为了减少阻力，还可以规定一个过渡期（比如 3~5 年），分步实施，逐步到位。然后，将其纳入一般转移支付形式中，这必然会使财政均等化功能大大加强。

第二，科学界定专项转移支付的标准，控制其准入的条件和规模。鉴于目前中国专项转移支付存在的问题，应当做以下几件事情：一是要科学界定专项转移的标准，即要明确具备什么条件才能列入专项转移支付。通常来看，列入专项转移支付的项目，应是具有外溢性、突发性、特殊性、非固定性等特征的项目。例如，跨地区的大江大河的治理、防护林带的建设、突发性的自然灾害和疫情的救治、特困县的脱贫救济、中央委托地方的项目等。根据专项转移支付应具备的上述特征，像义务教育、公共卫生、社会保障和一般性的扶贫等支出都不应列入专项转移支付的范畴。二是要控制规模。专项转移支付，只能是次要的、辅助的形式，因此规模不能过大，当然，如果把准入的条件限制在具有上述特征的项目内，其规模必然不可能过大。三是列入专项转移的项目要经过科学论证和一定的审批程序。四是要加强对专项转移支付项目的监督检查和绩效评估，防止被截留、挪用，提高其使用效果。

第三，加大一般性转移支付力度。一般性转移支付应主要采取因素法，且分为纵向型的中央对地方的一般性转移支付和横向的同级政府之间的财力转移两个方面。其中，因素的选择应遵循以下几个原则：一是避免将主观的、人为操作的因素纳入模型，突出人口、自然条件差异等客观因素。二是突出重点因素，变量个数不能过多，以便地方政府理解使用公式，体现国家的政策导向。三是各种变量之间应有较少的线性相关，以避免重复计算。

第四，整合规并专项转移支付。专项转移支付的政策目标应明确定位于外溢性项目和上级政府的委托项目。我国规范性的转移支付应在整合现行的专项转移支付的基础上构造。首先，应明确政府间事权和财权的划分，将专项转移支付分为三类，一是中央与地方共同拥有的，由中央按自己负担的份额拨给地方。二是事权属于中央的，由中央委托地方承办的事务，中央向地方拨付项目的全部支出。三是中央对地方兴办的事项认为有必要给予奖励和资助，则拨给地方一定数目的资金，其余则不再安排专项拨款。将目前几乎覆盖了所有领域预算支出项目的专项资金进行合并整合，主要集中于教育、基础设施、三农等，体现国家宏观政策的方面，发挥有限资金的最大效率。其次，在转移支付中，应采用配套拨款和不配套拨款相结合的方式，配套比率的确定或中央政府的补助，在总成本中所占的比例，应根据溢出的规模和中央政府对受援项目的偏好强度来确定，溢出规模越大，强度越高配套比率就越高。同时配套比率应根据地区的不同而不同，如果全国采用一个配套比率就意味着对贫困地区的歧视。因此，我国应根据中、东、西部地区制订不同的配套比率，对于中、西部不发达地区应有较高的配套比率，即对地方的配套资金要求比例降低，尤其是对西部一些地区，配套比率应予以取消，也就是采用非配套的专项拨款。

第五，稳步实施政策性转移支付。政策性转移支付应明确定位于增进国家的内聚力，主要用于少数民族地区和边远地区。我国是个多民族的国家，民族地区的稳定性显得尤为重要。地区之间的差距的扩大，必然会影响到国家的内聚力。因此，国家必须对民族地区和边远地区进行额外的政策性转移支付，但其所占比例不应过大。由于政治目的明显，中央政府对政策性转移支付的具体执行有极大的"相机抉择权"，因此其决策过程必须有极大的透明度。

6. 建立财政支出绩效评价制度

"绩效"一词最初来源于企业管理。"绩效"就是个人、组织、政府等通过努力和投入所形成的产出和结果，以及产出和结果的合理性、有效性。绩效与传统的行政效率概念既有联系又有区别。它们都讲求以最少的行政消耗获得最大的行政效果。但行政效率多是针对具体的行政行为，侧重于行政内部关系，即命令的执行情况。而绩效涉及的主体行为既有具体的行政行为，也有抽象的行政行为，更注重行政与社会、行政与公民的关系，即支出的外部效果。因此可以说，绩效是一个在内涵、测量机制等诸多方面都比行政效率更复杂、更综合的范畴，在整个政府改革进程中，是一个比行政效率更加重要的焦点问题，其本质上是政府的发展观和政绩观的具体体现。

政府活动的方向和效率，乃至整个国民经济的发展，在很大程度上受制于预算制度的改革和发展。在经济技术变化财政刺激的作用递减，财政负担越来越重的情况下，绩效预算改革十分必要。绩效预算改革的实质是使预算科学化规范化透明化，避免简单粗糙和形式化，使政府部门明确职责，真正对公共品提供负责，进而推动政府改革。绩效预算的关键是使各部门根据服务目标来决定项目及预算水平，因此，必然要求建立绩效审查制度和项目评价制度。绩效预算改革不能急于求成，应采取逐步推进的战略。

鉴于以上分析，我国财政支出绩效评价的总体设想是：按照提高财政支出经济性、效率性和有效性的总体要求，全面完善评价制度，准确界定评价内容，科学划分评价层次，合理设置指标体系，客观选取评价标准，创新评价方式方法，努力构建绩效评价制度体系，使绩效评价有章可循；努力构建绩效评价指标体系，使绩效评价有据可依；努力构建绩效评价标准体系，使绩效评价有标准可比；通过充分发挥财政支出绩效评价体系的整体功能，使财政资金得到事前、事中和事后多方面的控制，大大提高财政资金的使用效益。

分报告二　雇员薪酬与收入分配

国民收入分配是当前政府、社会、学界普遍关注的问题。在收入分配问题当中，争论最大的首先是初次分配的问题。初次分配指国民总收入直接与生产要素相联系的分配。任何生产活动都离不开劳动力、资本、土地和技术等生产要素，在市场经济条件下，取得这些要素必须支付一定的报酬，这种报酬就形成各要素提供者的初次分配收入。初次分配问题在主流经济学中并不做充分讨论，因其假设政府的初次分配是"公正"的，资本和劳动都根据边际贡献（边际产出 × 价格）获得各自应得的收入。然而，我国尚处在转轨过渡经济时期，市场化体系尚不完备，因此，资本和劳动等生产要素的提供者是否得到了应得的收入份额，特别是雇员薪酬在初次收入分配中的比重究竟是高了还是低了，如何调整，必然成为一个很值得关注的问题。

本课题以经典理论为起点和支撑，以定性研究和定量研究为方法和工具，对国民收入中的重要一环即初次分配中的雇员薪酬相关问题进行了研究，特别是针对我国当前经济社会所面临的一些重大突出矛盾，展开了深入的思考和讨论。

报告全文安排如下：

第一部分首先阐述研究雇员薪酬的经济意义与社会意义。

第二部分简要讨论了雇员薪酬与收入分配之间的关系。

第三部分对雇员薪酬的形成机理加以论述，重点讨论了劳动市场的分割问题。

第四部分是实证研究，对雇员薪酬比重进行了国际比较，从而以此来判断我国雇员薪酬实际值与期望值的高低。

在随后的第五部分，我们对雇员薪酬比重"实际值"与"期望值"的差异进行了深入分析，即，从结构视角出发，对我国雇员薪酬的现行状态进行解剖。也就是说，深入探讨雇员薪酬的两大结构性问题或结构性矛盾：一是资本报酬与劳动报酬的差异，二是劳动者内部的薪酬差异是哪些主要因素导致的。

在报告的第六部分，剖析了雇员薪酬形成机理中的政府作为。

报告的最后一部分，即第七部分，提出了提高初次分配中雇员薪酬的政府职能。一是创造机会公平，确保每一个人都有能力进入市场。二是提供规则公平，确保每一个进入市场的人都按照相同的游戏规则参与市场竞争。三是提高劳动生产率做大蛋糕，发挥初次分配的配置效率。四是积极建立地方税体系，改进收入分配关系。五是大力发展人力资本，在创新中实现劳动报酬的突破。

一、研究的意义

自 1978 年改革开放以来，我国经济飞速发展，取得的成就令全球瞩目。根据世界银行 2016 年 4 月发布的最新数据[①]，2015 年我国的 GDP 增速为 6.9%，GDP 总量约 11 万亿美元。人均 GDP 达到 8 027 美元，人均国民收入 7 930 美元，按照世界银行的标准，已经属于中等收入国家。国内专家学者们一致认为，我国仍有巨大的发展空间，调适弹性，有抗跌韧性。然而面临的各类矛盾和风险隐患也不容忽视，目前我国正在经历增长速度换挡、经济结构调整、发展方式转变、增长动力转换的交替关口与阵痛期，有陷入中等收入陷阱的可能。

1. 经济发展"新常态"

我们把"新常态"理解为在某个经济发展阶段，出现了一些新的机遇、新的条件，因而出现了一些失衡。所谓常态就是说，这些特征有可能是经济发展中较长时期内都稳定存在的。

---

① 数据来自世界银行统计数据库。

经过改革开放 30 余年，中国经济已经进入了新的发展阶段，所处的经济环境也发生了较大的变化。在供给方面，首先由于资源的有限性，随着耗用量的增加，其成本上升，同时在经济发展和计划生育政策的双重推动下，我国劳动力成本上升，两个主要的生产要素的成本提高导致我国产品成本增加；其次，我国的科学技术发展日益成熟，"后发优势"逐渐减弱，学习空间缩小，技术进步成本增加；在需求方面，投资收益率的下降和国际市场的相对缩小也为经济发展带来了新的难题和严峻挑战。

2. 发展阶段的三期叠加

根据党中央的判断，我国经济目前正处于经济增长速度换挡期、结构调整阵痛期、前期刺激政策消化期三期叠加的阶段。

经济增长速度换挡是指中国经济正从高速增长（9.8% 左右）切换到中速增长。结构调整阵痛期是指结构调整会给宏观经济带来暂时性的下行压力。我国结构调整的内容主要包括增长动力结构、收入分配结构和产业结构等。在动力结构方面，我国原先选择在利用"人口红利"的同时，采取高耗能高污染的粗放发展模式。然而随着人口的老龄化，我国"人口红利"的优势衰减，出现劳动力短缺的现象，需要新的劳动激励来为人才市场注入活力，同时能源及污染问题日益严峻，亟须向"全要素生产率[①]"转型求得替代物；在收入分配结构方面，收入分配差距的逐渐扩大影响了我国经济的稳定发展，对其进行结构调整是实现效率与公平的共同要求。前期刺激政策消化期是指之前大规模的经济刺激政策为中国经济带来的负面影响，如过度扩张的投资与信贷规模、通货膨胀、地方债务等，需要一定时间来消化解决。三期叠加下的中国经济转型受到多种因素的影响，结果不确定性较高。

3. 中等收入陷阱威胁

"中等收入陷阱"是 2006 年世界银行在一份名为《东亚复兴：关于经济增长的观点》的报告中提出的概念，但当时并未对其做出清晰界定，学界也有不同的

---

① 全要素生产率指一个系统的总产量与全部生要素真实投入量之比。测算公式为：全要素生产率 = 产出总量 / 全部资源投入量。

阐述。综合理解和分析后，本篇论文所提及的"中等收入陷阱"的含义为：一些发展中国家从低收入国家转变为中等收入国家[①]后，所处经济环境变化大，日益尖锐的社会问题和不再符合如今经济增长需要的发展战略使经济增长速度出现停滞或减缓的情况。

"中等收入陷阱"是一个全球统计现象，德国、日本、新加坡、拉美地区在中等收入阶段都出现了这一问题。正如上文分析，我国进入"中等收入"阶段后，经济形势变化较大，之前的发展战略不再完全符合当今社会需要，且产生了一系列问题，如：在劳动力方面，我国原本"人口红利"和低廉价格的比较优势随着人口老龄化和劳动力价格的上升逐渐丧失；在产业结构方面，我国服务业所占比重小，中高端产业发展不足，与发达国家差距较大；同时，收入分配不合理的问题严重影响了社会稳定和经济发展。这些情况使我国经济增长速度逐渐放缓。由此可见，我国正面临着"中等收入陷阱"的现实考验。

"中等收入陷阱"的实质就是因为缺乏新的经济增长动力导致的经济增长停滞减缓，这就需要通过挖掘新的经济增长动力，同时这也是经济转型的重点，因此经济转型直接关系到我国是否能摆脱"中等收入陷阱"，成为高收入国家。

4. 社会矛盾与公共风险

在社会转型过程中，我国经济发展不平衡，不协调，不可持续问题突出，主要是发展方式粗放，创新能力不强，部分行业产能过剩严重，企业效益下滑，重大安全事故频发；城乡区域发展不平衡；收入差距较大；基本公共服务供给不足；人口老龄化加快，消除贫困任务艰巨……由此引发的社会风险严重危害了社会安全，影响经济平稳发展。如果没有得到及时的释放，会造成社会矛盾积聚，进一步对经济发展施压，不利于我国走出"中等收入陷阱"。

5. 他国的经验与教训

当然，以上所提到的在国家社会发展和经济转型中所出现的风险与挑战并不是中国所独有的，世界上许多国家都曾出现过，比如韩国、德国、日本以及拉丁

---

① 根据世界银行公布的数据，2015 年的最新收入分组为，人均国民总收入在 1045 美元到 12735 美元之间的国家为中等收入国家。

美洲一些国家。其中有些国家成功跨越了中等收入陷阱，而有些国家则没有成功跨越。

韩国在 20 世纪 80 年代，受第二次石油危机和国内政治局势的影响，其人均收入出现短期停滞。但随后有利的国际因素，包括石油危机结束、美国放弃紧缩政策和"广岛协议"后日元大幅升值，帮助韩国快速地进行产业结构升级和开展国际贸易，优化了收入分配结构，缓解了社会矛盾，带来了韩国经济社会的长期稳定和利好发展，正式跨越中等收入陷阱。

德国和日本都是"二战"战败后重新发展的国家，他们在发展本国经济，调整本国产业，跨越中等收入陷阱的过程中有许多相似之处。首先，是对于市场经济法制化的建设。比如日本，在盟军占领期间，就已经通过立法建立了比较完善的财税和市场经济制度。在这样的法制市场经济中，交易成本得到有效降低，社会资本投资得到促进，收入分配结构得以优化，给经济发展提供了充足动力。其次，还有生产力的不断发展。德国和日本都在战后不断发展自己的科技，通过对技术的发展，能实现产业结构的快速转型，从简单的加工制造转为技术输出，进一步使得国民经济中的收入分配问题得到缓解，避免了陷入中等收入陷阱的风险。

反过来看那些没有跨越中等收入陷阱的国家，比如拉美各国。他们在发展的过程中出现了政府公共支出结构中消费性公共支出不合时宜地赶超经济发展阶段，政府部门和阶级之间的对立和产业结构转型不成功导致经济发展停滞等因素引起收入分配结构不合理。拉美国家的制度改革停滞不前也加重了其收入分配环节的问题，导致社会动荡，经济发展陷入中等收入陷阱。

导致各国能否跳出或者落入中等收入陷阱，个中因素很多，但没处理好收入分配问题，经济陷入停滞，社会矛盾逐渐激化，导致了更大的社会危机，是重要原因之一。所以说，收入分配问题在跨越中等收入陷阱的过程中起着举足轻重的作用。如何处理好收入分配中各部分之间关系，更好地调节收入分配结构，这些问题都有必要进行深入研究。

雇员薪酬作为收入分配中的一个重要部分，其对收入分配的结构有着重要影响。雇员薪酬的变化不仅会改变收入分配中各部分的占比，也会改变收入分配对社会经济发展的影响作用。同时收入分配是经济转型中的重要部分,所以通过调节雇员薪酬从而对收入分配的结构进行调节,能使收入分配更好地符合国家经济社会建设,有效完成在经济新常态下我国的经济转型,有助于我国跨越中等收入陷阱。所以对雇员薪酬与收入分配关系的研究,有着重要的理论与实际意义。

二、雇员薪酬与收入分配的关系

1. 初次分配公平是国民收入分配公平的基础

国民收入的分配包括初次分配、再次分配和第三次分配等环节。收入分配问题与每一名国民息息相关,涉及范围广泛,社会影响重大,因而成为政府的重点调控项目。初次分配与再次分配作为调节国民收入分配的两个手段,彼此互为补充,但是各自又有不同的侧重点。

(1) 初次分配与再次分配

初次分配指要素分配,包括劳动力要素、资本要素等。在市场经济下为取得该种要素需支付一定数额的货币,这种货币报酬构成初次分配收入。初次分配遵循市场经济规律来运作,而再次分配体现在政府参与国民收入的分配活动中,对初次分配的结果进行调节,以此避免社会收入分配出现极端不公正,国民收入差距过大。

(2) 初次分配与再次分配的侧重点

初次分配与再次分配都需要注重效率与公正的平衡关系,但两者的侧重点又有所不同。初次分配主要以调控市场秩序为目的,为了促进经济发展更加注重效率,以效率来为生产提供激励作用。与此相对,再次分配的主要目的是从宏观上分配国民收入,使贫富差距不至于太大,有利于促进社会平等和维持社会稳定。但在进行再次分配的同时,同样要注意效率问题,过分强调公平势必会造成对生产者劳动积极性的挫伤,进而影响到社会生产力的发展。

国民收入先要通过市场机制的运作来使要素提供者在价值规律的作用下获得相应的劳动报酬,这就是初次分配。在初次分配的基础上,政府参与收入分配活动，将一部分国民收入采取实物或收入转移等方式进行收入的再次分配。由此可见，再次分配的进行是以初次分配为基础和前提的。

2. 初次分配过程中公平的内涵与基本要求

初次分配公平主要反映市场经济各主体在生产过程中"权利与义务、作用与地位、付出与报偿之间的平等关系，表现为国民收入做了必要的扣除（即'税收和企业年金'等）之后在生产参与者之中进行分配，使每位生产参与者取得与自己在生产中的贡献相称的报酬"。初次分配收入（对工薪族而言，即劳动报酬）在居民收入中所占的高额比重决定了初次分配公平必然是国民收入实现公平的重要基础，初次分配公平对缩小贫富差距、促进居民消费和经济增长有重大意义。

从宏观层面看，体现初次分配公平性的关键指标是国民收入在社会各部门间的分配比重，主要表现为政府财政收入、企业收入和居民个人收入三者在整个国民收入中所占比例是否合理，以及三者的增长速度是否保持大体均衡。从微观层面看，初次分配公平"要求具体的生产企业在对生产参与者进行个人收入分配时要做到公正合理"。初次分配公平是涵盖分配条件、分配机会、分配权利、分配规则、分配能力、分配结果等多个环节的系统工程。而初次分配过程中的公平应起码包含分配机会的公平和分配规则的公平，机会公平与规则公平是分配结果公平的基本要求。

（1）机会公平是初次分配公平的基础

在初次分配中，机会公平指的是"通过某些相对公平的规则和制度，给予每个人平等的机会，让每个人都能凭借自身的能力和努力，取得相应的成就"而不受种族、性别、信仰、社会、政治及家庭背景等因素限制。机会公平意味着在进入市场并参与市场经济活动这个过程中，人人机会均等；在市场经济活动中，任何拥有同等劳动能力或其他生产要素的人都享有平等的劳动权和就业权，有同等机会参与社会生产并据此获得相应的收入。人与人之间不应因种族、户籍、性别、年龄、社会地位和家庭背景差异而受到差别对待，如拥有某种优先权或受到任何歧视。

此外，更重要的是，人们接触学习和培训资源从而获取劳动技能、提高劳动者素质的机会是否相对公平。例如就我国目前教育资源配置情况而言，区域教育资源配置失衡，具体表现为东部地区和一、二线城市教育资源丰富甚至配置过度，而中西部和广大农村地区教育资源相对匮乏，这就必然造成不同区域的居民获得发展、提升素质、习得劳动技能、积累生产要素的机会不均等，进而造成人们进入市场并在市场竞争中存留的机会不均等。在这种情况下，教育等因素的不平等与歧视强化了分配机会的不平等。一旦机会公平得不到保证，人们不仅无法在初次分配中得到公平对待，可能连参与初次分配的资格都得不到基本保障。所以说，机会公平是初次分配公平的基础。

（2）规则公平是初次分配公平的保障

在初次分配中，规则公平指的是：各市场主体在进入市场后参与市场竞争与博弈所遵循的法律法规、制度及政策等必须公正、遵循公平原则且对所有参与收入分配的主体"一视同仁"，为各市场主体参与市场竞争的资格和过程提供公正的规则平台，确保市场活动行为及过程规范透明、公正有序。规则公平是实现初次分配公平的根本保证。

哈耶克主张规则平等的实现应该坚持做到三点，"一是阻碍某些人发展的任何人为的障碍都应当被清除；二是个人所拥有的任何特权都应当被取消；三是国家为改进人们之状况而采取的措施应当同等地适用于所有人"。由此可见，规则公平不仅要求每一个进入市场的人都按照相同的游戏规则参与市场竞争，其要义还在于规则设计本身是注重公平的。公平的规则设计应当遵循生产要素按贡献取酬原则，鼓励"同劳同酬"，促进生产要素自由流动并保障底层劳动者的合法权益。公平的规则设计可以有效杜绝权利寻租[①]，避免市场歧视或激励机制扭曲，从而创造公平的竞争环境，提高市场经济的效率。而不公平的规则设计或规则漏洞则会严重损害初次分配的结果公平。在中国经济发展与制度探索过程中，规则层面上同样存在不少不公平现象。例如制度中普遍存在的城乡二元结构在一定程度上降低了农村的比较利益，同时严重削弱了农村居民公平参与竞争以获得平等收入的能力。再如在我国经济转轨过程中一些部门通过行政垄断获得高额垄断利润

---

① 权力寻租指政府各级官员或企业高层领导利用手中权力，避开各种控制、法规、审查，从而达到寻求或维护既得利益的一种活动。

从而造成某些行业从业人员收入远远大于实际贡献进而拉大社会贫富差距。只有实现了规则公平，初次分配的结果公平才能得到保障。

3.雇员薪酬比重是衡量初次分配公平的关键性指标。

（1）雇员薪酬比重变化趋势。

很多学者研究了雇员薪酬比重在世界各国的发展和变化。布兰查德发现在20世纪80年代，西班牙、意大利、法国等欧洲大陆国家的雇员薪酬比例一直处于下降的趋势。波特巴发现在上述国家这种现象持续到20世纪90年代。凯亚和马里兰特发现，虽然在宏观上许多欧洲国家的雇员薪酬比重是下降的，但在微观上劳动收入比重较为固定。霍夫曼通过计算，发现在8个拉美国家中，从20世纪50年代到90年代末这50年间，雇员薪酬比重呈下降趋势。哈里森通过对20世纪60年代到20世纪末的雇员薪酬比重的研究，发现在低收入国家是下降的，而在高收入国家是上升的。

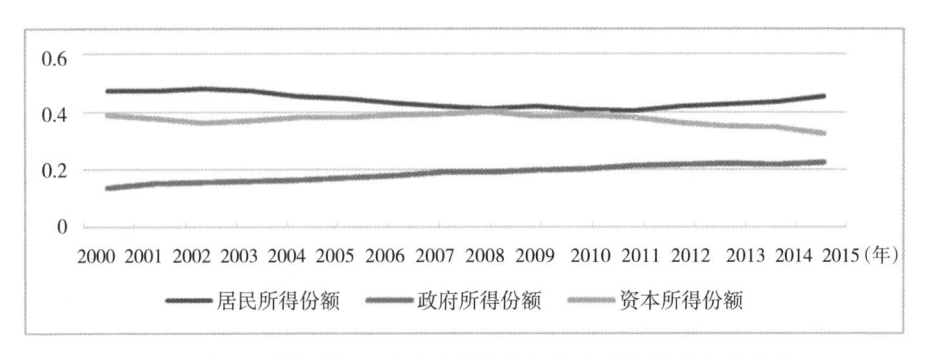

图1 居民所得份额、政府所得份额与资本所得份额变化趋势

数据来源：中国统计年鉴（2015年）。

（2）雇员薪酬比重对收入差距的影响

a.劳动所得份额与资本所得份额

20世纪60年代，经济学的主流理论为新古典主义经济学，这一时期通过经验研究表明，劳动所得份额在欧美国家保持稳定趋势。在20世纪70年代后叶情况逐渐发生变化，劳动所得份额持续走低。布兰查德、波特巴等人的研究表明，自20世纪80年代开始，西班牙、意大利、法国、德国等欧陆国家的资本所得份额出现增长态势，与此同时，英、美和加拿大三国的资本所得份额并没有出现明显的变动。格林在利用联合国国民经济核算数据所进行的研究中，创造性地调整了自雇佣劳动者劳动所得份额数据后得出一个结论，即劳动所得份额和资本所得份额的比例在各个国家之间并没有明显的差异。不过，针对格林的研究，哈里森通过对更长的时间序列（1960—1997年）进行的分析指出，即便在调整了自雇佣劳动者收入数据之后，劳动所得份额也并不总是常数。此外，在这30多年间劳动所得份额的比重在穷国是下降的，在富国却是不断上升的。针对中国来讲，自1978年改革开放以来，劳动所得份额有所下降，而资本所得份额却在上升。据中国社科院2008年发布的《社会蓝皮书》显示，我国劳动者报酬比重正呈现逐年下降的趋势，2003年以前劳动所得份额的比重一直在五成以上，到2006年已下降到40.6%，而与之对应的资本所得份额则在不断上升，资本所得份额占国民收入的比重上涨了约10%。根据国家统计局发布的《中国统计年鉴》显示，截至2014年，居民所得份额上涨至44.37%[1]，资本所得份额占比达到33.49%。

b. 居民所得份额与政府所得份额

对于美国来讲，在经济大萧条时期以及"二战"时期，政府所得份额不断攀升处于高位，1950年以来，政府所得份额呈现下降趋势，而居民所得份额的比重则逐渐上升。这说明只有在发生重大事件的情况下，政府所得份额才会升高，而在正常情况下，政府所得份额将处于低位，值得注意的是，政府所得份额的下降带来的是居民所得份额的上升，而资本所得份额处于较为稳定的状态。近年来一些学者通过研究韩国、日本、中国台湾的数据发现，在上述三个经济体的国民收入中政府所得份额所占比重处于低位稳定状态，与此同时，居民所得份额呈现上升趋势。另一些学者通过对UNSD国民经济核算年鉴数据库数据的研究发现，相比较发展中国家而言，发达国家居民所得份额比重较大，而政府所得份额比重较轻。印度作为人口大国，发展中大国，经济状况与我国有一定的相似性。通过对印度财务部《国民经济核算年度报告》提供的数据分析发现，印度的政府所得份额处于稳定状态，而居民所得份额与资本所得份额呈现此消彼长的情况。

---

[1] 根据国家统计局历业年公布的《中国统计年鉴》相关数据计算得出。

那么对于中国来讲，通过对1978—2009年的时间序列的研究发现我国国民收入的分配格局变化较大，1978—1990年间居民所得份额相对政府所得份额大幅上升，10年间居民所得份额从49.7%上升至53.4%，政府所得份额从12.8%上升至13.1%。自20世纪90年代以来则处于相对较为平稳的状态，到2014年，政府所得份额占22.14%，居民所得份额占44.37%。

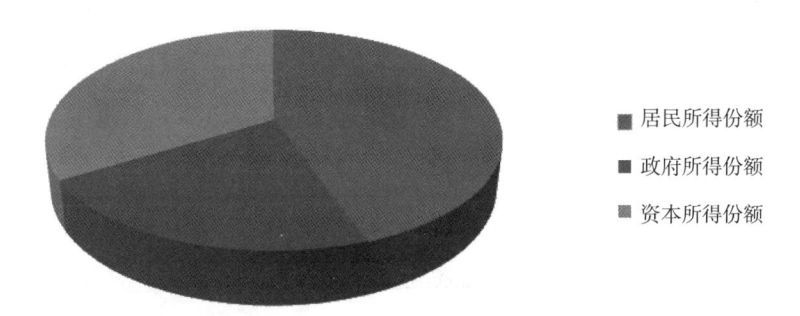

图2　居民所得份额、政府所得份额与资本所得份额所占比重关系

数据来源：中国统计年鉴（2015年）。

三、雇员薪酬的形成机理——理论分析

1. 充分竞争下工资形成理论

竞争性企业对劳动需求的公式为MPL=W/P，当等号成立时，企业达到利润最大化。W/P代表的是实际工资，即用产出单位而不是美元衡量的劳动报酬。在充分竞争下，劳动报酬等于边际贡献率。随着劳动量的增大，劳动的边际产量随之减少。MPL曲线也是企业的劳动需求曲线。《中共中央关于全面深化改革若干重大问题的决定》指出，要努力实现劳动报酬增长和劳动生产率同步提高。众多研究者对实际工资与劳动生产率之间的关系进行了积极探索，但结论并不一致。学者普遍认为，实际工资增长有利于提高劳动生产率。如从劳动者角度来看，实际工资过低不利于提高劳动者的积极性和劳动者的素质；从企业角度来看，工资过低使得创新能力低的公司得以生存，降低了公司的创新积极性，不利于企业的

长期发展。根据效率工资理论，提高实际工资可以提高劳动者的努力水平，降低监督成本，从而提升劳动生产率；根据人力资本理论，提高实际工资等于增加了劳动者的收入，通过改善健康状态、学习新的知识和技能，增加有效劳动投入等方法可增加劳动者的人力资本，从而提高劳动生产率；根据要素替代理论，实际工资的提高会导致企业采用资本替代劳动或对劳动者进行培训，用高效率的劳动者替代低效率的劳动者，从而提高劳动生产率，也为创新提供可能。

但是当实际工资很高时，实际工资成本可能会挤占企业在人力资本和创新方面的投入，甚至导致企业破产。

2. 萨缪尔森服务业劳动报酬理论

萨缪尔森的基本观点是：资本主义收入分配就是由生产要素决定的问题。由于生产要素对生产的影响不是单独决定的，而是几种要素共同决定的，因此各种生产要素对物质资料生产贡献大小最终确定产品的收入，而收入也应该在这几种生产要素中分配。

萨缪尔森采用边际生产力理论来解释功能性收入分配，他认为工资等于劳动的边际产品，地租等于土地的边际产品，利息等于资本的边际产品。

现代服务业属于劳动技术密集型行业。一方面，通过技术进步，用对劳动力进行培训或教育的方式来提高劳动力素质，即依附性技术进步，两种方式均会提高劳动要素的边际生产力。由此，劳动力需求函数曲线逐渐平缓，即斜率变小。另一方面，现代服务业需要较高水平与素质的劳动力，而当今社会缺乏高素质劳动力，供给相对需求较少，供给函数曲线较为陡峭，即劳动力供给曲线斜率较大，在坐标轴中进行表示，可以得出第三产业的平均劳动报酬较高，劳动报酬比重较大。

3. 刘易斯二元拐点理论

诺贝尔经济学奖获得者、发展经济学的领军人物、经济学家阿瑟·刘易斯（W. Arthur Lewis）在自己发表的《劳动无限供给条件下的经济发展》的论文中，提出了"二元经济"发展模式。他认为，经济发展过程是现代工业部门相对传统农业部门的扩张过程，这一扩张过程将一直持续到把沉积在传统农业部门中的剩余劳动力全部转移干净，直至出现一个城乡一体化的劳动力市场时为止（这时到来的即为刘易斯第二拐点，传统部门与现代部门的边际产品相等，二元经济完全消解，经济开始进入新古典主义体系所说的一元经济状态）。此时劳动力市场上的工资，便是按新古典学派的方法确定的均衡的实际工资（W/P）。

刘易斯的"二元经济"发展模式可以分为两个阶段：一是劳动力无限供给阶段，此时劳动力过剩，工资取决于维持生活所需的生活资料的价值；二是劳动力短缺阶段，此时传统农业部门中的剩余劳动力被现代工业部门吸收完毕，工资取决于劳动的边际生产力。由第一阶段转变到第二阶段，劳动力由剩余变为短缺，相应的劳动力供给曲线开始向上倾斜，劳动力工资水平也开始不断提高。经济学把连接第一阶段与第二阶段的交点称为"刘易斯转折点"。刘易斯拐点，即劳动力过剩向短缺的转折点，是指在工业化过程中，随着农村富余劳动力向非农产业的逐步转移，农村富余劳动力将逐渐减少，最终枯竭。

1972年，刘易斯又发表了题为《对无限劳动力的反思》的论文。在这篇论文中，刘易斯提出了两个转折点的论述。当二元经济发展由第一阶段转变到第二阶段时，劳动力由无限供给变为短缺，此时由于传统农业部门的压力，现代工业部门的工资开始上升，第一个转折点，即"刘易斯第一拐点"开始到来。在"刘易斯第一拐点"开始到来、二元经济发展到劳动力开始出现短缺的第二阶段后，随着农业的劳动生产率不断提高，农业剩余进一步增加，农村剩余劳动力得到进一步释放，现代工业部门的迅速发展足以超过人口的增长，该部门的工资最终将会上升。当传统农业部门与现代工业部门的边际产品相等时，也就是说传统农业部门与现代工业部门的工资水平大体相当时，意味着一个城乡一体化的劳动力市场已经形成，整个经济——包括劳动力的配置——完全商品化了，经济发展将结束二元经济的劳动力剩余状态，开始转化为新古典学派所说的一元经济状态，此时，第二个转折点，即"刘易斯第二拐点"开始到来。显然，"刘易斯第一转折点"与"刘易斯第二拐点"的内涵是不同的，都具有标志性的象征意义，前者的到来为后者的实现准备了必要的前提条件，但后者的意义是决定性的。

随着中国经济发展方式的转变，廉价劳动力的不断减少，人口城市化进程的加快,"人口红利"已经呈现明显的消失趋势。一直以来,人口红利都被认为是过去几十年中国出现实际工资与劳动生产率之间的关系,一直是劳动经济学领域备受关注的问题,"经济增长奇迹"的重要源泉。之所以讨论人口红利,是因为人口红利的存在与否会影响劳动力供给价格。"人口红利拐点"的出现会抬高劳动力供给价格,而劳动力工资的上涨又将直接影响劳动力的供给,劳动力供给约束影响国民收入分配形式,进而又影响储蓄和投资,从而也间接地影响"刘易斯拐点"的出现。简而言之就是,人口红利与劳动力的低成本有关,刘易斯拐点与劳动力的供给量有关,而劳动力的低成本影响着劳动力的供给量。劳动力对于工资的要求不断提升,当劳动逐渐与边际贡献接近甚至一致时,刘易斯拐点到来,此时,劳动报酬就越来越接近其边际贡献。

4. 劳动力市场分割理论

劳动力市场分割是指由于政治、经济等外在制度因素或者经济内生因素的制约,使劳动力市场划分为两个或多个具有不同特征和不同运行规则的领域,不同领域在工资决定机制、工作稳定性、劳动者获得提升机会等方面有明显区别,而且劳动者很难在不同的市场之间流动。

(1)二元结构

劳动力市场可以划分为一级劳动力市场和二级劳动力市场。一级劳动力市场大多为高素质劳动力,在一级市场中工作的人,更能获得高工资、有良好的工作环境、就业具有较强的稳定性、工作规则上享受公平性和更多晋升机会等。而在二级市场中工作的人大多为较穷的人,大多面临着低工资、不良工作条件、就业的不稳定性,工作较为辛苦,且缺乏晋升机会。但在中国则存在着一个巨大的劳动力市场,即为体制外劳动市场,如进入市场的农民工,他们所做的工作大多没有技术性,他们而且在企业内通常为合同工、临时工,与正式工无法享有同等待遇,他们的报酬与边际贡献产生分离。一级劳动力市场的岗位主要是由内部劳动力市场组成的,而工资的确定、劳动力资源的配置由管理制度等规则来调控,市场力量基本不发挥作用。

传统的劳动力市场理论认为工资由劳动边际生产力决定,劳动的需求曲线就是劳动的边际产量曲线。一级劳动力市场的雇主都是一些大公司,主要生产资本密集型产品，较易形成内部劳动力市场，工人的工资不是由边际生产力决定，而是由其内部劳动力市场中劳动者所处阶梯地位决定的，能得到比市场较高的工资。二级市场的雇主由众多中小企业组成，产品需求变动频繁，企业对发展内部劳动力市场不感兴趣，工资由市场上的劳动力供求关系决定，会趋向一个固定水平，而体制外劳动市场的工作报酬与边际贡献分离。

（2）国有、垄断企业与民营、竞争企业

国有部门的工资报酬属于二元结构论中的一级劳动市场。国有企业尤其是垄断行业，凭借与政府的特殊关系，在生产要素，土地、资金等方面占据了明显的优势，在竞争中取得了优势地位。除了资源优势外，还有定价优势、税收转嫁优势以及获得政府补贴优势等，从而获得更高的利润，更高的利润决定了其能够负担更高的工资，从而形成不同劳动力市场的薪酬差异。

（3）农民工与非农民工

农民工劳动力市场就属于二元结构论以外的体制外劳动市场。行业内部存在着正规与非正规两个劳动力市场，而农民工中的大多数都处于行业内部的非正规劳动力市场上，多为合同工、临时工，农民工与非农民工在企业中享受不同的待遇，农民工大量存在于非正规劳动力市场，受到不公正工资待遇，他们的工资报酬与边际贡献分离。

（4）制度性劳动力流动障碍

户籍制度、养老、医疗、住房及子女教育等社会保障制度都会阻碍劳动力流动，将他们困在自己原来属于的市场当中，从而形成不同的劳动力市场，而不同市场中的劳动力的数量、质量等都会使劳动报酬结构产生较大的差异。

四、雇员薪酬比重的国际比较——总量分析

1.雇员薪酬比重的"实际值"的计算

在各国的统计实践中，计算国内生产总值（GDP）一共有三种方法：生产法、支出法和收入法。在采用收入法计算GDP时，GDP由固定资产折旧、生产税

净额、企业营业盈余以及雇员薪酬四部分组成（GDP=固定资产折旧+生产税净额+企业营业盈余+雇员薪酬）。其中，雇员薪酬是雇员对企业提供劳动获得的工资和各种形式的报酬，固定资本折旧是生产中使用的房屋和设备在核算期内磨损的转移价值，生产税净额是企业向政府支付的利润前的税金减政府对企业由于政策性的原因造成的亏损而给予的补贴，营业盈余是企业从事经营活动所获得的利润。

表1展示了我国1992—2015年运用收入法核算GDP时雇员薪酬、生产税净额、企业营业盈余、固定资产折旧所占比重。由于2004年统计口径的改变，不同学者采用不同方法计算出的结果可能存在差异。如某些学者计算2007年雇员薪酬占GDP比例为46.03%（白重恩等，2004）；某些学者根据中国统计年鉴计算出2007年雇员薪酬占GDP比例为39.74%（贾康等，2013）。为了进行不同国家间的比较，本文采用《国际统计年鉴》的数据并用国际口径加以计算（贾康等，2010）。

表1　1992—2015年我国雇员薪酬比重的实际值

单位：%

时间/年	雇员薪酬	营业盈余+固定资产折旧	生产税净额
1992	54.59	30.90	14.51
1993	51.43	32.95	15.62
1994	52.29	32.16	15.55
1995	52.78	33.24	13.98
1996	52.10	32.87	15.03
1997	53.02	31.40	15.58
1998	52.51	31.08	16.41
1999	52.26	31.16	16.28
2000	50.42	33.28	16.31
2001	49.59	33.56	16.85
2002	50.41	32.41	17.18
2003	49.21	33.51	17.28
2004	47.07	38.00	14.93
2005	50.65	33.11	16.24

续表

时间 / 年	雇员薪酬	营业盈余 + 固定资产折旧	生产税净额
2006	49.72	33.45	16.83
2007	48.64	33.62	17.73
2008	48.80	33.71	17.49
2009	49.11	34.03	16.86
2010	48.32	33.45	18.23
2011	48.54	33.51	17.95
2012	49.45	34.12	16.43
2013	50.67	33.67	15.66
2014	50.88	33.76	15.36
2015	51.25	34.52	14.23

数据来源：作者根据《中国统计年鉴》（1995—2015 年）、经济合作与发展组织（OECD）OLIS 数据库计算得到。

2. 雇员薪酬比重的"期望值"的估计方法及其结果

本文通过统计资料已经获得了我国 1992—2015 年雇员薪酬比重的实际值，为了判断我国雇员薪酬比重高估与否，有必要计算出我国雇员薪酬比重的期望值。

（1）估算期望值的基本思路

有些学者提出可用其他国家雇员薪酬比重的均值作为我国雇员薪酬比重的期望值，本文认为，由于各个国家的政治、文化、经济发展水平不同，所以武断地采用其他国家雇员薪酬比重的均值作为我国雇员薪酬比重的期望值并不合理。另外，从 1992—2015 年，我国的社会结构、经济发展水平以及经济开放程度都发生了较大改变，所以采用一个固定值作为我国 20 多年来雇员薪酬比重的期望值并不合理。一个较合理的方法是将影响雇员薪酬比重期望值的相关变量加以考虑，建立数学模型，得到动态期望值。

本文根据以往研究雇员薪酬比重的文献，以相关统计数据为依据，选取 6 个可能影响雇员薪酬比重的解释变量，建立线性回归模型，并运用最小二乘法（OLS）估计该模型。将中国相关变量数据代入该模型，得到我国 1992—2015 年雇员薪酬的动态期望值，并与我国雇员薪酬的实际值进行比较，从而回答下述三个问题：一是我国雇员薪酬比重偏低还是偏高；二是我国雇员薪酬比重的变动幅度有多大；三是哪些是影响我国雇员薪酬比重的因素。

（2）解释变量

在选择影响雇员薪酬比重的要素时，本文主要考虑四项原则：理论性原则、综合性原则、可操作性原则和可比性原则。

综合考虑以上四项原则并结合数据获取的难易程度，初步确定了6个解释变量：人均GDP、资本形成率、经济增长率、经济开放度、城市化水平和政府教育投入比重。

1）人均GDP

传统经济学的理论表明，劳动力成本和国家的富裕程度在长期有显著的正向相关性，所以人均GDP的上升总体上会导致雇员薪酬占GDP比重的上升。Ahluwalia（1976）发现收入最低人群的收入份额会随着GDP的增长而升高。为了国际间指标比较的统一性，本文采用人均GDP（现价美元）衡量人均GDP。

2）资本形成率

本文采用资本形成总额/GDP×100计算各个国家的资本形成率。理论上，高投资率会带来劳动要素和资本要素需求量的增加；如果劳动要素的增长超过资本要素的增长，则雇员薪酬占GDP的比重会上升，反之，则会下降。

3）经济增长率

本文采用了实际GDP的变动（剔除了价格因素）衡量各国的经济增长率。经济增长率对于雇员薪酬比重的影响是模糊的：一方面，经济增长会带来劳动生产率的提高，并使得工资收入上升，从而增加雇员薪酬的比重；另一方面，经济增长也会使得现有技术提高，从而使得劳动力需求的下降，降低雇员薪酬比重。

4）经济开放度

本文采用了（货物进口总额＋货物出口总额）/GDP×100衡量一个国家的经济开放度。经典斯托尔帕—萨缪尔森定理阐述道：一个国家出口产品生产中密集使用的生产要素的价格会提高，非密集使用的生产要素的价格会下降。Edwards（1997）的研究认为进出口对发展中国家的收入分配没有影响，而Richardson

（1995）认为，进出口对收入分配的影响取决于特定国家的经济发展水平。

5）城市化水平

本文采用城镇人口/总人口×100估计城市化水平。一般情况下，农业生产水平会低于工业生产水平，一个国家城市化水平的上升会带来雇员薪酬比重的上升。

6）政府教育投入比重

一般情况下，政府教育投入比重与国民受教育程度在长期范围内有显著的正相关关系，而国民受教育程度的上升会导致劳动效率的提升，从而提高雇员薪酬占GDP的比重。所以政府教育投入比重与雇员薪酬比重应该呈现正向相关关系。

（3）数据来源及描述性统计

根据上述的6个解释变量，我们寻找了17个国家1980—2014年的数据，共407个数据（某些年份某些国家数据缺失）。17个国家分别为澳大利亚、波兰、德国、法国、韩国、荷兰、加拿大、捷克、美国、墨西哥、南非、日本、西班牙、新西兰、以色列、意大利、英国。数据来源于《国际统计年鉴》、世界银行数据库以及经济合作发展组织（OECD）OLIS数据库。

中国的雇员薪酬比重数据来源于经济合作发展组织（OECD）OLIS数据库，6个指标的数据来自于《中国统计年鉴》以及国家统计局官方网站。17个国家相关变量的描述性统计见表2。

表2 解释变量及其描述性统计（$n=407$）

解释变量	最小值	最大值	平均值	标准差
雇员薪酬比重/%	27.98	62.05	50.69	6.84
人均GDP/元	1 778.48	67 652.68	21 477.34	13 974.30
资本形成率/%	14.73	36.85	23.14	4.08
经济增长率/%	−7.02	12.27	2.66	2.67
经济开放度/%	13.28	149.86	49.06	24.82
城市化率/%	50.44	93.02	76.05	8.66
政府教育投入比重/%	2.27	7.73	4.86	0.89

（4）平稳性和协整的检验

鉴于本文采用面板数据，所以在建立回归模型之前对数据进行平稳性和协整关系的检验非常有必要。面板数据常用的平稳性检验方法包括 LLC 法（Levin et al, 2002）、IPS 法（Im et al, 1997）、Breitung 法（Breitung, 2000）、ADF-Fisher（Maddala & Wu, 1999）、PP-Fisher（Maddala and Wu, 1999）。本文运用上述 5 种方法对解释变量和被解释变量进行平稳性的检验，其相关结果见表 3。

表 3　变量平稳性检验结果

变量	LLC	IPS	Breitung	ADF-Fisher	PP-Fisher
雇员薪酬比重	0.88111	−1.98084	1.61608	54.4517	33.6027
	（0.8109）	（0.0238）	（0.9470）	（0.0020）	（0.2143）
人均GDP	0.954	−0.70931	1.26006	35.6588	26.1534
	（0.8300）	（0.2391）	（0.8962）	（0.1515）	（0.5646）
资本形成率	1.84792	−0.61262	−2.5227	32.3842	20.2139
	（0.9677）	（0.2701）	（0.0058）	（0.2592）	（0.8565）
经济增长率	−0.32703	−1.50068	−0.13921	42.6802	95.1986
	（0.3718）	（0.0667）	（0.4446）	（0.0374）	（0.0000）
经济开放度	4.21478	−1.57565	0.30551	49.7678	38.1063
	（1.0000）	（0.0576）	（0.6200）	（0.0069）	（0.0964）
城市化水平	−0.76552	−4.13168	2.39902	57.4802	25.8229
	（0.2220）	（0.0000）	（0.9918）	（0.0001）	（0.2594）
政府教育投入比重	0.64602	−0.47961	1.95453	32.6793	28.3169
	（0.7409）	（0.3158）	（0.9747）	（0.2478）	（0.4478）

注：上方数字表示检验方法对应统计量的值，括号里数字表示 P 值。

通过表 3 的数据，我们发现所有的变量均为非平稳过程，即不属于 I（0）过程。对此，我们有必要对所有变量进行一阶差分，并考察差分后的序列是否为平稳过程，其相关检验结果见表 4。

表4 变量一阶差分平稳性检验结果

变量	LLC	IPS	ADF-Fisher	PP-Fisher
雇员薪酬比重	−4.9127	−6.3069	99.6377	141.0350
	（0.0000）	（0.0000）	（0.0000）	（0.0000）
人均GDP	−11.5714	−7.0737	98.5313	107.3860
	（0.0000）	（0.0000）	（0.0000）	（0.0000）
资本形成率	−2.2846	−8.4039	115.2310	118.2780
	（0.0112）	（0.0000）	（0.0000）	（0.0000）
经济增长率	−9.5097	−8.5431	136.5600	336.3000
	（0.0000）	（0.0000）	（0.0000）	（0.0000）
经济开放度	−5.7076	−5.2808	97.8579	213.0170
	（0.0000）	（0.0000）	（0.0000）	（0.0000）
城市化水平	−3.5376	−6.5832	80.7737	33.7039
	（0.0002）	（0.0000）	（0.0000）	（0.2108）
政府教育投入比重	−5.1986	−5.6491	95.2138	412.9440
	（0.0000）	（0.0000）	（0.0000）	（0.0000）

注：上方数字表示检验方法对应统计量的值，括号里数字表示P值。

通过表4的数据，我们发现所有变量的一阶差分序列均为平稳过程，即原序列属于I（1）过程。所以接下来需要对变量进行协整关系的检验，以判断因变量和自变量之间是否存在长期稳定的均衡关系。面板数据协整检验的最常见方法是Pedroni方法（Pedroni，1995）。表5展示了Pedroni协整检验的结果

表5 相关变量的Pedroni协整检验结果

变量	LLC	IPS	ADF-Fisher	PP-Fisher
雇员薪酬比重	−4.9127	−6.3069	99.6377	141.0350
	（0.0000）	（0.0000）	（0.0000）	（0.0000）
人均GDP	−11.5714	−7.0737	98.5313	107.3860
	（0.0000）	（0.0000）	（0.0000）	（0.0000）
资本形成率	−2.2846	−8.4039	115.2310	118.2780
	（0.0112）	（0.0000）	（0.0000）	（0.0000）
经济增长率	−9.5097	−8.5431	136.5600	336.3000
	（0.0000）	（0.0000）	（0.0000）	（0.0000）

续表

变量	LLC	IPS	ADF-Fisher	PP-Fisher
经济开放度	−5.7076	−5.2808	97.8579	213.0170
	(0.0000)	(0.0000)	(0.0000)	(0.0000)
城市化水平	−3.5376	−6.5832	80.7737	33.7039
	(0.0002)	(0.0000)	(0.0000)	(0.2108)
政府教育投入比重	−5.1986	−5.6491	95.2138	412.9440
	(0.0000)	(0.0000)	(0.0000)	(0.0000)

通过表5的数据，我们发现因变量和自变量之间存在协整关系，所以可以建立回归模型进行分析。

(5) 回归模型的建立

基于前文所选择的6个解释变量，并考虑其对雇员薪酬比重的影响，建立以下3个线性回归模型：

模型1：

雇员薪酬比重 = $\alpha + \beta_1$ 人均GDP + β_2 资本形成率 + β_3 经济开放度 + β_4 城市化率

模型2：

雇员薪酬比重 = $\alpha + \beta_1$ 人均GDP + β_2 资本形成率 + β_3 经济开放度 + β_4 城市化率 + β_5 经济增长率

模型3：

雇员薪酬比重 = $\alpha + \beta_1$ 人均GDP + β_2 资本形成率 + β_3 经济开放度 + β_4 城市化率 + β_5 经济增长率 + β_6 政府教育投入比重

(6) 回归结果

运用Eviews对相关结果进行最小二乘法回归（OLS），系数值以及t值结果显示在表6中。从表6的结果来看，除了城市化率以及经济增长率外，其他4个变量在统计上基本显著。

本文发现人均GDP与雇员薪酬比重之间呈现显著的正相关关系，这一发现与西方经济学以及马克思主义经济学的观点相吻合,及一个国家劳动力的成本会随着这个国家富裕程度的提高而上升。

另外,本文还发现经济开放度与雇员薪酬比重呈现显著的负向相关关系,即一个国家货物进出口总额占GDP的比例越高,这个国家雇员薪酬占GDP的比重越低,这也证实了Richardson(1995)的观点:进出口对特定国家的雇员薪酬比重的影响取决于这个国家的经济发展水平。

除此之外,本文还发现资本形成率与雇员薪酬比重呈现负向相关关系,说明高投资率会带来劳动要素和资本要素需求量的增加,但是资本要素需求量的增加大于劳动要素需求量的增长。

最后,我们发现教育投入的增长,会带来雇员薪酬比重的增长,这与前文所述观点相一致。

表6 三个方程的回归结果

因变量:雇员报酬比重			
解释变量	模型1	模型2	模型3
截距项	51.863 (16.11)	51.8 (16.06)	50.4 (11.02)
人均GDP	0.0002 (6.95)	0.0002 (6.73)	0.0002 (7.10)
资本形成率	−0.1247 (−1.541)	−0.1134 (−1.31)	0.1036 (1.14)
经济开放度	−0.037 (−2.933)	−0.037 (−2.931)	−0.0453 (−3.703)
城市化率	−0.0071 (−0.160)	−0.0074 (−0.165)	−0.0517 (−1.184)
经济增长率	—	−0.0504 (−0.390)	−0.0957 (−0.767)
政府教育投入比重	—	—	2.09 (5.75)
观察值(个) R平方	407 0.18	407 0.18	407 0.243

（7）我国雇员薪酬比重"期望值"估计结果及结论

将我国1992—2015年相关解释变量的值代入上述3个模型中，得到我国雇员薪酬的期望值，其相关结果见表7。3个模型的计算结果有差异，但差异并不大。以2013年计算结果为例，模型估计结果的上限为45.74%，模型估计结果的下限为44.61%，上、下限之间的差距为1.61%。所以我们认为估计结果具有稳健性。

为了提高计算结果的稳定性，降低估计偏差，我们采用3个模型计算出的平均值作为雇员薪酬的期望值，从1992—2015年，我国雇员薪酬的期望值一直处于43%~46%的区间，最高值为1998年的45.71%，最低值为2006年的43.79%。在整个区间中，我国雇员薪酬比重的实际值一直高于期望值，说明我国雇员薪酬一直高估。但是这种差异呈现出下降趋势，已经从1992年的9.14%降低至2011年的3.66%。

表7 三个模型计算的我国雇员薪酬比重期望值及其实际值（%）

时间/年	模型1	模型2	模型3	期望值	实际值	差异
1992	46.68	46.24	42.55	45.16	54.29	9.14
1993	45.88	45.53	43.36	44.92	51.50	6.57
1994	45.85	45.51	43.32	44.89	51.54	6.65
1995	46.26	46.01	43.21	45.16	52.22	7.06
1996	46.53	46.32	43.39	45.41	53.42	8.01
1997	46.62	46.43	44.01	45.69	53.07	7.38
1998	46.46	46.37	44.30	45.71	53.08	7.37
1999	46.46	46.37	43.72	45.52	53.90	8.39
2000	46.24	46.11	43.31	45.22	52.40	7.18
2001	46.18	46.07	43.39	45.21	52.21	7.00
2002	45.84	45.70	43.25	44.93	53.33	8.40
2003	45.11	44.97	43.05	44.38	52.52	8.14
2004	44.71	44.57	42.81	44.03	50.35	6.32
2005	44.64	44.44	42.49	43.86	50.02	6.17

续表

时间/年	模型1	模型2	模型3	期望值	实际值	差异
2006	44.72	44.45	42.21	43.79	49.13	5.33
2007	45.03	44.66	42.14	43.94	48.48	4.54
2008	45.23	45.10	43.04	44.46	48.80	4.34
2009	45.19	45.14	44.13	44.82	49.11	4.29
2010	45.10	44.98	43.80	44.63	48.32	3.69
2011	45.33	45.27	44.04	44.88	48.54	3.66
2012	45.54	45.56	44.45	45.18	49.45	4.27
2013	45.71	45.74	44.61	45.35	50.67	5.32
2014	45.56	45.63	45.13	45.44	50.88	5.44
2015	45.97	46.05	45.28	45.77	51.25	5.48

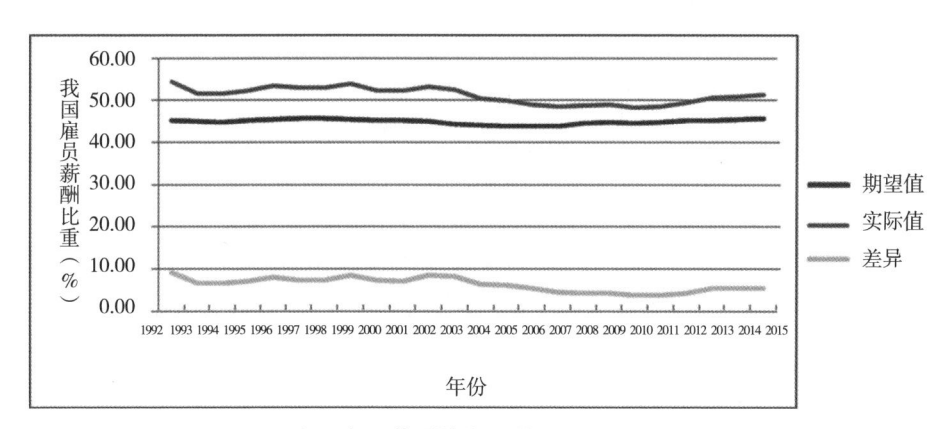

图3 我国雇员薪酬的期望值、实际值以及差值

五、我国雇员薪酬比重"实际值"与"期望值"比较：结构分析

以上已明确了对我国目前雇员薪酬比重的估判，例如不是低了而是高了；也知道了比重下降了多少，但是这些是不够的，我们很想知道为什么比重会这么高，为什么我国雇员薪酬比重的实际值会高于期望值。我们试从薪酬的结构视角

作以下考察。

（一）影响劳资分配关系的因素

1.产业结构和行业结构

产业结构在经济转型的过程中不断调整，会对初次分配要素分配结构产生重要影响。具体来说，产业结构调整，产业间每多增加一单位的生产要素所能增加的产量产生差异，从而引起劳动、资本和技术等要素在产业间的重新配置，进而引起产业间不同要素所有者收入的变化。

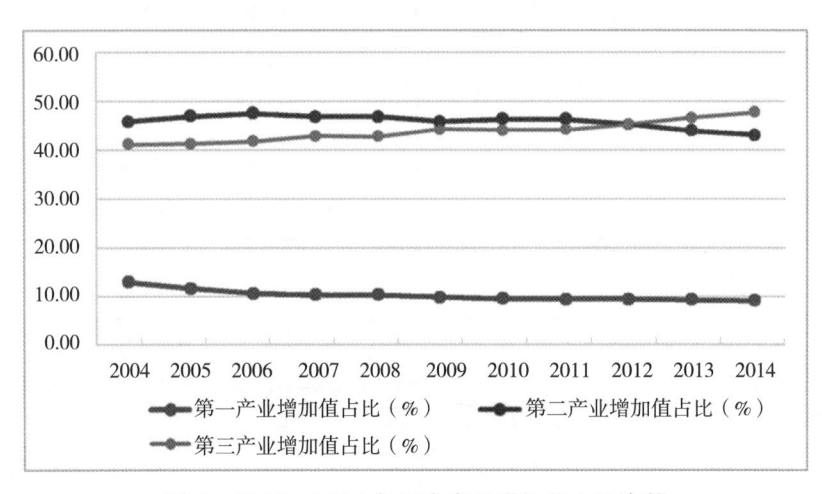

图4 2004—2014年三次产业增加值占比走势

由2004—2014年的数据来看，第一产业和第二产业的增加值占比逐年下降，第三产业的增加值占比逐年上升，到2014年三次产业增加值占比分别为9.10%、43.10%、47.80%，中国经济结构调整初见成效。但是对比发达国家的情况来看，主要发达国家第一产业比重在3%以内，第三产业比重大多在70%以上，尤其是第三产业有很大的提升空间。

图5为2004—2014年[①]第三产业内部各行业增加值占第三产业增加值比重，传统的第三产业如交通运输仓储邮政业、住宿和餐饮业占比逐年下降，新兴的金融业、房地产业占比迅速增长。

[①] 2004年后的统计年鉴中，我国第三产业增加值中的分行业数据由11个增加到14个，所以采用2004年以后的数据。

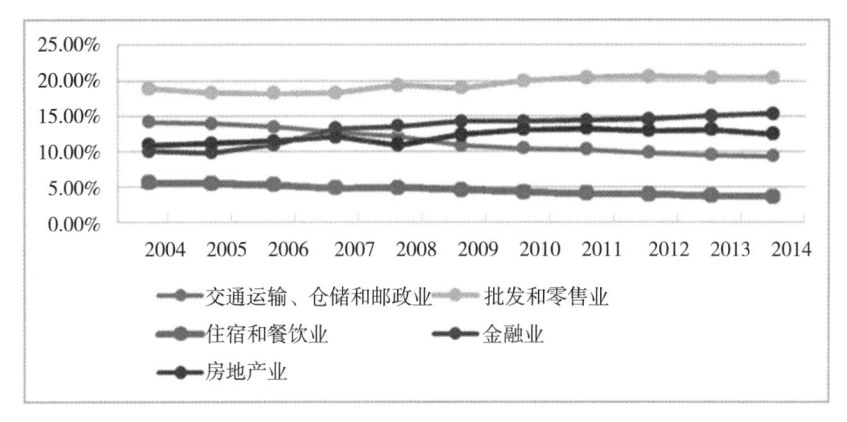

图 5　2004—2014 年第三产业主要行业增加值占比变动

图 6 为第三产业内部各行业的工资结构。一方面，公共管理、社会组织的工资总额占比远远高于其他行业；另一方面，对第三产业发展起到关键推动作用的金融业、房地产业并没有得到相应程度的工资总额。近几年，金融业和房地产业保持着 15% 左右的增加值占比，但是金融业工资总额占比只有 10% 左右，房地产业工资总额占比只有 5% 左右。近几年中信息传输、计算机服务及软件业增加值占比逐年下降，而工资总额占比则持续上涨。

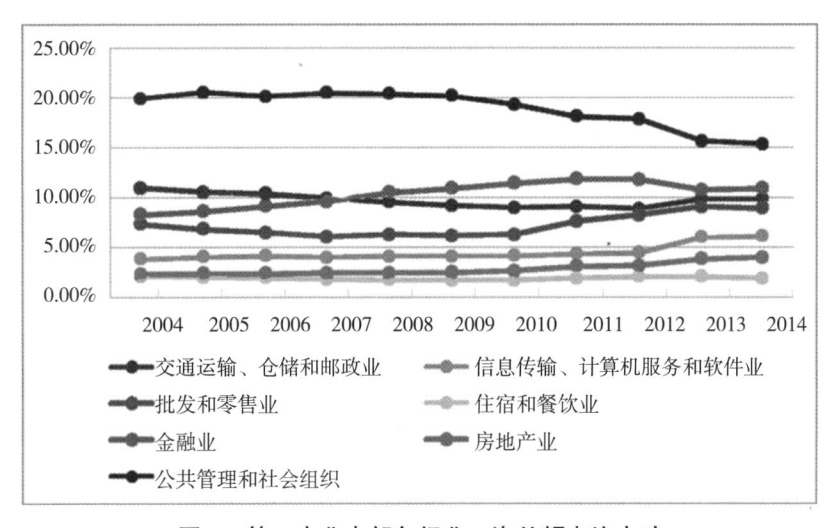

图 6　第三产业内部各行业工资总额占比变动

2. 劳动市场的供给与需求

从量来看：一是劳动年龄人口总量大，每年新增加劳动年龄人口多。我国 15~64 岁劳动年龄人口数量 2015 年为 10.03 亿人。二是农村剩余劳动力的大量流动，劳动力流动比较频繁，根据 2007 年全国农业普查的结果，2006 年末农村外出从业劳动力 1.31 亿人，而农村劳动力资源总量为 5.31 亿人，外出从业劳动力占总劳动力近 25%，估计农村劳动力转移到非农业部门的劳动力占总劳动力资源的 40% 左右[1]，我国劳动力流动规模巨大。同时由于二元结构的存在，农村外出劳动力难以享受社会保障、子女教育、就业等方面的福利，因此在就业地生活成本很高，难以长期扎根，劳动力流动比较频繁。三是我国的劳动力参与率较高。劳动参与率反映了潜在劳动者对于工作与闲暇的选择偏好。我国的劳动参与率比重高，发达国家水平大概在 60% 左右，而我国为 70% 以上（2010 年为 74.2%）。从质来看：我国劳动力整体素质较低（技能型人才缺乏、整体教育程度偏低）——这是由我国职业教育匮乏、教育资源区域配置不公平、教育支出效率低下造成的。

利用需求与供给两方面的信息，可以计算求人倍率[2]研究劳动市场供求匹配的结构性问题。较低学历组（职高、技校、中专以及初、高中）的劳动力市场求人倍率都在 1 以上，高学历组（大专、高中以上学历）的求人倍率低于 1 以下。反映出劳动市场对于高学历劳动力的需求在减少，对于低学历的劳动力需求在增加。据人社部的数据显示[3]，我国目前技能劳动者占总就业人员的比重为 21.3%，高技能人才的这个比重仅为 5.8%。从市场供需角度看，近几年技能劳动者的求人倍率一直在 1.5 倍以上，高技能劳动力的求人倍率甚至达到两倍以上。市场对高技能人才的需求非常旺盛。分析不同职业求人倍率的变化显示，最近几年随着

---

[1] 根据国家统计局公布 2008 年 2 月公布的《第二次全国农业普查主要数据公报》相关数据计算得出。
[2] 求人倍率=需求人数/求职人数；小于1时，说明劳动力市场供大于求，部分人无法找到工作；反之，求人倍率大于 1 时，说明劳动力市场供小于求，会出现职位空缺；如果求人倍率等于1，反映劳动力市场供求平衡。
[3] 数据来自人力资源和社会保障部：2015 年年底，全国技能劳动者达 1.65 亿人，其中，高技能人才 4 501 万人。而 2015 年全国就业人员为 7.75 亿人。

物业管理行业的快速发展，物业管理方面的人员求人倍率持续走高，长期保持在1以上。以前需求量很大的生产操作人员和商业服务人员的需求近期在回落。根据《中国制造2025》，未来智能装备也将会迎来快速发展，所以预期工业机器人工程技术人员等新职业的需求人数将有较大幅度的增长。

总体而言，我国劳动市场的供给并不能很好匹配需求，结构问题比较突出，尤其是高技术人才、物业管理、生产操作和商业服务等人才较为缺乏。

3. 市场分割和市场统一

1958年全国人大常委会通过《中华人民共和国户口登记条例》条例以后，农村人口不再是自由向城市迁移，而需提供诸多证明。20世纪六七十年代，响应国家发展需要，我国劳动力出现城乡互流局面。20世纪80年代至今，二元结构的户籍制度对户口的限制依然非常严格。除了户籍制度外，城乡之间也存在着不同的养老、教育、就业等其他制度性限制，这些都造成了城乡劳动市场的分割。地区间劳动力市场分割的主要表现：一是由社会保障、住房及其他福利制度导致的城市地区间劳动力市场分割；二是土地使用制度带来的农村地区间劳动力市场分割。地区间劳动力流动受到限制，形成区域不同的劳动力市场。

我国目前还存在着国有垄断部门与非国有竞争部门的劳动力市场分割[1]。主要体现在电信、航空、电力、烟草、石油、化工等行业凭借垄断势力，获取巨额利润，这些利润中很大一部分用以支付职工工资。而由于市场竞争的作用，导致竞争部门职工工资增长缓慢。所以国有垄断部门和非国有竞争部门之间存在着非常大的工资差距。为了垄断利润以及垄断工资，垄断部门凭借其垄断势力可以限制其他行业的劳动者进入其领域，这就造成了部门间的劳动力市场分割。

一方面，城乡、区域间的市场分割通过影响劳动在城乡间的配置、影响城乡间劳动者的生活成本，导致城镇和居民之间收入的不平等；另一方面，由于垄断导致的部门间的市场分割，垄断部门的高额利润不能让所有劳动者共享，导致部门间、行业间的劳动者收入不平等。总之，由于这些制度性的因素，劳动市场的

---

[1] 孟凡强、王宋涛、丁海燕：《中国劳动力市场侵害的验证与特征确定》，《经济问题探索》2017年第1期。

供求均衡机制失效,从而扭曲工资结构,影响收入分配。这些结构性问题都会对我国雇员薪酬比重产生重大影响。

(二)不同劳动之间

1.知识与技能不同造成的收入差距

教育是劳动者进行人力资本[①]投资的主要途径。劳动者通过教育获取知识、提高自身素质和能力,实现人力资本的积累,从而提高工资水平。教育给劳动者带来的收益,有些体现在劳动者未来获得的货币性收入,另一些体现在劳动者能力的提升,如获得更强的工作适应能力,从而可以减缓失业的持续时间甚至防止失业,再比如使劳动者拥有自学能力从而节省培训的开支,这些能力的提升最终会减少劳动者的开支。从这个角度来讲,教育可以影响不同教育程度劳动者的可支配收入。在技术进步日益迅速的今天,技术进步更加偏爱高技能劳动者。一般来说高学历、积累了丰富专业知识的劳动者接受新技术的时间更短;同时,新技术的使用也往往需要劳动者有着一定的知识和技能储备。以上就是所谓的技术和技能劳动者之间的"互补性",显然这会导致高技能劳动者和低技能劳动者之间产生收入差距。

1997年,Topel发现美国20世纪70年代末至90年代早期的大学溢价[②]从45%上升至80%。Katz和Autor在1999年对几十年来经合组织部分发达国家的工资结构变化的研究结果表明:1979—1995年,美国从高中学历及以下到大学学历及以上的劳动者年收入经历了不同的变化,图7[③]清晰地显示了学历与年收入增长比的正相关关系。显然美国高技能劳动者与低技能劳动者的工资差距呈现出了大幅增加的趋势。在其他如英国、日本这样的发达国家也有类似现象发生。

[①] 根据马克思的劳动价值论,人力资本是指劳动者因教育、培训、实践等获得的知识、技能及其所表现出来的能力。
[②] 指大学学历劳动者收入与高中学历劳动者收入之比。
[③] 美国高中学历的受教育年限为12年,大学学历的受教育年限为16年,更高学历是指受教育年限在18年以上。

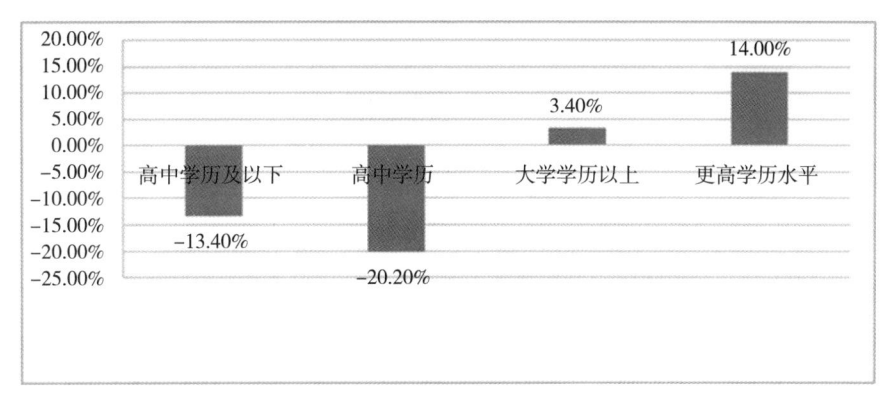

图 7　1977—1995 年美国不同学历收入升降百分比

从我国行业城镇职工平均工资的情况（见表 8 和表 9）来看，2014 年不同行业间的收入差距，高收入行业的工资是低收入行业工资的近 4 倍。平均工资水平排在前几位的行业对劳动者教育程度和技能的要求是比较高的。

表 8　2014 年我国不同行业城镇职工平均工资排名

单位：元

位次	行业	平均工资
1	金融业	108 273
2	信息传输、计算机服务和软件业	100 845
3	科学研究、技术服务和地质勘查业	82 259
4	电力、燃气及水的生产和供应业	73 339
5	租赁和商务服务业	67 131
6	文化、体育和娱乐业	64 375
7	交通运输、仓储和邮政业	63 416
8	卫生、社会保障和社会福利业	63 267
9	采矿业	61 677
10	教育	56 580
11	批发和零售业	55 838
12	房地产业	55 568
13	公共管理和社会组织	53 110

续表

位次	行业	平均工资
14	制造业	51 369
15	建筑业	45 804
16	居民服务和其他服务业	41 882
17	水利、环境和公共设施管理业	39 198
18	住宿和餐饮业	37 264
19	农、林、牧、渔业	28 356

此外，通过劳动力市场上不同学历的工资水平可以更为直观地说明知识技能的不同对劳动者收入差距产生的影响（见表9）。2015年济南市按学历分类企业工资指导价显示出不同学历劳动者工资之间的差距，高学历劳动者工资指导价是初中以下学历劳动者的近3倍。

表9 济南市按学历分类企业工资指导价

单位：元

学历	高位数	中位数	低位数	平均数
研究生（含博士、硕士）	213 661	84 782	33 269	116 840
大学本科	157 864	65 136	27 612	86 129
大学专科	107 760	46 277	23 690	59 062
高中、中专或技校	88 443	41 398	23 534	48 586
初中以下	83 157	34 507	18 720	42 965

由以上所述可知，知识和技能会对劳动者收入产生重大影响。而教育是劳动者获取知识和技能的重要途径。教育资源的不平等分配会直接影响雇员薪酬的差距。

2. 自然禀赋不同造成的收入差距

自然禀赋是指劳动者与生俱来的在某一领域比别人高的素质和能力。自然禀赋具有先天性，是劳动者成长之前已经具备的特性。劳动者之间的自然禀赋的差异体现在智力（如理解力、记忆力、灵感、创造力等）、性格和心理（内向或外向）的差别。

在同一领域，在付出相同努力的情况下，自然禀赋较高的劳动者与普通劳动者相比，会更得心应手，更容易取得成就，从而获得更强的议价能力。由此可见，自然禀赋的不同必然会造成雇员薪酬的不同，禀赋较高者会获得较高的雇员薪酬。

对于自然禀赋造成的收入差距是否合理在理论上有不同的看法。平等主义理论认为机会的平等并没有消除自然禀赋差距的影响，所以平等主义理论主张消除社会文化的不平等偶然因素以及自然禀赋的偶然因素对于雇员薪酬的影响；与之针锋相对的是极端自由主义理论，其认为人们对于自然禀赋的持有是正义的，劳动者的自然禀赋是应得的，如果将自然禀赋视作集体财产而予以强行剥夺，势必会造成对自然禀赋较高者权利的侵犯。

3. 努力程度不同造成的收入差距

劳动者努力程度具有主观性，往往难以确定一个客观的标准。我们可以从过程导向和结果导向衡量劳动者的努力程度。

过程导向主要是指对劳动者工作积极性的衡量。从心理和行为来看，有研究者认为工作积极性是劳动者对工作的主动态度，对特定工作活动的关心以及主动参与的心理和行为倾向。由此可见，可以从劳动者在工作过程中表现出的精力投入程度、不断努力的状态和积极向上的倾向去衡量劳动者的努力程度。结果导向更加客观，劳动者提高努力程度，必然会在工作任务（工作技能熟练程度）、组织关系（遵守规则、协助同事和个人自律）、学习（学习时间和结果）等方面做出更多成绩，可以从工作任务、组织关系和学习等方面去衡量。

劳动者的努力程度与雇员薪酬之间有密切联系。劳动者提高在工作技能、组织关系、学习创新等方面的努力，一般会提高绩效水平，从而努力程度高者会获得较高的薪酬水平，努力程度低者会获得较低薪酬水平。劳动者会在努力工作和闲暇之间做出选择，通过努力程度的调整，影响雇员薪酬水平。当一个社会平均努力程度较高时，雇员薪酬的水平也较高。

此外，雇员薪酬结构也会对劳动者努力程度造成影响。比如传统的锦标赛理论强调加大薪酬分配不公平程度，认为薪酬差距越大，越能激励员工的努力程度。由此可见劳动者努力程度与雇员薪酬之间是相互影响的。

（三）相同劳动之间

1. 不同所有制企业之间平均工资差距

改革开放以来，国有企业不再向国家上缴税后利润，交税后利润就是自己的，一部分国企利润大量地积存于企业。[①]根据财政部公布的数据，2010年国有企业实现利润近2万亿，只上交440亿，上交利润仅占全部利润的5%。而按照国际惯例，上市公司股东分红比例为税后可分配利润的30%左右。表10计算了不同所有制形式企业的职工平均工资。可以看到，国有单位平均工资在2005年之前低于其他单位职工平均工资，但是近年来由于国有单位职工平均工资的增长十分迅猛，所以，国有单位的平均工资目前在三种类型的单位中位居第一，而且，这种差距还有继续扩大的趋势。根据国资委的调查，国企内部的工资差距也十分显著，一些上市国企高管与一线工人的工资差距甚至达到几十倍。

表10 不同所有制企业平均工资比较表

时间/年	国有单位职工平均工资/ 集体单位职工平均工资	国有单位职工平均工资/ 其他单位职工平均工资
1985	1.25	0.84
1990	1.36	0.76
1995	1.43	0.75
2000	1.53	0.87
2005	1.71	1.06
2008	1.69	1.09
2009	1.66	1.19
2010	1.60	1.07

---

① 贾康、张晓云：《雇员薪酬的形成机理、我国状态判断与优化建议——基于"期望值"分析及"公正"与"均平"认识框架》，《财政研究》2013年第5期。

续表

时间/年	国有单位职工平均工资/ 集体单位职工平均工资	国有单位职工平均工资/ 其他单位职工平均工资
2011	1.51	1.05
2012	1.43	1.04
2013	1.35	1.02
2014	1.34	1.01

数据来源：《中国统计年鉴》。

2. 不同行业之间平均工资差距

尽管各行业职工平均工资水平随着经济的发展不断提高，职工收入不断增长，但分行业职工收入差距却呈现出不断扩大的趋势。按照《中国统计年鉴》整理表 11 数据显示，2004—2014 年，排名最低的是农、林、牧、渔业，2008 年之前，城镇职工平均工资排名最高的行业是信息传输、计算机服务和软件业，2009 年开始变成金融业。2005 年最高行业与最低行业平均工资差距最大，达到 4.73。虽然行业间收入差距之后几年有所缩小，但平均工资最高的金融业仍然是最低的农、林、牧、渔业的 3.82 倍。

表 11 按行业分城镇平均工资比较表

时间/年	最高行业平均工资/元	最低行业平均工资/元	最高行业与最低行业 平均工资比
1980	1 035	475	2.18
1985	1 406	777	1.81
1990	2 718	1 541	1.76
1995	7 843	3 522	2.23
2000	13 620	5 184	2.63
2005	40 558	8 309	4.88
2008	61 841	12 958	4.77
2009	60 398	14 356	4.21
2010	70 146	16 717	4.20

续表

时间/年	最高行业平均工资/元	最低行业平均工资/元	最高行业与最低行业平均工资比
2011	81 109	19 469	4.17
2012	89 743	22 687	3.96
2013	99 653	25 820	3.86
2014	108 273	28 356	3.82

数据来源：《中国统计年鉴》。

3. 垄断企业与竞争企业之间平均工资差距

近年来，由于垄断性行业进入限制过多、缺乏市场竞争，使垄断利润居高不下。加之我国反垄断措施不力，对垄断企业的管理制度不健全，造成行业或企业之间的收入差距非常大。我国7个垄断行业包括电力、电信、银行保险、石油、水电气供应、烟草等，共有职工人数约2 833万人，不到全国职工人数的8%，但工资和工资外收入占全国职工工资总额的55%。这些行业的人均工资水平是其他行业的2~3倍，而实际人均收入是其他行业的5~10倍（王小鲁，2011）。

显然，我国目前雇员薪酬的构成与成熟市场经济体系下的情形有明显的差别，过度垄断等非市场因素对市场经济充分竞争条件下，雇员薪酬形成机制的干扰成为影响总体薪酬占比的重要原因，比如垄断行业的雇员薪酬显著高于竞争行业的雇员薪酬，相应地提高了整体雇员薪酬在国民收入中的比重。限于统计资料的可得性低与严重不全，关于这一判断的实证分析是很不充分的。但现实生活中的常识与调研观察可以告诉我们，过度垄断、"不正之风"等非市场、"非正常"因素造成的我国雇员薪酬比重偏高，应比前述实证数据分析处理所揭示的更为严重，只是更精细的量化依据尚难以体现罢了。

4. 城乡二元结构造成的收入差距

我国的城乡二元结构在中华人民共和国成立初期推进工业化的过程中形成。为了实现赶超战略，在国有化的基础上，实施统一的指令性生产计划体制、统收统支的财务体制、倾斜式的产业政策、限制农村人口流动的户籍制度，更是塑造了严格分离的城乡间社会经济结构。随着我国经济的发展，这些以前推动我国经济快速增长的制度安排，现在反而成为制约我国经济增长的桎梏。

城乡收入差距的测度可以比较城镇居民人均可支配收入与农村居民人均纯收入。

如图8所示，2000年以来，农村居民与城市居民人均收入都逐年上涨，农村居民的人均收入增长速度远远慢于城市居民，收入差距不断扩大。从城镇居民人均可支配收入与农村居民人均纯收入之比（如图9）也可以更直观地看出，收入差距被逐渐拉大。

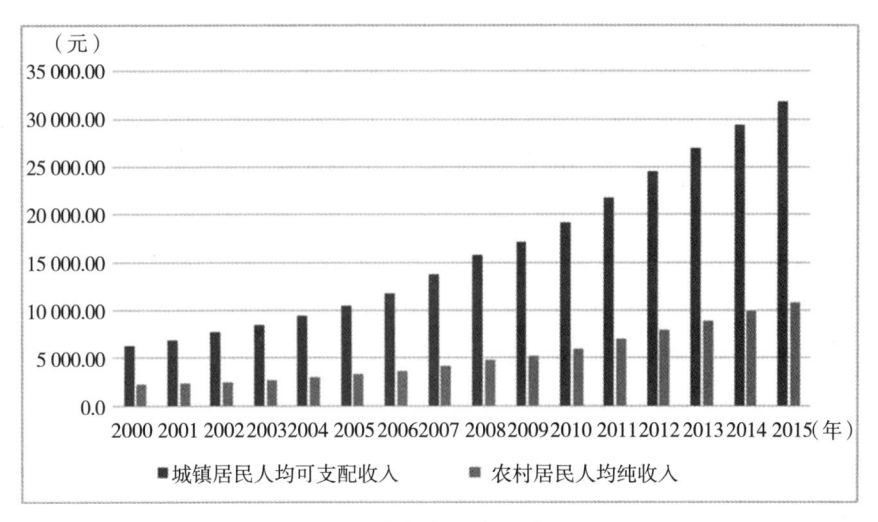

图8 城乡收入差距对比

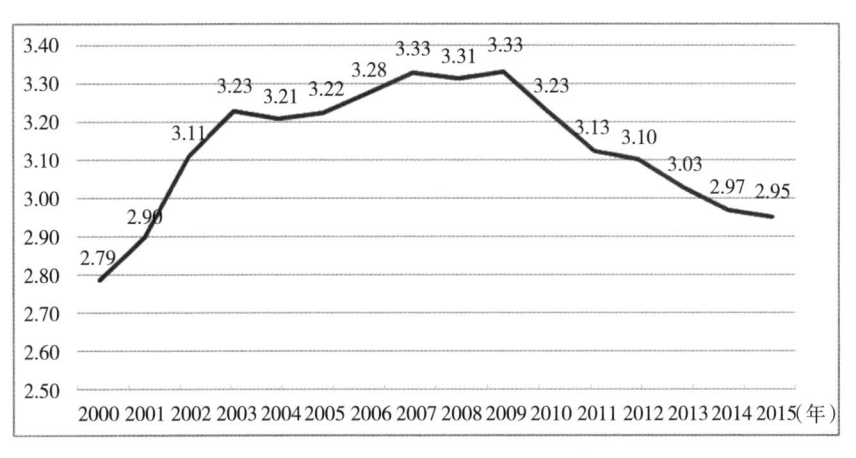

图9 城镇居民人均可支配收入与农村居民人均纯收入之比

以上是收入绝对数上的差距，再从收入增长速度来看，如图10所示，在2008年之前，城镇居民的人均收入增长明显快于农村居民收入的增长。

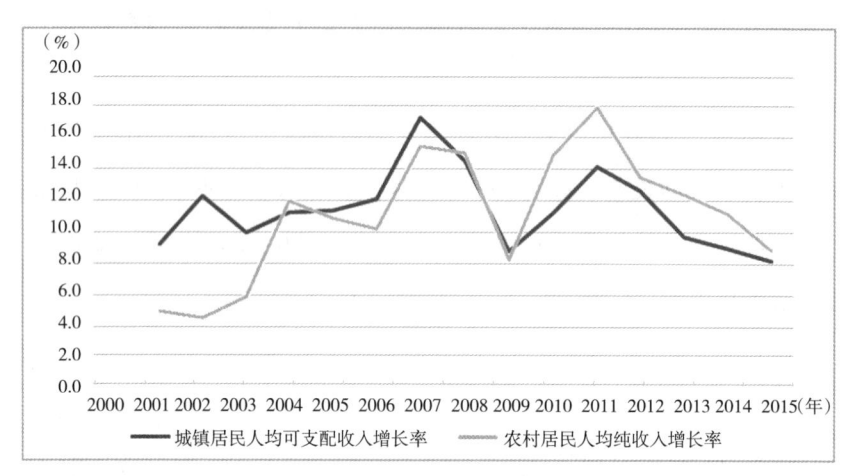

图10　城乡收入增长率对比

城乡二元结构主要表现为公共服务的二元供给、二元的行政管理制度、户籍管理制度的分离、二元的土地管理制度、对农民非制度的歧视。城乡二元结构不仅导致了一系列社会民生问题，而且还导致了严重的城乡收入差距，这种差距不利于我国雇员薪酬结构的优化。

（四）对当前一些突出问题的剖析

1."民工荒"问题

2003年末以来，关于"民工荒"的报道屡见不鲜。2004年夏，中国劳动力市场信息网监测中心的统计数据[①]显示：2004年第2季度，在江苏、浙江、福建、广东等省的12个城市，缺工人数达38.3万人，占招工人数的三分之一。劳动和社会保障部2004年估计[②]：在珠三角、闽东南、浙东南等地区企业缺工现象严重，重点地区估计缺工10%左右。2009年8月以来，在珠三角、长三角等地，很多中小企业订单大增却找不到人。广州、深圳、东莞、佛山等珠三角城市，劳动力市场求人倍率在

---

① 数据来自2004年中国劳动力市场信息网《江苏、浙江、福建、广东等地劳动力市场呈现出缺工现象》。
② 数据来源于劳动和社会保障部《关于民工短缺的调查报告》（2004年）。

1.14~1.51之间，出现大量职位空缺，温州职介中心的用工缺口占比73%以上。

根据国家统计局抽样调查结果（如图11所示），2011年以来，我国农民工总量增长速度逐渐下降。到2015年，我农民工总量为27 747万人。国家统计局发布的《2015农民工监测调查报告》表明，农民工更倾向于本地工作，本地农民工增长较快——本地农民工人数增长2.7%，远高于外出农民工增速0.4%。

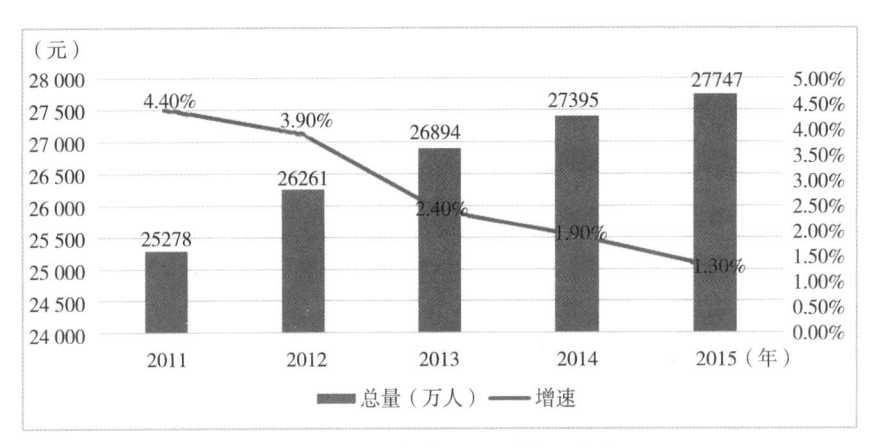

图11 近几年农民工总量和增速

一般我们认为劳动报酬是影响劳动力供给和需求的主要因素，同样地，劳动力供需也会反过来导致劳动报酬的波动。中国的人口基数大，相应劳动力人口数量大，但是由于各方面原因，目前在劳动力供需结构和供需数量上依然存在严重问题。"民工荒"问题作为其中一个典型的体现，反映出我国低价劳动力供需现象存在不平衡现象，而这种不平衡理论上会引起劳动报酬在结构以及总量上的波动变化。

首先，从劳动供给角度出发，由于国家利农政策的倾斜，强农惠农政策不断强化，农民负担减轻，农作物价格上涨，使得农业劳动力边际效益提高，在一定程度上刺激了农民工由打工转向务农的积极性，使得在原先一定量报酬的条件下，劳动者个人或者家庭向社会提供劳动力的数量急剧减少，相应地，供给的减少会产生提高劳动报酬的诉求；再者从劳动需求端来看，随着产业结构调整深入，市场对劳动力整体素质的要求开始提升，劳动密集型企业用人意愿不足，从而以原来工资率雇主愿意并且可以雇佣到的劳动力数量也在减少，为了招聘到合适的高素质员工，雇主提高工资薪酬的意愿也会相应升高。综合来看，劳动力供需双降导致的"民工荒"

问题从供需角度来看会拉高我国目前的劳动报酬水平。虽然报酬总量上由于劳动力的减少会有所下降，但从结构角度来讲，雇员薪酬仍处于上升状态。

2. 老龄化问题

中国的人口数量庞大，想要了解我国老龄化的情况，必须要分析人口年龄的结构。我国人口出生率和死亡率不断下降，自然增长率也呈现出下降的趋势如图12所示。

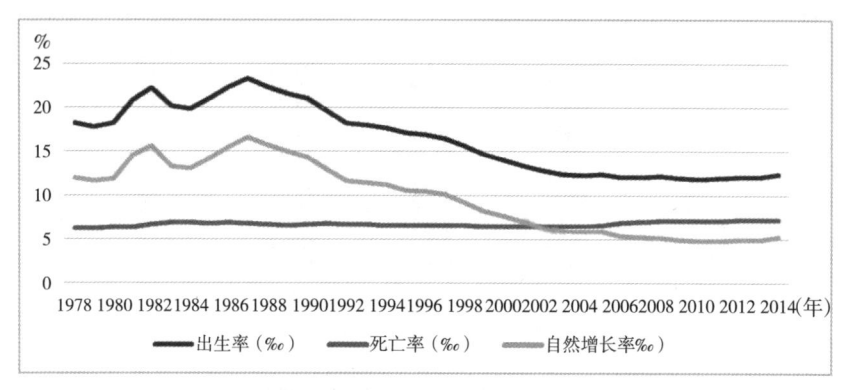

图12 1978—2014年中国人口自然变动趋势

根据我国2010年的第六次全国人口普查的结果，我国人口的年龄结构如图13所示。相比2000年的数据，60岁及以上的人口占比上升2.93%，

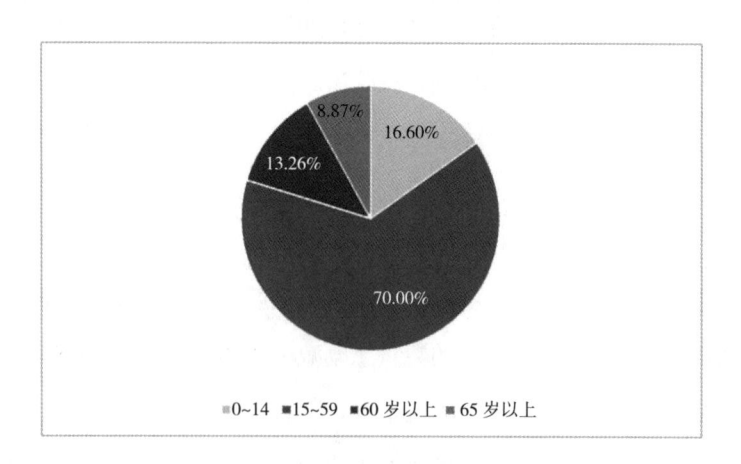

图13 2010年第六次人口普查结果

其中65岁以上人口占比上升1.91%。到2014年年末，中国大陆总人口为

136 782万人,60周岁及以上人口占比相比2010年上升2.24%,65周岁及以上人口占比相比2010年上升1.23%。短短4年间老龄人口增长速度已经接近之前10年的增长速度,可见人口老龄化的进程在逐步加快。

通过上面的分析,我国人口出生率和死亡率不断下降导致了我国老年人口的增加。据图14所示,我国老年人口人数由1982年的4 991万人增加到2014年的13 755万人。另外,从老年人口占总人数的比例来看(如图15所示),1982年为4.91%,到2014年高达10.1%。从绝对数和相对数都能看出来我国老龄化程度不断加深。

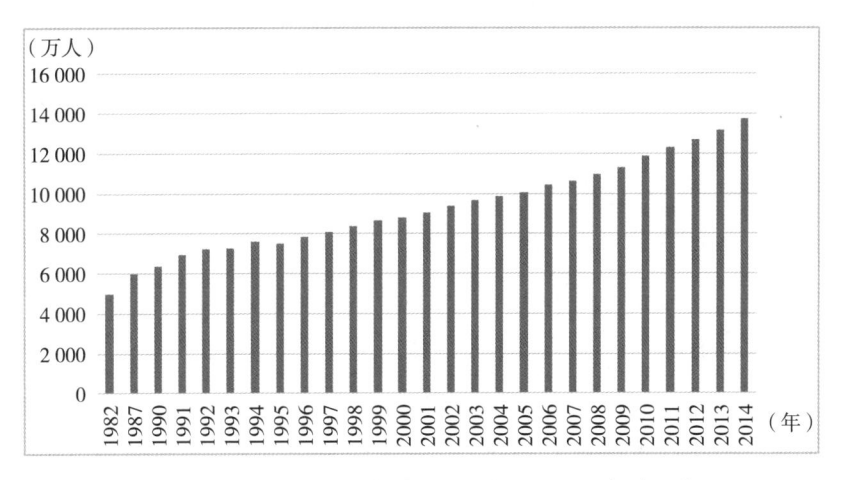

图14　1982—2014年我国65岁及以上老年人口数

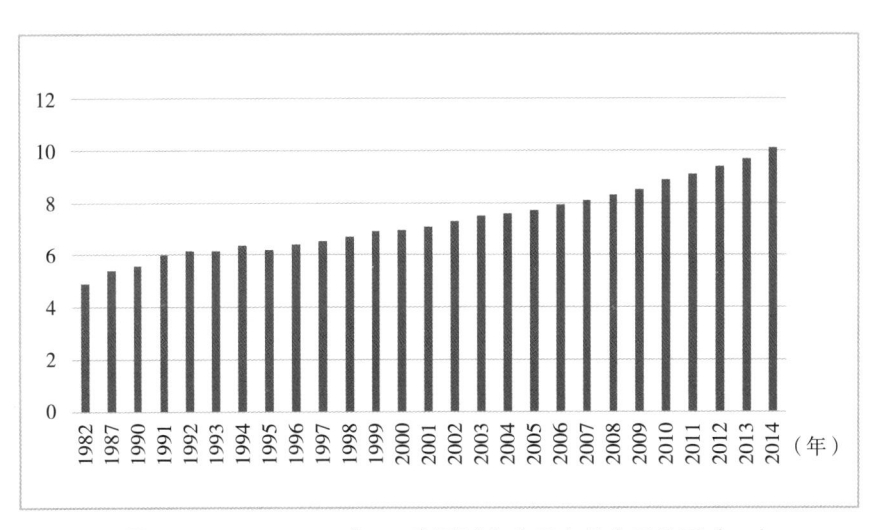

图15　1982—2014年65岁及以上人口占总人口比重(%)

由以上的数据可以看出，随着人口老龄化的进一步发展，劳动适龄人口数量下降，老年抚养比持续上升，导致劳动参与率降低，有效劳动力供给数量减少，从而引发雇佣成本上升，形成高劳动报酬激励。

3. 二胎与二孩政策问题

20世纪80年代以来，为了控制人口规模而推行的计划生育政策使我国的人口生育率不断下降，中国的总和生育率不到世界平均水平的二分之一[1]，处于世界较低水平。

计划生育政策达到了其控制人口规模的目的，但也产生了严重的社会问题。计划生育政策使我国的人口转变[2]得以在不到30年的时间内完成，而发达国家的人口转变通常要经过上百年的时间[3]。随着社会的不断发展，我国老龄化程度不断加深，人口结构中，青壮年人口比例下降，这已经严重影响到我国劳动力的供给。目前，我国有约1.5亿[4]独生子女家庭，这些家庭不仅面临着子女成长负担和子女养老负担，同时面临着社会的发展风险、国防风险和责任风险等。根据测算放开单独二胎政策后，我国劳动人口总规模在未来15年后将比现在每年多出2 800万[5]；到2030年我国人口老龄化水平将会下降到23.8%[6]。2013年11月15日，十八届三中全会通过的《中共中央关于全面深化改革若干重大问题的决定》对外发布，其中提到"坚持计划生育的基本国策，启动实施一方是独生子女的夫妇可生育两个孩子的政策"，这标志着"单独二孩"政策正式实施。

2013年单独二孩政策启动后，并未达到预计的效果。据国家卫计委的数据显示，截至2014年年底，全国仅有不足100万对单独夫妇提出再生育申请，远低于官方预计的每年200万的预期。2014年中国生育率[7]仅为1.4，接近国际

---

[1] 根据维基百科2015年全球生育率统计表计算。
[2] 指从高出生率、高死亡率、低自然增长率到高出生率、低死亡率、高自然增长率，再到低出生率、低死亡率、低自然增长率。
[3] 英国和其他西欧国家完成这一转变的时间为140年。
[4] 数据来自社科院人口与劳动经济研究所王广州测算。
[5] 根据首都经贸大学劳动经济学院童玉芬的测算。
[6] 根据南开大学人口与发展研究所原新的测算。
[7] 数据来自中国社科院《经济蓝皮书：2015年中国经济形势分析与预测》。

"生育陷阱"红线 1.3。由此，2015 年 10 月，党的十八届五中全会决定：坚持计划生育的基本国策，完善人口发展战略，全面实施一对夫妇可生育两个孩子政策，积极开展应对人口老龄化行动。

一般来说，二孩政策以及"放开二孩"政策对劳动报酬的影响机制主要是从劳动力供需上体现。一方面虽然二孩政策放开后对我国人口总量的影响有限，但是能够调整我国人口的年龄结构，使得青壮年劳动力供给增加，而目前老龄化的人口结构将会导致有效劳动力供给的急剧缩减，因此从供给数量上来说，二孩政策的影响是未知以及有限的；但是随着科技以及教育的发展，可预见的是二孩政策补给的劳动力素质质量相较现在是有巨大提高，对劳动报酬要求势必会更高；另一方面从劳动需求来看，随着产业政策转型和经济的结构性改革，我国对高素质人才的需求日益扩大，供给数量有限的情况下，想要吸引高质量的劳动力，雇主提高报酬的激励也会相应越强。因此，二孩政策即使在对有效劳动力数量的影响有限，但是从劳动力质量角度出发，依然会对雇员薪酬提高产生正向激励。

4. 中等收入陷阱

不同的国家陷入中等收入陷阱的原因不同，表现也不尽相同。中等收入陷阱在中国也有着"中国特色"。第一，收入分配差距特别是城乡收入差距持续拉大。1978 年中国收入分配的基尼系数仅为 0.30，在国际上属于较低的水平，但是我国经济发展到现在，基尼系数已经达到 0.46。有关城乡收入差距已经在前面部分阐述说明，城乡收入差距巨大也是我国区别于其他陷入中等收入陷阱的经济体的特点。目前收入差距过大造成劳动力在不同产业分配不均衡，产生供需矛盾，劳动报酬作为主要以及直接的调节供需手段，将会有所波动。第二，公共服务总体不足，在总量不足的基础上，城乡间、地区间的结构性配置不均等。农村在教育、医疗、文化、就业和社会保障等方面的公共服务水平全面落后于城市。以上基础设施以及社保的不平衡分布同样影响了劳动力的自由流动，此外户籍制度以及教育壁垒的存在恶化了劳动力供需矛盾，造成"民工荒"等现象从而引发雇员薪酬变化。第三，长期以来对粗放型经济增长方式的依赖，使我国企业的研发能力成长相对滞后，利润微薄，未来对高素质劳动力需求较大，然而考虑到目前合适劳动力供给不足问题，劳动报酬将会迎来新的上升期。

5. 新常态下 L 型趋势

按照法国经济学家托马斯·皮凯蒂的说法，高速增长是工业化时期的"常态"。那么新常态 L 型经济是经过 30 多年的经济高速增长以后，对未来的中国经济形势的中长期判断。

中国经济最近几年从过去两位数高速增长，下行到 7% 左右的速度，是一种增长阶段的转变，此谓"新常态"。所谓 L 型趋势，是与之前经济预测认为中国经济走势呈现 U 形或是 V 形的预测对比而言的。不管 U 形还是 V 形，都包含着预期未来中国经济会触底反弹到原先的经济增长水平。L 形则是预测中国经济未来先探底，然后很长时期内保持着低速增长的状态。

分析新常态对于我国以后收入分配的影响，一方面要注意到新常态带来的产业结构的优化升级，根据之前的分析，结构的优化有利于缓解收入差距，理顺劳资分配关系，实现收入的合理分配；另一方面要注意到政府职能转变带来的制度红利，以及由要素、投资驱动转为创新驱动带来的技术升级对收入分配的影响。

六、政府初次分配中的行为诊断

（一）政府角色扭曲

初次分配是在市场中完成的，而市场经济就是商品经济。就像马克思提到的一样："商品是天生的平等派。"市场要求并且强调平等。所以在完善的市场经济体制下，初次分配在配置有限的生产要素时必须注重效率和公平。然而，根据以上讨论，我国现阶段在初次分配时明显存在不公平的现象。除去目前不完善的市场经济体制这一原因外，政府在初次分配中的错位、越位乃至缺位行为实则是造成这一现象的根本原因。

1. 政府经济行为错位

我国在改革开放之初实行了"效率优先，兼顾公平"的分配原则，从而依靠制定各种强制性政策干预生产要素分配机制，以求优先发展部分地区，优先发展工业行业。政府职能的错位使得我国形成了"二元"经济结构，收入差距逐渐扩大，效率优先的政策最终造成初次分配公平的缺失。

2. 政府政治行为越位

由于我国在中华人民共和国成立后采用中央集权式计划经济体制，计划经济本身的特性造成我国政府形成严格的自上而下的行政管理体制。对各级政府之间，以及政府与人民之间关系的固有认知使得部分地区行政机构管理越位，人员冗余，服务意识不强，效率低下。此外，由于缺乏对市场经济的认知，部分政府利用行政权力过度干预。

生产要素在市场的分配，通过私自对产品定价越位设置贸易壁垒，铺摊设点，阻碍劳动人口的自由流动，变相鼓励寻租，严重伤害了生产要素在初次分配领域的公平性。

3. 政府社会行为缺位

目前我国正在经历经济转型时期，面临积极进行供给侧结构改革，跨越中等收入陷阱，缩小收入分配差距等挑战。这其中，明确政府职能是促进经济增长，维持社会稳定的保证。然而，随着传统分配机制的改革，以及新的分配机制的建立，部分政府无法认清自己的立足点，缺位相关配套政策的制定，变相拒绝实施损害本地区的既得利益的相关政策，造成调节收入分配的措施无法有效实施。

（二）政府政策失衡

尽管改革开放以来，市场经济得到了很大的发展，公有制经济与非公有制经济、城与乡之间的差距在逐步缩小，但是政府政策倾斜和歧视使得生产要素在初次分配市场无法实现自由流动，市场主体平等地位受到侵害，造成了劳动力首先在起点就处于不同起跑线上，再者在进入市场后，也面临着各种不公平的待遇。

1. 机会或起点的不公平

改革开放之前，由于仿照前苏联的发展模式，重工业发展导向造成政府利用工业产成品和农业产成品之间的价格剪刀差来促进工业发展。而户籍制度的设定保证了农业从业人员的稳定。随着改革开放，以及国家建设重点的偏移，劳动力成本逐渐上升。根据刘易斯二元经济理论，实际上中国目前已经走到刘易斯拐点，此时户籍制度造成的城乡的边界已经逐渐模糊，但是它造成的遗留问题仍然给城乡劳动力之间设立了明显的"边界"，具体体现在二元经济衍生出的二元教育结构问题。"百年大计，教育为本"，尽管关于重视教育的口号早在1977年被提出，至今农村教育和城市教育仍然存在设施、人力和质量上不容忽视的差距。二元教育结构导致"农村人"和"城市人"在文化素质乃至就业方面处于完全不平等的起点。同时由于教育落后导致城市和农村的经济效益差距较大。此外，户籍制度导致农村户口的劳动者在工作时无法享有和城市户口的劳动者同等的就业准入门槛、基本公共服务以及社会保障。对于企业而言，由于本地政府为保护当地企业设置的歧视性政策，以地域边界为单位，铺摊设点，使得外来企业和本地企业处于不平等的起跑线上，造成地区之间劳动市场无法实现要素自由流动。最后，我国目前实行公有制为主体多种所有制经济共同发展的基本经济制度，尽管改革开放以来，政府制定了优惠政策以促进支持非公有制经济发展，但是公有制企业和非公有制企业在行业准入和退出条件、要素购买价格、职工招聘和薪资方面有着巨大的差距，部分公有制企业利用政府赋予的特权设置各种障碍来垄断市场，政府的越位干预使得在初次分配市场中要素分配无法在公有制企业和非公有制企业之间兼顾公平和效率。

2. 规则或过程的不公平

规则的公平是实现初次分配公平与效率的保障。而目前各类保障市场经济顺利运行，生产要素自由流动，稳定社会秩序的相关规章制度和法律法规仍然处于缺失状态，具体表现为以下几个方面：第一，初次分配领域缺乏公平公正的反对垄断，保护竞争状态，稳定市场有效运行的明确规章制度，从而造成部分政府、部分企业利用漏洞，设置壁垒和门槛，伤害了分配的公平性；第二，各级政府之间、部分平级政府部门以及公有制企业内部没有公平有效的监督机制和问责制，从而部分行政人员为了私人目的滥用个人权力干涉生产要素的分配，破坏了分配领域的秩序；第三，由于相关监督规则的缺失以及企业和劳动者之间的不公平地位导致部分企业肆意设定利己规则，故意伤害收入分配的公平性，具体表现在：

部分企业利用信息不对称以及劳动者的不知情状态单方制订录取条件和工资数额，为了企业利润任意减少甚至取消职工的各类社会保险和社会福利收入，拖欠职工工资，要求职工无偿加班，造成了劳动者之间收入分配差距进一步扩大。

七、提高初次分配中雇员薪酬的政府职能

根据以上分析可以看出，我国政府在初次分配领域还存在很多问题。认清政府职能，平衡政府干预和市场调节关系，规范政府行为将有利于实现公平的雇员薪酬分配机制。

（一）创造机会公平，确保每一个人都有能力进入市场

1. 推进基本公共服务均等化，提高人力资源水平和素质

政府为社会成员提供基本的、与经济社会发展水平相适应的、能够体现公平正义原则的大致均等的公共产品和服务可以实现居民生存和发展最基本的条件均等，从而保证每个劳动者进入市场之前起点公平。我国目前基本公共服务仍然处于非均等化的状态，政府需要从完善公共财政体制和健全政府管理机制两个路径来推进基本公共服务均等化。第一，必须建设科学合理的公共财政制度设计：合理划分各级政府基本公共服务均等化的事权和财权，明确划分基层政府的基本职责；第二，完善配套的财政转移支付制度以及法制化建设，试行纵向转移和横向转移相结合的模式，缩小区域之间以及之内的差距；第三，健全政府基本公共服务供给和管理的机制，加大对欠发达地区和农村地区的基本公共服务的供给，完善配套的绩效考核和问责机制；第四，根据基本公共服务性质的差异，政府可以引入市场机制，形成政府、企业和非政府组织等多元的基本公共服务供给格局；第五，完善基本公共服务决策过程的公众参与机制，增强决策过程和供给过程的透明性，促使公共服务在均等化的同时可以满足公众的偏好，已实现资源的有效配置；第六，政府推进基本公共服务均等化需要政府进行相关的政策理念的创新，从行为理念、政策工具到财政体制、绩效评估等方面入手改革，形成科学合理的政府治理体系。

2. 取消户籍行政管理，促进生产要素自由流动

我国特有的城乡分割的户籍管理制度在很大程度上限制着人口的自由迁徙，制约了公共服务，如社会保障等公共产品和服务的均等化进程。有研究表明，现行户口本上共存在67项城乡居民的"不同等待遇"。户籍制度不仅是城镇和农村户口的区别，其背后还包含着社会保险、住房保障以及教育资源等连带的城市资源的分配。取消户籍制度可以使得经济、土地、迁徙更自由，从而促进生产要素自由流动。改革户籍制度，消除户籍限制带来的壁垒，需要革新理念，创新政策，因地制宜，多种方式一起合作：第一，使户籍和社会保障脱钩，构建城乡社会保证制度流畅衔接机制，取消城市户口背后复杂的附加利益，消除人为的城乡分割的行政管理机制；第二，降低准入条件，扩大准入条件涉及的人群，比如改革购房条件，以及子女入学条件等限制；第三，加快相关配套政策改革，消除附加在户口上的社会功能（人事、计生、民政），消除不利于户籍制度改革的政策性障碍；第四，政府应完善土地承包经营权的流转体制，促进农村剩余劳动力合理有序地向城市转移；第五，加强人口的社会管理，促进劳动力的有序流动。

3. 扩大就业机会，鼓励劳动和创业

第一，利用积极的财政政策刺激社会总需求，将财政投入放在可产生大量就业岗位的劳动密集型产业、新兴产业、服务业等相关领域，提高财政资金使用效率，同时降低财政收支活动对市场规律的扭曲效应；第二，政府应建立多样化的鼓励创业就业的优惠机制，比如在可行空间内进一步减轻创业和再就业人群的税费负担，落实扶持小微企业发展的各项税收优惠政策，以及对科技企业孵化器、大学科技园、研发费用加计扣除、固定资产加速折旧等税收优惠政策；第三，完善科学合理的失业保障体系，尤其要建立针对创业以及高新行业的保障体系，消除后顾之忧，并且形成鼓励再就业的制度保障；第四，改革财税系统以扩容就业市场，完成经济转型，尽快均衡企业所得税和个人所得税税率的不平衡关系，解决企业所得税税前扣除环节中的费用认定难问题。

（二）提供规则公平，确保每一个进入市场的人都按照相同的游戏规则参与市场竞争

由于二元教育结构造成的城乡劳动力在文化素质以及就业起点方面差异，以及政府部分垄断政策的倾斜，劳动力价格无法实现总体公平。为此，政府应该加强相关制度建设，以确保每一个进入市场的人都按照相同的游戏规则参与市场竞争。

1. 完善价格形成机制，生产要素按贡献取酬

计划经济时期的重工业、工业优先的经济策略以及转轨经济的增长方式以及公有制和非公有制的分配体制导致的要素市场的分割造成了要素价格的扭曲。扭曲的价格形成机制使得生产要素无法按贡献取酬，初次分配领域垄断，不公平现象严重。政府应从以下几个方面完善要素价格形成机制：第一，消除初次分配领域生产要素贸易壁垒，逐步确立市场上不同所有制企业的筹资地位平等性，建立全国真正统一的劳动力市场，降低资本和劳动力要素替代弹性，鼓励充分竞争，实现各要素按边际贡献获得回报的均衡状态；第二，建立合理公平的税收机制，利用税收杠杆调节生产要素价格，完善初次分配中流转税、资源税、土地使用税、房地产税以及暴力税等相关税制，发挥税收调节作用；第三，从根本上推动政府职能从以经济建设为中心转向以公共管理与提供公共产品和公共服务为中心的转变，完善政绩考核制度，以实现社会成员全面发展。

2. 打破行业垄断机制，相同劳动相同报酬

由于行业垄断会造成要素区别定价，同时，由于垄断利润在就业者之间非均衡分配，最终造成相同劳动无法获得相同报酬。改革开放以来的实例表明，行业垄断力量对经济干预程度越高，则收入差距越大。因此，打破行业垄断形成的二元经济结构，降低垄断在收入分配领域的作用，对改善雇员劳动报酬现状有很大的现实意义。首先，中央政府必须完善反垄断法，确定反垄断有法可依；其次，应加快产权改革进程，完善价格听证制度；再次，政府必须建立更适应竞争环境的工资定价机制，严格遵循"同工同酬"的原则设计工资制度；最后，政府要规范非工资性收入的分配制度，防止由福利腐败造成的收入分配不公平，以实现合

理公平的雇员薪酬分配制度。

3. 建立劳资协商机制，保护低技能劳动者合法权益

首先积极推进工资集体协商制度，完善《劳动法》以及《劳动合同法》相关条目，加强非公有制企业的职业工会组织建设，以法律法规为背书，建设合理有效的劳资协商机制；其次要健全农民工工资保证金制度，防止出现企业拖欠工资情况，目前此制度仍仅限于部分市政建设类项目工作中，普及率有待提升；最后，政府应该积极完善最低工资制度以保护劳动者的合法权益，实现初次分配公平。

最低工资制度作为一项劳动和社会保障制度，自 2004 年 3 月 1 日开始执行，发展到今天已普及到 31 个省市区，对于保证劳动者的劳动权益和合法权益起到了不可替代的作用，但是考虑到乡镇企业的情况复杂，目前仍未实行最低工资制度，以及相关制度机制的局限性，目前建立科学合理的最低工资制度仍然需要政府的努力。

4. 打破区域壁垒促进劳动力流动

地方政府应通过行政性力量扫除区域壁垒，促进区域内要素的流动，以实现资源的有效配置。扫除壁垒并不意味着地方政府放弃所有的保护性措施，而是认清"恶意"壁垒的负面影响，协调各个地方政府，实行统一的非歧视性的市场准入原则，提高政策的透明度，限制某些地方政府利用行政权力制定的垄断性政策，以促进要素的自由流动。此外，对中央政府来说，还应增强对歧视性的地方保护政策的审查力度，完善相关的竞争法条来阻止地方过度保护主义行为。

5. 清理对国有企业的补贴

出于政绩以及对本地社会稳定性的考虑，地方政府多对本地企业采用保护主义政策，具体表现在对本地企业进行财政补贴以及利用政府基建和改造投资来变相补贴，而过度的补贴会加强部分企业的垄断地位，阻碍生产要素的自由流动；此外，政府的过度补贴会催生出对劳动力市场的歧视性限制。因此，地方政府应消除对企业的过度补贴，规范劳动力市场。

（三）提高劳动生产率"做大蛋糕"，发挥初次分配的配置效率

Kuznets（1955）提出了关于经济增长和收入分配之间的一个实证结论：一

些国家经济增长和分配之间存在共同趋势：随着人均收入的上升，收入分配不均等的程度先扩大，达到拐点之后再缩小，即二者之间存在倒 U 形的关系[①]。目前我国仍处于倒 U 形的中前期，收入分配的差距有进一步扩大的趋势。而林毅夫、刘明兴（2003）认为对于一个发展中经济，如果推行能最大限度地发挥劳动力丰富这一比较优势的发展战略，并一如既往地实行关注收入分配的社会政策，就可以避免倒 U 形结果[②]。实际上，收入分配和经济增长之间存在相互影响的互动关系。一方面，经济增长决定收入分配，政策合理时，经济增长为劳动报酬的增长提供更大的可能性；另一方面，收入分配差距也会影响经济增长。随着经济不断发展，在初次分配中要注重强调效率问题。基于以上的讨论，政府应从以下几点出发，发挥初次分配的配置效率：第一，推动产业优化升级，加大支持劳动密集型的中小企业、服务业、小微企业，创造大量就业机会，降低隐形失业率。此外，应抓住供给侧结构改革的时机，积极扩大再就业渠道，完善创业扶持政策，为经济持续健康发展提供稳定的社会基础。第二，完善社会保障体系，改革完善以养老、医疗、伤残为主的社会保障制度，积极推进农村的社会保障制度建设，扩大社会保障的覆盖面。坚持全民覆盖、保障适度、权责清晰、运行高效，稳步提高社会保障统筹层次和水平，要以共享发展为导向，提高制度设计的公平性和普惠性，建立健全更加公平、更可持续的社会保障制度。建立养老金标准与物价水平、经济增长挂钩的调整机制；此外，应配套劳动人口的流动机制，建立完善的社保转移制度，以实现有效的资源配置。第三，注重供给侧改革中强调的制度创新，我国目前已经进入中等收入阶段，自然资源和资本带来的边际回报率正在趋于稳定，制度创新带来的拉动经济增长和提高社会福利的力量将不容小觑。

（四）积极建立地方税体系，改进收入分配关系

合理划分税权、科学设置税制、明确税收征管等形成的地方层级的、相互协调、相互补充的税收体系，可以实现保障政府职能、促进地方经济发展、改善

[①] Kuznets, S.（1955）.Economic growth and income inequality. The American economic review, 45（1），1–28.
[②] 林毅夫、刘明兴：《中国经济增长收敛与收入分配》，《世界经济》，2003 年第 8 期。

社会福利等目标。完善的地方税体系可以提供满足偏好的公共物品，确保公共物品的资金来源，使得地方财权与事权的匹配，调动地方发展经济的积极性。有所偏好的自主性强的地方税体系有助于各地充分利用要素禀赋，优化产业结构，保证人口的充分流动，打破区域壁垒，发挥市场作用。完善我国的地方税体系，需要从以下几个方面入手：第一，必须在宪法和基本法律层面确立地方税权的合法地位，对各级政府之间的收支范围进行明确的划分，保证建立地方税体系有法可依；第二，确立地方税体系的主体税种，考虑到我国幅员辽阔，区域之间生产要素分布差距大以及要素禀赋的多样性，应合理建立多样化的有差别的主体税种制度；第三，明确国税和地税之间的关系，建立透明的信息共享平台以减少冲突；第四，厘清税收征管和纳税服务之间的关系，建立有效的地方税征管平台，提高纳税服务，加强纳税教育；第五，健全地方税收司法保障和监督体系，可借鉴国外经验，设计特殊的税务法庭来保证以及监督地方税体系合法运行。

（五）大力发展人力资本，在创新中实现劳动报酬的突破

供给侧结构性改革强调用改革的方法推进结构性调整，扩大有效和中高端供给，实际上，除了改革产品和服务供给之外，发展人力资本，提高、优化劳动者技能以及劳动技能创新同样符合供给侧结构性改革的要求。借鉴国外优秀劳动技能有助于实现国内的人力资本发展与创新，从而实现劳动报酬的新突破，例如美国在各方面从来不吝于创新，尊崇自由的创造精神，引领信息技术革命，有效将科学转化为生产力；德国和日本的工匠精神使得两国在产业竞争中占领先机。如今随着"回归制造业"的提出，优化劳动技能、培养工匠精神将成为重振制造业的主要支撑。

参考文献：

[1] 刘易斯. 二元经济论 [M]. 北京：北京经济学院出版社，1989.

[2] 麦克南，布鲁，麦克菲逊. 当代劳动经济学. 第6版 [M]. 北京：人民邮电出版社，2004.

[3] 皮凯蒂. 21世纪资本论 [M]. 北京：中信出版社，2014.

［4］李扬，张晓晶.论"新常态"［M］.北京：人民出版社，2014.

［5］林毅夫.自生能力、经济发展与转型——理论与实证［M］.北京大学出版社，2004.

［6］张晓雯.基于经济增长和收入分配视角的中国税负研究［M］.经济科学出版社，2013.

［7］中国国家统计局.国际统计年鉴［M］.北京：中国统计出版社，1995~2015.

［8］国际货币基金组织.世界经济展望：经济在太长时间里增长太慢［R］.华盛顿：国际货币基金组织，2016.

［9］中国国土资源部.中国矿产资源报告2016［M］.北京：地质出版社，2016.

［10］中国劳动保障科学研究院.中国劳动保障发展报告［R］.北京：社会科学文献出版社，2016.

［11］安体富，任强.税收在收入分配中的功能与机制研究［J］.税务研究，2007（10）：22-27.

［12］安宇宏.三期叠加［J］.宏观经济管理，2015（2）：92.

［13］蔡昉.人口转变、人口红利与刘易斯转折点［J］.经济研究，2010（4）.

［14］陈颖.服务业与巴拉萨-萨缪尔森效应［J］.中国商贸，2012（28）：255-256.

［15］范从来，张中锦.提升总体劳动收入份额过程中的结构优化问题研究——基于产业与部门的视角［J］.中国工业经济，2012（1）.

［16］樊士德，姜德波.劳动力流动与地区经济增长差距研究［J］.中国人口科学，2011（2）：27-38.

［17］韩秀华，陈雪松.论我国劳动力市场分割［J］.当代经济科学，2008（4）：118-123+128.

［18］行伟波，李善同.地方保护主义与中国省际贸易［J］.南方经济，2012，30（1）：58-70.

[19] 胡奕明，买买提依明·祖农.关于税、资本收益与劳动所得的收入分配实证研究［J］.经济研究，2013，48（8）：29-41.

[20] 贾康，刘微.提高国民收入分配"两个比重"遏制收入差距扩大的财税思考与建议［J］.财政研究.2010（12）.

[21] 贾康，张晓云.雇员薪酬的形成机理、我国状态判断与优化建议——基于"期望值"分析及"公正"与"均平"认识框架［J］.财政研究，2013（5）：2-14.

[22] 李扬.论我国初次分配中的政府行为［J］.求实，2007（12）：57-60.

[23] 刘利，徐充.我国初次分配格局的合理调适与建构——基于政府行为视角［J］.改革与战略，2009，25（7）：15-17.

[24] 李福安.论社会主义市场经济条件下政府调节初次分配的理论依据与路径［J］.当代经济研究，2010（8）：33-36.

[25] 李文溥，李静.要素比价扭曲、过度资本深化与劳动报酬比重下降［J］.学术月刊，2011（2）：68-77.

[26] 李升.地方税体系：理论依据、现状分析、完善思路［J］.财贸经济，2012（6）：36-42.

[27] 梁琦，陈强远，王如玉.户籍改革、劳动力流动与城市层级体系优化［J］.中国社会科学，2013（12）：36-59.

[28] 李实.中国收入分配格局的变化与改革［J］.北京工商大学学报（社会科学版），2015，30（4）：1-6.

[29] 齐明珠.我国2010—2050年劳动力供给与需求预测［J］.人口研究，2010（5）.

[30] 史继红.刘易斯二元经济理论与我国二元经济结构转化的相关性分析［J］.特区经济，2007（9）：278-280.

[31] 宋冬林，王林辉，董直庆.技能偏向型技术进步存在吗？——来自中国的经验证据［J］.经济研究，2010（5）：68-69.

[32] SYLVIE DÉMURGER，MARTIN FOURNIER，李实，魏众.中国经济转

型中城镇劳动力市场分割问题［J］.管理世界，2009（3）：55-57.

［33］武鹏.行业垄断对中国行业收入差距的影响［J］.中国工业经济，2011（10）：76-86.

［34］张志臣.初次分配的公平对充分就业的影响［J］.理论观察，2003（4）：78-80.

［35］张原.中国行业垄断的收入分配效应［J］.经济评论，2011（4）：55-63+124.

［36］郑秉文."中等收入陷阱"与中国发展道路——基于国际经验教训的视角［J］.中国人口科学，2011（1）：2-15+111.

［37］张德荣."中等收入陷阱"发生机理与中国经济增长的阶段性动力［J］.经济研究，2013，48（9）：17-29.

［38］张艳.工资形成机制：理论、现状及完善对策研究［J］.中国劳动，2015（18）：35-39.

［39］赵学清.论我国收入初次分配中市场和政府的作用［J］.河南社会科学，2015，23（1）：82-90.

［40］CHEN Y，DEMURGER S，FOURNIER M. Earnings differentials and ownership structure in Chinese enterprises［J］. Economic Development and Cultural Change，2005 Jul;53（4）：933-58.

［41］DAUDEY E，GARCIA-PENALOSA C. The personal and the factor distributions of income in a cross-section of countries［J］. The Journal of Development Studies，2007 Jul 1;43（5）：812-29.

［42］KATZ LF. Some recent developments in labor economics and their implications for macroeconomics［J］. Journal of Money，Credit and Banking，1988 Aug 1；20（3）：507-22.

分报告三　收入分配国际比较研究

从国家的角度讲,收入分配是对一定时期内全社会创造的国民财富进行分割的过程,收入分配的原则、全过程和结果充分体现出一国的社会、经济发展水平,民生实现程度,也折射出社会内含的公平性和创造力。基于国民财富分割主体的不同、研究层次不同,具体研究收入分配时,往往有不同的视角,本文关注了两大视角——国民收入分配和居民收入分配,前者剖析全社会层面的收入分配,后者进一步探析居民的收入分配。对于国民收入分配,本文讨论了基于资金流量表(实物交易)的国际比较与分析,旨在探求对我国分配结构和分配过程的客观评价,并期望寻求优化我国国民收入分配结构的路径。对于居民收入分配,本文从全社会居民收入分配的基本情况入手,剖析居民收入分配结构中存在的深层次问题,进而寻求优化我国收入分配结构的制度性契机,为收入分配制度重构提供参考性依据。

一、国民收入分配的国际比较

(一)国民收入分配的逻辑

本文对国民收入分配的分析框架基于国民收入账户和资金流量表(实物交易)构建。国民账户核算是对国民经济进行的动态核算,涉及生产、分配、消费及资本转移等各个阶段,国际上,对国民账户核算采用的是SNA体系,我国从1985年起开始使用国民账户体系SNA进行相关统计，数据基本具有可比性。资金流量表（实物交易）全面反映了国内生产总值（GDP，Gross Domestic Product）在国民经济各部门进行分配的完整变化过程，涵盖了国民收入的形成、初次分配、再分配以及使用等各个阶段的资金流动及变化情况，是进行一国国民收入分配分析和国际比较的较为可靠的数据来源。

国际上，在统计一国创造的财富时，通常采用的指标是国内生产总值（GDP），即一个国家范围内所有常住单位在一定时期内的总收入，是社会所创造财富的总额。国民收入账户统计时通常将国民经济划分为三大部门：政府部门、居民部门和企业部门，国内生产总值在全社会范围内的分配包括两个阶段：国民收入在三大部门之间的初次分配和再分配。国民收入初次分配是国民财富形成过程中的分配，其实质是要素分配，在国民收入初次分配过程中，政府部门、企业部门和居民部门形成的增加值经过对劳动报酬、生产税净额、财产性收支等项目的分配后，形成国民收入初次分配结果。在此基础上，三大部门经过经常转移实现国民收入再分配，形成国民收入的最终分配结果——可支配收入，各个机构部门的可支配收入之和称为可支配收入总额，三大部门对可支配收入的使用形成本部门的消费和储蓄。

（二）我国国民收入两次分配的结构及演进

1. 我国国民收入的初次分配和再分配结构

居民部门、政府部门和企业部门在国民收入的初次分配和再分配过程中所占有的份额形成三大部门初次分配和再分配的收入结构，这两个结构决定了一国社会财富分配的总体情况。

由于我国统计过程中具体统计指标口径的变化（2012年统计口径调整），表1、表2反映的是不同统计口径下我国三大部门历年初次分配和再分配的收入结构，为了客观反映统计口径的影响，也便于进行比较，本文分别列出了2012年统计口径调整前后的数据，表1为调整前数据，表2为调整后数据。

表1 中国1992—2008年三大部门国民收入初次分配和再分配结构（调整前）

单位：%

时间/年	国民收入初次分配结构			国民收入再分配结构		
	政府部门	企业部门	居民部门	政府部门	企业部门	居民部门
1992	16.57	17.38	66.1	19.95	11.7	68.34
1993	17.29	20.1	62.61	19.65	15.73	64.62
1994	17.08	17.77	65.15	18.51	14.52	66.96
1995	15.22	19.53	65.25	16.55	16.22	67.23
1996	16.62	16.9	66.48	17.88	13.69	68.44
1997	17.08	16.89	66.02	18.3	13.1	68.6
1998	17.74	16.19	66.07	18.13	13.45	68.41
1999	17.15	17.81	65.05	18.1	14.7	67.2
2000	17.65	18.95	63.39	19.2	16.6	64.2
2001	18.5	20.19	61.31	20.5	17.5	62
2002	19.14	20.32	60.54	21	18	61
2003	19.37	20.93	59.7	22	18.2	59.8
2004	16.34	25.98	57.68	18.9	23.27	57.83
2005	17.48	22.93	59.59	20.55	20.04	59.41
2006	18.59	22.39	59.02	22.75	18.52	58.73
2007	18.3	23.57	58.13	22.05	20.32	58.13
2008	17.52	25.26	57.23	21.28	21.6	57.11

数据来源：《中国资金流量表历史资料1992—2004》《中国统计年鉴2008—2010》。

注：1. 企业部门包含非金融企业和金融企业。

2. 各部门加总结果不等于100%的部分由国外部门解释，本文未包含对国外部门的分析。

表2 中国2000—2013年三大部门国民收入初次分配和再分配结构（调整后）

单位：%

时间/年	国民收入初次分配结构			国民收入再分配结构		
	政府部门	企业部门	居民部门	政府部门	企业部门	居民部门
2000	13.13	19.72	67.15	14.53	17.94	67.54
2001	12.67	21.40	65.93	15.01	18.92	66.07
2002	13.94	21.57	64.49	16.23	19.34	64.43
2003	13.62	22.28	64.09	16.09	19.94	63.97
2004	13.74	25.12	61.14	16.43	22.51	61.05
2005	14.20	24.52	61.28	17.55	21.60	60.84
2006	14.53	24.74	60.73	18.21	21.54	60.25
2007	14.74	25.65	59.61	19.01	22.10	58.89
2008	14.73	26.61	58.66	18.98	22.74	58.28
2009	14.58	24.73	60.69	18.28	21.19	60.53
2010	14.99	24.51	60.50	18.41	21.19	60.40
2011	15.38	23.95	60.67	19.19	20.03	60.78
2012	15.63	22.73	61.65	19.54	18.47	61.99
2013	15.22	24.12	60.66	18.94	19.77	61.29

数据来源：《中国统计年鉴2008—2015》，此表为2012年国家统计局调整后数据。

注：同上表。

总体上，表1、表2显示，1992—2013年间，我国政府部门、企业部门在国民收入初次分配结构中表现出明显的增加趋势，居民部门则表现出明显下降趋势。2000—2013年间，企业部门占比增加近4.5%，政府部门增加约2%，而居民部门则下降超过7%，可见，在国民收入初次分配过程中，居民部门收入的大幅度下降主要源于企业部门和政府部门收入的增加。

国民收入再分配收入结构的变化则分为两个阶段：1992—2008年间，企业部门、政府部门的再分配收入也基本呈现上升趋势，居民部门则呈现下降趋势。其中，企业部门增幅约5%，政府部门增幅约4.5%，居民部门降幅约9%。2009—2013年间，政府部门再分配收入比重基本稳定在19%左右，企业部门则有所下降，降幅约为3%，居民部门则相应有所上升，增幅也约为3%。

对比国民收入两次分配结果的变化可见，在我国实现国民收入再次分配的过程中，政府部门是收入净流入部门，且流入比重逐年增加；企业部门是净流出部门，且流出比重逐年增加；居民部门总体上保持稳定，变化幅度小。

2. 对我国国民收入再分配过程中经常转移的基本分析

国民收入的再分配过程是对基于市场调节的初次分配结果的修正，也是政府发挥社会财富调节功能、体现社会公平的过程，这个过程通过各部门之间的经常转移实现。经常转移是扣除资本转移后的转移，是单方面提供货物、资产或服务的无回报交易，其实质是机构或部门间的利益流动，一个机构部门的获得就是另一个机构部门的支付，因此，经常转移是"总量不变，结构调整"的过程。具体看，我国三大部门的经常转移通常包括：

经常转移＝收入税＋社会保险缴款＋社会保险福利＋社会补助＋其他

经常转移包括两大类：来源和运用，前者表示部门的经常转移收入，后者表示部门的经常转移支出。当一个部门的来源大于运用时，表示再分配过程中收入净增加，来源小于运用时，表示再分配过程中收入净减少。

表3 我国三大部门经常转移项目占全社会可支配收入比重一览表

单位：%

经常转移项目	时间/年	企业部门 运用	企业部门 来源	政府部门 运用	政府部门 来源	居民部门 运用	居民部门 来源
（1）收入税	1992	3.81	—	0.10	3.92	0.02	—
（2）社会保险缴款		—	—	1.20	1.37	1.37	1.20
（3）社会补助		0.21	—	1.47	—	—	1.68
（4）其他		2.55	0.88	0.01	0.96	1.09	2.05
经常转移合计		6.57	0.88	2.78	6.25	2.48	4.94

续表

经常转移项目	时间/年	企业部门 运用	企业部门 来源	政府部门 运用	政府部门 来源	居民部门 运用	居民部门 来源
（1）收入税	1995	1.28	—	—	1.51	0.23	—
（2）社会保险缴款		—	—	1.49	1.68	1.68	1.49
（3）社会补助		0.23	—	0.88	—	—	1.11
（4）其他		2.65	0.78	0.005	0.57	0.63	2.15
经常转移合计		4.16	0.78	2.38	3.77	2.55	4.75
（1）收入税	2001	2.20	—	—	3.24	1.03	—
（2）社会保险缴款		—	—	—	3.20	3.20	—
（3）社会保险福利		—	—	2.84	—	—	2.84
（4）社会补助		0.07	—	0.73	—	—	0.81
（5）其他		1.27	0.70	0.02	0.01	0.04	1.34
经常转移合计		3.54	0.70	3.59	6.45	4.27	4.98
（一）所得税、财产税	2012	3.79	—	—	4.98	1.19	—
（二）社会保险缴款		—	—	1.22	6.06	4.83	—
（三）社会保险福利		—	—	4.62	—	—	4.62
（四）社会补助		0.03	—	1.65	—	—	1.68
（五）其他		1.37	0.94	0.17	0.54	0.93	1.03
经常转移合计		5.19	0.94	7.65	11.57	6.95	7.32

数据来源：历年《中国统计年鉴》。

通过对我国历年三大部门经常转移的具体分析（见表3），可以得到以下基本结论：

（1）在我国国民收入再次分配的过程中，政府部门是收入净流入部门，企业部门是净流出部门，居民部门总体上是净流入部门。

（2）政府部门的经常转移来源和运用都出现明显增长，但经常转移来源远大于运用。分项目比较表明，政府部门经常转移收入的较快增长源于"收入税"、"社会保险缴款"的大幅度增加，而经常转移支出的增长则源于"社会保险付款"和"其他经常转移支出"的增加，可见，一方面，政府通过增加对企业部门和居民部门的所得税征缴集聚了资金，另一方面，这些资金中的大部分又通过社会保险及转移支付等方式分配给居民部门（企业部门数额很小），表明政府在国民收入再分配过程中正在发挥出越来越重要的作用。

（3）居民部门经常转移收入的增长较慢，主要体现为来自于政府的"社会保险福利""社会补助"出现了一定幅度的增加，经常转移支出呈现较大幅度增长，"收入税"和"社会保险缴款"项目支出都是增长的重要原因。居民部门完成经常转移后，直接的结果是可支配财力在稳定的基础上略有增加。

（4）企业部门经常转移来源比重很小，经常转移项目主要表现为经常转移运用出现的上升趋势，这些支出主要通过"收入税"和"其他"项目转移到政府部门。

综上所述，经过国民收入再分配后，企业部门的支出大幅度增加且主要转移到政府部门；政府部门经常转移收入和支出均呈现增加趋势，但经常转移收入增幅大于支出；居民部门经常转移收入和支出也呈现增加趋势，经常转移收入增幅略大于支出，总体保持稳定。因此，我们认为，总体上，政府在国民收入再分配过程中发挥了积极的作用，一定程度上体现了重视民生的"富民"思维，这有利于居民收入的提高和合理收入分配结构的构建。

3. 国民收入两次分配的国际比较

中国的国民收入在三大部门间的分配格局与其他国家存在多大差距？很多研究都引用过国外数据，但均没有明确说明数据口径是否可比，结论是否可靠。本文为了明确回答这一问题，将中国的情况放到国际环境中进行比较。在选择国家时，把握了两个原则：一是与发达国家比较，既能体现出差距，也能表明未来发展方向；二是与发展中国家比较，既表现共性，也突出差异。本文的分析基于联合国Undata数据进行。根据上述原则，考虑到Undata数据的可得性，最终选择了7个具有代表性的发达国家（澳大利亚、加拿大、法国、德国、日本、英国和美国）和4个新兴经济体和发展中国家（"金砖国家"的巴西、印度、俄罗斯和南非）。在选择年份时，主要依据与中国可比的统计口径（SNA Series[①]），并选择了两个时段：第一时段（2004年前后）和第二时段（最近年度，2014年度前后）的数据进行纵向比较。

比较各国的GDP收入形成结构（表4），可以看出，发展中国家与发达国家各具特色。总体上，发展中国家的收入形成结构特点可以概括为：劳动者报酬比重低，生产税净额比重较高，营业盈余与混合收入比重高。发达国家的收入分配特点则可以概括为：劳动者报酬比重高，营业盈余与混合收入比重较高，生产税净额比重低。

表4 各国国民收入形成结构及变动表

单位：%

国别	时间/年	劳动者报酬	生产税净额	营业盈余	时间/年	财产收入净额	劳动者报酬	生产及进口税	营业盈余
中国	2005	50.58	16.24	33.18	2013	-1.00	51.26	12.61	37.13
俄罗斯	1999	40.57	16.06	43.37	2013	-3.11	47.22	14.70	41.19
巴西	2003	35.61	16.92	42.99	2013	-1.24	43.95	15.94	41.35
印度	2007	27.63	8.59	63.78	2014	-1.24	31.26	8.16	61.82
南非	—	—	—	—	2015	-2.51	48.32	12.66	41.54
美国	2005	56.92	7.03	25.22	2014	2.06	51.61	6.45	38.69
英国	2006	55.5	12.29	27.6	2015	-1.84	50.32	12.34	39.18
法国	2003	52.74	13.6	26.53	2014	0.89	52.52	13.32	33.27
德国	2003	53.2	10.73	36.07	2014	2.13	49.80	9.67	38.40

[①] Undata使用的统计口径是SNA 93，该体系将"为住户服务的非营利组织（NPISH）"作为住户部门统计，而中国的非营利组织一直是并入政府部门进行统计的，统计口径的差异会在一定程度上夸大中国政府部门的收入。为了减少这部分偏差对分析结论的影响，本文依据可得数据进行了调整分析，结果表明，"为住户服务的非营利组织"对分析结果影响不大，因此，下文分析除了专门说明外，相应数据未进行统计口径调整。

续表

国别	时间/年	劳动者报酬	生产税净额	营业盈余	时间/年	财产收入净额	劳动者报酬	生产及进口税	营业盈余
日本	2005	51.56	7.72	36.22	2014	3.86	49.60	8.07	38.46
澳大利亚	2004	48.03	11.34	31.69	2014	−1.93	49.35	10.19	42.32
加拿大	2004	50.91	11.53	37.59	2014	−1.50	51.05	10.19	40.28
发展中国家均值	—	38.60	14.45	45.83	—	−1.82	44.40	12.81	44.61
发达国家均值	—	52.69	10.61	30.73	—	0.52	50.61	10.03	38.66
样本国均值	—	47.57	12.00	36.22	—	−0.45	48.02	11.19	41.14

数据来源：依据《Undata：National Accounts Official Country Data》计算。

注：1. "生产及进口税"包含扣除的补贴；

2. "营业盈余"包含混合收入。

从所选择两个时段之间的变动趋势看，发展中国家的劳动者报酬比重显著提高，生产及进口税比重有所降低，营业盈余与混合收入比重基本维持稳定，但略有下降；发达国家劳动者报酬比重略有降低，生产及进口税比重基本维持稳定，营业盈余与混合收入比重出现明显增加。表明发展中国家在国民收入初次分配结构中有向劳动者倾斜的趋势，发达国家则略向企业倾斜。

从中国的情况看，在第一时段，劳动者报酬比重处于样本国中的中间水平但接近于发达国家，高于发展中国家均值约12%，低于发达国家均值约2%，生产税净额比重则处于样本国中的较高水平，分别高于发展中国家均值约2%，高于发达国家均值约5.5%，营业盈余与混合收入比重接近于发达国家，低于发展中国家均值约12%，高于发达国家均值约2.5%，综合判断，该阶段中国国民收入初次分配结构总体上接近发达国家水平。

在第二时段，劳动者报酬比重与第一时段基本持平，但比重处于样本国中的较高水平，分别高于发展中国家均值约7%，高于发达国家均值约0.5%，生产税净额比重较第一时段出现大幅度下降，降幅达到3.5%，低于发展中国家均值但高于发达国家均值，营业盈余与混合收入比重则增加4%，不仅低于发展中国家均值，也低于发达国家均值，综合判断，该阶段中国国民收入初次分配结构总体上接近发达国家水平，且较第一时段更为合理。

综上所述，GDP收入形成结构的国际比较结果表明，发展中国家的政府和企业在收入形成过程中的分配份额普遍高于发达国家，而居民部门的分配份额远低于发达国家，可见，发展中国家收入形成过程中的分配结构是经济发展水平所决定的，也是经济继续发展的基础因素之一，但随着经济水平的提高，这种分配结构需要逐步向发达国家的分配结构转型。中国作为发展中国家，正在逐步向发达国家的收入分配水平靠拢，从近10年的变化趋势看，这种靠拢趋势较为明显，表明中国市场机制正在国民收入分配结构形成过程中发挥出积极作用。

表5反映了各国三大部门的国民收入初次分配结构。从国际比较的结果看，发展中国家和发达国家的收入初次分配结构具有不同的特点。总体上，发展中国家的居民部门收入占比小，政府部门和企业部门收入占比大；发达国家则相反，居民部门收入占比高，政府部门和企业部门收入占比小。具体看，发展中国家俄罗斯和中国的居民部门收入占比均未达到初次分配收入的60%，而政府部门和企业部门收入占比位居前列，特别是中国的政府部门收入占比是各国中最高的，达到18.59%，是美国的近3倍。这一结果表明，中国近年来确实在一定程度上存在政府和企业部门挤占居民部门收入的问题。

表5　各国三大部门国民收入初次分配收入结构及其变化的比较

单位：%

国家	时间/年	居民部门	政府部门	企业部门	时间/年	居民部门	政府部门	企业部门
中国	2006	59.02	18.59	22.39	2013	60.66	15.22	24.12
俄罗斯	1999	58.64	14.45	26.91	2013	59.52	19.50	20.98
巴西	2003	65.22	12.22	22.56	2013	67.59	14.32	18.08

续表

国家	时间/年	居民部门	政府部门	企业部门	时间/年	居民部门	政府部门	企业部门
印度	2007	76.89	6.72	16.40	2014	73.85	6.37	19.78
南非	—	—	—	—	2015	66.90	12.06	21.04
美国	2005	79.15	6.27	13.63	2014	76.40	7.04	16.56
英国	2006	72.80	11.54	15.09	2015	73.15	12.48	14.37
法国	2003	75.24	13.66	12.10	2014	71.05	15.34	13.62
德国	2003	79.63	9.84	10.53	2014	74.10	10.88	15.02
日本	2005	65.66	9.80	24.55	2014	65.64	10.47	23.89
澳大利亚	2004	69.22	13.72	18.06	2014	71.81	12.43	15.76
加拿大	—	—	—	—	2014	68.97	13.59	17.45
发展中国家均值	—	64.94	13.00	22.07	—	65.70	13.49	20.80
发达国家均值	—	73.62	10.81	15.66	—	71.59	11.75	16.67
样本国均值	—	70.15	11.68	18.22	—	69.14	12.48	18.39

数据来源：依据《Undata：National Accounts Official Country Data》计算。

注：1. 企业部门包含非金融企业和金融企业。

2. 各部门加总结果不等于100%的部分由国外部门解释，本文未包含对国外部门的分析。

从各国按可比口径计算的可支配收入结构看（表6），经过国民收入再分配，发展中国家三大部门的分配结构与发达国家的差距明显缩小，但还是存在一些特点：发展中国家居民部门比重略低于发达国家，企业部门比重略高于发达国家，政府部门比重大致相同，表明各国政府在国民收入再分配过程中发挥了不同的作用，使得三大部门的分配趋势出现了"国际趋同"的特点。

分报告三 收入分配国际比较研究

表6 各国三大部门可支配收入结构及变化的比较

单位：%

国家	时间/年	居民部门	政府部门	企业部门	时间/年	居民部门	政府部门	企业部门
中国	2006	58.73	22.75	18.52	2013	61.29	18.94	19.77
俄罗斯	1999	54.43	26.59	18.98	2013	57.23	23.68	19.09
巴西	2003	67.01	18.68	15.78	2013	66.95	19.36	13.69
印度	2007	77.21	10.32	12.47	2014	75.67	9.68	14.66
南非					2015	62.95	21.97	15.08
美国	2005	74.23	14.86	10.68	2014	72.92	12.75	14.33
英国	2006	63.97	21.58	14.32	2015	67.22	18.57	14.21
法国	2003	66.44	23.8	9.75	2014	63.24	24.92	11.84
德国	2003	71.15	18.41	10.44	2014	63.32	22.36	14.32
日本	2005	62.18	16.41	20.13	2014	60.98	17.63	21.39
澳大利亚	2004	65.00	23.13	12.06	2014	69.63	19.15	11.22
加拿大	—	—	—	—	2014	61.83	24.33	13.84
发展中国家均值	—	64.35	19.59	16.44	—	64.82	18.73	16.46
发达国家均值	—	67.16	19.70	12.90	—	65.59	19.96	14.45
样本国均值	—	66.04	19.65	14.31		65.27	19.45	15.29

数据来源：Undata: National Accounts Official Country Data。

注：1. 除印度、英国、美国为 SNA Series100 统计口径外，其余国家为 SNA Series 200 统计口径。

2. 为了便于与中国数据比较，选择了各国可比统计口径的最近年度数据。

从纵向发展看，发展中国家与发达国家的可支配收入结构进一步趋同，且不同国家之间的差距进一步缩小，以居民部门收入比重为例，第一时段，最高值与最低值之间的差距约为23%（77.2%和54.5%），到第二时段，这一差距缩小为约15%（72.9%和57.2%），充分表明各国政府都在再分配过程中发挥了积极作用。

从中国的情况看,第一时段,居民收入占可支配收入比重处于各国的较低水平,不仅低于发达国家平均水平11%,也低于发展中国家约8%,政府部门比重则处于各国的较高水平,高于发达国家和发展中国家约3%,企业部门比重也处于各国的较高水平,高于发达国家平均水平约6%,高于发展中国家约2%。

第二时段,政府部门和居民部门的收入比重趋于合理,与样本国平均水平的差距较小,居民部门经过几年的政策调整,整体出现上升趋势,但依然有进一步上升的空间;政府部门比重大幅度下降,已经处于发展中国家和发达国家之间,但与发达国家的比重还存在一定差距;企业部门依然处于各国的较高水平,但从近年各国的发展趋势看,发达国家企业部门的收入分配比重也在上升,因此,对于企业部门比重上升的合理性目前难以进行明确的评价,从经济发展和社会再生产的角度看,中国30多年的高速增长与企业的积累密切相关,这一比重的合理性更大一些。

从三大部门经常转移净额占初次分配收入比重看(表7),总体上,发展中国家企业部门经常转移支出比重较大,政府部门经常转移收入比重较大,居民部门属于经常转移支出部门,但经常转移净支出比重很小。发达国家则不同,居民部门经常转移支出比重较大,企业部门经常转移支出比重较小,而政府部门为经常转移净收入部门,其经常转移净收入为另外两部门经常转移支出之和。结合初次分配收入的格局,可以得出一个基本结论,发达国家在初次分配过程中倾斜于居民部门,再次分配则倾斜于政府部门;发展中国家在初次分配过程中倾斜于企业部门,再次分配则倾斜于政府部门。

表7 各国三大部门经常转移净额占初次分配收入比重

单位:%

国家	时间/年	居民部门	政府部门	企业部门
中国	2013	0.63	3.72	-4.35
俄罗斯	2013	-2.29	4.18	-1.89
巴西	2013	-0.64	5.04	-4.39

续表

国家	时间/年	居民部门	政府部门	企业部门
印度	2014	1.82	3.31	-5.12
南非	2015	-3.95	9.91	-5.96
美国	2014	-3.48	5.71	-2.23
英国	2015	-5.93	6.09	-0.16
法国	2014	-7.81	9.58	-1.78
德国	2014	-10.78	11.48	-0.7
日本	2014	-4.66	7.16	-2.5
澳大利亚	2014	-2.18	6.72	-4.54
加拿大	2014	-7.14	10.74	-3.61
发展中国家均值	—	-0.89	5.23	-4.34
发达国家均值	—	-6.00	8.21	-2.22
样本国均值	—	-3.87	6.97	-3.10

数据来源：基于 Undata：National Accounts Official Country Data 计算。

可见，各国在国民收入再次分配过程中，都有向政府部门倾斜的趋势，但发展中国家是企业部门经常转移支出比重较大，而发达国家是居民部门经常转移支出比重较大。

4. 对国民收入再分配的进一步考察

从经常转移的项目看，各国三大部门经常转移的来源项目包括收入税和财产税、社会缴款和其他经常转移，运用项目包括收入税和财产税、扣除实物转移的社会补助和其他经常转移。

具体分析各国经常转移的情况（表8），可以得出以下结论：

表8　各国三大部门经常转移具体项目情况比较一览表

单位：%

国别	时间/年	经常转移的具体项目		居民部门	政府部门	企业部门
中国	2013	来源	收入税和财产税	—	4.98	—
			社会缴款	—	4.90	—
			社会补助	6.66	—	—
			其他经常转移	0.92	0.52	0.95
		运用	收入税和财产税	1.13	—	3.85
			社会缴款	4.90	—	—
			社会补助	—	6.63	0.03
			其他经常转移	0.97	0.07	1.45
俄罗斯	2013	来源	收入税和财产税	—	7.31	−7.31
			社会缴款	—	7.60	−7.60
			社会补助	10.80	—	−10.80
			其他经常转移	0.58	1.70	−1.47
		运用	收入税和财产税	4.23	—	−4.23
			社会缴款	8.05	—	−8.05
			社会补助	—	10.53	−10.53
			其他经常转移	1.63	2.01	−2.40
巴西	2013	来源	收入税和财产税	—	7.91	—
			社会缴款	—	10.93	1.02
			社会补助	15.42	—	—
			其他经常转移	0.59	9.58	2.64
		运用	收入税和财产税	3.16	—	4.75
			社会缴款	11.95	—	—
			社会补助	—	14.46	0.95
			其他经常转移	1.46	8.89	2.33

续表

国别	时间/年	经常转移的具体项目		居民部门	政府部门	企业部门
印度	2014	来源	收入税和财产税	—	5.92	—
			社会缴款	—	—	—
			社会补助	—	—	—
			其他经常转移	6.40	6.47	5.13
		运用	收入税和财产税	2.10	—	3.82
			社会缴款	—	—	—
			社会补助	—	—	—
			其他经常转移	—	8.77	5.95
南非	2015	来源	收入税和财产税	—	15.50	—
			社会缴款	9.94	0.61	−4.29
			社会补助	—	—	9.94
			其他经常转移	5.52	0.36	5.43
		运用	收入税和财产税	10.06	—	5.44
			社会缴款	—	—	6.27
			社会补助	5.81	4.42	−0.29
			其他经常转移	4.08	2.33	5.76
美国	2014	来源	收入税和财产税	—	12.17	—
			社会缴款	—	6.50	—
			社会补助	13.88	—	—
			其他经常转移	0.65	1.16	1.62
		运用	收入税和财产税	9.93	—	2.87
			社会缴款	6.47	—	—
			社会补助	—	13.99	—
			其他经常转移	2.54	0.29	1.17

续表

国别	时间/年	经常转移的具体项目		居民部门	政府部门	企业部门
英国	2015	来源	收入税和财产税	—	14.31	—
			社会缴款	0.05	7.93	7.37
			社会补助	18.95	—	—
			其他经常转移	3.54	0.43	2.69
		运用	收入税和财产税	11.52	0.08	2.73
			社会缴款	15.35	—	—
			社会补助	0.08	14.35	4.67
			其他经常转移	2.42	2.42	3.02
法国	2014	来源	收入税和财产税	—	12.42	—
			社会缴款	—	18.79	1.96
			社会补助	21.54	—	—
			其他经常转移	3.13	0.89	6.90
		运用	收入税和财产税	9.69	0.01	2.55
			社会缴款	21.03	—	—
			社会补助	—	19.76	1.97
			其他经常转移	3.26	3.34	6.39
德国	2014	来源	收入税和财产税	—	11.59	—
			社会缴款	0.03	16.16	4.00
			社会补助	16.95	—	—
			其他经常转移	3.01	0.64	4.60
		运用	收入税和财产税	8.95	—	2.38
			社会缴款	20.16	—	—
			社会补助	0.03	15.12	2.02
			其他经常转移	2.42	2.07	5.07

续表

国别	时间/年	经常转移的具体项目		居民部门	政府部门	企业部门
日本	2014	来源	收入税和财产税	—	9.15	—
			社会缴款	—	12.70	2.14
			社会补助	16.34	—	—
			其他经常转移	2.83	12.55	3.75
		运用	收入税和财产税	5.59	—	3.56
			社会缴款	14.84	—	—
			社会补助	—	13.55	2.79
			其他经常转移	3.63	13.76	2.11
澳大利亚	2014	来源	收入税和财产税	—	16.29	—
			社会缴款	8.91	—	—
			社会补助	—	—	—
			其他经常转移	4.89	1.06	3.94
		运用	收入税和财产税	12.22	—	3.98
			社会缴款	0.66	—	8.24
			社会补助	—	8.24	−8.24
			其他经常转移	3.17	2.41	4.51
加拿大	2014	来源	收入税和财产税	—	15.94	−0.89
			社会缴款	9.31	4.75	−0.03
			社会补助	—	—	—
			其他经常转移	1.13	0.27	0.87
		运用	收入税和财产税	11.53	—	3.17
			社会缴款	4.72	—	9.31
			社会补助	—	9.16	−9.16
			其他经常转移	1.38	1.08	0.25

数据来源：基于 Undata：National Accounts Official Country Data 计算。

第一，从政府部门看，发达国家政府部门在国民收入再分配过程的参与程度普遍高于发展中国家，各国政府部门主要通过保险缴款、收入税和财产税集中财力，这些资金主要用于社会补助。

第二，从居民部门看，发达国家的居民部门经常转移收入和支出占可支配收入比重总体较高，发展中国家则较低，各国居民部门的经常转移收入主要来源于扣除实物转移的社会保险福利和社会保险缴款，经常转移支出项目主要包括社会保险缴款、收入税和财产税。

第三，从企业部门看，发达国家与发展中国家企业部门经常转移的规律性不明显，但总体上，社会保险缴款是企业部门经常转移的主要来源，收入税和财产税、扣除实物转移的社会保险福利是企业部门经常转移的主要支出项目。

4. 可支配收入使用的国际比较

三大部门可支配收入最终的使用包括消费和储蓄，二者存在"此消彼长"的关系[①]。表9列示了中国1992—2013年的消费和储蓄情况。

表9 中国1992—2013年消费与储蓄结构

单位：%

时间/年	政府部门消费	居民部门消费	消费比重	储蓄比重
1992	24.43	75.57	62.41	36.59
1993	25.05	74.94	59.29	42.55
1994	25.30	74.70	58.23	40.51
1995	22.80	77.20	58.13	40.29
1996	22.68	77.31	59.22	38.81
1997	23.30	76.69	58.95	36.70

---

① 在统计口径方面，国内、国际存在的差异主要体现为两点，一是国际统计口径中对于最终消费的定义除了购买货物和服务的支出外，根据国民账户体系（SNA）的要求，还将不以货币结算的实物转移（imputed expenditure）纳入统计范围，我国的统计口径没有包括这部分；二是国际统计口径的可支配收入的最终使用只包括消费和储蓄两部分，我国则包括三部分：消费、储蓄和货物服务净出口。因此，在下文分析结果略有偏差，但影响很小。

续表

时间/年	政府部门消费	居民部门消费	消费比重	储蓄比重
1998	23.96	76.04	59.62	36.19
1999	24.65	75.35	61.16	36.22
2000	25.46	74.54	62.44	37.56
2001	26.14	73.86	61.54	38.46
2002	26.12	73.88	59.76	40.24
2003	25.79	74.21	56.95	43.05
2004	25.51	74.49	54.26	45.74
2005	26.57	73.43	53.54	46.46
2006	26.99	73.01	51.85	48.15
2007	27.15	72.85	49.11	50.89
2008	27.21	72.79	48.09	51.91
2009	26.99	73.01	49.43	50.57
2010	27.49	72.51	48.23	51.77
2011	27.21	72.79	49.37	50.63
2012	27.26	72.74	50.54	49.46
2013	27.41	72.59	47.70	52.30

数据来源：《中国国内生产总值核算历史资料（1952—2004）》《中国统计年鉴2008—2015》。2000年以后数据为2012年国家统计局调整后数据。

注：最终消费支出和资本形成总额比重合计小于100%三部分由货物、服务净出口解释。

总体上，历年来，中国储蓄率呈现上升趋势，消费率呈现下降趋势，二者的比例由1992年的1.7∶1达到2009年的1∶1，2013年进一步降为0.9∶1，充分表明近年来存在明显的"资本挤占消费"的现象。从最终消费结构看，1992—2009年间，最终消费支出中的政府消费由24.43%增加至27.41%，而居民消费则由75.57%下降至72.59%，表明政府消费在一定程度上挤占了居民消费。

结合消费与资本形成的统计结果，可以得出一个基本结论：从近20年的变动趋势看，中国居民消费在受到企业资本挤占的同时，也受到了政府消费的挤占。

从国际比较的结果看（表10），发展中国家的最终消费支出比重普遍低于发达国家，储蓄率则高于发达国家，从消费结构看，发展中国家的公共消费支出则与发达国家大体相同（巴西较为特殊，拉高了平均值），因此，个人消费支出比重偏低。从两阶段的变化趋势看，近10年来，发展中国家的消费支出比重大幅度增加，由第一时段的65.5%增加到第二时段的72.1%，增幅达到6.5%，与发达国家的差距大幅度减小，其中，个人消费和公共消费比重都有明显上升（不考虑巴西的数据影响）。

表10 各国国民经济消费与储蓄结构及其变化的比较

单位：%

国家	时间/年	最终消费	个人消费	公共消费	储蓄	时间/年	最终消费	个人消费	公共消费	储蓄
中国	2009	48.61	43.91	4.7	47.7	2013	51.66	37.72	13.94	48.34
俄罗斯	1999	71.45	62.52	8.93	28.55	2013	76.75	64.62	12.13	23.25
巴西	2003	78.99	58.48	20.51	21.01	2013	81.45	70.48	10.97	18.55
印度	2007	63.23	53.38	9.85	36.59	2014	67.15	59.64	7.50	32.85
南非	—	—	—	—	—	2015	83.68	70.75	12.92	16.32
美国	2005	85.66	76.25	9.41	14.34	2014	81.53	73.07	8.47	18.47
英国	2006	85.35	77.06	8.29	14.65	2015	87.03	79.77	7.26	12.97
法国	2003	80.50	70.91	9.59	19.50	2014	80.05	71.46	8.59	19.95
德国	2003	79.68	71.66	8.02	20.32	2014	73.20	66.49	6.71	26.80
日本	2005	73.39	65.65	7.75	26.24	2014	78.35	70.31	8.04	21.65
澳大利亚	2004	79.04	71.58	7.46	20.96	2014	76.41	—	—	23.59
加拿大	2004	76.53	68.87	7.66	23.47	2014	78.18	—	—	21.82
发展中国家均值	—	65.57	54.57	11.00	33.46	—	72.14	60.64	11.49	27.86

续表

国家	时间/年	最终消费	个人消费	公共消费	储蓄	时间/年	最终消费	个人消费	公共消费	储蓄
发达国家均值	—	80.02	71.71	8.31	19.93	—	79.25	72.22	7.81	20.75
样本国均值	—	74.77	65.48	9.29	24.85	—	75.61	65.95	9.29	24.39

数据来源：依据《Undata: National Accounts Official Country Data》计算。

注：1. 2009年前，中国没有单独的个人消费支出和公共消费支出数据。

2. 个人消费支出包括居民消费支出和政府消费支出中用于个人的部分，公共消费支出指政府消费支出中用于组织开支的部分

从中国的情况看，由于统计口径对于政府消费未进一步划分个人消费和组织消费，且政府消费包含了非营利组织部门，因此，国内统计显示的个人消费支出存在偏低倾向，而政府消费支出则被高估[1]。但从最终消费和储蓄的总额来看，无论第一阶段还是第二阶段，最终消费支出占比远低于其他国家，储蓄率则远高于其他国家，因此，始终存在消费率偏低的态势。

二、居民收入分配的国际比较

在前文研究全社会三大部门收入分配国际比较的基础上，进一步研究居民部门的收入分配的国际比较，对于探索我国缩小当前存在的居民收入差距扩大的现实问题具有重要意义。基于世界银行和联合国undata的可比数据，本文重点分析了居民收入分配的两个问题：一是全社会范围的收入差距，二是居民部门收入形成过程中的资金流动情况。前者试图回答在国际环境下中国居民收入差距到

---

[1] 国际上，在进行可支配收入使用核算时，依据SNA 1993，政府消费支出进一步划分为两部分：用于个人的消费支出（Individual consumption expenditure）和公共消费支出（Collective consumption expenditure），并在统计时将用于个人消费的部分纳入居民消费支出的范围合并计算，作为个人消费支出，其余的作为政府公共消费。我国的国民经济核算口径未对政府消费支出做进一步划分，客观上造成了政府消费比重过大的统计结果。

底是大还是小的问题,后者旨在通过剖析居民部门收入形成过程中资金的流入和流出,判断和评价市场进行要素分配和政府调节收入分配各自发挥的作用。

具体样本国家的选取同上文。

(一)全社会居民收入分配差距比较分析

1.基尼系数(GINI index)反映的收入差距

从基尼系数的国际比较结果看,发展中国家基尼系数总体上要高于发达国家(见表11)。在主要发达国家中,除了美国的基尼系数在 2007 年和 2010 年超过 0.4,其他国家都处于 0.3~0.4 之间,居民收入分配差距相对合理。处于经济转型关键时期的金砖国家基尼系数普遍较高,面临着国内居民收入分配差距逐渐增大的风险,例如,2005 年以来南非的基尼系数高达 0.6 以上,而巴西的基尼系数也一直保持在 0.5~0.6 之间。

就我国而言,20 世纪 80 年代初中国的基尼系数仅为 0.275。自 20 世纪 90 年代以来,中国的基尼系数以平均每年 0.1 个百分点的速度迅速提高,2008 年已达到最高值 0.491,之后略有下降,2014 年为 0.469,居民收入分配的不均等程度在世界上处于较高的水平(表12)。

需要注意的是,在进行基尼系数的国际比较时必须重视统计口径和方法的差异问题。各国和地区的基尼系数,主要来自所在国或地区的政府和专业机构,采用的口径和方法可能存在差异,进行简单的对比显然缺乏科学性和严肃性。以印度和中国为例,印度的实际贫富差异并不亚于中国,但中国的基尼系数居然明显高过印度。其根本原因就在于,中国和印度测算基尼系数的方法不同,印度测算基尼系数采用的是居民消费支出,而中国采用的是居民收入,采用消费支出测算基尼系数,会显著"掩盖"收入水平差异的程度。另外,根据北京大学中国社会科学调查中心的《中国民生发展报告 2014》,1995 年我国以家庭净财产计算的基尼系数为 0.45,2002 年为 0.55,2012 年高达 0.73,也说明不同口径计算的基尼系数差异巨大。

表 11　2005—2012 年各国基尼系数比较

国家	2005 年	2006 年	2007 年	2008 年	2009 年	2010 年	2011 年	2012 年
美国	—	—	0.42	—	—	0.41	—	—
加拿大	—	—	0.34	—	—	0.34	—	—
英国	—	—	0.38	—	—	0.38	—	—
法国	0.32	—	—	—	—	—	—	—
德国	—	—	0.32	—	—	0.31	—	—
日本	—	—	—	0.32	—	—	—	—
巴西	0.57	0.56	0.55	0.54	0.54	—	0.53	0.53
中国	0.42	—	—	—	0.43	0.42	0.37	—
印度	0.33	—	—	—	—	0.34	—	0.34
南非	—	0.67	—	—	0.63	—	0.65	—
俄罗斯	0.38	0.39	0.01	0.34	0.40	—	—	—

数据来源：世界银行网站，www.data.worldbank.org。

表 12　中国 2003—2014 年基尼系数走势

时间/年	中国基尼系数
2003	0.479
2004	0.473
2005	0.485
2006	0.487
2007	0.484
2008	0.491
2009	0.49
2010	0.481
2011	0.477
2012	0.474
2013	0.473
2014	0.469

数据来源：国家统计局。

2. 等分法反映的收入差距

等分法是将全部居民（或家庭）收入由从高到低排序并划分为若干等分，通过对各组人口的收入或收入比重进行比较，分层清晰地考察高低收入户之间收入分配的差距。等分法中最常用的是五分法。

表 13 反映了各国不同层次居民收入的占比情况。从最高收入组与最低收入组的收入极值比来看，发达国家普遍比发展中国家低，表明发达国家高低收入阶层之间的分配差距小于发展中国家。在发达国家中，美国的收入极值比最高，2010 年，最高 20% 组和最低 20% 组的收入极值比是 9.79 倍，最高 10% 组和最低 10% 组的收入极值比是 21.46 倍；而日本的收入极值比较低，2008 年分别为 5.39 倍和 9.24 倍。在金砖国家中，2011 年，南非 20% 和 10% 高低收入组的收入极值比分别高达 28.54 倍和 51.22 倍，居 11 个国家之首；中国 2010 年的收入极值比分别为 10.08 倍左右和 17.74 倍，处于中等偏上水平。从各组的收入情况看，中国居民收入"集聚"于富人的程度显著低于南非、巴西等发展中国家，但仍高于美国等发达国家，各收入阶层之间的收入分配差距不容忽视，中国的财富集中度已远远超过了以美国为代表的发达国家，成为全球两极分化较严重的国家之一。

表 13　各国不同层次居民收入结构及变动情况

单位：%

		2005 年	2006 年	2007 年	2008 年	2009 年	2010 年	2011 年	2012 年
美国	收入最高的 20%	—	—	46.65	—	—	46.03	—	—
	其中：收入最高的 10%	—	—	30.55	—	—	29.61	—	—
	收入次高的 20%	—	—	10.48	—	—	10.4	—	—
	收入居中的 20%	—	—	15.62	—	—	15.77	—	—
	收入次低的 20%	—	—	22.62	—	—	23.1	—	—
	收入最低的 20%	—	—	4.63	—	—	4.7	—	—
	其中：收入最低的 10%	—	—	1.24	—	—	1.38	—	—

分报告三　收入分配国际比较研究

续表

		2005年	2006年	2007年	2008年	2009年	2010年	2011年	2012年
加拿大	收入最高的20%	—	—	41.28	—	—	40.98	—	—
	其中：收入最高的10%	—	—	26.06	—	—	25.74	—	—
	收入次高的20%	—	—	12.31	—	—	12.39	—	—
	收入居中的20%	—	—	16.64	—	—	16.79	—	—
	收入次低的20%	—	—	22.62	—	—	22.74	—	—
	收入最低的20%	—	—	7.15	—	—	7.1	—	—
	其中：收入最高的10%	—	—	2.7	—	—	2.68	—	—
英国	收入最高的20%	—	—	43.93	—	—	44.08	—	—
	其中：收入最高的10%	—	—	28.37	—	—	28.56	—	—
	收入次高的20%	—	—	11.36	—	—	11.38	—	—
	收入居中的20%	—	—	16.3	—	—	16.19	—	—
	收入次低的20%	—	—	22.76	—	—	22.58	—	—
	收入最低的20%	—	—	5.65	—	—	5.77	—	—
	其中：收入最低的10%	—	—	1.8	—	—	1.91		
法国	收入最高的20%	39.74	—	—	—	—	—	—	—
	其中：收入最高的10%	24.67							
	收入次高的20%	12.79	—	—	—	—	—	—	—
	收入居中的20%	17.03							
	收入次低的20%	22.63							
	收入最低的20%	7.81							
	其中：收入最低的10%	3.08	—	—	—	—	—	—	—

续表

		2005年	2006年	2007年	2008年	2009年	2010年	2011年	2012年
德国	收入最高的20%	—	—	40.38	—	—	39.14	—	—
	其中：收入最高的10%	—	—	25.73	—	—	24.41	—	—
	收入次高的20%	—	—	12.72	—	—	13.07	—	—
	收入居中的20%	—	—	16.61	—	—	17.06	—	—
	收入次低的20%	—	—	22	—	—	22.44	—	—
	收入最低的20%	—	—	8.29	—	—	8.29	—	—
	其中：收入最低的10%	—	—	3.34	—	—	3.3	—	—
日本	收入最高的20%	—	—	—	39.71	—	—	—	—
	其中：收入最高的10%	—	—	—	24.77	—	—	—	—
	收入次高的20%	—	—	—	12.88	—	—	—	—
	收入居中的20%	—	—	—	17.32	—	—	—	—
	收入次低的20%	—	—	—	22.72	—	—	—	—
	收入最低的20%	—	—	—	7.37	—	—	—	—
	其中：收入最低的10%	—	—	—	2.68	—	—	—	—
巴西	收入最高的20%	61.04	60.44	59.57	58.84	58.34	—	57.56	57.19
	其中：收入最高的10%	45.15	44.48	43.57	42.93	42.45	—	41.89	41.67
	收入次高的20%	6.54	6.74	6.89	7.13	7.28	—	7.53	7.65
	收入居中的20%	11.04	11.23	11.6	11.8	11.98	—	12.3	12.43
	收入次低的20%	18.48	18.59	18.97	19.09	19.23	—	19.36	19.34
	收入最低的20%	2.9	3	2.97	3.14	3.17	—	3.25	3.39
	其中：收入最低的10%	0.93	0.96	0.9	0.99	0.98	—	0.98	1.04

续表

		2005年	2006年	2007年	2008年	2009年	2010年	2011年	2012年
中国	收入最高的20%	47.93	—	—	47.87	—	47.09	—	—
	其中：收入最高的10%	31.97	—	—	31.05	—	29.98	—	—
	收入次高的20%	9.85	—	—	9.64	—	9.74	—	—
	收入居中的20%	14.99	—	—	15.01	—	15.31	—	—
	收入次低的20%	22.24	—	—	22.7	—	23.19	—	—
	收入最低的20%	4.99	—	—	4.78	—	4.67	—	—
	其中：收入最低的10%	1.79	—	—	1.77	—	1.69	—	—
印度	收入最高的20%	42.36	—	—	—	—	42.81	—	—
	其中：收入最高的10%	28.26	—	—	—	—	28.79	—	—
	收入次高的20%	12.22	—	—	—	—	12.14	—	—
	收入居中的20%	15.81	—	—	—	—	15.69	—	—
	收入次低的20%	20.97	—	—	—	—	20.82	—	—
	收入最低的20%	8.64	—	—	—	—	8.54	—	—
	其中：收入最低的10%	3.75	—	—	—	—	3.69	—	—
南非	收入最高的20%	—	72.21	—	—	68.21	—	69.92	—
	其中：收入最高的10%	—	57.54	—	—	51.69	—	53.78	—
	收入次高的20%	—	4.06	—	—	4.63	—	4.29	—
	收入居中的20%	—	7.08	—	—	8.16	—	7.69	—
	收入次低的20%	—	14.2	—	—	16.3	—	15.65	—
	收入最低的20%	—	2.45	—	—	2.7	—	2.45	—
	其中：收入最低的10%	—	1.07	—	—	1.17	—	1.05	—

续表

		2005年	2006年	2007年	2008年	2009年	2010年	2011年	2012年
俄罗斯	收入最高的20%	45.19	45.38	46.21	42.81	46.99	—	—	—
	其中：收入最高的10%	28.87	28.97	30.53	27.92	31.03	—	—	—
	收入次高的20%	10.81	10.7	10.67	11.98	10.58	—	—	—
	收入居中的20%	15.35	15.32	15	15.68	14.76	—	—	—
	收入次低的20%	22.29	22.42	21.75	21.34	21.21	—	—	—
	收入最低的20%	6.36	6.18	6.37	8.19	6.46	—	—	—
	其中：收入最低的10%	2.48	2.41	2.51	3.47	2.6	—	—	—

数据来源：世界银行网站，www.data.worldbank.org。

3. 贫困差距（Poverty gap）和贫困人口比（Poverty headcount ratio）

贫困差距的经济含义是贫困线以下人口平均收入与贫困线之间的差距（非贫困人口为0），反映了贫困程度的大小。总体来看，发达国家的贫困差距无显著变动，而发展中国家则呈现大幅下降趋势。20世纪90年代以来，中国在缩小贫困差距方面遥遥领先其他国家，按日平均生活费2美元的标准来衡量，中国的贫困差距从1993年的18.1%下降到2011年的1.32%，下降幅度达17%，基本达到或接近发达国家水平（表14）。

表14 1993年—2012年各国按2美元/日衡量的贫困差距（购买力平价）

单位：%

国家	1993年	1994年	2000年	2005年	2006年	2007年	2008年	2009年	2010年	2011年	2012年
美国	—	1.50	1.20	—	—	15.66	—	—	1.92	—	—
加拿大	—	1.90	3.60	—	—	0.58	—	—	0.76	—	—
英国	—	6.40	—	—	—	8.45	—	—	5.24	—	—
法国	—	0.40	1.90	0.23	—	—	—	—	—	—	—
德国	—	0.00	0.00	—	—	0.00	—	—	0.58	—	—
日本	—	—	—	—	—	—	0.07	—	—	—	—

续表

国家	1993年	1994年	2000年	2005年	2006年	2007年	2008年	2009年	2010年	2011年	2012年
巴西	6.70	—	—	3.00	2.61	2.98	2.41	2.40	—	2.51	2.14
中国	18.10	—	—	3.91	—	—	3.07	—	2.03	1.32	—
印度	—	13.60	—	10.51	—	—	—	—	7.49	—	4.84
南非	6.90	—	8.20	—	3.06	—	—	2.27	—	1.19	—
俄罗斯	0.10	—	—	0.04	0.04	0.02	0.00	0.01	—	—	—

数据来源：世界银行网站，www.data.worldbank.org。

贫困人口比是处于贫困线以下的人口占总人口的百分比。联合国千年发展目标中"将日平均生活费用低于1.25美元的人口（绝对贫困人口）比例减半"已经提前实现：巴西将该比例从1993年的15.9%降低到2012年的3.75%，中国从1993年的54.9%降低到2011年的6.26%，印度从1994年的49.4%降低到2012年的23.63%。但是，从贫困人口比的实际水平看，中国的6.26%（1.25美元标准）和18.61%（2美元标准）依然远高于其他国家，表明贫困人口的脱贫任务还很艰巨（表15）。

虽然中国在减贫方面成绩斐然，但收入差距扩大和发展不平衡的问题仍然严重。根据联合国《2013年人类发展报告》，2012年中国的人类发展指数名列全球第101位，低于人均国民收入11位。如果剔除人均收入因素，中国的人类发展指数则下滑至第106位。两者之间的差距说明中国的教育、医疗、收入等方面明显滞后于经济发展，还处于全球中等偏下水平。

表15　1993—2012年各国按1.25美元/日衡量的贫困人口比例（购买力平价）

单位：%

国家	1993年	1994年	2000年	2005年	2006年	2007年	2008年	2009年	2010年	2011年	2012年
美国	—	0.70	0.70	—	—	1.33	—	—	1.67	—	—
加拿大	—	0.30	0.30	—	—	0.34	—	—	0.34	—	—
英国	—	0.70	—	—	—	1.01	—	—	1.01	—	—

续表

国家	1993年	1994年	2000年	2005年	2006年	2007年	2008年	2009年	2010年	2011年	2012年
法国	—	0.40	0.40	0.33	—	—	—	—	—	—	—
德国	—	0.30	0.00	—	—	0.00	—	—	0.34	—	—
日本	—	—	—	—	—	—	0.35	—	—	—	—
巴西	15.90	—	—	7.18	5.93	5.84	4.87	4.72	—	4.53	3.75
中国	54.90	—	—	15.77	—	—	12.34	—	9.19	6.26	—
印度	—	49.40	—	41.64	—	—	—	—	32.68	—	23.63
南非	24.30	—	26.20	—	16.72	—	—	—	13.67	9.42	—
俄罗斯	1.50	—	—	0.22	0.17	0.09	0.00	0.03	—	—	—

数据来源：世界银行网站，www.data.worldbank.org。

4. 小结

根据以上对于居民部门收入差距的国际分析，可以得出以下结论：

第一，中国的基尼系数在过去20多年迅速攀升并在国际上处于较高水平，收入分配差距不断扩大，贫富分化日益严重。中国的高低收入人群的收入比在11倍左右，处于中等偏上水平，且自2005年以来基本保持稳定，表明近年来收入分配改革政策发挥了一定作用，但较为有限。

第二，中国的脱贫工作取得了巨大进展，绝对贫困人口占人口总数的比例从1993年的54.9%降低到2011年的6.26%。但是，从贫困人口比的实际水平看，中国的6.26%（1.25美元标准）和18.61%（2美元标准）依然远高于其他国家，表明贫困人口的脱贫任务还很艰巨。而且，与收入密切相关的教育、健康等因素直接影响劳动力自身再生产及劳动力素质、技能的提高，因此，在保障和提高居民收入绝对数量的同时，积极推进民生政策同样重要。

（二）国民收入两次分配中居民部门收入的国际比较

1. 国民收入初次分配中的居民部门分析

居民部门在初次分配中实现要素分配收入。从各国的情况看（表16），发达国家"居民部门初次分配收入占GDP比重"高于发展中国家，表明发达国家居民部门的收入普遍较高，支撑居民消费和人力资本再投入的能力较强，美国和印度更是高居榜首，超过80%，俄罗斯和中国最低，均为60%，与70%的样本国均值差距较大。从变化趋势看，发展中国家总体水平保持稳定，发达国家则出现小幅下降。

表16　各国居民部门初次分配收入占GDP比重

单位：%

国家	时间/年	居民部门占GDP比重	时间/年	居民部门占GDP比重
中国	2011	60.09	2013	60.66
俄罗斯	2011	59.26	2013	59.52
巴西	2009	63.99	2013	67.59
印度	2011	80.61	2014	73.85
南非	2012	65.56	2015	66.90
美国	2012	81.05	2014	76.40
英国	2008	70.91	2015	73.15
法国	2011	74.18	2014	71.05
德国	2012	78.82	2014	74.10
日本	2012	68.52	2014	65.64
澳大利亚	2012	68.21	2014	71.81
加拿大	—	—	2014	68.97
发展中国家均值	—	65.90	—	65.70
发达国家均值	—	73.61	—	71.59
样本国均值	—	70.11	—	69.14

数据来源：依据《Undata：National Accounts Official Country Data》计算。

从国际比较结果看（表17），各国居民部门初次分配结构呈现出明显差异：从"营业盈余"比重看，发达国家较低，平均为19.25%，发展中国家较高，平均为22.2%；从"劳动者报酬"比重看，发展中国家和发达国家基本持平，约为

70%，发达国家略高；从"财产收入净额"比重看，发达国家略高于发展中国家，两者相差不大。

表 17　各国居民部门初次分配结构

单位：%

国家	时间/年	劳动者报酬	财产收入净额	营业盈余
中国	2013	84.51	4.01	11.48
俄罗斯	2013	83.06	4.89	12.05
巴西	2013	65.02	11.07	23.91
印度	2014	42.33	13.22	44.45
南非	2015	72.22	8.69	19.09
美国	2014	67.56	10.04	22.41
英国	2015	68.79	11.24	19.97
法国	2014	73.93	7.15	18.92
德国	2014	67.21	16.26	16.53
日本	2014	75.57	7.39	17.05
澳大利亚	2014	68.72	8.27	23.01
加拿大	2014	74.01	9.10	16.89
发展中国家均值	—	69.43	8.37	22.20
发达国家均值	—	70.83	9.92	19.25
样本国均值	—	70.24	9.28	20.48

数据来源：依据《Undata：National Accounts Official Country Data》计算。

注：营业盈余包含混合收入。

从中国的情况看，劳动者报酬比重远高于其他国家，而营业盈余和财产收入净额比重则为各国中最低的，表明居民部门收入主要来源于劳动者收入，通过经营和财产增值获得的收入比重很低，仅为均值的二分之一，充分表明中国居民部门的收入渠道较为单一，抗风险能力差，劳动者一旦失去稳定的劳动报酬，会极大影响整体收入水平。在近期调整经济结构的压力下，居民部门收入受宏观经济因素影响较大，未来有必要进一步增强财产性收入和营业性收入的比重。

经过初次分配过程的要素分配,居民部门初次分配收入形成。从各国的情况看,发达国家"居民部门初次分配收入占 GDP 比重"高于发展中国家,表明发达国家居民部门的收入普遍较高,支撑居民消费和人力资本再投入的能力较高,美国和印度更是高居榜首,超过 80%,俄罗斯和中国最低,均为 60%,与 70% 的均值差距较大。

2. 居民部门经常转移与可支配收入:政府调节再分配

国民收入再分配主要反映政府在国民收入分配过程中的调节作用。在形成国民收入初次分配收入的基础上,政府部门会主导国民收入在三大部门之间进行各项经常转移,实现国民收入的再次分配,经常转移项目的数额和比重能够直观反映政府对收入再分配的调节力度。从居民部门看,总体上,经常转移的收入类项目主要包含社会补助收入和其他经常转移收入,个别国家的收入反映在社会保险缴款收入项下(如澳大利亚)。

从经常转移的收入类项目看(表 18),各国居民部门的收入渠道主要是社会补助收入,其他经常转移收入次之。从发展趋势看,第一阶段[①]发达国家的社会补助收入占本部门可支配收入比重高于发展中国家约 10 个百分点,表明政府在主导国民收入再分配的过程中向居民部门转移收入的力度高于发展中国家,政府发挥的作用更大;而且,发达国家的"其他经常转移收入占本部门可支配收入比重"低于发展中国家(约为发展中国家的一半),则表明发达国家的经常转移更多地通过明确的社会保障约定(或法规)实现,约定之外的其他经常转移相对较少。但在第二阶段,这一比重出现大幅度下降,降幅高达 14%,反而低于发展中国家约 4.5 个百分点,表明金融危机的影响对于发达国家的再分配产生了深远的负面作用,政府主导国民收入再分配的能力下降。

---

① 为了充分比较近期各国的居民部门收入变化情况,第一阶段时间调整为 2010 年前后,第二阶段不变。

表 18 各国居民部门经常转移收入类项目占可支配收入比重

单位：%

国家	时间/年	社会缴款	社会补助	其他经常转移	时间/年	社会缴款	社会补助	其他经常转移
中国	2011	—	9.78	1.87	2013	—	6.66	0.92
俄罗斯	2011	—	—	17.1	2013	—	10.8	0.58
巴西	2009	—	24.77	0.92	2013	—	15.42	0.59
印度	2011	—	—	6.73	2014	—	—	6.4
南非	2012	—	13.99	8.65	2015	9.94	—	5.52
美国	2012	—	18.96	0.91	2014	—	13.88	0.65
英国	2008	—	27.93	2.6	2015	0.05	18.95	3.54
法国	2011	—	32.39	4.42	2014	—	21.54	3.13
德国	2012	0.03	26.53	4.11	2014	0.03	16.95	3.01
日本	2012	—	26.89	5	2014	—	16.34	2.83
澳大利亚	2012	12.71	—	6.68	2014	8.91	—	4.89
加拿大	—	—	—	—	2014	9.31	—	1.13
发展中国家均值	—	—	16.18	7.06	—	—	15.13注	2.74
发达国家均值	—	—	24.24注	3.95	—	—	10.71注	2.80
样本国均值	—	—	21.55注	5.36	—	—	13.52注	2.77

数据来源：依据《Undata：National Accounts Official Country Data》计算。

注：括号里是将"社会缴款"作为"社会补助"项目计算的结果。

从中国的情况看，第一阶段，"社会补助收入占本部门可支配收入比重"是样本国家中最低的，仅为9.78%，不及样本国均值的二分之一，"其他经常转移收入占本部门可支配收入比重"也处于低水平，只有样本国均值的三分之一，表明无论是规范性的经常转移项目，还是其他经常转移，政府在居民部门社会保障体系中发挥的作用都十分有限，调节力度很小，居民部门基于社会保障体系获得的收入远低于国际水平;第二阶段,这两个比重进一步下降,表明政府对于居民部门再分配的力度减小,今后,政府部门在改善社会保障体系方面还有较大的发力空间。

从经常转移的支出类项目看(表19),各国居民部门的支出渠道主要为社会保险缴款,其次是收入税、财产税,其他经常转移支出占比较低。第一阶段,从"社会保险缴款支出占本部门可支配收入比重"看,发达国家均值约为20%,高于发展中国家的14.22%,从"收入税、财产税支出占本部门可支配收入比重"看,发达国家均值为14.22%,高于发展中国家9个百分点,"其他经常转移支出占本部门可支配收入比重"则相差不大,这一结果同样表明发达国家在政府主导国民收入在分配过程中向居民部门转移收入的力度高于发展中国家,政府发挥的作用更大。第二阶段,居民部门的经常转移支出项目均出现大幅度下降,这与前文的分析一致,表明金融危机后,居民部门的经常转移支出降低,政府的调整力度降低。

表19 各国居民部门经常转移的支出类项目占可支配收入比重

单位:%

国家	时间/年	收入税和财产税	社会缴款	社会补助	其他经常转移	时间/年	收入税和财产税	社会缴款	社会补助	其他经常转移
中国	2011	2.12	7.63	—	1.39	2013	1.13	4.9	—	0.97
俄罗斯	2011	0.8	6.85	13.96	1.88	2013	4.23	8.05	—	1.63
巴西	2009	4.67	20.8	—	1.5	2013	3.16	11.95	—	1.46
印度	2011	2.62	—	—	1.89	2014	2.1	—	—	—
南非	2012	14.92	—	9.72	6.34	2015	10.06	—	5.81	—
美国	2012	12.26	7.78	—	3.31	2014	9.93	6.47	—	2.54
英国	2008	21.23	23.79	0.04	2.78	2015	11.52	15.35	0.08	2.42
法国	2011	13.23	32.04	—	3.71	2015	9.69	21.03	—	3.26
德国	2012	13.42	29.84	0.03	3.8	2014	8.95	20.16	0.03	2.42
日本	2012	8.28	23.6	—	6.15	2014	5.59	14.84	—	3.63

续表

澳大利亚	2012	16.9	0.94	—	3.65	2014	12.22	0.66	—	3.17
加拿大	—	—	—	—	—	2014	11.53	4.72	—	1.38
发展中国家均值	—	5.03	14.74	—	2.60	—	4.14	7.68	—	1.35
发达国家均值	—	14.22	19.67	—	3.90	—	9.92	11.89	—	2.69
样本国均值	—	10.04	17.70	—	3.31	—	—	10.81	—	2.29

数据来源：依据《Undata: National Accounts Official Country Data》计算。

具体到中国，经常转移的支出类项目与收入类项目的情况类似，结论也基本一致，居民部门在社会保险缴款、收入税财产税以及其他经常转移支出等方面的支出都处于较低水平，政府参与国民收入再分配的程度较低，力度较小。

经过政府主导的国民收入再次分配过程，居民部门可支配收入形成。从各国的情况看（表20），发达国家"居民部门可支配收入占GDP比重"略高于发展中国家，但二者的差距已大幅度缩小（第一阶段从"居民部门初次分配收入占GDP比重"约8%的差距缩小到"居民部门可支配收入占GDP比重"约3%的差距，第二阶段缩小至不足1%），表明在再分配阶段，各国政府部门的调节目标较为一致。就中国而言，两项指标的差距几乎为零（第一阶段为60.09%与60.4%，第二阶段60.66%与61.29%），表明政府的再分配调节并没有显著改善居民部门在全社会收入分配中的比重，未来，政府应当在收入再分配环节调节起更为积极的作用。

从再分配的结果看，经过国民收入再次分配，中国居民部门可支配收入占GDP比重与国际水平的差距由初次分配收入占GDP比重的约10%缩小到4%～6%（表16与表20），政府在收入再分配环节进行的调节还是起到了积极的作用。

表20 各国居民部门可支配收入占 GDP 比重

单位：%

国家	时间/年	居民部门可支配收入占GDP比重	时间/年	居民部门可支配收入占GDP比重
中国	2011	60.40	2013	61.29
俄罗斯	2011	56.55	2013	57.23
巴西	2009	63.18	2013	66.95
印度	2011	82.44	2014	75.67
南非	2012	60.51	2015	62.95
美国	2012	78.33	2014	72.92
英国	2008	60.47	2015	67.22
法国	2011	66.13	2014	63.24
德国	2012	67.70	2014	63.32
日本	2012	64.56	2014	60.98
澳大利亚	2012	66.80	2014	69.63
加拿大	—	—	2014	61.83
发展中国家均值	—	64.62	—	64.82
发达国家均值	—	67.33	—	65.59
样本国均值	—	66.10	—	65.27

数据来源：依据《Undata：National Accounts Official Country Data》计算。

3.居民部门可支配收入的使用：消费与储蓄

居民部门可支配收入是真正可以用于消费的收入。在收入的使用环节，存在两个方向：消费和储蓄。消费是居民维持人力资本再生产、提高个人能力和劳动技能的过程；储蓄是减少当期消费，对未来进行储备，如何正确处理二者的关系一直是理论界争论的问题。

从国际比较的结果看（表21），发展中国家居民部门的储蓄率普遍高于发达国家，表明储蓄是发展中国家快速发展的动力。中国的情况则具有鲜明的特点，即居民部门储蓄率远高于平均水平，消费率远低于平均水平，表明中国在劳动力再生产过程中的投入存在一定程度的不足，这一方面会影响全社会的消费需求量扩大,另一方面会对维持人力资本再生产、提高个人能力和劳动技能产生一定程度的消极影响,不利于未来经济结构的转型。

表21　各国居民部门的消费率和储蓄率

单位:%

国家	时间/年	居民部门消费率	居民部门储蓄率	时间/年	居民部门消费率	居民部门储蓄率	居民部门消费占全社会消费比重	居民部门储蓄占全社会储蓄比重
中国	2011	59.12	40.88	2013	61.54	38.46	73.01	48.77
俄罗斯	2011	85.67	14.33	2013	88.86	11.14	66.26	27.90
巴西	2009	92.97	7.03	2013	90.86	9.14	74.69	37.58
印度	2011	71.62	28.38	2014	74.58	25.42	84.05	59.54
南非	2012	97.29	2.71	2015	98.98	1.02	74.46	5.46
美国	2012	88.89	11.11	2014	89.49	10.51	80.04	41.50
英国	2008	97.43	2.57	2015	99.66	0.34	76.98	22.84
法国	2011	83.87	16.13	2014	84.85	15.15	67.03	48.01
德国	2012	83.56	16.44	2014	85.37	14.63	73.84	40.87
日本	2012	92.51	7.49	2014	93.55	6.45	72.81	15.76
澳大利亚	2012	82.53	17.47	2014	83.38	16.62	75.99	49.05
加拿大	—	—	—	2014	91.68	8.32	72.50	23.58
发展中国家均值	—	81.33	18.67	—	82.97	17.03	74.49	35.85
发达国家均值	—	88.13	11.87	—	89.71	10.29	74.17	34.52
样本国均值	—	85.04	14.96	—	86.90	13.10	74.30	35.07

数据来源:依据《Undata: National Accounts Official Country Data》计算。

4.政府消费在调整全社会消费结构中的分配作用

从政府部门内部的消费关系看,发达国家政府部门消费中"可归属于居民部门的比重"均值超过50%,是发展中国家2~3倍,表明发达国家政府部门在消费环节进一步发挥出了向居民部门进行收入转移的积极作用,在整体上提升了居民部门的消费水平(表22)。

从中国的情况看,由于现有统计数据的反映并不准确,中国统计口径与国际上的做法存在较大差异,政府部门消费中可归属于居民部门的部分并没有单独统计,而是合并计入政府部门公共消费,因此没有准确的数据。但事实上,政府部门在消费环节依然通过积极的财政政策发挥了作用。

表22 政府消费在调整全社会消费结构中的作用

单位:%

国家	时间/年	政府部门消费占总消费比重	其中:可归属于居民部门的比重	公共消费比重	时间/年	政府部门消费占总消费比重	其中:可归属于居民部门的比重	公共消费比重
中国	2011	27.21	0	100	2013	13.94	0.00	100.00
俄罗斯	2011	26.92	48.01	51.99	2013	19.10	43.29	56.71
巴西	2009	25.76	0	100	2013	19.16	17.67	82.33
印度	2011	17.1	0	100	2014	10.71	29.96	70.04
南非	2012	26.38	38.3	61.7	2015	21.37	39.54	60.46
美国	2012	18.6	38	62	2014	14.45	41.42	58.58
英国	2008	25.36	61.66	38.34	2015	20.04	63.76	36.24
法国	2011	29.78	65.4	34.6	2014	24.30	64.65	35.35
德国	2012	25.11	63.8	36.2	2014	19.15	64.94	35.06
日本	2012	25.2	59.16	40.84	2014	19.88	59.55	40.45
澳大利亚	2012	24.49	61.44	38.56	2014	18.35	61.62	38.38
加拿大	—	—	—	—	2014	20.92	0.00	100.00

续表

国家	时间/年	政府部门消费占总消费比重	其中:可归属于居民部门的比重	公共消费比重	时间/年	政府部门消费占总消费比重	其中:可归属于居民部门的比重	公共消费比重
发展中国家均值	—	24.67	17.26	82.74	—	16.86	26.09	73.91
发达国家均值	—	24.76	58.24	41.76	—	19.59	50.85	49.15
样本国均值	—	24.72	39.61	60.39	—	18.45	40.53	59.47

数据来源：依据《Undata：National Accounts Official Country Data》计算。

5. 小结

根据上述分析，可以得到以下结论：

第一，在国民收入再分配过程中，居民部门经常转移项目的数额和比重能够直观反映政府对收入再分配的调节力度。第一时段，发达国家的社会补助收入比重高于发展中国家约 10 个百分点，社会保险缴款支出比重高于发展中国家约 14 个百分点，收入税、财产税支出比重高于发展中国家约 9 个百分点，充分表明发达国家在政府主导国民收入再分配过程中向居民部门转移收入的力度大大高于发展中国家，政府发挥的调节作用居于十分重要的地位。中国政府参与国民收入再分配的程度较低，力度也较小。第二时段，受到金融危机的影响，发达国家政府再分配调整力度降低，中国的再分配调整力度也出现下降。

第二，从收入分配结果看，发达国家居民部门初次分配收入占 GDP 比重高于发展中国家，再分配后的收入分配结构与初次分配结构基本一致，表明发达国家居民部门的收入普遍较高，支撑居民消费和人力资本再投入的能力较强，中国低于国际平均水平，表明未来在提高居民部门收入方面还需要进一步发挥市场和政府的积极作用。

第三，从收入的使用环节看，发展中国家居民部门的储蓄率普遍高于发达国家，表明储蓄是发展中国家快速发展的动力，也说明发展中国家消费水平普遍较低。中国居民部门储蓄率远高于平均水平，消费率远低于平均水平，表明在劳动力再生产过程中的投入存在一定程度的不足，会影响全社会的消费需求量扩大，不利于未来经济结构的转型。但事实上政府部门在消费环节依然通过积极的财政政策发挥了向居民部门转移收入的作用。

三、中国收入分配现状评价及未来政策方向

（一）对中国收入分配现状的评价

通过在全社会层面和居民部门层面进行收入分配的国际比较，我们认为，当前在认识和评价中国的收入分配情况时，应当把握以下要点：

1. 居民收入水平不断上升，但贫富分化日益严重

近20年来，中国的经济发展带动居民收入水平不断上升，脱贫工作取得了巨大进展，绝对贫困人数占比迅速下降，但中国贫困人口的实际比重依然远高于其他国家，与此同时，基尼系数迅速攀升并在国际上处于较高水平，收入分配差距不断扩大，贫富分化日益严重，高低收入人群的收入比维持在11倍的较高水平。收入分配严重失衡和居民收入差距扩大，已经成为全面深化改革、推进经济结构调整的重要约束条件，"十三五"期间，逐步实现社会公平和民生改善的社会需求日益迫切。

2. 居民部门的收入渠道较为单一，抗风险能力差

从国民收入初次分配结构看，劳动者报酬比重远高于其他国家，而营业盈余和财产收入净额比重则为各国中最低的，仅为均值的1/2，表明居民部门收入主要来源于劳动者收入，通过经营和财产增值获得的收入比重很低，充分表明中国居民部门的收入渠道较为单一，抗风险能力差，劳动者一旦失去稳定的劳动报酬，会极大影响整体收入水平。在近期调整经济结构的压力下，居民部门收入受宏观经济因素影响较大，未来有必要建立稳定长效机制，进一步增强财产性收入和营业收入的比重。

3. 政府在收入再分配过程中参与程度低，发挥的作用有限

在再分配经常转移项目中，发达国家的社会补助收入比重、社会保险缴款支出比重、收入税财产税支出比重均高于发展中国家，表明发达国家在政府主导国民收入再分配过程中向居民部门转移收入的力度大大高于发展中国家，政府发挥的调节作用十分重要。中国政府无论是规范性的经常转移项目，还是其他经常转

移、收支调节的比例都较低，收入支出远低于国际水平，在居民部门社会保障体系中发挥的作用十分有限，调节力度偏小，今后在改善社会保障体系方面还有较大的调整发力空间。

4.政府在再分配和消费环节对缩小居民收入差距上发挥了积极作用

经过国民收入再次分配，中国居民部门可支配收入占GDP比重与国际水平的差距由初次分配收入占GDP比重的10%缩小到6%，政府在收入再分配和环节进行的调节起到了积极的作用。在消费环节，政府部门进一步通过不断扩大向民生倾斜的支出政策有效发挥了向居民部门转移收入的作用。由于政府在再分配和消费环节上的作用，主要着力于缩小贫富差距，促进国民收入公平分配，因此，一系列具体政策的实施有助于在整体上缩小居民收入差距。

(二)我国收入分配改革的未来政策方向

基于上述分析，我们认为，在"十三五"期间，调整国民收入分配结构、提高居民收入水平、缩小居民收入差距的核心问题可以归结为：逐步理顺市场和政府的关系，建立良好的市场秩序，充分发挥市场在资源配置和参与要素分配过程中的直接作用，不断提高生产社会化程度，提高营业盈余（劳动力综合要素）和财产性收入（土地、资金等要素）在初次分配中的比重，规范、完善初次分配机制；进一步发挥政府在收入再分配过程中的调节作用，不断加大政府对收入再分配的参与力度，加大规范性经常转移项目如社会保险缴款、社会保险福利、收入税财产税等的收支总量，进一步完善社会保障体系，并加快健全以税收、转移支付为主要手段的再分配调节机制；继续发挥政府在消费环节向居民转移收入的作用，逐步缩减政府公共消费支出，降低政府行政成本，实施政府支出向低收入人群倾斜的政策，通过多渠道、有针对性地对劳动者进行技能培训，提升劳动者的人力资本投入水平，从根本上解决劳动力水平与经济结构转型需求之间的脱节问题，在为经济结构升级奠定劳动力基础的同时，为缩小居民收入差距、理顺收入分配关系提供条件，防止收入分配差距继续扩大。

附录

我国国民收入分配格局：近年走势与国际比较[①]
——应客观地认识"居民收入占比"的实际情况

  国民收入分配是当前社会各界普遍关注的问题。在近年的相关研究中，多数人认同的结论是：近十年来我国政府和企业部门分配份额呈现双增加态势，而居民部门的分配份额则有所下降。这种大判断总体上可以成立。然而，围绕这一结论，媒体和学术界出现了一些忽视我国与国际统计口径可比性、混淆初次和二次分配的舆论观点，夸大我国居民收入占比与其他国家的差距，这不利于正确引导规范国民收入分配秩序、客观公正地考虑财政集中度的优化问题和深化收入分配制度改革。比如有一种流行的说法：西方市场经济国家中居民所得的占比是国民收入的 70% 以上，我国却只有不到 50%，就是因为政府在"蛋糕切分"中拿得太多了。但我们知道，其实西方发达国家财政收入占 GDP 的比重在 40% 以上，发达国家中的福利国家更高达 50% 左右的水平。显然，把不同参照系、不同口径、不同分配层次的数据放在一起，只会引起认识的混乱。

  本文在参考以往文献研究方法的基础上，以最近的国内和国际统计资料为依据，从纵向和横向两个维度出发，通过收入法、资金流量表核算两种方法，说明我国近年国民收入分配格局的变动趋势，并着重以基本可比的统计口径进行国际比较，力求有依据地说明两个问题：一是我国国民收入分配的基本格局如何；二是我国与其他国家比较，差别究竟在哪里。

[①] 原文载于《收入分配与政策优化、制度变革》，贾康主编，经济科学出版社 2012 年 7 月版。

一、收入法核算的国民经济总量

按照收入法核算国民收入初次分配格局是比较常见的方式。从经济理论角度看，国民收入初次分配的实质是要素分配，统计时通常在宏观意义上将国民经济划分为三大部门：政府部门、居民部门和企业部门。对应的初次分配收入分别称为生产税净额、劳动者报酬和营业盈余。其中，生产税净额是指生产税减生产补贴后的差额。生产税指政府对生产单位生产、销售和从事经营活动及因从事生产活动使用某些生产要素（如固定资产、土地、劳动力）所征收的各种税、附加费和规费；生产补贴则指政府对生产单位的单方面转移支出。劳动者报酬指劳动者因从事生产活动所获得的全部报酬。营业盈余指常住单位创造的增加值扣除劳动者报酬、生产税净额和固定资产折旧后的余额，相当于企业的营业利润加生产补贴，但要扣除从利润中开支的工资和福利等。

对于收入法的核算口径，在企业部门的划分上国内口径和国际口径存在一定差异。国内统计时，企业部门的国民经济初次分配收入具体包含两部分：固定资产折旧和营业盈余，而国际口径则划分为营业盈余（Operating Surplus，Gross）和混合收入（Mixed Income，Gross）两部分。其中，混合收入指居民所拥有的非公司组织形式的企业形成的营业盈余。

（一）国内统计口径

收入法主要核算生产要素的分配过程，国内统计反映在"地区生产总值收入法构成项目"中。为了保持数据可比，本文采用了2004年经济普查之后调整过的GDP资料，表1列出了1993—2007年间依据地区收入法计算的国民经济3大部门在GDP中所占的比重。从统计数据看，1993—2007年间，居民部门的劳动者报酬由49.49%降低至39.74%，降幅为9.75个百分点，政府部门的生产税净额由11.68%增加至14.81%，增幅为3.13个百分点，企业部门的固定资产折旧和营业盈余（即资本收益）由38.83%增加至45.45%，增加6.62个百分点。

表1 中国1993—2007年GDP中各生产要素所占的比重

单位：%

时间/年	劳动者报酬	生产税净额	固定资产折旧+营业盈余
1993	49.49	11.68	38.83
1994	50.35	12.00	37.65
1995	51.44	12.27	36.29
1996	51.21	12.89	35.89
1997	51.03	13.65	35.32
1998	50.83	14.26	34.92
1999	49.97	14.89	35.14
2000	48.71	15.31	35.99
2001	48.23	15.63	36.14
2002	47.75	15.59	36.66
2003	46.16	15.77	38.07
2004	41.55	14.06	44.38
2005	41.40	14.93	43.67
2006	40.61	14.16	45.23
2007	39.74	14.81	45.45

数据来源：依据《中国国内生产总值核算历史资料（1952—2004）》《中国统计年鉴》（2006—2009）计算。

需要注意，该时间序列存在一个统计方面的不可比因素，即统计口径在2004年发生重大变化。根据白重恩、钱震杰（2009b）的研究，国内适用的地区收入法对于GDP的核算在2004年出现了两个变化。第一，个体经济业主收入从劳动收入变为营业盈余。第二，对农业不再计营业盈余。据白重恩、钱震杰（2009b）的估算，2004年统计核算方法的影响大约使劳动收入份额被低估了6.29%。如果按照白重恩、钱震杰（2009b）的估算，在2004年及以后年度的劳动者报酬降幅中扣除了上述统计因素，那么，1993—2007年间，劳动者报酬的实际降幅为3.46个百分点，年平均降幅为0.23%，在2007年的占比应为46.03%；企业部门的资本收益实际增幅仅为0.33个百分点，在2007年的占比应为39.16%。

上述分析表明，1993—2007年间，居民部门收入下降，政府和企业部门收入增加，但并非有如表1那样大的变化值，因为其中尚未剔除统计口径变化因素的影响。

（二）国际统计口径

鉴于国内统计口径与国际统计口径之间的差异，为了进行国际比较，本文进一步运用国际口径的收入法统计数据进行了计算，结果如表2所示。需要说明的是，为了保持口径可比，下文中的国际口径统计数据基本来源于Undata，采纳了SNA 93统计标准。

表2　中国1992—2005年收入法核算的GDP构成

单位：%

时间/年	劳动者报酬	生产税净额	营业盈余
1992	59.91	13.12	26.97
1993	56.69	14.38	28.93
1994	56.98	13.64	29.38
1995	57.56	13.30	29.14
1996	52.10	15.03	32.87
1997	53.00	15.59	31.41
1998	52.52	16.41	31.07
1999	52.60	16.28	31.12
2000	50.46	16.31	33.24
2001	49.63	16.85	33.52
2002	50.42	17.18	32.39
2003	49.20	17.28	33.52
2004	47.04	14.93	38.04
2005	50.58	16.24	33.18

数据来源：依据《Undata：National Accounts Official Country Data》计算。

注：1992—1995年为SNA Series100口径，1996—2005年为SNA Series200口径。

总体上，国际统计口径受国内统计方法变化的影响相对较小，时间序列数据之间的可比性更高一些。从比较结果看，1993—2005年，居民部门的劳动者报酬呈现下降趋势，总降幅为 6.11 个百分点，年均降幅为 0.47 个百分点，政府部门的生产税净额呈现上升趋势，增幅为 1.86 个百分点，企业部门的营业盈余则呈现明显上升趋势，增幅为 4.25 个百分点，年均增幅 0.33%。这一结果表明，居民部门收入比重的下降首先应当由企业部门的收入增加来解释，解释力达 70%，另外是政府部门收入的增加，解释力为 30%。

(三) 国际比较

我国 GDP 在部门间的收入分配格局与其他国家存在多大差距？很多研究都引用国外数据，但均没有明确说明数据口径是否可比，结论是否可靠。本文为了明确回答这一问题，将我国的情况放到国际环境中比较。在选择国家时，把握两个原则：一是与发达国家比较，既能体现出差距，也能表明未来发展方向；二是与发展中国家比较，既表现共性，也突出差异。基于上述原则，根据 Undata 数据的可得性，最终选择了 7 个具有代表性的发达国家（澳大利亚、加拿大、法国、德国、日本、英国和美国）和 3 个新兴经济体和发展中国家（"金砖四国"的另外 3 个国家，巴西、印度和俄罗斯）。在选择年份时，主要依据与中国可比的统计口径（SNA Series100 和 SNA Series200），并选择了各国最近年度的数据。统计结果见表 3。

表 3　收入法核算的 GDP 构成：国际比较

单位：%

国家	时间/年	劳动者报酬	生产税净额	营业盈余	混合收入	营业盈余与混合收入合计
印度	2007	27.63	8.59	63.78	0.00	63.78
巴西	2003	35.61	16.92	42.99	4.48	47.47
俄罗斯	1999	40.57	16.06	43.37	0.00	43.37
澳大利亚	2004	48.03	11.34	31.69	8.94	40.63
中国	2005	50.58	16.24	33.18	0.00	33.18
加拿大	2004	50.91	11.53	31.77	5.81	37.59
日本	2005	51.56	7.72	36.22	3.79	40.01
法国	2003	52.74	13.60	26.53	7.14	33.67

续表

国家	时间/年	劳动者报酬	生产税净额	营业盈余	混合收入	营业盈余与混合收入合计
德国	2003	53.20	10.73	36.07	0.00	36.07
英国	2006	55.50	12.29	27.60	4.66	32.26
美国	2005	56.92	7.03	25.22	11.41	36.63

数据来源：依据《Undata: National Accounts Official Country Data》计算。

注：1. 除印度、英国、美国为 SNA Series100 统计口径外，其余国家为 SNA Series200 统计口径。

2. 为了便于与中国数据比较，选择了各国可比统计口径的最近年度数据。

3. 各国按照劳动者报酬升序排列。

比较各国的 GDP 收入分配结构，总体上，对于发展中国家的收入分配特点，可以概括为：和发达国家相比，劳动者报酬比重偏低，生产税净额比重较高，营业盈余与混合收入比重高。发达国家的收入分配特点则可以概括为：劳动者报酬比重高，营业盈余与混合收入比重较高，生产税净额比重低。

具体地，从劳动者报酬比重看，印度、巴西和俄罗斯均在 40% 或以下，发达国家除澳大利亚接近 50% 外，其余国家均在 50% 以上，最高的美国为 56.92%，中国在发展中国家居于较高之位，为 50.58%，明显高于"金砖四国"中的其他 3 国；从生产税净额看，发展中国家除印度外，均为 16% 以上，而发达国家在 7%～13% 之间，均值约 10%；从营业盈余与混合收入看，发展中国家除中国外，都在 43% 以上，最高的印度达 63.78%，发达国家基本在 40% 以下，中国为 33.18%，也明显低于"金砖四国"中的其他三国，已基本接近发达国家水平。

综上所述，收入法 GDP 所反映的收入初次分配结构的国际比较结果表明，我国的劳动者报酬占比和各国相比，处于中等偏上水平，高于 11 个国家平均水平 3 个百分点左右，高于"金砖四国"中的其他 3 国 10～23 个百分点。政府部门占比虽高于平均水平 4 个百分点左右，但与巴西、俄罗斯持平；企业部门占比较低，和发达国家类似，低于平均水平 7 个百分点左右。

二、资金流量表核算的国民经济总量

资金流量表是一种顺次反映国民经济总量初次分配、再次分配以及消费、储蓄和资本转移等各个阶段情况的综合统计报表,也是常用于说明国民收入分配格局的方法。由于其数据的连续性,本部分的分析包括初次分配和再次分配格局。我国的资金流量表是1992年开始编制的,因此国内的统计口径和国际基本一致,为了保持数据可比,本文采用了2004年经济普查之后调整过的资金流量表数据进行国内统计数据分析。

(一)国民收入的初次分配——各部门初次分配收入比重

各部门增加值经过对劳动报酬、生产税净额、财产性收支等项目的分配后,形成国民收入的初次分配结果(见表4)。

表4 中国1992—2006年三大部门国民收入的初次分配

单位:%

时间/年	企业部门	政府部门	居民部门
1992	17.38	16.57	66.10
1993	20.10	17.29	62.61
1994	17.77	17.08	65.15
1995	19.53	15.22	65.25
1996	16.90	16.62	66.48
1997	16.89	17.08	66.02
1998	16.19	17.74	66.07
1999	17.81	17.15	65.05
2000	18.95	17.65	63.39
2001	20.19	18.50	61.31
2002	20.32	19.14	60.54
2003	20.93	19.37	59.70
2004	25.98	16.34	57.68

续表

时间/年	企业部门	政府部门	居民部门
2005	22.93	17.48	59.59
2006	22.39	18.59	59.02

数据来源：依据《中国资金流量表历史资料1992—2004》（实务交易）、《中国统计年鉴（2008—2009）》计算。

注：1. 企业部门包含非金融企业和金融企业。

2. 各部门加总结果不等于100%的部分由国外部门解释，本文未包含对国外部门的分析。

表4显示，1992—2006年间，企业部门、政府部门的初次分配收入呈现增加的趋势，而居民部门则出现了下降趋势，其中，企业部门由17.38%增至22.39%，增加5.01个百分点，政府部门由16.57%增至18.59%，增加2.02个百分点，而居民部门则由66.10%降至59.02%，降幅为7.08个百分点，这表明，在初次分配过程中，近年居民部门收入出现了下降。

对比表1和表4的结果可以看出，收入法和资金流量表核算的国民经济总量在三大部门的比重关系方面存在较大的差异：运用资金流量表核算的企业部门收入比重低于收入法，而政府部门和居民部门收入比重则高于收入法。其原因有两点：

原因之一是，理论上资金流量表和收入法核算的要素分配结果应当基本一致，只是归属于企业部门的项目在资金流量表中表现为财产收入和经营性留存，在收入法中表现为固定资产折旧和营业盈余，但在实际统计过程中，二者存在口径方面的差异。首先，从政府部门角度看，GDP收入法核算以省级增加值数据为基础，数据统计过程中没有包含部分非税收入，导致低估政府部门的收入，而资金流量表的相关数据直接来源于财政部和国家税务总局，包含了非税收入，更符合实际情况，数值也更大一些；其次，从居民部门的角度看，修订后的资金流量表数据（本文所采用）对居民部门统计使用的一些假设条件（如人均可支配收入增长率等于劳动者报酬增长率），会导致在一定程度上高估劳动者报酬；再次，我国历年的省级增加值之和高于GDP，会导致收入法存在部分重复计算，影响其可靠性。因此，即使采用收入法对资金流量进行分析，也会存在企业部门收入比重低于收入法，而政府部门和居民部门比重高于收入法的结果。

原因之二是，表4反映的是初次分配收入在部门间的分配，表1反映的是国民增加值在生产要素间的分配，二者的计算方法不同，不具有可比性。初次分配收入的计算公式为：

各部门初次分配收入＝各部门增加值－劳动者报酬净支出－生产税净额净支出－财产收入净支出

其中，劳动者报酬净支出＝劳动者报酬运用－劳动者报酬来源

生产税净额净支出＝生产税净额运用－生产税净额来源

财产收入净支出＝财产收入运用－财产收入来源

可见，初次分配收入在各部门的分配不仅仅考虑与部门直接相关的要素收入，如居民部门的劳动者报酬、政府部门的生产税净额和企业部门的资本收益，还考虑每一部门的其他要素收入，如居民部门和政府部门的财产收入，因此，计算结果就与GDP收入法产生了进一步的差距。

（二）国民收入的再次分配——各部门可支配收入比重

在各部门初次分配收入的基础上，经过经常性转移支付的进一步分配过程，形成国民收入的最终分配结果——可支配收入（见表5）。

表5 中国1992—2006年三大部门国民收入的再次分配

单位：%

时间/年	企业部门	政府部门	居民部门
1992	11.70	19.95	68.34
1993	15.73	19.65	64.62
1994	14.52	18.51	66.96
1995	16.22	16.55	67.23
1996	13.69	17.88	68.44
1997	13.10	18.30	68.60
1998	13.45	18.13	68.41
1999	14.70	18.10	67.20
2000	16.60	19.20	64.20
2001	17.50	20.50	62.00

续表

时间/年	企业部门	政府部门	居民部门
2002	18.00	21.00	61.00
2003	18.20	22.00	59.80
2004	23.27	18.90	57.83
2005	20.04	20.55	59.41
2006	18.52	22.75	58.73

数据来源：依据《中国资金流量表历史资料1992—2004》（实务交易）、《中国统计年鉴2008、2009》计算。

注：1. 企业部门包含非金融企业和金融企业。

2. 各部门加总结果不等于100%的部分由国外部门解释，本文未包含对国外部门的分析。

表5显示，与初次分配收入的变化趋势一致，1992—2006年间，企业部门、政府部门的再次分配收入同样呈现上升趋势，而居民部门则出现了下降趋势。其中，企业部门由11.70%增至18.52%，增加6.82个百分点，政府部门由19.95%增至22.75%，增幅为2.80个百分点，而居民部门则由68.34%降至58.73%，降幅达9.61个百分点。

从三大部门的相互关系看，在初次分配的基础上进行再次分配后，居民部门收入占比略有下降，企业部门占比明显下降，而政府部门占比则有所上升。以2006年为例，居民部门的初次分配收入和再次分配占比分别为59.02%和58.73%，微降0.29%，企业部门为22.39%和18.52%，下降3.87%，而政府部门为18.59%和22.75%，升幅为4.16%。经过国民收入再次分配后，三大部门的分配格局有了进一步演变。其中，居民部门的下降主要是由于社保类转移支付的发生；政府因收入税（所得税等直接税）发生使其占比提升较大，但其后政府的份额还会在"政府消费"（既包括"行政成本"部分，也包括"惠民"部分）过程中增加低收入居民和欠发达地区的"蛋糕"份额。最终的分配，将形成积累和消费两大（基金）去向。

三、小结

本文针对近来热议的"国民收入分配"问题，从纵向和横向两个维度进行了统计分析，可以回答两个问题：一是中国国民收入分配的基本格局及走势上，的确存在近年居民收入占比的下降，但并不如直观数据所显示的那样大；二是与其他国家相比，中国国民收入分配格局中，并不存在比发展中大国更低的居民收入占比。

（一）收入法的分析结果

从国内口径统计数据看，1993—2007 年，居民部门的劳动者报酬降幅为 9.75 个百分点，政府部门的生产税净额增幅为 3.13 个百分点，企业部门的固定资产折旧和营业盈余（即资本收益）增幅为 6.62%。居民部门的收入下降应当由政府和企业部门的收入增加共同解释。

从国际口径统计结果看，基本走势和国内口径统计相一致，但差距缩小。居民部门收入比重的下降首先应当由企业部门的收入增加来解释，解释力达 70%（已有学者强调了其中垄断性大企业收益上升而对国库贡献不足的问题），政府部门收入增加的解释力为 30%（应考虑在改革前期"放水养鱼"、放权让利使财政收入 GDP 比重大幅下降之后恢复性回升的合理性）。

从国际比较结果看，我国劳动者报酬比重高于金砖四国中的另外 3 个国家，差距最大的是印度，高出的幅度达 22.95 个百分点；但是合乎逻辑地低于多数发达国家，差距最大的是美国，幅度为低了 6.34 个百分点。从政府部门所获的生产税净额来看，我国和巴西、俄罗斯类似，仅高于印度；从企业部门份额来看，无论是和发达国家相比，还是和发展中国家相比，我国尚属较低水平。整体上，我国收入分配格局基本符合发展中国家的定位，同时又具有自己的一些特点。

（二）资金流量表的分析结果

从国内的时间序列统计结果看，1992—2006 年间，企业部门、政府部门的初次分配收入和再次分配收入都呈现增长的趋势，而居民部门则出现下降趋势。分析居民部门收入的阶段性降幅，初次分配阶段降幅约占 73%，再分配阶段降幅约占 27%，表明居民部门收入的下降主要发生在初次分配阶段。

在再分配阶段，我国的居民部门收入占比偏低的情况得到一定矫正；企业部门占比和初次分配类似；我国的政府部门占比仍表现为有所上升，但需进一步考虑政府转移支付能力提升、对低收入居民和欠发达地区的支持作用加强所要带来的正面效应，和最终分配结果中居民"蛋糕"份额的加大（现可得的资金流量统计资料对此尚无直接的量化反映）。

主要参考文献：

［1］国家统计局国民经济核算司.中国国内生产总值核算历史资料：1952—2004［M］.中国统计出版社，2007.

［2］国家统计局国民经济核算司.中国资金流量表历史资料：1992—2004［M］.中国统计出版社，2008.

［3］贾康.政府对收入分配的分类调控［J］求是，2007（6）.

［4］安体富，蒋震.对调整我国国民收入分配格局、提高居民分配份额的研究，经济研究参考，2009（25）.

［5］白重恩，钱震杰.谁在挤占居民的收入——中国国民收入分配格局分析［J］.中国社会科学.

［6］白重恩，钱震杰.国民收入的要素分配：统计数据背后的故事［J］.经济研究，2009（3）.

［7］常兴华，李伟.从国际视角看我国的国民收入分配格局［J］.中国经贸导刊，2009（21）.

［8］常兴华，李伟.我国国民收入分配格局的测算结果与调整对策［J］.宏观经济研究，2009（9）.

［9］李稻葵，刘霖林，王红领.GDP中劳动份额演变的U型规律［J］.经济研究，2009（1）.

［10］李扬，殷剑峰.中国高储蓄率问题探究——1992—2003年中国资金流量表的分析［J］.经济研究，2007（6）.

［11］贾康.收入分配与政策优化、制度变革［M］.北京：经济科学出版社，2012.

分报告四　中等收入发展阶段的收入分配研究

世界银行自 2000 年起，采用阿特拉斯法计算每年度的人均国民总收入（GNI），并在此基础上对国家和地区收入水平进行了分组：低收入（LIC）、下中等收入（LMC）、上中等收入（UMC）和高收入。这种分组随着每个财政年度数据的变化而产生相应的分组指标，对某一个国家或地区而言，其组别和排位是动态变化的，它考察的是某一国家和地区与全球经济体发展的相对水平。所谓中等收入，就是以当年全球各个经济体发展水平为大背景，对阿特拉斯法计算出的各经济体人均 GNI 为核心指标进行排序，位于中等位次经济体的最高及最低人均 GNI 指标所形成的区间标准。所谓中等收入阶段，是指某经济体在自身发展过程中，按照当年人均 GNI 在全球的动态排序，从步入中等收入最低区间标准到跨越最高区间标准的经济发展阶段。

一、思考起点：中等收入阶段收入差距不断扩大

作为一种划分经济发展水平的标准，中等收入阶段显然指的是经历了经济增长时期且增长到一定水平的阶段，从国际经验来看，中等收入阶段普遍存在收入差距不断扩大的问题，因此研究这一阶段的收入分配于中等收入阶段是否能够顺利晋级为高收入阶段至关重要。

(一)国际视角下经济增长的三个结果

从国际视角分析,世界范围内的经济增长实践已经造成了以下三个结果。

1. 第一个结果:整体收入水平提高

首先,世界范围内的经济增长实践导致的第一个结果,就是整体收入水平的提高,详见图 1 和图 2。其中,图 1 是世界范围内 1970 年的收入分配情况图,图 2 是世界范围内 1998 年的收入分配情况图,将两幅图进行仔细对比,不难发现,世界收入分布的曲线呈现出了整体的右移,而这两幅图的横轴所代表的都是收入水平,那么这种右移显然意味着世界范围内人均 GDP 出现了显著增长,这两幅图的纵轴所代表的都是在相应人均 GDP 指标下的人口数量,那么不难看出,处于峰值即最多人口所在的 GDP 区间也出现了显著右移,这也同样意味着人均 GDP 出现了显著增长。鉴于此,国际视角下经济增长的第一个结果就是使整体收入水平得以提高。

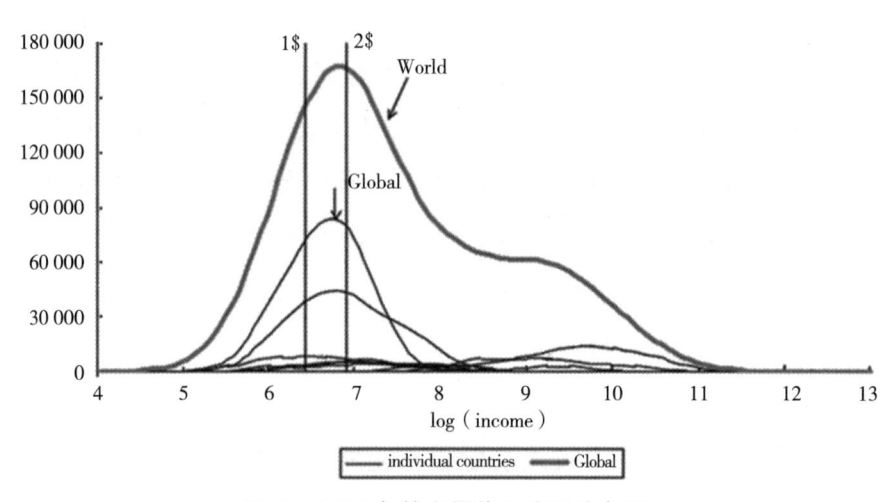

图 1 1970 年的世界收入分配分布图

资料来源:Sala-i-Martin Xavier(2003a),The World Distribution of Income 1970-2000,Unpublished,Columbia University。

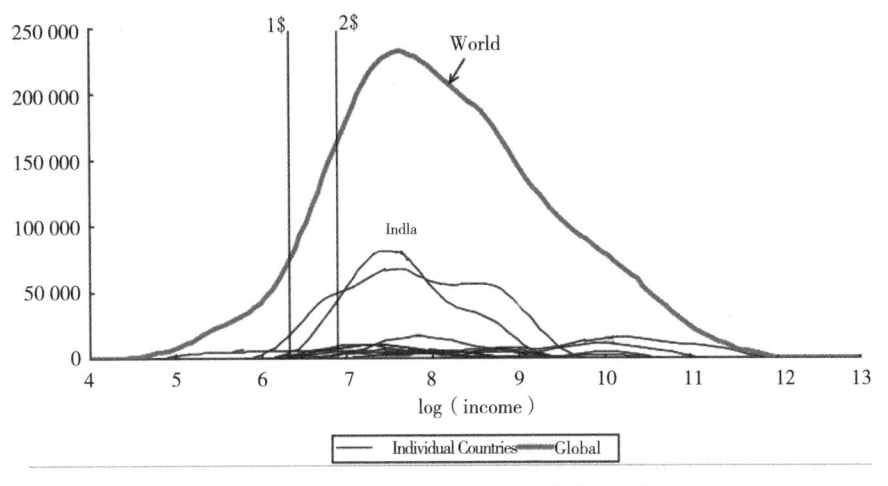

图2　1998年的世界收入分配分布图

资料来源：Sala-i-Martin Xavier（2003a），The World Distribution of Income 1970—2000，Unpublished，Columbia University。

2. 第二个结果：贫困显著减少

如图3所示，无论是以每天少于2美元为临界值标准（位于图中上半部分的曲线），还是以每天少于1美元为临界值标准（位于图中下半部分的曲线），都可以看到，自1970年以来，世界贫困率都呈现出一种不断下降的趋势，这意味着随着经济增长，世界范围内的贫困显著减少了。

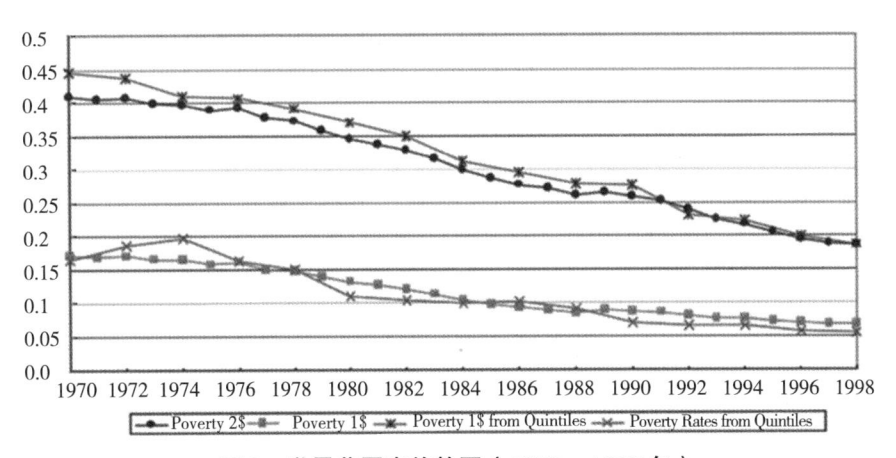

图3　世界贫困率趋势图（1970—1998年）

资料来源：Sala-i-Martin Xavier（2003a），The World Distribution of Income 1970—2000，Unpublished，Columbia University。

3. 第三个结果：贫富差距显著扩大

继续回看图1和图2，不难看出，虽然世界范围内的人均GDP水平分布曲线呈现出整体右移，而且世界范围内位于峰值的人均GDP数值也出现显著右移，但是世界范围内的收入分配分布却发生了重大变化。在图1所显示的1970年世界收入分配分布中，世界收入分配的曲线相对是更加收敛的，而发展至图2所显示的1998年世界收入分配分布的时候，世界收入分配的曲线相对变得更加离散了，这显然意味着世界范围内随着经济增长出现了贫富差距显著扩大的现象。

（二）中国经济增长的两个结果

从中国的收入分配数据分析结果来看，中国经济增长也出现了三个结果，除了符合世界范围内经济增长所导致的结果外，还带有自己的特点。

1. 第一个结果：整体收入水平不断提高

如图4所示，中国的收入分配曲线在1970年、1980年、1990年和1998年呈现出整体不断右移的趋势，而且峰值也呈现不断右移的趋势，即中国随着经济增长实现了整体收入水平的不断提高。

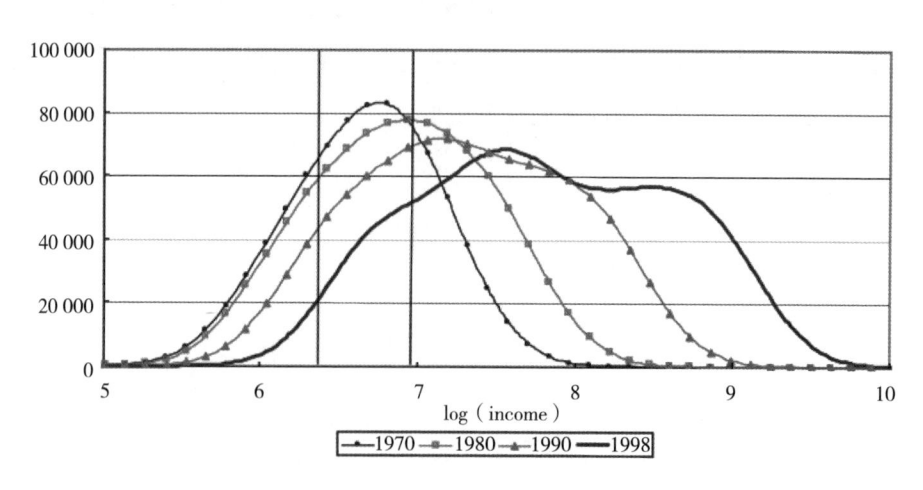

图4 中国的收入分配分布曲线（1970年、1980年、1990年、1998年）

资料来源：Sala-i-Martin Xavier（2003a），The World Distribution of Income 1970-2000, Unpublished, Columbia University。

2. 第二个结果：贫富差距显著扩大

随着经济增长，中国整体收入水平在呈现不断提高的同时，还呈现出不断离散的特点。继续回看图4，从左至右的四条曲线分别代表了1970年、1980年、1990年和1998年的中国收入分配分布曲线，不难看出，1970年的收入分配分布曲线最为收敛，随后的1980年收入分配分布曲线开始呈现出离散的特点，再后的1990年收入分配分布曲线离散的幅度更大，至1998年，收入分配曲线已经呈现出非常显著的离散特点，这个动态过程揭示的就是不同收入水平的人群不断拉开距离的过程，显示了中国随着经济增长呈现的贫富差距显著扩大的特点。

（三）一个重要结论：中等收入发展阶段贫富差距更容易扩大

1. 中国和巴西等处于中等收入阶段的国家都出现了贫富差距扩大的问题

继续回看图4，不难发现，1990年和1998年两条曲线的离散程度更大，从数据上来看，我国恰是在经历多年改革开放之后的20世纪90年代跨入的中等收入阶段，而在这个阶段中，中国的收入分配分布曲线呈现出大幅度的离散特点，这表现出中等收入发展阶段贫富差距更容易扩大的特点。值得注意的是，这种特点并不仅仅出现在中国，世界范围内典型的落入中等收入陷阱的国家巴西也呈现出这种特点，收入分配分布曲线大幅度离散，如图5所示，显示了中等收入阶段贫富差距过大的社会现实。

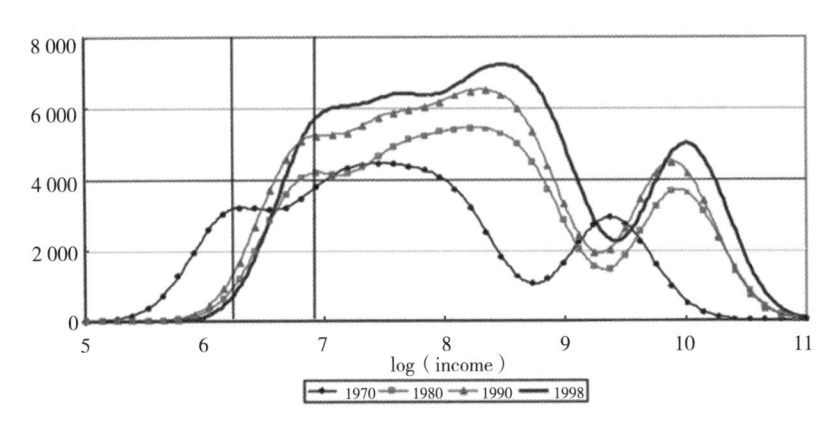

图5 巴西的收入分配分布曲线（1970年、1980年、1990年、1998年）

资料来源：Sala-i-Martin Xavier（2003a），The World Distribution of Income 1970–2000，Unpublished，Columbia University。

2. 美国等发达经济体随经济增长收入分配分布变化不显著

分析过与中国同处于中等收入发展阶段的巴西，本报告认为还十分有必要看看同时期美国的收入分配曲线，如图6所示，随着经济增长，美国的收入分配分布曲线呈现出非常规则性的右移，美国作为一个一直处于世界高收入行列的国家，其收入分配分布曲线随着经济增长呈现出整体右移、峰值也右移、峰值不断飙高的三个特点，然而曲线自身的形状并没有太大变化，没有出现显著的离散，这表明其随着经济增长收入分配分布并没有发生太大的变化。

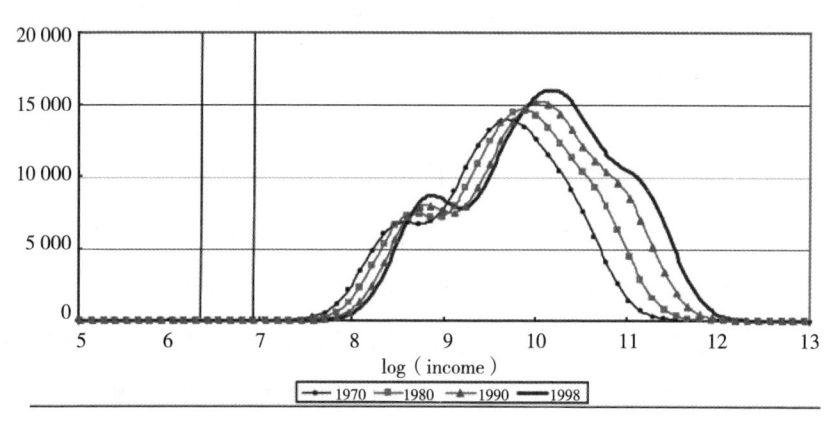

图6　美国的收入分配分布曲线（1970年、1980年、1990年、1998年）

资料来源：Sala-i-Martin Xavier（2003a），The World Distribution of Income 1970-2000，Unpublished, Columbia University。

3. 日本等成功跨越中等收入陷阱的国家呈现出贫富差距缩小的特点

若再看一下同时期的日本，那么更加能证明本报告提出的这个重要结论。如图7所示，日本经过经济高速增长，不仅收入水平显著提高（在图7中表现为收入分配曲线的整体右移、峰值水平也显著右移），而且处于相对更高收入水平的人口数量明显增加（在图7中表现为收入分配曲线的峰值水平所对应的纵轴数值不断攀升）。此外，还有一个特别值得注意的显著趋势，那就是日本1998年的收入分配分布曲线显然比1970年的收入分配分布曲线要更加收敛，这表明日本在经济增长的过程中，尤其是在成功跨越中等收入阶段而步入高收入阶段之后，其收入分配方面呈现出贫富差距缩小而中产阶级壮大的特点。由此，我们也可以看

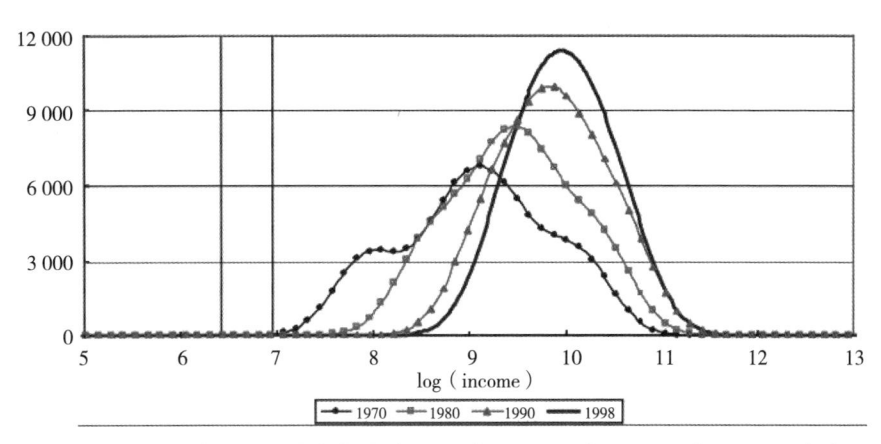

出，中等收入群体的形成是缩小收入分配的关键所在。

图7 日本的收入分配分布曲线（1970年、1980年、1990年、1998年）

资料来源：Sala-i-Martin Xavier（2003a），The World Distribution of Income 1970-2000，Unpublished，Columbia University。

二、中国中等收入阶段初次分配存在矛盾

（一）要素占有的矛盾及不同要素价格的矛盾

要素占有状态和水平不同而形成的收入差别。源于要素占有的状态、水平不同而形成的收入差别。由于种种客观原因（如继承关系），每个具体社会成员在资金、不动产、家族关联、社会人脉等方面（这些都可归于广义的"生产要素"范畴）必然是有所差异的，而由此带来的收入（如利息、房租以及经营活动中的重要信息、正确指导与规劝等促成的收益）高低不同，也是客观存在的，并且有可能形成一定的传承的"自我叠加"的关系。权利、过程和规则是否公正，是我们判断这方面收入是否正当、合理的主要依据。

（二）行业薪酬存在的矛盾

据国家统计局数据显示，2012年全国城镇非私营单位就业人员年平均工资为46 769元，同比名义增长11.9%，扣除物价因素实际增长9.0%，而私营单位就业人员年平均工资为28 752元，同比名义增长17.1%，扣除物价因素实际增

长 14.0%。收入普增，但不同行业、不同单位工作，收入差距还是很明显。数据显示，私营单位就业人员年平均工资仅为非私营单位平均工资水平的 61.5%。不同行业工资差距仍较大。从非私营单位职工平均工资看，年薪最高的是金融业 89 743 元，是该类别全国平均水平的 1.92 倍；而最低的是农林牧渔业 22 687 元，仅是全国平均水平的 49%。从私营单位职工平均工资看，最高的信息传输、软件和信息技术服务业 39518 元，是该类别全国平均水平的 1.37 倍；最低的农林牧渔业 21 973 元，是全国平均水平的 76%。最高与最低行业平均工资之比是 3.96∶1，与 2011 年的 4.17∶1 差距有所缩小。

（三）不同所有制下同工不同酬的矛盾

不同工不同酬，但同工并未同酬。一方面，我们已逐步实现不同工不同酬。这种源于诚实劳动中努力程度和辛劳程度不同以及禀赋和能力不同而形成的收入差别，使劳动付出与回报相称，保障了初次分配中的基本公平。在传统体制平均主义大锅饭环境中，干好干坏一个样，是养"懒人"的机制，收入差异小，生产力得不到解放。改革开放之后，总体的"勤快"程度提高了，但"勤快人"和"懒人"的相对差异仍然存在，新的体制和机制使"懒人"和"勤快人"的收入差异明显扩大。这种以公正为前提，源自努力程度、辛劳程度不同而形成的收入差别，或者说作为收入差别中的一种重要构成因素，在社会生活中必然会出现。此外，社会成员间必然有禀赋和聪明才智方面的差异。在竞争环境下，先天禀赋和基于其他原因在后天综合发展起来的聪明才智，结合构成人们各不相同的能力、才干。客观存在的这种差异必然带来各人收入水平上的差异。一些特殊的、稀缺的能力与才干，如企业家才能、科技人员创新才能，比"努力程度"带来的差别往往要高出许多倍。只要权利、机会和竞争过程是公正的，这种在竞争中形成的高收入应无可厚非。另一方面，我们却并非实现同工同酬。这些现象主要源于现行体制、制度某些不够合理的"明规则"因素而形成的收入差别。有些由体制造成的垄断因素和制度安排因素，在现实生活中可以强烈地影响社会成员的收入水平。比如，一般垄断行业职工的收入明显高于非垄断行业，又比如，公职人员收入水平与组织安排的具体位置关系极大。这中间规则即使是

"对内一致"的，对社会其他群体也已有不少明显的"不公"问题，需要切实地重视和改进。

（四）教育不平等与收入分配差距改善的矛盾

教育和医疗等作为再分配中的社会性支出项目，实际上联通着初次分配和再分配的两端：一方面，教育和医疗的均等能够保证再分配中的公平；另一方面，更为重要的是，教育和医疗同时是保证初次分配公平的重要制度，是市场运行效率的保障，是要素市场提升效率的基础，保障劳动力市场的运行，保障着社会再生产的人力资本供应。就现状来看，我们的教育和医疗等联通初次分配和再分配的社会性支出不均等，使个人能力的差异、因病返贫、因病失去劳动能力等因素出现，从而导致收入分配差距。

（五）制度扭曲导致的收入分配矛盾

源于现行体制、制度中已实际形成而不被追究，或暂时不被追究的"潜规则"而形成的收入差别。这大体相当于一般人们所说的"灰色收入"。它现实存在，透明度很低，往往在规范渠道之外，按"心照不宣"方式或"内部掌握"方式实施其分配。比如公职人员相当大的一部分"工资外收入"，在没有"暗账翻明"而阳光化、规范化之前，很多可归于这种收入，其因不同条件、不同部门等，又往往差异很大。再比如国有企业在法规不明不细或监管松弛环境下，因怎样"打擦边球"不同而形成的职工收入分配水平差异，也可能十分显著。这些潜规则许多是明显的不公正的，亟须整改。源于不法行为，腐败行为而形成收入差别。这大体相当于人们所说的"黑色收入"，往往数额巨大，与违法偷逃税款、权钱交易、贿赂舞弊、走私贩毒等相联系。这种因素形成的高收入，从起点、过程来看，已经毫无公正可言，不属公民权利，而且是构成犯罪的。

（六）导致初次分配差别的其他因素

除以上因素之外，还有一些导致初次分配差别的其他因素，包括努力程度不同，禀赋不同，能力不同，机遇不同等。第一，努力和辛劳程度不同而形成的收入差别。源于诚实劳动中努力程度和辛劳程度不同而形成的收入差别。在传统体制平均主义大锅饭环境中，干好干坏一个样，是养"懒人"的机制，收入差异小，生产力得不到解放。改革开放之后，总体的"勤快"程度提高了，但"勤快人"和"懒人"的相对差异仍然存在，新的体制和机制使"懒人"和"勤快人"的收入差异明显扩大。这种以公正为前提，源自努力程度、辛劳程度不同而形成的收入差别，或者说作为收入差别中的一种重要构成因素，在社会生活中必然出现。第二，禀赋和能力不同而形成的收入差别。源于个人禀赋和能力不同而形成的收入差别。社会成员间必然有禀赋和聪明才智方面的一定差异。在竞争环境下，先天禀赋和基于其他原因在后天综合发展起来的聪明才智，结合构成人们各不相同的能力、才干。客观存在的这种差异必然带来各人收入水平上的差异。一些特殊的、稀缺的能力与才干，如企业家才能、科技人员创新才能，比"努力程度"带来的差别往往要高出许多倍。只要权利、机会和竞争过程是公正的，这种在竞争中形成的高收入应无可厚非。第三，机遇不同而形成的收入差别。源于机遇不同而形成的收入差别。比较典型的是市场态势变动不居，不同的人做同样的事，可以纯粹由于时点不同而结果大相径庭，甚至"好运"的好到一夜暴富，"坏运"的坏到血本无归。这里面机遇的因素也是不可否认的，在市场经济的某些场合，其作用还十分明显。权利、过程和规则的公正，也是这方面应掌握的关键所在。

三、中国中等收入阶段再分配调节面临多重影响

（一）财政分配"三元悖论"制约突出

1.财政分配的"三元悖论"

经过学术论证，财政进行收入再分配过程中，存在"三元悖论"，即指任一特定时期，人们在减少税收、增加公共福利支出和控制政府债务及赤字水平这三个通常看来都"很有道理"的目标之中，只能同时实现其中两个，而不能同时实现，且未能达成的目标会同时制约其他两个目标实现时的水平。财政分配的"三元悖论"制约是在一定限定条件下即既定的财政支出管理水平、政府行政成本水平和政府举债资金乘数效应之下的一般认识，且存在正负相关性：财政支出管理水平越高，行政成本水平越低，融资乘数越大，则越有利于减少税收，增加公共

福利和控制债务及赤字水平。

2. 缓解路径探析

鉴于财政分配"三元悖论"的存在，加入对政府职能转型、机制创新、深化改革的思考角度，缓解财政分配"三元悖论"制约势必有如下要求。

第一，切实提高财政支出管理水平——"少花钱，多办事"。提高财政支出管理水平要求制度创新、管理创新、技术创新互动的全面改革，为真正实现"少花钱，多办事"，需分别从这三方面着手，并加强三方改革互动。其一，制度方面应特别注重财政体制深化改革和以其为制度依托的资金绩效监督考评体系的建设。其二，支出管理方面应继续推行科学化精细化管理，建立健全财政支出全程监控体系。相关的财政支出绩效评价可考虑引入平衡计分卡（表）等方法趋于细致、全面。其三，相关技术方面应考虑在"金财""金税"等政府"金"字号工程的基础上继续全面推进和落实适用最先进信息处理技术的系统化工程及升级政府财务管理系统。在落实2002年提出的"十二金"工程的基础上，继续提升电子政务的先进性、安全性和综合性，提高信息获取、信息处理、信息传达的便捷性和准确性，将制度信息化、电子化并与绩效管理方法系统化融合落实，从而全面提升财政支出管理水平，少花钱、多办事、放松"三元悖论"制约。

第二，有效降低政府行政成本——"用好钱，办实事"。有效降低政府行政成本的关键是推进经济、行政、政治全方位配套改革，其重点内容包括：其一，施行行政体制改革，在各级政府职能、事权（支出责任）合理化基础上精简机构和人员，提高人力资源质量，在提高政府工作效率的同时降低行政管理的机构、人员成本。其二，继续落实预算信息公开制度强化监督。预算、决算信息公开是公共财政的本质要求，也是政府信息公开的重要内容。向社会公布中央、地方政府"三公"经费等预算信息，表明了政府履行承诺、接受公众监督的决心，也为推动各级政府进一步公开各项行政经费、在公众监督下厉行节约、降低政府运行成本奠定了基础。其三，进一步改革政府行政经费相关的管理制度。例如：推进公车改革，严格审批因公出国减少出境团组数和人数；严格控制公务出差、公务接待经费标准，严禁赠送礼品，等等。其四，大力完善财政资金监督考评与问责体系，促使"纳税人的钱"每一分都花到实处，发挥出最大效益，从而能够将节省出的财政资金投入民生最需要的方面。

第三，扩大政府举债资金融资乘数——"少借钱，多办事"。政府举债资金融资乘数是指政府举债变化所引起的政府实际融资总量变化的连锁反应程度；融资乘数越大，越有利于减少税收、增加公共福利和控制债务及赤字水平。提高政府国债或地方债的融资乘数必然要求一系列的管理和机制创新，特别是与政策性融资体系机制相关的全面配套改革，具体实施的关键点之一是要在财政、政策性金融机构、企业、商业银行和信用担保等机构之间，搭建一种风险共担机制（而非财政"无底洞式"的兜底机制），在市场经济环境下，运用政策性资金、市场化运作、专业化管理机制，追求资金的"信贷式放大"即"四两拨千斤"地拉动社会资金、民间资本跟进，并提高资金使用效率。发掘这方面的潜力，在市场经济环境下具有可行性与必要性，有利于缓解财政"三元悖论"制约，"少借钱"而"多办事"，即以提高乘数效应力求更大规模地引致、调划社会资金形成更可观的合力。

第四，实质转变政府职能类型——"扩财源，优事权"。我国在市场经济发展健全的进程中，政府职能的合理化调整势在必行，国家政治权力治理的实施方式将主要体现为社会公共事务管理，行政管制型政府要完成向公共服务型政府的转型。财政作为"以政控财，以财行政"的分配体系，必须服务于这一历史性转型并进行自身相应的转变，即健全公共财政。实质性地转变政府职能，要求政府体制、机构和社会管理多方面的改革，例如：政府体制方面，必须逐步清晰，合理界定从中央到地方各级政府的职能，由粗到细形成事权明细年，并在预算中建立和运用完整、透明、科学合理的现代政府收支分类体系，为履行政府职能提供基础性的管理条件。政府社会管理方面，应在继续建立和完善覆盖全民的基础教育、基本医疗卫生保障和基本住房保障制度等的基础上，强调政府向服务型转变；鼓励和引导建设各类面向市场、面向公益的非政府主体和中介组织机构，完善公私合作的种种机构和制度。公共工程、唯公共产品供给方面的PPP（公私合作伙伴关系）模式应是政府转变职能过程中特别值得重视与发展的模式，其中至少包含设计建造（DB），运营与维护（O&M），设计、建造、融资及经营（DBFO），建造、拥有、运营（BOO），建造、运营、移交（BOT），购买、建造及运营（BBO），建造、租赁、运营及移交（BLOT）等多种公私合同种类，并可随着我国市场经济体制的完善和经济社会发展形成更加广泛的应用和优化，从而促进民间主体和非政府财力为政府职能转变与优化注入新的活力和为公共福利水平提升打开新的财力来源与资源潜力空间，有效地缓解政府债务和赤字压力。

3. 再看十八届三中全会削减"三公"经费

新一届政府在压缩三公经费方面的举措为深化改革释放出了更大空间。2012年12月4日，中共中央政治局规定中明确指出一系列压缩三公经费的具体做法"要轻车简从、减少陪同、简化接待，不张贴悬挂标语横幅，不安排群众迎送，不铺设迎宾地毯，不摆放花草，不安排宴请""要精简会议活动，切实改进会风，严格控制以中央名义召开的各类全国性会议和举行的重大活动，不开泛泛部署工作和提要求的会，未经中央批准一律不出席各类剪彩、奠基活动和庆祝会、纪念会、表彰会、博览会、研讨会及各类论坛；提高会议实效，开短会、讲短话，力戒空话、套话""要规范出访活动，从外交工作大局需要出发合理安排出访活动，严格控制出访随行人员，严格按照规定乘坐交通工具，一般不安排中资机构、华侨华人、留学生代表等到机场迎送""要厉行勤俭节约，严格遵守廉洁从政有关规定，严格执行住房、车辆配备等有关工作和生活待遇的规定"。

自2008年全球爆发由美国次贷危机引发的大范围金融危机以来，后继引发的系统性金融风险以及连动引发的欧洲诸国主权债务危机，使全球经济陷入低迷。中国作为全球最具活力的新兴经济体，虽然仍未撼动全球经济增长引擎这一核心地位，但是经济增长三驾马车中的出口遭受重创，而随着经济由外转内，扩大内需、投资拉动经济增长等刺激手段切实保障了中国经济的稳定增长，但与此同时也为政府带来一系列债务压力。为了给民生以更大保障，为了给经济发展腾出更多空间，党的"八项规定"切实减少了行政费用，缓解了全国的财政压力。

（二）转移性因素对再分配的影响

转移性收入是初次分配与再分配领域转联结的重要通道。理论上，转移性收入对收入分配的影响体现在宏观和微观两个方面。从宏观层面看，转移性收入在三大部门之间的流转直接到影响各部门可支配收入的形成；从微观层面看，转移性收入影响社会各个收入阶层之间的收入对比关系，客观上起着均衡、协调不同收入水平，缩小收入差距的作用。

1. 宏观视角看转移性收入对再分配的影响

从宏观层面看，在中国三大部门实现国民收入再次分配的过程中，企业部门是收入净流出部门，政府部门是净流入部门，住户部门总体上是净流入部门。1992—2008年，中国政府部门和企业部门的可支配收入比重呈现增长趋势，住户部门则出现下降趋势。其中，企业部门增幅约10%，政府部门增幅超过1%，住户部门降幅超过11%。从2009年开始，上述格局发生了改变，政府部门增大了对住户部门的转移支付力度，政府部门对住户部门的转移性支出连续两年超过了住户部门的"收入税"和"社会保险缴款"项目的支出，政府部门相对于住户部门而言，成为净流出部门。

对统计数据的分项目分析比较表明，政府部门经常转移收入的较快增长源于"收入税""社会保险缴款"的大幅度增加，而经常转移支出的增长则源于"社会保险付款"和"其他经常转移支出"的增加，即一方面，政府通过增加对企业部门和住户部门征缴所得税集聚了资金；另一方面，这些资金中的大部分又通过社会保险及转移支付等方式分配给住户部门（企业部门数额很小）。这"一取一予"中，主要是贯彻了收入再分配的原则和意向。

住户部门的经常转移来源和运用都出现增长，但经常转移运用的增幅远大于来源。分项目比较表明，住户部门经常转移收入的增长较慢，主要是由于在来源项目中，只有"社会保险福利"出现了一定幅度的增加，另外两项"社会补助""其他经常转移"负增长或不增长，与此形成鲜明对比的是住户部门经常转移支出的大幅度增长，"收入税"和"社会保险缴款"项目同时为增长提供了动力。

企业部门经常转移收入仅包括"其他经常转移"一项，较为稳定，经常转移支出的大幅度下降主要是由于"其他经常转移"项目下降造成的，包括未纳入统筹的单位支付的离退休费和医疗费、常住者和保险赔款，这些项目的支出对象基本是住户部门，因此，其下降表明企业部门对住户部门的转移支付逐步降低。

2. 微观视角看转移性收入对再分配的影响

从微观层面看，近年来，财政部门通过实施家电汽车下乡以及家电、汽车以旧换新政策，对全国城乡低保对象、农村五保户等 8 600 多万困难群众发放一次性生活补贴，重点增加城乡低保对象等低收入者收入等财政补贴手段，对低收入群体进行各种补贴，客观上增加了低收入群体的收入水平，在一定程度上有助于缩小不同收入群体的收入差距。

综上所述，经过国民收入再分配后，住户部门的支出大幅度增加，而这主要是由伴随政府政策手段为主的"抽肥补瘦"的福利分配实现的，一定程度上抑制了社会成员生活境况的"两极分化"。

（三）财产性因素对再分配的影响

改革开放以来，中国居民拥有财产总规模快速增长，已跃居全球第三位，在此过程中，财产分布差距正日趋扩大，财产因素对收入分配格局的影响日益显著。

1. 三部门财产收入现状

住户部门是财产收入最大的净流入部门，企业部门是财产收入最大的净流出部门，除极个别年份，政府通常也是财产收入的净流出部门。住户部门获得的财产收入净额总体呈增长态势，2006 年以后增长加快，2008 年达到 7 418.9 亿元，是 1998 年的两倍多。住户部门获得的财产收入净额以利息收入为主，平均占 86.3%，其次是红利收入，平均占 8.4%，形成这种结构的原因：一是中国住户部门金融资产以银行存款为主；二是中国企业分红比例较低。以上市公司为例，2001—2010 年的 10 年间，流通股股东获得股息率平均仅为 0.907%，低于境外市场平均 2% 的股息率水平。企业获取红利的增速低于支付红利的增速，企业部门在 2005 年已成为红利净流入部门。政府部门所涉及的财产收入运用和来源情况，绝大多数都与利息收入有关，净流出的形式主要是利息支付，2008 年利息净支出规模高达 1 275.1 亿元。

2. 城乡居民之间的财产性收入差距明显扩大

中国现阶段城乡居民之间的财产性收入差距明显扩大。从人均年收入的构成情况来看，无论是城镇居民，还是对农村居民，财产性收入所占全部年收入的份额一般都没有超过3%。

1990年，城乡居民人均财产性收入之比为0.44∶1，2002年则攀升至2.85∶1。1990—2000年，正是金融市场迅速成长时期，也是城镇住房制度改革的推进时期，这些新生市场推动了城镇居民财产性收入的显著上升，而农民则相对缺乏有关金融投资和房产投资的市场机会和专业知识，在取得财产性收入方面处于弱势。近年来，随着新农村建设等，城乡财产性收入的差距出现小幅缩小的趋势，2009年下降到2.58∶1，但仍存在很大差距（见表1）。

表1 城乡居民人均年收入构成情况

单位：元

时间/年	1990	1995	2000	2007	2008	2009
城镇平均每人全部年收入	1 516.21	4 279.02	6 295.91	14 908.61	17 067.78	18 858.09
工薪收入	1 149.7	3 390.21	4 480.5	10 234.76	11 298.96	12 382.11
经营净收入	22.5	72.62	246.24	940.72	1 453.57	1 528.68
财产性收入	15.6	90.43	128.38	348.53	387.02	431.84
转移性收入	328.41	725.76	1 440.78	3 384.6	3 928.23	4 515.45
可支配收入	1 510.16	4 282.95	6 279.98	13 785.81	15 780.76	17 174.65
农村平均每人全部年收入	990.38	2 337.87	3 146.21	5 791.12	6 700.69	7 115.57
工资性收入	138.8	353.7	702.3	1 596.22	1 853.73	2 061.25
家庭经营收入	815.79	1 877.42	2 251.28	3 776.7	4 302.08	4 404.01
财产性收入	35.79	40.98	45.04	128.22	148.08	167.2
转移性收入		65.77	147.59	289.97	396.79	483.12
城镇与农村财产性收入之比	0.44∶1	2.21∶1	2.85∶1	2.72∶1	2.61∶1	2.58∶1

资料来源：历年《中国统计年鉴》。

3.财产性收入分配导致两大突出问题

中国居民财产分布和财产性收入变迁的上述特征基本符合新兴市场经济国家的共同规律,居民走向共同富裕之路还存在很大的发展空间。目前,需要高度重视两大突出问题:

一是财产分布总体状态未脱"发展中"特征,财产性收入比例低。财产以及财产性收入对于居民和家庭具有重要意义,"有恒产者有恒心"。增加居民财产和财产性收入有利于提高居民的消费和投资能力,有利于支撑国家经济发展和社会进步。

二是中产阶层薄弱,城乡居民财产差距呈显著扩大趋势、房产差距突出。财产分配及与之伴随的收入分配往往具有一种"马太效应",容易导致富者越富,穷者越穷,财产分布不均等造成的差距还可以代际相传,加剧收入分配的不平等。收入分配的差距与财产分布的差距又互为因果,如影随形,且很容易形成所谓"正反馈"而不断自我加剧。对中国财产分布差距在短期内迅速扩大的现象应保持警惕,并制定适宜的因应措施和前瞻对策。

4.再分配环节对财产性收入调节不力

从国家统计局公布的数据看,2003—2006年,我国城镇居民工资性收入年均增长11.2%,而财产性收入年均增长率达到24.5%。更有统计数据表明,美国公民的财产性收入占国民可支配收入的比例为40%,而我国财产性收入占可支配收入的比例仅约为2%,可见我国财产性收入未来还有很大增长区间。最高最低家庭收入比的现状,加之财产性收入极易引发"马太效应"的性质,由于财产性收入而导致的财富快速积累和高度分化是可预见的发展趋势。鉴于此,若对我国现行税收体制进行观察,不难发现:现行消费税的收入范围较窄,高尔夫球等高档消费甚至仍在征税范围之外;个人所得税累进程度不高,调节的重点并不在高收入群体,且尚未建立以家庭收入为基础的综合税制;专门针对财产收入的典型财产税,如:保有环节的房地产税、遗产税、赠与税等税收尚未建立起来,针对财产性收入的税制总体来看呈现滞后的特点。

(四)基本公共服务对再分配的影响

中国公共产品供给问题是公共财政体系建设和发展的核心问题,也成为平抑社会成员实际收入差距，提升社会幸福感的关键举措。公共产品的供给问题在分配流程中表现为"取之于民、用之于民"的安排问题。

1. 总量视角："取之于民，用之于民"的规模

宏观税负是衡量一国政府为提供公共产品和服务所占用资源的大小时常用指标，一国宏观税负水平高低受许多因素影响，如国情、经济发展阶段、政府执政理念以及政治体制等因素的影响。

中国于 2003 年人均 GDP 超 1 000 美元，2008 年超 3 000 美元，2010 年人均 GDP 在 4 500 美元左右。按当年价格计算，中国目前发展阶段与欧美主要发达国家 20 世纪 60 年代初到 70 年代末相类似。按照可比口径计算，中国政府收入应包括扣除国有土地使用权出让收入之后的四个预算收入之和。我们选取该时期 OECD 国家的政府收入和支出占 GDP 的比重与中国 2008—2010 年情况进行对比，具体情况如表 2 所示。从中可以看出，中国目前宏观税负水平与同发展阶段的日本接近，不但低于其他主要六国，也低于 OECD 国家均值，考虑到中国城市化水平低于同阶段其他各国，因此我们认为，中国宏观税负水平不高，基本与经济发展阶段相适应。

表 2　中国与 OECD 国家发展阶段类似时期政府收入占 GDP 比重

国家（1）	发展阶段类似时期 时间段（2）/年	人均 GDP（3）/美元	政府收入占 GDP 比重 1960—1973（4）/%	1974—1979（5）/%
美国	1960—1970	2 881~4 998	27.6	29.7
日本	1966—1976	1 058~5 036	20	24.6
德国	1970—1974	2 687~5 456	37.6	44
法国	1960—1973	1 320~4 918	37.7	40.8
意大利	1963—1978	1 126~5 406	30.2	33.5
英国	1960—1977	1 381~4 566	34.8	39
加拿大	1960—1972	2 294~5 049	31	36.9
主要七国平均	—	—	29.5	32.6

续表

国家（1）	发展阶段类似时期		政府收入占GDP比重	
	时间段（2）/年	人均GDP（3）/美元	1960—1973（4）/%	1974—1979（5）/%
OECD国家均值	—	—	29.6	33.4
中国	2003—2010	1 000~4 500	24.7（2008）	25.4（2009）

资料来源：（1）3列OECD国家数据取自http://www.indexmundi.com/facts，中国数据根据统计年鉴计算得到；（2）4、5列OECD国家数据取自OECD historical statistics 1999中表6.5和表6.6，中国数据取自《中国财政收入规模及国际比较》（财政部网站）；（3）4、5列中国数据中括号内数字为年度。

2. 质量视角："取之于民，用之于民"的方式

在现代政府收入制度体系中，税收、规费、公权收入以及债务是政府收入的四种形式，其中税又以其收入规模大、无偿、强制和非一一对应等特点而成为各国最重要的收入形式。在目前中国四类方式中，税收收入占公共预算收入的比重在90%左右，占全口径政府收入的比重在70%左右。因此以税收为重点，即可分析中国"取之于民"的政府收入来源结构。2006—2010年，中国各类税收收入占全部税收收入的比重情况如图8所示：

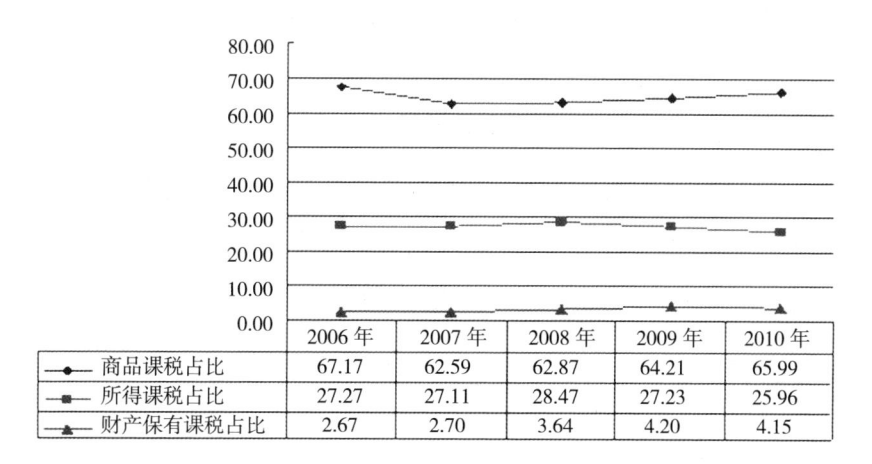

	2006年	2007年	2008年	2009年	2010年
商品课税占比	67.17	62.59	62.87	64.21	65.99
所得课税占比	27.27	27.11	28.47	27.23	25.96
财产保有课税占比	2.67	2.70	3.64	4.20	4.15

图8　2006—2010年税收收入占比结构图

中国商品类课税占有绝对主导地位，2006—2010年商品流转课税占全部税收收入的比重均在60%以上。从趋势上看，商品流转税收入占比呈下降态势。同期，所得类税收收入占比不足30%，其中具有公平分配效应的个人所得税收入占全部税收收入的比重不足10%，所得税类收入占全部税收收入的比重有下降趋势。2006—2010年财产保有环节的税收不足5%，在税收收入体系中微不足道，但呈上升态势。从增量来看，首先财产保有类税收收入增速最大，5年平均增长率为34.37%；其次是商品流转类税收收入，年均增长率为19.81%；最后增速最低者为所得类税收收入，年均增长率为18.87%。

在"用之于民"的各项支出中，通过考察"民生支出"现状和发展趋势，据以评判中国公共财政"用之于民"的情况。2007年中国进行了政府收支分类改革，考虑数据的可比性，我们对2007—2010年一般公共预算中的教育、文化体育娱乐、医疗卫生、社会保障和就业、城乡社区事务以及社会性保障住房支出（以下简称基本民生支出）规模以及增速情况进行分析。

2007年以来，中国基本民生支出占全部财政支出的比重呈稳步上升态势，占比从2007年的37.57%上升至2010年的40.61%。从各项基本民生支出占全部财政支出的比重来看，也呈现出类似的增长的态势，除教育和社会保障和就业支出占比微降外，其他支出均呈稳步上升趋势，尤以医疗卫生支出占比增幅最大，从2007年的4%上升至2010年的5.3%。实际上，公共财政中，用于教育支出的资金分为两部分，一部分为公共财政中教育支出，另外一部分来自于预算外支出，如2008年预算外教育支出规模为2 325.98亿元，占预算内教育经费开支的25.81%。对于社会保障和就业支出而言，随着中国社会保险金收支制度的完善，民众享受到的社会保障福利得到巨大改善。1999—2009年，就业支出从4.12亿元增加至511.31亿元，年均增长率高达61.95%，城市居民最低生活保障支出从17.95亿元增加至517.85亿元，年均增长率达39.96%，远高于财政总支出20.56%的年均增长率。

2007—2010年，财政总支出年增长率为21.63%，基本民生事项总支出增长率达24.79%，高于前者3个百分点，尤其是医疗卫生支出，从2007年的1990

亿元增加至2010年的4 745亿元，年均增长率达33.6%，高出财政总支出增长率近9个百分点，中国基本民生事项支出增速高于全国财政总支出。

在国际比较上，我们以经济发展阶段为标准，考察美国、英国和德国20世纪类似支出占全部支出的比重变化情况。中国2010年全部基本民生支出占财政总支出的比重为40.61%，高于美国1962年的水平（33.13%），略低于1970年的水平（42.72%）。从前文分析中可知，1960—1970年，恰为美国人均GDP在3 000~5 000美元时期，即与中国目前发展阶段接近时期；与欧洲高福利国家相比，中国目前基本民生支出处在与英国1929年相当（39.75%）、略高于德国1913年的水平。在此值得一提的是，如果将中国社会保障"五项基金"中社会保障支出纳入民生支出，中国基本民生支出将大幅增加。2009年，基本民生支出占总支出（公共预算支出+五项基金支出）的比重为44.39%，与英国1955年水平相当。如加上与民生关系密切的其他支出，中国财政"民生支出"部分应占70%或更高一些的比重。当然，也需承认在中国压缩"行政成本"的空间也还较大，除财政加强预算管理、绩效约束外，还需通过配套改革（包括行政、政治体制的改革）形成有利于降低行政运行成本的制度条件。

（五）国有企业对再分配的影响

国有企业是国民经济的重要支柱，长期以来一直发挥主导发展战略和增进社会公平的重要作用。在体制转轨过程中，由于相关制度不健全和政策调控不力，尤其是垄断领域改革滞缓以及对垄断国企规制不到位，又使国有企业成为近一时期被高度关注的收入分配失衡领域，如垄断国企高管薪酬过高、员工工资福利过高、国企利润分配上的"内部沉淀"与"闭式循环"等问题，社会对此争议实多。当前和今后一个时期，需要加快改革步伐，调整相关政策，优化制度设计，将国企重新导入促进社会公平分配的轨道上来。

1. 国企利润分配制度不合理

近年国有企业业绩不断提升，收入增长迅猛，财务指标体现的国有企业经营效益的大幅提升。但不容忽视的是，现阶段国企盈余的积累与大量的非市场因素相关。高效益在一定程度上并非缘于运行的高效率，而是依靠资源和制度上的政策优势。首先，某些国企收益积累很大程度上与有关资源要素价格改革不充分、税费制度不健全因素相关。其次，一些国有经济占比较高的行业，如金融、保险、石油、石化、电信、民航、烟草，享受了投资、信贷、税收等诸多方面的国家优惠政策。最后，某些垄断行业终端价格改革不到位，由于准入的行政限制，市场竞争不充分，终端产品和服务价格不按边际成本定价，形成了高额垄断利润。

国有企业利润留存过多，会进一步加剧社会财富分布的不均衡，也会有损于市场效率的提升。在非市场化不合理因素的作用下，国有企业收入连年大幅增长不仅带来国民收入分配格局中企业部门收入的上涨趋势，而且，这种上涨中与尚未消除的过度垄断因素以及资产收益上交制度缺位因素相关的部分，是以扭曲各要素市场供给价格和收入分配合理化框架为代价的，导致的是对政府部门、住户部门收入的挤占。

2. 国有资本经营预算支出结构不科学

随着近年国有资本经营预算的推进和大型国企资产收益上缴制度的推行，上述情况有所好转，但仍存在两个突出问题，影响着收入分配状况的有效改善。

一是国有资本收益收缴力度过小，上缴基数和比例过低。2009年国企实现利润1.3万亿，中央企业利润高达9 445.4亿元。中央级国有资本经营预算中，2007—2009年三年共收取中央企业国有资本收益1 572.2亿元。中央级次国企利润收缴三年集中到政府收入中的尚不足一年利润的20%。2010年全国国有企业实现盈利19 870.6亿元，同比增长37.9%，其中化工、电力、有色、交通等行业利润增长更是超过1倍，根据5%～10%的利润上缴比例，2010年中央国有资本经营收入预算数440亿元，决算数为577.58亿元。整体来看，2009年国有企业利润上缴比例仅约6%，2010年该比例降至2.9%。对比来看，目前上市公司向股东分红的平均比例在40%左右。在其他一些国家，国有企业上缴的红利一般为盈利的1/3～2/3，有的甚至高达盈利的80%～90%。

二是支出方向的偏离，企业上缴的红利目前主要在央企体系内部转移，尚没有明显体现惠及民众的意义。国有资本经营预算支出主要包括用于根据产业发展规划、国有经济布局和结构调整、国家战略、安全等需要而安排的资本性支出，以及用于弥补国有企业改革成本等方面的费用性支出。范围上相当于把国有资本经营支出严格分界于其他政府公共支出，形成了国有资本经营预算支出准封闭运行的倾向。除上缴比例过低外，国企红利"内部沉淀""体内循环"的现状也颇受争议。以国有资本红利为主要来源的国有资本经营预算体系，主要定位于调整国有资本在不同行业与企业之间的配置状况，尚未注重公共福利。数据显示，2008年、2009年国有资本经营预算支出1 553亿元，主要用在产业结构调整、技术创新、重组补助等方面。2007年、2008两年国企红利调入公共财政预算，用于社会保障等民生的支出不过10亿元。总体来看，国有企业特别是垄断性的央企在收入分配方面，并不像以往认为的那样促进了公平、缩小了差距，而是在收入分配领域尚未很好扮演正面角色。

改善国民收入分配格局，离不开调整和完善国有企业相关制度和政策，要综合推进三项改革：一是改革国有企业利润分配，提高国有企业分红比例，扩大红利上缴范围，国有资本经营预算收入要更大比例调入公共预算，统筹用于民生支出，进入国民收入分配体系的"大循环"，体现全民共享；二是加大垄断行业改革，尽最大可能减少垄断对分配格局的扭曲；三是推进工资制度的改革与完善，按照"按劳分配、同工同酬"的原则，加大工资改革力度，加强对垄断行业的薪资管控，实施工资总额预算管理；四是进行综合财税配套改革。

四、跨越中等收入陷阱的收入分配任务：扩大中等收入群体

（一）收入分配格局

1.世界主要国家的收入分配结构

从世界范围来看，收入分配结构主要有四种形态：一是扁平形；二是哑铃形；三是金字塔形；四是橄榄形。世界银行公开数据显示：对于发达国家，英国基尼系数为0.326（2012年），德国为0.301（2011年），法国为0.331（2012年），日本为0.321（2008年），韩国为0.353（2013年），收入分配结构可均视

为橄榄形；在发达国家中，美国的基尼系数较高，为0.411（2013年）。依照五分法，美国2012年家庭收入从最低20%到最高20%占全部收入的比重依次为3.2%、8.3%、14.4%、23.0%、51.0%，收入分配结构呈现为扁哑铃形；作为典型的发展中国家，印度基尼系数为0.339（2009年），特点是非富即穷，巴西基尼系数为0.529（2013年），已远超过世界警戒线（0.4）。依照五分法，据世界银行数据，巴西2007年收入从最低20%到最高20%占全部收入的比重依次为3.02%、6.85%、11.78%、19.62%、58.73%，收入分配结构呈现为哑铃形。

2. 中国的收入分配结构：从低收入阶段到中等收入阶段

如图9所示，改革开放之前，我国居民收入水平和财产存量水平很低且分配极为平均，呈现扁平形格局，但这样的格局实际上反映了宏观经济整体运行的无效率。改革开放以来，随着宏观经济进入黄金增长期，我国收入分配格局呈现由扁平形向金字塔形转变的轨迹，主要原因：一是在经济转轨过程中市场经济不断搞活，全国人民生活水平和收入水平在普遍持续快速提高过程中，从均平原则转向效率原则；二是"一部分人先富起来、先富带动后富"的发展战略允许效率高者获得高收入，分配差距逐步扩大；三是人才培养模式与现实需求存在错配，高技术工人的供给短缺推升了人力资本价格；四是收入分配体制机制不健全。

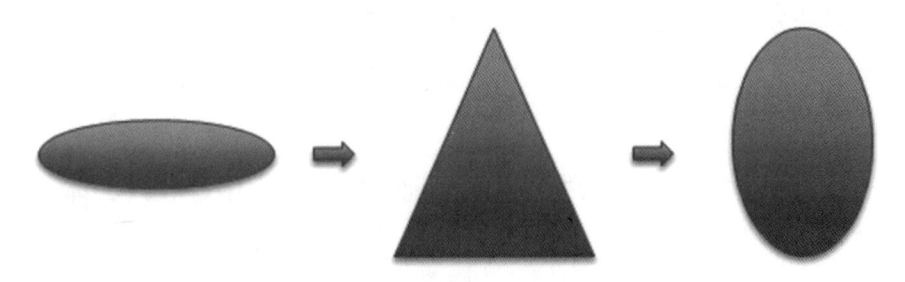

图9 我国收入分配格局演进示意图

（二）中等收入陷阱定义与收入分配的联通

1. 世界银行的中等收入陷阱定义

"中等收入陷阱"这个概念最早是世界银行于2006年在《东亚经济发展报告》中，用来形象地描述经济体特殊的停滞徘徊期，它并不是一个绝对意义上的概念，而是在比较全球范围内不同经济体经济发展水平的基础上产生的，属于在实证数据的比较中可明确观察到的一种统计现象。世行对全球经济体收入阶段的划分标准是动态变化的。基于人均国民总收入（GNI）这一指标，其将全球各个经济体划分为四个发展阶段：低收入、下中等收入、上中等收入和高收入，划分标准的上下阈值逐年上升。中国2012年的人均国民收入为4 270美元，排在全球第107位，但已站在了当年世行上、下中等收入分界值4 085美元的上方，成为上中等收入经济体。

世界银行的研究表明，近50年来全球100多个中等收入经济体中，仅有13个国家和地区跨越中等收入陷阱，即从上中等收入再上升为高收入的经济体。我们研究发现，这13个经济体中的毛里求斯已在近几年又从高收入经济体群组中退出，回落至"陷阱"内。剩下的12个经济体中，韩国、新加坡、中国香港、西班牙、葡萄牙等绝大多数，从经济体量上来看都是小经济体，若探寻成功之路，它们可为中国借鉴之处寥寥。从世行2014年最新发布的2012年人均GNI数据来看，处于下中等收入阶段的经济体有49个，处于上中等收入阶段的经济体有48个，而这些经济体中的绝大部分都已在现所处的经济发展阶段中挣扎了许多年。我们测算，目前正处于上中等收入阶段的经济体中，有20个已经居于其中超过16年，有的甚至达到了三四十年之久，始终冲不破上中等收入阶段的"天花板"，即始终跨越不了"上中等收入陷阱"。其中，巴西、塞舌尔、委内瑞拉等国家都经历过"晋级—退出—再晋级"的痛苦过程。

2. 拉美落入陷阱源自弥合收入分配差距的福利赶超

拉美福利赶超最为直接的原因是应对三十年黄金增长期带来的社会收入差距扩大。拉美在经历了长期殖民地生活加之民族和种族十分多样化，始终对平等问题非常敏感，加上遗留下来的历史制度导致国家落后，工业化和城市化进程举步维艰，创造就业和解决城乡一体化发展问题就更加困难，社会收入差距扩大问题也与多语种、多信仰等人口结构问题有一定关联，多元民族间的差异性与歧视因素，容易催化收入差距矛盾。加之其还存在阶段特殊性，主要表现在三方面：外部发达国家的榜样效应、当权阶层的贪婪和内部公民对福利的无限渴求的充分叠加。外部发达国家的榜样效应本来是经济赶超的前提，落后经济体发起后发优势对发达经济体进行技术学习和制度优化而实行赶超，是中等收入经济赶超阶段的合理路径。然而，拉美后来的赶超路径并没有沿着学习技术和长久有效制度体系继续推进经济赶超的方向来进行，而是扭曲地转向了忽略本土财政约束、机械照搬发达国家福利水平和福利体制的方向。当时的发达国家已经历了几轮的"经济迅速增长—工资福利上涨—经济继续迅速增长"，在经济发展水平到达一定高位且逐步稳定后，才进入"工资福利上涨—建立福利保障体系"的阶段，又经历了一定时期的福利覆盖面扩大和福利水平提高，终于逐步建成福利国家体制。因而拉美作为经济落后的经济体，过早地照搬发达经济体历经多年发展才得以推行的体制，只能是力不从心、适得其反。福利本来应是随中等收入经济赶超阶段的不断深化和发展而逐步提高的，然而，拉美的民粹主义将福利赶超作为经济赶超最为重要的目的，掏空了经济发展的后劲和持续改进民生福利的基础。

3. 收入分配的重大任务是扩大中等收入群体

任何经济体在高速工业化进程中都有可能出现社会收入差距的扩大问题，尽管拉美有社会收入差距的内部特殊性和阶段特殊性，但是我国还是应当特别注意在经济高速发展中面对收入差距不断扩大且民粹主义日渐抬头的现阶段，在坚持经济赶超的同时，寻求向橄榄型转变的着力点，达到扩大中等收入群体的目标。

第一，从人群来看，我国金字塔型结构的顶层是企业家、高级管理人员，约占5%以内（0.7亿人）；中间主要是较发达地区的行政事业单位、社会组织的专业技术人员和行政管理人员，国有企业或大中型企业的一般经营管理人员，小微企业主和个体工商户，占35%左右（4.9亿人）；底层主要是欠发达地区行政事业单位、社会组织的专业技术人员和行政管理人员，小微企业从业人员，普通工人、农民，下岗失业人群及特困人群，占60%左右（8.4亿人）。其中，有3亿左右的人处于中低收入之间的夹心层，也就是家庭收入在5万~7万元的群体，包括25%左右的农业人口（主要包括发达地区的农民和农业生产经营大户）和75%左右的城镇人口（主要包括专业技术人员、新型农民工、欠发达地区的公务人员、应届高校和职业学校毕业生、处于起步阶段的中小企业创业人员等）。下一步从金字塔型转为橄榄型，扩大中等收入者的比重重点在夹心层。解决好这一群体的收入分配问题，是扩大中等收入者比重、形成橄榄型分配格局的关键。

第二，从收入构成看，按照统计口径，我国居民收入主要由工资性收入、经营性净收入、财产性净收入和转移性净收入构成；从二次分配后的平均值看，工资性收入是主要收入来源（占80%以上），经营性净收入是重要收入来源（占10%左右），财产性净收入占（占4%左右）比较低，转移性净收入比重最低（占1%左右）。基于二次分配后的家庭收入，我国中高等收入者与其他的收入差距首要来自于财产性净收入，统计数据显示中高等收入者的财产性净收入明显较高；紧接着来自于工资性收入，中高等收入者工资性收入明显偏高。下一步从金字塔型转为橄榄型，扩大中等收入者的比重重点在于多渠道增加财产性净收入，促进提高居民工资性收入。

（三）扩大中等收入群体的空间巨大

1. 中等收入群体的定义

目前，全球各国对中等收入者的界定没有统一标准。经合组织部分成员国把家庭收入中位数向下浮动40%（或50%）定为贫困线，向上浮动60%作为富裕线，位于贫困线与富裕线之间的为中等收入者。国家统计局2010年的测算则基于稳定享有较高生活质量所需要的收入，将满足以下五个条件的家庭定为具有较高生活质量的家庭：一是恩格尔系数小于30%；二是人均住房建筑面积大于30平方米；三是拥有家用汽车或家庭交通支出占比超过全国平均值；四是家庭成员每年出游一次以上；五是家政服务或文化娱乐支出占比超过全国平均值。选取同时符合这些条件的城镇家庭，按照人均收入从低到高排序，去掉最低20%和最高20%的家庭，计算剩余60%家庭的人均收入区间，再按照三口之家计算出中等收入家庭标准区间。

2. 典型发达经济体的中等收入群体现状

总体来看，绝大多数发达国家的中等收入群体都占总人口数量的绝大多数，美国更是达到总人口的80%左右，欧洲地区虽然中等收入群体的占比较低，但普遍也在60%以上，英国的这一数值为65%左右。20世纪以来，通过引领两次产业革命，美国首先完成了从农业到工业化的全部进程，紧接着又完成了从工业化向第三产业的成功转型。从历史阶段来看，美国中等收入群体的崛起开始于第二次世界大战结束时期，结束于里根时代，在这一个经济快速增长的时期，美国中等收入群体绝大多数都以公司职员为职业特征，以专业技术人员为中等收入群体的主要构成。步入后危机时代以后，随着经济发展进入以大数据和云计算为基础的共享经济时代，美国许多学者开始反思本国中等收入群体的收入、职业等因素的变化，但中等收入群体无疑还是在美国占人口绝大多数的群体。

3. 中国中等收入群体现状

按照国家统计局的统计数据，我国 2010 年中等收入者的绝对收入范围是 8 万~40 万元，城镇中等收入家庭数量占城镇居民家庭总数量的比重为 20.1%，农村中等收入家庭数量占农村居民家庭总数量的比重为 1.8%，全国中等收入家庭的比重仅为 11.2%。2015 年，国家统计局按照两种方法综合界定中等收入者：一是在家庭收入中位数的 50%~150% 区间内，二是基于稳定享有较高生活质量指标计算出的标准区间。按照两个标准的核定，我国中等收入者的绝对收入范围 2015 年为 9 万~45 万元。从我国数据来看，与发达国家相对比，提高中等收入人群比重的空间很大。

（四）扩大中等收入群体面临的挑战

1. 财产性收入统计口径造成隐形收入差距

在收入分配的统计中，财产性收入统计是作为我国居民收入可支配收入的四部分之一纳入统计范畴的，其他三项包括工资性收入、经营性收入和转移性收入。然而，随着我国经济的高速增长，以房地产为主的资产价格不断飙升，现行财产性收入的统计标准显然在一定程度上掩盖了收入差距扩大的事实，使这部分隐形收入差距在数据上未能正常表现出来。以国家统计局可查询的最新数据为基础，2012 年我国城镇居民人均总收入为 26 959 元，其中城镇居民人均财产性收入仅为 707 元，仅占人均总收入的 2.6%，这一比重按照现阶段财产性收入在总收入中的占比情况而言，显然存在低估的情况。究其原因，实际上是我国居民财产性收入统计方面存在着几个方面的问题。首先，目前的财产性收入统计中包括的实物资产性收入中只包含房屋租金收入、房屋转让收益，而包括的金融资产行收入中则只包含储蓄、国债和小部分股票投资收益，而且房屋转让收益一直以来都存在为避税而低报的情况。其次，基金、股票等短线投资非常频繁，在计算年度收益时非常难以确认，基本都没有计入财产性收入的统计范畴内。这些统计上的问题掩盖了财产性收入所造成的收入差距，加之我国目前尚未对财产性收入征收相关资本利得税等累进税率，使这部分隐形收入差距还不在税收调控范围之内。如何认清财产性收入的占比及财产性收入所导致的收入分配差距，如何在此基础上形成真正的削高补低，缩小两极收入分配差距而推动实现橄榄型社会，实际上对扩大中等收入群体形成了挑战。

2. 城乡差距是提升中等收入群体在总人口中比重的难题

我国在改革开放初期，城乡差距曾一度呈现不断缩小的趋势，以城镇居民和农村居民可支配收入作为基础数据，具体而言，1978年的城乡居民收入差距为2.56倍，而发展至1985年这一数值缩小到了1.86倍，农村家庭责任承包制大大地提高了农民生产的积极性，且适当提高农产品收购价格、开放农村集市等措施也使农民的收入切实提升。但自1985年以后，城乡居民差距就呈现出不断扩大的趋势，2009年达到3.3倍，而截至国家统计局有数据可考证的2012年，这一数值也维持在3.1倍的高水平（具体数据如下表3所示）。相关学术研讨中曾有学者提出这一统计数据中存在统计口径方面的不合理之处，因其将没有户籍的农民工也作为城镇居民家庭进行了收入统计，而不是将他们归入农村居民家庭，这导致了一种现实与数据的悖论，即农村剩余劳动力越往城镇转移，城乡居民收入差距越大。尽管如此，我们还是不得不面对调整后的收入差距也在2.5倍左右高点的事实，即我国城乡居民收入差距无论在未调整的统计口径下，还是在调整之后的统计口径下，都揭示了城乡居民收入差距过大的事实。而从总人口的分布来看，2012年我国城镇人口达到7.1万人，乡村人口达到6.4万人，这势必意味着如果乡村人口的收入总是处于低水平，我国中等收入群体在总人口中的比重很难突破大比率的关口。

表3 城镇居民家庭和农村居民家庭人均可支配收入

单位：元

时间/年	城镇居民家庭人均可支配收入	农村居民家庭人均可支配收入	城乡居民收入差距
1978	343	134	2.56
1980	477	191	2.50
1985	739	398	1.86
1990	1 510	686	2.20
1991	1 701	709	2.40
1992	2 027	784	2.59
1993	2 577	921	2.80
1994	3 496	1 221	2.86
1995	4 283	1 578	2.71
1996	4 838	1 926	2.51
1997	5 160	2 090	2.47
1998	5 425	2 162	2.51
1999	5 854	2 210	2.65
2000	6 280	2 253	2.79
2001	6 859	2 366	2.90
2002	7 702	2 476	3.11
2003	8 472	2 622	3.23
2004	9 421	2 936	3.21
2005	10 493	3 255	3.22
2006	11 759	3 587	3.28
2007	13 785	4 140	3.33
2008	15 780	4 760	3.32
2009	17 175	5 153	3.33
2010	19 109	5 919	3.23
2011	21 810	6 977	3.13
2012	24 565	7 917	3.10

数据来源：国家统计局，《中国统计年鉴》（2015）。

3. 扩大中等收入群体对于跨越中等收入陷阱而言只是短期手段

扩大中等收入群体是跨越中等收入陷阱的短期有效措施，而非长期可持续措施，只有继续工业化进程与推进新型城镇化，才是最终得以步入高收入群体的有效路径。虽然美国、英国等老牌资本主义国家都经历过中产阶级的培育阶段，而日本等新兴发达国家也经历过收入倍增的阶段，但归根结底这些措施能够产生效果的原因还在于实体经济的繁荣发展。中国目前正处于中等收入发展阶段，扩大中等收入群体在现阶段当然有其至关重要的意义，但与此同时，必须坚持经济赶超战略，在实实在在的经济增长与经济发展过程中不断推进新型城镇化，以宏观经济的腾飞和发展作为基础，才是提升全民人均收入的长期有效路径。

五、中国中等收入发展阶段的第三次分配研究

（一）第三次分配的概念、综述、必要性及可行性研析

基于国内对第三次分配的讨论现状，本报告认为十分有必要首先对第三次分配的概念进行探讨，并在此基础上作出国内外研究第三次分配的相关综述，以及中国研究第三次分配的必要性和可行性分析，以此作为本报告研讨中国中等收入发展阶段第三次分配研究的综合基础。

1. 第三次分配的概念研析

若从概念层面的严格意义上来讲，国外并没有特别对"第三次分配"进行过多强调，主要注重的还是初次分配和再分配两个层次，但中国著名经济学家厉以宁教授在1994年出版的《股份制与现代市场经济》一书中明确提出过"市场经济条件下的收入分配包括三次分配。第一次分配是由市场按照效率原则进行的分配；第二次分配是由政府按照兼顾效率和公平原则，侧重公平原则，通过税收、社会保障支出等这一收一支所进行的再分配；第三次是在道德力量的作用下，通过个人资源捐赠而进行的分配。"[1] 厉以宁提出"在第一次分配和第二次分配之

---

[1] 厉以宁：《股份制与现代市场经济》，江苏人民出版社，1994年版。

后，社会发展方面依旧会留下一些空白，需要第三次分配来填补。"[1]

基于第三次分配在我国产生的渊源，结合国内学者开展的相关分析，对第三次分配概念的认识主要分为两个方面：第一，认为第三次分配是社会收入的转移支付，是富人多出钱来弥补财政转移支付的不足。第二，认为第三次分配是一种公益慈善行为，持这种观点的专家学者占大多数。厉以宁认为，第三次分配是个人和企业出于自愿，在习惯与道德的影响下把可支配收入的一部分捐赠出去[2]。辜胜阻认为，第三次分配是通过个人收入转移和个人自愿缴纳和捐献等自觉自愿的方式再进行一次分配，主要内容是慈善捐赠，包括扶贫、助学、救灾、济困、解危、安老等形式[3]。本报告认为，这两个方面的认识只是视角上的不同，一个是从第三次分配的功能和资金流向的角度来看；另一个则是从施行主体的角度来看。因此，本报告认为可以结合这两个方面，将"第三次分配"的概念定位为：所谓第三次分配，就是个人和企业出于自愿，在习惯、道德以及机制的影响下，把可支配收入的一部分捐赠出去，主要内容是慈善捐赠，形式可呈现出社会所需的多样化，但最终结果是通过收入阶层中的富裕人群资金流向相对贫困人群而实现社会收入转移，以此来对初次分配和再分配形成补充。

2. 基于国内外研究的第三次分配综述

国外对第三次分配的研究集中体现在两个方面：一是对公益性非营利组织的立法研究，二是对公益性非营利组织和对慈善捐赠税收优惠政策方面的相关研究。国际非营利法规中心编著的《非政府组织的立法原则》专著中特别提出，对非营利组织立法的宗旨首先是让公益性非营利组织能够在一定范围内独立运行，鼓励其能够实现自我规范，反对政府过多地对公益性非营利组织进行介入和控制，从而确保相关组织能够对该国家的发展做出应有贡献。维利（Whalley，1974）认为规避遗产税等相关税收是个人选择赠与的重要原因之一，并通过研究证明在当时的条件下，英国的财富赠与有10%左右都实现了避税，而这其中的

---

[1] 厉以宁：《第三次分配与慈善资本主义的兴起》，《观察与思考》，2007年第2期。
[2] 厉以宁：《第三次分配与慈善资本主义的兴起》，《观察与思考》，2007年第2期。
[3] 辜胜阻：《发展慈善捐赠事业 强化第三次分配》，中国网，2006年3月10日。

7%都承认自己是为了规避遗产税。里斯（Reece，1979）认为慈善捐赠的税收是公益性非营利组织等获得捐赠额的决定性变量，并通过单一价格弹性的相关研究证明了税收与捐赠之间存在着替代甚至完全替代的关系，而其中的一个特例就是宗教组织，其税收与捐赠存在一定程度上的不完全替代关系，即税收对于宗教组织所获得的捐赠额影响相对较小。雷蒙多（Raimondo，1986）通过研究得到四个方面的重要结论：一是是否施行慈善性支出扣除条款，会明显影响捐赠水平，扣除越多，捐赠水平越高；二是税收变动之后，慈善捐赠额并不会马上出现调整，而是呈现某种程度上的时滞；三是不仅直接影响慈善捐赠额的相关条款会影响公益性非营利组织的运行，而且对这些组织内部的志愿者劳动施行的相关税收也是影响其运行的重要因素之一；四是不同捐赠种类对税收的敏感程度并不一样，对税收最敏感的捐赠种类是遗产赠与，并通过美国20世纪而其中的大额遗赠其税收弹性会更大。伦道夫（Randolph，1995）则在此基础上继续深入研究了短期和长期的不同，得出结论：在长期中，捐赠额的税收弹性更小、收入弹性更大，也就是说对收入的变化更为敏感；在短期中，捐赠额的税收弹性更大、收入弹性更小，也就是说对税收政策的变化更为敏感。巴基亚、葛尔、莱姆罗德（Bakija，Gale，Slemrod，2003）通过对美国20世纪数据进行实证研究，得出遗产税对慈善捐赠数额有显著影响的结论。

国内学者对如何促进第三次分配的研究主要集中在公益性组织的立法原则、遗产赠与税的开征以及所得税扣除限额等方面。关于公益性非营利组织的政府支持，许崇源（2000）认为不应当选择直接支持，而是应当更多地选择免税支持，这样更符合公益性非营利组织的立法原则，使其免受政府干预及避免用于游说政府的资源浪费。贾康（2008）主张应当积极考虑开征遗产赠与税，以此来促进大额遗赠等主要捐赠额度，从而促进我国第三次分配的长足发展。靳东升（2004）认为在国际上四种通行做法（包括减免、抵免、受益方案和制订方案）中，我国采用的税收抵免方法能够在一定程度上促进企业和个人的捐赠积极性，但是抵免额度低又在一定程度上限制了这种积极性。朱为群（2002）也认为我国在慈善捐赠所得税的政策方面存在抵扣比例过低和不允许跨期抵扣的问题，且优惠方式单一,在很大程度上影响了捐赠的积极性。黄桂香、黄华清(2008)认为完全税收优惠更能激励纳税人进行更多捐赠,而部分税收优惠则在很大程度上抑制了纳税人的捐赠动机。

3. 中国现阶段实施第三次分配的必要性

如本报告前文所述,中国在中等收入发展阶段已经出现了收入分配差距不断扩大的现象。中情局世界概况(CIA World Factbook)近年来的数据显示,中国与发达国家的数据相比,基尼系数远超美国的 0.45、英国的 0.34、加拿大的 0.32 和韩国的 0.35,达到 0.47 的水平。此外,若从最穷 10% 的人口和最富 10% 的人口所占社会财富的比率来看,中国最穷 10% 的人口所占财富比率仅为 1.6%,远低于美国的 2.0%、英国的 2.1%、加拿大的 2.6% 和韩国的 2.7%;而中国最富 10% 的人口所占财富比率却高达 34.9%,远高于美国的 20.0%、英国的 28.5%、加拿大的 24.8% 和韩国的 23.7%。从以上两个方面来看,不难得出中国现阶段贫富差距存在过大的现象和问题。

初次分配环节主要注重效率,再分配环节则主要注重公平。而自改革开放以来,从中国初次收入分配的实践来看,城乡居民人均可支配收入的差距不断扩大,不同地区之间的城乡居民家庭人均收入、城乡居民人民币储蓄存款等差距过大,不同行业和同行业不同岗位之间的收入差距也在不断扩大。以财政为主要手段的再分配环节,虽然已经在很大程度上起到了兼顾公平的作用,但是从居民可支配收入的四个组成部分来看,转移性收入所占的比重仍然较小,而且城乡之间在再分配过程中仍然存在差距。总结来看,中国的初次收入分配导致了收入差距不断扩大,再分配虽然本着公平原则起到了一定的调节作用,但是对于收入差距过大的现状而言力度还很不够,亟须以企业和个人为参与主体的第三次分配来帮助实现缩小收入差距的目标。

4. 中国现阶段实施第三次分配的可行性

中国现阶段实施第三次分配已在很大程度上具备了可行性,这主要体现在两个方面:第一,中国经济的快速腾飞使人民生活水平得到显著提高,工资性收入的较快增长、资本性收入的多元化和资产价格的攀升、个体经营性收入的增长等因素都为中国富裕阶层和中产阶层的增长奠定了良好基础，中国的城乡居民储蓄余额近年来呈现不断增长的趋势，实实在在地成为中国第三次分配实施的基础。第二，中国对第三次分配的相关制度陆续建立，立法先行，中国现阶段与第三次分配慈善捐赠相关的法律法规有《中华人民共和国慈善法》《中华人民共和国公益事业捐赠法》《中华人民共和国红十字会法》《社会团体登记管理条例》《基金会登记管理条例》《个人所得税条例实施细则》《救灾捐赠管理办法》等，此外，还陆续出台了一些志愿服务的规范性文件等，尽管难免存在不足之处，但已经实实在在地为中国现阶段实施第三次分配奠定了良好的制度基础。

（二）开展第三次分配的理论基础探讨

尽管国外学术界并没有明确提出和探讨过第三次分配的问题，但是许多经济学理论还是为中国开展和推动第三次分配提供了理论基础。本报告认为，至少可以从新福利经济学、公共管理学、新古典经济学和税收经济学四个方面对其探究一二。

1. 新福利经济学："帕累托最优"理论

作为洛桑学派的代表人物，意大利经济学家维弗雷多·帕累托将瓦尔拉斯的一般均衡分析方法引入了收入分配领域，开创了福利经济学的新时代，或称新福利经济学。其中最为著名的帕累托最优（Pareto Optimality）理论，指的是一种资源配置的理想状态，在这种状态下，任何人所处境况的优化都要以另一些人所处境况的恶化为条件，也就是说，在任何人的境况都不变化的情况下，任何人的境况都不能变得更好，即达到一种充分配置的理想状态。

实际上，第三次分配是推动实现"帕累托最优"的重要过程。如本报告上文所述，所谓第三次分配，就是指个人和企业出于自愿，在习惯、道德及机制的影响下，把可支配收入的一部分捐赠出去，主要内容是慈善捐赠，形式可呈现出社会所需的多样化，但最终结果是通过收入阶层中的富裕人群资金流向相对贫困人群而实现社会收入转移，以此来对初次分配和再分配形成补充。在这个过程中，至少从两个途径推动整个社会资源配置向"帕累托最优"目标迈进：第一，从边际效用的视角实现。社会中隶属于富裕人群的多余消费品往往是闲置的，对于整个资源配置而言边际效用几乎为零，而一旦这些消费品通过第三次分配的途径转移给贫穷人群,对于整个资源配置而言边际效用大幅提高,明显实现了帕累托优化,如废旧衣物、废旧物品等的捐赠。第二,从消费者偏好的视角实现。社会中富裕人群的财富更多,而财富的消费必然符合边际效用递减规律,因此会导致富裕人群的消费者偏好呈现更不容易表现为消费的特点,而这部分财富若能够通过第三次分配的途径转移给贫穷人群,贫穷人群的消费者偏好较富裕人群势必更加活跃,因而能够更多拉动宏观经济的消费活力,从而推动社会资源的更优配置。

2. 公共管理学:有限政府理论

英国哲学家、政治家约翰·洛克在1690年出版的《政府论》中系统阐述了公民政府的真正起源、范围和目的,是古典自由主义的集大成者。洛克的思想为后来很多学者继承并发扬,有限政府理论就是洛克思想的重要发展之一,其理念简言之体现在两个重要方面:第一,认为政府的权力应当受到宪法和法律的约束;第二,认为政府应当对市场尽量减少干预。

有限政府理论认为政府的权力应当受到制约,而个人的财产应当受到保护,这一点实际上是第三次分配能够继续推进的重大前提。如果个人的财产没有清晰的边界,那么第三次分配的主要途径即慈善捐赠就没有任何可供实现的基础,而且世界现行公益性非营利组织的立法也在强调这一类组织对于政府的相对独立性。

有限政府理论认为政府应当对市场尽量减少干预,这实际上从两个方面为第三次分配奠定了理论基础:一方面,第三次分配实际上弥补了以政府财政为主导的再分配的不足,以自觉、自愿的方式,而不是以政府权力的形式,对收入分配实现调节;另一方面,第三次分配作为一种自觉、自愿的方式,无论是作为主体的企业或个人,还是作为中间组织的公益性非营利组织或志愿者,政府对其施行调节时都应当注意以更少干预为原则。

3. 新古典经济学:理性选择理论

经济学遵循经济人假设,经济人的行为是理性行为,这种理性按照亚当·斯密的理解就是个人利益最大化,而按照新古典经济学家所继承和发展的理性人嘉定,则进一步包括了在完全信息前提下、个人进行计算和分析、以最大利润或者效用为目标进行决策。基于经济学基础,理性人假设理论进一步被应用于社会学领域，发展成为理性选择理论，通过理性人假设来分析集体行为和社会现象。

基于理性选择理论，第三次分配作为经济人的一种经济行为，必然有其产生的成本或者获得的效用。当效用大于成本时，以企业和个人为主体的经济人，在其行为选择上必然会更积极地参与第三次分配；而当成本大于效用的时，以企业和个人为主体的经济人，在其行为选择上必然会规避第三次分配。

4. 税收经济学：税收优惠对纳税人行为的影响

在中国现阶段经济实践中，税收经济学相关理论实际影响着第三次分配的产生和发展，尤其是通过相关税收优惠的方式和力度等直接影响着以企业和个人为主体的纳税人的行为选择。

以税收优惠的力度为例，完全税收优惠显然更加有利于促进纳税人积极参与第三次分配，而部分税收优惠则会对纳税人参与第三次分配的行为产生影响。所谓完全税收优惠，是指对税法规定的、纳税人发生的捐赠支出，给予全额扣除。所谓部分税收优惠，是指对税法规定的、纳税人发生的捐赠支出，给予部分扣除。税收优惠改变的实质上是所捐赠财富的价格。在完全税收的优惠下，捐赠财富的价格显然更低，因此会对纳税人捐赠产生激励。在部分税收的优惠下，纳税人的捐赠量势必会小于完全税收优惠下的捐赠量。换言之，在完全税收优惠条件下进行较小额捐赠的人，在部分税收优惠条件下不会受到影响，而对于较大额捐赠的人，在部分税收优惠下将不会选择进行完全税收优惠条件下的同等捐赠额。

（三）中国中等收入发展阶段第三次分配的现状与问题

1. 中国现阶段第三次分配的现状

根据2016年5月27日中国社会科学院社会政策研究中心及社会科学文献出版社共同发布的《慈善蓝皮书：中国慈善发展报告（2016）》中的数据显示，中国现阶段的慈善公益事业已经较前些年有了长足发展。就2015年的数据显示，中国国内社会组织的数量已达到65.8万个，比2014年增长了8.6%，其中有32.6万个社会团体、4 719个基金会和32.7万个民办非企业单位；中国国内登记注册的志愿者数量已经超过1亿人，包括志愿者捐赠和志愿者服务在内的志愿者捐赠总价值已经达到600亿元，增长了近三分之一之多。从社会捐赠总量来看，已经达到 992 亿元的规模中，基金会系统接受的捐赠总额约为 374 亿元，慈善会系统为 362 亿元，民政系统为 56.23 亿元，其他机构为 200 亿元。由此可见，我国的社会捐赠主要接受机构仍然是基金会。

2. 中国现阶段第三次分配存在的问题：宏观视角

结合以上实践总结来看，中国现阶段第三次分配存在的问题主要表现在以下几个方面。

第一，慈善机构数量虽多，但筹款能力相对较弱，第三次分配力度不强。根据《慈善蓝皮书：中国慈善发展报告（2016）》，我国 2015 年捐赠总规模虽然已经达到了 992 亿元，但与国际水平相比仍然不高。以美国为例，按照美国施惠基金会（Giving USA Foundation）发布的最新数据显示，2015 年美国的慈善捐款总规模已经达到 3733 亿美元。此外，还应特别注意的问题是，随着中国慈善机构掌管资金体量的不断增长，这些机构更注重资金的保值增值，秉承"慈善＋金融"的理念，有些基金会的投资收入甚至达到 10%，虽然基金会有投资理财的意识在某种程度上会起到积极作用，但是也应当谨防慈善与金融的结合对慈善的挤出。

第二，参与第三次分配的主体仍然以企业为主，个人参与积极性不高。根据中国慈善联合会最新发布的《2015 年中国慈善捐助报告》，中国现阶段参与第三次分配的主体仍然是民企和国企，2015 年企业捐赠总额达到了 783.85 亿元，占总捐赠额的 70%，民企比国企的捐赠总额更高，占企业年度捐赠总额的 52.24%，而国企仅占 32.77%，外资企业捐赠额则下滑幅度较大。同样以美国为例，在 2015 年慈善捐赠总规模的 3733 亿美元中，个人捐赠部分占 66.7% 以上，即 2646 亿美元来自于个人，比 2014 年同比增长了 3.8%，可见美国第三次分配的主体是个人；而基金会的捐赠为 586 亿美元，企业捐赠仅为 184.5 亿美元。

第三，第三次分配关注的领域较为传统，对"大慈善"领域的关注仍不足。就中国 2015 年慈善捐赠的结构来看，教育是慈善捐赠最受瞩目的领域，高等院校、偏远贫困地区的爱心小学等都是慈善捐赠的热点。除了教育以外，医疗健康和扶贫领域也是中国 2015 年慈善捐赠分布的主要领域。总体来看，中国现阶段的第三次分配更多的关注度并没有集中在其他科学、文化、卫生等"大慈善"领域，同时期美国的慈善捐赠主要去向是宗教机构，然后是教育和公共事业，此外还包括国际事务、环境和动物保护等。

3. 中国现阶段第三次分配存在的问题：制度视角

中国现阶段在第三次分配方面的制度主要体现在税收上，而总体看来，中国在税收制度上的规定又主要体现在流转税和所得税两大方面。在流转税的规定中，"营改增"之后，原来在营业税中规定的"个人无偿赠与不动产不征收营业税"转为增值税后继续享受"不征收增值税"的规定，此外还有关税中对纳税人进行公益性捐赠规定免征进口关税和增值税的规定，除以上两条外，个人进行实物捐赠都视同为销售行为，与销售行为征收的税相同，不区分公益性捐赠和非公益性捐赠。在所得税的规定中，2008年之前，中国老企业所得税税法规定捐赠支出和扣除的限额是年应缴纳所得额的3%，若为金融类企业，这一标准更是低至1.5%，而2008年开始实施的新企业所得税税法则将这一扣除比例提高到了12%，无论是内资捐赠还是外资捐赠都如此。对于个人捐赠行为的规定，则分为两个方面：一方面，个人如果履行了税法允许下的捐赠行为，那么最高可享受到应缴纳所得额的30%扣除；另一方面，若个人通过公益性非营利组织或者国家机关进行捐赠，那么最高可以获得个人所得额的全额扣除。

以上这些相关规定实际上为中国现阶段第三次分配带来以下问题。

第一，尚无超额捐赠结转制度，在一定程度上限制了大额捐赠的比例。中国现行所得税制中还没有建立捐赠超额结转制度，不像美国等西方发达国家可以落实捐赠额度超过税前扣除比例的部分可以顺延到第二年结转扣除，这在很大程度上限制了中国第三次分配中大额捐赠的比例。无论是以企业为主体还是以个人为主体，这些慈善捐赠都必须同时满足税法所规定的公益性捐赠和采取间接捐赠方式两个条件，才有可能享受到税收优惠中的部分扣除，而对企业和个人的直接捐赠不予扣除，这样做虽然在很大程度上减轻了管理部门的负担、简化了管理程序，但在一定程度上限制了第三次分配的灵活性。

第二，免税退税程序复杂，在很大程度上抑制了第三次分配的发展。中国免税和退税程序非常复杂，最终成功实现的比例不高。以个人捐赠退税为例，中国目前采用的是分项课征，将个人所得分为11项并按照不同的费用扣除标准和税率来计算个人所得税，如果个人的收入是多元化的，在退税时需要分别按照不同的所得项目进行退税，即捐赠额来自哪个项目就在哪个项目上进行退税，追踪起来十分复杂。不仅如此，办理手续也十分复杂，以最简明的工资薪金所得捐赠为例，要至少经过捐赠、由第三方慈善机构出具收据、送民政部门、财务计算抵扣税额、修改当月工资扣税额、修改税务明细申报表、填报税收缴款书、送至银行、回单位入账、次月减免相应税款十大步骤，而且每一项办理起来都不便捷。这些纷繁复杂的制度实际上在一定程度上抑制了中国现阶段第三次分配的发展。

第三，没有开征遗产和赠与税，第三次分配的开展缺乏持续的资金基础。西方发达国家大笔捐赠的基础在很大程度上取决于科学合理的综合财产税制，而中国至今还没有开征遗产和赠与税，这直接导致大批富豪和绝大多数中产阶层都选择直接积累财富、再直接传递给子孙后代，并不会首先考虑进行慈善捐赠，这不仅会导致收入差距的急剧扩大，而且在很大程度上导致中国现阶段开展第三次分配缺乏持续的资金基础。这一点从近年来的数据中也不难看出，中国在灾难多发年或存在突发性灾难的非常态情况下，慈善捐赠总额明显飙升；而在平稳的常态情况下，慈善捐赠总额呈现非常明显的下降趋势，实际上就是制度供给短缺所导致的第三次分配持续资金基础缺乏的写照。

（四）国外开展第三次分配的经验简述

尽管各方面条件千差万别，但是国外发达国家开展第三次分配的相关制度规定较中国而言，总体呈现扣除比例更为宽松、相关规定更为详尽的特点。本报告试以英国、美国、德国为例，进行国外开展第三次分配的经验简述，具体如下。

1. 英国经验：按照主体来划分

英国对慈善捐赠的规定与中国有相似之处，都是按照主体来划分，企业的慈善捐赠可以从应税所得额中扣除，个人的慈善捐赠则享受较低税率，且慈善组织可以得到部分税收返还。若个人或者企业将股票等有价证券捐赠给慈善团体，那么将以抵扣的形式提供税收优惠。

英国有着较为完善的遗产税制度，遗产税税率高达40%，而如果继承人选择将所继承遗产的 10% 及以上捐赠给慈善机构,那么其就可以享受遗产税优惠(4%),即遗产税税率降低至 36%。

2. 美国经验：按照慈善组织的性质来划分

美国将以个人或企业为主体的慈善捐赠按照接受捐赠的慈善组织的性质来进行划分。第一,慈善捐赠的客体为公益性慈善组织。若个人或企业将慈善捐赠给公益性慈善组织,那么在整个纳税年度之内,个人捐赠的扣除额最高可达 50%,而企业捐赠的扣除额则最高可达 10%。特别值得注意的是,尽管美国对企业捐赠的扣除比例看似较低,但对每年度超出可扣除比例的慈善捐赠做出了可在随后 5 个年度进行结转扣除的规定,而且这种结转扣除也同样适用于个人捐赠,实际上这在很大程度上激励了企业和个人参与第三次分配的积极性。第二,慈善捐赠的客体为私人基金会。若个人或企业将慈善捐赠给私人基金会,那么仅以个人为主体的慈善捐赠能够享受最高 20% 的税金扣除,而以企业为主体且慈善捐赠的客体为私人基金会的情况不能享受任何税收优惠。美国税法规定的捐赠物的形式分为现金、带有长期资本利得性质的财物以及带有普通所得性质的财物三种,不同的捐赠物享受的扣除条件并不相同,都有相关的细则规定,但总体来看,美国相关制度的规定其实实现了更加鼓励以个人为主体进行慈善捐赠的积极性。

美国与遗产和赠与相关的税收制度包括了遗产税、赠与税和隔代赠与税。在遗产税方面,美国税务局颁布的税法规定,2015 年联邦政府遗产免税额为 543 万美元,美国不同的州对最高免税额有不同的规定,但遗产免税额和赠与额之间的关系规定都是相同的：即如果生前没有缴纳过赠与税,那么赠与免征额与遗产免征额是相通的;如果生前已经缴纳过赠与税,那么遗产免征额可以按照最高标准享受免税。在赠与税方面,美国税务局颁布的税法规定,2015 年美国每个人一年最多可以赠与他人价值 14000 美元的财物,这也可以理解为免征额,此外还进一步规定每个人一生共有 543 万美元的生前赠与额度,若一生累计超过这个标准,则要缴纳赠与税,税率最高可达 45%。在隔代赠与税方面,美国税务局颁布的税法规定,首先要按照规则缴纳遗产税,税收的部分还要继续按照规则缴纳一笔隔代赠与税,而隔代赠与税的税率最高可达 50%。

3. 德国经验：按照捐赠目的来划分

德国的税法对于慈善捐赠扣除比例的不同规定是按照捐赠目的来划分的：用于宗教、科学、慈善和有益于社会等目的的捐赠，若以企业为捐赠主体，则最高可享受5%的应纳税所得额或者20%的营业额扣除，若以个人为捐赠主体，那么最高可享受全部扣除；用于受到特别支持的慈善、科学、文化艺术等目的的捐赠，最高可享受10%的扣除；此外，针对以个人为主体的捐赠，高出一定标准的部分可在随后的7年内进行结转扣除。

六、典型国际经验案例借鉴：美国公益基金会的启示

除了作为第一次分配主体的私人部门、再分配主导的公共部门以外，美国一直以来都在其经济社会运行当中注重第三部门的重要作用，这一类部门一般被统称为非营利组织；或笔者认为，我们可以更加明确地按照美国实践中更多使用的称谓，将其称为公益机构。虽然"第三次分配"这个概念的提出是在中国，但是以美国为代表的西方发达国家的经济社会运行当中，第三次分配一直在坚持践行并且日益发展壮大，且呈现出更新的模式与特点。以美国公益结构的运行及其中政府的作用为起点，本部分试分析美国公益基金会是如何在第三次分配当中发挥作用的，并结合其出现的新模式及呈现的新特点，提出针对我国公益事业发展所带来的可供借鉴的重要启示与对策建议，以一隅之见于此广博领域中抛砖引玉。

（一）美国公益基金会在第三次分配中的作用

私人基金会是美国私人公益事业中的一个最重要的形式和组成部分，美国基金中心给出的"公益基金会"定义是"非政府的、非营利的、自有资金（通常来自单一的个人、家庭或公司）并自设董事会管理工作规划的组织，其创办目的是支持或援助教育、社会、慈善、宗教或其他活动以服务于公共福利，主要途径是通过对其他非营利机构的赞助。"[①]

[①] 资中筠：《财富的责任与资本主义演变：美国百年公益发展的启示》，上海三联书店，2015年版，第4页。

1. 美国公益基金会的分类

根据《基金会年鉴》的分类，美国公益基金会分为四类：一是独立基金会，资金来源是个人或者家庭捐赠，运作方式是给各种机构的项目捐款；二是社区基金会，其资金来源是多渠道的，一般会包括地方政府的捐款，可以说是公私合营的；三是公司基金会，资金来源是普通盈利企业的捐赠；四是运作型基金会，资金来源与独立基金会相似，都是来自个人或者家庭捐赠，但是运作方式却不是捐款给他人，而是按照自己的宗旨运行。美国公益基金会赞助的方向极其广泛，尤其是经历多年发展到当前阶段的美国公益基金会更是渗透到了美国经济社会生活的方方面面。从其在第三次分配中发挥的积极作用的视角来看，主要集中在教育、科学研究、文化、医疗卫生等方面。

2. 卡耐基基金会

卡耐基基金会是美国颇具影响力的基金会之一，其创始人安德鲁·卡耐基原是美国最大的工业巨头，早在19世纪末，就已经作为个人开始多项捐赠。其最早最有名的创举首先体现在文化方面，即在美国各地和英语国家建立了公共图书馆，坚持不懈地在二十年间建立了 2 000 座图书馆，其名下的卡耐基学会是卡耐基回报美国匹斯堡市的一项综合性文化设施，曾建立图书馆、音乐厅、博物馆和画廊。在教育方面，其名下设有卡耐基理工学院即现在卡耐基－梅隆大学的前身，苏格兰大学卡耐基信托基金的主要投入目标是格拉斯哥、爱丁堡等四所苏格兰大学。卡耐基教学促进基金则用于大学教授的退休金和美国教育问题的研究。在科学研究方面，卡耐基华盛顿研究所则在近百年来发展成为最前沿的科研基地。

3. 洛克菲勒基金会

成立于1913年的洛克菲勒基金会主要集中在医疗卫生方面，其作用主要体现在美国南方流行的钩虫病防治工作、建立常设公共卫生机构、培训公共卫生医务人员、提高医学水平等。在中国建立的协和医学院及其附属医院也是洛氏基金会在海外的重要项目。洛克菲勒基金会在发展中逐步从医疗卫生方面发展到了方方面面，但主要以资助创新研究为主，科研成果不计其数。1928年英国人弗莱明在发明青霉素的过程中也得到了洛克菲勒基金会的资助，可见其不仅是对美国的第三次分配产生了重要作用,而且在全球范围内产生了巨大影响,甚至推动了人类医疗水平的进步。此外,其还有多项扶植科学家的资助。

4. 福特基金会

福特基金会在教育方面成立了两个机构,分别是教育促进基金和成人教育基金。教育促进基金的创意来自担任芝加哥大学校长22年之久的教育家哈钦斯,致力于改革美国教育;成人教育资金的宗旨则是培养"能够有头脑地参加自由社会的成熟、明智、负责的公民",发展电视广播教育并且资助与成人教育有关的组织、机构、活动、资料等。在科学研究方面,福特基金会主要集中在行为科学的研究及未来资源的研究。在社会问题方面,福特基金会将扶贫工作作为重点,认为社会改良的核心问题是帮助弱势群体,把治理城乡贫困常年作为其优先项目之一。

除以上提及的三大基金会外,凯洛格基金会、索罗斯系列基金会、比尔与梅林达·盖茨基金会等美国著名公益基金会组织也在第三次分配中发挥了相当重要的作用,可以说整个公益基金会组织所做的事业奠定了美国第三次分配的坚实基础。当然,除参与第三次分配外,以基金会为代表的美国非营利组织已经广泛渗透到美国国家和社会治理的方方面面,为政府提供可供其购买的服务、产品等,并且还以公私合营的形式在更多的方面完成了国家和社会治理活动。

(二)美国公益基金会发展中的政府作用

在美国的经济社会发展进程中,曾于19世纪末开始遭遇社会急剧两极分化、各种社会问题随之而来的棘手局面,而于20世纪30年代出现并发展起来的私人公益事业则对满足社会福利需求、发展文教卫生和缓解社会矛盾发挥了重要作用。尽管在美国宗教文化等因素影响下的公益基金会总是更显其非官方性和独立性,但不可否认,美国政府对公益基金会的发展也起到了相当大的促进作用。

1. 美国各级政府的减税激励

在税法上,独立基金会、社区基金会、运作型基金会参照条款都有区别对待,但总体而言的减税激励是显而易见的。在1986年10月通过的税法第501(c)(3)条款中,美国税法明确规定了享受免税的基金会和其他公益机构的条件:其组织和运作完全是为了宗教、慈善、科学、公共安全试验、文学或教育、扶助国内或国际业余体育竞赛（但任何活动不得包括提供体育设施或装备），或防止虐待儿童和动物。但不适用于以下情况：其收入的任何部分作为私人股东或个人利益，以大量活动用于企图影响立法的宣传等活动……以及参与或干预、拥护或反对任何公职候选人的政治竞选活动（包括印刷和发行声明等）。[①] 符合条件的公益机构都可以向税务局提交申请报告，按照程序审查合格之后即可获得许可证。美国的法律和审核程序与其他国家相比相对简便，这实际上在很大程度上落实了免税政策的效力，促进了基金会的发展。

2. 政府有权对公益机构进行监督，以促进其保持良性运转

税务局有义务对已经获得免税许可证的机构进行审计，如果发生不当行为，有权对其进行处罚，严重者可对许可证进行收回处置。然而，在美国的实践运行当中，取消免税资格的惩罚很少落实，取而代之的是一定比例的罚款，且这种处置措施不仅联邦政府有权执行，州政府和地方政府也有各种约束公益机构的具体规定，且具有执行违规机构的相关权利。

3. 曾出任政府高级官员的人士常见出任公益基金会负责人

比如：洛克菲勒基金会的腊斯克会长曾任杜鲁门政府的副国务卿和约翰逊政府的国务卿，万斯董事长则后任卡特政府的国务卿。

4. 多以法律形式介入公益基金会不同发展阶段所面临的争议与摩擦

在美国公益基金会发展的不同阶段，政府多以法律形式介入其所面临的争议与摩擦，以典型事件来看，主要经历了"沃尔什调查""里斯及考克斯调查""帕特曼调查"等[②]。1913年，美国威尔逊总统指示成立了第一个对新成立基金会进行调查的委员会。"沃尔什调查"就是指以参议员弗兰克·沃尔什为代表的联邦政府"工业关系调查小组"对洛克菲勒基金进行的调查和质询，主题是基金会与洛克菲勒财团的利益分界线的问题，核心围绕基金会是否是财团的一种掩护。这一事件加速了美国基金会成为真正的"第三部门"的进程。"里斯及考克斯调查"则是指以众议院

[①] F. Emerson Andrews, Philanthropy in the United States, History and Structure, The Foundation Center, New York, 1978, p.3.
[②] 资中筠：《财富的责任与资本主义演变：美国百年公益发展的启示》，上海三联书店，2015年版，第57—66页。

议员里斯和考克斯为代表的调查小组对洛克菲勒、卡耐基、古根海姆、罗森瓦尔德及福特基金会的共和国基金等进行的调查，主题是基金会的活动是否助长了"左派"思潮，是否危害了美国安全。"帕特曼调查"是指1961年来自得克萨斯州的众议院帕特曼发起的调查，主题是那些资金大部分凯子与其关系密切的企业的基金会不应该享受免税待遇，但是国会不予受理，此后美国税法中补充了相关条款。

（三）美国新公益模式展露头脚

与传统公益基金会的形式不同，以美国为主的新公益模式不再将公益事业限定为非营利模式，而是也可以通过营利来达成，出资方往往可以获得社会方面和经济方面的双重回报。从经济学角度来看，与单纯的无偿捐赠相比，这种可持续的模式如果能够非常合意地掌控，显然更具优势。此外，与传统基金会以自己的宗旨和主导有所不同，新公益更加注重通过调查来认定社会需求从而有的放矢，这一点颇具互联网经济模式下需求导向的特点。与此同时，新公益还在很大程度上带有区块链的特征，发起人、出资捐赠人、投资人、专家、研究机构、社区、媒体甚至政府，往往能在同一个平台上形成有机合作，有利于形成系统工程，注重结果导向和目标落实，并且表现出全球化程度更高的特点。新公益包括创投公益、社会企业、影响力投资等诸多形式，现阶段全球新公益的领导者则包括DRK基金、洞察力基金、影响力工作坊、企业社区伙伴、社会创投伙伴、阿育王社会创新者等，而传统公益基金会中的洛克菲勒基金会和比尔与梅林达·盖茨基金会等也开始涉足新公益模式。特别值得注意的是，奥巴马政府于2009年4月通过了《爱德华·肯尼迪服务美国法》，特别提出新设立社会创新基金，这表明了美国政府对新公益的积极态度，下决心要以新举措积极推动公益事业的发展，从而遏制经济社会中不断扩大的两极分化。

（四）可供中国借鉴的重要启示与对策建议

从美国公益事业尤其是公益基金会以及新公益的发展中，我们可以总结至少以下三个方面的启示并形成相关建议。

1. 应当注重政府在公益事业发展中的作用

虽然美国的公益事业是受到宗教文化的影响而久已有之的，这一点与中国的环境土壤迥异，但是其之于美国基金会的起源、发展、变迁都起到了至关重要的作用。在注册申请方面，美国政府对非营利组织的申请并没有设立高门槛，这一点在中国国内是望尘莫及的，凡是经过正常申报程序的绝大多数非营利组织都能够成功得以设立，这也是美国基金会能够得以繁荣发展的基础，更广泛地看，也是第三次分配得以良好开展的基础。在税收优惠方面，从美国联邦政府到州和地方政府都有针对其的税收优惠，尤其是针对独立基金会的税收优惠，这可以说在很大程度上激励了美国独立基金会的运行和发展，再加上美国一直以来施行的财产和遗产税制度，使得私人财产流向公益基金会形成了一个良性渠道。对于基金会运行中可能出现问题的监督与解决，推动公益基金会与受众群体形成良性互动，实际上保障了以这种方式实现第三次分配的落实，加之其在以公益基金会为主的非营利部门或称第三部门与多方发生争议与摩擦时的重要权威，从而保障了公益机构在经济社会中的良性运转，不可不说是政府高水平治理能力的体现。

2. 应当着力提高公益基金会自身的运作水平

从公益产生的时间上来看，中国并不比美国晚，但从现代公益机构尤其是公益基金会自身的运作水平上来看，美国的确还有许多可借鉴之处，美国公益基金会往往具有高屋建瓴的创立宗旨，自身发展方向明确，并聘请高水平的掌门人，可实现事半功倍和创造辉煌，机构设置中严丝合缝的层级结构、管理组织、财务规定等，都保障了公益基金会自身的运行和目标的达成，并且与美国成熟的金融市场随时对接，保障基金本身大体量资金的运转。

3. 应当拓展公益基金会的关注范畴

从美国经典案例来看，公益基金会不仅仅在从事帮助贫困群体的相关事业，也即传统慈善最关注的范畴，而且更加注重如何让人们过得更好，尤其是对教育、文化、科学研究生态环境等的集中投入。中国基金会的关注领域当然与中国经济的发展水平密切相关，但是随着中国经济发展阶段的转变，拓展公益基金会的关注范畴更值得推广和重视，以系统性引导、培育和推动自我成长，方能与经济发展阶段形成更为合拍的态势。美国公益机构往往国际化程度更高，着眼于全人类福祉，不仅仅是第三次分配，它们可以说还有效引领和推动全球人类前进的步伐的作用,这也是中国作为大国值得学习和借鉴的基点与眼界、值得培养的能力与实力。

七、中国中等收入发展阶段收入分配的对策建议体系

(一)中等收入阶段初次分配的对策建议

1. 重视公共教育体系,提高劳动者收入

现代文明的经济发展无不与脑力劳动紧密结合。目前,全球经济发展的阶段中,脑力劳动的收入增长高于体力劳动是不争的事实,因此教育成为体力劳动者获得较高收入的重要一环。要充分重视公共教育体系的建设,为农村青少年、进城务工人员子女提供与城镇青少年逐渐趋同的教育资源,促使他们掌握更多的知识,获得更好的就业机会,从而把握住知识改变命运,增加人力资本的累积,不断提高收入水平,形成低收入阶层向中高收入阶层的顺畅转化机制。为此,需要在公共教育财政开支中适当统筹,不断提高义务教育的开支水平,培育尊重知识、知识就是财富的社会观念,这也是提高国民素质和经济效率的应有之策。

2. 控制房地产泡沫,规范房地产市场发展

要积极通过"房地产调控"的系统化、制度化措施,适当降低居民财产中房地产的过高占比,引导房地产市场规范发展,既要在城镇化过程中满足"住有所居"的大量住房需求,又要避免泡沫的出现甚至恶化,实现房地产市场的结构调整,与此同时,将居民收入的积累部分更多地引导至实业创造、科技创新和国家产业结构升级换代的投入中。

3. 鼓励科技创新,优化财富积累模式

中国财富积累和聚集的领域多集中在房地产业和金融业,主要是依靠虚拟经济积累起来的,对实体经济产生的积极影响和对经济发展产生的带动作用并不大,而欧美等发达国家和地区的财富积累和聚集往往是依靠科技创新的专利转化带动实体经济的迅速扩张来实现的,不仅能够影响本国和其他国家的实体经济,而且还能够通过技术创新的产品化使全球更多的人共同分享人类社会发展的

成果,并在此过程中一方面实现对全球经济社会的推动;另一方面实现自身品牌价值等的全面提升,一举多得。因此,为保持经济实力,中国政府也应当继续鼓励技术进步和科技创新,通过设立创业投资引导基金、产业发展基金、积极发挥PPP模式等科学、合理、有效的方法来推动科技创新,优化财富积累模式。

4. 消除资本增长不良机制,维护市场公平运转

近年来,金融市场聚集财富和创造财富的功能逐渐显现,随着中国多级多元资本市场的逐步建立和健全,越来越多的企业所有者通过企业上市等途径聚集高额资产,尽管这一过程隶属于资本市场的价格机制发挥正常作用的范畴内,但是不得不承认,目前市场机制尤其是新兴金融资本市场机制还存在着亟待完善和加强的环节:一是应逐步改革企业上市的审批制,让市场对企业价值进行自然选择,降低发行市盈率,从而在证券一级市场上对企业进行合理定价,防止出现估值泡沫;二是对股票市场的投资行为进行规范,打击市场操纵和利用内幕信息获利等非法行为,维护市场的公平运转,保护大多数投资者的利益。

(二)中等收入阶段再分配的对策建议

1. 完善社会保障制度,推进基本公共服务

根据方针中"托好底端"的要求,中等收入阶段在改进民生中优化再分配的第一条建议是:完善社会保障制度,实现社会保障制度全覆盖,完善底端福利体系;在此基础上,注重提高底端的量值,在实现社会保障制度全覆盖的过程中,积极推进基本公共服务"均等化"。在"托好底端"的过程中需要注意两个问题:第一,完善社会保障制度的目标在于实现社会保障制度全覆盖,但水平是稳步提高而不是民粹赶超。中等收入阶段福利赶超的基本思路:由社会保障逐步向社会福利发展,而中国社会保障制度尚不健全,尤其表现在广大农村原有养老保险、医疗保险水平很低,而以新型农村合作医疗制度为先锋的现代农村社会保障体系尚未完全建立健全,除此之外,农村还面临劳动力由务农农民向农民工转型过程中涉及的失业保险和工伤保险等社会保障问题。加之中国现阶段城乡发展不平衡,城乡人力资源综合素质及水平也相当不均衡,对于医疗保障和基础教育等社保方面是一个硬性制约,需要稳步提升。第二,稳步提高福利水平的有效途径是

推进基本公共服务"均等化",但要注意科学贯彻、合理细化。这一点中最值得注意的问题是基本公共服务的水平衡量问题。基本公共服务包括的大致内容：由养老保障、社会救助、就业保障等组成的基本保障性服务,由公共教育、公共卫生、公共文化等组成的公共事业型服务,由公共设施、生态创建、环境保护及治理等组成的公益基础性服务,由国防安全、生产安全、消费安全、社会治安等组成的公共安全性服务。这些内容对区域经济发展不平衡的地域而言基本一致,但是基本公共服务的水平要与经济发展水平相适应,因此必将在地域经济发展水平不一致的基础上引发基本公共服务水平的不均衡现象。由基本公共服务均等化的内容体系可以看出,这属于中国由社会保障向社会福利迈进的过渡内容。因此,在贯彻的过程中应首先保证社会保障的全覆盖,在此基础上应首先建立均等化的基本公共服务体系,通过收入再分配推动不发达地区基本公共服务体系的建设,并达到全国基本公共服务均等化；其次,在该地域经济发展基础上注重稳步推进、全面开展基本公共服务以外的其他服务,通过经济赶超的继续落实、经济基础的全面提升来实现社会公共服务的水平。

2. 积极推进税制改革,强化税收再分配功能

积极稳步推进税制改革。逐步降低间接税比重、提升直接税比重,优化强化税收的再分配功能。调整消费税的征收范围、原则和方法,既维护好居民的正常消费权利,又对奢侈品消费进行有效的调控。继续推进个人所得税走向"综合与分类相结合"的改革,维护社会成员的基本公平,减轻低收入群体的纳税负担,有效支持改善收入分配机制安排。以个人所得税等税收杠杆调节高收入阶层的收入,并在适当的时候开征不动产税、遗产税、赠与税。以规范的税收杠杆调节个人收入,这是对待高收入阶层的一种基本政策。中国的税收制度改革是以间接税为主,逐步向以个人所得税等为代表的直接税过渡。当前存在的一个问题是个人所得税流失较严重,特别是收入水平最高端的社会成员,个人所得税流失非常严重。主要原因包括高收入阶层往往把个人收入混入生产经营的管理费用,个人收入数据不真实、不全面、不及时、不透明,居民纳税意识不强,税收征管水平低等。在大力加强个人所得税征管工作方面,现阶段的重点首先要放在高收入群体

方面,并积极研究、准备推出物业税(房地产税,或称不动产税)和遗产税、赠与税等,使高收入阶层的收入真正得到必要的再分配调节。

3.完善转移支付体系,优化转移支付方法

财政支出中除工资性支出以外的部分,主要是转移性支出,也称为转移支付,可主要分为政府不同层级之间的转移支付和政府对社会居民的转移支付。转移支付体现的再分配,是典型的财政分配"取之于民"时侧重"抽肥"之后,"用之于民"时侧重"补瘦"的再分配,既有对欠发达地区的扶助和支持(间接地扶助支持那里为数较多的低收入阶层),也有对社会成员中一部分低收入和困难人群的直接扶助与支持。《若干意见》中明确要求,"集中更多财力用于保障和改善民生",其中重点包括进一步加大对中西部地区特别是革命老区、民族地区、边疆地区和贫困地区的财力支持;加大教育、就业、扶贫开发等支出,教育要重点向农村、边远、贫困、民族地区倾斜;还要加强对困难群体的救助和帮扶,要求健全城乡低保标准与物价上涨挂钩补贴制度,完善孤儿基本生活保障制度,建立困难残疾人生活补贴和重度残疾人护理补贴制度,大力发展社会慈善事业等。这些转移支付方式的运用,需要在经济发展的基础上更多地筹集资金来支持,也需要在机制创新、加强管理中降低行政成本、提高支出资金的使用绩效。

第一,稳步提高转移支付水平。这是经济水平不断提高、防止收入差距过大的客观要求。尤其是在财政扶贫、减贫方面,应当更加转移支付的作用,逐步提高转移支付水平。在中等收入阶段经济赶超进程中,农村的贫困问题是影响全局经济发展、影响社会稳定的重要因素之一,按照人均2300元的新扶贫标准统计,贫困人口群体规模已超过一亿元。应当在加快城乡一体化、统筹区域发展的过程中注重财政收入再分配的作用,对农村地区和落后地区进行反哺,加大转移支付力度、逐步提高转移支付水平。第二,转移支付要集中优势资金按照优先级着力解决问题,避免"撒盐"方式。现阶段转移支付的目标是大力改进民生、实现基本公共服务均等化,这是调控的最终结果,而不是调控时必须遵循的手段。以往转移支付资金的运作往往表现为追求绝对平均而采取"撒盐"方式,不区分问题的轻重缓急,抱着"不求无功、但求无过"的消极心态,转移支付资金的统筹运用"一刀切"、人情化、平均化,导致大批转移支付资金在各大方面都处于"杯水车薪"的状态,很难发挥效力,导致资源浪费。因此,不仅仅应注重稳步提高转移支付的水平,还应当加强转移支付资金的管理和运用,将"好钢用在刀刃上",按照待解决问题轻重缓急的优先级逐步着力解决问题,一步一步地建立社会福利体系。第三,加大一般性转移支付力度,逐步减少专项转移支付。中央对地方财政的转移支付体系主要由一般和专项两种转移支付构成,一般性转移支付主要用来弥补财政实力相对较弱地区的财力缺口。现阶段存在的问题是,专项转移支付相对较充裕而地方财政无权支配,与此同时,由于财政层级较多、分权体制不顺导致的地方财政压力巨大、缺口过多的现象确实普遍存在,两者出现扭曲,从而可能造成地方财政困难、专项转移支付被挪用等问题。因此,加大一般性转移支付力度是解决现阶段财政体制改革中出现的体制没有理顺而导致的县乡基层财政困难的有效方法。着力加快财政体制改革,理顺自上而下的财政层级,明晰财权和事权的划分,才是解决县乡基层财政困难的根本途径。第四,以大力改进民生、实现基本服务均等化为目标的丰富转移支付扶持内容。随着中等收入阶段福利赶超的进行,现阶段大力改进民生、实现基本公共服务均等化和未来逐步建立社会福利体系的目标应当考虑充实到转移支付的焦点内容中,尤其加强对随着工业化进程出现的进城务工人员社会保障、进城务工人员子女教育、留守子女教育、留守老人的赡养、结构性失业、结构性人才短缺等问题的关注,应考虑按照经济区域的实际情况做好科学细化的落实方案

4.完善社保体系,稳步提高社保水平

完善社会保障机制,保证低收入阶层的基本生活,提高社会对高收入阶层的理解度与容忍度。实行市场经济体制,则收入分配主要由市场经济的内在机制决定。对高收入阶层的收入,政府只能调节,不能禁止,合法合理的高收入不应人为想当然地规定上限。政府能做的,也是政府必须做的,是建立完善的社会保障机制,保障低收入阶层的基本生活,提高社会对高收入阶层的理解度与容忍度,使社会安定与发展活力高度统一。研究表明,社会安定的关键是使低收入阶层的基本生活需要得到保障,并注重提供社会成员间"权利和机会的公平",有效打

击非法致富者，从而提高社会各界对高收入阶层的理解度与容忍度，在动态发展中逐步走向"共同富裕"，而不是简单地把高收入阶层的收入水平一味压低。

5. 健全多级资本市场，加强金融资本监管

如前文所述，财政在大力改进民生中应通过收入再分配引导居民扩大财产性资本和社会财富规模，培育壮大中端收入人群，从而缩小社会差距，将社会收入结构由"鸭梨型"转变为"橄榄型"。在引导居民扩大财产性资本和社会财富规模的过程中，应当特别注重继续健全多级资本市场并加强金融资本监管，保持社会财富增长有道、稳定可控。健全多级资本市场和加强金融资本监管能够发挥帮助社会收入结构转型的作用：第一，拓宽居民资金的投入方向，降低居民资金的投入风险。现阶段居民资金的投资除银行理财、人寿保险等金融选择外，主要有两个去向：一是正规渠道，投向股票和房地产市场；二是民间渠道，投向民间短期拆借。两种去向于宏观、微观而言都存在明显缺陷：股票市场风险自担，此不必多言；房地产市场容纳资金量十分有限，一旦成为投资套利焦点价格将迅速推高，现阶段房产价格已呈现虚高、泡沫严重，多数情况是内部资金和游资炒房所致，房产市场也正准备全面落实房产税的开征；民间短期拆借没有明文规章制度、暗箱操作严重、资金去向不明，居民收入投入之后风险很大。第二，开辟多种投资渠道，稳定各类资本市场。多级资本市场的建立健全在银行理财、人寿保险、股票市场、房产市场等以外，能够建立健全城市银行和乡村银行、开发金融衍生品、完善股票期货市场、拓展 PE 和 VC 等大型合法融资渠道和提升融资管理、深入开发保险市场等，为居民资金开辟多种投资渠道。多级资本市场的建立能够稳定吸纳更多投资资金，进行良好的管控、保值、增值，并通过多渠道疏通避免对某一资本市场过于集中而引发的资本价格风险和市场稳定风险。第三，全面加强金融系统的稳定性，规避游资对国内居民资本的冲击。从世界经济角度来看，中国作为新兴经济体的带头人为世界经济增长贡献力量强大，其所建立的新兴市场是国际游资的焦点。然而，随着 2008 年美国次贷危机引发的全球金融危机蔓延，加之 2011 年欧债危机的爆发和加剧，世界经济不稳定性不断增加，美国作为世界经济的领头羊由于受到金融产业与欧洲深度交叉而产生的金融脆弱性

影响经济复苏缓慢，对以出口为主要支柱产业的新兴经济体也产生巨大冲击。随着美国经济以高于 2% 的增长速率出现，国际游资出现大规模回流现象，并可能出现摆动，将对国内金融系统的稳定性造成严重冲击。多级资本市场的建立有助于构建健康的金融结构、层级和系统，提高金融系统的各方面属性，避免集中投资对单一资本市场价格的盲目推高，建立健全金融资本市场的传导机制，提高大宗商品价格各项资本市场指数预测的监控能力，提前做好应对国际游资的防范措施，维持金融市场健康稳定，确保居民财产性资本收入的增加和社会财富规模的扩大。第四，健全法律法规，打击违法犯罪，打击地下钱庄，疏导民间资本运作规范化。在建立健全资本市场的进程中，随着新兴金融产业和新型金融产品的产生和发展，应当注重建立健全相关法律法规制度，打击金融违法犯罪行为，规范金融资本市场发展，保障投资人的资金安全；积极发挥行业协会制定行业规范的监督作用，并通过行业协会引导和规范金融资本市场新兴产业和新型产品的良性发展，注重风险防范；全力打击地下钱庄，不断健全人民币汇率形成机制，维持国内四部门经济稳定、繁荣发展，并坚持扩大内需，减少出口经济对经济发展的冲击；着手规范民间资本运作，疏堵结合、以疏为主，降低居民投资风险，同时加强金融系统对中小企业融资的力度，防范低劣民间资本操纵对中小企业产生的消极影响，维护中小企业尤其是小微企业的合法权益，保障符合国内调整经济结构、转变发展方式、科技开发和应用等积极要求的中小企业，尤其是小微企业的良性运转。

（三）中等收入阶段第三次分配的对策建议

1. 完善法律制度，促进慈善机构发展

中国早在 1999 年 6 月 28 日就颁布出台了《中华人民共和国公益事业捐赠法》，但是仅对捐赠和受赠、捐赠财产的使用和管理、优惠措施、法律责任等几个方面做出了初步规定，而且民间捐赠和社会捐赠由于不属于公益性社会团体捐赠而不受到该法的约束。为了推动第三次分配，中国在法律制度方面一直致力于不断完善，以多方促进慈善机构的发展。2016 年 3 月 16 日，中国已经出台了《中华人民共和国慈善法》（主席令第四十三号），对慈善组织、慈善募捐、慈善捐赠、慈善信托、慈善财产、慈善服务、信息公开、促进措施、监督管理、法律责任等多维度进行了较为详细的规定，势必将推动中国第三次分配走向更加规范的道路。此外，捐赠行为在法律层面是一种资源的合同行为。从《物权法》的角度来看，中国应当明确慈善组织等主体的产权，其所拥有的资源既不属于私有产权也不属于国有产权，应当定位为一种社会公益产权，既不能够改变受益对象，也不能够私有化。与此同时，捐赠作为一种合同行为，实际上在《合同法》的管理框架之内，也随着其调整变动而变化。总而言之，应当继续健全法律制度，促进和规范慈善事业的发展，从而切实推动第三次分配的实现。

2.适时研究开征遗产和赠与税，为第三次分配奠定持续的资金基础

作为税负不能转嫁的直接税，结合以上所述的国际经验，遗产税通常要与赠与税配套设计实施。全球现在至少有一半的国家都开征遗产和赠与税，中国对此税的研究从20世纪80年代就开始了，但一直以来都没有落实。从发达国家的经验来看，以美国为例，遗产和赠与税的存在可以说在很大程度上推动了美国第三部门的发展，包括公益基金会、慈善机构、公益性非营利组织等种类。这些公益组织所带来的第三次分配实际上在社会生活中和收入分配中起到了很强的调节作用，而这些组织具有持续稳定的资金来源和资金基础是这一切形成的前提条件。尽管在开征遗产和赠与税许多年之后，美国的遗产税账户一度成为零额账户，但这恰恰是遗产和赠与税推动个人和企业参与第三次分配的最佳例证，说明绝大多数富豪都将自己的大量资产纳入了全社会的第三次分配，而不是选择直接由下一代或者隔代的后辈来继承。

3.加大个人捐赠的扣除额度，调动个人参与第三次分配的积极性

中国近年来在企业捐赠扣除额度方面迈出了一大步，不仅由原来的扣除额度仅为3%（金融企业更是低至1.5%）提高到了2008年的12%，而且由原来的内资、外资企业两个扣除标准发展到了2008年的统一标准，这显示了中国在这方面的切实进步。然而，就国外经验来看，第三次分配的参与主体更多的并不是企业，而是个人，但中国现阶段参与第三次分配的主体却恰恰相反，这当然在很大程度上与中国遗产和赠与税等尚未开征有很大联系，但是参照国际

经验，不难发现，这与我国对个人捐赠的扣除额度仍然相对较低也有直接联系。中国现阶段个人捐赠所能够得到的最高优惠扣除额度为 30%，而欧美等发达国家对个人捐赠都达到了 50%，甚至是全额扣除。如果说遗产和赠与税能够通过提高不捐赠的成本来推动第三次分配的发展，那么加大个人捐赠的扣除额度势必能够通过降低捐赠成本来推动第三次分配的发展，切实调动个人参与第三次分配的积极性。

4. 建立超额捐赠结转制度，为大额捐赠开辟道路

中国现在还没有建立捐赠超额结转制度，从理论上讲，这当然不影响小额捐赠的企业或个人的捐赠行为，只要在标准以下都不涉及超额结转事项。但是对于整笔大额捐赠来讲，超额捐赠结转制度就非常重要了，结合国际经验，无论是借鉴美国允许在随后的 5 个年度还是借鉴德国在随后的 7 个年度施行超额捐赠结转，都能够在一定程度上为大额捐赠开辟道路，而不是像现阶段这样为管理的便捷和契合相关既成规定而选择"一刀切"，制约了大额捐赠进入第三次分配。

5. 合理简化免税退税程序，切实保障捐赠的税收优惠落到实处

如本报告第五部分所述，中国现阶段无论是企业捐赠还是个人捐赠都存在免税退税程序复杂的问题，这与现阶段中国所得税的分项课征有直接关系，但是是否可以在管理实践中考虑，尤其是对于以个人为主体的纳税人的捐款，税务机关按照统一的税率和优惠政策进行计算，并给予一次性退税，从而从源头上简化退税的程序，以此来促进税收优惠落到实处。从数据上来看，办理退税和免税优惠的第三次分配主体占比非常低，纷繁复杂的步骤，再加上办理每一个步骤时的艰辛，直接导致许多税收优惠实际上都形同虚设，并没有像学理分析中的那样切实降低捐赠的成本和提高捐赠的效用，这当然会在实践中对纳税人的行为产生扭曲的影响。除了影响积极性以外，实际上还直接制约着纳税人每个年度的捐赠次数，因此还应当积极考虑在年终申报纳税的时候，对于纳税人在年度内实现的多次捐赠进行一次性退税，切实保障将捐赠的税收优惠落到实处，理顺相关体制机制运行。

（四）中等收入阶段优化收入分配体制机制的对策建议

1. 注重发展与效率，扩大规模优化结构

继续注重发展与效率、采取措施保持经济较高速度的增长，现阶段尤其要注重经济增长的"新常态"。经济增长是社会财富积累的基础，社会财富积累是整个收入分配的前提。中国应当通过产业结构升级继续维持经济平稳增长，把社会财富的"蛋糕"做大，才能提高第三部门在收入分配中的效率以及更好地实现再分配的水平。在保持经济的持续发展中，应当继续支持广大居民积累财产，扩大社会财富规模，培育中等收入阶层和"中产阶级"，从而逐步形成有利于社会和谐稳定发展的"橄榄型"社会结构。在把"蛋糕"做大的前提下，政府要通过加大公共支出、构建和完善社会保障制度等方式，努力发展和实现基本公共服务的"均等化"，对其应该保证的（即最低限度的）公共供给，必须要托好底，并适时抬高"底线"的量值，给所有社会成员提供基本的发展起点。

尤其在中等收入阶段的经济发展进程中，应在福利赶超方面通过优化收入再分配积极支持居民由积累储蓄性资本向扩大财产性资本的方向转变，扩大社会财富规模，并以此作为推动社会中坚力量产生的源动力。多方机构对发达国家社会收入结构的研究表明，大多数社会收入结构都呈现为"橄榄型"，即高端收入人群和底端收入人群都在两端占据很小的比例，而社会中端收入人群占据绝对的大比例，是社会收入差距最为理想的一种社会收入结构。然而，中国现阶段社会收入结构呈现为"鸭梨型"，即低收入人群占据绝大多数比例，中端收入人群正在逐步增加，但是仍然占据较小的比例，高收入人群比例与中端收入人群相比较低，但差距不大。为实现"鸭梨型"社会收入结构向"橄榄型"转变：应当逐步提高城乡居民收入在国民收入分配中的比重和劳动报酬在初次分配中的比重，并通过财政的收入再分配功能大力改进民生，为居民解决后顾之忧；过滤资本市场泡沫，支持居民资本由储蓄型向投资型转变，并引导居民收入更多地投入实体、科技和国家产业结构升级换代所导向的产业中去，扩大财产性资本和社会财富规模，培育中等收入阶层，通过调整社会收入结构缩小收入分配差距。

2. 加强民主法制建设，维护公平与正义

加强法治，整顿吏治，积极克服制度缺陷，大力遏制非法收入暗流。以非法收入为基础形成的高收入人群是社会的毒瘤，在任何时候都应打击、遏制。不法之徒之所以能够得逞，主要是利用了法律缺陷、制度漏洞、行贿买通、管理落后、惩戒等措施难以落实可利用手段和条件。因此，有必要从法律、制度、管理、治安等方面加强防范，更多地依靠制度建设和制度创新，从源头上抑制非正常收入的暗流、浊流，反腐反贪，整顿吏治，加强司法公正、减少公权扭曲和公权机关不作为，严厉打击非法暴富活动和其背后的黑恶势力。

3. 加快深化体制改革，积极转变政府职能

加快"省直管县"和"乡财乡用县管"的财政体制改革，减少财政层级，从根本上解决基层财政困难，按照"一级政权、一级事权、一级财权、一级税基、一级预算、一级产权、一级举债权"的原则建立健全多级财政，切实帮助基层财政大力改进民生。全面落实综合配套改革，协调中等收入阶段经济赶超与福利赶超，通过试点探索可行性路径并推向全国。注重转变政府职能，稳步提高社会性支出的比重，加快从计划向市场转轨的进程，规避政府缺位和越位。加快经济以市场为配置资源为基础、福利以大力改进民生为内容的赶超步伐。

4. 建立健全市场机制，加快推进国企改革

自1992年具有中国特色社会主义市场经济体制建立以来，中国经济体制一直长期处于转轨阶段，市场机制很不完善。近年来，已从国有企业数量、行业领域和产业结构方面逐步进行了改革，但是如上文所述，国家与企业、企业与职工的分配关系仍然存在企业留利过多、税制不尽合理、企业内部职工收入差距过大等诸多问题。由于国有企业大多具有规模巨大、行业垄断的特点，应当考虑：一方面，引导国有企业建立收入分配调控制度和收入激励机制，注重管理企业职工工资总额，有意识地限制国有企业职工工资过快上涨，尤其是电力、石油、冶金等大型垄断能源供给型国有企业，应当注重在生产经营和收入分配中不断加强税收的调节作用；另一方面，推进国有资本经营预算与公共预算相结合，提高国有企业分红比例，扩大税利债费的上缴范围，充分发挥财政收入再分配的作用，统筹用于民生支出。

主要参考文献

[1] Sala-i-Martin Xavier. The World Distribution of Income 1970–2000 [D]. Columbia University,2003.

[2] Whalley John,Estate Duty As a Voluntary Tax：Evidence from Stamp Duty Statistics [J]. Economic Journal,1974：638–644.

[3] Reece William S.,Charitable Contributions：New Evidence on Household Behavior [J]. American Economic Review,1979：142–151.

[4] Raimondo Henry J. Federal Tax Policy and Charitable Giving（Book Review）[J]. Southern Economic Journal,1986：294.

[5] Randolph William C. Dynamic Income,Progressive Taxes,and the Timing of Charitable Contributions [J]. Journal of Political Economy,1996：709.

[6] Bakija Jon M. Gale William G. and Slemiod Joel B.,Charitable Bequests and Taxes on Inheritances and Estates：Aggregate Evidence from across States and Time [J]. American Economic Review,2003：366–370.

[7] 贾康.收入分配与政策优化制度变革 [M].北京：经济科学出版社，2012.

[8] 贾康.调节居民收入分配需要新思路 [J].当代财经，2008（1）.

[9] 贾康，苏京春.中国的坎：如何跨越中等收入陷阱 [M].北京：中信出版社，2016.

[10] 苏京春.避陷阱、求坦途：中等收入阶段的福利赶超与经济赶超 [M].北京：经济科学出版社，2013.

[11] 陈新年.中等收入者论 [M].北京：中国计划出版社，2005.

[12] 徐滇庆，李昕.看懂中国贫富差距 [M].北京：机械工业出版社，2011.

分报告五　基于优化收入分配格局视角的中国税制改革大思路与制度设计

一、我国收入分配格局的现状及问题分析

20世纪初以来，我国国民收入分配格局发生了巨大变化，根据国家统计局发布的数据及相关测算结果显示：2000—2014年期间我国国民生产总值、国民收入总量、收入分配结构、城乡间、区域间、行业间等各个领域的收入差距正发生着巨大的和丰富的变化。收入分配格局不仅体现着经济体经济增长与发展的方式和质量，同时也体现着经济体政府对经济治理与国民收入调控的能力与倾向。收入分配格局长远而深入地影响着经济体经济可持续增长的能力及社会与政治的平稳运行。基于此，有必要对我国收入分配格局现状与成因进行细致的观察和深入的分析，进而为改进我国收入分配中存在的问题找到突破口和着力点。本部分从丰富的数据整理与挖掘出发，对2000—2014年15年间我国收入分配格局的演变过程和各阶段特点进行详尽的分析，对宏观收入分配结构和收入分配各个领域的特征进行了全面而深入的总结与分析，并指出收入分配结构不合理对我国经济发展所造成的影响，从而为后续研究提供可靠的依据和数据支撑。

（一）改革开放以来我国收入分配格局的变迁和现状

1.我国宏观收入分配结构的总体特征表现为：初次分配企业收入占比波动性

分报告五 基于优化收入分配格局视角的中国税制改革大思路与制度设计

强,再分配结构体现向政府倾斜

国民经济核算体系中将国民收入分配划分为收入初次分配和再分配两部分。收入初次分配是指 GDP 对参与生产过程的劳动要素和资本要素的分配,以及生产者因从事生产活动向政府做出的支付和从政府得到的补贴。前者是指劳动者报酬和财产收入,后者是指生产税和生产补贴。收入初次分配的结果形成国内各机构部门的初次分配总收入,经过收入的再分配,最终形成一国的可支配收入。

根据我国第一、二次经济普查后最新修订的 GDP 核算方法、经济核算数据、资金流量核算数据,以及国家统计局 2010 年修订后的数据,反映出居民、政府、企业三个部门在国民收入分配中所占的比例情况。数据表明,20 世纪 90 年代以来,随着国家收入分配政策的调整,政府、企业和居民三者的收入分配关系发生了显著的变化。在国民可支配收入构成中,企业和政府部门收入在国民收入分配中的总体占比呈上升趋势,居民部门收入的占比总体呈下降趋势。

2000—2008 年,我国居民初次分配收入从 6.6 万亿元上升到 18.5 万亿元,年均增长 13.4%,但由于占初次分配收入 80% 以上的劳动者报酬增长持续慢于国民总收入增长,以及居民财产净收入增长速度慢于国民总收入两大原因,增长幅度比同期国民总收入低 1.8 个百分点,导致居民初次分配收入占国民总收入的比重由 64.7% 下降至 57.4%,年均下降 0.8 个百分点。2000—2008 年,居民财产净收入年均增长 10.5%,低于同期国民总收入增长的 4.7 个百分点。随着政府宏观收入分配政策的调整和加大对民生的投入,居民收入比重快速上升,政府收入比重略有下降,企业收入比重则快速下降。到 2014 年,政府、企业和居民部门收入比重分别为 15.2%、21.3% 和 60.1%。

从占比上看(见表 1),2000 年政府部门、企业部门和居民部门三者的可支配收入占国民总收入的比重为 18.7%、13.0% 和 66.4%,到 2008 年这一比重变为 23.2%、14.5% 和 59.3%,居民部门收入占比明显下降而企业部门收入占比明显上升,政府部门占上升比较稳定。到了 2014 年,企业、政府和居民部门的收入占比分别为 21.3%、15.2% 和 60.1%。综合 2000 年到 2014 年的变化趋势来看,15 年间政府部门的收入比国民可支配收入比重上升了 2.2 个百分点，企业部门比重上升了 2.6 个百分点，而居民部门收入比重下降了 6.3 个百分点。因此，我国自 2000 年以来宏观收入分配过程中初次分配结构的演变特征可以表述为居民部门收入占比持续下降，政府部门收入占比持续上升，而企业部门收入占比的趋势演变过程比较复杂。企业部门收入占比从 2000—2004 年持续上升，2004—2008 年波动上升，在 2008 年达到 23.2% 的峰值后开始持续下降，并于 2013 年走出低谷明显回升。从总量上看，政府、企业和居民的可支配收入大幅提高，企业所得增速最快，居民所得增速较慢。

表 1 1992—2014 年各部门可支配收入及其国民可支配收入占比

时间/年	国民总收入 单位/亿元	非金融企业部门实物交易资金来源初次分配总收入 单位/亿元	占比/%	政府部门实物交易资金来源初次分配总收入 单位/亿元	占比/%	住户部门实物交易资金来源初次分配总收入 单位/亿元	占比/%
2015	682 635.1	—	—	—	—	—	—
2014	644 791.1	137 142.34	21.3	98 266.4	15.2	387 473.11	60.1
2013	59.422.4	120 826.03	20.5	88 745.04	15.0	353 759.88	59.9
2012	5 39116.5	97 023.47	18.0	80 975.88	15.0	319 462.37	59.3
2011	484 753.2	94 853.93	19.6	72 066.93	14.9	284 282.94	58.6
2010	411 265.2	83 385.82	20.3	59 926.74	14.6	241 865.51	58.8
2009	348 498.5	73 275.18	21.0	49 606.34	14.2	206 544.03	59.3
2008	321 500.5	74 609.24	23.2	46 549.14	14.5	185 395.44	57.7
2007	270 844	61 525.47	22.7	39 266.86	14.5	158 805.28	58.6
2006	219 028.5	48 192.56	22.0	31 372.99	14.3	131 114.93	59.9
2005	185 998.9	41 532.18	22.3	26 073.94	14.0	112 517.06	60.5
2004	161 415.4	36 979.34	22.9	21 912.66	13.6	97 489.67	60.4
2003	136 576.3	27 132.28	19.9	18 387.52	13.5	86 512.46	63.3
2002	120 480.4	23 666.49	19.6	16 599.95	13.8	76 801.57	63.7

分报告五　基于优化收入分配格局视角的中国税制改革大思路与制度设计

续表

时间/年	国民总收入	非金融企业部门实物交易资金来源初次分配总收入		政府部门实物交易资金来源初次分配总收入		住户部门实物交易资金来源初次分配总收入	
	单位/亿元	单位/亿元	占比/%	单位/亿元	占比/%	单位/亿元	占比/%
2001	109 276.2	21 617.68	19.8	13 697.28	12.5	71 248.72	65.2
2000	99 066.1	18 529.92	18.7	12 865.2	13.0	65 811	66.4

资料来源：《中国统计年鉴》[①]（1994—2015年）。

居民可支配收入由国民收入通过初次分配和再分配形成。居民初次分配收入由劳动者报酬、营业盈余总额和财产净收入构成。在初次分配的基础上，各收入主体通过多种形式、多个环节从其他收入主体那里获得一部分转移性收入，同时也要将初次分配收入的一部分转移出去，包括收入税、社会保险、社会福利等，从而完成国民收入的再分配，形成各分配主体的可支配收入和国民收入再分配格局。再分配格局是各收入主体掌握的真实可用的收入份额，能够最充分和准确地代表一个国家一定时期的国民收入分配状况。

1994—1997年，居民部门可支配收入占比逐步提高，收入分配向居民倾斜，进入21世纪以后居民可支配收入占比持续下降。2000—2008年，主体再分配收入格局发生了较大变动，政府所得比重上升了3.1个百分点，企业所得比重上升了4.50个百分点，居民所得比重下降了9.2个百分点，各主体收入相对比重变化较大。从2000年至2014年15年间，政府所得比重共上升了4.4个百分点，而企业所得比重上升了0.6个百分点，居民是唯一两时期所得份额均下降的分配主体，其值共下降了将近7个百分点。如果将大量的制度外收入、地方政府土地出让收入和农村非税收入加到资金流量表的政府可支配收入中；将制度外收入从企业可支配收入中扣除；将农村非税收入从居民可支配收入中扣除，预计我国当前的再分配格局中向政府倾斜的趋势会更加明显。政府部门收入对企业部门和居民

[①] 根据国家统计局的权威解释，国民总收入（GNI）即国民生产总值，指一个国家（或地区）所有常住单位在一定时期内收入初次分配的最终结果。它等于国内生产总值加上来自国外的净要素收入。与国内生产总值不同，国民总收入是收入概念，而国内生产总值是生产概念。

收入形成挤压作用，导致企业和居民收入占比皆成下降趋势，且居民收入占比下降趋势更加明显。具体份额情况可参见图1。

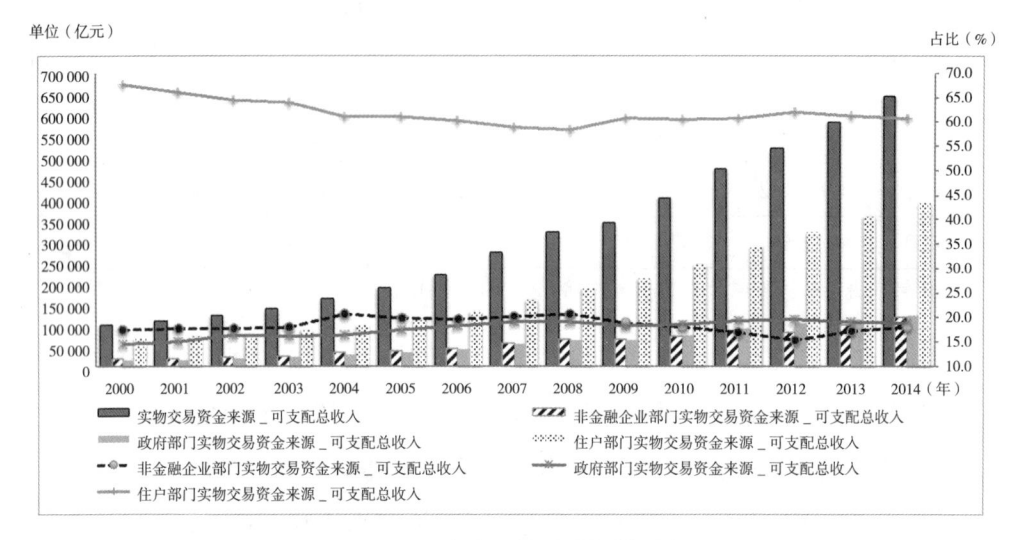

图 1　再次分配格局（调整后）

资料来源：历年《中国统计年鉴》。

统计数据显示，我国居民在再分配环节增加的收入占其可支配收入的比重通常不足 5%。居民再分配收入的主要来源是社会补助和其他收入（如保险索赔、来自国外的汇款等）。随着居民收入水平的快速提高，居民交纳的个人所得税大幅增长，并超过社会补助和其他收入的增幅，居民经常转移净收入占其可支配收入的比重快速下降。2000—2008 年，居民上缴的收入税和社保缴费增速快速上升，但 2009 年这一数字受当年金融危机的影响出现显著下滑，并于 2010—2011 年重现 20% 以上的高速增长；2011—2014 年，受宏观调控因素影响，居民部门收入税和社会保障缴款增速较之前有所下降。从占比情况看，15 年来居民部门收入税和社会保障缴款占劳动者报酬的比重分别上升了 1.1% 和 6.3%。

分报告五 基于优化收入分配格局视角的中国税制改革大思路与制度设计

表2 2000—2014年我国居民部门收入税与社会保障转移支出的占比情况

时间/年	劳动者报酬/亿元	收入税 总量/亿元	增长/%	占比/%	社会保险缴款 总量/亿元	增长/%	占比/%
2000	52 242.87	659.64	—	1.3	2 321.53	—	4.4
2001	57 529.83	995.26	50.9	1.7	2 741.28	18.1	4.8
2002	64 501.51	1 211.78	21.8	1.9	3 483.6	27.1	5.4
2003	71 735.74	1 418.03	17.0	2.0	4 324.9	24.2	6.0
2004	80 950.75	1 737.06	22.5	2.1	5 167.68	19.5	6.4
2005	93 147.99	2 094.91	20.6	2.2	6 307.1	22.0	6.8
2006	106 369	2 453.71	17.1	2.3	7 682.8	21.8	7.2
2007	127 918.92	3 185.58	29.8	2.5	9 593.43	24.9	7.5
2008	150 511.69	3 722.31	16.8	2.5	12 135.27	26.5	8.1
2009	166 957.94	3 949.34	6.1	2.4	14 420.9	18.8	8.6
2010	190 869.47	4 837.27	22.5	2.5	17 339.6	20.2	9.1
2011	222 423.84	6 054.11	25.2	2.7	21 801.3	25.7	9.8
2012	256 563.94	6 163.63	1.8	2.4	2 5061.6	15.0	9.8
2013	298 966.09	6 603.18	7.1	2.2	28 567.82	14.0	9.6
2014	328 347.37	7 720.64	16.9	2.4	31 992.09	12.0	9.7

资料来源：《国家统计年鉴》（2000—2014年）。

与美国相比，1992—2010年美国居民、政府和企业的可支配收入份额平均值为75.2%、13%和8.3%。我国居民部门的可支配收入GDP比美国高出11.5个百分点，政府和企业则分别高出美国6.5个百分点和9个百分点。2009年金融危机发生后，美国收入分配格局越发向居民和企业倾斜，二者的可支配收入占GDP的比重明显上升，分别为77.4%和14.6%。另外，与印度相比，我国住户可支配收入占GDP的比重也明显偏低。资料显示，1992—2008年，印度居民部门可支配收入占GDP的比重平均值约为73%，比我国高10.2个百分点，与美国比较接近。

2.我国国民收入分配不均体现在社会经济多个领域,具体表现为劳动报酬率下降、基尼系数居高不下、城乡间、地区间与行业间收入差距过大等

当前我国居民收入分配结构最突出的问题表现在劳动报酬率下降,基尼系数长期以来居高不下。我国居民的可支配收入基本以劳动报酬收入为主,2000—2014年,我国劳动报酬率呈现下降趋势(见表3),而财产收入所占份额略有上升。15年来我国经济增长对劳动力要素的报酬率不仅没有升高反而有所下降,说明这期间我国经济增长主要依赖实物要素和资本要素的投入。这种结构性变化虽然在居民收入的总量及总量所占份额上体现的并不明显,但对居民部门内部收入格局产生了深刻的影响。在各种生产要素中,分布最为均衡的莫过于劳动收入,财产收入比重的提高和金融资本报酬率的增长必然进一步挤压劳动报酬的增长空间,在减缓居民收入增速的同时带来居民间收入差距的进一步扩大。

表3 我国居民部门劳动报酬率[①] 与收入的占比情况

时间/年	国内生产总值 总量/亿元	初次分配总收入 总量/亿元	收入税 总量/亿元	劳动报酬率/%	劳动报酬占比/%	社会保险缴款 总量/亿元	资本报酬率/%	财产性收入占比/%
2000	100 280.1	65 811	52 242.87	52.1	79.4	3 065.2	3.1	4.7
2001	110 863.1	71 248.72	57 529.83	21.9	80.7	2 943.72	2.7	4.1
2002	121 717.4	76 801.57	64 501.51	53.0	84.0	2 983	2.5	3.9
2003	137 422	86 512.46	71 735.74	52.2	82.9	3 211.95	2.3	3.7
2004	161 840.2	97 489.67	80 950.75	50.0	83.0	3 768.38	2.3	3.9
2005	187 318.9	112 517.06	93 147.99	49.7	82.8	4 481.43	2.4	4.0
2006	219 438.5	13 114.93	106 369	48.5	81.1	7 246.37	3.3	5.5
2007	270 232.3	158 805.28	127 918.92	47.3	80.6	9 828.88	3.6	6.2
2008	319 515.5	185 395.44	150 511.69	47.1	81.2	11 791.93	3.7	6.4
2009	349 081.3	206 544.03	166 957.94	47.8	80.8	11 359.06	3.3	5.5

---

① 根据相关研究,劳动报酬率=居民劳动报酬总量/国民生产总值(GDP)。

分报告五　基于优化收入分配格局视角的中国税制改革大思路与制度设计

续表

时间 / 年	国内生 产总值 总量 / 亿元	初次分配 总收入 总量 / 亿元	收入税 总量 / 亿元	收入税 劳动报 酬率 /%	收入税 劳动报 酬占比 /%	社会保险缴款 总量 / 亿元	社会保险缴款 资本 报酬 率 /%	社会保险缴款 财产性 收入占 比 /%
2010	413 030.3	241 864.51	190 869.47	46.2	78.9	12 956.68	3.1	5.4
2011	489 300.6	284 282.94	222 423.84	45.5	78.2	18 853.23	3.9	6.6
2012	540 397.4	319 462.37	256 563.94	47.5	80.3	24 336.56	4.5	7.6
2013	595 244.4	353 759.88	298 966.09	50.2	84.5	21 824.44	3.7	6.2
2014	633 974	387 473.11	328 347.37	51.0	84.7	24 508.76	3.8	6.3

资料来源：《中国统计年鉴》（2000—2015 年）。

基尼系数是国际上用来综合考察居民内部收入分配差异状况的一个重要分析指标，国际上通常把 0.4 作为收入分配贫富差距的"警戒线"，基尼系数超过 0.4，说明收入差距比较大。相关数据显示，2002 年我国基尼系数的平均值为 0.454，2008 年达到 0.491，而后逐年降低，2015 年回落至 0.462。近年来收入分配差距呈现逐步缩小的趋势是一种积极的信号，但从绝对值来看，我国的基尼系数仍然长期高于 0.4 的警戒线，说明我国居民贫富差距仍然较大。平等和公平历来是人类社会追求的价值目标。相关研究认为，收入平等与收入公平均是对收入分配的主观判断，前者强调了各阶层、各部门以自身资源换取报酬的权益或机会应当平等，而后者则强调初次收入分配的机制和结果应当兼顾各类型经济要素的回报率使之相对合理，通过再分配机制对各阶层间的收入差距进行纠偏并使社会财富普惠社会各阶层。因此，在对社会稳定产生实质影响的过程中，公平问题的重要性更甚于平等问题[①]。

如表 4 所示，2009 年后受经济环境和宏观调控因素的双重影响，我国城乡居民人均可支配收入的差距正在逐步缩小，而城镇居民内部和农村居民内部的

[①] 李骏，吴晓刚：《收入不平等与公平分配：对转型时期中国城镇居民公平观的一项实证分析》，《中国社会科学》，2012 年第 3 期，第 114-128 页。

可支配收入差距正在加大。值得注意的是，农村居民内部人均可支配收入差距正在以快于城镇居民这一指标的速度加速分化。2012年，我国城乡居民人均可支配收入的差距为3.1倍，城镇居民间的收入差距为9.79倍，而农村居民人均可支配收入的差距已经达到8.21倍；相较于2000年，我国城镇居民人均可支配收入的差距变化不明显，而农村居民人均可持续收入差距扩大了1.4个百分点。

表4 我国居民收入差距与基尼系数

时间/年	城乡居民收入差距			城镇居民间收入差距			农村居民收入差距			基尼系数
	城镇居民人均可支配收入/元	农村居民人均可支配收入/元	收入差距/倍	最高收入户(10%)人均可支配收入/元	困难户(5%)人均可支配收入/元	收入差距/倍	高收入户人均纯收入/元	低收入户人均纯收入/元	收入差距/倍	
2002	7 702.8	2 475.6	3.11	18 995.9	1 957.5	9.70	5 903	857	6.89	0.454
2003	8 472.2	2 622.2	3.23	21 837.3	2 098.9	10.40	6 346.9	865.9	7.33	0.479
2004	9 421.6	2 936.4	3.21	25 377.2	2 312.5	1097	6 931	1 007	6.88	0.473
2005	10 493	3 254.9	3.22	28 773.1	2 495.8	11.53	7 747.4	1 067.2	7.26	0.485
2006	11 759.5	3 587	3.28	31 967.3	2 838.9	11.26	8 474.8	1 182.5	7.17	0.487
2007	13 785.8	4 140.4	3.33	36 784.5	3 357.9	1095	9 790.7	1 346.9	7.27	0.484
2008	15 780.8	470.6	3.31	43 613.8	3 734.4	11.68	11 290.2	149.8	7.53	0.491
2009	17 174.7	5 153.2	3.33	46 826.1	4 197.6	11.16	12 319.1	1 549.3	7.95	0.490
2010	19 109.4	5919	3.23	51 431.6	4 739.2	10.85	14 049.7	1 869.8	7.51	0.481
2011	21 809.8	6 977.3	3.13	58 841.9	5 398.2	10.90	1 678.1	2 000.5	8.39	0.477
2012	24 564.7	7 916.6	3.10	63 824.2	6 520	9.79	19 008.9	2 316.2	8.21	0.474
2013	26 467	9 429.59	2.81	—	—	—	—	—	—	0.472
2014	28 843.85	10 488.88	2.75	—	—	—	—	—	—	0.469
2015	31 194.83	11 421.71	2.73	—	—	—	—	—	—	0.462

资料来源：《中国统计年鉴》（2000—2015年）。

分报告五 基于优化收入分配格局视角的中国税制改革大思路与制度设计

我国收入分配不均的问题还突出体现在政府与企业在宏观收入分配结构的相互关系中。从图2、图3中可以看出，经过收入再分配过程，我国政府收入的所占份额扩大，并对企业和居民收入份额形成挤压效应。根据相关统计资料，2000—2014年，政府部门在初次分配中的占比由13.5%上升到15.2%；企业部门收入占比从18.7%上升至21.3%；居民部门收入占比从66.4%下降至60.1%。再分配后政府部门可支配收入占比从14.5%上升至18.9%；企业部门可支配收入占比从17.4%微弱上升至18%，而居民可支配收入占比从67.5%下降至60.6%。从15年间各部门收入分配占比的变化可以看出我国收入调节政策的倾向性；同时，这期间只有政府部门在再分配之后的收入所占比重比初次分配所占比重高。相关研究认为，这样的数据显示着企业部门的经常转移支出大于收入。因此，企业部门经过再分配环节后可支配收入减少了。2000—2010年，企业初次分配收入增长了2.5%，而可支配收入只增长了0.5%。

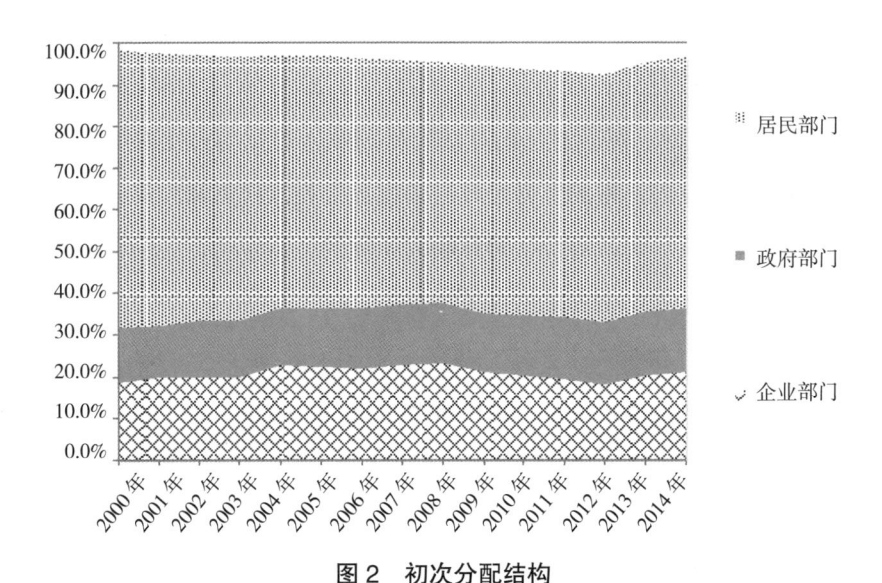

图2 初次分配结构

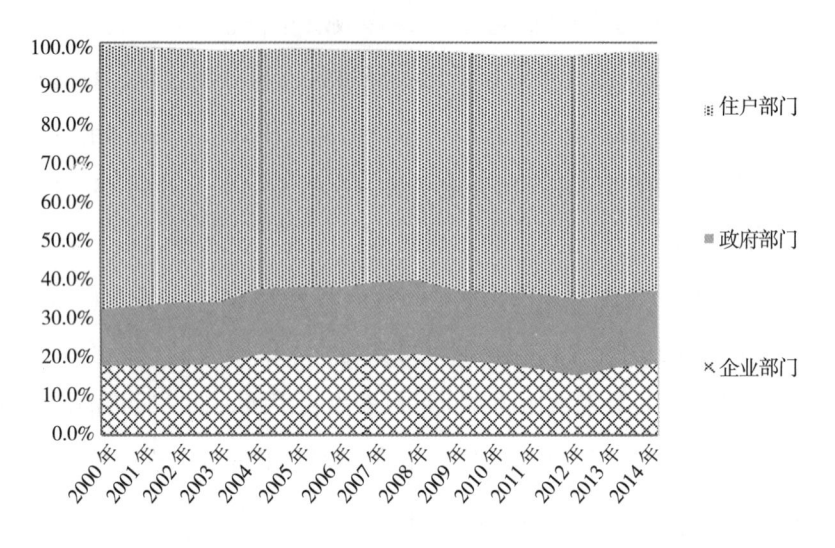

图3 再分配结构

资料来源：国家统计局。

相关数据显示，2000—2014年政府部门收入税由2000年的2 118亿元上升到2014年的32 000亿元；社会保险付款收入由2000年的2 644.9亿元上升到2014年的40 438亿元，结合这一时期政府部门收入总量与占比的增长趋势，可以说，政府可支配收入比重的上升是政府初次分配收入比重和政府经常转移收入比重双双提高的结果，而政府经常转移收入比重的提高主要得益于在企业所得税和个人所得税两方面年均29.8%的高速增长。

从城乡间分析，根据《中国统计年鉴》的相关数据显示，2001年城镇居民家庭人均可支配收入为6 895元，2015年增长到31195元，增长4.5倍，增长了24 300元，而同年农村居民家庭可支配收入为2 366元，2009年增长到11 426元，增长4.8倍，增长了9 060元。从地区间分析，2001年全国工资收入最高的上海市平均工资为21 781元，最低的安徽省平均工资为7 908元，相差11 873元；至2009年，全国工资收入最高的地区仍是上海市，平均工资已达63 549元，当年最低工资水平的山西仅为24 969元（相当于上海2002年的水平），相差38 853元。地区间居民工资性收入差距呈现扩大的趋势，若加上经营性收入和财产性收入，则差距将进一步扩大。从行业间分析，2001年全国工资水平最高的计算机应用服务业平均工资为 30 146 元，最低工资水平的农业平均工资为 4919 元，前者是后者的 6.13 倍；到 2009 年，平均工资水平最高的行业为金融业，平均工资为 61 841 元，其中证券业的平均工资达 172 123 元；最低工资的行业仍为农业，平均工资 11 590 元，相差 14.85 倍。在同一产业内，2008 年制造业烟草行业的平均工资为 62 442 元，木材加工及木、草、竹、藤制品业的平均工资仅为 15 663 元，前者是后者的近 4 倍。

（二）我国收入分配格局存在的问题分析

1. 收入分配不平等程度不断扩大

从三个部门的收入增速来看，2000—2014 年三个部门可支配收入年均增速分别为 49%、38% 和 32%，扣除价格等可变因素后，三个部门可支配收入年均增速为 16.7%，企业部门年均增速为 20.9%，居民部门年均增速为 15.7%。三个部门中，居民部门可支配收入增长最慢，年均增速分别比企业部门和政府部门低 5.2 个和 1 百分点，说明我国居民部门、政府部门及企业部门的收入差距正在扩大。

我国居民的可支配收入基本以劳动报酬收入为主，但近年来劳动报酬率（劳动报酬占 GDP 的比值）呈现下降趋势，而财产收入所占份额略有上升。劳动报酬从 1992 年占居民可支配收入的 88.2% 一度下降到 1996 年的 84.5%，1998 年为 87.3%。在各种生产要素中，分布最为均衡的莫过于劳动收入，财产收入比重的提高必然带来个人收入差距的进一步扩大。相关数据显示，2003 年我国基尼系数的平均值为 0.479，2008 年达到 0.491，而后逐年降低，2015 年回落至 0.462。近年来收入分配差距呈现逐步缩小的趋势是一种积极的信号，但从绝对值来看，我国的基尼系数仍然长期高于 0.4 的警戒线，说明我国居民部门内部贫富差距仍然较大。本文运用基尼系数衡量的 2000—2014 年我国居民收入差距情况分析表明，随着居民整体收入水平的快速提升，以城镇内、农村内、城乡间、地区间、行业间差距等各个纬度衡量的居民收入差距程度都在不断扩大。

2. 收入差距扩大是全面性的，表现在经济社会各个领域

我国政府部门的税收收入主要来源于生产税净额和收入税。2000—2014 年间生产税占政府初次分配收入的比重从 62.4% 下降到 61.5%，而收入税占政府可

支配收入的比重从11.6%上升到26.3%；生产税占全部税收的比重从63.8%下降到50.9%，收入税占全部税收的比重从13.2%上升至28.6%。说明生产税仍然是我国政府收入的主要来源，但税收结构正在逐步从以生产税为主向以收入税为主调整。收入税是以纳税人取得的各种收入为征税对象而课税的各种税，如个人所得税、公司所得税、收入调节税等。对收入课税一般可采用累进税率，能较好地体现税收量能负担原则，也可以对收入较少的纳税人给予一定的照顾，有利于居民收入公平程度的改善。表5列出了《国际统计年鉴》(2009年)数据整理的世界部分国家政府税收收入来源的对比情况，可以看出，当前世界国家中收入税占政府税收收入主体是主流趋势，这些国家的生产税普遍低于收入税。2014年中国生产税净额占税收总额的比重高于美国、荷兰、加拿大、法国等经济发达国家，同时也略高于南非、新加坡等发展中国家，说明中国政府的收入来源过于依赖生产税的征收。2007年中国收入税占政府可支配收入的17.3%，占GDP的3.8%。中国收入税占GDP的比重除略高于俄罗斯、印度外，不仅低于其他发展中国家的水平，更大大低于美国、法国、加拿大、英国等经济发达国家的水平。

表5 部分国家政府税收来源的结构情况

单位：%

国家	年份	收入税	生产税
中国	2015	28.6	50.9
美国	2008	91.66	6.33
法国	2007	55.97	45.05
荷兰	2007	52.32	47.68
英国	2007	61.69	38.18
俄罗斯	2005	10.7	89.3
南非	2007	60.43	39.43
印度	2004	43.36	56.64
新加坡	2007	50.29	34.86

资料来源：《国际统计年鉴》(2009年)，国家统计局相关统计数据。

分报告五 基于优化收入分配格局视角的中国税制改革大思路与制度设计

从我国政府支出项目结构分析，按照占国家财政支出比重由大到小排序，2008年我国政府财政支出项目主要包括一般公共服务（政府职员或雇佣的工资性收入、岗位补贴、其他各种行政管理费用开支等（115.65%）、教育（14.39%）、社会保障和就业（10.87%）、工业商业金融等事务（9.95%）、农林水事务（7.26%）、城乡社区事务（6.72%）等。通过比较世界部分国家的相应数据（见表5），我国财政用于社会保障事业支出比重偏小，世界发达国家大体上的这一数据在35%左右，发展中国家大体上在25%左右，而我国2008年仅为10.87%，尚有一半大小的差距；用于教育的财政投入比重与发达国家仍有不小差距，但高于大部分发展中国家的比重；卫生保健投入的比重情况和教育投入的比重相仿，与发达国家差距较大，但高于大部分发展中国家。

表6 部分国家财政支出结构

单位：%

国家	年份	社会保障	教育	环境保护	卫生保健	国防
中国	2008	10.87	14.39	2.32	4.4	6.68
孟加拉国	2007	2.23	16.59	0.09	7.35	10.93
印度	2006	—	3.81	—	1.9	13.79
印度尼西亚	2004	5.64	3.97	—	1.38	6.59
伊朗	2004	26.48	6.7	0.68	6.33	14.32
以色列	2007	26.22	15.74	0.38	12.11	18.26
哈萨克斯坦	2007	22.43	7.21	0.44	4.89	7.8
韩国	2007	20.73	15.39	—	0.99	11.33
巴基斯坦	2007	0.21	1.64	0.03	0.86	15.62
新加坡	2007	4.07	20.82	—	6.04	27.99
泰国	2007	13.09	20.29	0.29	11.26	2.6
加拿大	2007	45.37	2.02	1.23	9.34	6.29
墨西哥	2000	20.12	24.73	—	4.95	3.04
美国	2007	29.54	2.39	—	25.18	19.96

续表

国家	年份	社会保障	教育	环境保护	卫生保健	国防
阿根廷	2004	39.94	5.19	0.29	5.3	3.04
委内瑞拉	2004	7.62	20.98	—	8.04	4.64
白俄罗斯	2007	32.89	2.93	1.46	2.55	3.24
捷克	2007	33.68	9.42	1.43	16.08	3.81
德国	2007	54.03	0.59	0.06	20.35	3.68
波兰	2007	44.82	11.48	0.21	11.58	4.63
俄罗斯	2006	31.13	3.94	0.11	8.41	11.87
乌克兰	2007	44.08	8.81	0.58	3.1	3.65
澳大利亚	2007	34.05	9.55	0.47	14.77	6.69
新西兰	2007	33.94	16.69	—	16.6	3.23

资料来源：《国际统计年鉴》（2009年）。

从地区间分析，2001年全国工资收入最高的上海市与工资收入最低的安徽省平均工资相差11 873元；至2009年，全国工资收入最高的上海市与当年最低工资水平的山西相差38 853元，地区间居民工资性收入差距呈现扩大的趋势。从行业间分析，2001年全国工资水平最高的计算机应用服务业与最低工资水平的农业平均工资差距为6.13倍；到2009年，平均工资水平最高的证券业平均工资与最低的农业平均工资的差距为14.85倍。在同一产业内，2008年制造业烟草行业的平均工资与木材加工及木、草、竹、藤制品业的平均工资的差距近4倍。

我国不同企业间的收入差距较大，突出表现在企业间利润总额的分布不均。通过对按行业划分的我国工业企业利润总额2000—2011年分布情况的比较得知，企业利润向少数几个行业集中的趋势没有明显改变。工业利润向少数行业集中，一个重要原因是这些行业中的国有资本较为集中，以国有垄断性企业为主。这些垄断性企业凭借行政、资本和市场垄断优势获取了较高的利润，从而扩大了不同企业间和行业间的利润差距。企业的利润差距扩大又导致不同行业从业人员收入差距的扩大（见表7）。

表 7　按行业划分的我国工业企业利润总额排名

单位：亿元

时间 利润排名	2011 年		2005 年		2003 年	
	规模以上工业企业利润总额	61 396.33	规模以上工业企业利润总额/元	14 802.54	规模以上工业企业利润总额/元	8 337.24
1	交通运输设备制造业规模以上工业企业利润总额	5 478.38	石油和天然气开采业规模以上工业企业利润总额	2 957.79	石油和天然气开采业规模以上工业企业利润总额	1 221.46
2	煤炭开采和洗选业规模以上工业企业利润总额	4 560.86	电力、热力的生产和供应业规模以上工业企业利润总额	1 157.73	交通运输设备制造业规模以上工业企业利润总额	777.04
3	化学原料及化学制品制造业规模以上工业企业利润总额	4 462.13	黑色金属冶炼及压延加工业规模以上工业企业利润总额	067.44	电力、热力的生产和供应业规模以上工业企业利润总额	699.26
4	石油和天然气开采业规模以上工业企业利润总额	4 299.6	化学原料及化学制品制造业规模以上工业企业利润总额	991.06	通信设备、计算机及其他电子设备制造规模以上工业企业利润总额	617.19
5	非金属矿物制品业规模以上工业企业利润总额	3 587.25	通信设备、计算机及其他电子设备制造规模以上工业企业利润总额	891.69	黑色金属冶炼及压延加工业规模以上工业企业利润总额	609.55
6	电气机械及器材制造业规模以上工业企业利润总额	3 310.13	交通运输设备制造业规模以上工业企业利润总额	664.01	化学原料及化学制品制造业规模以上工业企业利润总额	472.63

续表

时间 利润排名	2011年		2005年		2003年	
	规模以上工业企业利润总额	61 396.33	规模以上工业企业利润总额/元	14 802.54	规模以上工业企业利润总额/元	8 337.24
7	通用设备制造业规模以上工业企业利润总额	3 054.92	电气机械及器材制造业规模以上工业企业利润总额	640.17	电气机械及器材制造业规模以上工业企业利润总额	374.48
8	通信设备、计算机及其他电子设备制造规模以上工业企业利润总额	2 827.42	通用设备制造业规模以上工业企业利润总额	625.26	通用设备制造业规模以上工业企业利润总额	299.63
9	农副食品加工业规模以上工业企业利润总额	2 795.22	煤炭开采和洗选业规模以上工业企业利润总额	561	非金属矿物制品业规模以上工业企业利润总额	290.31
10	黑色金属冶炼及压延加工业规模以上工业企业利润总额	2 239.48	纺织业规模以上工业企业利润总额	437.13	烟草制品业规模以上工业企业利润总额	275.57
十大行业利润占比/%	59.6		67.5		67.6	

资料来源：《中国统计年鉴》。

本文前述研究内容表明，2000年以来随着居民整体收入水平的快速提升，尤其是农村居民收入增长速度的加快，我国城乡居民收入差距显现出逐步收敛的趋势，而农村居民内部的收入差距则逐步扩大，同时地区间、行业间的收入差距也在逐渐扩大。

3. 收入分配差距过大对经济社会造成了严重的负面影响

工资性收入增长慢于GDP增长导致居民消费不足。从我国城乡居民收入结构来看，可支配收入中工资性收入所占比重仍在70%以上。尽管近年来城镇居

分报告五 基于优化收入分配格局视角的中国税制改革大思路与制度设计

民的收入结构中经营性收入和财产性收入总量和比重有所上升，但劳动者报酬占GDP的比重逐年下降，这意味着居民可支配收入的增长与社会产品和服务总供给的增长不匹配且差距逐渐扩大，居民消费需求不足造成经济增长乏力，并将进一步恶化初次分配中工资收入的增长；按照经典经济学逻辑，富人收入的边际效用呈递减趋势，边际消费倾向下降，而普通工薪阶层的居民可支配收入的边际效用呈递增趋势，边际消费倾向较强。因此，富人的收入增长快于普通工薪阶层带来的社会整体消费需求不足。

工资性收入占比过低阻碍产业结构升级。在过去相当长的一段时间，我国经济发展的一大优势是低劳动力成本，且低廉的劳动力大量聚集在低端制造业和高耗能产业中。近年来我国已经进入经济结构调整阶段，相当一部分低端制造业和高消耗产业却凭借低廉的劳动力成本优势而有利可图，因此迟迟不肯退出或寻求技术进步，成为阻碍产业结构升级的障碍。

区域间收入分配差距扩大会加重区域经济的不平衡。我国幅员辽阔，由于地区间禀赋条件与发展阶段的差异，区域经济发展按发达程度明显呈现出东—中—西的阶梯式格局。经济发达地区的改革起步早、收益多，区域内产业、资金、技术、市场等的发展已步入良性循环；经济不发达地区，起步晚，受益少，所承担的改革成本较大，导致与发达地区收入的差距越拉越大，并逐步形成了不断强化的"马太效应"，社会不公平程度正在增加。

国民收入分配向政府倾斜的失衡现象为我国经济可持续发展埋下隐患。政府所得对企业所得的挤压，使企业持续扩大投资动力不足，使国内投资出现政府主导倾向，受政府部门政治周期的影响，经济发展波动幅度增大，最终影响经济增长效率。政府所得对居民所得的挤压，一方面政府财政收入快速增长挤压了居民收入的增长空间，另一方面政府的转移支付和社会保障支出相对滞后，居民不得不更多地自己考虑医疗、养老和教育等支出，两个方面导致居民消费倾向下降，储蓄倾向上升，从而影响了国内居民消费，导致国内消费倾向较低、消费需求不足，进一步迫使经济增长依赖于国际市场需求，在世界主要市场经济波动周期的影响下，加剧了国内经济波动幅度，成为我国经济可持续发展的又一大不确定性因素。

二、我国税制现状及对收入分配格局的影响

（一）税收调节收入分配的功能与局限

1. 调节收入分配是税收的内在职能

调节收入分配是税收的三大基本职能之一，因此税收与收入分配天然具有联系，这种联系包括税收在宏观收入分配中的作用及在微观收入分配中的作用。

（1）收入分配中的宏观调控

在市场经济中，政府与市场的基本关系：政府在"市场失灵"领域发挥作用，即提供公共产品和服务。政府对收入分配的宏观调控包括总量调控和结构调控。总量调控是指通过营造和维护公平竞争的市场环境，充分调动市场微观主体的积极性、创造性和主动性，促进经济效率最大化，做大国民收入可分配总量。结构调控，即要处理好积累和消费的比例关系，处理好国家、集体和个人三者的收入分配关系，保证在经济持续快速健康发展的基础上，人民生活不断改善。

在总量调控过程中，政府调控的着力点在营造公平的竞争环境上，如完善市场体系和规范市场秩序、保证生产要素的充分流动。对于收入分配而言，通过基本公共服务均等化，保证每个公民拥有均等的公共教育、失业保障、医疗卫生保障、养老保障以及住房保障机会，形成机会公平和起点公平。通过建立公平透明规则，维持有序的分配秩序，达到竞争过程的公平，以有利于调动各方积极性，实现经济效率的最大化，为民生改善奠定基础。

在结构调控过程中，政府宏观调控的重点在于调节积累与消费的比例关系，调整初次分配中国家、集体和个人三者分配的基本格局，以及保护劳动者基本权益，保持劳动报酬在国民收入中的适当比例，避免出现资本侵蚀劳动现象。在再次分配中，政府调控重点在于缩减地区间、行业间以及居民间的收入分配差距，实现分配上的相对公平。

（2）税收对收入分配的宏观调控

筹集财政收入、调节经济是税收的两大职能，其中调节经济职能蕴含着税收

分报告五　基于优化收入分配格局视角的中国税制改革大思路与制度设计

调节收入分配的含义，因此税收调节收入分配是其应有之义。

发挥税收调节收入分配的思想影响深远，以致于影响了税种分类理论（也称税系理论）。"19 世纪 60 年代和 70 年代，德国新历史学派代表人物瓦格纳认为，从税收应作为调节社会分配手段的思想出发，主张按课税课体给税种分类。他认为，资本和土地的收益负担能力强，应多课税；劳务收入负担能力低，应少课税；高收入者所消费商品，应多课税；一般共同需要的商品，应少课税。由此可相应地把税收归纳为收益税、财产税和消费税三大税系。"①。

税收的收入分配调节功能深入人心，这种调控职能不仅体现在所得税和财产税等直接税中，通过合理的制度设计，流转税（商品税）也能在一定程度上实现调节收入分配职能。

首先，通过对消费品、资本品及出口产品设定有差别的流转税待遇，从而影响消费、投资及出口的比例关系。典型的如消费型增值税，理论上仅对消费征税②，在这种情况下，资本品和消费品适用了不同流转税，因而对消费与投资的比例关系产生影响；出口退税制度也使出口品流转税负担较轻，鼓励产品出口，从而改变消费与储蓄的关系。同为消费品，适用税收政策不同，对消费结构和总量产生的影响不同，进而改变消费与储蓄的关系。如我国货物产品和服务产品分别适用增值税和营业税，税种不同，对消费产生的影响也不同。另外，对于部分产品征收特殊消费税，如我国对黄金首饰及烟酒开征的消费税，也会对消费产生影响。流转税随价格征收，因而会影响商品价格，在居民收入既定的情况下，相应改变居民的实际消费能力，对收入分配产生影响。

其次，在初次分配中，国家、企业和个人分别以生产税净额、企业盈余（包括折旧）和劳动者报酬的形式取得收入，形成初次分配格局。"生产税净额是指生产税减生产补贴后的余额。生产税是指政府对生产单位从事生产、销售和经营活动以及因从事生产活动使用某些生产要素（如固定资产、土地、劳动

---

① 王传伦、高培勇：《当代西方财政经济理论》，商务印书馆 1995 年版，第 260 页。
② 实现增值税仅对消费征税的机制是抵扣和退税，在生产环节，如出现负税情况下，政府应予以退税。我国对于负税情况采取的是向下期结转而非退税的情况，这意味着政府占用了资本品中所含的增值税。

力）所征收的各种税、附加费和规费。"① 从上述定义中可以看出，在初次分配中，国家收入的主体为生产税，即流转税，因而流转税总体税负的高低对国家收入具有直接且决定性作用，相应地对国民收入初次分配中三者分配格局产生直接影响。

再次，在再分配中，企业所得税减少企业可支配收入，个人所得税减少居民可支配收入，国家收入相应增加，因此税收对宏观收入分配的最终格局产生影响。此外，个人所得税对微观收入分配也发挥了调节作用。

最后，财产税对企业和居民的财产存量征税，国家收入相应增加、企业和居民收入减少，改变了三者分配的关系。

2. 税收调节收入分配的功能具有一定的局限性

税收可以在调节收入分配上发挥作用，但是这种调节作用也有一定的局限性，受到种种条件的限制。特别是在个人所得税等直接税种上，实现税收的调节作用的发挥，严重受税收征管水平的限制。一般来说，直接税的税收调节功能相对较强，但是其对征管水平的要求也比较高。以个人所得税为例，个人所得税是调节收入分配的最重要税种，通过设置一定的费用扣除额，税率上实行多档累进税率，同时区别不同收入来源，对特定人群实行一定程度的税收优惠等，实现其调节收入分配的作用。复杂的税制设计强化了税收调节收入分配的作用，也同时增加了对税收征管的要求。如果税收征管水平不能满足税制设计的要求，就只能选择在现有的征管水平上调整税收的调节功能。我国个人所得税改革多年来没有较大进展，一定程度上就是受限于税收征管水平。此外，对于能够进行征管的税制或税收政策，如果由于税收征管手段滞后和税收征管水平低，纳税人可以通过逃税或避税的手段来减轻自身的税收负担，税制和税收政策难以完全得到执行，则税收的调控目标也难以达到。例如，个人所得税和遗产税都属于对税收征管水平要求较高的税种，如果不能实现对纳税人收入和财产情况的监控，则难以对纳税人进行征管，影响所得税和财产税调节收入分配的作用。

---

① 国家统计局：《中国统计年鉴（2009）》，中国统计出版社 2009 年版，第 79 页。

（二）现行税制对收入分配格局的调节作用

1. 我国现行税制的总体状况

新中国成立以来，根据不同历史时期社会政治经济的发展变化，税收制度多次改革，经历了从复合税制向单一税制，再向复合税制演变的曲折过程。从总体上看，中国税制结构呈现以间接税为主体的鲜明特征，并由以间接税为主体税种的税制结构逐步向以间接税与所得税并重的双主体税制结构过渡。在此期间，税种设置和税收收入结构都发生了很大的变化。

1950 年 1 月 30 日，政务院公布《关于统一全国税政的决定》和《全国税政实施要则》，规定全国一共设立 14 种税收，即货物税、工商业税（包括营业税和所得税两个部分）、盐税、关税、薪给报酬所得税、存款利息所得税、印花税、遗产税、交易税、屠宰税、房产税、地产税、特种消费行为税和使用牌照税，其中薪给报酬所得税和遗产税没有开征。此外，当时还征收农业税、牧业税、契税和船舶吨税等税种。在上述开征的 16 种税收中，货物税、盐税、关税 3 种税收和工商业税中的营业税部分属于间接税，工商业税中的部分所得税和其他税种属于直接税。

在经过 1959 年和 1973 年两次税制改革后，税制调整为 13 种税收，即工商税、工商统一税、关税、工商所得税、城市房地产税、契税、车船使用牌照税、船舶吨税、屠宰税、牲畜交易税、集市交易税、农业税和牧业税，其中工商税、工商统一税、集市交易税和关税 4 种税收为间接税，其他 9 种税收为直接税。

从税收收入结构看，20 世纪 50 年代我国间接税比重处于相对较低的地位，1950 年直接税收入占比达到 53.5%，主要原因是农业税和牧业税收入占全部税收收入的比重很大，1950 年为 39.0%，1958 年则降至 17.4%。在之后的两次税制改革中，商品课税的比重得到进一步加强，形成了典型以间接税为主体的税制结构。到 1982 年，间接税的比重达到历史最高点 89.0%[①]。

1983 年和 1984 年的两步利改税改革是我国税收收入结构演变过程中的一个

[①] 1994 年以前的数据根据财政部网站数据计算；1994 年及以后税收数据根据国家税务总局网站税收收入统计表计算。

重要拐点。由于把国营企业上缴利润改为征收所得税，纳入税收收入统计，而且国营企业所得税的税率很高（最高税率为55%），部分国营企业除了缴纳企业所得税外还要缴纳调节税，国营企业所得税和国营企业调节税收入占税收总额的比重高达29.2%，间接税的比重呈现出下降的趋势。1985年我国直接税收入占税收总额的比重上升到38.9%，间接税收入占税收总额的比重下降到61.1%。

1994年我国对税制进行了大规模的改造和重构，改革后的税制共设立23个税种，形成了以增值税、营业税和消费税等间接税为主体的税制结构。此后，税收制度经历了不断的调整，一些税种（如农业税、屠宰税）被取消，一些税种（如内、外资企业所得税）被合并，一些税种（如车辆购置税）新开征，到2016年底，我国共设有18个税种，包括增值税、消费税、营业税、企业所得税、个人所得税、资源税、城镇土地使用税、土地增值税、房产税、城市维护建设税、车辆购置税、车船税、印花税、契税、耕地占用税、烟叶税、关税和船舶吨税。其中，增值税、消费税、营业税、资源税、印花税、车辆购置税、关税、烟叶税和城市维护建设税为间接税，企业所得税、个人所得税、房产税、城镇土地使用税、土地增值税、车船税、船舶吨税、耕地占用税和契税为直接税。

表8　我国现行税制结构

间接税	直接税
增值税、消费税、营业税、资源税、印花税、车辆购置税、关税、烟叶税、城市维护建设税	企业所得税、个人所得税、房产税、城镇土地使用税、土地增值税、车船税、船舶吨税、耕地占用税、契税

注：目前已新开征环境保护税。

2. 近年来应对收入分配格局不利演变的税制调整

我国现行税制中与收入分配相关的税种主要是个人所得税、消费税及财产税（如房产税等）。为了提高税收进行收入再分配的能力，自2006年以来，我国多次进行了相关税制改革，通过三次提高个人所得税的费用扣除额及相关政策调整，扩大消费税征税范围及分调整相关税目税率的方式，在上海和重庆试点征收个人住房房产税等制度调整，对我国收入分配起到了一定的调节作用。

分报告五　基于优化收入分配格局视角的中国税制改革大思路与制度设计

(1) 调整个人所得税税收政策，发挥其调节个人收入分配作用

近年来，我国收入分配方面的矛盾突出，个人收入分配差距不断扩大，社会各界的改革呼声日益强烈。个人所得税作为调节个人收入分配的重要手段被寄予厚望。为充分发挥个人所得税的职能作用，我国政府于 2005 年修改了《中华人民共和国个人所得税法》，规定从 2006 年 1 月 1 日起将工资薪金所得费用扣除标准从每月 800 元提高到每月 1 600 元，以解决城镇居民生计费用税前扣除不足的问题。2007 年再次修改《中华人民共和国个人所得税法》，从 2008 年 3 月 1 日起将工资薪金所得费用扣除标准提高到每月 2 000 元。2011 年 6 月 30 日，第十一届全国人大常委会第二十一次会议表决通过关于修改个人所得税法的决定，工资薪金所得费用扣除调整提高到 3 500 元 / 人每月，适用税率调整为 3% 至 45%，修改后的个人所得税法于 2011 年 9 月 1 日起施行。这些改革大幅度减轻了中低收入者的税收负担。

除对起征点的调整外，2008 年以来，我国还陆续调整相关的税收政策，以缩小收入分配差距。

——调整个体工商户、个人独资合伙企业个人所得税的有关政策

从 2008 年 1 月 1 日起实施新企业所得税法，新法对企业应纳税所得额的计算做了较大调整，适当降低了纳税人的税收负担。个体工商户、个人独资企业和合伙企业都属于市场经营主体，其个人所得税应纳税所得额计算方法、扣除标准一直参照企业所得税的规定确定，实施新企业所得税法后，个体工商户、个人独资企业和合伙企业个人所得税计算应纳税所得额存在着扣除偏紧、税负较重、不利于公平竞争等问题，需要与新企业所得税法的有关规定相衔接。

2008 年 6 月，财政部、国家税务总局制定下发了关于调整个体工商户个人独资企业和合伙企业个人所得税税前扣除标准有关问题的通知。一是计算个体工商户业主、个人独资企业和合伙企业投资者个人所得税时，将个体工商户业主、个人独资企业和合伙企业投资者个人的费用扣除标准统一确定为 24 000 元 / 年（2 000 元 / 月）。二是个体工商户、个人独资企业和合伙企业向其从业人员实际支付的合理的工

资、薪金支出，允许在税前据实扣除。三是个体工商户、个人独资企业和合伙企业拨缴的工会经费、发生的职工福利费、职工教育经费支出分别在工资薪金总额2%、14%、2.5%的标准内据实扣除。四是个体工商户、个人独资企业和合伙企业每一纳税年度发生的广告费和业务宣传费用不超过当年销售（营业）收入15%的部分，可据实扣除；超过部分，准予在以后纳税年度结转扣除。五是个体工商户、个人独资企业和合伙企业每一纳税年度发生的与其生产经营业务直接相关的业务招待费支出，按照发生额的60%扣除，但最高不得超过当年销售（营业）收入的5%。

——对生育津贴和生育医疗费有关个人所得税政策进行了明确

2008年3月7日，财政部、国家税务总局发出了《关于生育津贴和生育医疗费有关个人所得税政策的通知》。通知中规定：生育妇女按照县级以上人民政府根据国家有关规定制定的生育保险办法，取得的生育津贴、生育医疗费和其他生育保险性质的津贴或补贴，可以免征个人所得税。

——免征个人投资者证券交易结算资金利息所得个人所得税

财政部国家税务总局于2008年10月26日发布了《关于证券市场个人投资者证券交易结算资金利息所得有关个人所得税政策的通知》（财税〔2008〕140号），规定自2008年10月9日起，对证券市场个人投资者取得的证券交易结算资金利息所得，暂免征收个人所得税，即证券市场个人投资者的证券交易结算资金在2008年10月9日后（含10月9日）孳生的利息所得，暂免征收个人所得税。

——对储蓄存款利息所得暂免征收个人所得税

为配合国家宏观调控政策的需要，财政部国家税务总局于2008年10月9日联合下发《关于储蓄存款利息所得有关个人所得税政策的通知》（财税〔2008〕132号），规定自2008年10月9日起，对储蓄存款利息所得暂免征收个人所得税，即储蓄存款在1999年10月31日前孳生的利息所得，暂免征收个人所得税。储蓄存款在1999年11月1日至2007年8月14日孳生的利息所得，按照20%的比例税率征收个人所得税；储蓄存款在2007年8月15日至2008年10月8日孳生的利息所得，按照5%的比例税率征收个人所得税；储蓄存款在2008年10

分报告五　基于优化收入分配格局视角的中国税制改革大思路与制度设计

月9日后（含10月9日）孳生的利息所得，暂免征收个人所得税。

——发挥个人所得税调节高收入者所得的职能

为充分发挥个人所得税调节高收入的职能作用，财政部国家税务总局先后出台了《国家税务总局关于加强股权转让所得征收个人所得税管理的通知》（国税函〔2009〕285号）、《财政部、国家税务总局关于股票增值权所得和限制性股票所得征收个人所得税有关问题的通知》（财税〔2009〕5号）和《国家税务总局关于股权激励有关个人所得税问题的通知》（国税函〔2009〕461号）等文件。国税函〔2009〕285号文件明确规定个人股东在进行股权交易时，应及时到税务机关办理纳税（扣缴）申报，并规定了配套的管理、服务措施；财税〔2009〕5号文件明确规定个人取得股票增值权和限制性股票的所得属于个人因任职和受雇而取得的所得，按"工资、薪金所得"项目征收个人所得税；国税函〔2009〕461号文件则对股票增值权和限制性股票计征个人所得税的具体计算方法和征管措施做了明确规定。

这些针对高收入者运用资本、管理等要素取得所得而加强个人所得税征管的规定，有利于加大对高收入行业和高收入者的征管力度，充分发挥个人所得税调节高收入的职能作用。

（2）调整消费税税收政策

2006年4月1日，我国消费税政策进行了一次重大的调整，主要对消费税的应税品目进行有增有减的调整。经过调整后，消费税的税目由原来的11个增至14个：一是新增加了高尔夫球及球具、高档手表、游艇、木制一次性筷子、实木地板等税目，并将汽油、柴油两个税目取消，增列成品油税目，汽油、柴油作为该税目下的两个子目，同时将石脑油、溶剂油、润滑油、燃料油、航空煤油作为五个子目征收消费税；二是取消了"护肤护发品"税目，同时将原属于护肤护发品征税范围的高档护肤类化妆品列入化妆品税目；同时对原有税目的税率进行调整。现行11个税目中，涉及税率调整的有白酒、小汽车、摩托车、汽车轮胎等税目。

自2008年9月1日起，再次调整了乘用车消费税政策，提高了大排量汽车的税率，降低了小排量汽车的税率。从 2009 年 1 月 1 日起，实行燃油税费改革，取消公路养路费等 6 项收费，同时增加了成品油消费税单位税额，汽油消费税额由原来的每升 0.2 元提高到 1 元，柴油由每升 0.1 元提高到 0.8 元。此外，还调整了卷烟消费税的税率，并加强对酒消费税的征管。2014 年后消费税又进行了数次较大的调整。从 2014 年 11 月 29 日起，中国分三次提高了成品油消费税，单位税额由 1 元/升提高到了 1.52 元/升。从 2014 年 12 月 1 日起，取消了气缸容量 250 毫升（不含 250 毫升）以下的小排量摩托车、汽车轮胎、车用含铅汽油、酒精四个税目的消费税。从 2015 年 2 月 1 日起，将电池、涂料纳入消费税征税范围，适用税率为 4%。从 2015 年 5 月 10 日起，将卷烟批发环节消费税从价税税率由 5% 提高至 11%，并按 0.005 元/支加征从量税。自 2016 年 10 月 1 日起，取消对普通美容、修饰类化妆品征收消费税，将"化妆品"税目名称更名为"高档化妆品"。征收范围包括高档美容、修饰类化妆品、高档护肤类化妆品和成套化妆品，税率调整为 15%。自 2016 年 12 月 1 日起，在"小汽车"税目下增设"超豪华小汽车"子税目。征收范围为每辆零售价格 130 万元（不含增值税）及以上的乘用车和中轻型商用客车，即乘用车和中轻型商用客车子税目中的超豪华小汽车。对超豪华小汽车，在生产（进口）环节按现行税率征收消费税的基础上，在零售环节加征消费税，税率为 10%。

（3）在上海和重庆对个人住房征收房产税试点

2010 年，在房价持续上涨的形势下，国务院要求发挥税收政策对住房消费和房地产收益的调节作用。同年 12 月，国务院召开常务会议，同意在部分城市进行对个人住房征收房产税改革试点，具体征收办法由试点省份人民政府制定。随后，重庆市、上海市分别颁布了《重庆市个人住房房产税征收管理实施细则》和《上海市开展对部分个人住房征收房产税试点的暂行办法》，自 2011 年 1 月 28 日起开展房产税试点。两地具体政策规定如下。

征税对象

上海房产税政策的征税对象主要有两类：第一，上海市居民家庭在上海市新购且属于该居民家庭第二套及以上的住房；第二，非上海市居民家庭在本市新购

分报告五 基于优化收入分配格局视角的中国税制改革大思路与制度设计

的住房。

重庆市房地产税政策的征税对象主要有三类：第一，个人拥有的独栋商品住宅；第二，个人新购的高档住房。高档住房是指建筑面积交易单价达到前两年主城九区新建商品住房成交建筑面积均价2倍（含2倍）以上的住房；第三，在重庆市同时无户籍、无企业、无工作的个人新购的第二套（含第二套）以上的普通住房。

计税依据

上海市计税依据为参照应税住房的房地产市场价格确定的评估值，评估值按规定周期进行重估。试点初期，暂以应税住房的市场交易价格作为计税依据。房产税暂按应税住房市场交易价格的70%计算缴纳。

重庆市房产税的计税依据是房产交易价。条件成熟时，以房产评估值作为计税依据。

税率

上海市税率暂定为0.6%。应税住房每平方米市场交易价格低于本市上年度新建商品住房平均销售价格2倍（含2倍）的，税率暂减为0.4%。

重庆市税率分为两类：第一，独栋商品住宅和高档住房建筑面积交易单价在前两年主城九区新建商品住房成交建筑面积均价3倍以下的住房，税率为0.5%；3倍（含3倍）至4倍的，税率为1%；4倍（含4倍）以上的税率为1.2%。第二，在重庆市同时无户籍、无企业、无工作的个人新购第二套（含第二套）以上的普通住房，税率为0.5%。

税收减免

上海市居民家庭在本市新购且属于该居民家庭第二套及以上住房的，合并计算的家庭全部住房面积人均不超过60平方米的，其新购的住房暂免征房产税；人均超过60平方米的，对属新购住房超出部分的面积，计算征收房产税。

重庆市居民家庭可对一套应税住房扣除免税面积。纳税人在本办法施行前拥有的独栋商品住宅，免税面积为180平方米；新购的独栋商品住宅、高档住房，免税面积为100平方米。纳税人家庭拥有多套新购应税住房的，按时间顺序对先购的应税住房计算扣除免税面积。在重庆市同时无户籍、无企业、无工作的个人的应税住房均不扣除免税面积。

(三) 现行税制在收入分配调节方面存在的问题分析

1. 税制结构不合理,扭曲了收入分配的合理格局

长期以来,我国的税制结构都是以间接税为主体,直接税的发展则相对滞后,这一税制结构发展到现在,已经处于严重失衡状态。如表9所示,2008—2014年间我国间接税收入占全部税收收入的比重均超过60%,远高于经会组织(OECD)国家30%~40%的平均水平(见表10)。

表9 2008—2014年中国间接税和直接税比重

年度	2008	2009	2010	2011	2012	2013	2014
间接税比重	68.8	68.9	69.6	68.3	67.5	62.1	61.0
直接税比重	31.2	31.1	30.4	31.7	32.5	37.9	39.0

注:间接税包括增值税、消费税、营业税、资源税、印花税、车辆购置税、关税、烟叶税、城市维护建设税和教育费附加。直接税包括企业所得税、个人所得税、房产税、城镇土地使用税、土地增值税、车船税、船舶吨税、耕地占用税和契税。

资料来源:根据历年全国财政决算中的相关数据计算而得。

表10 OECD国家直接税与间接税的比重

年度	1965	1980	1990	2000	2007	2008	2009	2010	2011	2012
间接税比重	36.2	30.9	31.3	31.3	30.2	30.3	30.6	31.3	31.1	30.9
直接税比重	63.8	69.1	68.7	68.7	69.8	69.7	69.4	68.7	68.9	69.1

资料来源:OECD, Revenue Statistics, 1965—2014年。

间接税占比偏高,直接税占比较低,造成了一系列的后果,如推高物价、抑制消费需求、不利于宏观调控,其中最重要的是削弱了政府调节收入分配的能力。这主要体现在以下两个方面:

第一,间接税比重偏高,税制具有内在的累退性。间接税内嵌于商品和服务的生产和消费环节,与价格高度关联,它作为价格的重要组成部分直接嵌入商品和服务的价格当中,会提高物价水平,而物价水平提高后又会反过来刺激间接税税负的增加。在这种水涨船高式的影响下,企业盈利水平和居民收入的提高将会

分报告五 基于优化收入分配格局视角的中国税制改革大思路与制度设计

受到影响,直接税的税基受到侵蚀,不利于直接税比重的提高。间接税属于中性税收,天然具有收入分配视角下的累退性。由于低收入阶层当期收入用于基本生活消费的比重大于高收入阶层,从个人税收负担来看,低收入阶层负担的税收占其收入的比重要高于高收入阶层的这一比重,因此实质上会扩大收入差距。

第二,直接税比重较低,限制了政府调节收入分配的作用。个人所得税、房产税等直接税,符合量能课税的公平原则,特别是个人所得税累进税率的设计,有助于调节收入分配、缩小收入差距。但是,我国现行个人所得税的覆盖面较窄,收入占全部税收收入的比重较低,限制了其发挥调节收入分配作用的空间。在2011年个人所得税改革之前,我国个人所得税纳税人占全国人口的比重约为6.5%;改革之后,这个比重降到2%左右。与个税人口覆盖面相适应,我国个人所得税收入占全部税收收入的比重同样处于较低水平,2015年个人所得税还只占狭义税收收入的6%。覆盖面窄、收入功能弱小,导致个人所得税严重丧失了应有的收入分配调节功能。

2. 税收制度不健全,弱化了税收的调节分配功能

现行税制中,几个与收入分配有较大关系的税种,在税制要素设计上都存在较大缺陷,限制了其收入分配功能的发挥,甚至造成了反向调节。

(1)个人所得税

我国个人所得税开征于1980年,此后经过了数次改革,但改革始终围绕着工薪所得免征额的调整,税制整体目标和要素设置上存在的缺陷一直没能得到纠正。现行个人所得税存在的问题主要有:

第一,分类税制造成税负的不公平。世界各国实行的个人所得税制度大致分为三种模式:综合制、分类制、混合制。我国采用的是分类所得税制模式,即把个人应税所得分为工资薪金所得、个体工商户生产经营所得、承包承租经营所得、劳务报酬所得等11项,并分别规定了相应的费用扣除标准、适用税率和计税办法。这种做法很难使纳税人所缴税款与其实际的纳税能力相符,易造成纳税的不公平和负担的不合理。个人所得项目越多,取得所得的次数越多,得到的费用扣除也就越多,客观上存在纳税人分解收入和化整为零逃漏税收的弊端,直接影响

了个人所得税在调节个人收入分配、缩小贫富差距方面的应有作用。

第二,税率设计不合理,各类所得之间的税负不合理。由于对不同收入项目采取不同的税率和扣除办法,造成各项所得之间的税收负担不一致。各类所得在不同的收入数量区间,税负轻重无序。非劳动所得的税率低于劳动所得,而低收入群体多是劳动所得。工薪收入由代扣代缴制度实施的原九级、现七级超额累进征收的调节力度最高,绝大部分"先富起来"的社会成员却无超额累进调节机制的覆盖。目前对资本利得的征税还不完备,包括股票收益在内的多项资本利得都不在个人所得税的征税范围之内,而资本利得主要是富人所得。种种缺陷导致了高收入群体不需负担高税负,造成了税负不公。

第三,费用减除标准不合理。费用减除标准是保证公民基本生活需要的部分,目前个人所得税的工薪所得的费用减除标准没有考虑家庭和物价因素,个人收入与家庭赡养老人、抚养子女、医疗费用、教育费用等支出不挂钩,不符合量能负担的公平原则。

(2)房产税

房产税是财产税体系的一个重要税种。目前,我国与房地产相关的税种主要包括开发流通环节的营业税、土地增值税、耕地占用税、契税、企业所得税等税种,在房地产保有环节的房产税和城镇土地使用税。这些税种目前仍然存在问题:

第一,税种不够简化,存在着双轨运行问题。现行的房产税、耕地占用税、城镇土地使用税、契税实际上存在一定的重复征收的问题,可以进行合并和简化。同时,内外双轨随着城镇土地使用税的改革和城市房地产税的废止而不再存在,但是仍然存在着城乡双轨及企业和个人双轨征收的问题。一是现行的城镇土地使用税、房产税只限于城市、县城与建制镇及工矿区,没有涵盖广大农村的一些应征对象。而近年来农村经济的发展和城镇化进程的加快使非农业用地和用房的面积和价值快速增长,有必要将其覆盖在征收范围内;二是在具体征收过程中,我国的房产税对个人所有的非营业性用房予以免税,没有体现出拥有不同数量房产的个人税负差异,不利于调节贫富差距,实现社会公平。

第二,计税依据不合理,税率设计滞后。我国现行的房地产税收在应纳税额

分报告五　基于优化收入分配格局视角的中国税制改革大思路与制度设计

的计算上,一种是采取从量定额的计算方式,另一种是采取从价定率的计算方式。但都存在计算依据不合理、税率(或定额)标准滞后的现象,以致税收负担缺乏弹性,对经济变化的应对不及时,调控作用不佳。

第三,收入水平低,尚未形成有效体系。我国现行的房地产各税种虽然都已初步形成稳定的运行机制,对各自的课税对象有一定的调控能力,但是存在覆盖范围窄、税率设计滞后、弹性差等缺陷。从结构上看,各税种对课税对象的划分不尽合理,税收负担的分布也缺乏均衡;从收入总量上看,存在着"重交易轻保有"的制度设计特点;从税费关系看,在正税之外,有非常复杂的收费,项目繁多,规范程度很低。

(3) 增值税

增值税作为一个中性的税种,在促进市场经济发展、减轻税收对经济效率的扭曲方面是一种良税。但作为一种商品税,在收入分配方面增值税天然具有累退性。现行增值税制度不利于收入分配的因素主要表现在两个方面:

一是收入规模过大。增值税是我国最大的税种,在营改增之后其收入规模更是占到全部税收收入的40%以上。增值税在税收收入中的比重过大,直接反映了货物和劳务的税收负担较重,其累退性也就越强。

二是优惠税率过高。对基本生活必需品等商品设置较低的增值税税率,有利于缓解增值税的累退性,对减轻低收入阶层的税收负担有重要意义,但从我国的增值税制度设置来看,适用优惠税率的商品种类较少,且13%的优惠税率与17%的标准税率差距不大,其能发挥的作用极为有限。

(4) 消费税

尽管在1994年税制改革确立消费税税种后,我国对消费税制度进行了多次改革和完善。但随着经济社会的发展和居民消费水平的提升,从收入分配的视角来看,现行消费税在课税范围上既存在"越位"问题,也存在着"缺位"问题。

一方面,现行消费税把某些生活必需品和少数生产资料列入征税范围,不符合消费税的立法意图,存在"越位"问题。如普通化妆品等部分应税消费品已经成为大众化消费品,对其征收消费税不仅难以体现调节消费结构、抑制不合理消费的政策初衷,而且还在一定程度上增加了普通大众的税收负担。

另一方面,现行消费税未能将部分高档消费品和消费行为纳入征收范围。随着我国经济的发展和居民可支配收入的提高,居民的消费结构也发生了一定的变化,对高档消费品(奢侈品)的消费不断增长。但现行消费税征收范围涉及的高档消费品主要是贵重首饰、高档化妆品、高尔夫球、高档手表、游艇等,还未能将购买(租赁)私人飞机、高档服装、高档食品(如冬虫夏草等)、高档木材家具(如红木家具),以及属于娱乐的部分高档消费行为纳入征收范围。这弱化了消费税调控奢侈消费、同时增加财政收入的能力。

3. 部分重要税种缺失,限制了税制的收入调节能力

现行税制中,缺乏社会保障税、遗产和赠与税等从不同环节对个人收入、财富进行调节的税种,使税制调节收入差距的能力极其有限。

(1) 社会保障税

社会保障税未能开征,不利于个人生活的保障和社会的稳定。目前,社会保险费主要由劳动部门征收,由于缺乏法律制约,不利于解决强制性不够、征收力度小、成本费用过高等问题,导致社会保障经费来源不稳固,这些都需要通过开征社会保障税来改变。

(2) 遗产和赠与税

长期以来,我国都未能建立与个人所得税配套的遗产税制,弱化了对高收入者的调节力度,使财富分配的不均衡在代际间延续,固化了收入和财富分配不平等的局面。

三、税收调节收入分配的国际实践及经验借鉴

税收作为收入再分配的重要手段和市场经济发展的重要支柱,能够对国民收入分配格局发生影响,能够对个人拥有的收入和财富进行有效调节,从而达到缩小收入分配差距、实现社会公平的政策目标。本文分析借鉴了主要发达国家利用税收政策调整居民收入分配的先进经验,总结了相关税收政策调整的政策建议,确保国家政治经济的稳定发展。

分报告五　基于优化收入分配格局视角的中国税制改革大思路与制度设计

（一）主要发达国家的收入分配格局及税制总体情况

1. 主要发达国家基尼系数较低，国别差异大

20世纪80年代以来，发达国家的收入分配不平等状况出现加剧的趋势，税收政策调整初次分配难度增大，可支配收入不平等难以改善。尤其是金融危机以来，低收入人群较最高收入人群损失多、获益少，两极分化严重，贫困风险开始从老年人转向年轻人[1]。经合组织（OECD）将收入不平等单独列为一项衡量社会物质财富分配的重要指标。2014年及最近的数据显示，35个OECD国家的基尼系数平均值为0.32。丹麦、冰岛、挪威的基尼系数为0.25，智利与墨西哥则超过0.45。OECD国家收入不平等状况的国别差异度高[2]（见图4）。收入分配最趋于平等的国家多集中于北欧与中欧地区，美国、英国、智利、以色列、墨西哥、土耳其的收入不平等程度则相对较高，从0.35到0.40不等。新兴市场国家的基尼系数则大多高于0.4的贫富差距警戒线。

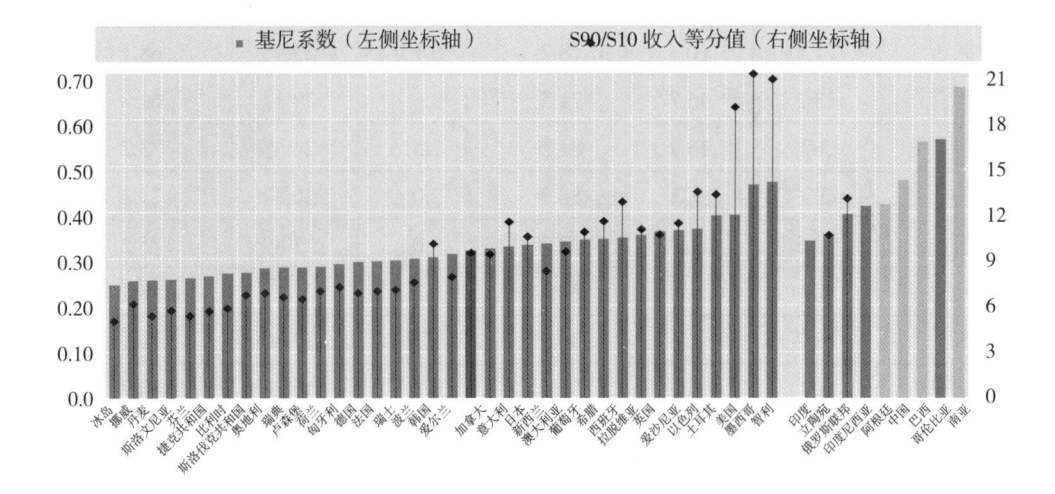

图4　2014年收入不平等状况的国别差异

数据来源：OECD Income Distribution Database available at www.oecd.org/social/income-distribution-database.htm; OECDDatabase on Household Income Distribution and Poverty。

---

[1] 参见OECD（2014），"*Income Inequality Update – June* 2014"。
[2] 初次分配收入（Market income）含直接与生产要素如劳动、资本相关的收入。可支配收入（*Household disposable income*）包括初次分配收入扣除家庭支付的所得税和社会保障缴款。

363

从纵向时间趋势来看，欧盟与美国运用税收政策重点调整青壮年劳动力（Non-eldly population or Working-age group）收入差距，使德国基尼系数降低了31%，英国、美国分别降低了23%与18%。分析OECD各国1996—2006年宏观收入的分配格局，得出企业部门、政府部门以及家庭部门在初次和再分配中占比的平均值见表11。

表11 近10年OECD主要国家国民收入的分配格局

单位/%

国家	初次分配 企业部门	初次分配 政府部门	初次分配 家庭部门	再分配 企业部门	再分配 政府部门	再分配 家庭部门
澳大利亚	8.9	13.7	77.5	3.3	23.9	72.8
奥地利	6.2	10.7	83.1	2.2	22.5	73.8
比利时	7.8	6.8	85.3	5.0	24.4	69.9
加拿大	10.3	9.9	79.8	5.9	23.8	70.3
捷克	11.5	10.3	78.2	6.1	25.9	68.1
芬兰	13.2	15.3	71.5	9.0	29.1	61.8
法国	5.7	13.2	81.2	1.5	24.8	73.7
德国	2.7	9.0	88.3	2.0	20.3	77.2
希腊	13.6	9.2	77.2	9.0	15.8	75.2
意大利	3.7	8.9	87.4	0.7	21.2	78.1
日本	11.2	7.9	80.9	7.5	17.5	75.1
美国	6.9	5.0	88.0	3.2	16.2	80.7
平均值	8.9	11.2	79.9	5.7	22.9	71.4

数据来源：梁季，《国民收入分配格局的国际比较与分析》，地方财政研究，2012年第8期，第4—10页。

2. 其他收入分配指标与基尼系数结果相似

S90/S10[①]即最富裕与最贫穷的10%等分人群收入比值，2014年美国的这一

[①] Immervoll, H.and L.Richardson（2013），"Redistribution Policy in Europe and the United States: Is the Great Recession a 'Game Changer' for Working-age Families?", OECD Social Employment and Migration Working Papers, No.150, OECD Publishing.

分报告五 基于优化收入分配格局视角的中国税制改革大思路与制度设计

比值平均为 18.8，丹麦、芬兰的比重为 5.3，OECD 国家均值为 0.32，而墨西哥与智利则为 21[①]。类似于基尼系数，联合国开发计划署统计了帕尔玛比值（Palma Ratio）[②]来衡量收入不平等，2005—2013 年，排名最前列的属于北欧国家，比值约为 26.8，主要发达国家的情况为美国为 41.1、英国为 38.0、日本为 32.1、法国为 31.7、德国为 30.6、中国为 37.0。

如果以财富替代可支配收入作为衡量指标，则收入不平等状况更为严重。对于 OECD 国家平均而言，最富裕的 10% 家庭占据全部家庭财富的半壁江山，在美国最富裕的 10% 家庭则拥有高达 76% 的全部家庭财富。相比之下，可支配收入最高的 10% 人群占有全部现金收入的四分之一，在美国这一数字为 28%。要注意，收入不平等程度低的国家不一定家庭财富集中度也低，例如奥地利、德国与荷兰[③]（图 5）。

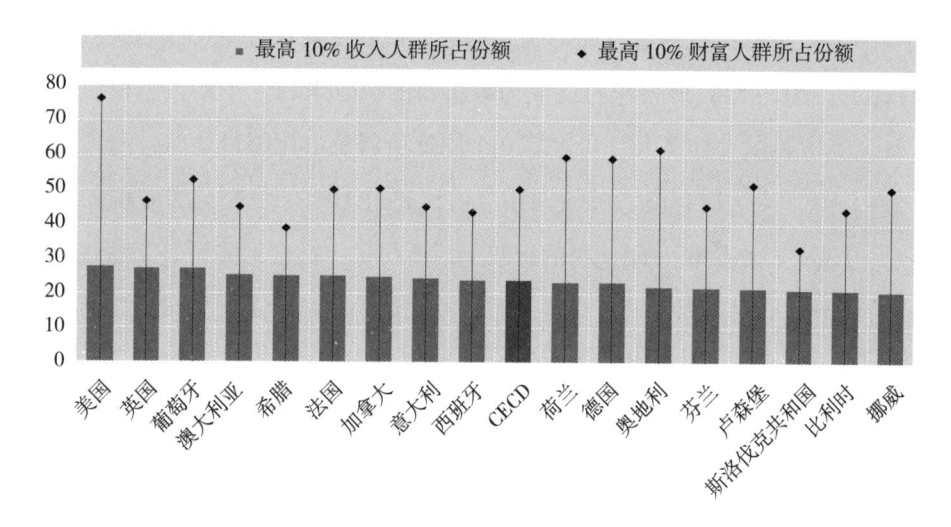

图 5　2012 年最富裕人群的财富集中度高于收入集中度

数据来源：OECD（2016），"Revenue Statistics 2016"，OECD Publishing. http://dx.doi.org/10.1787/10.1787/rev_stats-2016-en-fr。

---

① OECD（2016），Society at a Glance 2016：OECD Social Indicators，OECD Publishing，Paris.
② 联合国开发计划署"Human Development Report 2015"，帕尔玛比值是指国民总收入中 10% 最富有人口的总收入与 40% 最贫穷人口的总收入的比值。
③ 财富数据是指净私人家庭财富（Household net wealth），即一个家庭所拥有的全部资产减全部负债价值。

3. 税制结构与总体运行情况

世界主要发达国家注重发挥税收在收入分配中的积极作用，缩小贫富差距，促进社会和谐稳定。在税制理念上，发达国家遵循"量能负担"的原则，即高收入多纳税，低税入少纳税，并以税收优惠等形式获得政府的福利保障，实现纳税人之间利益分配的目标。在宏观税负水平上，2015年OECD国家税收收入占GDP的比重平均为34.3%，高于2009年金融危机后的低点32.4%，此后实现六连增。在税收结构上，从各税种占GDP的比重来看，所得税占比自2010年谷底升至2015年的11.6%，其中2015年个人所得税占比为8.5%，企业所得税占比为3.1%；社会保障税收入的GDP占比为9.1%；货物与劳务税占GDP的10.9%，其中消费税占3.2%，2009年后增值税所占的比重升至6.8%[1]。

从各税种占税收收入比重来看，可观察发达国家1965—2014年税制结构演变（表12）。尽管税收规模呈整体上升趋势，但各主要税种对税收总收入贡献度相对稳定。2014年，所得税再度成为最重要的税收来源，平均占总税收收入的32.7%，其中美国、加拿大、丹麦等9个国家所得税占比超过40%。财产与行为税方面，美、英、加、澳、韩5国相应占比超过10%。货物与劳务税的构成发生较大改变，在直接税、间接税的比较上，所得税、社会保障税、工薪税、财产与行为税构成了发达国家的直接税体系，并被证明是减少不平等最行之有效的工具[2]。从1975年起，这四税之和的占比平稳超过65%，可以得出发达国家形成了成熟的以直接税为主体的税制结构特征，个人所得税与社会保障税占据突出地位。相较而言，欧盟国家增值税的调整效果不显著，虽然可通过对食品与公用事业进行事后免抵退，但是实际运行成本较高，未被广泛应用于调节收入不平等[3]。

---

[1] OECD（2016），"Revenue Statistics 2016"，OECD Publishing. http：//dx.doi.org/10.1787/10.1787/rev_stats-2016-en-fr.

[2] Tax reforms in EU Member States（2013），"Tax policy challenges for economic growth and fiscal sustainability"（No.38）. Directorate General Taxation and Customs Union，European Commission.

[3] Economics，C.（2008）. "Study on reduced VAT applied to goods and services in the Member States of the European Union"（No. 13）. Directorate General Taxation and Customs Union，European Commission.

分报告五 基于优化收入分配格局视角的中国税制改革大思路与制度设计

表 12 OECD 国家 1965—2014 年税制结构演变

单位：%

时间/年	1965	1975	1985	1995	2005	2010	2014
税收总收入	100.0	100.0	100.0	100.0	100.0	100.0	100.0
所得税合计	35.0	37.4	37.7	33.3	33.4	32.0	32.8
个人所得税	26.2	29.8	29.8	25.1	23.1	23.2	24.0
公司所得税	8.8	7.6	8.0	8.2	10.3	8.8	8.8
社会保障税	17.6	21.9	22.1	25.4	25.3	26.6	26.2
雇员缴纳	5.7	6.9	7.4	8.3	8.8	9.4	9.5
雇主缴纳	9.8	13.8	13.3	15.0	14.6	15.2	14.7
工薪税	1.0	1.3	1.1	0.9	1.0	1.0	1.1
财产与行为税	7.9	6.4	5.4	5.2	5.5	5.5	5.6
货物与劳务税	36.2	31.1	32.0	31.9	30.9	30.9	30.3
一般货物与劳务税	11.9	13.4	15.8	19.8	20.6	20.7	20.7
特殊货物与劳务税	24.3	17.7	16.2	12.1	10.4	10.2	9.6
其他	2.3	2.0	1.7	3.4	3.8	4.1	4.0

注：各国社会保障 Social Security Contributions（SSC）税费形式不同，此处以社会保障税称，OECD（2016）。

无法进行税收分类的资本转移已经从税收总收入中扣除。其中，1991 年德国按照统一后数据计算。

在税制模式上，发达国家流行三种分类：一是以直接税为主体的复合税制，为几乎所有发达国家所采用。通过建立以个人所得税、社会保障税等直接税为主体的税制结构，使得税负不易转嫁[1]；二是所得税为主体的税制模式，为绝大多数发达国家所采用。通过以所得为计税依据，面向全体社会成员征收，辅之以累进税率，充分考虑到不同收入人群的负担能力，兼顾了公平与效率。在 OECD 成员国中，至少有 16 个成员国是以个人所得税为主体税种的；三是所得税与流转税并重的双主体税制模式，为法国、德国、意大利等所采用。以上三种模式都体

---

[1] OECD（2016），Income inequality（indicator）. doi：10.1787/459aa7f1-en；OECD（2016），Tax on personal income tax（indicator）. doi：10.1787/213673fa-en.

现了以税收缩小居民收入分配差距的目标。在税收对收入分配各环节的调节上，涵盖收入、消费、财产保有及增值、财富转移等环节，以多样化税种填补真空，相互协调，真正实现了量能负担原则。在税收征收管理上，建立起以唯一纳税人识别号为基础，互联互通的税收管理系统为依托，不同规模纳税人突出重点、分类管理为方法，行政、刑事法律处罚打击偷税逃税为辅助的多层次、全方位、一体化税收征管体系。

（二）主要发达国家应对收入分配格局变化的税制建设和调整情况分析

1. 美国

作为世界上最发达的经济体，美国构建以个人所得税为主体，遗产与赠与税、其他财产税、消费税、社会保障税为辅的税收制度体系（图6）。其中个人所得税与遗产赠与税实行累进税率，其他财产税、消费税、社会保障税实行比例税率，充分发挥了不同税种的优势，相互协调，共同调节收入分配差距。

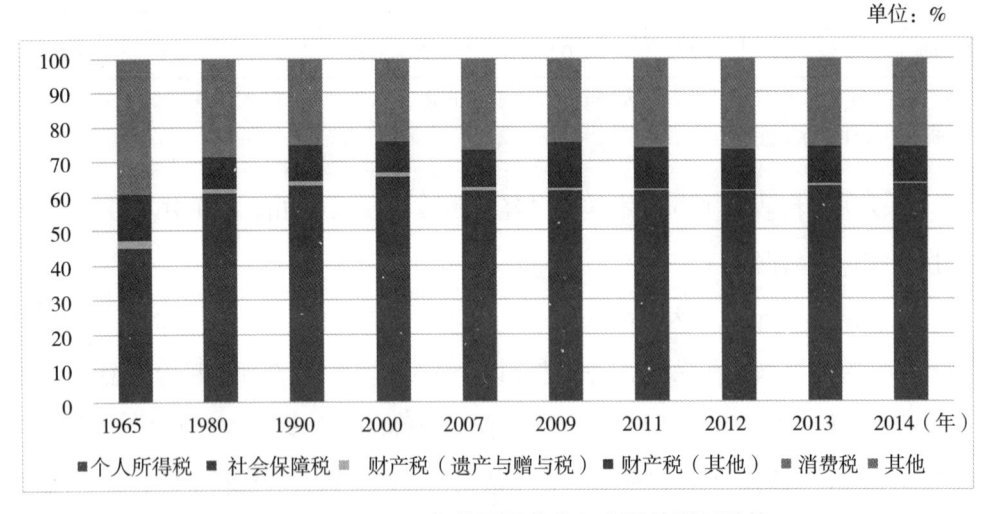

图6 1965—2014年美国调节收入分配的税制结构

数据来源：OECD（2016），Tax on personal income（indicator）. doi: 10.1787/94af18d7-en。

（1）个人所得税

美国个人所得税在美国联邦税收收入中一直居第一位。2014年美国个人所得税占美国联邦政府税收收入的28.7%[①]。2009年,美国20%的最高收入家庭缴纳所得税占全部联邦个税比重的94%以上[②]。美国个人所得税属于综合课税制,采用统一的累进税率结构,主要以家庭全年收入计算税率,按照是否已婚及孩子数量,单独或按家庭合并申报。2016年边际税率分为7级,从10%~39.6%不等,详见表13。联邦累税制调节税收效果显著,2007年20%~40%的最贫困人群收入份额从6.1%上升到7.2%,而10%的最富裕人群收入占比从46.5%增至43.3%[③]。此外,对于非工资收入,如利息、股息、红利、财产租赁、转让、出场费、隐性收入等也有比较全面的税制设计。能够较好地调节高收入群体的财产性及其他非劳动所得,调节了高低收入群体间的收入分配差距。

表13　2016年美国个人所得税累进税率结构

单位:美元

税率/%	单身	已婚合并申报（含丧偶者保持2年）	已婚分别申报	户主（未婚或离婚且有被抚养对象）
10	$0–$9 275	$0–$18 550	$0–$9 275	$0–$13 250
15	$9 276– $37 650	$18 551–$75 300	$9 276–$37 650	$13 251–$50 400
25	$37 651– $91 150	$75 301–$151 900	$37 651–$75 950	$50 401–$130 150
28	$91 151–$190 150	$151 901–$231 450	$75 951–$115 725	$130 151–$210 800
33	$190 151–$413 350	$231 451–$413 350	$115 726–$206 675	$210 801–$413 350
35	$413 351–$415 050	$413 351–$466 950	$206 676–$233 475	$413 351–$441 000
39.6	>$415 051	>$466 951	>$233 476	>$441 001

数据来源:美国国税局(IRS). https://www.irs.gov/pub/irs-drop/rp-15-53.pdf。

从税式支出对收入分配的辅助调节来看,美国个人税制对低收入的群体有

---

① OECD (2016), Tax on personal income (indicator). doi: 10.1787/94af18d7-en.
② 数据来源:Congressional Budget Office, The Distribution of Household Income and Federal Taxes, 2008 and 2009, https://www.cbo.gov/sites/default/files/112th-congress-2011-2012/reports/43373-AverageTaxRates_screen.pdf.
③ Prasad, N. (2008). Policies for redistribution: The use of taxes and social transfers. Available at SSRN 1358237.

许多税收优惠、税收减免、扣除以及转移支付方面的政策规定。从适龄儿童教育、房租到购置房屋的按揭贷款利息、医疗养老等，都涉及抵税项目。充分考虑到残疾人就业、下岗职工再就业税收优惠，优惠形式多样，效果较为明显。在征管制度方面，纳税人采用税务登记代码与社会保障号双号合一的识别号，全部收入统一计算，个人基本医疗、教育支出可以税前扣除。

（2）社会保障

美国的社会保障涵盖范围广，涉及生、老、病、死、教育、就业、伤病、退休、医疗等，社会保障税有力地保障了退休的老年人和残疾人等社会弱势群体，促进了社会的公平正义。

美国的社会保障系统包括社会福利、社会保险与社会救济三个方面。具体类别：一是由联邦或各级州政府出资并管理的社会福利与社会救济项目。保障的主要对象是处于社会贫困线以下的低收入者，丧失劳动能力的人以及这些家庭中的未成年人及其父母亲。福利内容有失业救济、现金补贴、食物券、住房补贴、医疗补贴、低收入家庭学龄儿童的免费午餐等；二是由政府立法强制实施的联邦社会安全保险税及州伤残保险税。前者税率是个人所得及企业分别报缴薪金总额的6.56%，即相当于共计征收13.12%的税率；后者的税率为个人薪金的0.6%。保险项目涉及养老、医疗、失业、残疾、工伤与职业病等，实施对象是所有劳动者和退休人员。其中，联邦保健涵盖的医院保险及医疗保险是福利中最受欢迎的一项福利。三是由各种基金组织委托商业保险公司等金融机构经办的私人团体年金、医疗保险和个人储蓄。美国社会保障用以保障基本生活水平，强调社会保障实施于需要帮助的社会弱势群体，各类人员享受保障的差别较大。对个人的捐赠和慈善，是否能税前抵扣，没有必须经过法定机构的通道限制，有相应的税收政策支持，促进了社会福利与慈善事业的发展。此外，政府通过税收减免优惠等措施来鼓励富人捐献，对救济贫困人口也起到了一定作用[1]。值得关注的是，由于地方政府主要承担

---

[1] OECD (2016), "Income distribution", OECD Social and Welfare Statistics (database); OECD (2015), In It Together: Why Less Inequality Benefits All, OECD Publishing, Paris, http://oe.cd/init2015.

当地福利项目如学区教育的开支,有一定的自主权,常常过度开支[①]。因此在财政制度上一方面注意给予其财政灵活性,另一面防止其债务过度膨胀引发财政危机,不利于福利支出的可持续性。

(3)遗产税和赠与税

遗产税是对纳税人死亡后留下的财富课征的税收,为防止纳税人在世时以赠与的方式先将财产分于子女亲友等,因此制定了赠与税。美国的遗产与赠与税是合并统一征收的,适用于同一个综合抵税额,适用于同一税率,以避免利用遗产与赠与税率的不同,达到逃税的目的。税法规定,每一个纳税人一生可以允许60万元的综合免税额。遗产的最高边际税率曾高达70%,目前实行的累进税率最低为18%,最高为55%。

(4)财产税

美国财产税是地方政府最重要的税收来源,是对美国境内拥有不动产或动产的自然人及法人征收的一种税。2014年,美国财产税收入总额为4871亿美元,其中中央、州与地方政府财产税收入分别为188亿美元、185亿美元、4498亿美元,分别占中央政府财政收入的1%、州政府税收的2%、地方税收的71%。美国的财产税是从价税,其税基是应税财产的净值;有相关的优惠和处罚等配套措施,包括减免税、断路器政策,以及延期纳税和替代优惠。美国现代地方财产税中,最重要的课税对象是非农业地区的居民住宅和非农业的工商业财产。

(5)消费税

美国的消费税采取价外税的方式,消费者通过收据的明细可以明确了解货款与税额的金额,货价与税负清晰可见。相比之下,价内税缺乏透明度,消费税金额的计算公式为含税价乘以税率。由于特定消费品与特定消费行为的税法规定不尽相同,消费者常常并不具备足够的专业知识以清楚地了解货物价格的构成,造成了在不知情的情况下缴税。

[①] Laubach,T.(2005),"Fiscal Relations Across Levels of Government in the United States",OECD Economics Department Working Papers,No.462,OECD Publishing.

2. 法国

法国税收制度遵循兼顾公平的原则，调节社会分配的主要税收政策如下：

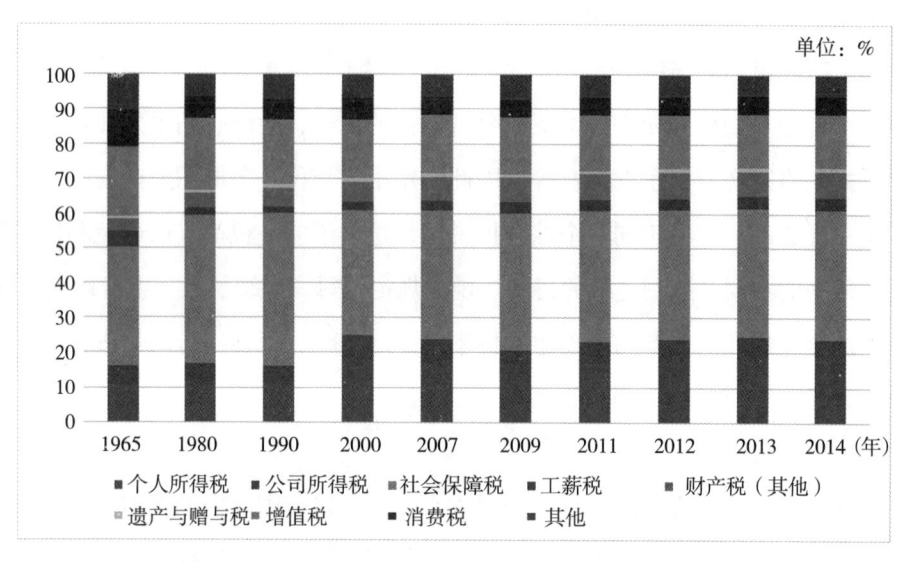

图 7　1965—2014 年法国调节收入分配的税制结构

数据来源：OECD（2016），Tax on personal income（indicator）. doi：10.1787/94af18d7-en。

（1）所得税制

"共享社会财富"是法国税制的一大理念。继 1959 年法国将分类所得税改为综合所得税之后，1971 年对个人所得税法进行改革，不同收入人群适用高额累进税率。由于税收与现金支付体量大，就业率低，资本性收入相对少，法国用税制设计调控收入不平等的效果十分明显，基尼系数下降 14%，高于 OECD 均值 10%[①]。法国所得税法征收对象为以下三类人：即家庭或主要居住地在法国的人（即在法国连续居住满 183 天），在法国进行主要职业活动的人，以及在法国有主要经济利益的人。符合以上三种情况之一，不论其是否为法国国籍，均须就其收入（包含境内及境外全部所得）申报缴税。法国的收入所得税税率是高额累进制，税率一般在 16%～21%，超过 15 万欧元的家庭个人新增一档最高税率为 45%。

[①] Égert, B.（2013），"The Efficiency and Equity of the Tax and Transfer System in France"，OECD Economics Department Working Papers，No.1038，OECD Publishing.

分报告五　基于优化收入分配格局视角的中国税制改革大思路与制度设计

减免税项目：2012 年，法国遵从欧盟税政改革的倡导，拓宽津贴与税收抵免范围，如低收入者按揭贷款的利息可在一定时期抵扣[①]，增加个人所得税的债务税盾效应。对于高收入人群，设置超过 300 万欧元的利息支付不予抵扣的限制。

装修、改善旧房设施、抚养老人、向慈善机构捐款、投资人寿保险、投资出租房产业等方面也降低了税负。

根据个人家庭及职业情况，如家庭抚养孩子数量设置家庭费用扣除参数，按家庭进行征收。法国还通过发放家庭补贴和减税政策减轻个人经济负担，并向有孩子的贫困家庭发放补助，缓解其生活压力，保证了不同收入层次、不同情况家庭、不同职业群体的税负情况都得到考虑，充分体现了量能负担的原则，有利于调节个人收入分配差距。

（2）财产税

法国政府对居民的存量财产进行税收调节主要分三类，包括财产转移税、财产增值税及团结互助税等。财产转移税的征税对象为动产、不动产交易，买卖、遗产继承与赠与等行为。税率差异大，如旧房买卖的转移税在 9% 左右，而遗产税税率为 5%～60%。团结互助税，又称巨富税，于 1982 年设立，是针对拥有财富超过一定数额的巨富人群征收的，旨在以此项税收向低收入人群进行财富再分配，税率从 0.55%～1.65% 超额累进。

（3）覆盖全民的社会保障体系

经过数十年的完善，法国建立了比较完善的社会保障体系。规定所有的法国人都享有医疗保险，生活在贫困线以下的人以及赤贫者享受免费医疗服务。法国家庭保险有多子女家庭补助、住房补贴、家庭补充收入等形式。政府规定，凡年满 60 岁、工龄和交纳退休金分摊额达 37.5 年的领工资者均可以退休并领取退休金，退休金相当于 10 年最高工资平均数的 50%。从 1979 年 3 月开始，法国政府就建立了统一的失业津贴制度，包括基本津贴、特别津贴等形式。

[①] Garnier, G., Gburzynska, A., György, E., Mathé, M., Prammer, D., Ruà, S., & Skonieczna, A.（2013）. Recent reforms of tax systems in the EU: good and bad news （No. 39）. Directorate General Taxation and Customs Union, European Commission.

3. 日本

日本的做法大致与美、德相仿，但更为细致。日本收入分配问题没有西方发达国家那样突出，也基本看不到极度贫困的人群。因而日本不承认他们的国家存在贫困问题，只承认存在因地区发展差异而产生的后进地区问题，这也是日本雇佣终身制的传统企业文化和近几十年来重视收入分配差距调节的结果。为实现公平收入分配的目标，作为世界第三大经济体的日本在调控收入差距方面实行的是以个人所得税为主，遗产税、赠予税、财产税、消费各部和社会保障税为辅的税收体系。

（1）个人所得税

日本主要采取个人所得税以促进收入分配合理化，具体表现为扩大个人所得税在整个税收收入中的比重。1887年日本个人所得税收入占国民税收收入的比重仅为0.8%。1913年以后，日本多次提高个人所得税税率，并扩大个人所得税的税基。1950年以来，开始减免个人所得税，1987年的个人所得税税率为10%~50%。20世纪90年代以后，为了刺激经济复苏，又进一步降低累进税率，并提高个人所得税的起征点。除个人所得税外，还征收高额的遗产税与赠与税。20世纪90年代以来，日本遗产税的最高边际税率为37%。

对于个人所得税，日本税法规定实行分类综合课征模式，体现公平税负的原则，同时采用高落差的累进税制。在所得税的税前扣除方面，分为两大类，即对人的扣除和对事的扣除。对人的扣除包括基本生活扣除、配偶扣除、鳏寡扣除、残疾人扣除、老年扣除、16~22岁的抚养子女扣除；对事的扣除包括医疗扣除、社会保险费扣除、人寿保险费扣除、损害保险费扣除、杂项费扣除和捐赠款扣除等，因此，个人扣除在计算应纳税所得额时充分体现了综合所得税的特点。不同类别的扣除规定了最高限额标准及相应的计算公式。此外，日本的个人所得税法规定了一项定率减税措施，即按照个人所得税额的20%（最高扣除限额为每年25万日元）、个人居民税额的15%（最高扣除限额为每年4万日元）分别给予减除。

（2）社会保障税

日本社会保障体系采用的是混合模式，即混合了提供基本水平社会保护的贝弗里齐体系和强调待遇与缴费挂钩、调节收入分配作用较弱的俾斯麦模式。提出全民医疗保险制度，突出了普惠性特点。社会保障制度框架形成于20世纪60—70年代，期间日本颁布实施了诸多社会保障法令，如《生活保护法》《儿童福利法》《残疾人福利法》《失业保险法》《工伤保险法》等。在社会保障金方面，实行由个人、企业、社会和政府共同负担的原则，又视不同的收入阶层对社保金缴费率有所差别。随着国民健康保险制度和国民养老金制度的全面实行，日本在社会保障方面实行了"国民皆保险、国民皆年金"，社会保障走向制度化。在社会保障品种设计上覆盖全民，尤其体现了对社会弱势群体的保障。在支付时，由于社会保障属于公有保障的一部分，只支付给处于一定生活水平之下的阶层，从而起到收入再分配的作用。

（3）消费税、遗产税和赠与税

日本实行多消费多纳税，少消费少纳税的原则，对高档商品征收消费税，增加富人税收。为避免造成过大的遗产转移，日本还要征收遗产税和赠与税，最高税率为50%。日本充分运用税收调控贫富差距，使日本在维持高经济增长的同时，有效缩小了收入差距。

（三）对我国的借鉴意义

综观西方发达国家税收制度设计与演变，为我国税收制度完善、促进收入合理分配方面提供诸多借鉴与经验。这主要体现在发达国家实施的全方位、立体化的税收体系。发达国家运用税收体系调节居民收入合理分配机制相对全面完善，调整的公平效果取决于规模、结构、累进性方面的统筹设计[1]。规模上要充分考虑民生国情与税基大小，由此选择分配力度不同的税种，如小税基、小福利的澳大利亚采用累进性较强的所得税，达到了与宽税基、高福利的德国相当的分配效果[2]。结构上以累进性高的直接税如个人所得税、遗产税、赠与税和社会保障税为主，再辅以消费税、企业所得税和一般财产税等税种。不仅要关注直接税与间

---

[1] Joumard, Isabelle, Mauro Pisu and Debbie Bloch（2012），"Tackling income inequality: The role of taxes and transfers"，OECD Journal: Economic Studies.
[2] Joumard, I., M.Pisu and D.Bloch（2012），"Less Income Inequality and More Growth-Are They Compatible? Part 3.Income Redistribution via Taxes and Transfers Across OECD Countries"，Oecd Economics Department Working Papers, No.926, OECD Publishing.

接税的比重,更要考虑税制结构对初次收入分配的动态影响,即税制越公平,以后初次分配越趋于平等[1]。综合发达国家的税制模式,确定初次分配注重效率,再分配注重公平的理念,遵循"量能税负"的原则,形成以直接税为主、间接税为辅,科学征管、重点突出的税收调控体系。从居民收入形成、消费、累积与转移的全流程环节看,以调节居民收入分配差距的实践为重点,发达国家在各环节为我国税收政策的设计提供了宝贵经验。

1. 收入形成环节:"调高""扩中""保低"促公平

(1) 个人所得税:促进收入合理分配、缩小贫富差距

2015年,美国个人所得税的比重是税收收入的40.77%,英国个人所得税的税收贡献度为27.87%,比例均较高。2014年,我国个人所得税占比仅为7.98%[2],远远低于发达国家发展中国家的平均水平,体现了我国个人所得税在税收体系中地位偏低的状况,反映了其税收分配功能未得到充分发挥。此外,OECD的累进税率研究项目指出,提高最高边际税率有利于政府减少征税成本,对收入再分配效果更为显著[3]。

表14 2014年个人所得税收入占税收收入比重的国际比较

单位:%

发达国家	美国	澳大利亚	比利时	加拿大	丹麦	芬兰	法国
比重	39.30	41.04	28.63	36.34	54.01	30.57	18.74
发达国家	瑞典	德国	英国	意大利	日本	OECD平均值	
比重	28.77	26.34	27.43	25.88	18.91	24.04	

数据来源:OECD(2016), Income contributions (indicator). doi: 10.1787/3ebfe901-en。

发达国家关于个人所得税税制设计的国际借鉴主要有以下四个方面:

1) 课税模式。对国际上现行税制的研究可以发现,多数国家也经历了从分

---

[1] 李时宇、郭庆旺:《税收对居民收入分配的影响:文献综述》,《财经问题研究》2014年第1期,第18—26页。

[2] 数据来源:国家统计局 http://data.stats.gov.cn/easyquery.htm?cn=C01&zb=A0806&sj=2014。

[3] OECD(2011), Divided we stand: why inequality keep rising, OECD Publishing.

分报告五 基于优化收入分配格局视角的中国税制改革大思路与制度设计

类所得税制到综合所得税制或混合所得税制的发展演变过程。到目前为止,美国、加拿大与几乎所有西欧国家都以综合所得税制征收个人所得税;日本、韩国则采用混合所得税制。税率及档次设计从最初的高低落差极大、档次繁多,发展到现今累进级次简化、税率级距缩小的改革设计。这一国际调整趋势已经为一些发展中国家所接受。拉美国家在经历了混合所得课税模式之后,近几十年来也纷纷向综合所得课税模式转换。综合所得的课税模式反映了不同个人的总体负担能力,个人所得的扣除标准对于促进合理收入分配有积极作用。

2)纳税单位。发达国家的纳税申报单位呈多元化,更多的是以家庭为纳税申报主体。一般情况下,发达国家的税收管理系统对纳税人的家庭负担有非常精确的计算,不仅会区分单身、已婚,还会根据子女数量及教育支出、是否承担赡养老人及医疗支出进行家庭税收负担测算。

3)扣除额。我国对于扣除与免征的规定主要如下:个人将其所得对教育事业和其他公益事业捐赠的部分,按照国务院有关规定从纳税所得中扣除;科学、教育、技术、文化、卫生、体育、环境保护等方面的奖金予以免征。然而相对于西方发达国家,我国扣除、免征的范围较窄,没有充分体现对于低收入群体在教育、医疗、养老方面所承受的生活负担方面的考虑,因而在调节收入分配的能力上更大程度受限。此外,还要慎重免征与扣除对于个人所得税累进性可能的抵减作用,如美国因为多样的税式支出,一定程度上影响了经济包容性的增长进程,在20世纪90年代中期以来税收政策调整不平等效果降低[1],基尼系数在OECD国家居第三。

西方发达国家除此之外还规定了扣除维持纳税人及其赡养人口生存所必需的最低生计费用。例如,美国儿童的抚养费、接受教育的费用予以税收抵免;日本扣除分为对事和对人的扣除,对事的涉及医疗、保险、慈善等方面的扣除,对人的包括抚养、配偶扣除等。这种根据赡养人口及状况、已婚、未婚、年龄大小等因素制订的扣除标准差异更符合现实情况,体现人性关怀,有利于收入的合理分配。然而,值得注意的是,20世纪80年代中后期以来,西方发达国家企业存在

---

[1] Denk, O.et al. (2013), "Inequality and Poverty in the United States: Public Polices for Inclusive Growth", OECD Economics Department Working Papers, No.1052, OECD Publishing.

滥用免税附加福利替代需缴税的工资、薪金及奖金的趋势。因此政府将原先一些减税项目也纳入到征税范围，扩大税基，减少税源流失。

4）动态调整。多数发达国家采取税收指数化的方法，来缓解通货膨胀对个人税负造成的不公平。一方面，依据物价上涨指数来调整各个税率档次适用的计税所得范围，同时税率结构保持不变，以防止通货膨胀将纳税人带入更高层次的计税范围，保证税制的稳定合理性；另一方面，向上调整免征额，使因通货膨胀造成实际贬值的纳税人免征税范围扩大，事实上有利于中低收入人群。例如英国从1982年起，按统一标准扣除生计费用，不同类型纳税人的生计费用每年都会根据物价变化进行指数化调整，充分保障低收入者的利益。我国个人所得税的设计并未体现出这一点。

（2）社会保障税：着力保障低收入人群

完善的社会保障税，无疑是促进收入合理分配的有效措施。在法律地位上，发达国家将社会保险税上升到法律层次，以北欧国家为代表的高福利国家，各种保障措施周全、覆盖范围广泛、服务内容细致、支持力度有力。此种税制设计对缩小分配差距、保障低收入阶层、缓解社会对立情绪、促进社会公平等方面效果显著。在保障资金来源上，发达国家的社会保险税占国家税收总收入的20%~40%以上。由2015年社会保险税占税收收入比重的国际比较可以看出（表15），35个OECD成员国中社会保险税占税收收入的比重平均为26.15%，我国占比为18.26%，相较于发达国家仍有相当大的税收潜力。

表15 2015年社会保障税收入占税收收入比重的国际比较

发达国家	美国	荷兰	比利时	加拿大	丹麦	芬兰	法国
比重/%	23.68	37.74	31.88	15.30	0.15	28.96	37.03
发达国家	瑞典	德国	英国	意大利	日本	OECD平均值	
比重/%	22.50	37.92	18.63	30.16	39.67	26.15	

数据来源：OECD（2016），Social security contributions（indicator）. doi: 10.1787/3ebfe901-en。

相较而言，我国社会保障资金来源采取缴费形式，不具有法律上的强制效力。在当前社保资金缺口日渐增大的背景下，"费改税"有利于增强社会保险的

分报告五　基于优化收入分配格局视角的中国税制改革大思路与制度设计

法律地位，确保资金来源的稳定可持续。同时，从国际成功经验来看，美国社会保障税专款专用，有利于社保福利的实现和收入的公平。此外，日本尤其重视农村社会保障制度的建设，迄今为止已形成了覆盖全体农村劳动者、农村人口许多方面享有与城市居民同等待遇、项目齐全的农村社会保障体系，实现了国民皆保、国民皆年金的目标。这对于身为农业大国且城乡二元经济明显、差距增大的中国，具有很强的借鉴意义。

2. 收入消费环节：着力调整高收入者收入

消费税是对特定的消费品和消费行为在特定的环节征收的一种间接税。发达国家侧重消费税在收入消费环节调节高收入人群的特殊功能，对以奢侈品为代表的消费品征税。消费税在税收体系的占比上，OECD发达国家征收的消费税平均占税收总收入的9.3%以上，占GDP的比重平均为3.3%[1]。如2014年两个数据分别为澳大利亚（10.4%，2.9%），法国（7.7%，3.5%），德国（7.6%，2.8%）和英国（10.7%，3.4%）[2]，我国2015年国内消费税为10542.16亿元，约占税收总收入的8.40%[3]，远低于发达国家。

征收范围：应当借鉴西方国家税收的动态调整，对我国消费税税目进行调整。我国现行消费税的征收范围主要包括烟、酒及酒精、鞭炮、焰火、化妆品、成品油、贵重首饰及珠宝玉石、高尔夫球及球具、高档手表、游艇、木制一次性筷子、实木地板、汽车轮胎、摩托车、小汽车等税目。随着经济的发展和消费水平的结构升级，很多高档消费品或者消费项目并未被列入消费税纳税范围。例如，高档工艺品、高档家用电器等高档商品，高级会所、赛马、赛车等高级娱乐项目等都应纳入消费税征税范畴，从而改变这些项目在消费税中"缺失"的现况。相反，类似化妆品、公汽轮胎等逐渐走入正常消费的居民日常消费用品应考虑从税目中移除。

美国消费税属于地方税，美国州市各级议会在获得上级议会的批准后，可以根据当地经济实际情况及政策目标确定销售税率，税率一般在3%～9%。一般来说，

---

[1] OECD（2016），Consumption Tax Trends 2016：VAT/GST and excise rates, trends and policy issues, OECD Publishing, Paris.http: //dx.doi.org/10.1787/cct-2016-en.
[2] OECD（2004），Recent Tax Policy Trends and Reforms in OECD Countries No.9.
[3] Wind 资讯，经济数据库。

经济发达地区的税率会比经济相对落后的地区高。消费税根据地区间经济水平实现差别税率，对于调节收入分配差距具有借鉴意义。同时，美国有免消费税日，实质是用一种变相的价格歧视手段来增加穷人群体在消费方面的福利，有利于社会公平。

3.收入保有环节：削弱财富积累的"马太效应"

在个人收入累积环节，西方发达国家通过对占有的不动产、动产及财产升值等情形征收财产税，限制财富过度集中于少数高收入人群，形成富者愈富、穷者愈穷、两极分化的"马太效应"。据统计，财产税在全世界130多个国家广泛实行，是推进当地经济、政治发展的重要财税政策。从财产税在税收体系中的占比看，发达国家的财产税比重基本占税收收入的5.5%左右，具体国别情况见表16。[1]

2004—2014年，澳大利亚、加拿大、法国、以色列、日本、韩国、卢森堡、西班牙、瑞士、英国、美国11个国家的历年财产税占税收收入的比重均超过同年OECD国家的平均水平。其中，加拿大、韩国、英国、美国财产税所占税收份额超过10%。奥地利、比利时、智利、捷克、丹麦、爱沙尼亚、芬兰、德国、匈牙利、墨西哥、荷兰、挪威、波兰、葡萄牙、斯洛伐克、斯洛文尼亚、瑞典、土耳18个国家的比重低于OECD成员国的平均水平。

表16 OECD成员国财产税占税收收入总额的百分比

单位：%

年份 国家	2004	2005	2006	2007	2008	2009	2010	2011	2012	2013	2014
澳大利亚	8.67	8.58	9.12	8.89	8.19	9.52	9.28	8.57	8.63	9.37	10.13
奥地利	1.3	1.33	1.4	1.37	1.27	1.29	1.29	1.25	1.34	1.71	1.41
比利时	5.24	6.97	7.28	7.16	7.03	6.93	7.23	7.3	7.39	7.81	7.91
加拿大	10.79	10.72	10.59	10.63	11.52	12.15	12.34	11.97	11.88	11.94	11.74
智利	6.79	6.32	5.36	4.92	5.5	5.42	4.11	3.99	4.26	4.14	4.22
捷克	1.1	1.16	1.18	1.18	1.13	1.11	1.27	1.52	1.5	1.38	1.34
丹麦	3.85	3.83	3.92	3.9	4.25	4.05	4.12	4.2	3.9	3.89	3.73
爱沙尼亚	1	0.96	0.8	0.69	0.93	0.98	1.05	0.98	1.03	0.96	0.91

---

[1] http://www.oecd.org/data.

续表

年份 国家	2004	2005	2006	2007	2008	2009	2010	2011	2012	2013	2014
芬兰	2.57	2.74	2.53	2.6	2.57	2.57	2.73	2.58	2.77	2.93	3.02
法国	7.46	7.7	7.78	7.88	7.64	7.98	8.37	8.38	8.48	8.44	8.53
德国	2.47	2.47	2.46	2.5	2.35	2.29	2.33	2.39	2.45	2.54	2.63
希腊	4.24	4.17	5.34	5.32	5.46	6.44	5.13	6.93	7.13	8.4	4.02
匈牙利	2.25	2.27	2.23	2	2.15	2.09	3.08	3.09	3.18	3.39	3.39
冰岛	6.7	6.54	5.28	6.12	6.11	6.46	7.05	6.7	7.07	6.88	6.41
爱尔兰	6.96	7.52	8.74	7.99	6.24	5.3	5.28	6.07	6.37	7.16	7.65
以色列	9.46	9.68	9.1	9.49	9.77	10.08	10.39	10.42	9.77	9.64	9.49
意大利	6.14	5.01	5.03	4.86	4.29	6.19	4.83	5.26	6.16	6.22	6.64
日本	9.99	9.66	9.08	8.98	9.39	10.13	9.72	9.66	9.11	8.84	8.48
韩国	11.25	11.91	13.18	12.8	11.93	11.62	11.32	11.36	10.61	10.32	11.03
卢森堡	7.8	8.48	9.33	9.65	7.4	6.63	7.07	6.95	7.04	7.31	7.76
墨西哥	2.05	2.25	2.19	2.2	2.12	2.17	2.08	2.02	2.08	1.97	2.11
荷兰	5.26	5.48	4.67	4.69	4.25	3.97	3.85	3.43	3.04	3.39	3.86
新西兰	5.04	4.9	5.18	5.33	5.91	6.48	6.61	6.55	6.26	6.15	6.17
挪威	2.59	2.56	2.71	2.8	2.79	2.91	2.84	2.79	2.87	3.04	3.14
波兰	4.67	4.51	4.3	4.16	4.18	4.31	4.24	4.05	4.18	4.38	4.35
葡萄牙	3.52	3.67	3.81	4.09	3.76	3.63	3.54	3.42	3.3	3.3	3.64
斯洛伐克	1.71	1.57	1.49	1.33	1.27	1.45	1.47	1.42	1.54	1.46	1.4
斯洛文尼亚	1.59	1.53	1.59	1.58	1.55	1.6	1.66	1.63	1.71	1.76	1.71
西班牙	7.83	8.38	8.74	8.03	6.97	6.54	6.37	5.99	6.24	6.66	7.01
瑞典	3.18	2.96	2.95	2.44	2.32	2.37	2.4	2.35	2.4	2.55	2.5
瑞士	8.35	7.83	7.81	7.89	7.11	7.04	7.04	6.64	6.25	6.39	6.63
土耳其	3.06	3.34	3.57	3.75	3.63	3.63	4.06	4.06	4.22	4.64	4.87
英国	12.02	12.02	12.33	12.55	11.63	12.18	12.05	11.63	11.87	12.36	12.7
美国	11.98	11.42	11.22	11.44	12.02	14.09	13.14	12.43	12.05	11.28	10.82
平均	5.5	5.54	5.59	5.55	5.34	5.55	5.5	5.47	5.47	5.6	5.57

此外，在当今全球化财税改革浪潮中，各个国家的竞争力日益体现在基层经济单位的发展活力上。地方政府愈加重视地方财政的平稳运行，建立合理的地方税体系对于增加地方税收收入、平衡收入来源配比、协调中央与地方的关系起到重要作用。世界上大多数国家以财产税为地方主体税种。

从税收立法权与征管权上划分，发达国家大致分为税权分散的联邦制国家与税权集中的单一制国家。前者典型的为美国、加拿大、澳大利亚等划分三级财政等级的国家，联邦、州与地方各自的税权独立。近年来，部分发达国家地方政府以财产税为主体税种，占地方税收收入的比重较高。联邦制国家州级的财产税约占州级税收的20%，地方的财产税超过地方税收的50%。美国、加拿大、澳大利亚的财产税规模尤其高，分别高至71%、97%、100%。

表17 2014年部分国家财产税收入情况

分类统计 总额/占重 国家（单位）	全国税收收入 总额(1)	其中：地方税收总额(2)	地方税收占比/%(3)=(2)/(1)	财产税 全国总额(4)	占全国税收收入的比重/%(5)=(4)/(1)	地方总额(6)	占地方级税收收入的比重/%(7)=(6)/(2)
美国（百万美元）	4 500 530	636 089	14.13	487 096	10.82	449 784	71
澳大利亚（百万澳元）	446 827	15 779	3.53	45 260	10.13	15 779	100
加拿大（百万加元）	618 217	63 619	10.29	72 591	11.74	61 854	97
日本（十亿日元）	156 867	36 786	23.45	13 306	8.48	10 388	28
法国（百万欧元）	977 788	126 677	12.96	83 593	8.55	65 571	52
德国（百万欧元）	1 064 702	87 812	8.25	28 163	2.65	12 690	14
英国（百万英镑）	581 196	28 992	4.99	103 207	17.76	28 980	100

分报告五　基于优化收入分配格局视角的中国税制改革大思路与制度设计

对于税收管理权相对集中的单一制国家，英国、法国等国家分属此类型。其财政税收体系分为中央与地方两级。2014 年，英国、法国的中央税收收入占全部税收比重的 75.8% 和 33.1%，而地方税收收入占全部税收的比重仅为 5% 和 13%，中央财政负责补充地方税收不足的部分。OECD 成员国中单一制国家的地方财产税收入占地方税收收入的平均水平约为 42%。尽管从总体上看，财产税占全部税收收入的比重仍然较低，但其对于地方政府税收收入的贡献却不容忽视。

表 18　部分 OECD 成员国各州/地方财产税占各州/地方税收收入的百分比

单位：%

分类	国家	分级	1975 年	1995 年	2014 年
联邦制	美国	州	4.1	3.6	2.1
		地方	81.9	72.9	70.7
	加拿大	州	2.3	6.0	4.4
		地方	88.3	85.7	97.2
	澳大利亚	州	26.6	28.1	40.0
		地方	100.0	100.0	100.0
	瑞士	州	14.3	14.8	14.4
		地方	14.3	13.4	14.7
	平均	州	9.2	22.0	19.8
		地方	47.3	50.1	57.0
单一制	法国		46.0	47.8	51.8
	日本		24.9	31.6	28.2
	意大利		17.5	38.6	28.2
	丹麦		13.7	6.7	11.3
	荷兰		54.2	60.0	51.8
	匈牙利		—	28.9	19.5
	捷克共和国		—	76.7	55.0
	波兰		—	40.6	32.4
	新西兰		89.1	89.9	90.3
	英国		100.0	100.0	100.0
	爱尔兰		—	94.1	95.0
	冰岛		15.3	19.3	17.0
	平均值		33.5	44.4	42.3

在财产估价上，国际上对于财产税的征收一般以市场价值为基础，实行从价计征。估价机构相对公正完善，很多国家税务部门都专门设有财产估价机构，如英国的资本税收办公室、新加坡的产业估价及核税处、美国的财产税管理处及财产评估办公室等。因此，我国在构建财产税系的过程中，还要配合完善相关估价机构，有助于税收公平。

4. 收入转移环节：侧重财富代际间公平分配

遗产税与赠与税在统计中属于财产税分类，在收入转移环节的税收调节导向是防止财富代际间分配不公，引发新代际收入起点差距过大。同时，为了防止财产转移、收入外流与逃税，合并遗产税与赠予税适用统一税率。国际上遗产与赠与税对居民收入公平分配调节作用从以下三个方面进行税制设计：一是"先税后分"与"先分后税"两种模式并存；二是以超额累进税居多。美国税率为18%~55%的16级超额累进税制，日本的税率为10%~70%，德国的税率在3%~70%不等。采用比例税率的国家，如英国在1988年3月15日以后的遗产税税率为遗产在11万英镑及其以下的部分，税率为零；在11万英镑以上的税率为40%；三是起征点较高。根据美国国内收入局（IRS）的数据统计，美国起征点从2001年的67.5万美元逐年提高到2009年的350万美元，但每年只有不足2%的人死后要缴纳遗产税，表明税制设计直接面向高收入人群阶层。而我国财产税系的整体缺失，特别是遗产税和赠与税的缺失导致税收政策基本无法调整居民收入分配的第三次分配，这样整个税制调整居民收入分配的功能将受到影响。

5. 税收治理与监管

在提升纳税人的遵从度上，西方各国在建立税收征管系统时考虑应用行为经济学，从税收个人信息资料的归集、分析、后期审计监督机制，减少潜在税收损失。据统计，英国2011年潜在税收损失占GDP的2%（理论税负与实际税收之差）[1]。在信息收集上，大多数国家都建立有专门的信息系统，且一般与银行系统联网。美国为每一个单身纳税人、家庭纳税人都建立了一个纳税账号，联邦政府

---

[1] European Commission, Taxation Paper No 41（2014）: Behavioural Economics and Taxation; HM Revenue and Customs（2015）, Measuring tax gaps, London.

和州政府还提供了联合电子申报。在法国,如纳税人拒绝纳税和缴纳罚款,从中央到地方的各级行政部门均须协助税务部门对纳税人的财产进行扣押、抵账,否则即是违法。澳大利亚形成以税收立法、完善监管、严格审计为核心的税收制度体系。1989年,澳大利亚建立了个人税号制度,税务局为每个人编制的具有唯一性的税务档案号码,每个人终身只能有一个税号,即使更改姓名,税号也不会发生变化。

在加强政府征管层面,完整的税收信息降低了征管成本、提高了税收征管效率,而且有力地防止了偷税、逃税行为。财产税与个人所得税要想发挥合理调节收入分配的功能,完善的信息系统和征管方式的支撑在很大程度上起着决定性的作用。我国应当借鉴国际经验,努力构建电子税收信息系统,降低申报成本。

四、基于优化收入分配视角的税制改革大思路和制度变革

(一)总体目标

基于目前收入分配差距过大的现实,以及消除收入分配不公,走出"中等收入陷阱"的发展愿景,现行收入分配机制和税收不可避免地要进行大的改革和调整。在收入分配机制上,需要以市场决定为基础,国家宏观调控为辅,重视发挥分配对生产要素优化配置的调节作用,构建以公平竞争为基础、以市场分配为前置、国家参与二次调控的分配制度。在税制改革中,整体方向是以公平为导向,提升直接税比重,实现税收制度调节过高收入、扩大中等收入者比重、提高低收入者收入水平的作用。

(二)基本原则

1. 公平优先,兼顾效率

公平与效率是人类社会追求的永恒目标。改革开放以来,公平和效率的内涵和外延都得到了不断丰富和发展,对二者关系的认识也不断深入和发展。先后经历了"公平优先—兼顾效率和公平—效率优先,兼顾公平—初次分配注重效率,

再分配注重公平—更加关注公平"的演变过程。这也反映出改革开放30多年来，中国政府一直在公平和效率之间寻求最佳组合点，在提高效率和社会公平方面进行着积极的探索。

税收作为政府参与国民收入分配的重要工具，其运用同样涉及税收公平与税收效率的关系问题。从经济学原理上来说，税制改革要兼顾公平与效率，无论是以损害效率为代价还是以损害公平为代价，这样的税制肯定都是不可持续的。但由于一国的经济发展阶段不同，税收的调节功能也应有所侧重，税制改革在公平与效率之间的组合点也应有所倾斜。当前中国收入分配中存在的较大问题，特别是因收入分配不公产生的诸多矛盾，已成为制约中国经济社会健康发展的一大障碍。如何从不同区域之间、不同人群之间、不同产业之间、不同所有制之间等众多维度考虑，发挥税收公平作用，这是下一步改革的重点和难点所在。因此，深化税制改革应充分发挥直接税的调节作用，更加注重公平，着重解决收入分配中的问题。当然，需要强调的是，税制设计也不能偏废效率这一方，在强调税收公平的同时，仍要兼顾效率。

2. 在完善初次分配体制改革的基础上，深化再分配体制改革

在收入分配上，初次分配机制和再分配机制具有相互影响的效应。完善初次分配机制，实现按要素贡献份额进行分配，有利于调动经济活动参与者的积极性、提高经济效率，也能在一定程度上相对公平地保证所有社会成员最基本的生活需要。在再分配机制的健全上，则需要实行更加注重公平的政策举措，补充初次分配中可能因生产要素占有不公平所导致的收入分配不公平，形成缩小收入分配差距的长效机制。因此，为促进收入分配格局的优化，需要在继续完善初次分配机制的基础上，加快健全再分配调节机制，实现初次分配和再分配的"双管齐下"。

3. 把握好减税降费与提高直接税比重的关系

减税降费是我国近几年财政政策的重要取向之一。当前，我国面临的国际国内经济形势仍然十分严峻。从国内来看，随着我国经济进入新常态，宏观经济走势虽长期趋好但基础仍需夯实，供给侧结构性改革仍有待深入推进，需要简政放

权、减税降费政策的配合。从国际来看,随着美国特朗普政府减税方案的公布,世界范围内的新一轮减税浪潮近在眼前,需要我们未雨绸缪、主动作为,以应对外部竞争。

我国在如何减税、从何而减的政策选择上,必须从自身实际出发,确立"全景图"的视野,切忌东施效颦、邯郸学步。从特朗普的减税方案来看,其主要是大幅削减企业所得税和个人所得税,而这是我们无法"照猫画虎"的,我国的企业所得税税率已经处在世界中等水平(且有着大量的优惠政策)、个人所得税收入只占全部税收收入的7%,减税空间寥寥无几。相反,我国企业的负担在于间接税负上,尤其涉企收费和政府型基金等税外负担已经成为企业税负感重的主要原因。因此,我国减税的方向选择是以简政放权、清理规范收费基金来减轻企业的税外负担。从更深层次的税改方向来看,我国迫切需要积极借鉴美国等一般市场经济体的共性经验,把中央十八届三中全会提出的"逐步提高直接税比重"的税制改革任务真正贯彻落实。这虽然难度极大,需要"冲破利益固化的藩篱",但我国若要走向一个现代社会、构建现代税制,这是别无选择的路径。如能真正构建、培育起具有"自动稳定器"和"抽肥补瘦"的优化全社会再分配功能的直接税体系,中国也就具备了进一步考虑削减间接税负担的"本钱"与可能。总结而言,当前我国面临的是减税、减负(税外负担)和适当增税(增直接税)的配套改革任务。

4. 做好税制改革与政府支出制度改革的协调配合

在收入再分配上,税收制度的完善只是其中一极,主要解决的是筹集财政收入,实现"多得多缴税、少得少交税"的税收收入机制,而收入再分配的另一极在财政支出侧,要通过社会保障支出等转移性支出手段,在支出方向上向低收入阶层倾斜,使其在基本生活需要、医疗卫生养老、教育公平等方面享有基本保障,提升其收入能力。因此,在收入再分配机制的建设中,税制改革和公共支出制度改革二者必须协调并进,实现"抽肥补瘦"的目标。

5. 税制调整与征管体制改革同步推进

税收制度的改革和税收征管的改革密不可分,二者之间存在一种既相互制约又相互促进的关系。一方面，税制的选择必须适应税收征管能力和水平；另一方面，税收征管必须根据税制改革的需要，做相应的调整和改革。即使是设计再完美的税收制度，征税的效果也要通过科学、严密的征管制度来实现。特别是在个人所得税等直接税的建设上，要发挥税收对贫富差距的调控作用，必须强化征收管理体系建设，构建起科学有效的自然人征管制度。

（三）税制改革的重点任务

1. 从根本上改革个人所得税制，增强对高收入者的调节力度

当前中国因收入分配不公产生了诸多矛盾，已成为制约中国经济社会健康发展的一大障碍。个人所得税因与居民收入分配的关系最为密切，能直接发挥税收调节收入分配的功能，也是最能体现税收公平的原则的一个税种。因此，在调节收入分配方面被寄予厚望。近几年来，个人所得税的改革备受社会各界关注，尤其是费用扣除标准的调整成为最受舆论关注的内容。我们认为，个人所得税制在改革目标中应能担当起三个重任：第一，加大收入再分配力度，缩小收入差距。第二，发挥"自动稳定器"功能，熨平经济波动。第三，培育公民税收权利意识，建立现代财政制度基石。从上述目标出发，个人所得税改革不能再是之前那种提高费用扣除标准的简单调整，而应结合税制结构调整在综合性改革方面迈出实质性步伐。具体而言，改革重点应该聚焦在以下四方面：

（1）扩大个人所得税纳税人覆盖面

在未来的个人所得税改革中，不能再简单地提高费用扣除标准。在制订个人费用扣除标准时应坚持基本、必要、适度的原则。长期来看，随着个人收入的增长，个人所得税的覆盖面也应不断扩大。在扩大个人所得税覆盖面的同时，也要对间接税制度进行改革，降低间接税税负，并以此作为对冲，减轻中低收入阶层的间接税负担，提高其实际收入水平。

（2）实行综合和分类相结合的税制，合理划分综合课税项目和分类课税项目

把工资薪金所得，劳务报酬所得，稿酬所得，对企事业单位的承包经营、承租经营所得，个体工商户的生产、经营所得等属于劳动报酬性质的收入纳入到综合课税范围，其他财产所得、投资所得和偶然所得仍采用分类计征方式。在税率

设计上应注重不同项目之间的税收公平，适度降低劳动所得适用的税率，特别是中低档税率水平，提高财产所得和投资所得的税率水平。通过合理的制度设计，使个人所得税负担更多地落在高收入群体身上。

（3）完善综合所得的税前扣除制度

合理划分税前扣除分类项目，包括成本费用扣除（与劳动、生产经营相关的支出）、基本生计扣除（个人基本生活支出，包括赡养、抚养等扣除）、专项扣除（包括子女教育支出、基本房贷利息支出等扣除）和特殊扣除（如捐赠支出等）项目。在制订扣除标准时，应坚持适度、基本的原则，单项扣除标准不宜过高，避免造成"劫贫济富"的负面效应。对综合所得的费用扣除标准，建立动态调整机制，将费用扣除标准与居民消费价格指数挂钩，进行动态调整。对分类所得的费用扣除采取按比例扣除的形式。

（4）建立科学、有效的个人所得税征管机制

考虑到我国纳税人数众多的实际情况，为降低征纳成本，应设计一个以源泉扣缴为主、自行申报为辅的征管机制，避免过大规模的纳税人需要申报的情况发生，减轻个人所得税遵从成本。具体而言，对工薪所得来源单一且稳定的纳税人，进行税款的累进源泉预扣，不要求纳税人年末进行年度所得综合申报。对取得分类所得项目的纳税人，由于已按次实行源泉代扣代缴，也不要求纳税人年末进行年度汇算清缴。只有纳税人取得两处以上工薪所得或取得综合所得项目中的其他所得的纳税人，由于其相关收入和费用扣除需要进一步界定，需进行年度综合申报。在纳税单位上，现阶段应坚持以个人申报为主，同时允许纳税人进行家庭联合申报，即允许夫妻联合申报赡养、抚养、子女教育、住房贷款利息支出等项目，并在夫妻之间分摊扣除。

2. 加快推进房地产税立法，建立对财产保有的税收调节机制

房地产税的改革早在2004年就已经开始，当时提出的物业税改革试点空转就开始了房地产税改革的探索，至今几个地区的空转试点工作仍在进行。2011年在上海和重庆两地进行房产税改革试点，开始在居民住宅保有环节征收房产税，标志着房地产税改革迈出了实质性的一步，时至今日近5年之久，有关房地

产税立法的改革思路在多次的改革试点中已经越来越清晰，即在清理房地产交易环节相关税费的基础上，在房地产保有环节统一征收房地产税，并加快房地产税的立法工作。房地产税的制度设计如下：

(1) 征收范围的确定

理论上，房地产税的征税范围应尽可能地将所有地区、所有类型的房地产都包括进来。同时，从房地产税的长期发展看，有必要在立法时设定大的征税范围，为今后房地产税的发展留出空间。与原有房产税和城镇土地使用税的征税范围相比，这将要求房地产税由城镇扩大到农村、由非住宅类房地产扩大到住宅类房地产。根据我国现有的社会经济发展状况，上述全面的征税范围显然不现实，扩大范围也不可能一次性完成。

我们的建议：在立法上可以采取先将各类房地产都纳入征税范围，再通过免税设计明确对部分房地产暂不进行征收的做法。按照这种思路，房地产税的征收范围可确定为在中华人民共和国境内的所有房地产。具体包括：生产经营用房地产和非生产经营用房地产。具体征收范围：一是各类生产经营企业和单位拥有的房地产；二是城镇居民拥有的房地产；三是农村居民拥有的房地产；四是农业用地。

为了避免现阶段房产税的征税范围过大，应对以下房地产暂免征收房地产税：一是农业用地（属于集体土地所有权的农业用地）；二是对农村居民拥有的房地产（属于集体土地所有权的宅基地及其房产）。其中，对于属于集体土地所有权但作为经营性用途的农村集体建设用地的房地产，应不属于免税的范围，需要缴纳房地产税。对于小产权房，基本的前提还是其非法性和进行清理，对现实存在的小产权房可考虑将其作为经营性用途的农村集体建设用地的房地产进行征收。

与征收范围相对应，房地产的征收对象是纳税人拥有和使用的土地和房屋（建筑物及其附属物）。具体包括：一是具有土地使用权的生产经营用地，即单位或个人用于工业、商业、建筑业、服务业等生产经营活动，拥有土地使用权的土地；二是生产经营用的房地产（土地和房屋）；三是农村和城镇居民住房；四是

分报告五 基于优化收入分配格局视角的中国税制改革大思路与制度设计

属于集体土地所有权的农业用地。

（2）免征额的设置

目前，对于房地产税计税依据的共识是，在房地产市场价值的基础上，以房地产的评估价值作为计税依据。同时，在制度设计上，对个人住房的全部评估价值进行征收最为简化。但从国内现实看，保障居民的基本住房需求是顺利开征房地产税的前提条件。为了推进房地产税的实施，较为一致的观点是应对个人和家庭的基本住房需求给予免税。按此要求，就存在着对个人住房的免征额设计问题。

房地产税免征额的设计也存在一定的难点，主要涉及免征额是按照住房套数或住房面积，还是按房产评估值的一定比例进行设计。从目前情况看，由于不同住房的面积不同，且不同类型和区域的房产价值差别过大，按套数给予一套住房免征显然不合理。如果按照住房面积，即以基本住房需求确定免征额，则涉及家庭情况和人均扣除面积标准的确定问题。人均扣除面积标准是全国统一，还是规定上限由地方具体确定；家庭是按照3口之家计算（国家放开二胎政策后，以后的家庭是否以4口之家为标准），还是按照实际人口数量计算。或者，对每套住房的评估价值给予一定比例的扣除。此外，对于个人拥有的在不同城市的住房，是每个地区的住房都能够享受免征额，还是只能选择在一个城市的住房享受免征额。这些问题都需要在具体制度上加以解决。

按照房地产评估值的一定比例给予免征，又难以考虑居民家庭人口的状况问题。我们认为，允许家庭成员合并扣除免税面积，按照人均住房面积即以基本住房需求来确定人均免税面积，并结合不同地区房地产的平均评估价值来确定免征额较为合理。

按照人均免税面积来确定免征额，关键是如何选择人均免税面积标准。目前来看，人均免税面积标准有几个可参考的依据。

第一，国内的人均住房面积。根据统计，2012年全国城镇居民人均住房建筑面积为32.9平方米、农村居民人均住房面积为37.1平方米。以此为依据，可考虑对城镇居民人均免税面积设为30平方米（如果未来对农村居民住宅征收房地产税，其人均免税面积应超过城镇居民）。

第二，上海市和重庆市房产税试点改革的做法，根据《上海市开展对部分个人住房征收房产税试点的暂行办法》规定，人均免税面积（住房建筑面积）为60平方米。根据重庆市《房产税改革试点暂行办法》规定，扣除免税面积以家庭为单位，一个家庭只能对一套应税住房扣除免税面积。纳税人在本办法施行前拥有的独栋商品住宅，免税面积为180平方米；新购的独栋商品住宅、高档住房，免税面积为100平方米。纳税人家庭拥有多套新购应税住房的，按时间顺序对先购的应税住房计算扣除免税面积。在重庆市同时无户籍、无企业、无工作的个人的应税住房均不扣除免税面积。总体上看，假设家庭为3口之家，上海和重庆两地的房产税试点改革中的免税面积范围为33.3~60平方米。

考虑到不同地区的人均住房面积上的差别，由全国统一制订的人均免税面积不符合各地因地制宜的要求。应以具体地区的家庭社会平均基本住房需求和社会平均评估价值为标准，计算确定出具体地区的家庭住房免征额。这样，在保障基本住房需求的同时，纳税人拥有住房越多，纳税越多，总体上保证征税的公平性。

综合来看，建议国家统一制订人均免税面积的幅度范围为30~60平方米，再由地方根据实际情况确定具体人均免税面积。同时，地方有权限根据各地实际情况确定各个具体区域的住宅人均面积平均评估价格，最终确定出对居民家庭的房地产税免征额。

（3）税率水平的确定

房地产税开征后其税收负担应当多少较为合适，是人们普遍关注的一个问题，也是房地产税制度设计上的核心和难点。国外的房地产税作为地方税，主要是根据地方政府提供公共服务的需要来确定税率水平。国内地方财政收入的来源很多，难以以此方法来确定税率水平。

房地产税作为对企业和居民个人不动产的征税，尤其是对个人拥有的不动产征税，其税率水平的设计，不仅需要考虑房地产税本身的税负问题，还要结合个人所得税、增值税、消费税、营业税等由居民个人承担税负的整体税负状况，所有这些税种形成的整体税负不能超过居民个人的承受能力。即按照我国目前居民的收入状况是否能够承担得起？会不会出现人们担心的所谓"买得起房，养不起房"的问题，是否会由于纳税人无力纳税而出现比较严重的欠税。尤其需要考虑到在采取银行按揭方式购房情况下的居民个人负担问题。因此，需要考虑将哪些税费后移，哪些不能后移，哪些需要房产所有者在保有阶段承担，哪些不需要其承担。同时，我国目前的税制改革是分步实施的，那么在房地产税税收负担的设计上应如何考虑和协调与其他税种的关系？在分步实施税制改革的过程中每个税种都是在其条件成熟时独立进行改革和出台的，但每个税种又不应当是独立进行改革的，在改革的过程中协调好各个税种的关系至关重要。

总体来看，房地产税的税率水平设计应区分房地产类型，对经营性房地产按照保持改革前后的税负水平基本保持不变，对个人住房按照符合地方居民纳税能力的原则进行设计。

一是经营性房地产的税率水平。现行房产税对经营性房产（不考虑个人出租住房）按照房产余值（房产原值一次减除10% ~ 30%）适用1.2%的税率征收；城镇土地使用税则根据不同区域的0.6~30元的具体税率征收。按照房地产评估价值统一征收房地产税后，在计税依据和税率形式上都有了很大调整，因而无法直接将原房产税或城镇土地使用税的税率水平平移过来。因此，建议按照改革前后的税负水平基本保持不变的原则进行设计，即在设定了一定的比例税率水平后，总体上保证房地产税应纳税额和房产税与土地使用税的应纳税额总和保持一致。同时，考虑各地区的差异问题，应设置一定的税率幅度范围，允许各地选择具体税率水平。根据北京市对经营性房地产改革前后税收负担的测算结果，在考虑不征税土地价值（划拨土地）的情况下，保持改革前后税负基本不变的房地产税税率水平为0.82%，可考虑作为经营性房地产的税率下限，并将原房产税1.2%的税率作为税率上限。综合来看，建议将经营性房地产的房地产税税率水平确定为0.8% ~ 1.2%。

二是个人住房的税率水平。由于个人住房属于房地产税的新增征税范围，不能采用经营性房地产的税率水平确定方法，但目前上海市和重庆市对个人住房征收房产税的实践可以提供一定的参考。根据《上海市开展对部分个人住房征收房产税试点的暂行办法》规定，其税率水平为 0.4% ~ 0.6%［一般适用税率暂定为0.6%。应税住房每平方米的市场交易价格低于本市上年度新建商品住房的平均销售价格2倍（含2倍）的税率暂减为 0.4%。］。根据重庆市《房产税改革试点暂行办法》规定，其税率水平为 0.5% ~ 1.2%［独栋商品住宅、"三无人员"第二套普通住房以及建筑面积成交单价在均价的3倍以内的高档住房，税率为 0.5%；3倍（含3倍）至4倍的，税率为 1%；4倍（含4倍）以上的税率为 1.2%。］。由于上海市和重庆市作为直辖市属于经济相对发达地区，居民负担能力高于国内其他经济不发达地区，因此结合全国范围的房地产状况和居民负担能力，在两地的最低税率水平 0.4% 的基础上进行下调，选择 0.2% 作为个人住房的税率下限；为了不过多增加居民个人的税收负担，选择 1.2% 作为个人住房的税率上限。综合来看，建议将个人住房的房地产税税率水平确定为 0.2% ~ 1.2%。

三是地方的税率选择权限。房地产的具体适用税率水平由地方根据当地经济发展状况在上述经营性房地产和个人住房的房地产税税率幅度范围内确定。从上海市和重庆市的实践看，其中区分了普通住宅和高档住宅实行不同的税率。因此，也应允许地方在税率幅度范围内设置差别税率。

（4）税收优惠的确定

房地产税的优惠政策设计上主要涉及的问题包括：一是对属于单位性质主体的纳税人，包括国家机关、各级政府、人民团体、军事、外交机构、事业单位，以及宗教和慈善等社会公益性组织是否给予免税；二是对不具备纳税能力的住房是否给予减免税。国内房产上的特殊情况是拥有房产多少和纳税能力不成正比，需要解决纳税人税负与纳税能力不相匹配的问题，考虑部分低收入群体的减免税问题。

按照国家财税体制改革中对税收优惠政策提出的要求，房地产税应尽可能少地设计税收优惠。但基于国内房地产类型和居民个人收入水平的实际状况，也需要给予部分税收优惠政策设计。按照原房产税和城镇土地使用税的优惠政策规定，结合房地产税的定位，除了在征收范围分析中明确地对农业用地和农民住房给予免税政策外，建议的房地产税优惠政策主要为：一是对国家机关、人民团体、军队以及由国家财政部门拨付事业经费的单位自用的房地产，免征房地产税；二是对市政街道、广场、绿化地带等公共用地以及城市公用设施等房地产，免征房地产税；三是对宗教寺庙、公园、名胜古迹、博物馆、慈善机构等社会公益事业自用的房地产，免征房地产税；四是对保障性住房（如公共租赁住房等）免征房地产税。对自住型产权共有住房，给予一定的税收优惠，可授权地方具体确定；五是对不具备纳税能力的部分特殊群体的房地产，给予房地产税减免政策。不具备纳税能力的部分特殊群体，主要是指残疾人、低于一定收入水平的老年人、属于城市低保的家庭等，具体减免税办法由地方根据当地实际情况制定。

3. 积极推进社会保障税改革，构建社会安全网

政府的一项重要职能是为社会成员提供社会保障，充足的社会保障资金是社会保障制度存在、发展和不断完善的基础。改革现行以社会保障基金收费为主的社会保险筹资模式，加快实施社会保险费改税，建立全国统一的社会保障税制，以法律手段替代行政手段，为社会保障资金的筹措提供强有力的保证，这既是建立稳定的社会保障基金筹资机制、保障社会保障基金稳定来源的必需，也是适应社会主义市场经济发展需要、优化社会保障筹资模式的最佳选择。

在社会保障税制的设计上，社会保障税的覆盖面要广，近期可先在城镇开征，课税范围应覆盖所有的行政机关、各类企事业单位和个人，待条件成熟后再纳入农民。纳税人为雇主和雇员双方。社会保障税以纳税人的工资薪金或生产经营利润为课税对象，其中，行政机关和各类企事业单位应以其向个人支付的工资薪金总额为课税对象，雇员应以其从单位领取的工资薪金为课税对象。考虑到中国的经济发展水平和客观条件，税目设计不宜过宽，可先确定为养老、医疗、失业三个税目。对不同的税目应适用不同的税率，具体税率的确定可参照目前的社会保险费缴纳标准，并可在此基础上略有降低。在社会保障税的征收管理上，按照国际通行做法，应该交由税务机关负责征收，这有利于充分降低社会保障资金的征收成本，提高社会保障资金的筹资效率。出于全国统一的目的，应将社会保

障税列为中央税种，由国税部门负责征收。

4. 研究开征遗产与赠与税，避免贫富差距代际延续

遗产和赠与税是财产税系的一个重要组成部分，在调解财富分配差距方面具有十分重要的作用，同时它还有助于鼓励人们的捐赠行为，促进慈善事业的发展，实现市场调节和政府调节之外的收入"第三次分配"，缓解收入差距。鉴于中国所处的经济发展阶段、居民收入水平和税收征管条件等因素，目前中国尚不具备开征遗产和赠与税的相关条件，但长期来看，遗产和赠与税仍是实现调控贫富差距的有力政策工具之一，因此需要先行对其政策设计和政策效应等问题做进一步的研究探索，做好理论储备，同时应加快完善财产登记制度和评估制度等相关配套制度的建设，为将来的改革做好准备。一旦时机成熟，则尽快予以开征。

5. 提升消费税的收入再分配功能，强化对高档消费和奢侈消费的调节

根据我国现行经济社会和税制改革的发展趋势，进一步加强消费税在收入分配调节上的积极作用，扩大对高档消费品和消费行为的征收范围。

在高档消费品和消费行为范围的具体选择上：一是高档消费品的范围选择。根据我国现阶段的消费状况，可以考虑将高档消费品的征收范围扩大到衣食住行多个方面。例如，高档服装、高级皮毛及皮革制品等；海参、鲍鱼、鱼翅、燕窝、冬虫夏草等食品和保健品；红木等高档木材家具；房车、私人飞机等高档交通工具；高档手机等。同时，对于上述部分商品还需要给出相应的划分标准，以便于与一般生活必需品区别开；二是高档消费行为的范围选择。在未来营改增后将原营业税的娱乐业范围纳入到增值税的情况下，可以对消费者在歌厅、舞厅、卡拉OK、歌舞厅、音乐茶座、台球、高尔夫球、保龄球场、游艺场等娱乐场的高档消费行为进行征收消费税。同时，还可以将狩猎、高档宾馆消费（价格超过一定标准的宾馆房间）、飞机租赁等其他消费行为也纳入征收范围，如在难以直接对私人飞机征收消费税的情况下，可以考虑对私人飞机租赁的消费行为进行征税。

建议在消费税中设置奢侈性产品和娱乐消费行为的税目，分别将相关产品和消费行为纳入到上述两个税目中，并实行相对同一的征税办法。同时，还需要根据经济社会和人民生活的发展水平、宏观调控需要以及消费税征收的实际情况，建立高档消费品税目的定期调整机制。对社会上新出现的属于超前消费的高档消费品和消费行为适时纳入课税范围，将已经成为大众化的消费品"剔除"出课税范围，以正确发挥消费税的政策导向作用，增强对奢侈消费的调控作用，降低普通消费税税收负担。

6. 建立中性的增值税制度，适度调低税率，加大降费力度，为直接税改革提供空间

营改增是一项重要的减税政策，在营改增试点改革全面推行后，需要进一步完善增值税制度，包括逐步取消现行多而杂的过渡性政策，将所有服务、行业纳入增值税的一般计征范围；完善增值税抵扣制度，实现应抵尽抵，理顺抵扣链条；逐步降低一般纳税人的认定标准，将一般纳税人标准转为起征点标准，最终取消小规模纳税人和征收率制度。通过税制完善，在总体上降低增值税税负。

在营改增改革试点基本到位后，应尽快对现行较为烦琐的税率档次进行适当清理、简并，增强增值税的"中性"特点，规范征管。未来需要适度降低增值税的标准税率水平，在 5~10 年内逐步将标准税率降低到 13%，简并优惠税率档次，对食品、药品、图书等基本生活必需品设置一档 6% 的优惠税率，进而降低间接税占比。

此外，还需要进一步简政放权，下大力气对涉企收费和政府性基金加以规范和清理，特别是各种不规范、不合理的收费基金项目，切实减轻企业负担，以减税、减负为直接税改革提供空间。

7. 构建科学高效的自然人税收征管制度，提高纳税遵从度

税收征管改革是关系到深化税制改革能否顺利进行的重要保障，两者之间应建立良性互动关系。一方面，税制改革方案的设计必须考虑现实的征管能力；另一方面，税收征管水平也应该根据税制发展的要求加以积极改进。

随着社会主义市场经济对税收宏观调控作用提出新的要求、中国经济融入世界经济速度加快，以及信息技术在税收征管工作中得到广泛深入的应用、纳税人法律意识和维权意识不断增强，中国税收征管改革也应适应经济形势变化，特别

是应对直接税体系的完善，需要构建起科学高效的自然人税收征管制度，从而为加强个人所得税管理、开征房地产税等创造条件。

具体而言，当前需要尽快以"互联网+"和大数据技术为依托，构建新型个人所得税和房地产税的征管信息系统。基于"互联网+"和大数据技术，建立个人收入监测、数据收集与分析、信息共享等机制，提升税务机关对个人收入监测、数据分析、税收稽查的能力，从而加强对高收入者的监控和征管。

分报告六 预算框架下收入分配制度改革的政策优化与绩效创新

收入分配制度改革是系统性的制度改革。当前我国收入分配领域最突出的问题是收入差距悬殊后面的不规范、腐败，即分配不公，在很大程度上与公共资源的流失、不合理使用和监管缺位有关。这不仅关联于经济制度，还涉及政治制度、预算管理制度、社会治理体制等。其中，预算管理制度对收入分配的资源配置和政策优化影响较大。

从财政预算的变迁来看，我国在1949年以后尤其是改革开放以来存在三块财政资金，即预算内、预算外和制度外。应该说，在特定的历史发展阶段，预算外和制度外资金有其存在的必然性。在20世纪80年代强调放权，让地方在分权的状态下推进改革，"预算内"的财力不能满足当时的多方面需要，所以"预算外"迅速膨胀；而"预算外"还没解决的问题又在各种各样的情况下发展到"制度外"，即各种"驴打滚"的资金，各种"小金库"等。经过多年的发展和改革，截至2012年，国家在预算管理制度上已经通过"三而二"（取消制度外）、"二而一"（取消预算外）的整合路径，所有的财政资金不能再区分为预算内、预算外和制度外了，即所有的财政资金均纳入预算，实行全口径预算管理。目前我国GDP已经超过70万亿元，政府的一般公共预算收入、政府性基金收入、国有资本经营收入和社保基金收入，加起来可占到GDP的约1/3。如此巨量的公共资源对收入分配的影响无疑是巨大的。那么这些纳入预算管理的钱从哪儿来，到哪儿去？公共资源都配置到什么地方了，绩效如何？有多少正常使用，有多少浪费掉了？

本报告拟从政府预算的框架，对应社会保障、福利救济功能等重点考察收入分配制度，在对政府财税体制改革和行政体制改革统筹考虑的基础上，进行绩效分析，并由此对收入分配制度改革进行政策优化和管理创新。

一、共享发展取向下政府预算体制对收入分配格局的影响

（一）共享发展理念与收入分配制度改革

"共享是中国特色社会主义的本质要求。必须坚持发展为了人民、发展依靠人民、发展成果由人民共享""按照人人参与、人人尽力、人人享有的要求，坚守底线、突出重点、完善制度、引导预期，注重机会公平，保障基本民生，实现全体人民共同迈入全面小康社会"。[①] 共享发展理念为形成合理的居民收入分配机制指明了方向。我国收入分配领域还存在着劳动力价格体系失衡、生产要素配置不公、劳动报酬的 GDP 占比偏低、政府对居民收入调节失当、慈善事业发展滞后等一系列问题。坚持问题导向，从回应当前我国发展过程中的深层次公平问题出发，以十八届五中全会提出的共享发展理念为引领，建立和完善人民共享发展成果的收入分配机制是题中应有之义。在共享发展视野下，收入分配机制的完善需要根据不同的收入分配机制的主体作用，按照市场、政府和社会三种并行不悖的机制类型来调整和改革。

首先，收入分配市场机制应以实现每个社会成员拥有收入分配平等参与权的参与性分享为目标，厘清政府与市场的关系，其主要表现在宏观和微观两个层面：宏观层面上要求是指行业、个人之间的收入均衡，并且政府、企业和居民之间收入保持适当的比例，三部分的增长保持协调，与经济增长同步；微观层面上的要求是指企业在对生产参与者进行个人收入分配时要遵守按劳分配或按要素分配。在按劳分配形式下，要求严格按照劳动者所提供劳动的数量和质量进行个人收入的分配，不允许利用身份、地位和权力攫取不合理的收入；在按要素分配形

---

① 参见《中共中央关于制定国民经济和社会发展第十三个五年规划的建议》。

式下，要求各要素所有者按照各自在生产中所做的贡献的大小进行分配。

其次，收入分配政府机制应以实现矫正性分享为目标，建立合理有效的税收调控机制和纵横交错的中央和省级转移支付模式，并消除推行实行社会保障权利均等化的体制性障碍。在收入分配市场机制的运行过程中，效率原则发挥着关键的作用；在共享发展的理念下，需要更加注重公正和效率的恰当平衡。与收入分配市场机制不同，收入分配政府机制可以依托政府公权力的代表理顺收入分配市场机制参与性分享所形成的利益关系，承担起矫正收入分配分享差距的责任，形成更加公正的收入分配结果。

收入分配社会机制应以实现补偿性分享为目标，从慈善立法、慈善组织自身建设和外部监督等方面入手，重塑慈善组织的公信力。共享发展理念下的收入分配政府机制的矫正性分享是将分配差距调整到一个相对合理、公平的范围之内，但它主要着眼于保证社会成员的普遍权利，不可能照顾到每个公民或者某些特殊群体的方方面面，再加之政府的财力所限，政府机制的矫正性分享往往鞭长莫及，无法从根本上解决收入差距问题。这就需要在市场机制之外建立一种相对独立的分配机制，发挥补偿性分享的作用，及时地将社会财富分散给社会成员，弥补收入分配政府机制的运行缺陷，缩小弱势群体的财富分享差距。收入分配社会机制是在道德力量的推动下、在自愿性的基础上，以募集、捐赠、资助和志愿服务等公益方式，实现社会财富由高收入阶层向低收入阶层转移的。

（二）政府预算体系与收入分配制度

财政的一个重要职能就是缩小收入分配差距，在保证市场机制发挥决定性作用的基础上，对由于要素禀赋不高等原因形成的弱势群体进行社会保障与社会救济。这也是收入分配体系中"二次分配"机制功能的重要依托。完善政府预算体系，建立全口径政府预算，对于进一步完善收入分配制度、健全收入分配格局有重要意义。

新《预算法》规定政府预算体系包括一般公共预算、政府性基金预算、国有资本经营预算、社会保险基金预算。一般公共预算是对以税收为主体的财政收入，安排用于保障和改善民生、推动经济社会发展、维护国家安全、维持国家机构正常运转等方面的收支预算，侧重于强调财政的公平功能，是政府公共管理职能实现的基本保障。一般公共预算资金的运用体现了收入再分配所要求的缩小收入差距原则，保证基本公共服务的地区间均等化，为进一步完善收入分配制度提供了重要基础。社会保险基金预算是对社会保险缴款、一般公共预算安排和其他方式筹集的资金，专项用于社会保险的收支预算，侧重于强调财政的保障功能。国有资本经营预算是对国有资本收益做出支出安排的收支预算，侧重于强调财政的效率功能，是政府国有资产管理职能实现的基本保障。社会保险基金预算专项用于社会保证，其资金不得调入一般公共预算。这一规定体现出政府对于社会保障的重视程度，更体现出财政资金作为收入再分配的重要基础性作用及保障性作用。

（三）预算透明度与收入分配制度

政府预算透明度是指及时、全面、准确地披露与政府预算相关的所有信息，使政府预算信息的需求者能及时获取和了解所需信息。预算透明应该从横向与纵向两个层面上进行探讨，纵向透明包括向上透明及向下透明，向上透明是指上级政府多大程度上获得下级政府的预算信息，向下透明是指民众多大程度上获得政府预算信息。而横向透明是指同级的预算单位之间多大程度上获得其他部门的预算信息，包括外部同级预算单位与内部同级预算单位两个方面。

预算透明度对收入分配制度的影响主要可以分为以下三个方面：首先，预算透明度直接影响"二次分配"的效果，预算支出是政府发挥社会职能的重要机制，预算资金使用透明度越高，财政资金运行机制越能发挥优势，社会保障、社会救济等民生领域的资金投入越高效，对缩小不同群体的收入差距，保障弱势群体的生存质量有重要意义。其次，预算透明度高，可以很好地抑制政府寻租现象，降低市场交易成本，进一步减少了行政权力对市场的干预，减少公权力对市场决定收入分配的影响，有利于建立健全"一次分配"的市场机制，为劳动、知识、资本、创造等财富源泉参与收入分配奠定良好的基础。最后，预算透明度低将掩盖国民收入格局不合理的现象，预算收入作为国家参与国民收入分配的直接表现形式，尽管实质上财政社会收入占国民收入的比例较高，但表现出来却可能是合理的国民收入分配格局，导致收入分配制度无法及时改革以弥补制度缺陷。

(四)公共资源的配置绩效和公共资金管理绩效与收入分配制度

财政角度上将公共资源的内涵界定为"由全体社会成员享有并由政府代行所有权的公共自然资源"[①],我国宪法第9条规定:矿藏、水流、森林、山岭、草原、荒地、滩涂等自然资源,都属于国家所有,即全民所有,属于公共产权。当隶属于公共产权的各种资源进入市场时,能否实现公正和平等,从根本上决定了初次分配的公平性,进而决定了分配结果的公平性。公共资源收益是指公共资源在不同产权主体之间配置使用所获得的总收益,应该是全民共享的。但受制于公共产权制度的缺陷,当前我国公共资源的收益形成与分配的行政主导色彩很浓,导致公共资源收益形成、分配不合理等问题突出,贫富差距由此扩大。针对当前公共资源使用中存在的种种问题,迫切需要推行公共资源配置的绩效管理,以提高公共资源的使用效益,使有限的公共资源能够得到科学配置与合理运用,实现公共资源的公平分配,进一步促进我国收入分配格局的改善。

公共资金管理绩效管理以绩效为载体,以公共资金流为网络,将绩效管理辐射到整个公共机构运转当中,与政府绩效管理密不可分。公共资金作为收入再分配的载体,其使用情况必然影响到财政资金收入的分配格局。除保障低收入者的共享发展成果权利,调整再分配利益相关者的资金分配额度,在"二次分配"中体现出公平的价值取向之外,公共资金配置绩效还可以解决公共资金使用效率的问题,通过绩效保证公共资金的最大产出,最大范围内惠及公众,这也是再分配的价值目标之一。

(五)分税制财政体制改革后国民收入分配格局的概况

1994年的分税制改革,按照中央和地方政府的事权和财权划分,初步理顺了中央和地方的分配关系,主要是提高了中央财政收入占财政总收入的比重,这对总体的政府收入所得比重影响不大。为了与1994年全面税制改革配套,国家又陆续出台了相关法规,重新规范政府、企业和居民间的分配关系。在新的主体分配框架内,政府所得主要体现为以生产税和收入税为代表的预算收入和以预算外收入为代表的非预算收入。20世纪90年代政府所得在分配格局中的份额总体

---

① 刘尚希、樊轶侠:《公共资源收益形成与分配机制研究》,《财政经济评论》,2014年2月。

上有所上升。本世纪以来，随着国内房地产市场的快速发展，地方政府的土地出让收入大幅增加，再加上出口导向带动下的企业生产和经营环境大幅改善，都促使政府所得份额增加。其中，地方政府的土地出让收入等非预算收入对政府所得份额提高曾一度起到了很大的推动作用。随着2012年"预算外资金"概念退出历史舞台和以"四本预算"构成的全口径预算体系的确定，我国全部政府收入都表现为预算收入，以IMF统计口径计算的广义宏观税负（政府除土地出让收入之外的总收入）稳定在33%左右。这一水平比发展中经济体的平均水平35%略低，总体而言是比较正常的。关键的问题主要在于分配的结构与机制如何优化。

二、预算框架下收入分配改革应理顺的三大关系

（一）国与民的关系：国富民强与民富国强

1. 从国民收入分配的角度来看，所谓"国富"，表现为政府预算中政府收入所占比重较大或者增长较快，而"民富"则体现为企业和居民个人收入所占比重较大或增长较快。

随着我国GDP的快速增长，国民财富这个"蛋糕"也随之增大。收入分配，即对这个蛋糕进行切割，参与蛋糕切割的成员是国家政府、企业和居民个人。政府获得了较大的蛋糕，即实现了"国富"，"民富"则代表企业和居民个人收入所占比重较大或增长较快。

长久以来，国家主导型的市场经济实际上在我国经济体制中处于基础地位。在这种体制决定下，多年来，我国经济发展都以追求GDP最大化为目标。这种体制基础和目标最直接地表现在优先发展国家生产力上，其经济运行的结果就是国家生产力的增长快于民众消费能力的增长，财富分配机制严重向政府倾斜；国家聚集了大量的财富，财政能力空前膨胀；政府收支规模不仅连年大幅度增长，而且明显超过经济增长速度，从国民收入分配格局看，政府在国民收入分配中所取越多，也就造成了居民收入较少，这将进一步导致消费能力的不足，收入差距扩大等问题，最终又制约了经济的发展。

2. 从财政的角度来看,"国富"体现为国家通过税收、国有资本经营以及其他活动取得较多的财政收入,具有较强的提供公共物品的能力;"民富"体现为民间资本在市场经营中获得较多利润,以及通过受益于财政支出而享受到更多、更优质的公共产品。

"民富"并不仅是经济意义上的财富增加,更应包括三层含义:一是民间资本能在市场经营中获得较多利润,人民能够共享改革开放的发展成果,过上小康生活;二是人民生存的自然环境优美,实现学有所教,劳有所得,老有所养,病有所医,住有所居;三是人民的公民权利(包括行使权利)得到保证,能够真正参与国家建设和政治生活。"国富"从狭义上讲就是国家通过税收、国有资本经营以及其他活动直接掌握和支配的收入越来越多,广义上讲也应包括三层含义:一是国家经济实力提高,有能力抵抗自然灾害,防御疾病,发展科技,照顾社会弱势群体;二是国家综合国力增强,有能力保卫祖国领土完整,抵抗外部敌人侵略,保护国民及侨民在国内外的基本利益;三是国际政治地位上升,在国际社会中发挥更多积极作用,公平参与国际规则的制定和国际竞争。

从长远来看,政府的收入和居民收入并非简单的此消彼长的关系。长期、动态地看,某一年度交给国家收入多了,并不意味着简单的居民收入减少,因为国家需要必要的费用以保护和增加国民财富,进行公共事业和公共福利设施建设,以利未来居民实际收入的稳固增长。"国富"必须以"民富"为最终目标,没有"民富"的"国富"是不可持续的,只有真正实现"民富","国富"才能进入良性循环状态;"民富"是"国富"的坚实基础,只有人民富裕,才能给国家提供源源不断的税收,这样的"国富"才是真正可持续的。"民富"不但会刺激内需,为经济可持续发展提供动力,而且能够推动经济又好又快地向前发展。从实现途径看,"国富"为"民富"提供保障。社会稳定是实现"民富"的前提。只有社会经济不断发展,综合国力逐步增强,保持社会稳定,才能使人民生活安定有序,真正实现"民富"。

3. 国民收入在政府与纳税人之间分配,主要体现在政府收入与支出分配

在确定"政府究竟可以获得多少钱"之前,先确定"政府究竟需要花多少

钱"，即"以支定收"，经济要首先按照社会公共需要界定政府职能，然后再界定财政支出规模，以此为基础确定财政收入的规模，建立合理的财政收支机制，保证税收等政府收入取之有度，将需求和来源平衡起来，保证既能满足政府履行基本职能的需要，又不至于超出企业和居民的承受能力。

就政府支出来看，政府应继续坚持"简税制、宽税基、低税率、严征管"的原则，优化支出结构，有保有压地调节经济性支出，努力扩大社会性支出，建设民生型财税体制，即财政投资退出那些本应由市场配置资源的竞争性领域，将财政政策的着力点放在为社会公众提供充足的（准）公共产品和优质的（准）公共服务上。由于我国过去过多地追求经济的高速增长，造成资源配置失衡，挤占了稀缺的公共资源；现在相对居民增长的需求，我国的公共产品和公共服务短缺的问题十分突出。公共产品金额公共服务短缺问题亟待政府的有效解决，政府由经济建设型政府向公共服务型政府转型，推进基本公共产品和公共服务的均等化，最大限度地实现公共服务高性价比。

（二）中央与地方的关系：财权与事权相匹配

1. 中央与地方政府间的事权与财政支出责任划分不够清晰

厘清事权难在中央和地方的共有事权。分税制的前提是划分事权，而这又是分税制的难点。《中共中央关于全面深化改革若干重大问题的决定》明确了在中央和地方事权中，把国防、外交、国家安全、关系全国统一市场规则和管理等作为中央事权，把区域性公共服务作为地方事权，这种划分相对比较容易，也容易被各方接受。仅把部分社会保障、跨区域重大项目建设维护等作为中央和地方的共同事权，这种划分太笼统，涵盖的范围太狭窄，许多事权责任主体不明确，操作的难度大。实际上我国目前许多事权责任主体在中央而主要由地方承担，如社会保障、义务教育，这是公民的基本权利，关系到人口的流动和统一市场的建立，即使作为共同事权，责任主体也在中央而不是地方；又如环境保护和治理，仅靠地方是难以胜任的，更要靠中央来协调和统筹安排，对这些事权也要有相对明确的划分，只有这样，中央和地方的事权才能厘清。当然，中央和地方的共同事权划分是相对的，随着国家财力的变化、政策发展和宏观调控的需要，中央和地方的共同事权的范围可以调整，即承担责任的重点适当向中央倾斜或向地方倾斜，由中央或地方承担更多的事权和责任。

2. 税收立法权等税权主要集中于中央，政府间的转移支付均等化程度不高

在我国财政史上，无论是分税制改革，还是其他形式的财政分权，主要内容都是以税收为主的政府收益的划分，体现为中央和地方各自有一定范围的税种或一定规模的收入比例。因此，其实质是利益的分割而非权力的划分。中国作为单一制国家，地方并不享有完整意义上的税权，但需适当处理必要的税收分权问题。一般而言，税权应当包括税收立法权、税收征管权和税收收益权三项基本要素。央地财政分权，包括合理设定地方一定范围内的税种选择权、税率调整权和特殊情况下的设税权（经过地方立法程序开征地方特殊税种之权），给出地方一定空间根据本地的具体情况和实际需要，运用分权与立法手段积极挖掘税源潜力和保障财政收入水平，形成稳定的财政收入增长机制和提高财政资金的使用效率。在现代市场经济体制中，税收因其自身的民主性、规范性、制度性，应当是国家财政收入的主要形式。在税收收入无法满足正常财政需求的情况下，地方政府只有寻求替代性财源来缓解财政压力，甚至通过非规范手段谋取财政收入。应当说，地方财政所出现的一系列混乱与无序现象与此有着直接的关联。

另一个重要问题是，政府间的转移支付均等化程度不高，主要是指财政支出形成的各种公共服务在分配和供给中存在不公。转移支付资金区域分布不均衡。我国各区域间经济发展不平衡，与之相伴随的是区域间地方财力差距的逐渐拉大。当前，我国一年的税款达12万亿元，但城市居民享受的财政供给的公共服务无论是数量还是质量都远远高于农村地区。这样的税收分享和供给机制进一步放大了地区间、城乡间的差距，也就是说在二次分配中进一步扩大了差距。

3. 地方政府的财政压力及其引发的不规范收入，如地方政府变相发债、"土地财政"等问题

在转移支付手段不能完全弥补制度内财力缺口时，地方政府常常依靠土地资源、地方债、非税税收收入等方式来充实地方财力。地方政府实施"土地财政"以缓解财政收支压力的主要方式是，政府在通过基础设施建设投资和城市开

发，不断获取增量土地进入市场的基础上，一方面，实施土地出让策略，通过招、拍、挂方式出让土地，获得了大量土地出让收入；另一方面，实施土地引资策略，通过低价出让工业用地，吸引大量外来资本投资，促进地区经济发展。通过地方融资平台等方式举债，是地方政府弥补财政缺口的又一条渠道。但由于短期行为特征明显、随意性大、收支不透明、使用效率低，地方政府债务隐藏着巨大风险。修订后的《预算法》虽然赋予了地方政府发债权，但此举能否从根本上化解地方政府债务风险、解决地方财政困难，尚需做出配套改革和优化相关管理体系的努力。此外，名目繁多的各种收费项目等非税税收收入在地方政府收入中也占很大的比重，甚至出现了"税收缺位、收费越位、费大于税"的现象。大量的公共财政预算外收支分散了政府财力，造成财政秩序的失范与混乱，冲击了社会正常的分配秩序和经济秩序。

我国央地财政关系失衡的历史经验和现实状况表明，仅仅让地方分享一定的税收收益或分成比例，往往会造成地方债、土地财政问题，因此需要建立起统一完整、规范高效的地方税体系，适应提升地方政府治理能力和治理水平的改革需求。要"把适合作为地方收入的税种下划给地方，在税政管理权限方面给地方适当放权。"只有构建相对稳定和完善的地方税体系，赋予地方相应的财政自主权，才能为地方提供有保障、可持续的税收收入，并建立起科学合理、稳定规范的财政收入增长机制，从而最终实现地方财力与支出责任相匹配和建构起良性互动的央地财政关系。

（三）公平与效率的关系：藏富于民与限富济贫

1.初次分配和再分配都要兼顾效率和公平，再分配更加注重公平。由于市场经济本身天然地倾向于对效率的追求，那么公平的实现则依赖国家的现有干预

在收入分配中保证效率提高的前提下，决不能放弃公平。效率与公平二者之间不存在此消彼长的关系，公平不等于平均主义，效率与公平之间互相联系、互相制约，缺一不可。效率与公平相统一是收入分配领域中必须坚持的原则之一。在市场经济条件下，效率与公平在一定程度上具有统一性。而且，我国发展的是社会主义市场经济，即在社会主义制度下实行市场经济体制，这就增强了效率与

公平的统一性。

初次分配的目的是在市场经济条件下解决生产要素的相对报酬问题。市场经济是追求效率的经济，所以在以市场为决定力量的收入初次分配中，应该发挥市场机制的决定性作用，促进经济效率最大化的实现。同时市场经济条件下市场调节、追求效率的结果必然是优胜劣汰，形成一定的收入差距，造成初次分配结果的不平等。因此在初次分配中必须发挥政府的作用，在确保规则、机会公平和初次分配结果基本公平的基础上增进效率。政府介入初次分配的着力点还应放在大力营造机会公平的社会环境上，在分配的起点上和分配过程中，制定公平、透明的规则等。

再分配是对初次分配的补充和校正，理应遵循"更加关注公平"的原则。在政府的主导下，旨在使那些初次分配中无受益或受益较少的社会成员得到一定的补偿，尤其是使经济弱势群体得到应有的经济支持和帮助，从而缩小社会成员过分悬殊的收入差距。这一过程实际上是政府通过税收实现"抽肥"，通过公共财政支出实现"补瘦"，形成富人多纳税养国家，国家财政支出补贴穷人的再分配调节格局，实现富人和穷人在分配上的相对公平。在初次分配与再分配的过程中，要综合公平与效率的价值取向，二者不可偏废。

2. 从国民收入分配的主体来看，贫富差距主要体现在企业之间和居民个人之间。就我国的情况来看，企业之间的贫富差距主要体现在国有企业特别是垄断性国有企业与中小民营企业之间

收入分配格局是指各分配主体在分配收入中所占的份额以及由此形成的比例关系。着眼于不同收入分配主体群体的比较，可以发现，企业之间和居民之间的收入差距比较大。居民收入包括劳动收入与财产性收入。不同的居民群体所实现的财产性收入有极大不同，就业情况也不同，因而在这些因素的综合作用下，居民之间的收入差距逐渐拉大，并形成了贫富差距。

不同企业间的收入差距也存在较大差异，尤其是垄断性国企与私营企业的工资差距过大，且这种工资差距不是企业劳动者自身体征所能完全解释的，即存在国有企业对私营企业的收入分配"歧视"，主要原因是垄断性国企获得超额垄断溢价，且这种溢价部分被国企内部职工瓜分；竞争性国企与私企工资差距较大

的现象没有垄断行业那么显著，这可能是由于竞争性国企的收入分配机制更加市场化。此外，国企内部高管与普通职工的收入差距也非常显著，这种现象无论在垄断性国企还是在竞争性国企都存在，虽然在工资倍数等相对指标上不是特别显眼，但从工资差距绝对数值来看已经非常巨大，可达上百万元之多。

3.通过对国有资本经营预算制度的完善，创新个人所得税制度，以及加大社会保障投入以调节收入分配

我国是以生产资料公有制为主体的社会主义国家，国有资本庞大，决定了我国实行国有资本经营预算的必要性和重要性。建立与社会主义市场经济相适应的国有资本经营预算，是我国财税改革的一项重要内容，是深化国有资产管理体制改革的重要举措，也是深化收入分配机制改革的重要组成部分。健全国有资本经营预算和收益分享制度，通过收入分配改革，提高纳入公共预算的国企红利规模。当前实施的国有资本经营预算仅对部分央企规定了较低的红利上缴比例，规定按行业分三类上缴比例：10%、5%和缓缴或免缴。今后应在国有企业普遍实行资本收益上缴，并提高上缴比例，且这部分资金主要用于改善民生，从而遏制垄断企业在收入分配中的不公平。

我国个人所得税征收模式弱化了个税的调节功能。美国和世界上多数国家实行综合制的个人所得税模式，即以纳税人在一个纳税年度内的各项综合收入减去不予列计的项目为税基，经过适当扣除后按照对应税率进行纳税。我国实行的是分类所得税模式，即按照列举的方式将应税所得分为十项具体税目和一项概括所得，除偶然所得外，其他各项所得分别做相应扣除后按不同的税率纳税。前者的特点是税基宽、征收面广，后者的特点是征收面小、税负从轻、扣除从宽。分类制个人所得税征收模式对调节高收入、缩小贫富差距的初衷体现不足。由于不同收入来源项目的应税标准和税率不同，可能存在纳税人通过项目安排，将高税率的项目转移到低税率或零税率的项目以少纳税或不纳税，这样可能出现收入相同而税负迥异，甚至综合收入高而少缴税，综合收入较低却多缴税的情况，从而导致个人所得税调节收入差距的初衷并未得到实现，"贫富差距稳定器"的功能被弱化。改革个人所得税模式。分类制的个人所得税征收模式对公平性的兼顾不足，

既不利于个人所得税调节功能的实现，也不适应现阶段我国税制建设的需要。因此应顺应国际趋势，建立分类与综合相结合的个人所得税制，并逐步过渡到综合所得税制，以更好地发挥"收入分配稳定器"的作用。

我国社会保障制度改革已进行多年，所取得的成效是明显的，但存在的矛盾和困难也很多。总的来看，过去大家对社会保障"欠账"和人口老龄化等问题比较关注，但对社会保障如何适应我国工业化、城市化进程关注不够，对社会保障如何放眼未来、在人口老龄化高峰时期如何防范老年贫困关注不多。经过三十多年的改革开放，我国已不再是从前的城乡二元结构，而变成了城乡三元结构，即出现了介于城乡之间的特殊群体——农民工。据统计局网站发布的《2016年农民工监测调查报告》显示，2016年农民工总量已达到28 171万人，这是一个庞大的群体。实际上，早在2014年的政府工作报告中就曾提出，今后一个时期着重解决好现有"3个1亿人"问题，促进约1亿农业转移人口落户城镇，改造约1亿人居住的城镇棚户区和城中村，引导约1亿人在中西部地区就近城镇化。因此，社会保障制度改革应当包括三部分：（1）设计一种不同于社会保障旧制度的新制度，新制度绝对要放眼于未来、面向全社会，在制度安排上绝不能只为兑现旧制度的承诺而设计。（2）关闭社会保障旧制度的"大门"，门里边的人可以出来（参加新制度），但门外边的人不能再进去。（3）选择稳妥的从社会保障旧制度向新制度过渡的方式，主要针对已被关进旧制度大门里的人而设计。进行合理的社会保障制度改革，保证收入差距的缩小与收入分配体制改革的推进。

三、政府预算框架下收入分配制度存在的问题分析

（一）财政预算支出配置对居民收入分配调节作用发挥不足

1.财政社会性支出规模有限，不利于抑制居民收入差距扩大

从政府支出结构看，一般可以分为以行政管理支出、国防支出为主的维持性支出，以政府投资为主的经济性支出，以教育、卫生、社会保障为主的社会性支出。以政府投资为主的经济性支出有利于经济的快速增长。中国作为一个发展中

国家，长期以来以经济建设为中心，实施赶超战略，GDP 增长成为政府部门的至上目标；与之相应地，政府官员的考核指标也主要看经济性指标而非社会性指标；"效率优先，兼顾公平"的指导性原则在实际工作中往往变成"只顾效率，难顾公平"。在此背景下，我国财政支出结构中的经济性支出长期占较大比重，而社会性支出规模却十分有限。

财政社会性支出规模有限的支出配置导致了这样的局面：经济增长指标都达到甚至远远超过规划的预期，而环保等一些社会发展指标却没有达到规划的要求，居民收入差距不断扩大。要推进与民生状况改善直接相关的社会发展，政府应该调整支出结构，增加社会性支出，保证低收入居民的基本生活需要，提供教育、医疗、社会保障等基本公共服务，解决低收入群体在这些服务方面的可获得性问题，逐步实现社会公平。

2. 城乡之间的公共产品供给不均衡，导致城乡居民收入差距扩大

公共产品供给支出的城乡不均衡，主要从义务教育、公共卫生、公共设施与基础设施等方面的城乡供给差异表现出来。从义务教育方面来看，由于农村义务教育政府财政投入实行乡财政或县财政负担的体制，而县乡财政普遍困难，所以农村义务教育经费普遍低于城市。从公共卫生方面来看，城乡之间的卫生经费投入存在很大差距。国家财政 2015 年用于医疗卫生与计划生育的支出为 11 953.18 亿元，而用于乡镇卫生院的仅为 613.05 亿元，农村基层医疗卫生机构投入偏低。从公共设施和基础设施方面来看，城市的基础设施和公共设施不仅比农村齐全和先进得多，而且在城市是不需要市民负担的，但在农村则需要农民负担，这也在一定程度上拉大了城乡居民的收入差距。

3. 政府预算支出中的民生支出偏低

现代的"民生"概念有广义和狭义之分。广义的民生是指与人民生活有关的，包括直接和间接相关的事情都属于民生范围内。因此公共财政就是民生财政，因为"取之于民，用之于民"的公共财政分配中，所有的财政支出都应是直接、间接地服务于民生的。[①] 狭义的民生主要从社会层面着眼，主要是指民众的基

---

① 贾康、梁季、张立承：《"民生财政"论析》，《中共中央党校学报》，2011 年 4 月。

分报告六 预算框架下收入分配制度改革的政策优化与绩效创新

本生存和生活状态,如衣食住行等方面,即教育、医疗卫生和保障性住房、社会保障和就业等支出,是与人民生活直接相关的支出。在财力有限性这一硬性约束条件下,财政分配不可能在某一时期对民生事项面面俱到,平均用力,只能在认真权衡各种利弊得失后,选择本阶段最需要保障且有能力保障的民生事项予以重点倾斜,即从基本民生的"托底"保障做起。民生支出与居民当前的生活息息相关,有利于保障低收入群体的基本生活需要,减小低收入群体的生活负担。

最近几年中国政府加大了对有关民生方面的投入,但总体来看这方面的投入仍相当不足。例如,近几年我国房价暴涨,买房难的问题引起民众的极大关切,而政府承建保障性住房是实现"居者有其屋"的重要政策措施,但我国政府在这方面的投入严重不足。2006年,全国财政用于廉租房建设的资金总共不到40亿元,享受廉租房政策的居民只占总户数的0.5%,而发达国家一般是10%左右。2015年中央财政用于住房保障的支出为401.18亿元,仅占当年本级财政支出的1.5%。世界大多数国家的社会福利支出在其政府财政支出中占据相当大的比例。2003年,美国的这一比例为47.39%,德国为71.49%,法国为48.65%,俄罗斯为39.45%,巴西为38.73%。我国的社会福利性支出(包括教育、医疗卫生、社会保障和就业等)占财政支出的比例,2006年为25.9%,2009年为28.8%。这些与人民生活直接相关的支出偏低,难以保障低收入居民的基本生活需要,不利于缩小居民收入差距。

(二)公共产权制度保护不力是造成我国收入分配不公的重要根源

我国是一个公共资源和公有经济占有很大比重的国家,公共产权相对于私人产权居于主导地位,这是由我国宪法所决定的。我国宪法规定:城镇土地、矿藏、森林、江河、湖泊、滩涂等都属于国家所有,属于公共产权。在市场化进程中公共产权具有重大的影响力,尤其是当资源和能源对经济发展的约束越来越强的时候,这种影响力也就越发显著。当隶属于公共产权的各种资源进入市场的时候,能否实现公正和平等,从根本上决定了初次分配的公平性,进而决定了分配结果的公平性。事实上,正是由于对公共产权保护不力,使得部分人群迅速暴富,从而造成严重的社会分配不公。所以,公共产权制度的缺陷是造成我国收入分配不公的重要根源。

1. 土地产权权能缺失及非市场化的土地征收补偿机制，抑制了农民分享经济发展的成果，进而造成城乡收入差距扩大

改革开放以来，我国经济高速发展，城镇化进程也在快速地推进。在这个过程中，大量的农村土地被征用而变为国有土地，土地价值大幅增值。但是由于我国土地产权权能缺少及非市场化的土地征收补偿机制，使得农民没有充分分享到经济发展的成果，进而造成城乡收入差距扩大。

我国法律规定，农民仅可以享有土地承包经营权，无法行使收益权和处置权。农民无法将土地投入市场活动而获益，不能将农村集体所有的土地进行出租或抵押，更不能在土地市场上进行交易，这抑制了农民收入的增长。在农村集体土地被征收的过程中，由于补偿原则不合理、补偿标准偏低，农民的利益受到了严重的损害。根据《土地管理法》的规定，征收农村集体土地，按照被征收土地的原来用途给予补偿。征收耕地的补偿费包括土地补偿费、安置补助费及地上附着物和青苗的补偿费。但是，根据规定，失地农民能够拿到的钱款主要就是地上附着物和青苗的补助费，一般一亩地也就 2 万~5 万元。这种补偿方法没有体现出土地作为农民永久性生产资料的价值以及作为农民的最基本保障功能，也没有体现出土地的市场价值，是一种与市场无关的政策性价格，带有浓厚的计划经济色彩。

政府征收农村集体土地以后，往往通过"招拍挂"的方式把土地使用权出让给开发商，价格往往比征收价格高数十倍甚至上百倍，最终以土地出让金的方式获得巨额的土地市场价值。中央政府对土地出让金的分配使用有明确规定，按照这些规定，土地出让收益的绝大部分应该用于农村和民生支出，但在实际执行过程中，土地出让收益的分配还是明显向城市倾斜。财政部《关于2010 年中央和地方预算执行情况与 2011 年中央和地方预算草案的报告》显示，2010 年国有土地使用权出让收入 29 109.94 亿元，当年安排支出为 26 975.79 亿元，包括征地补偿和拆迁补偿等成本性支出 13 395.6 亿元、廉租住房保障支出 463.62 亿元、用于城市建设的支出 7 531.67 亿元等。可见，城市建设依然占了

相当大的比重。

2. 国有资本产权收益分配制度的缺陷是行业收入差距扩大的重要因素

国有资本经营收益是国家凭借所有者身份所取得的所有权收入，应该归全民所有，人民群众应该充分地分享这部分收益。但事实上，由于我国的国有资本产权收益的共享制度机制不完善，导致"公共利益部门化""公共利益单位化"，如广受诟病的央企高管、职工的高工资、高福利就是很典型的例子。这极大地拉大了行业收入差距，导致社会分配不公。

具体来说，我国国有资本产权制度存在的主要问题：一是国有资本收益上缴比例偏低，范围较窄。1994年进行财税体制改革时，由于当时国有企业大量亏损，所以规定国有企业的利润暂时不上缴。到了2007年，相当一部分国有企业实现了扭亏为盈，利润大幅度增长。针对这种情况，国务院颁布了《关于试行国有资本经营预算的意见》，部分中央国有企业开始利润上缴。现在我国国有资本收益的上缴比例为5%~20%，大多在10%~15%，这与国际通行的比例相比明显偏低。与此同时，现在实行利润上缴的国企范围较窄，还有不少的央企没有纳入其中，地方国企上缴利润的很少。尤其值得一提的是，金融类国有企业没有上缴利润，而事实上它们的利润相当丰厚。

二是没有建立国企上缴利润的全民共享机制。国有企业上缴的红利，是属于全国人民的财富，所以，央企红利的"大头"理应让全社会的普通老百姓来分享，但从目前的制度安排来看，很难做到这一点。2007年国务院颁布实施的《关于试行国有资本经营预算的意见》明确规定，国企红利用途的先后顺序是支持实施产业发展规划、国有经济布局和结构调整、企业发展和企业技术进步、补偿国有企业改革成本以及补充社会保障。

（三）社会保障制度的功能缺陷对收入分配调节作用受限

社会保障是调节收入分配的重要工具。社会保障调节收入分配的功能体现在收入分配的多个层次中。我国社会保障制度的发展在调节收入分配中发挥了一定的作用，但还存在诸多问题，如覆盖面不足、发展不均衡、制度设计不完善等，不利于社会保障调节收入分配作用的发挥。

1. 社会保障覆盖面总体不足

从总体上来看，我国社会保障制度的覆盖面还不足。由于种种原因，相当一部分人还没有参加社会保险，还有贫困人口没有纳入最低生活保障范围中，更有大量的人口没有享受到应得的社会福利。在养老保险方面，与城镇就业人员数和全部就业人员数相比，目前养老保险制度的覆盖面仍然有限，还有大量的城乡就业人员和城乡居民没有被纳入进来。失业保险的覆盖面也不大。在实践中，一些灵活就业人员、乡镇企业人员、机关事业单位人员还没有被纳入进来，大学生也未被纳入失业保险的范围。工伤保险还没有将全部城镇就业人员纳入进来。生育保险制度的覆盖率也非常有限。非正规就业群体、灵活就业人员、农民工等群体中还有大量人员没有被纳入社会保障范围。鉴于此，未来在逐步解决制度覆盖范围内不合理的待遇差距问题的同时，更要关注制度缺失带来的相当一部分人群无法享受社会保障的问题，建立覆盖城乡全体居民的社会保障体系。扩大社会保障覆盖面，需要采取强制性与自愿性、激励性相结合的原则，加大财政支持力度，将一些长期在社会保障之外的人群纳入进来。

2. 社会保障的发展不均衡

中国社会保障发展的不均衡影响到社会保障的收入分配调节效果，主要表现在：第一，社会保障的项目发展不均衡。从目前来看，社会保险的发展相对较快，在国家投入、覆盖面、保障水平、制度建设等方面都要好于社会福利和社会救助。相比之下，针对贫困人口和弱势群体的社会救助、社会福利发展不足，不利于收入分配的调节。第二，社会保障的城乡发展不均衡。长期以来，我国社会保障制度主要面向城市人口，广大的农村人口被排除在社会保障范围之外。在城市，建立了包括养老、医疗、失业、工伤、生育等在内的社会保险制度；最低生活保障制度也率先在城市建立，并且保障水平大大高于农村；各项福利服务在长时间内成为城镇人口的专利，农村人口极少享有。教育、医疗、住房保障的城乡差距比较明显，农村社会保障的发展滞后。第三，不同群体社会保障的不均衡。一些群体由于职业的优越性和较高的收入，更加容易被纳入社会保障的范围，并且享受相对较高的保障待遇。公职人员由于其职业的优越性而获得较高水平的社会保障待遇；一些低收入群体、非正规就业人员、灵活就业人员还没有完全被社会保障覆盖，即使被覆盖，其享受的待遇也比较低。

3. 社会保障制度设计存在多项缺陷

制度设计的不完善影响社会保障制度的收入分配调节作用，主要表现在：第一，制度设计的碎片化。现行许多社会保障项目为部分人员"量身定做"，相互分割，在工业化、城镇化、劳动力自由流动的背景下，已出现了诸多弊端。制度的碎片化影响了社会保障制度的公平性，也造成了对一些群体的忽略。中低收入群体不仅收入较低，而且获得的社会保障待遇也较差。第二，筹资机制不合理。主要体现在筹资责任分担不合理，公职人员几乎无须由个人履行任何缴费义务，低收入人口需要按要求缴费。财政投入机制不健全，政府在社会保障方面的财政投入总体不足是导致一些低收入和贫困人口难以获得较好的社会保障的重要原因。筹资水平过高，容易对一些低收入群体造成压力。筹资水平的差异性导致保障待遇的差异性，主要体现在不同的医疗保险制度方面，城镇职工与城乡居民医疗保险筹资水平的差异性直接导致了他们之间享受医疗保障的差距。此外，缴费上限、下限、基数等制度参数的设计不完善也影响其收入分配效果。第三，待遇补偿机制不科学。目前社会保障的待遇确定以缴费确定的模式为主，待遇享受与缴费的关联性较大，这种待遇确定模式不利于贫困人口提高收入，虽然有社会统筹的因素，但力度还不大，互助共济的作用不足。社会保障待遇的计算方法不利于调节收入分配，没有形成"累退"的待遇享受机制；养老保险待遇计算基数的选择不尽合理，城镇职工的基础养老金参照上年度职工的平均工资计算，而城镇居民、农村居民则发给固定较低的基础养老金；医疗保险往往设定起付线与封顶线，而且门诊大多数不给予报销，不利于中低收入群体减轻医疗负担。最低生活保障标准过低，低保政策对缩小收入差距的作用并不明显。待遇调整机制不完善。目前社会保障的待遇调整措施大多数是临时性、随意性的，并没有形成科学的调整机制，不利于低收入群体的待遇享受。

（四）预算透明度较低，政府分配政策公众监督有限，公共资金管理的绩效有待提高

1. 预算公开范围和深度有待拓展

政府预算反映了政府收入和支出的情况。公共财政中政府通过合理利用纳税人缴纳的税款，为纳税人提供必要的公共产品与服务。但政府作为预算权的承载主体具有经济人的本性，存在寻租动机。当预算主体间信息不平衡时，政府的寻租动机极易被一些特殊利益集团所俘获，从而与特殊利益集团进行共谋，以致出现"逆向选择"和"道德风险"等机会主义行为。为保障公众的利益，确保取之于民、用之于民，政府应加大预算公开的范围和深度，减少信息不对称导致的损害公众利益的行为。

我国当前的预算公开范围和深度有待拓展。政府部门信息公开有两个途径：一是通过向立法机构提交预算文件；二是通过有关载体直接向公众公开相关信息。我国当前的预算报告内容过于简单，缺少预算收支和以前年度的对比数据；没有公布预测财政收入和支出的依据，只是简单介绍财政政策重点，缺乏具体的目标阐述和数量指标；预算报告中披露的债务指标数据不完全；预算完整性不够，预算信息不能反映政府财政资金的使用全貌。公布的信息通常是笼统的数字，缺乏明细资料，不能对项目支出的构成及具体的安排适当与否做出判断。政府部门通过有关载体直接向公众公开的信息具有选择性，而且过于简略。预算公开范围和深度的局限性不利于保障公众的利益。

2. 公众参与和公众监督渠道不畅

政府的财政收入来自于公众，这些公共资金的使用与民众息息相关，因此政府分配政策也应受到公众的监督，保证将这些公共资金服务于公众。从立法的角度看，我国现行的政府预算监督已形成了四道防线：第一道防线，是人大及其常委会的预算监督；第二道防线，是上级政府的预算监督；第三道防线，是财政部门的监督；第四道防线，是审计部门的监督。但是公众对政府预算的监督还没有具体规定。

我国当前公众参与度低，要加强公众监督政府分配政策的意识。要通过宣传

分报告六　预算框架下收入分配制度改革的政策优化与绩效创新

教育来提高公民的纳税人意识和法律意识。公众拥有较高的民主意识后,将更多地要求在税收政策、公共支出政策、公共资金使用方面获得知情权、发言权和监督权。公众的自主参与会使得政府更多地关注社会弱势群体,在财政资源的分配方面更为公正合理。同时,应畅通公众监督渠道。公众监督的传统方式有信访、申诉、控告、检举等,也可以利用"网络问政""绩效评估""电子监察"等现代方式更为方便和快捷地实现有效监督。但这些公众监督方式都缺乏及时性,政府应为公众的监督行为提供尽可能的工具及渠道,如开设投诉电话、召开咨询会议、聘请义务监督员等。

3. 公共资金的绩效考核有待进一步完善

推动公共资金的绩效考核可以提高公共资金的使用效益,切实提高财政管理水平。运用科学的绩效评价体系,配合严密的财政管理体制,客观评价财政支出的经济及社会效果,并以此为依据指导下年度预算工作。使有限的财政资金能够得到科学配置与合理运用,破除长期以来财政工作中的"重分配,轻效益"的错误认识,实现公共资源的公平分配。

我国公共资金的绩效考核有待进一步完善。首先,人们对绩效考核的认识不够清晰,阻碍了绩效考核的运行。一些部门认为资金使用只要做到用于项目、支出合规即可,在使用效益的高低方面一则感到确实难以把握和量化,二来也担心绩效评价结果不好会影响部门今后的预算安排;还有一些部门认为,现在对预算执行的监督有审计部门,有财政监督局认为没有必要开展预算绩效管理。认识的不到位极易导致抵触情绪的产生,从而阻碍预算绩效管理的推进。其次,绩效评价指标体系不够完善。设置绩效评价指标是绩效评价工作中最难也是最关键的环节。当前很多公共目标难以量化,导致绩效评价指标很难设定。即使绩效指标设定有很多,但多数是体现财政管理要求的共性指标,体现不同部门、不同行业、不同领域特点的个性指标少;定性分析的指标多,定量分析的指标少。指标的设定无法对项目的经济性、效率性和效益性做出科学的评价。最后,评价结果应用有难度。评价结果不应用,绩效评价就没有任何意义,或者评价结果的应用只是停留在反映情况和问题层面,不与今后的预算安排挂钩来，评价结果应用就会流于形式。

（五）税收调节弱化成为居民收入分配差距拉大的一个重要因素

1. 个人所得税应发挥"抽肥补瘦"的再分配功能远不到位

个人所得税最突出的特点：由于采用累进税制，因而"所得多的多征，所得少的少征，无所得的不征"，即富人多缴税，穷人少缴税或不缴税。因此，个人所得税通常被看作是调节收入分配最得力、最有效的工具。但由于税制设计不科学、不合理，使得原本是调节高收入群体的个人所得税，却主要调节工薪阶层。个人所得税在调节收入分配差距方面的主体作用没有充分发挥，在一定程度上加剧了收入差距的扩大，影响了收入分配的公平性。

我国现行个人所得税对工薪所得实行7级超额累进税率，但级距设计不当，导致税负不合理。中等收入阶段的民众成为收入调节的主要对象，负担了大部分的税收。同时我国现行的个人所得税采用的是分类制，综合制与分类制的区别在于公平的标准不同。综合税制是将纳税人一定时期的各种不同来源的收入进行汇总，经必要扣除后，适用统一的累进税率表。分类税制是将纳税人一定时期的所得按来源划分成若干类别，分别扣除后适用不同的税率表。前者从收入数量的角度强调量能负担的公平性，后者则强调所得取得的不同方式区别对待的必要性和公平性。两者的调节是有差异的。现行分类制存在的问题是，未能体现分类税制通常表明的"劳动所得税负轻于资本所得"的倾向，劳动所得承担了较大比重的税负。

2. 财产税在税收收入中的占比较低，房产税只在上海、重庆两地试点，并未全面铺开

财产税是对纳税人拥有或支配的应税财产就其数量或价值额征收的一类税收的总称。财产税可分为两类：一类是对财产的所有者或者占有者课税；另一类是对财产的转移课税，主要是遗产税、继承税和赠与税。我国现行的财产税主要包括车船税、房产税、城镇土地使用税、契税等。财产税一般作为调节收入分配差距的主要税种，但我国财产税在税收收入中的占比较低。

经过1994年的税制改革，我国事实上建立起了以增值税为主体税种的税制结构，增值税、消费税和营业税等货物与劳务税类税种在税收总额中占绝对

比重。作为调节收入分配差距的主要税种,财产税收入较低,增长缓慢,尽管2007年修订税制后收入增长加快,但总体的比重仍较低,尚难以成为收入调节的主要工具。间接税为主的税制框架下给国库做主要贡献的群体是中国消费大众,而且其中大多数是低中收入阶层。为调节收入分配,改善低收入群体的生活,应加大财产税在税收收入中的占比。

房产税属于财产税,具有取得财政收入、调节收入分配和调控房地产市场三个方面的作用。目前我国房产税只在上海、重庆两地试点,并未全面铺开。2011年1月28日,国务院批准了上海和重庆作为试点进行房产税的改革,上海市政府和重庆市政府分别发布了《上海市开展对部分个人住房征收房产税试点的暂行办法》和《重庆市人民政府关于进行对部分个人住房征收房产税改革试点的暂行办法》,对本次房产税改革试点的内容进行了详细规定。为发挥房产税在调节收入分配方面的作用,应进一步完善房产税立法,完善房产税各要素,积极稳妥推进房产税在全国推行。

3. 遗产税和赠与税尚未进入议事日程

遗产税是一个世界性税种,大多数发达国家和部分发展中国家都开征了遗产税。遗产税是对财产所有者去世以后遗留的财产征收的税收,通常包括对被继承人的遗产征收的税收和对继承人继承的遗产征收的税收,包括动产、不动产和其他财产。赠与税是以赠送的财产为课税对象,向赠与人或受赠人课征的税,是世界上许多国家实行的一种财产税。征收赠与税,目的是防止财产所有人生前利用赠与的方式以逃避死后应纳的遗产税。赠与税通常多与遗产税同时实行,都是对财产转移行为的征税。

遗产税与赠与税直接面向的是那些不通过自己的努力而获得巨额存量资产的高收入阶层,它的出台既可以缩小由于代际和偶然原因而造成的个人收入差距,同时也倡导了个人要通过自己的努力获得收入的正确思想。目前,我国遗产税与赠与税尚未进入议事日程。为调节我国收入分配,可以尝试逐步推进遗产税和赠与税。作为开征遗产税的必要条件,首先应大力健全财产保护制度、财产实名登记制度等相应的管理制度。作为其将来出台时的配套事项,也应设立赠与税,并大力加强公益性基金会的规范化制度建设。

4.间接税中的消费税其应有的调节居民消费结构的功能有待完善

我国消费税是一种特别消费税,选择对部分消费品征税,其主要目的在于引导消费、保护环境及调节收入分配。近年来,消费税的调整更多地从调节消费、保护环境方面出发,而对消费税发挥其收入分配功能的关注相对较少。

我国当前消费税的税制结构抑制了消费税应有的调节居民消费结构功能的发挥。首先,消费税征收范围较窄。消费税对烟、酒、实木地板等十几个税目进行征税,部分高档消费行为还没有纳入征税范围,例如高档卡拉OK、高档洗浴、高档餐饮、高档会所等。随着"营改增"的推进,将其纳入增值税的范围,对其征收消费税也符合我国消费税征收之初的做法,在增值税的基础上选择部分高档消费行为征收消费税,使其发挥调节收入分配的作用。

其次,我国消费税部分消费品的消费税税率较低。为发挥消费税应有的调节居民消费结构的功能,可以调整部分消费品的消费税税率。如提高高尔夫球及球具、游艇的消费税税率。高尔夫球、游艇如高档手表一样,都属于高级消费品。目前高档手表的消费税税率为20%,高尔夫球及球具、游艇的消费税税率为10%,三者征收消费税的目的大致相同,但税率存在较大差异。因此,应提高高尔夫球及球具、游艇的消费税税率,使其发挥调节收入分配的作用。提高实木地板的消费税税率。实木地板消费税应从两方面考虑:一是资源环境;二是发挥收入分配调节的作用。实木地板属于资源型产品,考虑资源环境因素,应提高实木地板的消费税税率,以提升环境福利;同时考虑实木地板消费税的收入分配作用,对高档实木地板设置更高的消费税税率。调整乘用车的消费税税率。乘用车消费税具有双重作用,既可起到抑制消费、保护环境的作用,又可起到调节收入分配的作用。

四、预算框架下实现共享发展的收入分配改革政策优化与绩效创新

(一)落实税收法定原则,发挥其调节功能,实现"良法善治"

1.税收法定是收入分配改革的基本原则

收入分配,从经济上看贯通着生产和消费,从法律上说连接着主体与利益。

分报告六　预算框架下收入分配制度改革的政策优化与绩效创新

不可否认，财税问题首先是一个经济问题，但是它无法回避作为人的最基本的需要，即财富的取得与利用。财富的分配是人类社会迄今为止必须面对的难题。唯有通过确立正义的标准来保障分配的秩序才能确保一个共同体的稳定与和谐。因此，财税问题也就必然是一个法律问题。无论是纳税人对权利保障的吁求，还是整个财税过程中收入分配手段的运用，都必须借助一定的外在力量予以实现。从人类历史的经验看，最佳的选择只能是法律，而法治作为治国理政的基本方式也是确保收入分配正义的最终标准。因此，收入分配改革的进程中也应坚守和善用法治思维和法治方式，这样才能构筑起牢固的正义屏障，让权力驯服于财税法律规范的约束之下。

长期以来，我国收入分配改革没有取得实质性的进展。究其原因，很大程度上是对法律手段的忽视，在克服分配不公的手段上未能完成从主要依靠政策向主要依靠法律的转变。因此，无论是现在已经着手进行的收入分配改革措施，还是未来的收入分配改革方案的设计，都应当尽可能地将其纳入法治化的轨道。党的十八届三中全会明确提出"落实税收法定原则"，这是为推动国家治理体系和治理能力现代化、全面推进依法治国而做出的重要战略部署。在新的历史形势下，2015年3月15日，十二届全国人大三次会议表决通过了《关于修改〈立法法〉的决定》，其中就税收法定原则，新《立法法》做出了不同于以往的制度突破——将税收基本制度独立出来，作为第六项单列。

2. 立"良法"，发挥税收的收入分配调节作用

立良法，不仅仅是立法技术问题，更重要的是要厘清税收制度改革的整体思路，需要系统思维，不能将各个税种或实体法与程序法分割考虑，要防止税收立法的碎片化倾向。要建立一个有利于科学发展、社会公平、市场统一的税收制度体系。首先，要将税收制度的改革置于经济社会新常态的大背景之中来考虑。经济社会趋向新常态，税收也随之走向新常态。我们要深刻认识税收新常态，主动适应税收新常态，才能更好地发挥出税收职能作用并服务于经济社会发展。税收新常态不只是税收增长放慢和税收增长分化，还包括新型业态引起的税源变化、税收风险及社会期待等方面。其次，税收制度应有一个整体的和长远的构想，明

确税收制度的整体框架，做好顶层设计，协调好税收筹集收入、调控经济运行、调节收入分配等几大职能。在此基础上，还需要明确各税种、各税目之间如何搭配，税制的要素如何组合匹配、如何施行等具体问题。

3. 促"善治"，保证"良法"收入调节效用的发挥

税收在调控经济、调节分配、保障民生等方面具有不可替代的作用，政府税收必须服务于经济社会发展，以促进善治。税收要立良法，只有良法才能有效发挥税收功能；要达到善治，就离不开执法、司法、守法诸多环节，这些环节直接决定了税收良法的正效应能否发挥。现代国家作为税收国家，国家赖以维系和发展的物质基础主要来自于税收；而置身于现代社会国家和市场经济语境下，税收的使用范围迅速扩张到公共产品供给、收入分配调节等方面，而这些财政支出行为已经成为影响民众福祉的关键因素。促"善治"，不仅仅要求有法可依，更要求有法必依，违法必究。因此，应当建立科学理性的激励考核机制，引导税务机关转变按照指标或任务征税的思维，以税收法律作为征税的唯一依据。同时，要建立和完善对税收执法的监督和问责机制，切实保障纳税人获得救济，特别是获得司法救济的权利。全社会应当改变追求"税务零纠纷"的维稳思维，自觉通过税务诉讼等法治方式来解决纠纷、化解矛盾，通过个案来提高整个社会的税法遵从度。在这个时候，"税收法定"就已经上升为了"税收法治"，即实现了税收立法、执法、司法、守法整个环节的法治化。

分配正义不仅是收入分配的基本原则，也是财税法的核心价值。只有推进财税法治，坚持在改革进程中以法治方式调节分配、响应民意，才能真正落实税收法治原则，有效缩小收入分配差距，规范收入分配秩序，完善收入分配格局，最终达到分配正义，实现"良法善治"。

(二) 完善"全口径"政府预算体系，健全国有资本经营预算和收益分享制度

1. 健全完善"全口径"政府预算体系，规范政府收入

名目繁多的各类非税收入杂乱零散地存在于现实之中，国民承受了来源于此的沉重压力，而这部分资金的管理、监督失范更使其隐藏着巨大风险。实际上，

非税收入在筹措财政资金、缓解行政部门经费不足方面确有必要，但若管理不力、监管薄弱，必将引起收费制度混乱的负面效应，也容易演变为寻租和贪腐的滋生地，从而加剧社会不公，恶化收入分配。所以，亟须加大对非税收入的规制强度，通过将其纳入全口径预算、严格审批、跟踪控制、明确权责等方式，防止非税收入的过量、无序蔓延。必须改变公共预算收支、政府性基金收支（主要是土地出让金收支）、社会保障收支、国有资本经营性收支相互分割的局面，建立统一全面的预算，将政府的权力关进笼子，防止政府行为导致的资源错配加剧收入分配不公。

2.扩大国有资本收益的征缴范围，提高利润上缴比例

党的十八大报告明确提出：为缓解收入分配不公，将建立公共资源出让收益合理共享机制。国有资本作为公共资源的重要组成部分，其经营成果全民共享具有合法性与必然性。国有资本经营预算作为规范管理国有资本经营收益的财政制度安排，应该发挥其调节和分配作用。合理确定国有资本收益分配比例应依据"统筹兼顾，适度集中"的原则，即兼顾企业自身积累与发展国有经济结构调整及国民经济宏观调控的需要，实行分类收取。截至2015年3月，目前纳入中央国有资本经营预算编制范围的有中国邮政集团公司、112户国资委监管企业、75户工业和信息化部所属企业和民航局直属的首都机场集团公司、410户教育部所属企业、中国烟草总公司及112户文化部所属企业等，共计832户一级企业，但尚有很多中央企业（金融类）和地方国企没有纳入。进一步扩大国有资本收益的征缴范围，把效益较好的其他央企和地方国企纳入其中，并逐步把这项制度推广到所有国有及国有控股企业，从而保障国家的财产权利得到充分实现。同时，针对国有企业利润的上缴比例，学术界普遍认为比例偏低，仍有较大的上升空间，应根据企业的实际情况逐步提高利润的上缴比例，使之逐渐达到国际上的一般比例。2013年国务院批转国家发展改革委《关于深化收入分配制度改革若干意见的通知》中指出"十二五期间国企上缴利润在现有比例上再提高5个百分点"，这表明了政府对"第三财政"进行规范管理、高效利用进而改善收入分配的决心。

3. 构建国企上缴利润的全民共享机制

目前我国国有企业上缴的利润还未实现全民共享，上缴利润的九成以上都是在国企内部循环。为改变这种倾向，应建立一套完整的利润全民共享机制，调整国有资本预算支出的使用方向，大幅度提高国有资本收益用于社会保障及民生事业的比例，真正做到"资产全民所有，收益全民共享"。在现有的国有资本预算制度下，与资本性支出和费用性支出相比，用于社会保障等民生性支出的表述太过笼统，这样的政策条款很难保证民生性支出在国有资本预决算中的实际安排与落实，这几年的实践也充分说明了这一点。必须对相关的政策条款进行修改和完善，应该明确规定国有资本收益用于民生性支出的范围、方式和比例，从而为国资收益投入民生事业奠定制度保证。此外，考虑到我国的社会保障资金缺口巨大，所以在国资收益投入民生性领域时，应首先考虑社会保障的要求，可设置一个最低的支出比例，保证每年有一定数额的资金用于社会保障，从而逐步解决社会保障的历史"欠账"问题，以实现最基础的公平，以后随着国资收益的不断增长，其民生支出范围可逐步扩大至其他的民生性领域，如教育、医疗卫生等。

（三）提高民生支出比重，均衡城乡公共品供给

1. 改善支出结构，提高民生支出比重

收入分配政策的改革不仅体现在财政收入上，更体现在财政支出上。从财政支出的结构和导向中，便能在一定程度上管窥国家在某一时期的工作侧重点乃至治理观念。长期以来，我国的行政运行成本和"三公"经费较高，挤占了公共服务、民生福利的支出份额，造成了非对称性财政分配不公和国民幸福感的降低。尤其是包括社会保险、社会救助、社会福利在内的社会保障制度的不完善，使当前的保障水平和保障方式与人民群众的期望尚存在较大差距，相当一部分低收入群体的救急救难需求得不到基本的满足，纳税人应对养老、医疗、工伤等社会风险时获得国家物质帮助的权利未能充分实现。而且，公务员、城市居民、进城务工人员等不同群体所获得的保障待遇不同，这种制度安排将社会保障体系分割为不完整、不公平的"碎片"，助长了各个阶层间收入差距的增大趋势，一定程度

上造成社会矛盾激化的不稳定因素。鉴于此，我们须要以保障和改善民生为工作重点，进一步优化公共财政支出结构，切实地"把钱用在刀刃上"，强化民生领域的财政投入、税收扶持和社会建设，为国民提供一个愈加完整、丰富、精细的社会保障制度。应当在平等、无偏见的立场上，考虑不同人群的特殊需求来设计具有针对性、操作性的制度内容，对进城务工者、农村"五保户"等弱势群体予以特别的关怀。

2. 完善财政分税体制，均衡城乡公共品供给

随着城镇化进程的加快，城乡二元结构导致的城乡居民收入差距越来越大，坚持推进城乡间公共服务的均等化供给，能够有效消除城乡劳动者的机会不平等，客观上促进城市劳动力市场的高效运行。这需要政府加大转移支付的力度，增加对农村地区公共品的供给，使城乡居民享有同等水平的基本公共服务。应按照"事权与支出责任相匹配"的原则完善中央与地方的财税关系，合理界定中央与各级地方政府的事权和支出责任，并逐步通过法律形式予以明确。在明确政府和市场作用边界的前提下，按照明确事权—支出责任—划分收入—匹配财力的思路，统筹调整和规范中央与地方各级政府间的收支关系和财力配置，建立健全财权与事权相匹配的财税体制，由顶层设计开始，均衡城乡公共品的供给。调节公共支出结构。在目前收入差距悬殊的情况下，公共财政应优先保证落后地区、低收入群体的公共品供给，公共支出应当向有利于增加大多数人利益的义务教育、医疗卫生等基本保障的方面倾斜，营造深化改革与和谐发展的大环境。

（四）推进预算公开，建立科学决策、规范运行、精细管理、民主监督的预算管理机制

1. 推进预算公开，增加财政透明度

财政透明是民主理财、改善公共财政权力运行的重要环节，也是财政有效调节国民收入的重要保证。财政权力的运行必须是公开、透明、符合规则的。从财政资金的取得到财政资金的使用，甚至财政决策的种种议事程序、信息传送等都必须符合有关规则，必须接受广大纳税人的监督和控制。收入分配问题涉及居民的根本利益，国家应当设计出一种切实有效的公民意愿自我表达机制、财政决

策参与机制、权力运行监督的组织代表机制，以保障公民的利益要求能够及时顺畅地到达财政权力系统，并使财政权力的运行不偏离公共的轨道。政府要以《政府信息公开条例》为公开依据，及时、准确、全面地向社会公众公开政府财政信息，保证社会公众的知情权。对于财政运行过程中的一些重大决策和项目实施等，要公开征求社会公众的意见，增加社会公众参与社会公共事务的热情。另外，还要广开言路，多利用新闻媒体、网络等现代传播媒介，认真听取社会群众对政府财政工作的良好建议。

2. 硬化预算约束，建立规范的预算管理运行机制

要严格约束财政预算，确保已经审批后的财政预算编制不得随意追加和调整。即使不得不追加预算时，财政机关也要严格遵循相关的法律法规，用制度来约束财政预算过程中的个人决定行为，杜绝随意追加项目的恶劣现象。还应进一步改进审计部门的审计工作方式，要做到转变审计思路和审计方法，加大审计监督力度。当审计部门对财政部门实施监督时，要全面切实地审计监督财政资金和项目在预算执行过程中的分配和确定情况，以便在最后预算执行情况对照中发现预算执行的问题。加强审计监督的力度尤其要注意限制审计负责人的权力，不能让审计负责人参与到财政决策之中。

3. 进一步强化预算科学化、精细化管理

促进预算编制方法科学化、合理化。一是细化预算编制内容，以提高预算编制的准确性为目的。在进行预算编制时，要严格根据分税制财政体制，准确地计算出政府的可用收入和支出预算；二是积极推行"零基预算"，提高预算的准确性。"零基预算"是建立社会主义市场经济体制的客观要求，将"零基预算"落到实处，可以加强预算管理，使财政资金的使用效率与效益增加；三是实施综合预算的管理思想，实现收支统管。收支统管是规范政府分配行为、统一政府财权的必要措施，有利于增加财政预算的科学性。改革预算管理思想可以让政府将预算的内外资金都纳入管理范围之中，强化其财政资金分配权。

4. 加强人大对财政预算执行的监督

当财政预算编制完成以后，必然要提交给人大审批，这表明了人大在财政预

分报告六　预算框架下收入分配制度改革的政策优化与绩效创新

算监督中对预算执行起着决定性的作用。针对监督人员法律知识欠缺的问题，人大要对其监督人员进行相关的培训活动，提高监督人员的专业素质。人大在执行预算监督工作时要清楚地区别主次，将工作重点放在财政预算的编制和调整上，又要将审查的重点放在预算编制的合法性、实际的执行情况上。

（五）加大税收调节力度，逐步提高直接税比重，改革个人所得税，完善财产税，扩大消费税征收范围，适时开征赠与税和遗产税，形成有利于结构优化、社会公平的税收制度

1. 深化税制改革，更好地发挥税收调节收入分配的职能

现代市场经济所要求的税制体系，总体来说是一种"多种税、多环节、多次征"的复合税制，不可能简单地依靠一两种税就解决征税问题，必须着眼于整个税制体系的建设，构建一个包括消费税、个人所得税、房产税、遗产税和赠与税、社会保障税等在内的税收调节体系，从消费支出、收入流量和收入存量各方面调节高收入阶层的收入，以多渠道缓解和缩小收入差距。这些税种在调节范围、调节力度和广度上相互补充、相互协调，从而形成一个以所得税调节即期收入分配、消费税和财产税调节个人财富积累水平、社会保障税作为社会保障制度的主要收入来源，具有连续性和整体协调性的税收调节机制。

在复合税制组合中，直接税的作用更多地体现在为筹集政府收入的同时调节收入分配，调节经济和社会生活。直接税的这种调节作用，是按照支付能力原则"抽肥补瘦"。在社会成员收入必然有高低差异的情况下，直接税使有支付能力的、更为富裕的社会成员，对公共金库作出更多的贡献。进入公共金库的资源，再通过规范的预算安排、以财政分配形式转为扶助弱势群体的支出，去增进低端社会成员的福利。直接税这种遏制两极分化趋向的功效，使其在社会分配全流程中有着不可或缺的地位。

2. 进一步完善个人所得税制度

首先，要改变个人所得税的征收模式，实行综合制和分类制相结合的个人所得税征收模式，制订更趋合理的税率和费用扣除标准。简化工薪所得的税率档次，拉大低档间距，降低低档税率，体现量能负担原则。调高股息、红利、财

产转让、租赁、特许权使用费所得、偶然所得等非劳动性收入的税率。在统一各地费用扣除标准的基础上，坚持实行全国统一的个人所得税费用扣除标准，适当考虑纳税人抚养、赡养家庭人口等费用扣除，避免各地自行规定不同的扣除标准，人为造成分配不合理的情况。其次，要改革个人所得税征管体制，将个人所得税的征管权限划归中央。个人所得税作为缩小收入差距的直接税，其征管权限划归中央不仅是增强国家调控分配能力、配合中央财政转移支付的需要，也是防止各地扣除基数不统一、征管不严、税款流失的需要。最后，要加强个人所得税征管，改善征管手段。强化并建立以个人自行申报为主的申报制度，建设全国税务网络征管系统，统一个人纳税编码，全国共享个人税务信息资料，堵塞征收漏洞。加大对偷逃税款等违法行为的监管查处力度，增加纳税人偷逃税款的成本和风险。

3. 推进消费税和房产税改革

对于消费税，首先应根据经济形势的变化，及时调整征税范围。在扩大消费税征税范围时，不仅要增加一些奢侈消费品项目（如高档时装、高档娱乐设施等），还包括一些消费行为（如洗浴桑拿、夜总会、游艺等）。其次，要调整消费税的征税环节。目前我国消费税主要实行生产环节单环节征收，容易偷逃税。如有些企业通过设立独立核算的销售公司，先以低价把产品销售给销售公司，然后由销售公司按正常价格对外销售来规避消费税，削弱了消费税的收入调节作用。

对于房产税，首先要扩大征税范围，不仅对经营性房产和出租房产要征税，对自住房产也需要征税；其次在税率的设置上，应该根据房产的价值、实际用途等因素确定税基和税率。对满足生活基本需求的房屋面积实行低税率或零税率，对超过住房标准的房屋面积实行高税率，使高收入群体在享有大面积住房的同时也承担更多税负，从而缩小贫富差距。

4. 研究开征遗产税和赠与税等税种

赠与税和遗产税都属于直接税，纳税人与负税人相统一，征税对象精准定位，是社会财富再分配的主要手段。它直接面对高收入阶层，可以防止居民通过非个人努力取得的财富积累而暴富，有利于缩小代际之间的收入差距。我国也应该及早研究推出该类税种，以积极发挥其调节收入分配的作用，并倡导个人通过努力获得收入。

另外，征收赠与税与遗产税还能从完善税制的角度来阻止收入分配差距的进一步扩大。我国尚处于经济体制的转型时期，容易导致部分收入处于灰色或黑色状态。但个人所得税只能作用于透明收入，对不透明收入难以发挥其调节作用。为了促进分配公平，防止收入差距过大，对不透明收入必须给予有力的调节，这要求我们必须突破个人所得税的局限，寻找新的补充调节手段。根据世界各国的经验结合各税种的特点来看，开征遗产税可以把遗产人生前的不透明收入也纳入其中，从而有力地弥补了个人所得税的不足。

（六）进一步健全社会保障体系，合理提高居民转移性收入，重点向基本公共服务均等化倾斜

1. 完善社会保险体系，健全社会救助体系

坚持全民覆盖、保障适度、权责清晰、运行高效，稳步提高社会保障统筹层次和水平，建立健全更加公平、更可持续的社会保障制度，首先应完善社会保险体系。实施全民参保计划，基本实现法定人员全覆盖。坚持精算平衡，完善筹资机制，分清政府、企业、个人等的责任。适当降低社会保险费率。完善统账结合的城镇职工基本养老保险制度，构建包括职业年金、企业年金和商业保险的多层次养老保险体系，持续扩大覆盖面。实现职工基础养老金全国统筹。完善职工养老保险的个人账户制度，健全参保缴费激励约束机制，建立基本养老金合理调整机制。推出税收递延型养老保险。更好地发挥失业、工伤保险作用，增强费率确定的灵活性，优化调整适用范围。建立更加便捷的社会保险转移接续机制。划转部分国有资本充实社保基金，拓宽社会保险基金的投资渠道，加强风险管理，提高投资回报率。大幅提升灵活就业人员、农民工等群体参加社会保险的比例。加强公共服务设施和信息化平台建设，实施社会保障卡工程，使持卡人口覆盖率达到90%。

社会救助体系是社会保证体系的重要组成部分，统筹推进城乡社会救助体系建设，应完善最低生活保障制度，强化政策衔接，推进制度整合，确保困难群众

的基本生活。加强社会救助制度与其他社会保障制度、专项救助与低保救助统筹衔接。构建综合救助工作格局,丰富救助服务内容,合理提高救助标准,实现社会救助"一门受理、协同办理"。建立健全社会救助家庭经济状况核对机制,努力做到应救尽救、应退尽退。开展"救急难"综合试点,加强基层流浪乞讨救助服务设施建设。

2. 缩小城乡收入差异,推进基本公共服务均等化

由于我国城乡二元公共服务体制下政府长期实行偏好于城市的发展策略,使得广大农村地区的公共服务长期低于城镇水平,突出表现为总量不足、结构不优且效率不高,相对于城镇居民,广大农村居民并未享受到应有的待遇。公共服务对于增加居民收入、改善居民福利有着明显的作用,而均等化的实现更有利于提高农村居民的收入和福利水平,进而缩小城乡收入差距,改善我国的收入分配状况。

推进基本公共服务的均等化,必须建立城乡统筹的基本公共服务供给制度,将政府变为实际意义上的责任主体。完善公共财政体制,增加农村基本公共服务供给总量,提高供给效率,实现制度保障。明晰各级政府的事权和支出责任,实现基层政府财力与事权的匹配。完善转移支付制度,保证基层财政的供给能力。构建公共服务支出的绩效评估和效果反馈机制,提高财政支农资金的使用效率,将机会均等、过程均等和结果均等三个维度纳入以均等化为导向的财政支出绩效评估体系,努力促进以均等化为目标的评估主体的多元化,并通过多种途径将评估过的预算安排形成可持续的农村基本公共服务财政扶持机制。将用于农村基本公共服务建设的整体或单项财政保障资金纳入政府预算支出范畴,并通过法律形式确定每年农村基本公共服务预算支出的规模和增长速度,最终建立财政可持续扶持农村基本公共服务的制度保障。

(七)进一步完善预算绩效管理,提高收入分配绩效

预算作为现代财政的运行机制,反映了财政资金流动的全景及细节,进而将其背后的公权力行使过程展现在代议机关和社会公众的监督视阈之中。因此,意欲使政府在收入分配改革中的财税手段顺应民意、符合民情,就必须全力促进预

分报告六 预算框架下收入分配制度改革的政策优化与绩效创新

算的公开和透明化。只要控制住了预算，就能掌握收入分配的全局部署和基本走向。这既是公共预算的内在要求，又有助于在阳光的照耀下避免分配过程中的权力入侵或错误决策行为，确保分配政策的公正性及其对执行行为的拘束力。与此同时，为了解决财政过程中一直存在着的"重分配轻管理，重数量轻质量"问题，亟待构建一套预算绩效考核制度，以真正提高财税行为的实际效益，保证收入分配措施落到实处。绩效预算，就是政府首先制订有关的事业计划和工程计划，再依据政府职能和施政计划制订计划实施方案，并在成本效益分析的基础上确定实施方案所需费用来编制预算的一种方法。特点就是按计划决定预算，按预算计算成本，按成本分析效益，然后根据效益来衡量其业绩。

完善预算绩效管理，提高收入分配绩效。一是要更新理念，将预算绩效管理纳入国家治理范畴。一方面要加快政府职能转变，另一方面要在培育社会组织、加强社会建设、加强法制建设等方面有突破，调动社会群体、政府内部不同机构、不同利益代表的积极性，不断改善预算绩效管理的生态体系。本着平等协商和契约精神，以公共服务为切入点构建预算绩效管理体系，引导部门从"要我评价"向"我要评价"转变，进一步提高预算系统的运行效率。

二是完善法律，提升预算绩效管理的法律支撑层次。当前，应以《预算法》修订为契机，将预算绩效管理写入《预算法》，并在实施细则中具体化实施方案和流程，使预算绩效管理做到有法可依，并最终达到"良法善治"的效果，发挥预算绩效管理在收入分配改革中的重要作用。

三是构建平台，以绩效管理系统性协调政府部门管理体系。应由各级政府建立预算管理部门联席制度，围绕政府战略目标细化部门目标，并将预算绩效管理结果纳入纪检监察、组织部门、公检法部门和审计等部门对公务员的监督考核内容。同时，借助人大的权威利益平衡机构的作用，加强人大财经委对预算管理的审查，才能确保预算绩效管理实践的系统性，防止预算绩效管理改革出现"伪改革"。

四是贯穿始终，建立事前、事中、事后通盘连接的闭环管理系统。完善预算绩效管理，必须建立一个"预算编制有目标、预算执行有监控、预算完成有评价、评价结果有反馈、反馈结果有应用"的综合机制，实现预算编制、执行、监督实现有机结合。这样的管理模式才能克服传统预算模式的拨款与效果脱节的致命缺陷。

五是强化应用，建立绩效评价结果应用和公开制度。建立预算绩效评价结果反馈和应用制度，同时将绩效评价结果作为安排以后年度预算的重要依据。探索建立绩效评价信息公开发布制度，加强人大、审计和社会公众对各部门支出的激励和监督，增加政府公共支出的透明度，让民众能够真正参与到政府的收入分配政策的监督中，维护自身的切实利益。

六是激励约束，建立"谁用款、谁负责"的绩效问责机制。即建立政府领衔、社会广泛参与的绩效问责机制，对在预算编制和执行过程中未能达到绩效管理目标或规定标准的各级预算部门（单位）及其责任人员实行绩效问责，形成预算绩效管理强大的威慑力。

总之，预算框架下收入分配制度改革的政策优化与绩效创新，重在对整个收入分配发挥政府预算的"辐射"和监管作用，并通过绩效创新，使其走上规范化、透明化的制度改革与政策优化之路。

参考文献：

[1] 胡锦涛. 坚定不移沿着中国特色社会主义道路前进为全面建成小康社会而奋斗[C/OL]. 2012-11-9, http：//cpc.people.com.cn/18/n/2012/1109/c350821-19529916.html.

[2] 习近平. 决胜全面建成小康社会　夺取新时代中国特色社会主义伟大胜利[C/OL]. 2017-10-27, http：//www.xinhuanet.com/2017-10/27/c_1121867529.htm.

[3] 贾康. 论居民收入分配中政府维护公正、兼顾公平的分类调节[J]. 财政研究，2007（8）.

[4] 贾康. 收入分配与政策优化、制度变革[M]. 北京：经济科学出版社，

2012.

［5］邓小平文选［M］.北京：人民出版社，1994.

［6］邓小平.中共中央文献研究室.改革开放三十年重要文献选编［M］.北京：中央文献出版社，2008.

［7］布坎南.自由、市场和国家——20世纪80年代的政治经济学［M］.北京：北京经济学院出版社，1988.

［8］王小鲁.我国国民收入分配现状、问题及对策［N］.国家行政学院学报，2010.

［9］皮凯蒂.21世纪资本论［M］.北京：中信出版社，2014.

分报告七 收入分配制度改革视角下推进基本公共服务均等化的思路与政策研究

现阶段，我国居民收入差距主要表现在城乡差距和地区差距等方面，基本公共服务的非均等现象在一定程度上又拉大了居民的收入差距。推进基本公共服务均等化，有利于缩小因基本公共服务非均等所造成的城乡、地区、人群之间的居民收入差距，满足民众生存与发展的最低层次需求，减少因贫富差距、收入差距、消费差距、生活差距带来的不平等与社会矛盾。在维护市场效率的同时，政府兼顾公平，促进社会和谐。财政体制和政策作为政府间财政资源配置的调节机制，有利于实现财力均衡，是推进基本公共服务均等化的主要工具。现阶段，进一步改革和完善我国财政体制和政策，削减制度运行中存在的诸多制约性因素，已成为促进基本公共服务均等化目标实现的重要措施。

一、推进基本公共服务均等化是深化收入分配制度改革的基础

（一）基本公共服务的概念

公共服务是政府利用公共权力或公共资源为促进居民基本消费的平等化，通过分担居民消费风险而进行的一系列公共行为。从现象上看，公共服务是由国防机构、政府部门、执法机关、事业单位等所有承担国家公共职能的部门和单位提供的各种服务的总称。从本质上看，是按照市场经济条件下，理顺政府与市场关

分报告七　收入分配制度改革视角下推进基本公共服务均等化的思路与政策研究

系的要求,即政府及其所属部门在弥补市场缺陷和纠正市场失灵过程中对公共产品、正外溢性产品和自然垄断产品的供给行为,诸如维护国家安全、社会公平正义、居民生存、教育权等。由于同一国家和不同国家在不同历史阶段,受到经济因素、文化因素、社会因素共同决定的社会公共需求内容并不完全相同,因此,受社会公共需求内容决定的政府公共服务职能也不完全一致。

基本公共服务是指建立在一定社会共识基础上,根据一国经济社会发展阶段和总体水平,全体公民不论种族、收入和地位差距,都应公平、普遍享有的服务,其规定的是一定阶段上公共服务应覆盖的最小范围和边界。基本公共服务可从以下三个角度理解:一是从消费需求的层次看,与低层次消费需求有直接关联的公共服务即为基本公共服务,最低层次的需求,如生存、温饱、安全等人的基本需求。在基本需求得到保障后,人们追求高档消费就不是基本需求了,也不再是政府的职责。二是从消费需求的同质性看,人们的无差异消费需求属于基本公共服务。如对食品和药品的消费,无论穷富都要求保证质量安全,尽可能减少对健康带来的危害,这样的消费需求对所有人来说都是一样的。三是从消费需求的价值形态来看,基本公共服务不是价值范畴,而是使用价值范畴,不同地区、不同条件下基本公共服务的供给成本是不同的。上述三个条件决定了基本公共服务的外延,但"基本"不是绝对的,它会因时间、地点的变化而变化。

从范围来看,基本公共服务一般包括保障基本民生需求的教育、就业、社会保障、医疗卫生、计划生育、住房保障、文化体育等领域的公共服务,广义上还包括与人民生活环境紧密关联的交通、通信、公用设施、环境保护等领域的公共服务,以及保障安全需要的公共安全、消费安全和国防安全等领域的公共服务。

(二)基本公共服务均等化的含义

1. 基本公共服务均等化概念的提出

2005年10月,党的十六届五中全会通过的《中共中央关于制定国民经济和社会发展第十一个五年规划的建议》提出,要"按照公共服务均等化的原则,加大国家对欠发达地区的支持力度"。2006年10月,党的十六届六中全会通过的《中共中央关于构建社会主义和谐社会若干重大问题的决定》明确指出,"完善公共财政制度，逐步实现基本公共服务均等化"。2007年党的十七大报告指出，要"围绕推进基本公共服务均等化和主体功能区建设，完善公共财政体系"。2012年11月，党的十八大报告在全面建成小康社会和全面深化改革开放的目标中提出"基本公共服务均等化总体实现"。2013年11月，党的十八届三中全会《关于全面深化改革若干重大问题的决定》在"全面深化改革的重大意义和指导思想"部分中提出"推进基本公共服务均等化"。由此可见，公共服务均等化在我国社会主义现代化建设过程中的重要性已日益突显。

2. 基本公共服务均等化的内涵

基本公共服务均等化，是指基本公共服务在城乡、区域、群体之间达到均衡，也就是全体公民享有基本公共服务的机会相等。基本公共服务是政府需要为社会公众提供的基本的、不同阶段有不同标准的基本公共服务，具有相对性、地域性、城乡一致性、同一基本公共服务的地区一致性、不同公共服务间的水平均等特征。其内涵主要包括以下四个方面[1]。

一是全体公民享受基本公共服务的机会均等。"十二五"规划纲要指出，基本公共服务均等化是全体公民都能公平可及地获得大致均等的基本公共服务，其核心是机会均等，而不是简单的平均化和无差异化。我国的公共财政体系是覆盖全体公民的，政府提供的基本公共产品和公共服务应该面向所有国民，不应该有城乡、地域、群体之分。

二是全体公民享受基本公共服务的标准均等。城乡二元经济结构的存在、地区之间经济发展的不均衡及行业的差异性都在一定程度上拥有不同的财政政策和投入标准，由此形成了城乡、地区、行业间的差距。改革开放以后，随着经济的快速发展，这些差距日益扩大。政府在提供基本公共服务中，如果不建立标准统一的基本公共服务供给体制，基本公共服务均等化将难以实现。

三是全体公民享受基本公共服务的结果均等。全体公民享受基本公共服务在机会均等的前提下，享受的数量也要大致相等。目前从总量来看，农村居民所享

---

[1] 赵云旗等：《促进城乡基本公共服务均等化的财政政策研究》，《经济研究参考》，2010年第16期。

受的基本公共服务明显低于城市居民，部分城市基本公共服务项目在农村是没有的。结果均等化，不应该以总量平衡为标准，而应该以人均标准来计算，有利于缩小城乡、地区、行业间的差异。

四是城乡基本公共服务均等化不是平均主义。基本公共服务均等化，从政府供给方面来看，对每个居民原则上是均等的，包括供给水平相等、供给范围相等、供给数量相等。但是，由于我国国土面积大，地理条件差别大，各地经济发展程度不一，物价和收入水平存在差异，居民的需求各不相同，政府所提供的基本公共服务中，不论在政策上还是从技术层面都难以做到完全的均等。所以，基本公共服务均等化不是平均主义，只是大致相同、总体一致，允许居民之间略有差别。

（三）推进基本公共服务均等化是深化收入分配制度改革的关键环节之一

1. 推进基本公共服务均等化有利于为弱势人群向上流动创造条件

当前，要想让人们的收入普遍增长和翻番，同时缩小收入差距，那就必须使低收入者的收入增长速度高于高收入者。在农村地区，对农民收入增速产生决定性作用的因素有两个：一是劳动者受教育年限的提高，二是非农就业者占总劳动力比重的增加，总的来说就是人力资本的强化。我国中西部农村是全国最贫困的地区，增加中西部地区特别是农村地区的教育投入，改善当地的人力资本水平，不仅有助于这些地区脱贫致富、缩小城乡和地区收入差距，而且通过增加教育投入可带动相关服务业的增长，从而增加低收入阶层就业，提高其收入增速。

2. 推进基本公共服务均等化有利于缩小居民的消费差距

众所周知，消费水平取决于收入水平。当前，我国居民收入差距主要体现为城乡差距和地区差距。与此相应，消费差距自然表现为地区差距、城乡差距和行业差距等方面，而基本公共服务非均等现象又强化了居民的消费差距。就城乡而言，随着农村义务教育和交通运输等基础设施条件的改善，城乡基本公共服务的差距主要体现在医疗卫生、低保水平、养老水平等方面。从地区来看，由于我国幅员辽阔，各地经济社会发展水平不平衡，财政供给能力差距较大，基本公共服务供给水平自然存在显著差别，基础设施条件、社保覆盖范围和水平等方面均存在较大差距。就行业而言，突出表现为一些政府垄断行业职工享受更多的福利。

有鉴于此，推进基本公共服务均等化，不仅有利于缩小城乡、地区、行业之间的居民消费差异，而且通过公共服务均等化能有效缩小因贫富差距、收入差距、消费差距、生活差距带来的不平等现象。在维护市场效率的同时，政府兼顾公平，满足困难群体生存与发展的最低层次需求，以缓解社会矛盾。

3. 推进基本公共服务均等化有利于实现区域经济协调发展

推进公共服务向农村和欠发达地区倾斜，实现基本公共服务均等化，体现了政府把解决民生问题作为政府执政要点，有利于贯彻落实科学发展观，缩小区域差距，促进区域经济协调发展。在推进主体功能区建设中，由于许多禁止开发区和限制开发区因政策调控，与那些优化开发区、重点开发区的经济差距越来越大，进而导致不同区域间的财政发展不平衡矛盾突出。因此，在推进基本公共服务均等化的过程中，通过对禁止开发区和限制开发区给予适当的财政补助，有利于防止因推进区域功能建设而拉大不同区域间的基本公共服务差距。

4. 推进基本公共服务均等化有利于推动社会和谐进步

近年来，随着经济的快速发展，我国出现了收入差距不断拉大的现象，包括城乡差距和区域差距等，社会不公平问题日益突出。公共财政制度作为资源配置的重要手段，在调节收入分配、促进社会公平方面大有可为。公共财政的基本特征是公平地满足社会公共需要，通过基本公共服务均等化，在全社会范围内提供一视同仁的基本公共服务，突破人们在城乡、地域、身份上的差别，这本身就体现了公平正义原则，有力推动了社会主义和谐社会的进程。

二、近年来我国财政在推进基本公共服务均等化方面做了大量工作

基本公共服务均等化离不开财政的积极作为。2015年，我们针对财政推进基本公共服务均等化的情况，赴江苏省、山东省、陕西省、西藏自治区和宁波市等地区进行专题调研，通过调研我们了解到，近年来全国各级财政部门通过调整优化财政支出结构、改革财政体制、创新供给方式等途径，积极推进基本公共服务均等化进程。

分报告七 收入分配制度改革视角下推进基本公共服务均等化的思路与政策研究

1. 调整支出结构，将更多的支出用于提供基本公共服务

近年来，各级政府和财政部门大力支持基本公共服务均等化发展。2006~2012 年 7 年间，西藏自治区财政累计向教育、医疗、社会保障、就业和保障性住房建设的投入达到 920 亿元，占同期财政支出的 26%；陕西省财政民生支出 5 年累计达到 9 264 亿元，年均增长 28.79%，占民生支出的比重从 2007 年的 71.5% 提高到 2012 年的 80%；山东的民生投入占财政支出的比重连续 5 年保持在 50% 以上，2012 年达到 3312 亿元，占财政支出的比重达到 56.1%；江苏省 2012 年公共财政用于保障和改善民生的支出合计 5 265.02 亿元，比 2011 年增长 15.2%，占公共财政支出的 75.3%。

一是支持城乡教育协调发展。如江苏省财政统筹归并使用专项资金 26 亿元，支持苏北地区农村学校校舍建设，解决进城务工人员随迁子女学前及义务教育问题。山东省累计投入工程资金 275.26 亿元，新建加固中小学校舍 3 522 万平方米；在 2010 年全面启动了农村中小学"211"工程，即"两热"（热水、热饭）、"一暖"（取暖）、"一改"（改厕），累计投入财政资金达 26 亿元。

二是支持农村公共卫生体系建设。如江苏省集中安排 4.7 亿元，支持 400 个乡镇卫生院维修改造。山东省省级财政补助资金 7.2 亿元，加快基层医疗卫生机构综合改革、清理化解基层医疗卫生机构债务；按照每人 300 元的标准，筹措下达资金 1 870 万元，对全省 6 万余名省统一规划村卫生室的乡村医生进行业务强化培训。

三是支持农村社会保障体系建设。江苏省财政投入 6.7 亿元，建成 2 000 家农村居家养老服务服务中心、300 家农村老年关爱之家，完成所有市县都建有政府主办的示范性养老机构的目标；统筹安排养老保障专项资金 117 亿元，医保体系建设资金 138 亿元，以农村居民、城乡困难人群和经济薄弱地区的城乡居民参保为帮扶重点，提高全省城乡居民的社保覆盖率和财政补助。西藏自治区累计支出城市居民最低保障资金达 5 亿元，将全区 23 万年人均收入 1 300 元以下的农村居民全部纳入了最低生活保障。

四是支持城乡公共就业服务能力建设。江苏省级财政统筹安排 20 亿元，对

城镇就业困难人员就业、农村转移人口等重点群体进行就业创业培训。山东省财政组织专门力量对全省县级人力资源社会保障综合服务中心规范化建设情况进行考核,对符合规范化标准要求的 20 个县级中心拨付补助奖金 3 000 万元。

五是支持保障房建设。江苏省财政统筹中央及省补资金 40.62 亿元,支持县级保障性安居工程建设。西藏自治区落实补助资金 11.6 亿元,完成了 69 517 户农牧民安居工程,完成了兴边富民安居工程建设的任务,贫困户安居补助标准提高到 2.5 万元。

2. 完善省以下财政体制,重点促进市县基本公共服务均等化

以江苏为例,省级财政不断完善辖区内财政体制,落实县财政的责任主体地位,均衡省内县际财力差距,激发县级活力。

一是在财政收入划分上向市县倾斜。省将营业税、个人所得税、城市维护建设税、印花税、资源税、车船使用和牌照税等,全额留给地方,调动地方增收积极性。2012 年,市县公共财政收入占全省的 91.1%,公共财政支出占全省的 88.1%,均高于全国平均水平。

二是降低省对市县财政收入的集中度。省集中市县收入力度由原来的增量集中占 20% 下降到现在的 12% 左右,剔除返还后,省增量集中占 8% 左右,新增财力下倾明显。

三是完善省集中收入全返奖励政策。对经济薄弱地区增值税增幅高于全省平均水平的予以全额返还,支持经济薄弱地区的城乡一体化发展。

四是完善转移支付制度。加大一般性转移支付力度,减少专项转移支付。2012 年省对市县一般性转移支付占比为 33.6%,同比提高 5.7 个百分点;省对市县转移支付同比增长 12.6%(不含税收返还),转移支付力度进一步加大。

五是强化县级基本财力保障机制。对市县实施"一保一提三奖"奖补政策,江苏在全国率先实现财力缺口县全部消化。

六是实施财政省直管县改革。给县级财政放权,激发县域经济的发展活力。

3. 通过制度创新,完善基本公共服务的供给机制

除了将更多的公共财政支出用于民生之外,各地区还不断创新机制,完善基

分报告七 收入分配制度改革视角下推进基本公共服务均等化的思路与政策研究

本公共服务的供给形式。江苏省丹阳市界牌镇在基本公共服务均等化推进过程中，不断完善社会保障体系，保证失地农民既有就业又有保障，更能创业。目前界牌镇有九道保障线：一是失地农民最低生活保障，每个人享受120元/月，退休后调整至200元/月；二是企业职工养老保险；三是农村合作医疗保险；四是农民最低生活保障；五是商业保险；六是企业每征用一亩土地安置3名劳动力；七是设立爱心基金，目前已筹集善款650万元；八是界牌农民全部参加丹阳市新农保；九是将流转的土地承包收益金全部返还给原承包户。除此以外，界牌镇还着力创造平等创业就业机会。如建设50万平方米的标准化厂房，统一优惠安置拆迁小作坊；建立1 500亩中小企业创业园，安排征地30亩以下的企业入园发展。宁波市鄞州区的"天天演"送文化模式，采用"政府采购、公司运作、全民享受"的方式，努力扩大区内文化演艺产品的供给。如今，"天天演"已将"触角"伸向鄞州区22个乡镇（街道），实现100%覆盖，截至2011年10月中旬，已累计演出2 000余场，其中95%的场次在乡镇和农村演出。

三、当前财政在推进基本公共服务均等化方面存在的主要问题

近年来，各级政府和财政部门在推进基本公共服务均等化方面做了大量工作，并取得了明显成效。但仍存在一些困难和问题，主要表现在以下六个方面：

（一）城乡分割的二元社会体制

新中国成立后，在重工业优先发展的赶超战略指引下，国家的发展重点集中于城市和工业，所有资源全面向城市集中，财政资源也不例外。人民公社时期，不仅财政收入重点向城市和工业倾斜，而且还从集体经济中汲取农民资源向城市和工业集中。人民公社解体后，国家一方面要求农民交纳大量的农业税费，另一方面通过工农业产品价格的"剪刀差"从农村获取财政资源，集中用于城市和工业发展。改革开放以后，财政分配依然重点向城市倾斜，市民享受国家提供的交通、电力等基础设施和教育、医疗卫生等公共服务，而农村的公共产品，包括教育、医疗卫生和农田水利、交通等基础设施建设，却主要依靠农民自主解决。近年来，虽然国家增

加了财政支农支出,但财政支出城乡差距巨大,直接造成城乡基本公共服务水平悬殊、差距巨大,进而导致城乡收入分配失衡,城乡居民收入差距日益拉大。

(二)政府职能和支出范围界定不够明确

现代政府应为服务型政府,主要职责应该是为人民群众创造良好的生存发展条件、为市场主体建立良好的经济环境、为社会提供更好的公共产品和服务。政府在为社会经济活动参与主体提供较好的服务后,应该尽量减少对经济活动的干预。然而在现实中,政府与市场、社会在资源配置中的职责不清,财政事权范围存在缺位、越位、错位情况。哪些支出责任由政府承担,哪些支出责任由市场承担,哪些支出责任由社会承担,存在很大的随意性,缺乏明确的界定。

一方面,应该由政府财政承担的基础科研、义务教育、公共卫生、社会保障、文化事业等经费配置不足。如"希望小学",将职能和支出责任推给了市场、淡化了社会事业的公益性。这样一来,直接导致应该由政府提供的公共教育、医疗卫生、公用事业等服务供给不足,特别是农村和欠发达地区情况更差,呈现出城乡、区域差距显著的公共服务供给非均衡状况。

另一方面,应该由企业或民间投资的企业技术改造、扩大再生产等,却由政府直接投资,使财政承担了沉重的支出责任。公共财政的支出结构中,投资性支出和政府运行成本性支出仍然占较大比重,公共服务职能并不十分突出。特别是在基层,"吃饭财政"的现象仍较为普遍,地区间财政能力差异明显,直接影响到公共服务均等化水平。

(三)政府间事权、财权配置不合理

1994年分税制改革初步划分了中央与地方政府的事权和财权,但省以下未做统一要求。在具体实施过程中,省以下政府间财政收支的划分颇具随意性。同时,我国财政法制建设比较滞后,分税制有关事宜主要源于行政法规,始终没有通过立法程序,中央与地方政府之间的事权和财权在划分过程中无法可依,在划分后的运行中更无法得到宪法与相关法律的保障。加之分税制改革没有完全到位,省以下政府间根本不是按照划分税基模式,而是依照讨价还价的包干与分成模式处理四个层级的财政分配关系,为高层级政府上提财权、下压事权提供了空间，从而形成了政府间事权与财权的反向移动，直接导致了各级政府事权与财权的严重错位，最可悲的是基层政府财力需求显著大于财力供给，严重的入不敷出逐步使基层财政陷于"揭不开锅"的困境。

另外，本应由财政承担的公共服务责任，包括农村义务教育、医疗卫生、社会保障等，过去主要由农民自己承担，近年来为了减轻农民负担，这部分支出责任回归财政，主要由基层财政承担，从而使基层财政的支出责任进一步扩大。2001年，全国拖欠工资的县、乡占全国县、乡总数的18.7%和27.1%，财政境况稍好的县、乡也仅限于"保工资、保运转"，用于经济建设的财力非常有限，各方面的支出欠账越来越多，形成了巨额的隐性负债。

（四）财政转移支付制度不完善

财政转移支付制度的目的是实现财政能力的纵向和横向平衡，从而促进基本公共服务均等化。在我国现行财政转移支付制度中，中央对地方的转移支付包括三大类：税收返还、专项转移支付和一般性转移支付。其中，税收返还重在维护既得利益，不具备均等化效应；专项转移支付重在实现政府的特定政策目标，并有配套要求，且规模偏大，均等化效应较弱；只有一般性转移支付具有均等化效应，但规模不够大，三者未能有效实现财政均等化进而促进基本公共服务均等化的目标。

1. 税收返还的非均等化效应

按照1994年分税制改革的相关规定，税收返还由国家财政按增值税和消费税增长率的1∶0.3对地方进行返还。众所周知，增值税和消费税主要来源于工业和服务业，而工业和服务业主要集中于城市，县、乡两级的消费税和增值税较少。因此，在中央对地方的"两税"返还中，大部分归省、市两级财政，县级财政所占比重较小。也就是说，税收返还这项转移支付增强了省、市两级的财力，削弱了县级财政能力，进而削弱了农村地区的公共服务供给能力，从而扩大了城乡公共服务非均等化的趋势。

2. 专项转移支付的非均等化效应

专项转移支付是中央为实现特定政策目标给予地方政府的补助。这类转移支付一般都要求地方政府按照一定比例安排配套资金，有些项目的配套资金要求较高，有时可能高达 20% 以上。由于基层财政比较困难，有限的财力只能用于"保工资、保运转"，根本没有能力安排配套资金，所以获得专项转移支付资金较少。即使获得了高层级政府的专项转移支付资金，一方面配套资金落实不了；另一方面，专项资金难以专款专用，往往成为地方政府的"吃饭"钱，改善公共服务供给条件经常化为泡影，促进基本公共服务均等化也自然沦为空谈。

3. 一般性转移支付的弱均等化效应

从理论上讲，一般性转移支付是均等化效果较好的一种模式。但从我国来看，由于转移支付结构不合理，专项转移支付比重过高，一般性转移支付比重偏低，影响了一般性转移支付的均等化效应，进而影响了整体转移支付作用的发挥。同时，一般性转移支付也出现了"专项化"倾向。在我国现行一般性转移支付中，除均衡性转移支付和民族地区转移支付外，农村税费改革转移支付、调整工资转移支付等项目虽然具有明显的均等化性质，但事实上却有特定的用途，实质上是一种"准专项"性质的转移支付。即使在均衡性转移支付中，类似重点生态功能区的转移支付也带有明确的支出指向性，意味着"打醋的钱不能用来买酱油"，不利于地方政府统筹安排资金，制约了地方公共服务的供给。

（五）城乡间、地区间基本公共服务投入水平存在较大差距

中央十七大报告提出"围绕推进基本公共服务均等化和主体功能区建设，完善公共财政体系"。近年来，按照国家统一部署，财政不断加大对农村和欠发达地区的投入力度，这些地区的基本公共服务水平明显提高，但与城市和发达地区相比仍然相差甚远、差距悬殊。

1. 城乡间基本公共服务投入差距悬殊

第一，在义务教育方面：自 2006 年以来，政府开始对农村义务教育承担更多的投入责任，推行了新的经费保障机制，在一定程度上使农村地区的教育投入得到了提升。据统计，2006—2009 年，农村义务教育经费从 2 158.77 亿元增长到 4 326.22 亿元，占全国教育经费的比重从 24.85% 增加到 29.32%，但城乡义务教育投入仍然存在较大差距。

第一，从城乡普通小学生均教育经费投入来看，2006 年，城镇小学阶段生

均教育公用经费为 2 576.72 元,而农村地区仅为 1 846.71 元,只是城镇的 71.67%。之后,政府不断加大教育经费投入力度,城乡小学生均公用经费均有一定的增长,但两者之间的差距依然较大。2011 年,城乡普通小学生均教育经费相差 680.5 元。

第二,从城乡普通初中生均教育经费投入来看,根据《全国教育经费执行情况统计公告》提供的数据,2006 年,农村初中阶段生均教育公用经费比城镇少 844.09 元,仅占城镇初中生均教育经费的 72.18%。2007 年以来,城镇和农村普通初中生均教育经费均有较大幅度的增长,但政府对城镇教育的投入仍然高于农村地区,城乡初中生均公用经费的差额从 2006 年的 844.09 元上升到了 2011 年的 962.85 元,城乡普通初中生均经费绝对差距正在日益扩大。

第三,在医疗卫生方面:首先,从城乡医疗卫生费用总额来看,2010 年,城市医疗卫生费用为 15 508.6 亿元,而农村仅为 4471.8 亿元,两者相差悬殊。从城乡医疗卫生费用增幅来看,"十一五"期间,城市医疗卫生费用年均增长 19.6%,而农村年均增速仅为 9.5%,其中 2007 年和 2010 年甚至出现了负增长。其次,从城乡医疗卫生费用占比来看,2010 年,城市医疗卫生费用占医疗卫生总费用的比重高达 77.6%,而农村仅为 22.4%。

2. 地区间基本公共服务投入差距明显

第一,区域间义务教育投入差距大。教育部、国家统计局和财政部联合发布的 2006—2010 年《全国教育经费执行情况统计公告》显示,无论是生均教育事业费,还是生均经费,我国东部、中部、西部、东北地区的小学和初中都存在较大差距(见表 1)。2010 年,我国东部地区普通小学生均教育事业费和生均公用经费分别是中部、西部和东北地区的 2.47、1.66、1.33 倍,普通初中生均教育事业费和生均公用经费分别是中部、西部和东北地区的 2.36、1.79、1.52 倍。如果具体到省际范围各省之间的生均教育经费则差距更大。2010 年,普通小学生均教育事业费最高的上海市为 16 143.85 元,而最低的河南省仅为 2 186.14 元,两者相差 6.38 倍;普通初中生均教育事业费最高的北京市高达 20 023.04 元,而最低的贵州省仅为 3 204.20 元,两者相差为 5.25 倍;普通小学生均公用经费最高的北京市为 5 836.99 元,是最低的贵州省的 9.08 倍;普通初中生均公用经费最高的北京市为 8 247.66 元，是最低的贵州省的 9 倍。

表1 2010 年我国东中西部及东北地区生均财政教育的经费情况

单位：元

地区	生均教育事业费		生均公用经费	
	普通小学	普通初中	普通小学	普通初中
东部平均	7 468.72	9 822.34	18 49.33	2 591.92
中部平均	3 023.02	4 155.85	817.50	1 279.74
西部平均	4 499.41	5 478.77	1 151.71	1 736.74
东北平均	5 626.43	6 466.19	1 234.74	1 788.69

资料来源：教育部、国家统计局、财政部，2006—2010 年《全国教育经费执行情况统计公告》。

第二，区域间公共医疗卫生经费差距大。本报告以 2010 年北京、河南、甘肃三省市作为典型案例，分别代表东部、中部、西部进行分析。从人均医疗卫生经费来看，代表东部地区的北京市为 4 147.20 元，为全国平均水平的 2.78 倍；代表西部地区的甘肃省为 1 153.86 元，是全国平均水平的 77.44%；代表中部地区的河南省也仅为 1 134.04 元，占全国平均水平的 76.10%。区域间的公共医疗卫生经费差距可见一斑。

（六）基本公共服务供给主体单一

长期以来，我国公共物品供给实行的是政府包办型体制，政府通过对劳动力、技术、资金、信息等资源和要素的行政性垄断，基本限制了其他公共服务提供主体的进入，政府大包大揽、包办一切，成为唯一的公共服务供给主体。由于缺乏竞争对手，也就没有优胜劣汰的竞争机制，从而导致公共服务供给数量的不足和效率低下。在市场经济条件下，由于公共物品的特殊属性，政府理应成为公共产品的主要提供者，但不应该成为唯一的提供者，市场和社会都应该介入，各自发挥其应有的作用。与此同时，我国的社会组织发展滞后，无论从社会组织的数量、规模来看，还是从其整体能力和作用来看，目前都存在较大差距，不能满足市场经济发展的需要，无法弥补政府公共服务攻击能力之不及。

四、发达国家推进基本公共服务均等化的经验借鉴

世界主要发达国家根据自身国情,打造各具特色的基本公共服务均等化模式。下面我们选取美国和瑞典作为典型国家,以两国的基础教育和基本医疗卫生作为典型案例,具体介绍它们推进基本公共服务均等化的主要财政政策,并总结相关经验为我国提供借鉴。

(一)美国的基本公共服务实践

美国基本公共服务制度的建立与完善过程是人权与政治权利的不断普及、不断实现的过程。纵观殖民地时期美国及其后期的基本公共服务供给对象的演变历史,可以发现,美国的基本公共服务项目及所面向的对象范围是不断扩大的。

1. 基础教育服务的保障

美国的教育权主要集中在各州及地方政府手中,联邦政府的教育管理部门是教育部,主要进行的是宏观指导。联邦政府对基础教育的投入占全国基础教育经费的比重,从20世纪50年代初的1%、90年代初的3%提高到21世纪初的7%,各州政府投入占比从20世纪40年代的30%提高到现在的50%左右。近年来,地方对义务教育的投入资金总额也在增加,但由于联邦特别是各州政府加大了对义务教育的投入力度,地方分担的比重反而下降了,从20世纪中叶的70%左右降为目前的44%。如今,美国已形成由联邦、州和地方三级政府共同分担,以州和地方为主的义务教育财政投入机制,有力地保障了义务教育的不断推进和一体化程度的提高。

由于联邦、各州及州各学区在义务教育的权限上没有明确的隶属关系,美国义务教育的质量因各地区之间资源配置不均、财力差异等因素的影响呈现出分化趋势,为此联邦政府和州政府两个层面都采取了一系列转移支付措施(见表2、表3)。联邦政府在对各州公民和各地方机构提供教育资助方面处于中立地位,保障了每个国家公民的平等权利。同时,联邦的资助可以使教育经费来源建立在更宽广的税基上,更有助于均衡目标实现。州政府通过水平补助模式等转移支付手段实现教育经费的公平分配,通过基数补助模式、

保证税基补助模式等手段实现对经济落后学区的财政倾斜。

表2 联邦政府对州政府的教育资助情况

名称	方式及特点	评价
一般资助	不指定资金用途,允许各州在适当的情况下自行支配	联邦政府对资金使用的控制力较弱
分类援助（专项拨款）	限制资金用途,必须将其用于特定目标和特定人群	促进纵向公平的有力手段,利于联邦政府实现目标偏好,对资金使用情况进行监督和评估,确保资金使用与立法意图一致,但易导致因联邦过多干预引起地方不满
一揽子拨款	将大量的专项项目合并,在联邦总体规划范围内,赋予州和地方政策制定者一些决定资金使用优先次序的自由裁量权	地方教育机构可以有选择各种项目计划的灵活性,同时放松了规制,减轻了州和地方的行政成本

表3 州政府对地方政府的财政补助情况

名称	方式及特点	评价
水平补助模式	无论地方政府财力如何,州政府都给予同等的生均补助	体现了州政府对各学区的普遍财政支持,但无助于消除富裕学区与贫困学区教育经费的差距,州政府已不再将其作为主要方式
基数补助模式	州政府为各学区设定生均义务教育经费定额标准,学区财力无法达到的部分由州政府补足	有效地缩小了学区间的教育经费差距
保证税基补助模式	州政府为各学区提供生均税基定额标准,学区自定税率,州政府提供给学区的补助等于学区生均税基与州政府规定的生均税基的差额乘以学区房地产税率	保证了贫困学区在与富裕学区征收同等税率的情况下,可获得较大数额的财政补助。但这一模式鼓励高税率,其公平性效果不如基数补助模式

在经费保障方面，2002年布什政府颁布了《不让一个孩子落伍》法案，以强制性的联邦法律在全国范围内推行教育改革，义务教育一体化发展的经费有了

分报告七 收入分配制度改革视角下推进基本公共服务均等化的思路与政策研究

法律保障。该法案规定联邦经费要与义务教育的目标挂钩,同时实行优胜劣汰的拨款方式,也就是说,薄弱学校可以用增拨经费改善学校设备及环境,但是必须以改善教学质量(对学生学习效果统一衡量的标准化测试)为目标,成功者将获得进一步的经费支持,未达目标者则被削减经费乃至淘汰。同时,建立教师激励基金,国家对教学成绩显著及主动到师资紧缺学校工作的教师进行奖励,并通过额外的教育拨款对学业落后及经济困难的学生进行课后辅导。此外,为了促进义务教育质量的均衡提升,联邦教育拨款中的科技拨款也优先向农村学校和家庭经济状况欠佳的学生较多的学校倾斜,使这些学校可以购置先进的科技装备用于教学。

2. 基本医疗卫生服务的保障

1965年,约翰逊总统签署了医疗保险法案,该法案于1966年开始实施,标志着医疗保险制度正式建立。美国的医疗保障体系是建立在联邦、州的各项法律基础之上的,以个人购买保险公司等机构提供的各种保险计划为主体(占84%,其中雇主购买占60%),医疗保险和医疗服务主要由私人保险机构和私立医疗机构提供,联邦及州、郡政府主要通过税收优惠、财政拨款支持医疗保险和医疗服务市场的发展。在实行过程中,充分运用市场化机制的运作管理。但是,市场化的医疗保险制度缺乏人文关怀和公平性,穷人、老人等群体是私人保险公司不愿意承保的对象。所以,联邦、州为老年人、残障人、孕妇、儿童及低收入者等特殊群体提供有限的医疗保险和医疗服务保障。

(二)瑞典的基本公共服务均等化实践

瑞典通过先后在卫生医疗、养老、失业保险等诸多方面立法,于20世纪30年代初步建立了现代基本公共服务制度的基本架构,逐步发展到20世纪50年代增加了大量新的基本公共服务项目,完善了以"公民权利、普遍性和统一性"为主要原则的基本公共服务体制,随着20世纪70年代经济危机逐步传导到基本公共服务上,再加上瑞典的基本公共服务制度本身存在的不足,导致公共开支膨胀和税收负担沉重,政府机构臃肿、浪费严重等问题的出现。瑞典政府为了缓解经济危机所暴露的诸多问题,主要通过对包括社会保障在内的公共服务制度引入竞争机制,而非私营化,来达到提高保障效率的目的。

1. 基础教育服务的保障

大力发展国民教育事业，提供免费教育服务。中央财政和地方财政大力扶持教育，发展教育事业，并鼓励发挥社会力量的作用，捐资助学。在资助学生学习方面，政府财政预算拨款给在校学生学习补贴、学习援助和一定量的生活津贴等。此外，政府提供萨米教育，为智障学生等其他弱势群体特别制订教育计划。在教育保障体制方面，瑞典高度重视教育的公平性，在教育法中明确规定，所有儿童和年轻人应平等享有接受公共教育体系提供教育的权利，无论其性别、居住地、社会背景或经济状况如何，所有学校提供的教育价值应相等。瑞典的公共教育体系为儿童和年轻人提供的教育包括免费的义务教育和非义务教育，其中义务教育包括普通义务教育、萨米教育、特殊教育和为有学习障碍的学生提供的教育计划，非义务教育包括学前教育、高中教育、为有学习障碍者提供的承认教育、为移民到瑞典的人提供的教育。在教育资金来源方面，各类学校的教育经费因学校和市政当局的不同而有所差异。公立学校的学生在校期间的费用，从教室工资、校舍、学校运输、教学材料、学校膳食费到学生的福利及管理费用，主要通过地方税收加上级政府的一般性转移来筹集，同时，还有国家特别倡议的专项资金（特殊政府补助，即专项转移支付）。学生家庭所在地的市政当局也会补助独立学校提供的教育（包括学前教育、义务教育、高中教育及国家教育署批准的其他教育）一定的经费。此外，瑞典政府还通过为学生提供学习补贴的方式，确保每个人都能享受到教育服务。

2. 基本医疗卫生服务的保障

瑞典政府和社会各方面非常重视发展医疗卫生事业，建设公共卫生体系，提供医疗卫生服务，实行普遍的"全民保健"制度。各级政府及有关部门、行政机关与专业机构之间权责清晰，建立了城乡防治一体化的医疗卫生服务体系，并从财政上确保经费来源，无论城市乡村，不分国企私企，也不分种族和宗教，都可以接受到服务质量高、公益性强的免费医疗或基本免费医疗服务。一是法律保障。2002年修订了《医疗卫生服务法案》，该法案包括30款，详细列明了瑞典医疗卫生服务的目标、省级和市级政府的责任、服务项目以及医生对患者的责任等，确定了瑞典基本医疗服务的宗旨，构建瑞典国家医疗卫生服务的框架体系及

分报告七 收入分配制度改革视角下推进基本公共服务均等化的思路与政策研究

其运作模式。二是广泛设立医疗机构。政府在广泛设立公立医疗机构的同时,还允许设立私人卫生服务机构,有些省政务机构还通过引入私营部门,通过采用BOT、PPP等模式,促进医疗服务的多样化,提高医疗保障机构的运营效率和服务质量,形成了私人运营公立医院的局面。三是明确各部门职责。中央政府负责制定与实施一般卫生保健政策,确立医疗保险筹集费用方式,确定政府补贴分配标准等卫生保健服务;省政务委员会负责本省卫生计划的设计和规划,为本区域居民组织医疗机构,提供医疗服务,并负责本地区的医疗卫生服务、组织、管理及协调工作;市级医疗卫生管理机构的工作更具体,可在区域卫生行政部门制订的规划指导下,自主开展医疗服务。各级医疗卫生管理机构分工明确,权责清晰,构成比较齐全的医疗卫生管理体制,监督、管理和协调医疗卫生工作。

(三)经验借鉴与启示

1.科学划分各级政府间的公共服务事权与支出责任

各国实践经验表明,在各级政府间科学、合理地配置政府间公共事务事权与支出责任,是政府履行基本公共服务职能的首要前提,是建立规范、明晰的公共服务供给制度的核心和基础。西方发达国家在这方面的主要经验:在基本公共服务提供方面,中央政府承担总体职责,地方政府负责具体实施,地方政府在公共服务的提供上拥有更为广泛的权利和义务。

现代西方国家政府间基本公共服务均等化方面的职责分工主要依据"巴斯特布尔"三原则:①一是受益原则,即按照受益范围划分公共服务责任,凡公共服务受益范围是全国居民的,其责任就属于中央政府;凡受益范围是地方居民的,由地方政府负责;受益范围涉及全国和地方的,由中央政府和地方政府共同承担。二是行为原则,即按政府提供公共产品和服务行为设计范围划分责任,凡政府公共服务的实施必须统一规划的,由中央政府负责。凡政府公共服务的实施必须因地制宜具体操作的,由地方政府负责;三是技术原则,即按政府提供公共服务的技术要求划分责任,凡规模庞大、需要高技术才能完成的公共服务,由中央政府负责;否则,由地方政府负责。

---

① 卢映川、万鹏飞等:《创新公共服务的组织与管理》,人民出版社2007年版。

从我国来看，地方政府特别是基层政府的基本公共服务供给能力较弱，这主要是由于我国政府间事权和支出责任划分不明确、事权与财权配置不合理所致，在各级政府间科学、合理地配置公共事务事权与支出责任迫在眉睫。各级政府间基本公共服务责任的界定应以公共服务的层次性为依据，对于那些外溢性较强、与人民群众生产生活息息相关的基本公共服务项目，例如基础教育、基本公共卫生、养老保障和最低生活保障等，主要应当由中央和省级政府来承担，各级地方政府则主要承担自己管辖范围内的基本公共服务供给，重点应该关注自己管辖范围内居民对基本公共服务的需求，这样才能保证各类基本公共服务项目的供给效率。对于中央与地方共同承担的基本公共服务项目也应做到分工明确，属于中央职能范围内的项目则应由中央政府直接提供，属于地方职能范围内的项目则应由地方提供，避免出现职能模糊、重叠或划分不清的现象。

2. 建立均等化的财政转移支付制度

实现基本公共服务均等化的基本手段是公共财政均衡化，而公共财政均衡化需要通过转移支付制度来调节。尽管各国的具体历史条件、国情和价值取向不尽相同，且基本公共服务均等化的法规制度也存在着一定的差异，但从各国政府间公共财政均衡的主线出发，具有以下共同特点：

一是中央政府都拥有较强的公共财政支出能力，具有强有力的调节基本公共服务均等化的能力。主要在中央政府掌握强大的公共财政的基础上，再根据各级政府间公共财政纵向差异和同级地方政府间横向差距确定对地方政府的转移支付数量，均衡各地方政府之间的公共财政差距，进而为实现基本公共服务均等化奠定公共财政基础。

二是财政均衡性转移支付资金来源稳定、分配科学。首先，许多西方国家建立了相对稳定的均衡性转移支付制度，固定某一项或某几项财政收入中一定比例的数量作为调节资金进行均衡性分配，使均衡性资金的来源比较稳定。其次，在均衡性资金的分配上，西方国家基本上都采用了规范化和模式化的方法。实行既严格又灵活多样的各种补贴办法，从而减少转移支付制度中的盲目性和刻板性，而且也可以减少人为因素的干扰。

分报告七 收入分配制度改革视角下推进基本公共服务均等化的思路与政策研究

三是确保财政均衡性转移支付制度的法制化。西方各国公共财政均衡性转移支付制度最大的共性就是都有明确的法律法规依据，转移支付制度本身及其运行的公共财政环境都实现了法制化，减少了人为因素的影响和干扰，这样使得公共财政转移支付制度更加公正透明。

当前，我国财政转移支付制度不完善是制约基本公共服务均等化的重要制度性因素之一，要实现基本公共服务均等化的目标，就必须加强对当前转移支付制度的改革，逐步建立以基本公共服务均等化为导向的财政转移支付制度。一是要建立条块结合的转移支付制度，充分发挥中央政府与地方各级政府之间、财力转出和财力转入地区之间的积极性与主动性，并且各级地方政府的横向转移支付既能在一定程度上减轻中央政府的财政压力，又能使财力转出地区与财力转入地区直接对接，形成明确的给予和授受关系，这样也有利于增强财政转移支付制度的透明性，提高资金的使用效率。二是要建立合理有效的转移支付方式。目前我国的转移支付方式还不够规范明确，不利于基本公共服务均等化目标的实现，必须对其进行调整，改变现行转移支付的结构和数量，加大具有促进基本公共服务均等化功能的转移支付的数量和比例，使这样的转移支付成为财政转移支付制度的主体。

3. 鼓励社会参与解决基本公共服务均等化的资金与效率问题

20 世纪 80 年代以来，西方国家纷纷掀起了以公共服务市场化为核心主题的行政改革浪潮，其基本思路就是在基本公共服务供给领域引入市场竞争机制，打破政府的垄断地位。20 世纪 80 年代初期，英国政府开始推动政府业务委托经营的政策，而美国普遍实施以市政服务合同外包为主要形式的民营化改革。近年来，美国还大力推行公共服务供给 PPP 模式，[1] 即公共部门与私营部门的合作伙伴模式。该模式支持政府与私营部门间建立长期的合作伙伴关系，以"契约约束机制"督促私营部门按政府规定的质量标准进行公共服务的生产，政府则根据私营部门的供给质量分期支付服务费。私营部门根据公共项目的预期收益及政府的扶持力度进行融资和运营，而政府则依托私营部门的创业精神、民营资本及运作能力来提高公共服务的供给效率。政府、企业、第三部门共同参与公共服务的供

---

[1] 卢映川、万鹏飞等：《创新公共服务的组织与管理》，人民出版社 2007 年版。

给，实现各自优势互补。政府发挥政策服务、制度安排、协调多方关系、保障公平等方面的优势，亲自参与为"行政相对人"提供最广泛意义上的公共服务，为公民提供充分表达意愿的舞台，协调多元参与供给主体的磋商和谈判，最终形成政府、私人部门和第三部门的战略联盟，通过政府、公民、社会及市场主体多维互动来解决基本公共服务问题。这对于我国来说具有较强的借鉴意义。

五、下一阶段推进我国基本公共服务均等化的财政体制和政策建议

基本公共服务均等化，是社会主义市场经济条件下政府服务于市场和社会的必然要求，也是满足人民公共需求、实现社会公平、促进国家全面发展的必经之路和目标选择。

鉴于财政在提供基本公共服务方面所承担的重要职责，紧密结合我国实际，借鉴国外基本公共服务提供和均等化实现方面的成功经验，以公共财政为视角，循着优化结构——完善体制——多元供给的基本思路，提出推进基本公共服务均等化的财政政策建议。

（一）总体思路、基本原则和目标任务

1. 总体思路

基本公共服务的供给首先要厘清政府和市场的边界。政府应起主导作用，其职责是优化资源配置，使基本公共服务的布局更加合理，城乡间、地区间及不同群体间可以享受到大致均等的基本公共服务；市场则要弥补政府作用的不足，实现公共服务提供主体和提供方式的多元化。财政政策是政府推进基本公共服务均等化的重要工具，应服务于政府统一的职能定位，充分利用优化支出结构、改革财政体制及加强财政管理等各种财政手段，保障基本公共服务在城乡间和地区间的均衡提供，促进基本公共服务均等化和社会经济全面协调可持续发展。

2. 基本原则

基于我国基本公共服务需求不断增长和社会经济所处社会主义初级阶段的国情，推行基本公共服务均等化必须坚持以下基本原则：

分报告七 收入分配制度改革视角下推进基本公共服务均等化的思路与政策研究

一是资金投入与制度建设相结合的原则。促进基本公共服务均等化，不仅需要加大资金投入力度，而且需要加强制度建设，以确保公共服务投入的配置效率。近年来，随着政府职能的转变，为了满足公共服务的需要，我国财政充分发挥职能作用，不断增加公共服务投入，促进基本公共服务均等化，但投资效果并不理想，究其原因主要在于制度建设滞后。例如，为了促进城乡间、地区间居民社会保障服务的均等化，不仅需要增加对农村地区和中西部地区居民的社会保障投入，而且需要尽快完善我国的社会保障制度。目前，企业职工基本养老保险中的个人账户"空账"问题需要政府"买单"，并创新制度设计；农村居民养老保险问题需要制度设计和资金支持；城市弱势群体的医疗和养老保险问题需要结合财力状况设计合理的保障制度。只有在实践中，把基本公共服务均等化的资金投入与相关制度建设结合起来，才能切实提高我国的基本公共服务均等化水平。

二是重点突破与循序渐进相结合的原则。基本公共服务均等化是一个系统工程，绝非一朝一夕能够完成，它需要一个渐进而长期的过程。基本公共服务的范围并不是一成不变的，它随着社会公共需求和供给能力的改变呈现出动态的变化趋势。这就要求政府在提供基本公共服务供给的过程中，一方面要循序渐进，分阶段确定均等化目标，有步骤、有层次地逐步提升居民的公共服务水平；另一方面，应结合实际、突出重点，解决当下最紧迫最关键的制约性项目。客观上看，基本公共服务的每一个方面都不可或缺。例如，义务教育是居民进一步发展的基础，与居民摆脱贫困的能力密切相关；社会保障关乎每个居民的生老病死，是每个人基本权利的保证；公共卫生与居民的健康息息相关，是提高居民身体素质的保证；公共文化有利于居民接受新的知识和文化，并为居民进一步发展提供新的途径；公共基础设施是居民生产和生活的基础，是经济增长的前提条件。限于目前的财力状况，在实现基本公共服务均等化的过程中，每一个具体公共服务项目在均等化过程中都不可能做到齐头并进，必须从实际出发，结合地区间和农村发展的实际情况，区分轻重缓急，分项目逐步实现基本公共服务均等化。

三是政府主导与市场机制相结合的原则。实践证明，如果基本公共服务完全由政府垄断供给，一方面，不仅会因为政府能力及财力的限制，影响到基本公共服务的供给规模和水平，而且会因为信息的不对称，造成公共服务供给与需求的结构性矛盾；另一方面，基本公共服务过度市场化也是造成供给水平不均衡的重要原因。例如，20世纪80年代和90年代开始的住房商品化和医疗服务市场化改革，都曾使"住房难""看病难"成为困扰低收入阶层的沉重负担，加剧了社会矛盾。因此，在基本公共服务供给和均等化过程中，要实现政府主导与市场机制作用相结合。从政府来看，其主导性应该表现在：合理确定一定时期基本公共服务的供给与消费边界；全面掌控基本公共服务均等化实现目标的规划，并提供资金保障；大力培育社会合作组织，提高特定人群自我提供公共服务的能力，防止出现公共风险过于向政府集中的倾向。要根据不同供给模式，明确政府在其中发挥的作用：有的需要政府直接提供，有的需要通过公私合作提供，有的需要政府付费向社会购买，有的则只需要政府发挥监督作用。在基本公共服务市场化过程中，允许市场进入的领域，要充分发挥市场机制的作用；而禁止市场进入的领域，则应尽可能由政府提供，以防止因"泛市场化"导致的基本公共服务不均等。

四是保住底线与量力而行相结合的原则。保住底线是基本公共服务均等化的最低标准，指的是一个国家的公民无论居住在哪个地区，都有平等享受国家最低标准的基本公共服务的权利。这个均等化就是要"托一个底"，像普及义务教育、实施社会救济与基本社会保障这些应由政府提供的公共服务，政府应该保证最低限度的公共供给。当然，这仅仅是一个起点和基础。基本公共服务均等化实质上是一个动态的过程，在经济发展水平和财力水平还较低的情况下，一开始是低水平的保底，然后提高到中等水平，最后的目标是实现结果均等。就目前而言，考虑到我国财力有限及基本公共服务均等化程度不高等具体因素，政府在推行基本公共服务均等化过程中，应首先确定一个最低的水平，建立基本公共服务最低保障线，实现最基本层面的公共服务均等化。在实现最低层面公共服务均等化目标之后，政府应在经济发展和财力进一步提升的基础上，逐步提高基本公共服务均等化水平。

3. 目标和重点任务

能够在短时间内全面实现公共服务的足额、均等提供，自然可以让广大人民

分报告七 收入分配制度改革视角下推进基本公共服务均等化的思路与政策研究

群众满意。但限于我国当前社会主义初级阶段的经济实力和财政能力，过于宽泛的范围只会造成有限资源的分散和整体公共服务提供效率的低下。公共服务不分重点、齐头并进式追求均等化的发展模式，还可能导致全国各地社会事业发展的"大跃进"和政治运动式的平均主义，这样就会欲速则不达。从我国目前各地每年动辄几十项"民生工程"的预算安排可以发现，这已经成为现实问题，并隐藏着巨大的风险。综观我国当前的实际情况，人民群众面临的最大困难莫过于"上学难""看病难"和"住房难"，这可以说是基本公共服务中的重中之重。因此，根据我国公民公共需要的紧迫性和现有财力的可能性，现阶段基本公共服务的范围不宜过宽，内容也不宜过多，重点应以义务教育、基本公共卫生、基本医疗和社会保障为宜。

现阶段，我国基本公共服务均等化的目标：逐步消除城市义务教育、农村义务教育、农民工子弟义务教育之间的体制隔阂，使城乡之间、区域之间教育发展水平的差距明显缩小；针对不同人群的医疗体制逐步对接，人民群众享有质量优良的卫生服务，不同地区、不同人群的健康状况差异进一步缩小，卫生服务公平性进一步改善，城乡居民健康水平持续提高；统筹城乡社会保障发展，逐步实现城乡社会保障一体化。养老保险要在建立精算平衡、正向激励制度的基础上实现全国统筹。当然，这里只是明确当前"最基本"的公共服务项目，其均等化实现只是一个阶段性目标，其他的公共服务项目将分阶段逐步纳入，并使均等化实现范围和水平得以扩展和提高。

要加快制订基本公共服务均等化的最低标准。为实现基本公共服务项目最低水平的保障，应制订统一的最低实物标准和保障项目，保证基本公共服务的相关资源（如各类设施、设备和人员的配备等）在地区间、城乡间实现均衡分布。具体包括：全国统一的基本教育年限、免费的教育服务项目和实物标准，包括设施、设备和人员配备；全国统一的公共卫生和基本医疗服务保障项目、财政补助的人均资金标准和实物标准，包括设施、设备和人员配备；考虑了当地价格和消费指数的社会福利标准和全国统筹的养老保障标准。

（二）优化财政支出结构，进一步加大基本公共服务的投入力度

对政府而言，调节收入分配的首要任务就是制定并实施合理的公共支出政策，调整和优化财政支出结构，努力做到收入分配的起点公平，并最终实现收入分配

的结果公平。事实上，诸多民生问题及日益突出的城乡差距、区域差距和各社会阶层间的差距，无不与基本公共服务产品的短缺与不均等密切相关。想要更多的财政资金投向公共服务领域，满足人们日益增长的公共需求，就必须以公共服务为导向，优化财政支出结构，打造民生财政，不断改善人民群众的生产生活条件。为此，各级政府的财政支出安排应结合我国具体情况，重点向以下三个方面倾斜。

第一，财政支出要向民生领域倾斜。民生事业涉及领域广泛，其中最重要的教育、社保、医疗卫生等问题实际上就是社会的基本公共服务。公共财政建设要求通过加强民生领域的资金分配，来增加城乡的基本公共服务供给，并逐步实现公共服务均等化。近年来，虽然各级政府不断增加对民生事业的投入，但与市场经济国家相比仍有巨大差距，同时也难以满足我国居民日益增长的基本民生需求。因此，今后一个阶段，需要进一步调整财政支出结构，特别要加大对教育、医疗、社会保障等基本公共服务的支出力度，并确保基本公共服务增长的幅度与财力增长相匹配。

第二，财政支出要向农村倾斜。近年来，农村公共服务供给水平虽不断提高，但仍然相对滞后，需要进一步加强。因此，需要努力做好以下几方面工作：一是进一步完善农村义务教育经费长效保障机制，尤其把提高农村义务教育公共经费标准、农村中小学校舍维修改造及提高农村中小学教师待遇等问题作为重点。要把教师待遇问题放在教育基本公共服务均等化工作中最重要的位置，这不仅是教育基本公共服务均等化的重要内容，而且在相当程度上决定着教育基本公共服务均等化程度的高低。具体而言，提高教师地位就需要切实维护教师权益，改善教师待遇，对长期在基层和艰苦边远地区工作的教师实行一定的倾斜政策；要完善教师培训体系建设，提高教师专业水平和教学能力；要推进师范生免费教育，实施农村义务教育学校教师特设岗位计划，鼓励高校毕业生到艰苦边远地区当教师；要建立县域内教师定期流动机制。二是切实保证与加强对农村医疗卫生的投入，完善农村三级医疗卫生网络。长期以来，虽然国家一直对农村医疗卫生服务建设问题予以高度关注，但是农村医疗卫生落后的的局面并没有从根本上发生转变。因此，必须下大力气改变这种状况，并切实做好以下几方面工作。首先，加强县级医疗机构医疗卫生能力建设，提高县级医疗机构的服务水平，要设

分报告七　收入分配制度改革视角下推进基本公共服务均等化的思路与政策研究

置合理的保险报销比例,以此引导县乡大病患者在县级医院治疗;其次,建设乡镇医院,乡镇医院也具备承担农村公共卫生的职责,并能够治疗常见病、多发病、慢性病,能够承担小型手术,能进行急救处理;最后,要对乡村卫生室进行补贴,为乡村卫生室提供足够的场所,购置必要的小型医疗设备,对村医的技术进行培训,提高村医的技术水平。三是提高农村社会保障水平。要逐步提高农村最低生活保障补助标准,缩小城乡低保水平之间的差距。要建立规范有效的社会补助和医疗补助制度,目前农村新农保和城居保已经合并,还要加快新农合和城市居民医疗保险制度的并轨,加快农民医疗保险基金异地转移和报销制度的落实。

第三,财政支出要向欠发达地区倾斜。近年来,国家通过实行地区间差别化政策,促进基本公共服务的发展,改善民生。但在我国仍然存在着地区间基本公共服务的巨大差距。因此,今后一个时期,还需继续加大各项民生投入,并进一步向欠发达地区倾斜,要提高补助标准,尤其对普遍关注的农村医疗卫生经费补贴、新农合和新农保的补助标准、农村中小学公用经费补助等项目要予以更多关注,以此缩小地区间的基本公共服务差距。

此外,还要完善扶助弱势群体的财政投入机制,增加对这部分群体在医疗、教育等方面的补助,帮助他们逐渐向上流动。要想在不断提高居民收入水平的前提下不断缩小收入差距,就尤其要重视低收入群体的收入水平,并使他们收入的增长水平快于社会平均水平。在农村,要提高低收入群体的收入水平,需要抓住对此产生决定性作用的因素,即提高劳动者的受教育水平和增加非农就业者占全部劳动力的比重,因此要不断提高农村人口的受教育水平,增加对农村的人力资本投入水平。我国中西部农村是全国贫困程度最高的地区,在这里增加人力资本的投入,还能显著带动第三产业的发展,增加低收入群体的就业机会,提高收入水平和收入增加速度,缩小收入差距,并由此形成促进经济良性发展的趋势。

(三)调整政府间的财政分配关系,使政府间公共服务的事权与支出责任基本相适应

理顺政府间事权与财权配置关系的目标,是在"扁平化"框架下建立中央、省、市县三级政府间事权与财权的划分体系。

1. 加快推进政府财政层级改革，减少财政层级

分税制的本质要求之一是合理划分事权前提下合理的财权分割，也就是说，有几级政府就应按税种划分方法配置几级税基，并各自具有独立的运转能力。我国有五级政府层级，是世界上政府层级最多的国家。政府层级越多，则要求有更多的税种与之匹配。但是，一个国家的税种数量是由多种因素决定的，其中最主要的是公众对税收负担的承受能力，国家不可能不考虑增加税种数量对整个社会公平与效率的影响，通过任意设置税种来适应政府级次的需求显然是不明智的。我国现有19个税种，与其他国家相比并不算多，将19个税种在五级政府之间分配在实践中已可做出"无解"的判断。换言之，这一架构使分税制在收入划分方面缺乏最低限度的可行性。地方政府回收层级间，实际上落入了五花八门、复杂易变、讨价还价色彩十分浓重的"分成制"与"包干制"状态，并形成"事权重心下移，财权重心上移"的演变，使分税制在省以下难以落实，并引发县乡基层财政困难。因此，我们要加快推进政府财政层级改革，其核心措施之一便是推行"省直管县"体制，在省和市、县政府之间直接搭建财力分配框架，并适时辅以"乡财县管"体制，逐步将政府财政层级从五级简化为三级。这是合理划分事权与财权的必然选择，也是建立统一规范的分税制财政体制的关键所在。

2. 进一步理清政府事权和职责，明确划分中央、省、市县三级基本公共服务的支出责任

在形成中央、省、市县三级财政架构的基础上，应按照法律规定、受益范围、成本效率等原则，进一步理清政府事权和职责，明确划分各级政府在基本公共服务领域交叉或重叠的事权，并形成共担方案。为保证公共服务的质量和稳定、高效提供，要根据公共产品与服务的层次性对各级政府的职责尽可能细分，那些不能直接明确划分、需要不同层级政府共担的领域，也要尽量细化，以便形成共同分担与负责的方案。尤其需要在基础教育、基本医疗、基本公共卫生等基本公共服务领域，尽快明确从中央到地方各级政府的支出责任和管理权限。

（1）政府间公共服务事权划分的总体思路：将基本公共服务"兜底"类事权

上收至中央，以保障基本民生需要，促进基本公共服务均等化，维护社会公平正义。

根据政府间事权划分的原则，基本公共服务下限兜底类事权应上收至中央，主要包括基础教育（九年义务教育）、基本医疗、基本养老、基本住房、基本公共卫生、城乡居民最低生活保障"六类基本公共服务"。究其原因，主要在于：一方面，基本公共服务关乎整个社会的公平性，关乎人的权利平等，也关系到劳动力的全国性自由流动；另一方面，地方政府在基本公共服务提供方面通常缺乏充分的内在激励。当然，这并不是要完全否定地方政府在这方面的责任和能动作用，在体制安排中，可考虑由中央保障基本公共服务的下限标准，在此基础之上的改善型服务由地方政府负责筹资并组织提供，地方政府通过"锦上添花"来增强该地区对人力资本、技术等生产要素的吸引力。具体可划分为以下两类，适度区别对待：第一，养老保险、最低生活保障、失业保险、廉租房租金补贴、社会抚恤等资金保障类基本公共服务事权和支出责任应由中央政府负责；第二，基础教育、公共卫生、低于成本的基本医疗服务等事权，可采取中央和地方共担的方式，由中央出资委托地方组织实施。

（2）政府间公共服务事权划分的方案

——中央政府的事权范围："六类基本公共服务"的下限标准及跨区域、跨省的此类职责；国家级重点高等教育；国家级疾病防控、三级甲等医院、重大公共卫生突发性事件；高能物理、航天、数学、力学等国家级基础性科研；国家级自然保护区；三江源保护、三北防护林建设、荒漠化治理等跨区域环境保护。

——省级政府的事权范围：帮助市县政府提供"六类基本公共服务"的改善型服务，以及省域内跨市县的此类职责；省域中等教育和高等教育；省级疾病防控与环境卫生、健康医疗体系、省级医院的建设，应对省级公共卫生突发性事件；省级科研项目的研发应用；省级自然保护区；跨市县、省域内环境保护。

——市县级政府的事权范围："六类基本公共服务"下限标准的具体执行，有能力者适度提供改善型服务；二级医院；市县级文化、体育设施；学前教育、成人教育；人口和户籍管理；社区服务等。

（3）基本公共服务事权划分的具体思路

——基础教育事权的划分思路

义务教育由中央、省、市县分级分项目承担。其中，中央政府负责制订并承担全国统一的最低教育经费保障标准、义务教育教师工资等事项。省级政府负责校舍建设和改造支出。市县级政府负责校舍维护和学校日常管理支出。

高中阶段教育（包括中等职业教育免费、中等职业教育国家助学金、普通高中国家助学金）和普惠性学前教育不属于义务教育，应由政府和社会共同兴办，政府予以补助。其中，政府补助支出应由中央、省、市县按比例分担。

——基本医疗事权的划分思路

基本医疗服务事权的划分比较复杂，因为它涉及一国所采取的卫生体制模式，因此有的国家中央承担事权多一些，有的国家主要由地方承担，也有的国家由中央和地方协同共管。例如，在以英国为代表的国民卫生服务模式下，中央政府筹资并承担大部分医疗事权；在以德国为代表的社会健康保险模式下，中央和地方共同管理医疗事务。具体到我国来看，基本医疗事权可考虑由中央、省、市县分项目承担。其中，中央政府负责补助城乡居民参加基本医疗保险制度，省和市县级政府分别承担本级所属公立医疗机构的经费补助责任。

——基本公共卫生事权的划分思路

公共卫生事权可考虑由中央、省、市县分项目承担。其中，中央政府负责制定全国公共卫生服务最低标准、全国性重大疫病和传染病防治等事项。省级政府负责省域内公共卫生服务资源布局和地方性疾病防治。市县级政府负责公共卫生机构的运转和公共管理支出。

——社会保障事权的划分思路

社会保障事权可考虑由中央、省、市县分项目承担。其中，中央政府负责全国性重特大灾害和事故救助、养老保险等事项。省级政府承担省域内居民社会保障政策制定、地方性灾害与事故救助、农村低保等事项。市县级政府承担辖区内居民社会保障政策的实施与日常管理。

3. 加快构建地方税体系，提高地方政府公共服务的保障能力

在上收部分事权的同时，中央应按照事权与财权相匹配的原则适度向地方政府下放部分财权，使地方政府享有必要的税收政策制定权和税种选择权。在可能的条件下，经过审批，中央可考虑允许地方政府依照法定程序自主开辟地方税种和税源，以便地方政府筹集适量的用于履行事权的资金，实现责与权的统一。同时，中央要按照事与财相一致的原则，结合营改增的全面覆盖，尽快调整中央与地方政府之间的收入划分办法，关键是培植地方主体税种，建立健全地方税体系，使地方政府有财力实现分级预算、自求平衡。具体而言，在保持现有中央和地方财力格局总体稳定的前提下，可考虑通过深化资源税、房地产税、环境保护税等税制改革，培植地方税主体税种，健全和完善地方税体系。

第一，房地产税可在一线城市率先实施。近期，由于经济持续下行，出于去房地产库存和稳增长的考虑，房地产税改革进程有所放缓。这是审时度势所做的科学决策，是正确的选择。今年以来，随着房地产去库存激励政策的陆续出台，房地产市场有所回暖，但地区分化比较严重，三四线城市房价仍在下行的同时，北上广深等一线城市却出现了房价暴涨之势。在这种背景下，可考虑适时加快房地产税的立法进程，并率先在北上广深等一线城市实施。这样既有利于抑制一线城市的房价和房地产泡沫，也有利于打造地方税主体税种、构建地方税体系，又可为中央与地方的收入划分创造条件，进而推动央地财政关系改革的实施。

第二，深化资源税改革。下一阶段的重点是扩大征税范围，逐步将其他金属矿、非金属矿纳入资源税的征税范围，然后再进一步向森林、水流、草原、滩涂等扩展，并适时提高资源税税率，充分发挥税收对资源开发利用的调节作用。

第三，适时开征环境保护税。可考虑在清理相关收费的基础上，先将废水、废气和固体废物等污染物纳入征收范围，逐步完善相关制度；待条件成熟后，再逐步将生态保护和特种产品污染等纳入环境保护税征收范围。

另外，可考虑将车辆购置税明确为地方税，并适时研究开征遗产税和赠与税。

（四）改革和完善转移支付制度，促进基本公共服务均等化

在理顺政府间事权与财权配置关系的基础上，转移支付制度作为政府间财政

资金的调节机制，具有财力均衡的特殊功效，是实现基本公共服务均等化的重要工具。现阶段如何改革完善我国现行的转移支付制度，削减制度运行中存在的诸多制约性因素，无疑已构成了促进基本公共服务均等化目标实现的重要议题。

1. 精简项目，优化结构

首先，要严格规范专项转移支付和专项资金的设置，清理整合归并中央对地方的各种补助项目。专项转移支付要突出重点，仅对涉及重大国计民生的事项设立，取消无足轻重的零星专项，以彻底改变专项转移支付项目分散繁杂的现状。其次，要着力优化转移支付结构，增加一般性转移支付的规模，保证各级政府职责的实现，缩小各地区政府财力差距。要归并现行具有特定政策目标的工资性转移支付等财力性转移支付项目，对年度之间变化不大且将永久存在的项目列入体制补助，冲减地方上解。再次，将现有地方专项按政府收支分类科目的款级进行归类，与部门预算的编制协调统一起来，使地方专项分类更合理、规范、有序，也有利于人大和审计监督。执行中再进一步细化到科目的项级，并根据项目需要，对项目资金按支出用途分别进行管理，如农村义务教育经费保障机制改革经费等。最后，对现有地方专项进行整合、压缩。专项整合有自上而下和自下而上两种路径，在目前条件下，地方自下而上地整合比较困难，基层财政承受压力较大。因此，必须在自下而上整合的同时，进行自上而下的整合：对使用方向一致、可以进行归并的项目予以整合；对到期项目、一次性项目以及根据宏观调控需要不必设立的项目予以取消或压缩。

2. 改进转移支付的分配方法

要不断提高转移支付的透明度，并不断规范和完善一般性转移支付的计算公式和模型，消除讨价还价的余地。要设计科学的指标体系来评定各地的财政能力和基本公共需要，并逐步建立起能够科学考核和评价监督市县级支出的指标体系。采取因素法而不是基数法，通过严格的公式测算，并遵循公正、公开、透明的原则，科学合理地分配转移支付资金，从而避免人为调整和主观随意性。

在因素选择上，可以借鉴国际经验，并结合我国现阶段的国情和地区间均衡发展的目标，重点突出以下三方面因素：一是人口稀疏程度和地区间自然禀赋差异因素;二是维护民族地区、边疆地区、革命老区社会稳定和民族团结因素;三是"三农"和重点区域援助因素。要将上述三方面因素纳入到分配公式中,努力量化不同地区、不同条件下基本公共服务的供给成本,经过反复测算使其财力支持尽可能科学化、合理化。同时,财政转移支付要鼓励要素跨区域合理流动,提高人口在地域上的集中程度和城市化水平,这将有助于发挥规模经济效应和城市聚集经济效应,降低人均基本公共服务的供给成本。另外,财政转移支付应将地区的劳动力流出量作为重要因素之一,对劳动力流出较多的地区给予更多的转移支付。

切实加强转移支付资金和专项拨款的管理。凡是适用因素法分配的专项,都要采用因素法,避免分人情钱、"撒胡椒面"和"跑部钱进"的现象;适合采用项目管理的应加强制度建设,规范操作,形成科学合理的分配依据和制度规范;对专项转移支付资金的分配要制订明确的资金使用绩效目标,并对资金使用效果做跟踪检查。

3. 积极探索横向转移支付的实现路径

从国际实践来看,德国和斯堪的纳维亚半岛国家的横向财政平衡提供了成功的经验,特别是德国的横向财政平衡制度在东西合并统一的进程中发挥了重大作用,值得借鉴。目前,我国和世界上大多数国家采用的都是纵向转移支付模式。多年来,纵向模式在我国的实施虽然积累了丰富的经验,但在权衡中央政府的财力状况和实现基本公共服务均等的目标后,还是应逐步引入横向模式,探索以纵向为主、纵横交错的转移支付模式,以进一步扩展均等化渠道,增强均等化能力。

4. 完善保障农民工基本公共服务的转移支付制度

城乡基本公共服务一体化要求将农民工享受的基本公共服务纳入城镇居民的公共服务体系中,而我国长期存在的城乡二元结构造成了农村的公共服务水准明显低于城镇。将农民工完全纳入城镇公共服务体系,必然要求政府增加公共支出。考虑到农民工的流动性具有不确定性,应该由高于城市财政的层级来承担,重点应由中央财政和省级财政通过转移支付解决。

将农民工纳入城镇公共服务体系需要制度的保障,这就迫切要求对财政转移支付制度进行改革。一是调整和改变现有的财政转移支付方式。目前农民工的基本公共服务还是一年一拨的专项补助形式,没有固定成为财政体制中的常态支出。今后要将农民工的基本公共服务列入中央财政的一般性转移支付,成为影响一般性转移支付资金分配的一个重要因素。二是建立相关的指标体系。一般性转移支付资金是通过因素法按照既定公式计算得出的结果进行分配的,为此就必须完成如人口数、服务标准、特殊影响因素等信息的收集与整理。对农民工的基本公共服务转移支付的分配,必须依赖大量科学有效的统计工作,并逐步形成科学规范、具有可比性的数据库,完成均等化转移支付的基础工作。三是形成正向激励机制。财政体制的调整需要引导与激励,做得好的地方不仅能够获得转移支付资金,还可以获得必要的奖励。对农民工的基本公共服务转移制度的改革也需要这种方法,转移支付金额与农民工的基本公共服务质量挂钩,通过激励地方政府提供更好的基本公共服务来获得更多的转移支付。

(五)加快投融资体制改革,建立健全基本公共服务多元化的供给模式

一方面,要大力推广政府、企业和社会力量合作模式(PPP)。探索设立PPP项目引导基金,规范PPP项目操作程序,建立健全合理投资回报机制,鼓励和引导社会资本参与公共产品和公共服务项目的投资、运营管理,重点在轨道交通、停车设施、垃圾污水处理、能源、水利、保障性安居工程、医疗、养老、教育、文化等领域推广PPP模式,提高公共产品和公共服务的供给能力和效率。

另一方面,进一步推进和完善政府购买公共服务。继续扩大政府购买服务的范围和规模,能由政府购买服务提供的,政府不再直接承办;能由政府与社会资本合作提供的,广泛吸引社会资本参与。完善相关政策,制发政府购买服务指导性目录,逐步扩大政府购买服务的范围和规模。制订重点公共服务领域政府购买服务实施方案,逐步加大教育、社会保障、环境保护、文化、市政市容等重点领域的政府购买服务力度,推进选取社会影响力大、具有示范性和带动性、市场机制成熟的示范项目,通过购买服务的方式交由社会力量承担,并对示范项目的实施情况进行后续跟踪。加强政府购买服务资金管理,提高资金使用效益和公共服务供给水平。加大对社会组织的培育扶持,重视发展服务业市场,激发和调动社会力量参与政府购买服务的积极性。

分报告七 收入分配制度改革视角下推进基本公共服务均等化的思路与政策研究

参考文献

［1］陈江涛.从经费视野看城乡义务教育均衡发展［J］.教育与教学研究，2009（12）：35-39.

［2］刘立峰.统筹城乡义务教育的财政转移支付研究［J］.中国投资，2008（11）：92-95.

［3］王元京.我国城乡义务教育差别的制度障碍分析［J］.财经问题研究，2009（9）：3-10.

［4］于长革.构建规范的政府间财政转移支付制度［J］.经济要参，2007（47）：8-11.

［5］于长革.中国式财政分权与公共服务供给的机理分析［J］.财经问题研究，2008（11）：84-89.

［6］于长革.中国财政分权的演进与创新［M］.北京：经济科学出版社，2010.

［7］于长革.缩小收入差距、实现"共富"的公共政策取向［J］.经济要参，2013（39）：11-16.

［8］于长革.推进新一轮财税改革要创新思路［J］.地方财政研究，2014（1）：22-27.

［9］于长革.深化财税改革的基本思路与主要任务［J］.财会研究，2014（3）：5-8.

［10］于长革.新常态下财政稳增长的逻辑［M］.北京：经济科学出版社，2015.

［11］于长革.推进基本公共服务均等化的财政体制和政策建议［J］.国有资产管理，2017（9）：36-39.

［12］邹志辉.农村义务教育经费保障机制［M］.北京：北京大学出版社，2008.

分报告八 我国国有企业收入分配制度改革探索

一、国企改革与收入分配制度相关政策梳理

（一）国企改革中有关收入分配制度的内容

改革开放以前，国家对国有企业实行计划统一下达，资金统贷统还，物资统一调配，产品统收统销，就业统包统揽，盈亏都由国家负责，国有企业没有经营自主权。

改革开放以来，国有企业已掀起了几次改革浪潮，与我国经济体制改革一致，国企改革始终坚持市场化的改革方向，形成了国企目前的收入分配格局。国企改革始终在有关重要文件中出现，并对有些领域做了明确规定。

十一届三中全会提出，要让企业有更多的经营管理自主权。按照十一届三中全会提出的改革方向，先后在国有企业推进了扩大企业经营自主权、利润递增包干和承包经营责任制的试点，调整了国家与企业的责权利关系，进一步明确了企业的利益主体地位，调动了企业和职工的生产经营积极性，增强了企业活力，为企业进入市场奠定了初步基础。

十四届三中全会明确了国有企业改革的方向是建立"产权清晰、权责明确、政企分开、管理科学"的现代企业制度。

十五大提出着眼于从整体上搞好国有经济，抓好大的，放活小的，对国有经济实施"有进有退"的战略性调整，是国有企业改革的重大战略转变，使优胜劣

汰的竞争机制逐步形成，为国有企业的持续快速发展提供了制度基础。

十六大报告提出深化国有资产管理体制改革的重大任务，明确要求国家要制定法律法规，建立中央政府和地方政府分别代表国家履行出资人职责，享有所有者权益、权利、义务和责任相统一，管资产和管人、管事相结合的国有资产管理体制。

十七大报告进一步提出，深化国有企业公司制股份制改革，健全现代企业制度，优化国有经济布局和结构，增强国有经济的活力、控制力、影响力。深化垄断行业改革，引入竞争机制，加强政府监管和社会监督。加快建设国有资本经营预算制度。完善各类国有资产管理体制和制度。

随着改革的深入，国有经济布局和结构调整力度加大，大多数国有企业进行了公司制改革，企业改制和产权转让逐步规范，国有资本有序退出加快，国有企业管理体制和经营机制发生深刻变化。国企改革的成就突出，例如，国有资本逐步向关系国家安全和国民经济命脉的重要行业和关键领域集中，影响力、控制力不断提升；对公共财政的贡献更为直接；国有企业成为特殊时期经济社会平稳运行的重要依托等。

党的十八大以来，本轮国企改革快速推进。自2013年起，尤其2015年相继出台的文件较有代表性。

2013年11月12日，中国共产党第十八届中央委员会第三次全体会议通过《中共中央关于全面深化改革若干重大问题的决定》，述及完善国有资产管理体制，以管资本为主加强国有资产监管，改革国有资本授权经营体制，组建若干国有资本运营公司，支持有条件的国有企业改组为国有资本投资公司。划转部分国有资本充实社会保障基金。完善国有资本经营预算制度，提高国有资本收益上缴公共财政的比例，更多用于保障和改善民生。

2015年10月29日，通过《中国共产党第十八届中央委员会第五次全体会议公报》，建立更加公平更可持续的社会保障制度，实施全民参保计划，实现职工基础养老金全国统筹，划转部分国有资本充实社保基金，全面实施城乡居民大病保险制度。

1.《中共中央、国务院关于深化国有企业改革的指导意见》

2015年9月13日,国企改革顶层设计方案《关于深化国有企业改革的指导意见》(以下简称《指导意见》)发布,新一轮国企改革正式开幕。《指导意见》是新时期指导和推进国企改革的纲领性文件,包括总体要求、分类改革、完善现代企业制度和国有资本管理体制、发展混合所有制、防止国有资产流失等方面,并对其主要内容提出了改革目标和举措。例如,明确提出建立"以管资本为主"的国有资产管理体制;建立覆盖全部国有企业、分级管理的国有资本经营管理制度,提高国有资本收益上缴公共财政的比例,2020年提高到30%。

(1)实行与社会主义市场经济相适应的企业薪酬分配制度。企业内部的薪酬分配权是企业的法定权利,由企业依法依规自主决定建立健全与劳动力市场基本适应、与企业经济效益和劳动生产率挂钩的工资决定和正常增长机制。推进全员绩效考核,以业绩为导向,科学评价不同岗位员工的贡献,合理拉开收入分配差距,切实做到收入能增能减和奖惩分明,充分调动广大职工的积极性。对国有企业领导人员实行与选任方式相匹配、与企业功能性质相适应、与经营业绩相挂钩的差异化薪酬分配办法。对党中央、国务院和地方党委、政府及其由部门任命的国有企业领导人员,合理确定基本年薪、绩效年薪和任期激励收入。对市场化选聘的职业经理人实行市场化薪酬分配机制,可以采取多种方式探索完善中长期的激励机制。健全与激励机制相对称的经济责任审计、信息披露、延期支付、追索扣回等约束机制。严格规范履职待遇、业务支出,严禁将公款用于个人支出。

(2)探索实行混合所有制企业员工持股。坚持试点先行,在取得经验的基础上稳妥有序推进,通过实行员工持股建立激励约束长效机制。优先支持人才资本和技术要素贡献占比较高的转制科研院所、高新技术企业、科技服务型企业开展员工持股试点,支持对企业经营业绩和持续发展有直接或较大影响的科研人员、经营管理人员和业务骨干等持股。员工持股主要采取增资扩股、出资新设等方式。完善相关政策,健全审核程序,规范操作流程,严格资产评估,建立健全股权流转和退出机制,确保员工持股公开透明,严禁暗箱操作,防止利益输送[①]。

[①] 商小圆:《一篇文章让你读懂国企改革》,财经综合报道,2015年9月15日。

自《指导意见》颁布之后，一系列相关文件相继出台。其中，2016年9月23日《国务院关于国有企业发展混合所有制经济的意见》、2016年10月31日《国务院关于改革和完善国有资产管理体制的若干意见》、2015年12月30日《关于国有企业功能界定与分类的指导意见》等重要文件引起了巨大反响，这三个文件都涉及收入分配领域的内容，对《指导意见》中的内容做了具体归属。以下对另外两个专门述及收入分配制度的文件做一概述。

2.《国有科技型企业股权和分红激励暂行办法》

2016年2月26日，财政部、科技部、国资委印发《国有科技型企业股权和分红激励暂行办法》的通知（财资〔2016〕4号）。在中关村国家自主创新示范区股权和分红激励试点办法的基础上，制定了《国有科技型企业股权和分红激励暂行办法》。本办法中所称国有科技型企业，是指中国境内具有公司法人资格的国有及国有控股未上市科技企业（含全国中小企业股份转让系统挂牌的国有企业），具体包括：转制院所企业、国家认定的高新技术企业；高等院校和科研院所投资的科技企业；国家和省级认定的科技服务机构。股权激励是指国有科技型企业以本企业股权为标的，采取股权出售、股权奖励、股权期权等方式，对企业重要技术人员和经营管理人员实施激励的行为。分红激励是指国有科技型企业以科技成果转化收益为标的，采取项目收益分红方式；或者以企业经营收益为标的，采取岗位分红方式，对企业重要技术人员和经营管理人员实施激励的行为。

3.《国有企业职工家属区"三供一业"分离移交工作指导意见》

2016年6月11日，国务院办公厅批转国资委、财政部《关于国有企业职工家属区"三供一业"分离移交工作的指导意见》（国办发〔2016〕45号）。在2012年以来10省（市）开展中央企业"三供一业"分离移交试点的基础上，提出全面开展分离移交国有企业职工家属区供水、供电、供热（供气）及物业管理（统称"三供一业"）。

工作目标分三个阶段：2016年开始，在全国全面推进国有企业（含中央企业和地方国有企业）职工家属区"三供一业"分离移交工作，对相关设备设施进行必要的维修改造，达到城市基础设施的平均水平，分户设表、按户收费，交由专业化企业或机构实行社会化管理,并于 2018 年年底前基本完成。2019 年起国有企业不再以任何方式为职工家属区"三供一业"承担相关费用。

明确分离移交工作的责任主体是企业,移交企业和接收单位要根据"三供一业"设备设施的现状,共同协商维修改造标准及组织实施方案等事项,签订分离移交协议,明确双方责任,确保工作有效衔接。

分离移交费用由企业和政府共同分担。中央企业的分离移交费用由中央财政(国有资本经营预算)补助 50%,中央企业集团公司及移交企业的主管企业的承担比例不低于 30%,其余部分由移交企业自身承担。原政策性破产中央企业的分离移交费用由中央财政(国有资本经营预算)全额承担。地方国有企业分离移交费用由地方人民政府明确解决办法。其中 1998 年 1 月 1 日以后中央下放地方的煤炭、有色金属、军工等企业(含政策性破产企业)的分离移交费用由中央财政给予适当补助,具体办法由财政部另行制定。

(二)收入分配制度改革中涉及国企的内容

收入分配改革是经济体制改革的重要内容,是经济发展和社会进步的重要体现,是社会主义和谐社会建设的重要保障。在本世纪初,我国收入分配改革的"顶层设计"便被提上议事日程。2001 年,国务院组织了一次大规模的收入分配问题研究。十六大以来,党和政府高度重视民生问题,尤其是收入分配问题,为此提出了一系列改革分配制度、规范收入分配秩序的措施。针对我国收入分配领域由于要素分配过程中劳动收入比例过低等原因导致的城乡、地区和行业间收入差距过大等不利影响,国家相继出台了一系列调节收入分配的政策。以下按时间顺序进行梳理,并将重点叙述已出台政策。

2002 年 11 月,党的十六大报告把理顺收入分配关系作为收入分配制度改革的重点,提出需要理顺的收入分配关系包括国家、企业、个人不同收入分配主体之间的关系、不同分配方式之间的关系、效率与公平之间的关系、初次分配与再分配之间的关系[①]。2003 年 10 月,十六届三中全会提出通过加大收入分配调节力

[①] 江泽民:《全面建设小康社会,开创中国特色社会主义事业新局面——在中国共产党第十六次全国代表大会上的报告》。

度来解决收入差距过分扩大的问题,以及"提低、扩中、调高"的政策目标[①]。2004年收入分配改革开始启动。2006年,中央政治局会议研究了改革收入分配制度和规范收入分配秩序的问题,并提出构建科学合理、公平公正的社会收入分配体系的改革目标[②]。2007年10月,十七大重申我国基本收入分配制度,并提出通过各种方式增加城乡居民收入,提高劳动报酬在初次分配中的比重等。

1.《关于2009年深化经济体制改革工作的意见》

2009年5月19日,《关于2009年深化经济体制改革工作的意见》(国发〔2009〕26号)颁布,涉及国有企业的主要有两项内容:一是深化垄断企业改革,拓宽民间资本的领域和渠道。所述石油、铁路、电力、电信、市政公用设施等行业是国有企业最集中的领域。二是加快推进民生领域改革,提高居民消费能力和意愿。杨宜勇等对其收入分配制度改革思路做了概括:逐步调整收入初次分配政策,不断缩小地区和行业的收入差距。特别提出进一步规范国有企业负责人的薪酬管理制度。不断完善收入再分配政策,推动社会和谐发展[③]。

2.《关于进一步规范中央企业负责人薪酬管理的指导意见》

2009年9月16日,人力资源和社会保障部等部委联合下发了《关于进一步规范中央企业负责人薪酬管理的指导意见》,对中央企业负责人薪酬制度做出明确规定。中央企业负责人的薪酬结构主要包括基本年薪、绩效年薪和中长期激励收益三部分,其中基本年薪与上年度在岗职工平均工资相联系,而绩效年薪则根据年度经营业绩考核结果进行确定。同时,对重要企业负责人的职务消费也做出了原则性的规定。中央企业要严格控制职务消费,按照有关规定建立健全职务消费管理制度。

2009年年底中央经济工作会议发出调整收入分配的信号。在2010年3月5日的全国人大会议上,温家宝总理在《政府工作报告》中专门论述"改革收入分配制度",包括:①抓紧制定调整国民收入分配格局的政策措施,逐步

---

① 《中共中央关于完善社会主义市场经济体制若干问题的决定》。
② 《中央研究改革收入分配制度和改革收入分配秩序问题》,人民网,2006年5月27日。
③ 杨宜勇、池振合:《我国收入分配面临的主要问题及其对策》,《税务研究》,2010年9月。

提高居民收入在国民收入分配中的比重，提高劳动报酬在初次分配中的比重。加大财政、税收在收入初次分配和再分配中的调节作用。创造条件让更多群众拥有财产性收入；②深化垄断行业收入分配制度改革。完善对垄断行业工资总额和工资水平的双重调控政策。严格规范国有企业、金融机构经营管理人员特别是高管的收入，完善监管办法；③进一步规范收入分配秩序。这是政府工作报告首次提出改革收入分配制度。

2012年10月，国务院常务会议明确2012年四季度要制定收入分配制度改革的总体方案，调节垄断部门高收入。2012年11月，党的十八大报告述及"必须坚持走共同富裕道路。要坚持社会主义基本经济制度和分配制度，调整国民收入分配格局，加大再分配调节力度，着力解决收入分配差距较大问题，使发展成果更多更公平惠及全体人民，朝着共同富裕方向稳步前进。""人民生活水平全面提高。基本公共服务均等化总体实现——收入分配差距缩小，中等收入群体持续扩大，扶贫对象大幅减少。""要加快完善社会主义市场经济体制，完善公有制为主体、多种所有制经济共同发展的基本经济制度，完善按劳分配为主体、多种分配方式并存的分配制度，更大程度更广范围发挥市场在资源配置中的基础性作用，完善宏观调控体系，完善开放型经济体系，推动经济更有效率、更加公平、更可持续发展。""全面深化经济体制改革。深化改革是加快转变经济发展方式的关键。经济体制改革的核心问题是处理好政府和市场的关系，必须更加尊重市场规律，更好发挥政府作用。要毫不动摇巩固和发展公有制经济，推行公有制多种实现形式，深化国有企业改革，完善各类国有资产管理体制，推动国有资本更多投向关系国家安全和国民经济命脉的重要行业和关键领域，不断增强国有经济活力、控制力、影响力。毫不动摇鼓励、支持、引导非公有制经济发展，保证各种所有制经济依法平等使用生产要素、公平参与市场竞争、同等受到法律保护。""七、在改善民生和创新管理中加强社会建设（三）千方百计增加居民收入。实现发展成果由人民共享，必须深化收入分配制度改革，努力实现居民收入增长和经济发展同步、劳动报酬增长和劳动生产率提高同步，提高居民收入在国民收入分配中的比重，提高劳动报酬在初次分配中的比重。初次分配和再分配都要兼顾效率和公平，再分配更加注重公平。完善劳动、资本、技术、管理等要素按贡献参与分配的初次分配机制，加快健全以税收、社会保障、转移支付为主要手段的再分配调节机制。深化企业和机关事业单位工资制度改革，推行企业工资集体协商制度，保护劳动所得。多渠道增加居民财产性收入。规范收入分配秩序，保护合法收入，增加低收入者收入，调节过高收入，取缔非法收入。"

3.《关于深化收入分配制度改革的若干意见》

2013年2月3日，国务院批转《关于深化收入分配制度改革的若干意见》（国发〔2013〕6号），改革要求进一步明确。内容专门论述"加强国有企业高管薪酬管理"和"建立健全国有资本收益分享机制、完善公共资源占用及其收益分配机制"，并在"清理规范工资外收入"一栏中述及"严格控制国有及国有控股企业高管人员职务消费，规范车辆配备和使用、业务招待、考察培训等职务消费项目和标准"和在"打击和取缔非法收入"一栏中述及"围绕国企改制、土地出让、矿产开发、工程建设等重点领域"。收入分配制度改革要与国有企业、行政体制、财税金融体制等相关重点领域改革有机结合、协同推进。

4.《中央管理企业主要负责人薪酬制度改革方案》

针对企业特别是国有企业由于所有者缺位、企业经营者自定薪酬、企业内部薪酬差距拉大及其对社会公平正义带来的巨大冲击，力推《中央管理企业主要负责人薪酬制度改革方案》于2014年8月出台，并且以中央政治局会议的形式审议通过，建立与企业领导人分类管理相适应、选任方式相匹配的企业高管人员差异化薪酬分配制度，全面规范中央管理企业负责人薪酬构成及根据经营管理绩效、风险和责任确定薪酬的制度，对行政任命的国有企业高管人员薪酬水平实行限高，推广薪酬延期支付和追索扣回制度，规范企业负责人的福利发放及职务消费行为[①]。

5.《关于2015年深化经济体制改革重点工作的意见》

2015年5月8日，国务院批转发展改革委《关于2015年深化经济体制改革重点工作的意见》的通知（国发〔2015〕26号），在"深化企业改革"一栏

---

① 《展望"十三五"：全面深化收入分配制度改革》，中国日报网，2015年10月29日。

中着重述及国有领域改革，包括国资、法人治理结构及电力体制等内容。其中，在国有企业法人治理结构方案中提出修改完善中央企业董事会董事评价办法，推动国有企业完善现代企业制度。完善中央企业分类考核实施细则，健全经营业绩考核与薪酬分配有效衔接的激励约束机制。

二、国有企业与收入分配差距分析

本报告从两个维度对国有企业与收入分配制度改革进行研究：一是国有企业作为整体与收入分配的关系；二是国有企业自身的收入分配问题，即国有企业薪酬制度，属于国企公司治理结构和激励的微观范畴。

（一）国有企业与收入分配的相关性

按《中国统计年鉴2016》对统计指标的解释，国有企业是指企业全部资产归国家所有，并按《中华人民共和国企业法人登记管理条例》规定登记注册的非公司制的经济组织，不包括有限责任公司中的国有独资公司。

1. 所有制性质带来的收入差别

截至2015年，我国企业单位数达1 259.3254万家，内资企业1 235.5798万家，其中，国有企业13.3631万家，占内资企业的1.0815%。城乡就业人员共77 451万人，城镇就业人员40 410万人，其中，国有单位6 208.3万人，占城乡就业人员的8.154%，占城镇就业人员的15.3625%。按行业分国有单位的就业分布情况如表1所示。

表1 2015年年底按登记注册类型和行业分城镇单位就业人员数

单位：万人

项目	合计	国有单位	占比	城镇集体单位	其他单位
全国总计	18 062.5	6 208.3	34.37%	481.4	11 372.8
农林牧渔业	270.0	248.4	92.00%	2.1	19.4
采矿业	545.8	54.8	10.04%	10.7	480.3
制造业	5 068.7	180.8	3.57%	74.4	4 813.6

续表

项目	合计	国有单位	占比	城镇集体单位	其他单位
电力、热力、燃气及水生产和供应业	396.0	178.8	45.15%	3.8	213.4
建筑业	2 796.0	192.9	6.90%	154.7	2 448.4
批发和零售业	883.3	90.8	10.28%	31.7	760.9
交通运输、仓储和邮政业	854.4	373.4	43.70%	14.8	466.2
住宿和餐饮业	276.1	37.4	13.55%	5.4	233.3
信息传输、软件和信息技术服务业	349.9	35.5	10.15%	0.7	313.6
金融业	606.8	146.6	24.16%	46.5	413.7
房地产业	417.3	33.1	7.93%	8.0	376.2
租赁和商务服务业	474.0	120.6	25.44%	31.8	321.7
科学研究和技术服务业	410.6	213.2	51.92%	4.8	192.6
水利、环境和公共设施管理业	273.3	210.7	77.09%	10.9	51.7
居民服务、修理和其他服务业	75.2	22.0	29.26%	4.9	48.3
教育	1 736.5	1 607.3	92.56%	20.9	108.3
卫生和社会工作	841.6	733.1	87.11%	51.5	57.0
文化、体育和娱乐业	149.1	104.4	70.02%	1.8	42.8
公共管理、社会化保障和社会组织	1 637.8	1 624.4	99.18%	2.0	11.4

资料来源：根据国家统计局《中国统计年鉴（2016）》数据计算。

从以上国有企业单位数和就业人员情况可以看出，虽然我国国有企业仅为企业总数的百分之一，但就业人数占城镇单位的就业人员数却超过三分之一（为34.37%，见表1），可见国有企业的就业容量和规模较大。从表1进一步分析，国有企业就业人员高度集中（超过40%）的行业有8个，分别为电力、热力、燃气及水生产和供应业，交通运输、仓储和邮政业，科学研究和技术服务业，水利、环境和公共设施管理业，教育，卫生和社会工作，文化、体育和娱乐业，公共管理、社会化保障和社会组织。

2015年，城镇单位就业人员平均工资为6.2029万元。其中，国有单位就业人员平均工资为6.5296万元，城镇集体单位为4.6607万元，股份合作单位为6.0369万元，联营单位为5.0733万元，有限责任公司为5.4481万元，股份有限公司为7.2644万元，其他内资为4.6945万元，港澳台商投资单位为6.2017万元，外商投资单位为7.6302万元。相比而言，国有单位就业人员的平均工资较高，仅次于外商独资和股份有限公司。

以下再从时间维度，分析各种注册类型单位就业人员平均工资的变化情况，见表2和图1。

表2 按登记注册类型分城镇单位就业人员的平均工资变化情况

单位：元

年份	合计	国有单位	城镇集体单位	股份合作单位	联营单位	有限责任公司	股份有限公司	其他内资	港澳台商投资单位	外商投资单位
1995	5 348	5 553	3 934	7 260	6 074	—	—	6 483	7 711	8 812
2000	9 333	9 441	6 241	7 479	10 608	9 750	11 105	9 888	12 210	15 692
2005	18 200	18 978	11 176	13 808	17 476	17 010	20 272	11 230	17 833	23 625
2006	20 856	21706	12 866	15 190	19 883	19 366	24 383	13 262	19 678	26 552
2007	24 721	26100	15 444	17 613	23 746	22 343	28 587	16 280	22 593	29 594
2008	28 898	30 287	18 103	21 497	27 576	26 198	34 026	19 591	26 083	34 250
2009	32 244	34 130	20 607	25 020	29 474	28 692	38 417	21 633	28 090	37 101
2010	36 539	38 359	24 010	30 271	33 939	32 799	44 118	25 253	31 983	41 739
2011	41 799	43 483	28 791	36 740	36 142	37 611	49 978	29 961	38 341	48 869
2012	46 769	48 357	33 784	43 433	42 083	41 860	56 254	34 694	44 103	55 888
2013	51 483	52 657	38 905	48 657	43 973	46 718	61 145	38 306	49 961	63 171
2014	56 360	57 296	42 742	54 806	49 078	50 942	67 421	42 224	55 935	69 826
2015	62 029	65 296	46 607	60 369	50 733	54 481	72 644	46 945	62 017	76 302

资料来源：根据国家统计局《中国统计年鉴（2016）》数据计算。

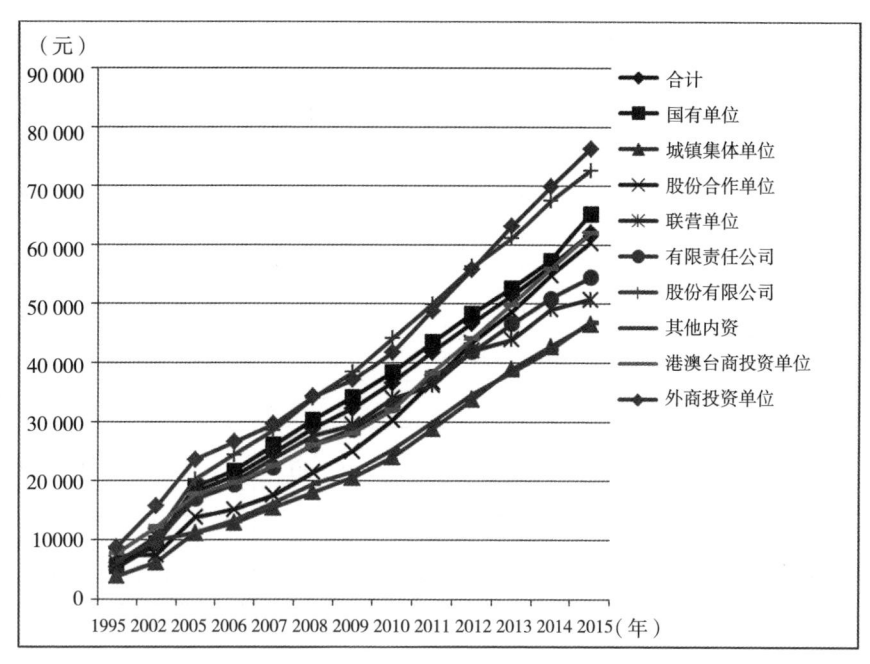

分报告八　我国国有企业收入分配制度改革探索

图1　按登记注册类型分城镇单位就业人员的平均工资变化情况

从图1可以看出，第一，九种注册类型单位的平均工资水平普遍呈现上涨状态，而且呈加速上涨趋势。第二，2005年和2010年是较明显的两个拐点，自2005年之后，各类单位平均工资加速上涨的趋势明显；2010年之后，速度进一步提高，外商投资和港澳台投资单位尤其明显。第三，虽然总态势呈现上涨，但近年来，尤其是2015年，国有单位平均工资大幅增长，联营单位上涨幅度趋缓，其他几类单位的上涨趋势基本不变。

2. 行业性质带来的收入差别

行业是指其按生产同类产品或具有相同工艺过程或提供同类劳动服务划分的经济活动类别。按国民经济行业分类，GB/4754—2011分为A–S 19个行业和T国际组织，共20个大类行业。人力资源和社会保障部劳动工资研究所2015年发布的《中国薪酬报告》显示，1988年，收入最高行业是最低行业的1.58倍，随后行业差距逐年扩大，到2005年达到4.88倍，为历年最高；2005年后差距虽略有下降，但幅度较小，到2010年为4.66倍，2011年为4.48倍；2012年，工资收入最高行业的金融业是最低行业的农林牧渔业的4.3倍。按登记注册类型和行业分城镇就业人员的平均工资情况，如表3所示。

表3 2015年按登记注册类型和行业分城镇单位就业的人员平均工资情况

单位：元

项目	合计	国有单位	占比（%）	城镇集体单位	其他单位
全国总计	62 029	65 296	105.27	46 607	60 906
农林牧渔业	31 947	31 374	98.21	39 049	38 153
采矿业	59 404	59 673	100.45	42 900	59 729
制造业	55 324	64 931	117.36	42 026	55 162
电力、热力、燃气及水生产和供应业	78 886	80 066	101.50	54 395	78 327
建筑业	48 886	49 544	101.35	39 276	49 442
批发和零售业	60 328	69 300	114.87	31 804	60 433
交通运输、仓储和邮政业	68 822	70 908	103.03	37 461	68 138
住宿和餐饮业	40 806	43 621	106.90	37 197	40 436
信息传输、软件和信息技术服务业	112 042	69 858	62.35	50 901	117 076
金融业	114 777	100 672	87.71	82 944	123 640
房地产业	60 244	55 922	92.83	44 062	60 976
租赁和商务服务业	72 489	55 016	75.90	40 731	82 287
科学研究和技术服务业	89 410	80 409	89.93	58 849	100 210
水利、环境和公共设施管理业	43 528	42 705	98.11	33 262	49 130
居民服务、修理和其他服务业	44 802	49 144	109.69	41 566	43 131
教育	66 592	67 442	101.28	55 810	55 937
卫生和社会工作	71 624	73 490	102.61	57 917	60 027
文化、体育和娱乐业	72 764	73 447	100.94	49 577	72 093
公共管理、社会化保障和社会组织	62 323	62 452	100.21	55 179	45 462

资料来源：根据国家统计局《中国统计年鉴（2016）》数据计算。

从表3可以看出，与城镇单位就业人员的全国平均工资相比，国有单位高出

5.27个百分点；从19个分行业来看，高出平均值的有12个，超过一半，其中制造业、批发和零售业两个行业的平均工资高出较多，超过10个百分点。

以下分别按行业就业人员平均工资、国有单位就业人员平均工资排序，如表4所示。

表4　2015年按行业和国有单位就业人员平均工资排序

单位：元

项目	行业	项目	国有单位
金融业	114 777	金融业	100 672
信息传输、软件和信息技术服务业	112 042	科学研究和技术服务业	80 409
科学研究和技术服务业	89 410	电力、热力、燃气及水生产和供应业	80 066
电力、热力、燃气及水生产和供应业	78 886	卫生和社会工作	73 490
文化、体育和娱乐业	72 764	文化、体育和娱乐业	73 447
租赁和商务服务业	72 489	交通运输、仓储和邮政业	70 908
卫生和社会工作	71 624	信息传输、软件和信息技术服务业	69 858
交通运输、仓储和邮政业	68 822	批发和零售业	69 300
教育	66 592	教育	67 442
公共管理、社会化保障和社会组织	62 323	全国总计	65 296
全国总计	62 029	制造业	64 931
批发和零售业	603 28	公共管理、社会化保障和社会组织	62 452
房地产业	60 244	采矿业	59 673
采矿业	59 404	房地产业	55 922
制造业	55 324	租赁和商务服务业	55 016
建筑业	48 886	建筑业	49 544
居民服务、修理和其他服务业	44 802	居民服务、修理和其他服务业	49 144
水利、环境和公共设施管理业	43 528	住宿和餐饮业	43 621
住宿和餐饮业	40 806	水利、环境和公共设施管理业	42 705
农林牧渔业	31 947	农林牧渔业	31 374

资料来源：根据国家统计局《中国统计年鉴（2016）》数据计算。

从行业排序来看，位于全国平均水平之上的有 10 个行业；金融业为第一，以下分别为信息传输、软件和信息技术服务业，科学研究和技术服务业，电力、热力、燃气及水生产和供应业，文化、体育和娱乐业处于前 5 名；位于全国平均水平之下的有 9 个行业。

从行业排序和国有单位排序比较来看：①金融业都位居第一，农林牧渔业都为最后；②高于全国平均工资水平之上的有 10 个行业，国有单位高于全国平均工资水平的有 9 个，仅制造业一个行业不同，在行业平均工资排序中超过全国平均水平，但在国有单位平均工资排序中略低于全国平均水平；③无论高于还是低于全国平均工资水平类型，除个别行业次序略有差别外，大部分行业所处的位置呈现高度相同，即收入高的大类行业就是收入高的国企行业。

3. 所有制性质和行业性质对收入差距的影响强度分析

既然行业收入和国企收入呈现高度的一致性，那么，到底是国企收入决定了行业收入还是相反呢？

（1）国有企业就业人数的影响强度

以下通过比较行业平均工资和国有单位的就业人员比重进一步说明。

表 5　2015 年按行业平均工资和国有单位的就业人员比重排序

单位：元

项目	行业	项目	国有就业比重
金融业	114 777	公共管理、社会化保障和社会组织	99.18%
信息传输、软件和信息技术服务业	112 042	教育	92.56%
科学研究和技术服务业	89 410	农林牧渔业	92.00%
电力、热力、燃气及水生产和供应业	78 886	卫生和社会工作	87.11%
文化、体育和娱乐业	72 764	水利、环境和公共设施管理业	77.09%
租赁和商务服务业	72 489	文化、体育和娱乐业	70.02%
卫生和社会工作	71 624	科学研究和技术服务业	51.92%

续表

项目	行业	项目	国有就业比重
交通运输、仓储和邮政业	68 822	电力、热力、燃气及水生产和供应业	45.15%
教育	66 592	交通运输、仓储和邮政业	43.70%
公共管理、社会化保障和社会组织	62 323	全国总计	34.37%
全国总计	62 029	居民服务、修理和其他服务业	29.26%
批发和零售业	60 328	租赁和商务服务业	25.44%
房地产业	60 244	金融业	24.16%
采矿业	59 404	住宿和餐饮业	13.55%
制造业	55 324	批发和零售业	10.28%
建筑业	48 886	信息传输、软件和信息技术服务业	10.15%
居民服务、修理和其他服务业	44 802	采矿业	10.04%
水利、环境和公共设施管理业	43 528	房地产业	7.93%
住宿和餐饮业	40 806	建筑业	6.90%
农林牧渔业	31 947	制造业	3.57%

资料来源：根据国家统计局《中国统计年鉴（2016）》数据计算。

从表5两类排序的情况看，行业平均工资和国有单位的就业人员比重没有明显的相关性，即收入高的行业不是因为国企就业比重高引起或决定的，也可以说，国企就业比重高不能导致整个行业的收入提升。

（2）国有企业资产总量的影响强度

以下通过比较行业平均工资和国有单位资产比重进一步说明。

由于国家统计局没有分行业所有制资产统计数据，只能将有统计数据的重点行业分别汇总。按《中国统计年鉴（2016）》，采矿业，制造业，电力、热力、燃气、水生产和供应业（属于工业，2015年国有控股工业企业资产总计397 403.65亿元），建筑业，批发和零售业，住宿和餐饮业6个重点行业的资产数据汇总见表6。

表6 2015年按行业分国有类型资产总量指标

项目	资产总量/亿元
采矿业（国有控股企业资产总计）	70 446.37
煤炭开采和洗选业	39 799.95
石油和天然气开采业	19 431.46
黑色金属矿采选业	4 933.64
有色金属采选业	2 715.16
非金属矿采选业	1 226.90
开采辅助活动	2 339.26
制造业（国有控股企业资产总计）	202 943.19
农副食品加工业	2 448.24
食品制造业	1 110.78
酒、饮料和精制茶制造业	3 984.42
烟草制造业	9 082.76
纺织业	1 115.33
纺织服装、服饰业	268.66
皮革、毛皮、羽毛及其制品和制鞋业	74.83
木材加工和木、竹、藤、棕、草制品业	291.65
家具制造业	118.23
造纸和纸制品业	1 963.10
印刷和记录媒介复制业	754.96
文教、工美、体育和娱乐用品制造业	262.90
石油加工、炼焦和核燃料加工业	12 705.92
化学原料和化学制品制造业	20 178.42
医药制造业	3 888.91
化学纤维制造业	716.74
橡胶和塑料制品业	1 522.21
非金属矿物制品业	8 745.18
黑色金属冶炼和压延加工业	3 4431.57
有色金属冶炼和压延加工业	14 428.25

续表

项目	资产总量/亿元
金属制品业	3 238.36
通用设备制造业	9 040.01
专用设备制造业	9 539.36
汽车制造业	27 382.72
铁路、船舶、航空航天和其他运输设备制造业	12 685.72
电气机械和器材制造业	7 894.38
计算机、通信和其他电子设备制造业	11 770.26
仪器仪表制造业	1 349.58
其他制造业	967.05
废弃资源综合利用业	148.28
金属制品、机械和设备修理业	834.41
电力、热力、燃气及水生产和供应业（国有控股企业资产总计）	124 011.8
电力、热力生产和供应	111 412.74
燃气生产和供应	3 829.01
水的生产和供应	8 770.03
建筑业（国有总产值）	21 767.07
批发和零售业（限额以上国有企业资产总计）	13 870.0
住宿和餐饮业（限额以上国有企业资产总计）	1 278.4
住宿业	1 164.1
餐饮业	114.3

资料来源：根据国家统计局《中国统计年鉴（2016）》数据计算。

将以上6个行业按资产总量指标进行排序，并计算大类行业的平均规模，见表7。

表7 2015年按行业分国有类型资产总量指标排序

项目	资产总量/亿元	企业数/个	规模（亿元/个）
制造业（国有控股企业资产合计）	202 943.19	11 838	17.14
农副食品加工业	2 448.24	690	3.55
食品制造业	1 110.78	310	3.58
酒、饮料和精制茶制造业	3 984.42	285	13.98
烟草制造业	9 082.76	106	85.69
纺织业	1 115.33	200	5.58
纺织服装、服饰业	268.66	168	1.60
皮革、毛皮、羽毛及其制品和制鞋业	74.83	35	2.14
木材加工和木、竹、藤、棕、草制品业	291.65	101	2.89
家具制造业	118.23	17	6.95
造纸和纸制品业	1 963.10	109	18.01
印刷和记录媒介复制业	754.96	304	2.48
文教、工美、体育和娱乐用品制造业	262.90	83	3.17
石油加工、炼焦和核燃料加工业	12 705.92	221	57.49
化学原料和化学制品制造业	20 178.42	1171	17.23
医药制造业	3 888.91	422	9.22
化学纤维制造业	716.74	42	17.07
橡胶和塑料制品业	1 522.21	270	5.64
非金属矿物制品业	8 745.18	1 533	5.70
黑色金属冶炼和压延加工业	34 431.57	389	88.51
有色金属冶炼和压延加工业	14 428.25	503	28.68
金属制品业	3 238.36	479	6.76
通用设备制造业	9 040.01	749	12.07
专用设备制造业	9 539.36	727	13.12
汽车制造业	27 382.72	741	36.95
铁路、船舶、航空航天和其他运输设备制造业	12 685.72	519	24.44

续表

项目	资产总量 / 亿元	企业数 / 个	规模（亿元 / 个）
电气机械和器材制造业	7 894.38	595	13.27
计算机、通信和其他电子设备制造业	11 770.26	613	19.20
仪器仪表制造业	1 349.58	245	5.51
其他制造业	967.05	70	13.82
废弃资源综合利用业	148.28	52	2.85
金属制品、机械和设备修理业	834.41	89	9.38
电力、热力、燃气及水生产和供应业（国有控股企业资产总计）	124 011.8	5 759	21.53
电力、热力生产和供应	111 412.74	4 397	25.34
燃气生产和供应	3 829.01	398	9.62
水的生产和供应	8 770.03	964	9.10
采矿业（国有控股企业资产总计）	70 446.37	1 675	42.06
煤炭开采和洗选业	39 799.95	937	42.48
石油和天然气开采业	19 431.46	83	234.11
黑色金属矿采选业	4 933.64	152	32.46
有色金属采选业	2 715.16	263	10.32
非金属矿采选业	1 226.90	201	6.10
开采辅助活动	2 339.26	39	59.98
建筑业（国有总产值）	21 767.07	3 603	6.04
批发和零售业（限额以上国有企业资产总计）	13 870.0	2 368	5.86
住宿和餐饮业（限额以上国有企业资产总计）	1 278.4	2 327	0.55
住宿业	1 164.1	1 914	0.61
餐饮业	114.3	413	0.28

资料来源：根据国家统计局《中国统计年鉴（2016）》数据计算。

将以上6个行业的就业人员平均工资和资产总量指标建立关联，见表8。

表8　2015年按行业就业人员平均工资和国有单位资产总量排序

项目	行业/元	项目	国有单位/亿元
电力、热力、燃气及水生产和供应业	78 886	制造业	202 943.19
全国总计	62 029		
批发和零售业	60 328	电力、热力、燃气及水生产和供应业	124 011.8
采矿业	59 404	采矿业	70 446.37
制造业	55 324	建筑业	21 767.07
建筑业	48 886	批发和零售业	13 870.0
住宿和餐饮业	40 806	住宿和餐饮业	1 278.4

资料来源：根据国家统计局《中国统计年鉴（2016）》数据计算。

与表5的行业平均工资和国有单位的就业人员比重排序相比，表8中的6个行业排序情况显示，行业平均工资和国有企业资产总量有一定的相关性。但由于6个行业的样本过少，不能得出"国有企业资产比重高的行业收入也高"的结论。

总结表4和表5的数据，结合表8显示的情况，可以得到较为直接的结论：从行业性质和所有制性质两类指标看，我国目前收入差距更大程度上受行业差别的影响，即行业差别是收入差距更显著的决定因素。

4. 行业垄断性质的探讨

行业垄断性的判断标准在经济学上是行业集中度，例如，用行业中前几大厂商占整个行业的市场份额之和，但这种不便于操作。国内学者给出了一些自己的标准，如岳希明、李实等[1]考虑了行业中企业的个数、是否有进入和退出的限制以及产品或服务价格是否存在管制等因素，并结合公众讨论中作为垄断行业列举的行业，将金融、电力、电信、烟草、石油石化、运输、邮电等行业作为垄断行业；邓伟、叶林祥[2]按照某一行业中国有企业固定资产的投资比重来确定国有企

---

[1] 岳希明、李实等：《垄断行业高收入问题探讨》，《中国社会科学》2010年第3期。
[2] 邓伟、叶林祥：《上游产业垄断与国有企业的高工资——来自省级面板数据的经验分析》，《南开经济研究》2012年第3期。

业的垄断程度，将石油石化、烟草、电力、通信、运输、金融、煤炭、冶金等行业确定为垄断行业。一般认为，金融、石油石化、电力等公用事业，烟草、电信、运输、钢铁等行业为垄断行业。按照国家统计局的国民经济行业分类，国有企业垄断行业分别是：①石油和天然气开采业；②烟草制品业；③石油加工、炼焦及核燃料加工业；④黑色金属冶炼及压延加工业；⑤电力、燃气及水的生产和供应业；⑥交通运输、仓储与邮政业；⑦电信、广播电视和卫星传输服务；⑧金融业；⑨新闻和出版业；⑩科学研究和技术服务业。

结合表4行业平均工资排序的情况，可以看出，无论行业还是国有企业，平均工资水平排在前面的行业基本上都属于垄断行业领域，这在一定程度上说明了"垄断性质"因素比行业性质、所有制性质对收入差距的影响更为显著。

然而，我们必须看到，垄断行业领域的情况也很复杂，形成目前垄断局面的原因有多种，既有历史遗留问题、行业自身特点，也有行政干预等短期因素。我们从垄断性质出发，将其分为自然垄断和行政垄断两类，以下对其分类进行阐述。

（1）自然垄断与行政垄断

自然垄断，是指凭借技术水平、规模效益、外部效应等行业自身因素形成一定的进入门槛，例如，美国微软公司的操作系统，因为深厚的技术优势，垄断了全球的电脑操作系统；自来水、电力行业因为规模效应突出而自然垄断；公交行业因为外部效应等公共特点形成进入门槛。行政垄断则不同，它是由国家控制或一定范围的行政干预而形成的行业垄断，国家烟草行业、能源资源行业的等某些环节。

自然垄断和行政垄断对于某些行业来说并不是截然分开的，其形成原因也不尽相同，主要有两方面：一是由产业链不同环节的性质决定，二是国家发展或产业战略的历史因素。以石油行业为例，如图2所示。

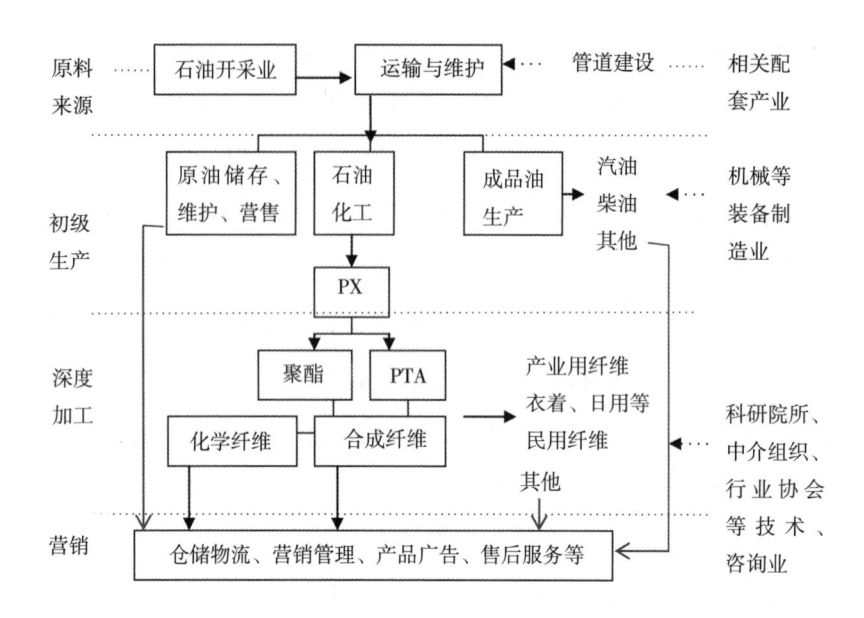

图 2　石油行业的主要产业链环节示意图

从石油行业的主要产业链环节来看，可分为 3 种类型：①开采、管道建设等产业链上游环节由于其技术难度、安全性、基础设施建设的规模经济和公共效应等要求，必然形成自然垄断而且由国家承担；②成品油冶炼、石油化工等生产环节，则符合一般工业制造业的特点而主要由市场承担；③石油产品类型多样，其销售环节因产品性质不同而差异较大。我国原油销售一般参照国际市场由国家制定价格，成品油价格由国家制定，而一般石油化工类产品的销售价格等则由市场决定。

（2）垄断行业调节

垄断性质决定了它必然带来相对固定或超额的收益，表 4 的数据分析证实了我国的情况也是如此。对于垄断的调节或消除，因自然垄断和行政垄断而不同。

对于自然垄断的行业，无论国家垄断还是私人垄断，多数情况下因为涉及信息、能源等特殊资源，即使市场化也无法解决公平和效率问题，甚至私有化还会加剧垄断，如石油行业在市场化国家中常形成寡头垄断。在合理的制度框架下，保持国有经济部门在这些领域的存在比例，反而有利于实现垄断收益及分配的调控。

行政垄断行业多是由一定历史原因而产生的,随着国家经济发展及战略调整,只要放开进入条件,就可以减少或消除行业壁垒。例如,国家电网公司的经营管理,自2002年实行以"厂网分离"为标志的电力体制改革开始之后,电力传输和配电等电网业务相继剥离,区域电网公司和国家电网公司的职责划定也变得清晰。

中国联通"混改"是近期国企改革的关注焦点。2017年8月16日,中国联通《中国联通关于混合所有制改革有关情况的专项公告》发布了引入战略投资者和董事会、员工及执行等层面的改革内容。有3点尤其值得注意:①新引入10多家战略投资者,腾讯、百度、京东、阿里巴巴四大互联网巨头集体入围,标志着混改正在升级提速;②形成多元化董事会和经理层以及权责对等、协调运转、有效制衡的混合所有制公司治理机制,探索经理层市场化选聘机制和市场化管理机制;③探索员工持股,将向"拟包括公司董事、高级管理人员及对经营业绩和持续发展有直接影响的管理人员和技术骨干等"核心员工授予不超过约8.48亿股的限制性股票,募集资金约32.13亿元。

对于我国发展迅猛的电商行业,其垄断情况也值得注意。电商,即电子商务的简称,英文E-Commerce。对于一般垄断行业的超额收益,国家可以通过提高税收等手段进行调节,可对于类似于寡头垄断的管理却适用专门的法律,例如,美国通过反托拉斯法案,对寡头垄断行业强行拆分。电商的业务基于平台建设,技术垄断是重要方面,但其渠道的经营管理也非常复杂。我国目前较大的几家电商,如淘宝、天猫、京东商城、亚马逊中国、苏宁易购等,虽然从其业务量来看已有垄断迹象,但总体实力还不足以形成较大的垄断危害。例如,2017年7月更新的电商排名中,我国排名第一的淘宝,在全球网站排名第10位;第二名天猫商城,位居第14位;第三名京东商城,位居第20位。亚马逊中国则排到了第312名。随着其规模的发展壮大,对其垄断的管理更需要深入探讨。

(二)国有企业内部收入分配差距分析

目前,关于国企工资总额管理制度的文件主要有五个:《关于印发进一步深化企业内部分配制度改革指导意见的通知》(劳社部发〔2000〕21号)和《关于进一步做好企业工资总额同经济效益挂钩工作的通知》(劳社部发〔2003〕31

号），以及近期出台的 3 个文件：2014 年 8 月 29 日中央政治局审议通过的《中央管理企业主要负责人薪酬制度改革方案》，2009 年 9 月 16 日人力资源和社会保障部等部委联合下发的《关于进一步规范中央企业负责人薪酬管理的指导意见》，2016 年 2 月 26 日财政部、科技部和国资委印发的《国有科技型企业股权和分红激励暂行办法》的通知（财资〔2016〕4 号）。

1. 国有企业薪酬制度概述

前两个文件分别从企业工资总额的角度和企业内部分配的角度对国有企业的收入分配制度建设进行了政策指导，最近出台的文件主要针对高管和科技层面做出了特别规定。

在工资总额管理上，首先强调要与企业经济效益挂钩，企业没有自主决定工资总额的决策权，工资总额的确定要上报国资管理机构，即国资委审核。但是在企业内部，在工资总额确定的前提下，企业管理层有自主决定企业收入分配的自由，这也是企业经营自主权的一部分。其次，在挂钩经济效益的选择上，一般以实现利润、实现利税为主要挂钩指标，国有资本保值增值率为否定指标。同时，强化国有资本保值增值对工资增长的约束作用，当年没有实现国有资本保值增值的企业，不得提取新增效益工资。在经济效益指标基数的选择上，要遵循鼓励先进、鞭策后进的原则，一般以上年经中介机构审计确认的会计报表中实际完成数为基础。再次，在工资总额基数的确定上，对于新挂钩企业，原则上以企业上年劳动工资统计年报中的工资总额实发数为基础，核减一次性补发上年工资、成建制划出职工工资以及各种不合理的工资性支出，核增上年增人、成建制划入职工的"翘尾工资"后确定。对于已挂钩企业，其工资总额基数以上年应提取的工资总额为基础核定，在坚持增人不增工资总额、减人不减工资总额的原则下，可以考虑对以下因素进行适当调整：①上年列入国家计划的新建扩建项目由基建正式移交生产后的增人、按国家政策接收的复转军人和大中专毕业生，可按照企业上年人均挂钩工资水平的标准核增工资总额基数；②上年成建制划入划出人员工资，按劳动工资统计年报数核增核减。最后，在挂钩浮动比例的确定上，应根据企业劳动生产率、人工成本水平和人均利税率等经济效益指标以及企业工资总额和挂钩经济效益指标的比例关系，按企业纵向比较与企业之间横向比较相结合的方法确定，并适当考虑企业规模、所属行业等因素。

在国企内部分配制度上，首先，建立以岗位工资为主的基本工资制度。提倡推行各种形式的岗位工资制，如岗位绩效工资制、岗位薪点工资制、岗位等级工资制等。结合基本工资制度改革调整工资收入结构，使职工收入工资化、货币化、透明化。其次，实行董事会、经理层成员按职责和贡献取得报酬的办法。要在具备条件的企业积极试行董事长、总经理年薪制。再次，对科技人员实行收入激励政策。最后，积极探索按生产要素分配的新形式，如职工内部持股、技术入股、劳动分红等[①]。

2. 国有企业收入分配状况分析

根据主营业务和核心业务范围，将国有企业界定为商业类和公益类，其中，商业类国有企业是指主业处于关系国家安全、国民经济命脉的重要行业和关键领域、主要承担重大专项任务的企业，要以保障国家安全和国民经济运行为目标，重点发展前瞻性战略性产业，实现经济效益、社会效益与安全效益的有机统一；公益类国有企业以保障民生、服务社会、提供公共产品和服务为主要目标，必要的产品或服务价格可以由政府调控。按照此国有企业分类标准，垄断性国企在以上两种中都可能存在。

（1）平均工资与人力资源结构

对于国有企业内部收入分配的研究，主要通过案例进行分析。从上市公司中，以最有代表性的行业——石油和天然气开采业分析，国企在该行业中占绝对垄断地位，以中国石化（股票代码600028）为例。所有的数据都是从合并财务报表中获取的。在职员工平均工资是年度广义工资总额除以在职员工总人数，年度广义工资总额来自合并现金流量表中的"支付给职工以及为职工支付的现金"项。通过计算，中国石化在职职工人均工资为151051元[②]。以下通过表格的形式将公司内部人力资源的情况展示出来。

---

① 孙小龙：《国有企业收入分配差距问题研究》，浙江财经大学硕士学位论文，2014年12月。
② 同上。

表 9　中国石化人力资源结构情况

项目	人数	比例 /%	项目	人数	比例 /%
在职职工	368 953	100	专业构成	—	—
教育构成	—	—	生产人员	185 428	50
硕士及以上	13 273	3	销售人员	51 390	14
本科	91 635	25	技术人员	53 980	15
专科	81 499	22	财务人员	9 866	3
中专	29 069	8	行政人员	29 516	8
中专及以下	153 477	42	其他人员	38 773	10

（2）高管与普通员工收入的差距

2014 年 8 月 29 日，《中央管理企业负责人薪酬制度改革方案》审议通过，央企、国有金融企业主要负责人的薪酬将削减到现有薪酬的 30% 左右，削减后年薪不能超过 60 万元。2015 年 1 月 1 日，央企薪酬制度改革方案正式实施，方案对央企高管获得畸高薪酬做出抑制，缩小央企内部分配差距。改革适用名单包括中石油、中石化、中国移动等 53 家央企及金融、铁路等 19 家央企。人力资源和社会保障部部长尹蔚民表示，减薪的原则就是央企负责人的基本年薪是在职职工平均工资的 2 倍。

仍以中石化为例进行说明。中石化是财富 500 强中排名最高的中国企业，也是中国石油行业的三巨头之一。随着央企薪酬改革的步步推进，包括中石化在内的 72 家央企正式实施薪酬制度改革方案。《证券日报》通过查询中石化 2013 年和 2014 年年报中的上述数据，通过计算得知，2013 年 12 位高管的平均薪酬为 77.7 万元，2014 年 11 位高管的平均薪酬为 76.1 万元。其中，总裁李春光、副总裁章建华和王志刚的年薪从 2013 年的 99.32 万元分别下降到 97.29 万元、97.49 万元和 97.49 万元。

相比之下，平均职工收入同比略有增长，中石化职工 2013 年的平均薪酬为 15.1 万元，2014 年的平均薪酬为 15.7 万元。

由此看来，尽管中石化2014年平均高管收入已经有所下降，但仍旧在60万元以上，这意味着个别高管的收入仍需要下降至少20~30万元。

（3）劳务派遣工：国企特有现象

劳务派遣又称人力派遣、劳动力租赁等，是指由劳务派遣机构与派遣劳工订立劳动合同，把劳动者派向其他用工单位，再由其用工单位向派遣机构支付一笔服务费用的一种用工形式。劳务派遣起源于20世纪的美国，后传至法国、德国、日本等。20世纪90年代，在我国国有企业劳动制度改革中，出现了为安置下岗职工而产生的劳务派遣，可跨地区、跨行业进行。派遣工一般从事低技术含量的工作，如保洁员、保安员、营业员等，待遇也较低。但我国国企中劳务派遣工最大的问题却是"同工不同酬"，由此出现了很多维权案件。现行法律制度规定劳务派遣用工单位"应当实行同工同酬"制度，但实际情况却不尽然，有的国企即使在工资方面遵守法律，也不给劳务派遣工同样的福利和社会保险。劳务派遣工问题的彻底解决，不仅涉及国有企业收入分配制度，更需要我国劳动要素报酬和劳动力权益保障等制度的完善。

劳动报酬制度的确立因企业类型的特点而不同。例如，加拿大仅20多家国有企业，每个国有企业都有各自的法案，包括国企设立的依据、业务范围、人力资源及相应的收入分配制度等。但是我国目前国有企业数量庞大，无法做到企业层面的精准确定，只能通过划分不同的类型做出相应的规定，可考虑在《指导意见》所述国企分类的基础上，结合收入分配领域的特点进一步细分，从而确立从高管到员工等几大类不同的薪酬制度。

三、关于国有企业收入分配的几点结论及改革建议

国有企业作为国民经济发展的支柱力量，承担着推动国家现代化、保障人民共同利益的重要使命，在服务国家战略、履行社会责任方面必须发挥中流砥柱的作用。然而在我国经济社会发展过程中，由于制度建设等滞后，国有企业的改革转型存在着较多问题，例如，国有企业所处行业垄断过高、国有企业利润上缴不

足、企业工资福利高以及内部薪酬不合理等，不仅关系着国有经济本身的健康发展，而且对于全社会的收入分配也造成了不利影响。

通过以上对国有企业收入分配领域的研究以及与其他经济类型的比较，总体可得出三点结论：第一，国有企业整体收入水平较高。第二，国有企业所处行业大多属于高收入领域。第三，国有企业内部收入差距显著。以下结合对这三点结论的原因分析，提出相关建议。

（一）完善国有资产管理体制，规范国有企业利润留存和分配

国有资产是全体人民的共同财富，其配置和产权收益分配不是国有企业员工可以自己决定的。对于国有企业整体收入水平较高的情况，引起了较多怀疑和不满，究其原因，主要有两点：一是国有企业作为全民所有制企业，不应有过多的利润留存而形成"内部沉淀和循环"；二是企业员工的工资福利等收入应与企业经营发展等业绩直接挂钩。然而，我国国企的高额利润很多时候来源于政策优势，例如国家信贷、税收等优惠政策，因此，一些经营不善的国有企业仍能保持相对较高的利润收入。鉴于国企在利润收入和留存两方面都存在的问题，现有国企员工较高的收入便不具令人信服的合理性。

企业的经营发展需要盈利和再投资，而这种运转需要给予员工一定的福利保障和激励，国有企业也是如此；但是国有企业本质是全民所有，它的各项制度不仅是企业自身的事，更重要的是其所承担的社会责任和示范作用。因此，随着我国国有企业改革的推进，尤其在"国有企业功能界定与分类"明确的前提下，对于国有企业利润留存比例建立标准，并结合所处行业和所需人力资源的情况做出分档次和额度的限制，例如，将《指导意见》提出的"提高国有资本收益上缴公共财政的比例，2020年提高到30%"规定，进一步分类确定。由此达到国有企业利润留存和分配制度合理化、规范化，并公之于众、取信于民。

（二）加快垄断领域改革，消除行业发展不合理的成分

石油、烟草、电力、交通和金融等行业，本身具有自然垄断的属性，而且多是关系国家安全、国民经济命脉的重要行业和关键领域，承担着保障民生、服务社会等任务，因此，也是国有企业最集中的领域。一方面，我们看到随着国有

企业改革的不断推进，多数企业逐步与市场经济相适应，运行质量和效益明显提升，并在国内外涌现出一批具有核心竞争力的骨干力量；另一方面，行政垄断的因素将这些自然垄断行业中的一些企业经营变得扭曲，致使有些国有企业的所在领域长期保持着不合理的高额利润，不但过度占有和浪费了国民经济资源，而且带来了极恶劣的社会影响。因此，行业垄断领域的改革刻不容缓。

一是规范垄断行业经营和运转，合理划分垄断行业及行业的垄断成分，尽量缩小垄断范围。二是科学划分垄断行业的进入和开放领域，适时引导民营经济进入和国有经济退出，将国有经济限制在关系国家命脉和提供公共产品和服务的必要领域。三是将垄断行业的规制透明化、公开化、合理化，尤其通过价格改革、加强法律和制度约束、加大社会监督等方式，解决垄断领域的具体问题。

（三）强化国企薪酬制度建设和管理，树立带动国民收入分配改革的引擎

作为共和国的"长子"，国有企业为我国经济社会综合发展做出了卓越贡献；同样，国有企业的一举一动也应反映全体国民的心声。在国民收入分配制度改革的洪流中，国有企业理应走在前头。国有企业薪酬制度的改革成效，不仅事关国有经济运转与效率的提升，而且对于消除国企引起的收入分配差距、化解社会矛盾都具有深远的意义。

一是在完善国有资产管理体制、提高国企红利上缴比例等的前提下，加强国有企业薪酬管理，尽快遏制国企工资与社会平均工资水平越拉越大的情况；二是继续完善国企薪酬制度领域的法规条文，建立科学化、规范化的国企薪酬制度，实现国有企业在收入分配领域的社会示范效应。

分报告九　涉农收入分配制度改革

收入分配是一项十分复杂的问题，收入分配改革是涉及面很广的系统性改革。由于研究视角和所拥有的分析资料不同，对涉及收入分配的一系列热点难点问题看法并不一致。但是，涉及农民这个群体的收入分配问题，无论是初次分配还是再分配，社会、政府、学界都普遍认为有必要在全面建设小康社会进程中持续加大对农民收入增长的倾斜力度。回顾改革开放以来的农民收入增长历程，从家庭联产承包责任制调动农民务农的积极性，到随后乡镇企业、集体经济的繁荣壮大以就地务工增加农民非农收入，再到城镇化进程中鼓励农民外出务工增加工资性收入等，以及近期国家出台的关于农村集体产权制度改革以增加农民财产性收入等项改革，无一例外都凝聚着全社会方方面面的共识和努力。进入21世纪以来，党中央、国务院出台了一系列强农、惠农政策，对于改善农民收入在整个国民收入分配格局中的弱势地位起到了至关重要的推动作用，奠定了现阶段涉农收入分配的基本格局。当前，增加农民收入面临着诸如内在的体制机制矛盾、农业经济发展的资源约束瓶颈，以及城镇化过程中农民务工收入增长的不确定性等一系列不利因素的影响。为此，需要在坚持按劳分配为主体、多种分配方式并存的分配制度的基础上，充分、合理运用政府各项再分配调控手段，特别要发挥财税政策在涉农收入分配调节方面的积极作用，进一步完善强农、惠农、富农政策，着力挖掘经营性收入增长潜力，稳住工资性收入增长势头，释放财产性收入增长红利，拓展转移性收入增长空间，确保农民收入持续较快增长，确保如期实现全面小康。

一、现阶段涉农收入分配的基本格局

一直以来,农业在国民经济结构中的基础地位始终得到了全社会的普遍共识,但是随着工业化、城镇化进程的不断推进,第一产业的增加值在国民收入中的比重却呈现整体下降的趋势。长期受到农业比较效益偏低的负面影响,农民从事农业生产的务农收入长期处于"低基数下的低增长","种粮不赚钱""种地不赚钱""丰产不赚钱"等成为长期困扰我国农业经济发展和农民增收的瓶颈。以2004年中共中央一号文件"《关于促进农民增加收入若干政策的意见》"发布为标志,截至2018年中共中央已经连续15年发布了涉农中央一号文件,由此形成的一系列强农、惠农政策体系奠定了我国现阶段涉农收入分配的基本格局。

(一)"二元经济结构"下的城乡居民收入差距

"二元经济"是由美国经济学家威廉·阿瑟·刘易斯(W·A·Lewis)在1954年发表的《劳动无限供给下的经济发展》一文中首先提出来的。所谓"二元经济",是指发展中国家或地区的经济是由传统部门和现代部门共同组成的。传统部门以自给自足的农业为主体,其劳动生产率很低,农业生产的边际劳动生产率接近于零甚至是负数,存在着大量的隐蔽失业。现代部门是以采用较为先进生产技术、拥有较高劳动生产率的服务业、工业等部门为代表。两类部门共生于经济发展过程之中,既相互衔接又互相排斥,成为发展中国家或地区工业化、城镇化进程中具有共性的发展特征。在二元经济结构下,传统农业较低的劳动生产率与现代部门较高的劳动生产率通过市场机制直接反映在收入分配上,从这个意义上讲,城乡居民收入差距是二元经济结构的必然产物。

回顾我国近二十年的城乡居民收入差距的历史不难发现,城乡居民收入比呈现一个典型的倒"U"字形发展路径。2003年以前,我国城乡收入差距快速扩大,从2000年的城乡收入比2.79∶1,快速提高到2003年的3.23∶1。在2004年连续出台的中央一号文件聚焦"三农"基础上,又经历了2004—2007年四个年度的惯性冲高，达到近二十年来的城乡收入差距最大值，即 3.33∶1。2008 年和 2009 年高位盘整，其中 2009 年城乡收入比再次追平了 2007 年的 3.33∶1。此后，反映城乡收入差距的城乡收入比呈现逐年下降的态势，从 2009 年的 3.33∶1 持续下降到 2015 年的 2.95∶1，已经出现连续两个年度低于 3，初步扭转了城乡居民收入持续扩大的态势，两者的收入差距逐年缩小。

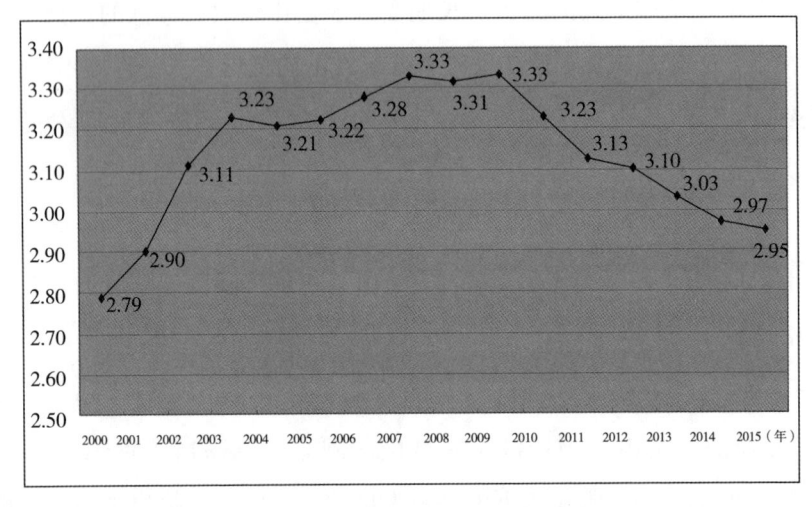

图 1　城乡居民收入比的变动趋势

资料来源：历年《中国统计年鉴》。

从城乡居民人均收入绝对规模的增长来看，2000 年城镇居民人均可支配收入为 6 280 元，2015 年为 31790.3 元，15 年增长了 25 510.3 元，年均增长 11.42%，相比同期 GDP 年均 13.73% 的增速低了 2.31 个百分点。2000 年农村居民人均纯收入为 2 253.4 元，2015 年为 10 772 元，15 年增长了 8 518.6 元，年均增长 10.99%，相比同期 GDP 的增速低了 2.74 个百分点。这也可以看出，进入新世纪以来城乡居民收入差距总体呈现扩大的趋势。

表1 2000—2015年城乡居民人均收入

时间/年	城镇居民人均可支配收入 绝对数/元	指数（1978=100）	农村居民人均纯收入 绝对数/元	指数（1978=100）
2000	6 280.0	383.7	2 253.4	483.4
2001	6 859.6	416.3	2 366.4	503.7
2002	7 702.8	472.1	2 475.6	527.9
2003	8 472.2	514.6	2 622.2	550.6
2004	9 421.6	554.2	2 936.4	588.0
2005	10 493.0	607.4	3 254.9	624.5
2006	11 759.5	670.7	3 587.0	670.7
2007	13 785.8	752.5	4 140.4	734.4
2008	15 780.8	815.7	4 760.6	793.2
2009	17 174.7	895.4	5 153.2	860.6
2010	19 109.4	965.2	5 919.0	954.4
2011	21 809.8	1 046.3	6 977.3	1 063.2
2012	24 564.7	1 146.7	7 916.6	1 176.9
2013	26 955.1	1 227.0	8 895.9	1 286.4
2014	29 381.0	1 310.5	9 892.0	1 404.7
2015	31 790.3	1 396.9	10 772.0	1 510.1

资料来源：历年《中国统计年鉴》。

（二）农村居民人均可支配收入规模变动

衡量农村居民收入水平，一般使用两个指标：农村居民人均纯收入和农村居民人均可支配收入。前者是指农村住户当年从各个来源得到的总收入相应扣除所发生的费用后的收入总和。扣除项目主要包括家庭务农、经商等经营性费用支出；从事经营活动产生的税费支出；生产性固定资产折旧；农村家庭之间的馈赠支出。农村居民人均纯收入是按照农村人口平均后的纯收入水平。农村居民人均纯收入主要是从成本收益的视角来衡量农村居民的收入水平。农村居民人均可支配收入是指农村居民可用于最终消费支出和储蓄的总和，即农村居民可用于自由支配的收入。这一指标主要是从结果的视角来衡量农村居民最终的支付能力。一直以来，城镇居民收入统计均采用人均可支配收入指标。根据国家统计局历年公布的统计结果，农村居民人均可支配收入规模略大于农村居民人均纯收入。比如 2015 年农村居民人均可支配收入为 1 1421.7 元，而同期农村居民人均纯收入为 10 772 元，可支配收入口径比纯收入口径多 649.7 元，前者比后者多 6.03%。本报告采用农村居民人均可支配收入指标来衡量农村居民的收入水平。

如图 2 所示，农村居民人均可支配收入从 2000 年的 2 253.4 元增长到 2015 年的 11 421.7，累计增长了 9 168.3 元，年均增长 11.43%。农村居民人均可支配收入年度同比增长速度均保持了正增长，但增长幅度并不稳定，尤其是"十二五"时期，农村居民人均可支配收入既有 2011 年近 20% 的增长，也有 2015 年不足 10% 的增长。

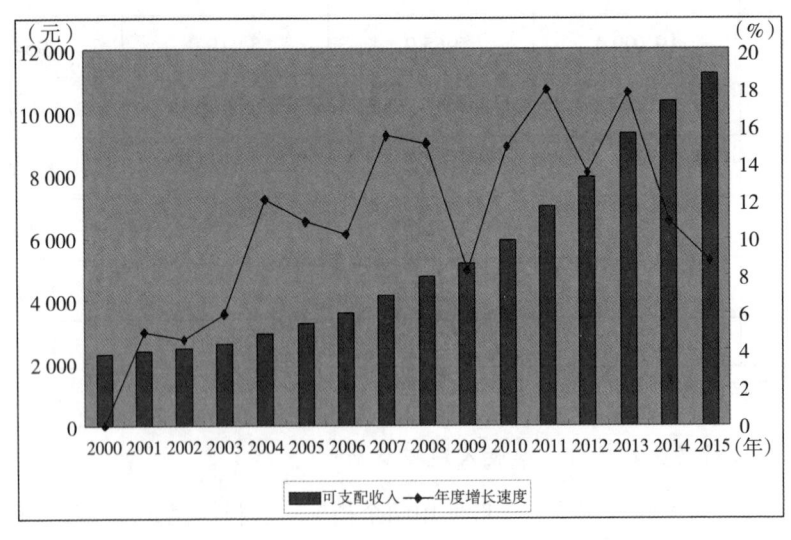

图 2 2000—2015 年农村居民人均可支配收入的增长变动

资料来源：历年《中国统计年鉴》。

(三)农村居民可支配收入结构及其变动

衡量农村居民人均可支配收入水平可以分为三个维度：一是从收入的形态来看，可支配收入包括现金收入和实物收入。二是从收入的用途来看，可支配收入用途包括最终消费支出和储蓄。三是从取得收入的来源来看，可支配收入包括工资性收入、经营性收入、财产性收入和转移性收入。从取得收入来源来分析，更能反映出农村居民可支配收入的结构变动以及未来增长潜力，这也是本报告分析农村居民可支配收入所选取的分析维度。工资性收入是指农村居民通过劳动就业以各种途径得到的全部劳动报酬和各种劳动福利，包括受雇于单位和个人、从事各种自由职业、兼职和零星劳动得到的全部劳动报酬和福利。经营净收入是指农村居民从事农业生产经营活动所获得的涉农净收入，是全部涉农经营收入中扣除经营费用、生产性固定资产折旧和生产税之后得到的净收入。财产净收入是指农村居民将其所拥有的金融资产、住房等非金融资产和自然资源交由其他机构单位、家庭或个人支配而获得的回报并扣除相关费用之后得到的净收入。财产净收入包括利息收入、红利收入、储蓄性保险净收益、转让承包土地经营权租金净收入、出租房屋净收入、出租其他资产净收入和自有住房折算净租金等。财产净收入不包括转让资产所有权的溢价所得。转移性收入是指国家、集体等农村居民的各种经常性转移支付，包括养老金、社会救济和补助、政策性生产补贴、政策性生活补贴、救灾款、报销医疗费、家庭之间的赡养收入、家庭内非常住成员外出务工寄回带回的收入等。转移性收入不包括家庭之间的实物馈赠。

以2015年为例，农村居民人均可支配收入11 421.7元，其中工资性收入4 600.3元，占比41%；经营净收入4 503.6元，占比40%；财产净收入251.5元，占比2%；转移性收入2 066.3元，占比17%。由此可以看出，工资性收入和经营净收入是构成农村居民可支配收入的主体，农村居民财产性收入占比最小。

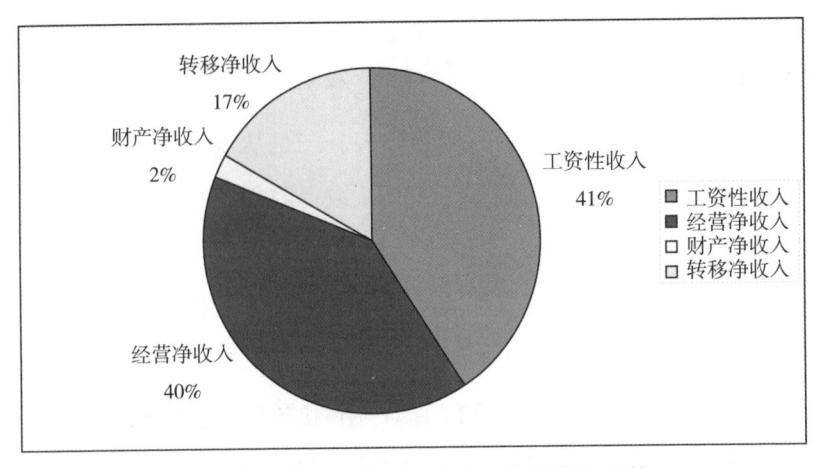

图 3　2015 年农村居民人均可支配收入结构

资料来源：历年《中国统计年鉴》。

农村居民人均可支配收入结构变动表现出"一减两增加"的特征。农村居民经营净收入占比持续下滑，从 2000 年的 63.3% 逐年下滑到 2015 年的 40%。同期，工资性收入占比从 2000 年的 31.1% 逐年提高到 2015 年的 41%，转移净收入占比从 2000 年的 3.5% 逐年提高到 2015 年的 17%。这反映出现今的农村居民收入从过去务农收入"一支独大"，日益演变为多元化收入格局，农村居民收入增长不再过度依赖于传统的农业生产劳动收入。

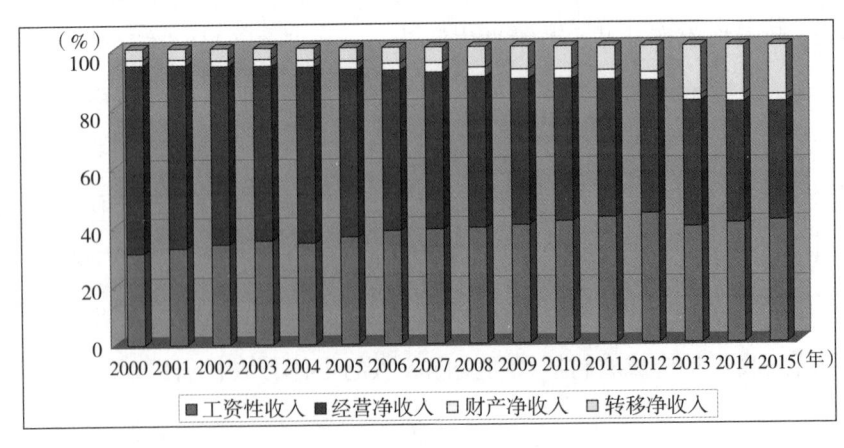

图 4　2000—2015 年农村居民人均可支配收入结构变动

资料来源：历年《中国统计年鉴》。

回顾如图5所示的2000年以来农村居民人均可支配收入结构增长变动轨迹不难发现,除2015年以外的15个年度中四项收入来源的绝对规模从大到小排序均为经营净收入、工资性收入、转移净收入、财产净收入。但是在2015年从大到小的排序发生了变化,工资性收入首次超过经营净收入规模,成为四项收入来源中规模和份额最大的渠道。尽管两者相差了不足100元,但是这种位次变化充分揭示出随着我国城镇化水平不断提高,农村居民外出务工收入已经超过传统务农收入规模,农村居民的就业形态正发生着潜移默化的改变。

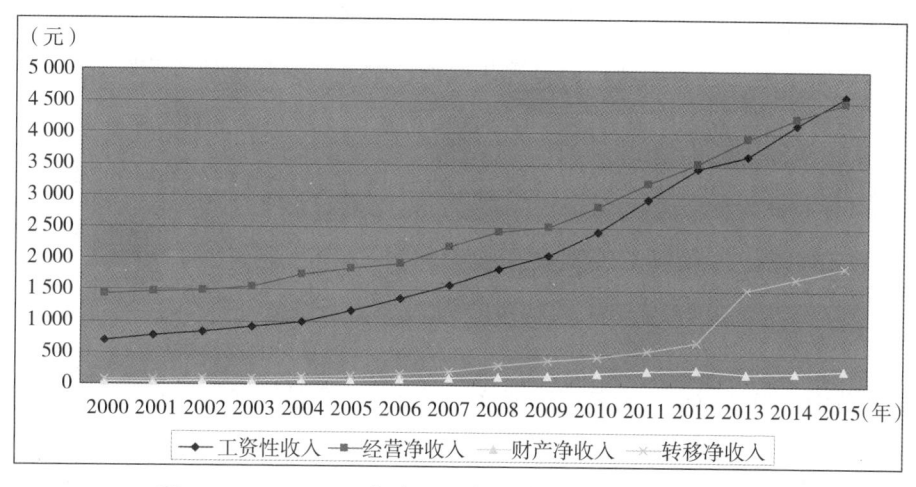

图5 2000—2015年农民可支配收入组成部分增长变动

资料来源:历年《中国统计年鉴》。

二、涉农收入分配改革历程

(一)农村税费改革

20世纪90年代中后期,由于种种原因,国家与相关主体之间的利益分配管理尚未完全理顺,税外不规范收费、费比税重等问题普遍存在。在农村,农民税费负担重、乱收费问题相当突出,一些基层政府和部门越权设立收费项目,擅自提高收费标准,随意扩大收费范围,加剧了社会分配不公程度。从规范农村税费到最终取消农业税,大致经历了两个阶段:一是2000年起对农村税费进行规范,正税清费；二是从 2004 年起逐步减免农业税，直至全面取消农业税。

1. 正税清费

2000 年 3 月，中共中央、国务院下发《关于进行农村税费改革试点工作的通知》，决定率先在安徽全省进行农村税费改革试点。2002 年 3 月，国务院办公厅发出《关于做好 2002 年扩大农村税费改革试点工作的通知》，决定河北、内蒙古、黑龙江、吉林、青海、宁夏等 16 个省（市、自治区）为 2002 年扩大农村税费改革试点省。加上原来的安徽、江苏（2001 年全面推开）、浙江、上海（这两个省属于"自费改革"）等，试点扩大到 20 个省（自治区、直辖市）。改革的主要内容可概括为"三个取消，一个逐步取消，两个调整和一项改革"，即取消屠宰税，取消乡镇统筹款，取消教育集资等专门面向农民征收的行政事业性收费和政府性基金；用三年的时间逐步减少直至全部取消统一规定的劳动积累工和义务工；调整农业税政策、调整农业特产税征收办法，规定新农业税税率上限为 7%；改革村提留征收和使用办法，以农业税额的 20% 为上限征收农业税附加，替代原来的村提留。国务院同时要求"各地区应结合实际，逐步缩小农业特产税征收范围，降低税率，为最终取消这一税种创造条件"。2002 年，第一阶段的农村税费改革在全国推开，中央财政预算安排 305 亿元用于税费改革的专项转移支付。

2. 减免取消农业税

2004 年开始，农业税改革进入第二阶段。2004 年 1 月 1 日，中共中央发布"一号文件"，提出逐步降低农业税税率，当年农业税税率总体上降低一个百分点，同时取消除烟叶外的农业特产税。当年 3 月，中央决定在黑龙江、吉林两省进行免征农业税改革试点，河北、内蒙古、辽宁、江苏、安徽、江西、山东、河南、湖北、湖南、四川 11 个粮食主产省（区）的农业税税率降低三个百分点，其余省份农业税税率降低一个百分点。农业税附加随正税同步降低或取消。2005 年上半年，全国有 22 个省免征农业税。到 2005 年年底，28 个省区市及河北、山东、云南 3 省的 210 个县（市）全部免征了农业税。2005 年 12 月 29 日，十届全国人大常委会第十九次会议通过了废止农业税条例的决定：自 2006 年 1

月1日起废止《农业税条例》,取消除烟叶以外的农业特产税,全部免征牧业税。至此标志着具有2600年历史的农业税正式退出了历史舞台。

对比农村税费改革前后,农民直接承担的税费总额从2000年的1 259.6亿元下降到2006年的282.8亿元,下降了77.6%,农民人均税费负担从2000年的141.4元下降到2006年的31元,下降了78.1%。两个阶段的农村税费改革重新调整了国家、集体与农民的利益分配关系。通过中央财政和省级财政的财力性转移支付弥补基层收支缺口,由此全国农民每年减轻负担1 335亿元。农村税费改革前的4年(1996—1999年)农民直接承担的各种税费等政策性负担年均超过1 200亿元,占同期农民年人均纯收入的比重为6.5%,而农村税费改革后的5年(2006—2010年)农民直接承担的各种费用总额年均317.2亿元,占同期农民年人均纯收入的比重为0.75%。

表2　农村税费改革前后农民的负担变化

时间/年	农民直接承担的税费总额/亿元	人均税费/元	筹资筹劳/元
2000	1 259.6	141.4	16.3
2001	1 200.9	134.9	16.2
2002	1 030.5	115.8	10.5
2003	869.3	96.6	8.3
2004	581.7	64.4	2.1
2005	324.2	35.7	1.3
2006	282.8	31	1.2

资料来源:农业部农村经济体制与经营管理司统计数据。

(二)主要农产品价格支持政策

农业是我国国民经济的基础产业,农产品特别是粮食是我国最重要的商品种类之一,以粮食为核心的主要农产品价格也一直是影响农民家庭务农经营收入增长的重要因素之一。我国主要农产品定价机制经历了市场价格与政府指令性定价并存、政府指令性定价、价格双轨制、保护价及最低收购价等演变过程。建国初期（1949—1952年），由于经济基础薄弱，农产品供给不足，在价格形成上实行国家牌价与市场价格并存的局面。高度计划经济时期（1953—1985年），我国确立了"以农养工"的工业化发展战略，通过工农产品剪刀差向工业发展提供资本积累。从1953年开始对粮食等主要农产品实行统购统销政策，原来牌价与市场价并存的局面归并为单一的农产品计划价格体系。受到价格管制后，主要农产品的价格波动明显平缓，农民务农收入更大程度取决于农产品产量。1985年，随着我国商品价格形成机制改革的不断推进，国家逐步放开农产品定价，对一些农产品改为实行国家指导价管理。粮食取消统购统销，实行合同订购，从而揭开了农产品价格双轨制序幕。1992年中共十四大提出建立社会主义市场经济，粮食购销价格管制逐步放开。针对粮食，1998年国家提出保护价收购，2004年又进一步出台了粮食最低收购价格政策。据统计，最低收购价政策出台后的2005年，国家在稻谷主产区实施的早籼稻和中晚籼稻最低收购价制度使得主产区农民当年累计增收16亿元，在不考虑良种补贴、农机具购置补贴等项政策的间接增收效果，南方稻谷主产区农民平均每亩增收40元以上。2006年，国家又在小麦主产区实行最低收购价政策使得河南、山东等6个小麦主产省份的农民增收40亿元，加上三项补贴资金，小麦产区种粮农民平均每亩增收50元以上[①]。2014年，国家对东北三省和内蒙古地区启动大豆目标价格试点，新疆进行棉花目标价格试点，取消相关品种的临时收储政策。政府将对每种主要农产品都设立目标价格，当市场价格低于目标价格时，农民将能得到价格补贴。此项改革的目的是为了建立以市场为导向的农产品价格形成机制。2016年推出了玉米生产者补贴制度。按照"市场定价、价补分离"的原则，中央财政在东北和内蒙古地区取消玉米临时收储政策，在玉米价格由市场形成的基础上，国家对玉米种植给予定额直接补贴，充分发挥价格对生产的调节引导作用，推动农业种植结构调整。

（三）直接补贴政策

随着我国市场机制的不断完善以及为了应对加入WTO以后对我国农业的影

---

① 张照新、陈金强：《我国粮食补贴政策的框架、问题和对策建议》，《农业经济问题》，2007年第7期。

响,国家从农业保护和农民增收的角度相继建立并完善了符合我国国情的对农民直接补贴政策体系。进入新世纪以来,我国相继出台了良种补贴、农机具补贴、种粮直补及农资综合补贴四项补贴政策。2002年,为引导和鼓励农民推广使用农作物优良品种,中央财政设立了良种补贴,并将适用补贴范围由大豆一个品种逐步扩大到水稻、小麦、玉米、棉花、油菜等10余个品种,涵盖了主要产区和优势产区,有效提高了我国的良种覆盖率。2004年,为鼓励农民使用农业机械,中央财政设立了农机购置补贴,逐步覆盖了主要农机种类和全国所有农牧业县。同年,为调动农民的种粮积极性,中央财政出台粮食直补政策,把原来补贴在流通环节的粮食风险基金拿出一部分直接补贴种粮农民,并不断完善补贴政策,调动农民种粮积极性,确保国家粮食安全。2006年,为弥补因农资价格上涨造成的农民种粮成本增支,中央财政出台农资综合补贴政策,动态调整增加补贴资金,保护了农民种粮收益。除四项补贴外,各级财政还相继出台了农业保险保费补贴、林业补贴、畜禽良种补贴等,形成了长期中期短期配合、增产增效增收协同、生产生活生态兼顾的涉农直接补贴制度。2016年基于绿色生态为导向改革完善了涉农补贴制度。将2004年起实施的农作物良种补贴、种粮农民直接补贴和农资综合补贴三项补贴合并为一项,重点支持耕地地力保护和粮食适度规模经营两个方面,增强农业"三项补贴"的指向性、精准性和实效性,提高农业"三项补贴"的政策效能。支持耕地地力保护补贴对象原则上为拥有耕地承包权的种地农民,引导农民切实加强农业生态资源保护,自觉提升耕地地力。支持粮食适度规模经营,支持对象重点向种粮大户、家庭农场、农民合作社和农业社会化服务组织等新型经营主体倾斜,体现"谁多种粮食,就优先支持谁"。2016年,中央财政预算安排拨付农业支持保护补贴资金1442亿元,如果以2015年年末农村居民6.03亿人计算,仅当年中央财政安排的农业支持保护补贴一项就能够为农村居民人均增收239元。

(四)以农村低保、养老、救助为重点的农村社会保障制度

农村社会保障是我国对农村地区低收入群体及特定群体实施的一项福利政策。这项制度可以通过政府转移性补助提高特殊群体的收入水平,从而达到缩小

收入差距的目的。目前，我国农村社会保障制度主要包括农村最低生活保障、新型农村养老保险、农村特困人员救助供养以及针对困难群体的教育、医疗等项支出的减免优惠政策。

2007年国务院决定在全国建立农村最低生活保障制度，提出农村最低生活保障对象是家庭年人均纯收入低于当地最低生活保障标准的农村居民，主要是因病残、年老体弱、丧失劳动能力及生存条件恶劣等原因造成生活常年困难的农村居民。农村最低生活保障标准由县级以上地方人民政府按照能够维持当地农村居民全年基本生活所必需的吃饭、穿衣、用水、用电等费用确定，并随着当地生活必需品价格变化和人民生活水平提高适时进行调整。这一制度实施近十年，截至2015年年末，全国有农村低保的补助对象达到2 846.2万户、4 903.6万人。2015年各级财政补助农村低保资金931.5亿元，当年全国农村低保平均标准为3 177.6元/人每年；全国农村低保年人均补助水平为1 766.5元。

表3 农村最低生活保障覆盖规模与标准

	2007年	2011年	2015年
农村享受低保户数（万户）	1 572.7	2 662.6	2 846.2
农村享受低保人数（万人）	3 452	5 306	4 903.6
月人均最低保障平均标准（元）	72	143.2	264.8

资料来源：《社会服务发展统计公报》。

2009年9月，国务院发布了《关于开展新型农村社会养老保险试点的指导意见》，按照"保基本、广覆盖、有弹性、可持续"的基本原则，探索建立个人缴费、集体补助、政府补贴相结合的新型农村养老保险制度。新农保实行社会统筹与个人账户相结合，与家庭养老、土地保障、社会救助等其他社会保障政策措施相配套。2009年试点覆盖面为全国10%的县（市、区、旗），并确定逐步扩大试点，在2020年之前基本实现对农村适龄居民的全覆盖。2009年启动之初，中央财政按照人均55元/月的标准补助基础养老金，地方财政根据实际情况安排相应补助支出。

长期以来，我国先后建立起农村五保供养和福利院供养制度，农村特困群体基本生活得到了保障。然而，由于各地财力水平及上级给予的一般性转移支付水平差异，各地在特困供养对象的认定标准、服务水平也差异较大。2014年5月，国务院颁布的《社会救助暂行办法》实施，提出将农村五保户、城市"三无"群众作为"特困供养人员"进行专门保障。2016年2月17日，国务院公布了《关于进一步健全特困人员救助供养制度的意见》（以下简称《意见》），国家将符合条件的城乡特困人员全部纳入救助供养范围，做到应救尽救、应养尽养。《意见》明确，城乡老年人、残疾人及未满16周岁的未成年人，同时具备无劳动能力、无生活来源、无法定赡养抚养扶养义务人或者其法定义务人无履行义务能力的，应依法纳入特困人员救助供养范围。截至2015年年底，全国救助供养农村特困人员516.7万人，全年各级财政共支出农村特困人员救助供养资金210.0亿元，年人均救助4 064元。其中，集中供养162.3万人，年平均供养标准为6 025.7元/人；分散供养354.4万人，年平均供养标准为4 490.1元/人。

三、现阶段涉农收入分配制度存在的主要问题

（一）务农收入增长困局

1. 农业生产成本"高地板"和农产品价格"天花板"，农业发展面临多重挤压

近年来，我国农业生产成本迈入上升通道，尤其是生产性的服务费用支出年均增幅达到8~9%，助推了农产品成本的上涨，多数大宗农产品国内价格普遍超过国际市场，已达"天花板"，国产主要农产品现货价格与进口同类农产品的完税价格相比处于竞争劣势。以玉米为例，2013年上半年之前的进口完税价格与国产现货价格之间相互交织，但从2013年下半年开始国际玉米价格呈现逐波走低的态势，而国产玉米价格却维持在历史高位。即使不考虑消费者的承受能力等因素，仅从国际市场的价格来看，再提高国内农产品的价格无疑是向国际市场打开更大的门。在农业生产成本处于"高地板"、农产品价格贴近"天花板"的双重挤压下，加之"黄箱"政策临近上限，农业如何持续发展面临

着多重挤压。

2. 农业支持保护边际效能降低

长期以来，财政补贴是我国政府对农业支持保护的重要政策工具，自21世纪初逐步形成的政府涉农补贴体系对稳定粮食生产、增加农民收入确实起到了明显的政策效果。但是，这种具有"普惠制"特征的涉农补贴在三个方面存在问题。首先，补贴政策并没有严格做到"多种多补"，一些种粮大户、种田能手并没有在既有的补贴政策中得到实实在在的好处。其次，补贴政策并没有严格做到"不种不补"，保障国家粮食安全政策导向并没有产生预先的效果。最后，补贴政策并没有严格做到"谁种补谁"，一些地方政府对农民的种粮补贴反而成为耕地适度流转的制约因素。现有财政涉农补贴政策在针对性、指向性、精准性和有效性等方面的欠缺，使得财政补贴的边际效能出现降低的态势。

3. 农业生态环境系统恶化，传统的农业发展方式亟待切实转变

过去很长一个时期，为了解决吃饱肚子的问题，我们确定了追求粮食产量增长这样一个目标，并且基本实现了这一战略目标，但同时也付出了代价。2015年4月，环境保护部和国土资源部对全国全部耕地、部分林地、草地、未利用地和建设用地调查发现，19.4%的耕地土壤污染点位超标，约有3.49亿亩耕地被污染。在点位超标的耕地中，轻微、轻度、中度和重度污染点位比例分别为13.7%、2.8%、1.8%和1.1%。而十年前的2006年，国家环保局调查发现我国受污染的耕地约有1.5亿亩，另有污水灌溉耕地3 250万亩，固体废弃物堆存占地和毁田200万亩。三者合计1.85亿亩，约占全国耕地总量的十分之一左右。主要农产品连年增产伴生着土壤和水体的污染不断加剧、食品安全问题凸显，农业的生态环境日益恶化。与此同时，东北黑土地流失、华北地下水超采、农业面源污染等突出问题不但影响到供给数量，也成为农产品质量安全事件的隐患，传统农业发展方式所面临的资源环境"紧箍咒"越绷越紧，依托于此的农民收入增长之路也只能是越走越窄。

4. 城镇化过程中农村劳动力素质下降导致务农收入增长空间受限

务农与务工两者在比价效应上看，前者明显不占优势，农村有头脑的精英和有

体力的青壮年大多选择离开农村和农业,通过进城务工来实现收入最大化。这也凸显了农业劳动者的素质问题,难以满足农业现代化对高水平劳动者素质的要求。首先,从规模上看,我国农村劳动力转移每年以数百万的规模流出农村、脱离农业,流出的劳动力多以青壮年为主,老、幼、妇、病留下被动填补劳动力空缺。其次,从素质上看,有知识、有头脑、有胆识的农民大多转移为非农就业,或从事兼业。据统计,务农农民中小学、初中文化程度占到70%以上,农民具备基本科学素质的比例仅为1.7%,远低于全国6.2%的平均水平[1]。最后,从意愿上看,除了一些种养殖大户外,依托于家庭承包经营责任制基础上的农村劳动力更多的是被动从事农业生产劳动,缺少主动接受现代农业科技装备的积极性和创造性,不利于传统农业的改造。

(二)农民务工收入增长乏力

随着城镇化进程的快速推进,农民收入增长逐渐摆脱了单纯依赖农产品产量和价格的约束,农民务工的工资性收入成为农民收入增长的一个主要来源。根据国家统计局的抽样调查结果,2015年中国农民工总量为27 747万人,这个群体在城市第二产业和第三产业不同程度地参加就业,分享经济发展带来的财富增长。2015年,农村居民人均可支配收入为11 422元。其中,工资性收入超过经营净收入,首次成为农民收入的第一大来源。但是,在经济发展的新常态下,结构转型升级和GDP增速下滑,使得农民收入增长依靠务工渠道面临越来越大的挑战。这突出表现在以下三个方面。

首先,农民工工资增速放缓。据国家统计局统计,2015年农民工人均月收入为3 072元,比上年增加208元,增长7.2%,增速比上年回落2.6个百分点。其中,制造业,建筑业,住宿和餐饮业,居民服务、修理和其他服务业的农民工月均收入增速均呈现回落态势,分别比上年回落6.7个、4.4个、2.2个和4.1个百分点。

---

[1] 张桃林:《解决好"谁来种地"的问题》,《求是》,2016年第23期。

表 4　分行业农民工人均月收入及增幅

	2014 年 / 元	2015 年 / 元	增长率 /%
合计	2 864	3 072	7.2
制造业	2 832	2 970	4.9
建筑业	3 292	3 508	6.6
批发和零售业	2 554	2 716	6.4
交通运输、仓储和邮政业	3 301	3 553	7.7
住宿和餐饮业	2 566	2 723	6.2
居民服务、修理和其他服务业	25 32	2 686	6.1

资料来源：国家统计局，《2015 年农民工监测调查报告》。

其次，近年来农民工总量增速持续回落。尽管我国农民工总体数量每年保持超百万的增长，但是从增速上来看却呈现逐年下滑的趋势。2015 年外出农民工增长只有 0.4%，而返乡农民工数量不断增长，2012 年、2013 年、2014 年和 2015 年农民工总量增速分别比上年回落 0.5 个、1.5 个、0.5 个和 0.6 个百分点，逐渐呈现为买方市场态势。

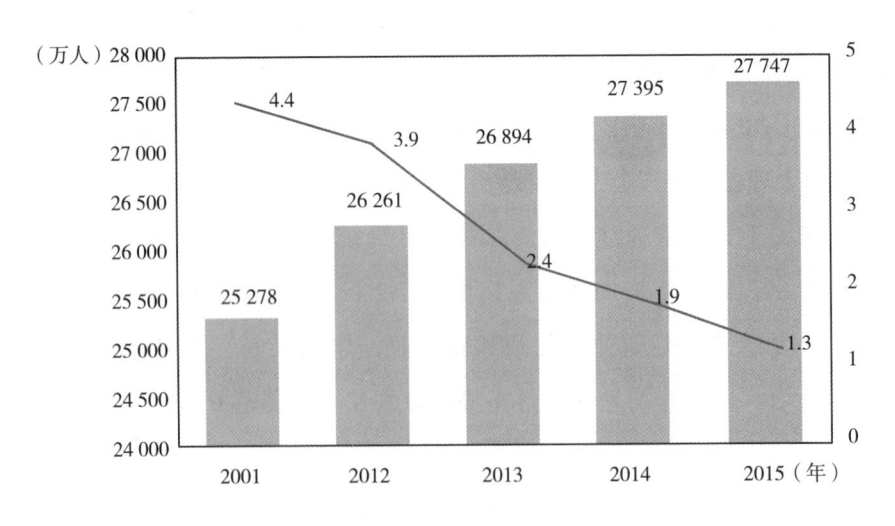

图 6　2011—2015 年农民工总量及增速

资料来源：国家统计局，《2015 年农民工监测调查报告》。

最后，务工对青壮年农民的吸引力逐渐下降。农民工仍以青壮年为主，40岁以下的占比超过一半，但是16~30岁农民工所占的比重继续下降，40岁以上农民工的占比持续上升。这导致农民工的平均年龄不断提高。2015年，农民工平均年龄为38.6岁，比上年提高0.3岁，40岁以下农民工所占的比重为55.2%，比上年下降1.3个百分点；50岁以上农民工所占的比重为17.9%，比上年上升0.8个百分点。这种年龄结构的变化反映出外出务工对农民工中最具有活力的青壮年群体的吸引力正在逐步下降。

表5 农民工年龄构成

单位：%

年份 年龄	2011年	2012年	2013年	2014年	2015年
16~20岁	6.3	4.9	4.7	3.5	3.7
21~30岁	32.7	31.9	30.8	30.2	29.2
31~40岁	22.7	22.5	22.9	22.8	22.3
41~50岁	24.0	25.6	26.4	26.4	26.9
50岁以上	14.3	15.1	15.2	17.1	17.9

资料来源：国家统计局，《2015年中国农民工监测调查报告》。

（三）农民工权益保障问题

农民工权益保障是一项复杂的社会问题，不仅包括劳动者维权问题，还包括随迁子女的公共服务均等化问题、劳动者自身社会保障问题、返乡农民工就业问题等。这些问题中有些直接关系到农民工收入，比如拖欠工资问题直接影响到劳动者工资兑现；有些属于公共福利保障问题，虽然不会直接增加劳动者报酬，但可以减少农民工生活支出从而增加可支配收入水平，比如随迁子女的义务教育、医疗卫生支出等；社会保障问题影响农民工未来养老、医疗等直接或间接收入变化。现阶段这些问题不仅与经济下行、就业环境改变、劳动力需求结构调整等多重因素相互叠加，还与所涉及的诸多城乡社会经济改革相互交织，使之成为持续的热点和难点问题。以拖欠农民工工资问题为例，2003年10月重庆农妇找总理讨薪就已经登上各大媒体的头条，成为当时热门新闻，自上而下都相继出台了保障农民工权益的政策法规。时至今日，这个问题仍未得到根本遏制，每年年末各级政府仍然在强调要确保农民工工资按时、足额发放。在 2015 年的政府工作报告中李克强总理还提出，要全面治理拖欠农民工工资问题，健全劳动监察和争议处理机制，让法律成为劳动者权益的守护神。客观来看，农民工付出劳动收取报酬天经地义、合理合法，本身并不存在责任认定不清的纠纷，只是雇主单方违约，却演变为"年年讲、年年查、年年为"的久拖不决问题。不仅拖欠农民工工资问题，农民工社会保障问题、随迁子女的教育医疗问题等都有相同的演进轨迹。这反映出对待农民工权益保障中普遍存在的一些共性问题，诸如农民工流动性大且维权意识较弱，很少签订劳动合同，致使欠薪发生时，无论从法律角度还是其他层面都成了弱势的一方。雇主违约成本较低，农民工维权成本较高，农民工很难有效使用法律武器为自身维权，导致农民工成了这个违约链条中最尾端的负重者。

（四）失地农民权益保障问题

城镇化进程中，城市边界的扩张、基础设施的更新改造都对土地资源提出了持续的、更大的需求，在土地资源日益稀缺的背景下，政府与农民关于征地的利益分配矛盾始终是贯穿于城镇化进程的一个突出问题。就对农民征地行为本身而言，它是农民财产权变现的收益问题，如果纯粹按照市场规则重新配置土地要素资源，也不存在失地农民的权益保障问题，但是在政府实施的征地过程中，农村土地承包权多大程度上能够公平地价值实现，并没有相对清晰的保证农民权益的制度框架。由此衍生出一系列的农民合法权益受到侵害的问题。首先，由于政府利用其对建设用地一级市场绝对垄断权力，一些地方政府人为地压低土地补偿标准，使得被征土地价格与其市场真实价值严重背离，农村土地承包权变现被大打折扣，而利益受损的农民也只能是事后才能意识到。其次，征地补偿一次性买断机制让失地农民难以分享土地增值收益，使得农民的土地财产权益被固化，无法为农民后续生计提供稳定持续的回报，把失地农民保障问题隐性化。最后，失地农民的就业问题。土地是农民赖以生存最重要的生产资料，农民的生产技能也多依附于土地，失去土地的农民很难在一定时期内通过劳动在社会收入分配格局中找到自己的定位，由此也会滋生出一系列社会问题。

（五）农村贫困群体的收入增长难度持续加大

衡量是否贫困的标准是收入，衡量是否脱贫的标准也是收入，收入是识别贫困的核心数量指标。当前中央对扶贫攻坚提出的要求是要确保到2020年农村贫困人口实现脱贫，全面建成小康社会目标的实现倒逼农村脱贫任务的完成。"十三五"时期，农村贫困人口的收入增长面临着越来越大的困难。首先，是从"扶贫"到"脱贫"的转变让扶贫工作大大增加。过去是帮他增收，现在是彻底"拔掉穷根"，脱贫不是某一时点收入超过贫困线的暂时脱贫，而是稳定脱贫，除了收入稳定超过贫困线，还要实现吃、穿"两不愁"，义务教育、基本医疗和住房安全"三保障"。其次，随着农村贫困人口的减少，脱贫的难度倍增。经过30多年的扶贫开发，以2010年2 300元的扶贫标准，我国农村贫困人口从1978年的7.7亿人大幅减少到2015年的5 575万人，减贫幅度高达92.8%，但是剩下的多半是"硬骨头"。尽管扶贫的力度越来越大，但剩下的贫困人口都是最难脱贫的，易于脱贫的、有条件脱贫的基本上已经把各种帮扶措施都使用了一遍甚至几遍，有些贫困对象也在贫困与脱贫之间反复了多次。一旦政府扶持力度减弱，返贫就成为这部分人口的大概率事件。最后，产业扶贫难题待解。近年来，在我国政府扶贫政策体系中相继出现的资产收益扶贫、旅游扶贫、电商扶贫等扶贫政策创新，但是始终都是围绕产业扶贫这一脱贫政策的根本展开的。按照2010年2 300元的扶贫标准折合到2015年贫困标准是2 855元，对应2015年底5 575万人的农村贫困群体大体上是每年1 600亿元的总收入规模，考虑到贫困对象也会有一部分正常收入，这部分群体脱贫的总收入缺口应该小于1 600亿元。客观来讲，对于我国目前超过16万亿体量的一般公共预算财政收入规模，这部分缺口不足财政一般公共预算收入的1%，完全通过补助性收入也不会带来太大的财政压力。但是，脱离了产业扶贫的基础性支撑，扶贫对象的脱贫对政府补助会形成完全依赖，无益于贫困问题的根本解决。反过来看，广大贫困地区市场经济发育滞后，"种什么""卖难"等长期制约农业发展的问题更为突出，供大于求的买方市场，常规农产品销售难度加大，特色农产品短时间内成功闯市场也非易事。产业扶贫突破困局、农业供给侧结构性改革、宏观经济下行压力等问题相互叠加，使得依靠"产业发展脱贫"的黄金法则边际效果日益减退。

四、政策建议

（一）顺应农业供给侧改革要求，调整产业结构增加农民务农收入

2015年农村居民人均可支配收入中40%是务农收入贡献的，种粮收益又是其中最为重要的来源。一方面种粮拥有更大的需求市场，另一方面种植粮食作物对人工和资本投入都相对较小，便于农民兼业经营，所以种粮收益是未来相当长时期我国农民务农收入的主体。近年来，我国粮食产量在"粮食安全战略优先"的导向下通过价格刺激生产者的积极性，进而实现了超过十年的粮食增产，这也带来了我国一些主要粮食品种库存积压严重，市场价格决定机制扭曲。在供给侧结构性改革的大背景下，2016年国家对玉米主要产区的收储政策从临时收储调整为"市场化收购"加"补贴"的新机制。以黑龙江为例，2015年在国家临时收储政策下的玉米价格虚高达到1.1元/斤，在2016年政策调整后黑龙江玉米市场价格回归到0.8元/斤，加上政府给予的生产者每亩130元左右的种植补贴，最终2016年玉米价格将较2015年下降0.2元左右，种植玉米每亩地将较上年减少收益250元左右，转包土地经营者将面临亏损境地。从目前政策的执行效果看，退出临储政策，实行市场化收储，必然会在一定程度上减少农民收益，甚至出现亏损，而且农业供给侧结构性调整还没有到位，玉米的进一步调整、小麦和稻谷的最低收购价政策调整都有政策预期，这必然会从面上对种粮农民收入产生负面影响。但是，应该看到农业的供给侧改革具有阶段性特征，"粮食安全"战略仍然是我国农业发展的基石。在此背景下，应该引导农民顺应农业供给侧改革要求，顺势而为，不要逆周期行事，以需求导向调节农业种植结构。大力发展绿色农业、都市农业、旅游观光农业，通过第一、二、三产业融合提升现代农业的附加价值。为返乡创业农民参与农业供给侧改革提供财政、金融、土地等政策支持，鼓励农业集约化经营，实现农民收入的"以退为进"。

(二)让农民充分共享产权制度改革带来的收入增长红利

长期以来,农民收入增长要么是从增加政府转移性收入视角切入,要么是从农民家庭或个体劳动报酬的视角提出,对集体这个介于国家与农户之间的层次关注程度不够,而事实上集体所有制是我国公有制所有制形式的重要组成部分[①]。当前有必要从集体产权制度改革的视角挖掘农民收入增长的潜力,提高集体资产收益对农民财产性收入增长的贡献度。2016年12月,中共中央、国务院印发《关于稳步推进农村集体产权制度改革的意见》,这是提升农民财产性收入的一项长远的、根本的、全局的制度性改革,也从顶层设计的高度为增加农民财产性收入指明了路径。农村产权制度改革涉及土地、森林、水利等关系生产生活的所有资源性资产,其中影响最为深远、潜力最大的是农村集体土地产权制度改革。长期以来,农村集体土地出让的收益归属一直存有争论。有观点认为,城镇化过程中土地出让不应该仅仅给予失地农民补偿,土地的溢价收益不应该全部归政府所有,要与承包土地的农民分成,以此体现农民对土地的承包权益;也有观点认为,城市建设用地自然增值来自于政府基础设施投资后的集聚效应,出让收入相当于政府成本回收,溢价收益应该归公。客观来看,尽管争论的是观点上的分歧,但是争论的潜在前提却是一致的,两方都认识到现行的土地出让溢价收益不会被主要用于农民、农业和农村,而是会被用于城市和第二、第三产业,两种观点争执的是要不要在收益分配时单独为"三农"争取一部分。两种观点本身并不是没有消除分歧的可能,其关键是是否能够将"三农"、特别是农民产权性收入放入城乡一体化整体格局中加以对待。未来土地出让溢价部分财政预算支出应从"公益属性"出发,而不只是简单立足于城市和第二、三产业发展,在城镇化过程中再次把城市发展与农村发展对立起来。2008年,重庆市探索地票制度改革试验,这一举措较好地解决了城镇化过程中农地使用的矛盾。重庆地票制度把原来闲置的农村宅基地及其附属设施用地、乡镇企业用地、农村公共设施和农村公益事业用地等农村集体建设用地进行复垦为耕地,经土地管理部门严格验收后置

[①] 据统计,2016年在农民可支配收入中财产性收入占比只有3.6%,远低于工资性收入、家庭经营收入和转移性收入。

换出建设用地指标——"地票",并通过市场化公开交易推动农村集体建设用地流转。重庆在地票价款扣除必要成本后,按 15∶85 的比例分配到集体经济组织和农户。农户获得地票净收益的大头,主要是对农民退出土地使用权的补偿,切实维护了农民的利益,同时也实实在在增加了农民的财产性收入。重庆的"地票制度"实现了以耕地为核心的国家粮食安全战略、城镇化过程中土地资源利用、农民土地产权收益三者的有机统一,特别是通过市场公平交易让农村集体产权价值显性化,为农民充分共享产权制度改革进而获得收入增长红利极大地拓展了空间。重庆的改革探索揭示出农村产权制度改革要以构建起归属清晰、权能完整、流转顺畅、保护严格的农村集体产权体系为目的,改革过程中要赋予农民更充分的财产权利,保障集体经济组织成员的知情权、参与权、表达权和监督权,将改革红利切实做成集体经济组织及其农村家庭实实在在的收入"蛋糕"。

(三)强化就业创业扶持政策,拓宽农民务工增收渠道

第一,完善农民工就业保障制度。2015 年农民人均收入中工资性收入首次超过经营净收入的规模,成为农民人均可支配收入中占比最大的份额。完善农民工就业保障制度就是要严格落实农民工平等就业、同工同酬制度。完善覆盖城乡的公共就业服务制度,以新生代农民工为重点,实施农民工职业技能提升计划,提高职业培训的针对性和有效性,逐步实现城乡居民公共就业服务均等化。

第二,加强农民工维权保障。各级政府要对农民工就业合法权益常态化、制度化。加强稳定就业帮扶联系,实行工资兑付预警,适时跟踪辖区农民上岗、报酬支付、稳定增收等情况,积极引导劳动者依法维权,通过岗前维权培训、定期上门服务等措施,让农民工知晓权利保障、工资支付、法律援助等方面内容,提高其依法维护自身权益的能力。与此同时,流入地政府与流出地政府还要联动维权,对在外地就业的,依托政府驻外办事机构、驻外法律援助站和农民工工作站,着力解决农村就业转移人口的实际困难;对在本地就业的,逐步建立工资报酬托管直付制度。

第三,支持农民回乡创业。随着城市就业环境、竞争程度、生活成本等因素的变化,回乡创业逐渐成为一部分农民应对市场变化的适应性选择。从收入角度看,农村土地承包权流转、农副产品加工及休闲农业、乡村旅游等都是农村新增的就业

空间，在城市经济下行压力下这些产业和领域逐步凸显出"性价比"。政府应该为农民返乡创业、创新提供必要的平台。比如，支持农民返乡创业园建设、搭建就业信息服务平台以及围绕当地名优特农产品开展"互联网+"的市场营销活动，积极探索"一乡一业"、"一村一品"，把区域特色工业与增加农民务工收入有机结合起来。

（四）尽快明确并建立农民外出务工群体的基本公共服务包制度

虽然基本公共服务不构成农民工群体收入增长的"加项"，但是良好的公共服务保障可以切实降低其生活成本负担支出的"减项"，可以变相增加可支配收入规模。建议以农民工群体为重点，中央财政推动尽快明确并建立常住人口基本公共服务包。从受益对象的角度划分，把农民工纳入城市公共服务体系，现阶段农民工应该享有的均等化基本公共服务包包括以下三个层次。

第一，作为劳动者的农民工群体应该享有基本公共服务。农民工进城从事生产劳动是农村劳动力转移的起点，第一个层次的基本公共服务是最直接提供给农民工群体的，是均等化基本公共服务包中的核心部分，也是其他三个层次公共服务均等化的前提。这个层次的公共服务可以进一步分解为四项：其一是社会保障，包括农民工养老保险、医疗保险、工伤保险、生育保险；其二是就业培训，政府有责任提供就业信息、必要的职业培训、失业安置等方面的公共服务；其三是住房制度，在房价较高的中心城市，农民工基本没有能力购买到属于自己的住房，提供必要的廉租房也是基本公共服务的应有之义；其四是计生服务，这项公共服务关系我国的计划生育基本国策，具有明显的外溢性。为农民工提供与城市生活、就业相匹配的基本公共服务只是基本公共服务均等化的一个方面，同样重要的是要充分考虑基本公共服务异地接续的问题，尤其在我国社会保障等公共服务的统筹层次还较低的情况下，这本身就是一项公共服务。

第二，流动人口（农民工）外出随行家庭成员应该享受的基本公共服务。从现阶段农民工进城的状况看，老人随行的可能性很小，这主要是因为城市相对较高的生活成本，以及农村承包土地需要有人打理，配偶一般会随行，但都会或多或少在城市就业，所以农民工外出随行的家庭成员主要是指未成年子女。这部分公共服务主要包括义务教育、医疗保险、计划免疫。在一定程度上，农民工对这个层次公共服务供给状况的关注程度要超过自身的公共服务。近年来,农民工子女公共服务保障问题引起了社会各界的关注,相关的公共服务有了不同程度的改善,其中计划免疫是保障状况最好的一类公共服务。

第三,其他流入地(城市)公共服务。近年来,许多大中城市由财政"买单"相继推出了一些免费或低价的公共服务项目,比如公交票价优惠、公园票价优惠等,这是社会进步的体现。虽然这些公共服务并非农民工消费不起,也未必是农民工就业所必需的,但是农民工仍然相当看中这部分公共服务,通过这类公共服务他们可以感受到是否被城市接纳,往往在他们眼中这是公共服务均等化更为重要的公平标尺。基于此,此类看似微不足道的公共服务实际关系农民工的心理平衡,也可视为基本公共服务。恰恰是这部分公共服务不如义务教育、社会保障、公共卫生等公共服务直接、重要,所以前者的均等化最容易被城市政府忽视。

目前,流动人口基本公共服务保障仍有诸多财政体制难点需要突破,比如需要设计向相对发达的地区或城市实施转移支付;农民工的流动性与政府间财政体制的稳定性之间的矛盾;农民工的流动性与公共服务供给刚性之间的矛盾以及由此导致生产能力浪费产生的政策性增支,等等。破解这些难题需要首先解决政府间的支出责任划分问题。按照政府间职责划分的外部性、信息复杂性和激励相容三个原则,中央政府应该承担对基本公共服务保障制度设计职责,同时承担养老保险全国统筹支出兜底、义务教育支出、公共卫生支出及大型公共基础设施建设补助三项专项支出责任。省级政府应该承担义务教育支出、保障房建设支出、大型公共基础设施建设支出等支出责任。城市政府应该承担区域内流动人口公共服务规划责任,并承担土地资源供给、人力资源配给、机构运营管理、行业行政管理等方面的责任,并对公共服务供给过程中资金成本与产出缺口部分承担部分补助责任。同时中央财政应该尝试建立针对省级财政、城市财政为进城务工农民提供基本公共服务的正向激励机制,由此将中央财政、省级财政、城市财政三方保持政策取向一致,形成合力,实现农民工基本公共均等化目标。

（五）贯彻落实精准扶贫发展，健全农村贫困人口收入保障机制

第一，积极落实建档立卡贫困人口易地扶贫搬迁工作。实施易地扶贫搬迁工作力图解决的是居住在"一方水土养不起一方人"地区贫困人口的脱贫问题。按照建档立卡统计，截至2016年，我国仍有22个省的约1 400个县近1 000万人生活在四类不宜居住的地区，包括深山石山、边远高寒、荒漠化和水土流失严重，且水土、光热条件难以满足日常生活生产需要，不具备基本发展条件的地区；在《国家主体功能区规划》中的禁止开发区或限制开发区；所在地区交通、水利、电力、通信等基础设施，以及教育、医疗卫生等基本公共服务设施十分薄弱，工程措施解决难度大、建设和运行成本高的地区；地方病严重、地质灾害频发的地区。解决这些贫困人口的脱贫问题需要改变其所处的恶劣生产生活环境，回归到适宜人类生活居住的区域，彻底"拔掉穷根"，可以在充分开展水土资源平衡分析和资源环境承载能力评价的基础上，按照群众自愿、应搬尽搬的原则，采取以集中安置为主、集中安置与分散安置相结合的方式实施贫困人口移民搬迁工作。

第二，实施健康扶贫工程，防范因病致贫、返贫。首先，要减轻农村贫困人口的医疗负担，增加对参加新农合的建档立卡贫困人口个人缴费部分财政补贴比例，提高政策范围内住院费用报销比例，加大对大病保险的支持力度。其次，对患大病和慢性病的农村贫困人口进行分类救治。对贫困群体中治疗负担较重、能一次性治愈的大病探索集中救治试点。再次，实施目前医疗、医保、救助，本地与外地、不同层次医疗机构之间互联互通，在可获得性和便利性方面让贫困群体切实享受到健康扶贫工程的实惠。

第三，打通贫困地区关键性基础设施瓶颈，提升区域扶贫效果。当前受道路、通信、电力等多重基础设施条件的制约，许多贫困地区都处于相对封闭的经济发展环境中，很难搭上经济协同发展的"快车道"，本身所拥有的稀缺的"青山绿水"也很难转化为"金山银山"。其中的关键就是区域性基础设施薄弱的制约。建议整合国家扶贫发展规划、中央和地方基本建设投资计划、贫困地区区域发展规划等，因地施策，在针对贫困群体的精准扶贫实施之前先找准区域发展的

基础设施薄弱点。通过各层级政府公共投资调整和倾斜为区域产业扶贫、行业扶贫、定点扶贫、整村推进等具体的扶贫工作"开山架桥"。

第四，引入"外脑"，通过专家指导推动贫困地区产业扶贫跨越式发展。贫困人口脱贫与所在地区的经济发展息息相关，大环境变化会对个体增收有潜移默化的影响。然而，贫困地区的产业发展一直是一个制约贫困人口增收的难题，制约因素是多方面的，大多数地区产业培育发展的难度也是多次失败后得到验证的。所以，精准扶贫需要精准帮扶，外部专家的实地指导不可或缺。可以考虑在当前驻村工作队的基础上，进一步引导科技人才下沉贫困地区，围绕产业选择、土壤改良、种养培训、疫病防治等重点产业发展环节给予足够的科技支撑，让贫困的地区涉农产业培育搭上"科技快车"。

参考文献

[1] 黄奇帆.地票制度实验与效果——重庆土地交易制度创新之思考［N］.学习时报，2015-5-4（8）.

[2] 贺雪峰.论土地资源与土地价值——当前土地制度改革的几个重大问题［J］.国家行政学院学报，2015（3）：31-38.

[3] 国家统计局.2015年农民工监测调查报告［R］.北京：国家统计局，2016.

[4] 张桃林.解决好"谁来种地"的问题［J］.求是，2016（23）：44-46.

[5] 张照新，陈金强.我国粮食补贴政策的框架、问题和对策建议［J］.农业经济问题，2007（7）：11-16.

[6] 张翔.财产权的社会义务［J］.中国社会科学，2012（9）：100-119.

[7] 周其仁.产权与中国变革［M］.北京：北京大学出版社，2017.

分报告十　我国科研创新激励视角下的收入分配优化

一、引言

纵观人类发展历史，创新始终是一个国家、一个民族的核心竞争力。改革开放近40年来，中国经济奇迹的诞生，靠制度革新解放生产力，也靠科技进步发展生产力。而从我国经济面临的新形势看，在深化供给侧结构性改革的今天，更是迫切需要全面提高创新的供给能力。创新能力决定于人力资本存量和为保证人力资本实现其价值的制度安排。技术创新离不开人力资本，这不仅表现在人力资本是技术创新和技术进步的源泉，而且还体现在人力资本是技术扩散的必要条件。与一般生产性活动最大的不同在于，创造性活动及创造性成果的出现，更多地体现了人们思想火花的迸发。高精尖人才在创新活动中具有不可替代的作用，重大科技项目的成功，关键也在于尖子人才的选拔和使用。特别是在当代创新活动中，人才的创造性意义和决定性作用更加突出。科技进步、技术创新的关键在于有一套促进创新的激励机制。

工业革命以来，全球科技中心转移经历了从18世纪的英国，到20世纪初的德国，再到第二次世界大战以后的美国，三次转移都是以人才培养和集聚为基本特征并通过重大科技创新来驱动。当前，在全球经济结构面临深度调整的背景下，世界各国纷纷实施创新驱动战略，而科技创新人才是实施创新驱动战略最关键的因素。为了加速推进创新驱动战略，积极抢占科技创新高地，世界各国都高度重视科技创新人才的培养和引进，人才竞争愈演愈烈。

同这些要求相比，我国科技创新还有不少"短板"。整体而言，关键领域核心技术受制于人的格局没有从根本上改变，科技基础仍然薄弱，科技创新能力特别是原创能力还有很大差距。科技成果转化渠道仍不畅通，企业尤其是中小企业作为创新主体还不突出，科研人员的创新积极性还没有充分调动起来。

要实现建设世界科技强国的目标，让科技创新真正发挥"第一引擎"的作用，深化体制机制改革，破除制约创新的障碍，刻不容缓。走创新型国家之路，实施创新驱动发展战略，既是我们应对当前发展环境变化、把握发展自主权、提高核心竞争力的必然选择，也是加快转变经济发展方式、破解经济发展深层次矛盾和问题的必然选择，是更好地引领我国经济发展新常态、保持我国经济持续健康发展、破解收入分配问题的必然选择。特别是收入分配领域，分配结构严重扭曲。由于初次分配基本决定了最终的分配格局，而初次分配中的要素分配又在很大程度上决定了人际间的分配格局，因此，要解决收入分配问题，还必须从要素分配入手。

从要素分配结果看，我国劳动收入份额持续下降、资本收入份额持续攀升的现象说明我国目前的要素分配导向侧重于激励物质资本积累，这是由我国各阶段的产业发展战略所决定的。长期以来，我国依靠低劳动力成本优势，以发展劳动密集型产业为主，这一产业特征导致了收入分配上重资本、轻劳动的结果。在知识经济背景下，我国提出要转变经济发展方式，提升产业结构的发展要求，在这一背景下，人力资本成为推动产业升级的主导要素，因此，新的产业发展策略要求人力资本成为分配激励的导向。

本报告聚焦于当前科研人员在其科研创新中关于收入分配相关的激励机制，论证收入分配与创新科研激励内在关联，特别是在我国经济发展方式转变要求下，科研人力资本成为新经济增长源泉和产业升级的主要推动力，以人力资本创新为导向可以实现收入分配的"公平"与"效率"兼容。进一步地，对我国目前的科研人员收入分配状况及整体科研管理情况做出客观评价。借鉴国际上科研创新激励的先进做法，提出了我国科研领域的激励创新为取向的收入分配认识框架和优化路径。

分报告十 我国科研创新激励视角下的收入分配优化

随着中国经济进入新常态，经济提质增效和产业升级换代的压力不断增大，与之匹配的制度设计和调控手段等软环境的改进也日益紧迫。以制造业为例，一方面，在制造业规模较小的时候，中国可以在价值的低端跟着走，随着规模变大，就要探索具有中国特色的发展道路。这时，能不能有创新和研发、能不能提高价值链的水平对未来发展特别重要。另一方面，随着劳动力和土地成本日益提高，中国原有的低成本优势正在流向更不发达的国家。如果不能够顺利实现技术创新和价值链的提升，就会陷入与后进国家的低成本重复竞争困境之中。这意味着对创新性思维等知识的需求变得前所未有的急迫。在当前发展的时间节点，无论是从先进技术研发等硬的方面，还是从配套制度环境建设等软的方面看，都需要科研人员比以往时期提供更多更好的智力支持，发挥更加重要的脑力支撑作用。然而，当前的科研人员薪酬体制却并未顺应这种形势，反而成为创新的掣肘因素。相当多的科研人员认为，当前我国科研经费管理不科学，科研人员的收入并没有得到相对体面和稳定的保障，现有薪酬制度是不合理的，对科研人员的收入分配管理十分死板，不适合调动科研人员的积极性。也就是说，收入分配激励是调动科研人员创新积极性的重要政策工具，需要根据新形势、新情况及时做出调整。

另外，在当前加强科研经费管理的大背景下，科研人员薪酬制度结构不合理的问题更加凸显，亟待调整。近年来，国家不断要求进一步严格科研经费管理，这对科研人员收入体系产生了一定程度的影响。我国绝大多数科研机构曾经是"吃财政饭"的单位，计划经济时期没有人才竞争压力，科研人员作为国家公职人员薪酬也有比较优势。20世纪90年代末，部分科研院所转制改革，少数成为企业，大多保留事业单位，不过社会科学领域研究机构基本还是政府部门或事业单位。1998年的"三定"方案里，也多保留了承接社会委托、提供有偿研究服务的职能，维持着靠项目养人和发展的现实局面。各项目向单位提交一定额度的管理费用，其余由课题组自己支配，其中很大一部分又作为研究人员的智力补偿，承担竞争性薪酬职能，这种做法逐步形成惯例，并成为有效的激励手段。当然，这并不是说不应该加强对科研经费的管理。科研经费严格管理是国家完善各项制度的一个重要环节，而且有助于调整科研人员群体内部收入分配的公平性，比如，资深研究人员掌握的科研项目资源往往数倍于年轻研究人员。需要注意的是，在加强经费管理的同时，必须配套改革科研人员的薪酬制度设计，否则就会造成科研人员群体收入实质性下降，挫伤科研人员的工作积极性。

二、相关概念及理论基础

（一）相关概念

1.科研创新

（1）创新

创新是指人们能动地进行的产生一定价值成果的首创性活动。创新是以新思维、新发明和新描述为特征的一种概念化过程，其有三层含义：第一，更新；第二，创造新的东西；第三，改变。"创新"一词，在我国最早见于成书是南北朝时期的《魏书》："革弊创新者，先皇之志也"（《魏书》卷六十二），但其词意主要是指制度方面的改革、变革、革新和改造，在生产力低下的社会形态中，似乎并不包括科学技术的创新。《辞海》的解释是"抛开旧的，创造新的"，亦作"刱新"。显然过于笼统，不能概括创新丰富和深刻的内涵。"创新"一词在英文中对应的单词是 Innovate（动词）或 Innovation（名词）。《简明牛津英语词典（The Shorter Oxford English Dictionary）》对"Innovate"的解释含有"转变成某种新的事物、改变、更新、首次引入、带来或引入某种新事物、产生一种改变或在某种已确定的事物中的改变"等意思。

从哲学角度，创新的思想最早可以追溯至 1605 年，弗朗西斯·培根（Francis Bacon）提出"知识就是力量"的著名格言，并在《新大西岛》中表述了"人—知识—自然"的互动过程，即人类通过知识了解并改变自然[1]。亚当·斯密的《道德情操论》中认为人具有发明创造的爱好，爱好秩序和创造美的本性促使利己的人们通过建立和改善制度促进公共福利，并为改善自身的状态而促进了经济、政

---

[1] 培根：《海洋自由论、新大西岛》，三联书店 2005 年版，第 174-175 页。

治、科技、文化领域的巨大进步[①]。

从经济的学角度，创新不同于一般意义上的知识发现，着重强调产生实际的经济效应。真正将"创新"发展为一种理论、引起世人关注的当首推经济学家约瑟夫·阿罗斯·熊彼特（J.A.Sehumpeter）。1912年，他在自己的成名之作暨博士论文《经济发展理论》一书中提出了创新概念并对创新概念进行了界定。他指出，创新就是"执行新的组合"，即建立一种新的生产函数，把一种从来没有过的生产要素和生产条件的新组合引入生产体系。熊彼特认为，这种"创新"或生产要素的新组合，主要具有以下五种情况：引进一种新产品或一种产品的新特性；采用一种新的生产方法，即新技术；开辟一个新的市场；掠夺或控制原材料或半制成品的一种新的供给来源；实现任何一种企业的新组织[②]。这五种情况，实际上就是五种形式的创新，即产品创新、生产技术创新、市场创新、材料创新、组织管理创新。熊彼特引入创新概念，将创新与经济发展联系起来，试图解释经济发展的机制。除引入和界定创新概念外，在《经济发展理论》及其后出版的其他著作中，熊彼特提出了"创新理论"（Innovation Theory），并从创新的本质、创新的目的、创新的特征、创新的因素、创新的主体动力、创新的物质前提等多个视角初步建构了"创新理论"。熊彼特对创新理论的初步建构是对创新理论发展的重大贡献，大大加深了人们对创新的认识，促进了工业创新的认识进程和操作进程，推动了西方经济发展。

（2）技术创新

技术创新，指生产技术的创新，包括开发新技术，或者将已有的技术进行应用创新。技术创新论者主要是遵循了熊彼特开创的先河，继承了其基本衣钵。如美国经济学家罗斯托把"创新"发展为"技术创新"，提高到"创新"的主导地位。伊诺思、林恩、厄特巴克、缪尔赛、弗里曼等人分别在自己的学说或著作中对技术创新进行了明确界定或系统描述、整理，从而推动了技术创新理论的巨大发展。20世纪50年代以来，管理学家已经开始引入创新到管理领域。德鲁克推

[①] 亚当·斯密：《道德情操论》，商务印书馆1997年版，第229-231页。
[②] 约瑟夫·熊彼特著，何畏等译：《经济发展理论》，商务印书馆2000年版，第73-74页。

出了"创新"的理念融入管理领域。他定义的创新是指创造财富，创新有两种，一种是技术创新，它在创造一种新的管理机制、管理模式和管理方法，从而达到更大的经济价值和社会价值；一种是社会创新，它在社会经济，创建一个新的管理机制、管理模式和管理手段，从而在资源配置方面取得了巨大的经济价值和社会价值。现代创新理论认为，创新是实现经济价值和社会价值的有效途径，主要包括科技创新、技术创新、知识创新、管理创新、组织创新、制度创新、机制创新、文化创新、创新思想等。

英国经济学家、《创新经济学》的作者弗里曼把技术创新定义为："第一次引入一种产品（或工艺）所包括的技术、设计、生产、财政、管理和市场"的过程。他认为技术创新是一个把科技成果转化为能在市场上销售的商品或工艺的全过程，包括：研究过程（形成新的思想和发明）；新产品开发、试制和生产过程（商业化）。或者说技术创新是一个完整的创新链条。由此可以看出：技术创新不仅是一个狭义的范畴，即它是各种生产要素的重新组合，而且也是一个广义的范畴，即它应包括某一领域甚至整个一个时代的技术革命；技术创新不仅是研究与开发的结合，更是研究开发与应用的结合。廖尔塞在整理几十年来在技术创新概念的定义多种表述的基础上，将技术创新重新定义为：技术创新是以其构思新颖性和成功实现为特征的有意义的非连续性事件。这一定义突出了技术创新在两方面的特殊含义：一是活动的非常规性，包括新颖性和非连续性；二是活动必须获得最终的成功实现。

我国的一些学者也对技术创新下了定义。陈文化认为，"创新是将新构想创造性地引入社会、经济系统并获得综合效益的动态过程。"[①] 张世贤认为：技术创新是一个始于研究开发而终于市场实现的过程，这一过程的普遍展开就是一项技术成果的产业化实现。技术创新显然并不是技术本身的发展问题，而必须是一系列相互关联的经济行为所组成的复杂系统及其过程。[②]

（3）科研创新

本报告所指科研创新，是指在科学研究活动中有效利用和优化配置各种创新

[①] 陈文化：《腾飞之路——技术创新论》，湖南大学出版社1999年版，第15页。
[②] 张世贤：《阀值效应：技术创新的低产业化分析》，《中国工业经济》2005第4期。

资源，通过知识创新、技术创新、成果转化创新、管理创新等各种创新活动，首创性地产出高水平科研成果。这其中，可以说一切科研创新活动都是通过科研人员发挥主观能动性得以实现。科研人员对于科研创新的重要性不言而喻。

科研创新人才是高层次人才，是知识经济时代的核心资源，也是提高自主创新能力的关键所在。从一般意义上理解，科研创新人才就是掌握现代科学知识和高新技术并具有创新能力的人才。国内外专家学者从不同角度对科研创新人才的内涵进行界定，通常认为科技创新人才应包含三个基本要素：一要从事科技、科研活动；二要具备创新性或创造性；三要产生良好的经济社会效益。概括来讲，本报告认为科研创新人才是指在科学技术、科学研究领域内经过专门的训练，具备丰富的专业知识，具有较高学术造诣和科技创新、科研创新能力，长期稳定地从事创造性劳动，并且能够为经济社会发展和科学技术进步做出突出贡献的人才。

科研创新人才具有以下显著的特征。第一，思想观念新。科研创新人才通常都接受过高等教育，思想开放，视野开阔，敢于创新、善于创新、勤于创新，勇于探索与实践，易于接受新事物、新观点、新看法，具备敏锐的观察力，能够从本源上发现重大问题，准确把握科技发展趋势和动向。第二，思维能力强。科研创新人才对专业知识和技能的掌握达到一定的深度、高度和难度，具备严谨的科学思维能力和对事物做出系统综合分析与准确判断的能力。第三，知识结构优。具备合理的知识结构是人才作用充分发挥的关键。科研创新人才既要有深厚而扎实的基础理论知识，精通本专业的最新动态和前沿趋势，还要把握相邻学科及必要的横向学科相关知识，以适应多学科联合攻关、跨学科融合创新的科技发展新趋势。第四，心理素质好。科研创新人才所承担的科研工作与任务要求充分体现创新性，其成果存在较大不确定性，因此需要具备较强的抗压能力和受挫能力，而且要对科研工作有一定的热情，"耐得住寂寞，坐得住冷板凳"。第五，创造价值高。科研创新人才能够通过理论创新、方法创新或应用创新，创造出前所未有的科学理论、生产技术及实用产品，价值重大，影响深远。

当今世界人才资源是第一资源，科技创新人才在提高自主创新能力、推动实施国家创新发展战略中占据着重要的地位和作用，谁掌握着顶尖的科技创新人才，谁就将在竞争中获得主动权和制高点。《国家中长期人才发展规划纲要（2010—2020年）》提出，要"突出培养造就创新型科技人才"。《国家中长期科学和技术发展规划纲要（2006—2020年）》《国家中长期教育改革和发展规划纲要（2010—2020年）》等文件也把培养造就高层次创新型科技人才摆在突出重要的位置。这是我国人才队伍建设的核心任务，也是建设创新型国家和实施人才强国战略的重大举措。2014年6月9日，习近平在中国科学院第十七次院士大会、中国工程院第十二次院士大会上的讲话中强调指出，我国要在科技创新方面走在世界前列，必须在创新实践中发现人才、在创新活动中培育人才、在创新事业中凝聚人才。要把人才资源开发放在科技创新最优先的位置，改革人才培养、引进、使用等机制，努力造就一批世界水平的科学家、科技领军人才、工程师和高水平创新团队，注重培养一线创新人才和青年科技人才。可以断言，在全球科技创新活动日趋活跃、国家创新竞争日趋激烈的背景下，坚持以人才为本，大力实施科技人才战略，将培养和引进科研创新人才作为建设创新型国家的重要战略举措，已成为世界上大部分国家的共同诉求和一致选择。

①科研创新人才为创新型国家建设提供强大智力支撑。科研创新人才是从事创造性活动的主力军，建设创新型国家的关键在于提升自主创新能力，而提高自主创新能力的关键又在于科技创新人才。没有一支宏大的科技创新人才队伍为创新型国家建设提供智力支撑，创新驱动战略就无从实施。因此，必须大力培育和引进科技创新人才，营造良好的创新氛围，发展壮大科技创新人才队伍。

②科技创新人才资源开发是提升国家创新竞争力的重要着力点。科技创新人才数量和质量是体现国家创新竞争力的核心指标。科技创新人才的匮乏和低效是制约国家创新竞争力提升的重要因素和主要环节，加强科技创新人才资源开发对于提升国家创新竞争力具有重大意义。

③加强科研创新人才队伍建设有利于优化产业结构，促进经济发展方式转变。在当前全球经济结构面临深度调整的形势下，世界各国尤其是发展中国家都在抢抓转方式、调整结构的重大历史机遇，在这一转变和调整过程中，科技创新

人才发挥着核心要素和第一推动力的决定性作用,只有加强科技创新人才队伍建设,才能真正实现产业结构的优化和经济社会的可持续发展。

2. 创新激励

激励的目标是使组织中的成员充分发挥出潜在的能力。激励理论是当今管理学和经济学研究的热点问题。对于激励的含义,在理论界有多种定义,如阿特金森认为,激励是对行动的方向、强度与持续性的直接影响。琼斯认为,"激励就是引导……一个人或一群人,为实现组织目标而工作,同时也要达到他们自己的目标"。也有学者认为:"激励是针对人的需要来采取相应的管理措施,以激发动机、鼓励行为、形成动力。因为人的工作绩效不仅取决于能力,还取决于受激励的程度,通常用数学公式表示:工作绩效 =f(能力 × 激励)。因此,行为科学中的激励理论和人的需要理论是紧密结合的。心理学家则强调动机的重要性,指出动机对人的行为的激发、推动和加强作用。

由此可以对激励做如下定义:它是指通过某种有效的操作激发或诱导他人,使其进入高动机状态,为某一目标的实现努力奋进,包括物质激励、激发动机、形成动力、鼓励行为四个方面。

科研创新需要不同部门,包括公共部门和私人部门的各种机构所组成的网络共同发力,这些机构的科研活动有效地结合在一起,促进知识技术的流动和扩散能力。根据全球创新指标来看,可以归结为四方面:一是创新人才,人是科研创新系统中的关键性因素;二是创新主体,包括高校、科研机构以及从事科研活动的企业等,是创新活动的重要的知识源;三是创新制度,技术创新需要与制度创新相结合,制度创新是科研创新的保证;四是创新环境,只有良好的内、外部环境,才能促进科研创新的可持续性发展,这包括创新硬环境(科研基础设施)和创新软环境(科研环境、市场完善度等)两方面。创新人才、创新主体、创新制度以及创新环境四个方面对于科研创新激励并不是孤立存在的,而是通过收入分配等科研激励制度来支撑和实现的,从而达到良性的激励效果。支持科研创新人才的政策同样可以吸引优秀人才流入,形成良好的创新人力资源以及良好的创新环境;完善的创新制度既有利于形成良好的创新环境,又能更好地支持创新主体进行科研创新;而优化创新环境在激励创新方面具有不可估量的促进作用。而通过完善的收入分配制度,一方面创新主体对于创新人才的科研付出给予相应的物质鼓励,可以较好地补偿其智力贡献,体现其科研价值;另一方面完善的收入分配制度本身即为创新制度的重要一部分,也对优化科研创新环境有极为重要的作用。正如习总书记 2014 年 8 月在《在中央财经领导小组第七次会议上的讲话》中指出:"用好人才,重点是科技人员。科学家毕竟是少数,数量庞大的科研人员是创新的主力军。用好科研人员,既要用事业激发其创新勇气和毅力,也要重视必要的物质激励,使他们'名利双收'。名就是荣誉,利就是现实的物质利益回报。"

(二)理论基础

马克思主义的创新理论由《政治经济学批判(1857—1858 年手稿)》开始,经过有中国特色社会主义社会理论和实践的不断发展,形成独具特色的科技生产力理论。

1. 马克思视域中的创新

马克思认为创新本质上是现实的人有目的的创造性实践活动,表现为科学创新、技术创新、制度创新三大基本形式。马克思的科技创新及科技生产力的发展经历了从萌芽到成熟,再到不断发展的三个阶段。

萌芽阶段。马克思在《1844 年经济学哲学手稿》中认识到人和科技的相互作用,认为:"工业是自然界对人,因而也是自然科学对人的现实历史关系。"从中指明了科技创新中人的本质[1]。

成熟阶段。马克思在《政治经济学批判(1857—1858 年手稿)》中提出:"生产力中包括科学。"这是将科技作为生产力的重要组成部分提炼出来。

发展阶段。马克思在提出科学是生产力的观点之后,在《机器、自然力和科学的应用》中,辩证分析了科学生产力和其他生产力的相互关系,并在《资本论》和《剩余价值说史》中相应提出,"科学作为一种独立生产能力""科学是一般社会生产力"[2]。

---

[1] 马克思:《1844 年经济学哲学手稿》,人民出版社 2000 年版,第 89 页。
[2] 马克思、恩格斯:《马克思恩格斯全集》第 32 卷,人民出版社,2002 年版,第 289 页。

（1）创新的本质：现实的人有目的的创造性实践活动

马克思认为，创新是现实的人面对新的实际情况有目的地从事一种前人未曾从事过的创造性实践活动，是人类特有的认识能力和实践能力。通过这种创造性实践活动，人们不断破除与客观事物不相符合的旧观念、旧理论，发现客观事物的新属性、新联系、新规律，运用这些新属性、新联系、新规律，创造出新技术、新发明，生产出新的物质产品、精神产品以及新的社会关系产品（如政策、法律、制度等），从而证明自己是有意识的类存在物。"通过实践创造对象世界，即改造无机界，证明人是有意识的类存在物"。[1] 与一般实践活动相比，创新作为求新求异的创造性实践活动，需要更多的知识、更高的智慧，需要耗费更多的脑力劳动和时间，所创造的社会价值也要大，是人的本质力量的重要体现。"比社会平均劳动较高级较复杂的劳动，是这样一种劳动力的表现，这种劳动力比普通劳动力需要较高的教育费用，它的生产需要花费较多的劳动时间。因此，它具有较高的价值，既然这种劳动力的价值较高，它也就表现为较高级的劳动，也就在同样长的时间内物化为较多的价值"。创新具有以下基本特征：

第一，创新的主体是现实的人。马克思认为，创新的主体是生活在一定社会历史条件和社会群体中的人，而不是抽象的、生物意义上的人。"人是最名副其实的社会动物，不仅是一种合群的动物，而且只有在社会中才能独立的动物"[2]。创造这一切、拥有这一切并为这一切斗争的，不是历史。而正是人，现实的人、活生生的人。只有现实的人根据自身的特定需要，在劳动生产实践过程中不断创新，才能创造出机器、机床、铁路、电报等不是天然存在的物质财富要素。"自然界没有创造出任何机器，没有制造出机床、铁路、电报、走锭精纺机等。它们是人类劳动的产物，是变成了人类意志驾驭自然的器官或人类在自然界活动的

---

[1] 马克思、恩格斯：《马克思恩格斯全集》（第42卷），人民出版社，1979年1版，第96—97，97，37，121，95，128，128，150，128，97，120，95—97，128，128，2425，97，124—127，38，96，120，72，96—97，37页。

[2] 马克思、恩格斯：《马克思恩格斯全集》（第23卷），人民出版社，1972年版，第223，56，202，550，549，542，386—387，53，552，707—708，7，26，362—363，409，533—534，350，355，354，534，708，831—832，371，393，423，362—363，365，504，493—494，688，300，549—550，832，549—550，201—202，552—553，463，467，708，12，54页。

器官的自然物质。它们是人类的手创造出来的人类头脑的器官,是物化的知识力量。

第二,创新是现实的人有目的、有计划的能动的实践活动。马克思指出,"任何一种不是天然存在的物质财富要素,总是必须通过某种专门的、使特殊的自然物质适合于特殊的人类需要的,有目的的生产活动创造出来"。人却懂得按照任何一种尺度来进行生产,并且懂得怎样处处都把内在的尺度运用到对象上去;因此,人也按美的规律来建造"。这就是说,人们总是按照外部事物的客观尺度和人们自己的内在尺度的统一、围绕一定目的、有计划地、自由自觉地进行创新活动。

马克思强调创新主体的目的或目标的作用性,他认为创新的方式、方法和意志总是由目的所决定的,"他不仅使自然物发生形式变化,同时他还在自然物中实现自己的目的,这个目的是他所知道的,是作为规律决定他的活动的方式和方法的,他必须使他的意志服从这个目的"。而这个目的是由特殊的人类需要引起的,包括生存的需要、享受的需要、发展的需要,"一有了生产,所谓生存斗争便不再围绕单纯的生存资料进行,而要围绕着享受资料和发展资料进行"。因此,一切创新活动都必须以满足人的生存、享受、发展需要,促进人的全面发展,造福人类为目的。

第三,创新是一种创造性的高级实践活动。马克思指出,创新是一种创造性实践活动,是人的创造天赋的绝对发挥,是人的自觉能动性的重要体现,是人的生命表现和本质特性。它不能脱离现实,必须依赖一定的物质条件和手段在一定的历史基础上进行。"财富岂不正是人对自然既是通常所谓的'自然力',又是人本身的自然力——统治的充分发展吗?财富岂不正是人的创造天赋的绝对发挥吗?这种发挥除了先前的历史发展之外没有任何其他前提,而先前的历史发展使这种全面的发展即不以旧有的尺度来衡量的人类全部力量的全面发展成为目的本身。在这里,人不是在某一规定性上再生产自己,而是生产出他的全面性;不是力求停留在某种已经变成的东西上,而是处在变异的绝对运动之中"[①]。作为人类有目的的创造性实践活动,创新是主体面对新的状况从事一种前人未曾从事过的创造性活动。它比一般实践活动需要更多的知识和智慧,耗费的脑力劳动和时间也不一样,因而比一般实践活动要复杂高级得多。

（2）创新的基本形式：科学创新、技术创新、制度创新

马克思不但在哲学意义上厘清了实践是创新的本质,还从科学技术创新和分工组织创新等创新实践上深化了对创新的理解。马克思认为,创新有科学创新、技术创新、制度创新这三种基本形式。

马克思认为,人类实践活动丰富多彩,但基本的实践活动包括物质生产实践、社会关系生产实践和精神生产实践这三类。物质生产实践是人类改造自然界以获取生存和发展所需物质生活资料的实践活动,反映了人与自然之间的关系,展示着人的自然本质。[②]"人们为了能够'创造历史',必须能够生活。但是为了生活,首先就需要衣、食、住以及其他东西。因此第一个历史活动就是生产满足这些需要的资料,即生产物质生活本身"。因此,人类的实践活动最先就是直接作用于自然界生产农、畜、果等初级产品,然后对初级产品进行提升和加工,生产满足作为自然的人进一步生存和发展所需要的物质生活资料。

社会关系生产实践是人类协调各种错综复杂的社会关系、化解各种矛盾冲突、配置自然资源和社会资源、维护社会有序运行的实践活动,反映了人与人、人与社会之间的关系,体现着人的社会本质。"人的本质不是单个人所具有的抽象物,在其现实上,它是一切社会关系的总和"。"人们在生产中不仅仅影响自然界,而且也相互影响。他们只有以一定的方式共同活动和互相交换其活动才能进行生产。为了进行生产,人们相互之间便发生一定的联系和关系,只有在这些社会联系和社会关系的范围内,才会有他们对自然界的影响,才会有生产"。因此,在社会生产过程中,人与自然、人与人（社会）必然地发生着关系、存在着利益

[①] 马克思、恩格斯：《马克思恩格斯全集第46卷（上）》,人民出版社1980年版,第498、475–476、480–482、497、393、104、486、18页。
[②] 马克思、恩格斯：《马克思恩格斯选集第1卷》,人民出版社1995年版,第294页。

的矛盾和冲突，也必然需要通过社会关系生产活动来协调这些关系，解决这些矛盾和冲突。

精神生产实践是人类为了提高自身的综合素质，增强认识自然和改造自然，认识社会、适应和改造社会，认识自我、提升自我的整体能力的智力性活动。"国家、法、道德、科学、艺术等，都不过是生产的一些特殊的方式，并且受生产的普遍规律的支配。""思想、观念、意识的生产最初是直接与人们的物质活动，与人们的物质交往，与现实生活的语言交织在一起的。观念、思维、人们的精神交往在这里还是人们物质关系的直接产物。"这里的"国家、法"等指的是社会关系生产，"科学、艺术"等指的便是精神生产。

这三大实践中，物质生产实践是最基本的实践活动，是决定其他一切实践活动的根本前提，决定着社会关系生产实践和精神生产实践的广度和深度。"直接的物质的生活资料的生产，从而一个民族或一个时代的一定的经济发展阶段，便构成为基础，人们的国家设施、法的观点、艺术以至宗教观念，就是从这个基础上发展起来的。"

与三大实践相对应，马克思认为，创新存在着科学创新、技术创新、制度创新三种基本形式。马克思指出，"由于协作、工场内部的分工、机器的运用，以及为了一定的目的而把生产过程转化为自然科学、力学、化学等的自觉地运用，转化为工艺学等的自觉地运用，正像与这一切相适应的大规模劳动等一样（只有这种社会化劳动能够把人类发展的一般成果例如数学等，运用到直接生产过程中去，另一方面，这些科学又以物质生产过程的一定水平为前提），与在不同程度上孤立的个人劳动等相对立的社会化劳动生产力的这种发展，以及随之而来的科学这个社会发展的一般成果在直接生产过程中的运用，所有这一切都表现为资本的生产力"[①]，并强调要不断地利用"科学的力量和生产过程中社会力量的结合以及从直接劳动转移到机器即死的生产力上的技巧"来提高劳动生产力。[②]

---

① 马克思、恩格斯：《马克思恩格斯全集（第49卷）》，人民出版社1982年版，第83–84、117、83页。
② 马克思、恩格斯：《马克思恩格斯全集第46卷（下）》，人民出版社1980年版，第229页。

这里的"自然科学、力学、化学等的自觉的运用""利用科学的力量"等指的是科学创新,它表现为自然科学知识、人文科学知识、社会科学知识的创新,属于精神生产实践范畴;"生产过程中社会力量的结合"是指分工、协作、实行新的生产组织形式和管理方式,或者进行生产关系变革、政治上层建筑变革,这便是制度创新,属于社会关系生产实践范畴;"机器的运用""从直接劳动转移到机器即死的生产力上的技巧"指的是技术发明、机器改良等活动促进生产力的发展,即技术创新,属于物质生产实践范畴。

马克思还论证了技术创新、制度创新、科学创新三者之间相互依存、相互促进、不可分割的辩证关系。他认为技术创新决定制度创新,同时又受到制度创新的制约和影响。在马克思看来,技术创新现实的是直接的生产力,而制度创新的实质就是社会关系特别是生产关系的调整和变革。技术创新在"使生产过程的物质条件及其社会结合成熟的同时,也使生产过程的资本主义形式的矛盾和对抗成熟起来,因此同时使新社会的形成要素和旧社会的变革要素成熟起来","随着一旦已经发生的、表现为工艺革命的生产力革命,还实现着生产关系的革命"。这就是说,通过新发明、新工艺、新的生产方法等表现为工艺革命的技术创新活动,推动了社会生产力的革新与进步,实现了生产实践质上的飞跃;随着社会生产力的革新与进步,社会生产关系随之发生调整或变革。这个过程便是技术创新对制度创新起决定作用的过程。

另一方面,制度创新反过来会促进、推动技术创新,工厂立法"通过对工作日的限制和规定,造成对技术的巨大刺激"。

马克思分析了资本主义生产平台上科学创新与技术创新的相互融合与促进,"在机器体系中,资本对活劳动的占有从下面这一方面来看也具有直接的现实性:一方面,直接从科学中得出的对力学规律和化学规律的分析和应用,使机器能够完成以前工人完成的同样的劳动。然而,只有在大工业已经达到较高的阶段,一切科学都被用来为资本服务的时候,机器体系才开始在这条道路上发展;另一方面,现有的机器体系本身已经提供大量的手段。在这种情况下,发明就将成为一种职业,而科学在直接生产上的应用本身就成为对科学具有决定性的和推动作用的要素"。一方面，科学创新为技术创新奠定理论基础，每一项科学发现都成为新的发明或生产方法的新的改进的基础；另一方面技术创新实践是科学创新的动力之源。通过技术创新，可以为科学创新创造研究、观察、实验的物质手段。

马克思还阐述了科学创新和制度创新的相互作用关系，他认为通过科学创新可以将科学知识转化为生产力、引发生产工具变革从而推动生产关系的变革，"随着新生产力的获得，人们改变自己的生产方式，随着生产方式的改变，人们也就会改变自己的一切社会关系"[①]。同时，制度创新对科学创新又有反作用。这是因为包括科学创新在内的任何一种实践活动，都是在具体的社会条件、具体的生产关系中，通过具体的生产方式进行的，因而不可避免地会受到包括生产资料所有制在内的生产关系变革的影响。这也就是为什么在18世纪科学的资本主义应用率先发生在英国的主要原因，"18世纪，数学、力学、化学领域的发现和进步，无论在法国、瑞典、德国，几乎都达到和英国同样的程度。发明也是如此……在当时他们的资本主义应用却只发生在英国，因为只有在那里，经济关系才发展到使资本有可能利用科学进步的程度"[②]。

综上所述，根据马克思关于创新本质及其基本形式的论述，可以这样来理解马克思的创新概念，即"创新是现实的人为实现自己的目标作用于客体而创造的有一定价值的、前所未有的新成果的活动过程，表现为科学创新、技术创新、制度创新三种基本形式"。创新具有人为性、为人性的根本特点，即创新必须依靠人，失去人为性的创新是不现实的。创新必须以人为目的，失去为人性的创新是外在于人的工具。

2. 中国特色社会主义理论中的科研创新思想

（1）邓小平关于科研创新的相关论述

针对20世纪70年代，资本主义国家在微电子技术、生物科技为代表的第三次科技革命浪潮，以及我国社会主义建设的基本经验，邓小平指出"社会主义制

---

① 马克思、恩格斯：《马克思恩格斯全集（第4卷）》，人民出版社1958年版，第144、157–158页。
② 马克思、恩格斯：《马克思恩格斯全集（第47卷）》，人民出版社1979年版，第473页。

度优越性的根本表现,是在社会生产力的发展上"[1]。随之提出"科学技术是第一生产力""科技人员就是劳动者"的重要论述。[2]

"科学技术是第一生产力"的论断是对马克思观点的继承和发扬。在《科学技术是第一生产力》中,邓小平指出"马克思讲过科学技术是生产力,这是非常正确的,现在看来这样说可能还不够,恐怕是第一生产力"[3]。与邓小平同时期的哈贝马斯,也将马克思对"科学技术是生产力"发展为"第一生产力",但两者的出发点完全不同。哈贝马斯处于晚期资本主义社会国家的黄金发展阶段,西方资本主义国家高度发达的技术对经济社会产生巨大的推动作用,科技和生产的关系互动紧密、融为一体,已成为现代生产力中的重要因素,进而提出科学技术是"第一生产力"的观点,其观点指引晚期资本主义国家在民主共同体中,实现交往理性活动的合理化。而邓小平则针对中国社会主义初级阶段的现实情况,经济发展十分落后,科学研究体系在系统性破坏后仍未建立的整体情况,深刻认识到历史上科学技术落后给予中华民族的沉痛教训,并预期到科学技术对中国未来发展的重要作用。邓小平个人也在全面恢复工作后,主动提出首先负责科技和教育方面的工作。邓小平作为政治家和政策制定者,相比学者而言,更大的贡献在于其论断的实践方面。首先,注重科研人才培养和国民素质提升。邓小平指出,知识分子是工人阶级的一部分[4]。这充分体现了尊重知识、尊重人才的核心理念,并于 1977 年恢复高考制度,解决人才断层现象严重、高层次人才极度匮乏、劳动力科学文化素质普遍低下的关键问题;其次,推进体制改革,破除集中科技体制,将科学技术与经济社会的协同发展结合起来,分别从组织机构、领导体制、经费管理、人才选拔等方面使科技体制本身释放内在活力;最后,实施对外开放政策,充分吸收国际先进科学技术及理念。邓小平指出:"要实行开放政策,学习世界先进科学技术。"[5]通过国内外要素禀赋的结构分析,突出利用外资的重要

---

[1] 《邓小平文选(第3卷)》,人民出版社1993年版,第128页。
[2] 《邓小平文选(第3卷)》,人民出版社1993年版,第274页。
[3] 《邓小平文选(第3卷)》,人民出版社1993年版,第274–275页。
[4] 《邓小平文选(第3卷)》,人民出版社1993年版,第275页。
[5] 《邓小平文选(第3卷)》,人民出版社1994年版,第132页。

突破口，建立经济特区、灵活企业组成形式，使其成为社会主义市场经济的重要组成部分。同时，引进和吸收国外先进的科学技术和管理方法，坚持独立自主和力争外援相结合的发展方式。

（2）江泽民关于科研创新的相关论述

近年来，我国在建设中国特色社会主义国家的道路上不断从理论和实践上发展马克思主义的科学创新思想，江泽民、胡锦涛、习近平等国家领导人都将科技创新放在重要的国家战略发展地位。其论述和领导的实践虽各有侧重，但总的来看均以马克思、恩格斯的思想论述为基础，秉承邓小平对科技创新发展论述的总体方向，丰富和发展了马克思主义科技创新思想。首先，从科学技术与生产力关系上看。江泽民秉承科学技术是第一生产力的论述，并进一步指出，科学技术是先进生产力的集中体现和主要标志[1]。在其提出的"三个代表"思想中，首先就是中国共产党要始终代表中国先进生产力的发展要求。先进生产力的发展要求的核心就是科学技术，这是将科学技术的发展放在了党的关键职能、国家发展的战略地位上。其次，从创新对科学技术发展的重要作用角度上看。江泽民多次指出创新是一个国家兴旺发达的不竭动力[2]。在总结历史和现实的发展后，江泽民指出"世界范围内的经济竞争，是综合国力的竞争，在很大程度上表现为科学技术的竞争"[3]。竞争的核心就是创新在国家发展多层面的战略和实践，江泽民从国家创新体系建设和基础创新两个方面着重论述。江泽民在担任党和国家领导人的初期，国家创新体系的概念逐步形成。江泽民指出，创新是一项极其复杂的系统工程，强调"我们要不断加强科技创新，而且要加强体制创新、政策创新、观念创新，搞出我们自己的创新体系"。同时，江泽民倡导"有所为，有所不为"的总体方针，突出重点，确定有限目标[4]。江泽民突出强调了基础创新的重要性，基础创新在短期内不能取得经济效益，但在长期却决定了科学技术的发展走向和内在

---

[1] 《江泽民文选（第3卷）》，人民出版社2006年版，第275页。
[2] 《江泽民文选（第3卷）》，人民出版社2006年版，第64页。
[3] 江泽民：《论科学技术》，中央文献出版社2001年版，第2页。
[4] 江泽民：《论科学技术》，中央文献出版社2001年版，第89页。

动力，并指出"基础研究是科技进步和创新的先导与源泉。"[1]最后，从科学技术人才角度。世界上诸多发达国家崛起的经验之一，就是把教育和科技作为立国之本。江泽民指出，科技和经济的大发展，人才是最关键、最根本的因素，并将人才视为科技创新的第一资源[2]。江泽民落实和发展邓小平关于科学技术是第一生产力的论述，从实践角度大力实施科教兴国战略，包括转变妨碍学生创新思维的教育理念、提高素质教育、各级政府牢固树立尊重知识和人才的总体方针。

(3) 胡锦涛关于科技创新的相关论述

进入21世纪，以胡锦涛为核心的第四代党和国家领导人，对国际国内的经济社会发展形势进行大势判断，提出将科学技术置于优先发展的战略地位，将科技工作作为党和国家工作的重中之重，其主要思想体现在自主创新、科技人才培养、科学发展观三个方面。针对中国当时的世情国情，十七大报告中进一步强调提高自主创新能力，建设创新型国家。胡锦涛进一步提出，建设创新型国家一是建设市场为导向、企业为主体的国家创新体系；二是选择重点领域实现跨越式发展，掌握重点领域的核心技术；三是加大创新投入，加强创新人才培养；四是坚持自主创新和对外开放相结合。在科技人才培养方面，随着知识经济的逐步规模化，胡锦涛同样秉承了人才是第一资源的理念，指出"走中国特色自主创新道路，必须培养造就宏大的创新型人才队伍。人才直接关系到我国科技事业的未来，直接关系国家和民族的明天。"[3]在人才认定的标准上，并未一味强调专业上的单一性，而是强调坚持德才兼备的原则，把品德、知识、能力和业绩作为衡量人才的主要标准[4]。在科学发展观方面，秉承了恩格斯在通过科学技术路径探讨人和自然关系的核心理念，强调科学技术要实现与环境的和谐发展，建设资源节约型、环境友好型社会，同时要进一步坚持以人为本，通过科学技术惠及广大群众，大力发展民生科学技术的价值取向。

---

[1] 江泽民：《论科学技术》，中央文献出版社2001年版，第90页。
[2] 江泽民：《论科学技术》，中央文献出版社2001年版，第105页。
[3] 《十六大以来重要文献选编（下卷）》，人民出版社2006年版，第502页。
[4] 《中共中央、国务院关于进一步加强人才工作的决定》，人民教育出版社2004年版，第4页。

（4）习近平关于科技创新的相关论述

党的十八大以来，习近平总书记把创新摆在国家发展全局的核心位置，高度重视科技创新，围绕实施创新驱动发展战略、加快推进以科技创新为核心的全面创新，提出一系列新思想、新论断、新要求。

针对我国科技发展的主要问题和经济社会发展步入新常态，习近平强调科技是国家强盛之基，创新是民族进步之魂，要坚持走中国特色社会主义道路，实施创新驱动发展战略，以此实现中华民族伟大复兴的"中国梦"。习近平总书记秉承"创新是引领发展的第一动力""坚定不移走中国特色自主创新道路""牢牢把握集聚人才大举措"等重要理念①。同时，着重突出实施创新驱动发展战略，进入"十三五"阶段，我国明确将"创新"列于五大理念之首，强调"把发展基点放在创新上"，这成为经济发展从要素驱动、投资驱动转向创新驱动的重要标志。此外，习近平总书记强调加快科技体制改革步伐，进一步强调"要深化科技体制改革，坚决扫除阻碍科技创新能力提高的体制障碍，有力打通科技和经济转移转化的通道，优化科技政策供给，完善科技评价体系，营造良好创新环境"②。这是从体制机制角度分析了我国目前经济与科技"两张皮"现象的主要原因，科技发展与社会主义市场经济相互快速进步发展，原有体制和惯性不适合科技创新驱动经济发展的新战略，政府在相关环节上存在大量越位缺位现象，没有树立企业为主体市场为导向的创新体系，相关资源配置不合理。习近平进一步指出，解决这一问题根本上要靠改革，关键是要处理好政府和市场的关系，这是从战略角度对这一问题的深刻回答。

此外，习总书记还多次强调人才是创新的根基，是创新的核心要素，创新驱动实质上是人才驱动。要坚持人才为本，充分调动人才的积极性、主动性、创造性，为人才发挥作用、施展才华提供更加广阔的天地，让他们人尽其才、才尽其用、用有所成，为实现中华民族伟大复兴做出更多更好的贡献。

在 2013 年 3 月 4 日，在参加全国政协十二届一次会议科协、科技界委员联

---

① 中共中央文献研究室编：《习近平关于科技创新论述摘要》，中央文献出版社 2016 年版第 2 页。
② 中共中央文献研究室编：《习近平关于科技创新论述摘要》，中央文献出版社 2016 年版第 34 页。

组讨论时的讲话时强调:"加强科技人才队伍建设。推进自主创新,人才是关键。没有强大人才队伍作后盾,自主创新就是无源之水、无本之木。要广纳人才,开发利用好国际国内两种人才资源,完善人才引进政策体系。要坚持以用为本,按需引进,重点引进能够突破关键技术、发展高新技术产业、带动新兴学科的战略型人才和创新创业的领军人才。要放手使用人才,在全社会营造鼓励大胆创新、勇于创新、包容创新的良好氛围,既要重视成功,更要宽容失败,为人才发挥作用、施展才华提供更加广阔的天地,让他们人尽其才、才尽其用、用有所成。要完善促进人才脱颖而出的机制,完善人才发现机制,不拘一格选人才,培养宏大的具有创新活力的青年创新型人才队伍。要鼓励人才继承中华民族'先天下之忧而忧,后天下之乐而乐'的传统美德,把个人理想与实现中国梦结合起来,脚踏实地,勤奋工作,把自己的智慧和力量奉献给实现中国梦的伟大奋斗。"

2013年7月17日,在中国科学院考察工作时习近平总书记表示:"长期以来,我国科技事业快速发展,取得举世瞩目的成就。为什么能够成功?我看,最重要的经验有三条。一是发挥社会主义制度优越性,集中力量办大事,抓重大、抓尖端、抓基本。二是坚持以提升创新能力为主线,把其作为科技事业发展的根本和关键。三是坚持人才为本,充分调动人才的积极性、主动性、创造性,出成果和出人才并举、科学研究和人才培养相结合。这些重要经验今天仍具有重要指导意义,我们要结合实际坚持好、运用好。"

2013年9月30日,习近平总书记在十八届中央政治局第九次集体学习时的讲话中强调:"人才资源是第一资源,也是创新活动中最为活跃、最为积极的因素。要把科技创新搞上去,就必须建设一支规模宏大、结构合理、素质优良的创新人才队伍。我国一方面科技人才总量不少,另一方面又面临人才结构性不足的突出矛盾,特别是在重大科研项目、重大工程、重点学科等领域领军人才严重不足。解决这个矛盾,关键是要改革和完善人才发展机制。一是要用好用活人才,建立更为灵活的人才管理机制,完善评价这个指挥棒,打通人才流动、使用、发挥作用中的体制机制障碍,统筹加强高层次创新人才、青年科技人才、实用技术人才等方面人才队伍建设,最大限度支持和帮助科技人员创新创业。'千军易得，一将难求。'要大力造就世界水平的科学家、科技领军人才、卓越工程师、高水平创新团队。二是要深化教育改革，推进素质教育，创新教育方法，提高人才培养质量，努力形成有利于创新人才成长的育人环境。三是要积极引进海外优秀人才，制订更加积极的国际人才引进计划，吸引更多海外创新人才到我国工作。"

2014年6月9日，习近平总书记在中国科学院第十七次院士大会、中国工程院第十二次院士大会上的讲话中指出："盖有非常之功，必待非常之人。"人是科技创新最关键的因素。创新的事业呼唤创新的人才。尊重人才，是中华民族的悠久传统。"思皇多士，生此王国。王国克生，维周之桢；济济多士，文王以宁。"这是《诗经·大雅·文王》中的话，说的是周文王尊贤礼士，贤才济济，所以国势强盛。千秋基业，人才为先。实现中华民族伟大复兴，人才越多越好，本事越大越好。我国是一个人力资源大国，也是一个智力资源大国，我国十三亿多人大脑中蕴藏的智慧资源是最可宝贵的。知识就是力量，人才就是未来。我国要在科技创新方面走在世界前列，必须在创新实践中发现人才、在创新活动中培育人才、在创新事业中凝聚人才，必须大力培养造就规模宏大、结构合理、素质优良的创新型科技人才。

2014年8月18日，习近平总书记在中央财经领导小组第七次会议上的讲话中指出，"人才是创新的根基，是创新的核心要素。创新驱动实质上是人才驱动。为了加快形成一支规模宏大、富有创新精神、敢于承担风险的创新型人才队伍，要重点在用好、吸引、培养上下功夫"。"用好人才，重点是科技人员。科学家毕竟是少数，数量庞大的科研人员是创新的主力军。用好科研人员，既要用事业激发其创新勇气和毅力，也要重视必要的物质激励，使他们'名利双收'。名就是荣誉，利就是现实的物质利益回报，其中拥有产权是最大激励。"

2015年3月5日，在参加十二届全国人大三次会议上海代表团审议时的讲话中指出："功以才成，业由才广。人才是创新的根基，创新驱动实质上是人才驱动，谁拥有一流的创新人才，谁就拥有了科技创新的优势和主导权。引进一批人才，有时就能盘活一个企业，甚至撬动一个产业。要择天下英才而用之。要建立更为灵活的人才管理机制，强化分配激励，让科技人员和创新人才得到合理回报，通过科技创新创造价值，实现财富和事业双丰收。"

（三）收入分配对科研创新激励的作用机制

国民收入的分配包括初次分配、再次分配和三次分配等环节。收入分配问题涉及范围广，社会影响大，是公众较为关注的问题。初次分配与再次分配作为调节国民收入分配的两个手段，互为补充，但是各自又有不同的侧重点。初次分配指国民总收入直接与生产要素相联系的分配。任何生产活动都离不开劳动力、资本、土地和技术等生产要素，在市场经济条件下，取得这些要素必须支付一定的报酬，这种报酬就形成各要素提供者的初次分配收入。改革开放三十多年，我们更多依靠资源、资本、劳动力等要素投入支撑了经济快速增长和规模扩张。但在转轨期间，市场化体系尚未完备发展。因此，在经济发展进入"新常态"，向创新型国家转型的重要时刻，提供劳动生产要素，尤其是提供智力资本的广大科研工作者的收入情况在初次收入分配中的比重情况更值得关注。

1. 人力资本和技术按贡献分配

初次分配公平主要反映市场经济各主体在生产过程中"权利与义务、作用与地位、付出与报偿之间的平等关系，表现为国民收入做了必要的扣除之后在生产参与者之中进行分配，使每位生产参与者取得与生产中的贡献相称的报酬"。初次分配收入（对科研人员而言，即科研活动报酬）在居民收入中所占的比重决定了初次分配是否公平，初次分配公平对缩小贫富差距、促进居民消费和经济增长有重大意义。人力资本要素参与收入分配，指科研机构、企业等相关单位，通过衡量在科研、技术创新或生产过程中人力资本贡献的价值，并在获得技术应用、成果转化回报后，通过一定方式对技术完成者提供相应回报的活动。人力资本要素参与收入分配是实施国家自主创新战略、促进科技成果转移转化、激发科技人员创新创业热情、提升企业自主创新能力的重要途径之一。

改革开放发展到今天，资源、资本、劳动力等要素条件已经发生了很大变化，如果再像过去那样以这些要素投入为主来发展，资源环境难以承受，也不利于长期健康可持续发展。因此，需要加快从要素驱动发展为主向创新驱动发展转变，发挥科技创新、科研创新的支撑引领作用。创新驱动中人力资本最重要。长期以来，科研人员的实际工作，特别是智力劳动与收入分配并不完全符合。从事基础研究、应用研究、技术开发不同领域研究的科研人员收入状况差别也很大。不论是来自高校、科研院所还是企业研发部门的人员，都不同程度认为智力劳动要素并未获得合理的回报。中央层面的顶层设计已经规划出台，从体现增加知识价值的收入分配机制、发挥科研项目资金激励引导作用、加强科技成果产权长期激励等科研成果转化方式、收益分配等相关的人力资本要素参与收入分配。

要评价一国的要素分配导向，目的是观察现行要素分配制度更多地激励人力资本要素投资积累还是激励物质资本要素投资积累，显然，这应该基于对单纯的要素投资积累回报水平的观察，而不应包括生产运行特征的综合收入份额。目前，对我国收入分配制度导向性进行评价的方法主要集中于劳动收入份额法和资本回报率法，劳动收入份额是以劳动者报酬占当年国民收入的比重表示的，但是某种要素在当年总产出（GDP）中的分配份额多少，取决于两方面：这种要素的回报水平以及这种要素投入在要素总投入中的比重，前者反映的是单纯的要素投资积累的回报水平，后者更多的体现是生产运行的要素消耗特征。而人力资本回报率虽然计算的回报水平与投入成本之比，但反映的却不是全部回报与全部投资的相对关系，鉴于人力资本和物质资本的受益期限的长期性，这种以一年回报与成本之比作为客观评价标准的方法有失偏颇。

从分配导向演变趋势上看，无论古典、新古典经济学家，还是近期实证主义者的研究都认为，随着经济发展和产业结构提升，劳动者收入应逐步提高。这主要来自两方面的原因，一是因为随着经济增长，物质资本不再匮乏，从而物质资本边际收益递减，不可能维持经济长期发展，而人力资本[①]则可以克服物质资本的边际收益递减，促进经济长期发展；二是因为随着产业结构升级，对产业要素的要求越来越高级化，也越来越依赖于高端人才，应该赋予人力资本更高的回报。

---

① 本报告认为，除一般意义上"人力资本"涵盖内容，包含从事基础研究、应用研究、技术开发、社会科学等不同领域研究的科研人员的贡献将不可估量。

分报告十 我国科研创新激励视角下的收入分配优化

尽管研究显示人力资本回报提升是收入分配演变的必然规律，但我国以物质资本为分配导向的做法是由各个阶段的产业发展战略决定的。长期以来，我国依靠低劳动力成本优势，以发展劳动密集型产业为主，这一产业特征必然导致了分配上重资本、轻劳动的现象，这是服务于产业发展的目标，是否需要转变分配导向，要根据产业发展战略决定。在当前知识经济甚至已是数字经济的背景下，人力资本将成为推动产业升级的主导要素。

这里将聚焦于初次分配领域中的要素分配，论证阐述在新常态经济背景下，人力资本成为新的经济增长源泉和产业升级的主要推动力，人力资本为导向可以促进实现收入分配的"公平"与"效率"兼容，人力资本应成为我国收入分配激励的导向。

（1）按要素归属分配

从威廉·配第（William Petty, 1623—1687）到大卫·李嘉图（David Ricardo, 1772—1823）的古典学派以及马克思主义学派坚持劳动价值论，并在此基础上讨论收入分配问题。彼时，工业革命刚刚开始，资本主义矛盾比较突出，因而他们将收入范畴与社会阶级进行了对应，以劳动价值论为基础，分析了以地主、资本家和劳动者为代表的阶级之间的分配，认为劳动者获得工资，资本所有者获得利润，土地所有者获得地租，因此，他们的分配理论是以要素归属划分收入的。

古典收入分配理论主要侧重于传统农业部门的收入分配，在假设土地的存量在较长时期内不变的前提下，重点讨论土地、劳动和资本三种生产要素所有者三个阶级之间的收入分配。斯密（1776）的收入构成价格论开创了国民收入分配结构的研究，他将商品价格分解为工资、利润和地租三种收入成分，并认为劳动者获得工资，资本家获得利润，土地所有者获得地租。李嘉图（1821）则明确，研究商品在参与生产过程中土地、劳动和资本所有者的分配问题，研究随着经济增长，社会总产品在各个生产要素之间，进而在个生产要素所有者之间的分配规律。李嘉图开创了"边际"研究的先河，认为土地报酬递减，因此，农业部门产出取决于劳动投入量，由劳动创造的全部产出价值，扣除地租，剩余部分分割为工资和利润。由于劳动力无限供给，因此，生产中的劳动投入量实际上取决于资本数量，资本间接地决定了农业总产出，资本数量决定经济增长。

马克思的收入分配理论继承了李嘉图的"劳动价值论"，坚持了其"剩余"分析法，放弃了其"边际"分析法。在马克思看来，商品的全部价值是劳动创造的，总价值首先分解为工资与剩余价值，表明工人阶级与整个有产阶级之间的利益冲突。而剩余价值的分配则反映了职能资本家、借贷资本家和地主阶级之间利益的矛盾。可见，在马克思看来，商品价值也是被劳动者、资本家和地主分配的，不过他认为后两者的所得是对劳动者的剥削。在分配规律上，马克思认为工业革命促使资本家竞相扩大生产规模，大批手工业作坊破产倒闭，导致大批失业工人难以被吸纳，因此，工人工资仅仅维持在生存水平，而资本家则出于竞争和追求利润的动机不断积累资本，扩大生产规模，逐步形成垄断，在这一过程中，资本有机构成不断提高，从而工资在总产出的比重不断减小，劳动者最终陷入贫困的境地。

（2）按要素贡献分配

让·巴蒂斯特·萨伊（Say, JeanBaptiste, 1767—1832）和阿尔弗雷德·马歇尔（Alfred Marshall, 1842—1924）将收入的分配与生产要素的分配结合了起来，不再将劳动价值论作为理论基础，将效用论和供求规律运用到分配论当中，提出了按生产要素分配论。

萨伊认为，商品价值是由劳动、资本、土地三个要素共同参与创造的，三要素的所有者理应取得相应的报酬。他指出："每一个产品，在完成时，都是它的价值去酬报完成这个产品所耗的全部生产力的。"因此，劳动的所有者获得工资、资本所有者获得利息、土地所有者获得地租。他还进一步将利润分为利息和企业主收入，利息是"对于资本的效用或使用所付的租金"，企业主收入是对企业家高度熟练劳动的报酬，工资、利润、地租三种收入便是效用的生产费用，是对三要素进行生产性服务所付出的代价，即它们各自贡献的合理报酬，这就是萨伊的"三位一体"公式。

马歇尔纠正了古典学派只重生产（供给）或效用（需求）的分析方法，综合了生产（供给）与消费（需求）的价值理论，创建了均衡价格理论，并在均衡价格论的框架下阐述了收入分配决定理论。马歇尔从均衡价格出发，认为国民收入是各个生产要素共同创造的。生产要素主要有劳动、资本、土地和企业家，在创造这些国民收入的过程中，各生产要素共同合作并彼此依赖，国民收入是一国全部生产要素的生产总额，同时也是可分配总额，它被分配至劳动、资本、土地和企业家，形成工资、利息、地租和利润四个部分。各个要素最后的所得份额也就是它们各自的价格，所以分配问题实际上是各个生产要素的价格问题，而这一要素价格的决定应遵循一般商品均衡价格形成的原则，即由其各自供求决定。劳动的工资由劳动供求决定，资本的利息由资本供求决定，土地的地租取决于土地供求，企业家则获得组织管理企业的报酬——利润。马歇尔将古典经济学的三种生产要素扩展成"四要素说"，即在劳动、资本、土地三要素的基础上，将企业家才能——企业家对企业监督和管理的能力视作第四种生产要素，提出了"四位一体"的国民收入分配理论。马歇尔认为，国民收入是由劳动、资本、土地、企业家共同创造的，国民收入应该在四个要素所有者之间进行分配，收入分配的问题同时也是均衡价格的决定问题。他对生产要素的扩展，特别是提出了"企业家"这一特殊人力资本要素，为劳动经济的发展奠定了基础。

2. 人力资本理论在收入分配领域的应用

随着经济增长源泉不断演变，各种收入分配问题逐渐凸显，收入分配理论又在解决问题的进程中获得了长足发展，特别是人力资本理论的提出，为收入分配问题的研究提供了新的视角。

人力资本理论初始提出是从劳动供给角度讨论收入，主张通过个人内在的努力和调整来提高收入，从而影响收入分配的差异。人力资本理论的创始人西奥多·舒尔茨（Theodore W. Schultz）认为，"人力资本"是指劳动者所具有的知识、技能和健康状态，这种知识与技能可以为劳动者带来工资等收益，企业的任何使人力资本增值的活动就是人力资本投资，包括教育、健康、迁徙等。人力资本理论认为人力资本应该和物质资本一样享有企业剩余索取权。这意味着人力资本在财富创造中由从属地位向与物质资本平等地位发展，人力资本逐渐起决定性作用，不是物质资本维持人力资本的生存，而是人力资本保证了物质资本的保值增值。企业应该充分重视人力资本投资，提高劳动者的身体素质、技术水平和管理知识，并给予高素质、高智力贡献的劳动者较高的报酬来促进企业利润的增长。

此后，罗伯特·卢卡斯（Robert E. Lucas, Jr.）直接将人力资本作为一种新的生产要素纳入经济增长研究领域，创建了经济增长模型中的人力资本假说，并成为内生增长领域的一大代表理论。该理论认为，人力资本是促进经济增长的核心要素，它延缓了物质资本边际收益递减的属性，促进了经济持续增长。从此，有关收入分配的研究便主张人力资本应获得比普通劳动更高的回报。

人力资本理论的提出促进了收入分配的新发展，这不仅印证了马歇尔第四种生产要素重要性的观点，也印证了收入分配应更加注重人力资本，分配制度的涉及应注重激励能带来最大增长的生产要素。从现实意义上讲，注重人力资本分配，尤其是高智力贡献的科研人员这一人力资本群体，提高人力资本回报，从而激励人力资本积累，是促进经济增长和收入分配优化双重目标的契合点。

从经典收入分配理论和现代人力资本理论对收入分配原则及其变动规律的论述可以看出，分配导向是收入分配理论研究的一个重要问题，对我国目前科研人员收入分配问题的解决有很重要的借鉴意义。

3. 我国收入分配导向演变：产业发展与要素导向

中华人民共和国成立以来，我国收入分配制度先后经历了"按劳分配""部分先富"（"按劳分配为主体、其他分配方式为补充"即倡导"让一部分人先富起来"）"按劳分配与按生产要素分配相结合"的演变历程。按劳分配不考虑人与人之间的劳动差别，仅依据劳动数量进行分配，是一种"一般劳动"激励的导向，这对于当时重化工业发展起到一定作用，却引发了"平均主义大锅饭"等问题，极大地损害了人民的生产积极性。十三大以后，我国提出"按劳分配为主体，其他分配方式并存"的分配制度，倡导"让一部分先富起来"，鼓励人们依靠诚实劳动、合法经营提高收入，这一分配制度倾向于激励有致富头脑的人群积极投身经济建设，是"人力资本"激励导向型的激励机制；"部分先富"的激励机制促进了产业多元化和经济快速发展，为了防止示范效应衰减并进一步调动所有要素的积极性，十五大和十六大报告提出了"生产要素按贡献参与分配"的制度安排，这一制度安排调动了资本、劳动、管理、技术等各方面要素所有者的积极性和创造性，在市场经济条件下实行要素组合，从而推动了产业结构升级，提升了经济发展质量。

为了继续发挥"部分先富"的示范效应和各种生产要素的积极性，从而促进经济持续增长，我国进一步深化了对"按劳分配为主体、多种分配方式并存的制度"的分配制度，提出了"按要素贡献分配"的分配原则，特别鼓励资本、管理、技术、人力资本等高级要素按贡献参与分配，要素的持续激励和提升促进了产业结构的优化升级。这一制度安排有利于推动所有制结构的调整，进而从分配角度促进私营资本的投入，激发一切劳动、知识、技术、管理和资本的生产创造力，因而是一种"要素全面激励"的分配制度。"按要素贡献参与分配"将利益分配交给市场，使生产资料所有者、商品生产者、消费者紧密联系在一起，他们根据市场经济一般规律调整自身供给和需求，调整生产方向和规模，从而也在调整着产业结构，将资本、劳动、技术等各种要素调整到满足市场需求的产业领域，这不仅极大地节约了交易费用，促进经济增长效率提升，同时也推动了产业结构优化升级。

随着要素投入从土地、劳动力，到资本、技术，再到高级人力资本，必然推动产业结构从传统农业为主体逐步向现代化产业为主体转变。

4.经济发展方式转变背景下的要素收入分配导向

从收入分配经典理论演变轨迹看，收入分配总是导向于激励能带来最大增长贡献的生产要素，随着经济增长源泉的演变，分配导向也随之改变，分配导向演变的最终目的则是为了促进经济增长。而人力资本提升与产业结构优化的动态匹配是实现这一目标导向的契合所在。

（1）内生增长理论：人力资本

在索洛和 Ramsey-Cass-Koopmans 模型中，技术进步是一个外生变量，科学技术因素的引入只能说明经济存在长期增长的可能性，但对于长期增长的机制，两个模型并没有进行解释。由于索洛模型假定技术进步外生，而边际生产力递减规律决定了土地、资本和一般劳动生产率都是递减的,因此资本不可能无限积累,从理论上讲经济无法持续增长。而现实却是,经济增长从未停止过。因此,必然存在一种(或几种)其他要素能够缓解或抵消资本边际收益递减,才可能保持经济持续增长,内生增长理论在这方面做出了贡献。

内生增长理论将索洛模型中原本外生的技术进步率、人口增长率等因素完全内生化,强调经济增长不是外部力量而是经济体系的内部(如内生技术变化)作用的产物,也因此称为内生增长理论。内生增长理论认为技术进步是长期经济增长的关键,而技术进步又是知识贡献的结果,因此知识的持续积累是技术进步得以实现的条件。因此,内生增长理论十分重视对知识外溢性、人力资本投资、研究和开发、收益递增、边干边学等内容,也由此形成了 AK 模型(John von Neumann,1937),"干中学"(J. Arrow,1962)、研究开发模型(S.Phelps,1966)、罗默模型(P. Romer,1986,1990)、人力资本模型(R.Lucas,1988)等。卢卡斯将人力资本首先引入生产函数,改变了传统生产函数的要素投入结构,并将人力资本内生化,用人力资本要素重新解释了经济增长率和人均收入在国与国之间的差异,由于人力资本具有边际收益递增的特性,可以有效克服传统资本收益递减的局限,从而证明了经济持续增长的可能性。

人力资本模型经由格里高利·曼昆(Gregory Mankiw)、大卫·罗默(David Romer)、大卫·威尔(David Weil)等人的发展,现已形成较为成熟的 MRW 模型,该模型在规模报酬不变和哈罗德中性技术的框架内建立了自己的函数形式:

$$Y = K^{\alpha} H^{\beta} (AL)^{1-\alpha-\beta}$$

式中,K 表示物质资本,H 表示人力资本,L 代表以 A 为技术效率指数的劳动供给,α 和 β 分别代表劳动和资本的产出弹性。对 MRW 模型求增长率,在不考虑资本折旧的情况下,人力资本增长率是决定经济增长的一个重要因素,在物质资本和一般劳动边际收益递减的条件情况下,人力资本的引入使经济有可能克服收益递减,保持经济持续增长。

内生增长理论不仅将技术和人口增长内生化,而且引入了传统生产函数所没有的新要素——人力资本,人力资本的引入是对传统生产函数的重大突破和创新寻找到了促进经济持续增长的要素支持（源泉），解释了经济持续发展的重要原因。

（2）经济增长与制度因素

诺斯（D.C.North，1973）认为，经济增长的关键因素在于制度，一种有效的激励制度是促进经济增长的决定性因素。诺斯认为，有效率的经济组织是经济增长的关键，而有效率的组织的产生需要在制度上做出安排和确立产权以便对人的经济活动产生一种激励效应。因此，诺斯实际上认为在所有的制度中，产权制度最重要，特别是财产权利，他为规范人们的行为提供了通行的准则，激励人们进行创新活动，促进了效率提升。按照古典、新古典经济学的观点、资本积累、技术进步、教育知识积累等是经济增长的重要源泉，但诺斯认为，这些因素本身就是增长。

格雷夫（Grief，1993）将制度看作规则、信念和组织的集合，规则协调人们的行为而使人不需要过多信息就能开展有效率的行动（杨依山，2008）。[①] 人们之所以愿意遵守规则、选择被期待的行为，是因为这是他们在既定的制度结构下能够做出的最优的反应，因此大家都按同一套规则做出行动，节约了交易成本，提高了效率。

从经济增长理论和经济增长要素源泉的演变历程可以发现，经济增长源泉经历了从土地—资本—技术—人力资本—制度因素的演变过程，制度作为一种新要素提出来，是因为制度安排有激励创新和节约交易费用的作用，但归根结底，制度是由人制定和安排的。因此，制度创新的关键在于人的创新，是人力资本应用于生产和社会管理的结果。同样的，技术也是如此，科学技术的发明和应用从根本上也来源于人力资本。因此，经济增长源泉最终的落脚点和归宿是人力资本创新，人力资本创新是经济增长新的源泉，也将成为要素分配导向的归属。

5. 人力资本创新导向下的收入分配

收入分配制度对于人力资本创新是一种激励制度，根据西方激励理论，激励是通过设计适当的奖惩制度（利益刺激）持续激发动机的心理过程。通常，激励

[①] 杨依山：《经济理论的成长》，山东大学博士学位论文2008年，第147页。

水平越高，完成目标的努力程度和满意度也越强，工作效能就越高；反之，激励水平越低，则缺乏完成组织目标的动机，工作效率也越低。收入分配制度实际上就是一种利益分配的激励制度设计，如果分配合理，将激励科研人员的创新积极性，促进经济发展。反之，则会降低科研人员的创新积极性，对经济发展有一定负面作用。根据激励理论，在分配中，人力资本、管理、技术、资本等要素所有者只有得到与其付出匹配的报酬，才能在生产中直接激励其从事经济活动的积极性，提高经济增长效率，促进经济增长的持续性。

新经济增长，指依靠生产要素质量和使用效率的提高、生产要素组合的优化，以及技术进步推动的方式促进经济增长，其实质是提高经济增长的质量和效益。随着经济增长源泉的改变，生产中不断出现新的生产要素，逐渐改变原有的增长方式，成为经济增长的主要推动力，生产要素组合和要素贡献的变化，使收入分配不得不重新调整要素间的回报关系。随着人力资本成为新的经济增长源泉，人力资本因其创新能动性使全体要素实现提升，从而使增长效率与分配公平有可能实现兼容，内生经济增长理论，特别是 Romer（1986，1990），Lucas（1988）的内生技术进步模型和人力资本增长模型证明了这一点。

无论是知识积累、技术进步还是人力资本创新，只是由于经济学家研究思路和视角的不同，才对他们做出不同分类，其实质都是在经济增长中引入一种具有边际收益递增性质的生产要素，以克服其他资本的边际收益递减，解释经济持续增长的原因。可见，无论带来经济持续增长的新要素如何命名，学术界关注的重点在于要素的边际收益是否递增。由于知识、技术以及积累的经验都可归类于人力资本，如 Romer（1986）曾明确指出其模型中的知识是等同于人力资本的，因此，我们认为，具有边际收益递增性质的人力资本是克服物质资本收益递减、维持经济持续发展的新要素。

Romer（1986；1990），Lucas（1988），杨小凯（1991）等关注的是具有边际收益递增性质的人力资本，只有具有边际收益递增的人力资本才能克服物质资本的边际收益递减，从而促进经济长期增长。事实上，具有边际收益递增性质的人力资本只是总体人力资本中的一部分。Schultz（1961），Becker

(1988)认为,是专业化人力资本促进了分工的发展和技术的进步,提高了生产力水平和劳动效率,促使经济实现规模报酬递增和长期增长;Romer(1986;1990)认为教育知识资本是一种普遍化的人力资本,而技术知识资本则具有收益递增的特点,它还促使物质资本实现收益递增,从而产生"收益递增的增长模式";Lucas(1988)认为,具有溢出效应的人力资本提高了自身和其他要素的生产率,使生产实现规模收益递增。也就是说,只有专业化、技术知识、有溢出效应的人力资本才具有报酬递增的性质,而非专业化等普通人力资本并不具备边际收益递增。学术界将"创新型人力资本"等边际收益递增的人力资本称作"异质性人力资本"。正是由于异质性人力资本的边际收益递增,人力资本创新不仅提升了自身的生产能力,也带动了其他要素生产能力的提升,共同促进国民经济更快更好地发展,在做大"蛋糕"的过程中实现收入分配的公平和效率兼容。

在新常态的经济增长方式下,人力资本作为经济增长的主要源泉,不仅自身获得更高的回报,还通过有效提升其他要素的生产效率,在促进经济更有效增长的同时,实现了要素回报的集体提升。因此得益于人力资本创新,分配的公平与效率不再是对立冲突的,而是可兼容的。在人力资本创新的作用下,不仅推动了经济增长,同时也优化了收入分配格局。

三、我国科研人员收入分配现状及存在问题

(一)科研人员基本情况

科研人员是我国建设创新型国家的重要参与者和支柱力量。充满创新激情和活力的科研人员对撬动整个国家和全体社会的创新事业具有显著的杠杆效应。如何动员最广大科研人员的积极性和创造性,发挥杠杆效应,就需要建立一套贴近我国经济社会发展现实、充分体现知识价值和有利于调动创新积极性的科研人员收入分配激励体系。

据统计,2013年我国共有82.2万名科研人员(见表1)。以学科为划分依

据，可划分为工程和技术研究人员、自然科学研究人员、人文社会科学研究人员、医学研究人员和农业科学研究人员等。从收入分配情况看，科研人员群体收入结构有一定的共同特点，但不同类型的科研人员的收入水平存在较大差异。以2005—2011 年数据来看，从事人文社会科学研究、医学研究和农业科学研究的人员年度工资收入一直低于全国科研人员平均工资水平。

表 1　我国科研人员数量和工资概况

单位：万人，元

时间/年	科研人员数量	工程和技术研究人员平均工资	自然科学研究人员平均工资	人文社会科学研究人员平均工资	医学研究人员平均工资	农业科学研究人员平均工资	科研人员平均工资	全国城镇单位人员平均工资
2013	82.2	—	—	—	—	—	87 892	51 483
2012	79.0	—	—	—	—	—	78 824	46 769
2011	77.0	80 100	71 718	59 143	64 389	40 731	70 452	41 799
2010	71.6	67 726	63 903	51 847	54 911	37 091	60 493	36 539
2009	68.1	56 538	57 497	44 307	45 513	33 812	51 784	32 244
2008	66.7	51 619	52 286	41 620	41 293	30 423	47 100	28 898
2007	64.5	43 731	44 641	34 217	37 865	26 295	40 176	24 721
2006	64.7	36 866	35 573	27 866	31 097	20 746	33 002	20 856
2005	64.1	32 515	30 027	23 538	26 166	18 333	28 520	18 200

资料来源：根据《中国劳动统计年鉴 2006—2014 年》整理。

(二) 科学事业单位科研人员收入分配现状及存在的问题

1. 科学事业单位科研人员收入分配的几个特点

（1）不同专业和地域的科研人员的平均工资差异很大

仅就工资收入的总数看，我国科研人员工资收入水平居于各行业从业人员的中上游水平。从表 1 可看出，2013 年我国科研人员平均工资为 87 892 元，高于全国城镇单位就业人员 51 483 元的平均工资。从增长趋势看,自 2005 年以来,科研人员平均工资增长速度快于全国城镇单位就业人员平均工资增长速度,2013 年科研人员平均工资是全国城镇单位就业人员平均工资的 1.57 倍。但是,衡量科研人员收入水平高低不能仅仅看总量水平,还需要进行结构分析、进行横向和纵向的比较。近几年我国科研人员工资增长概况见图 1。

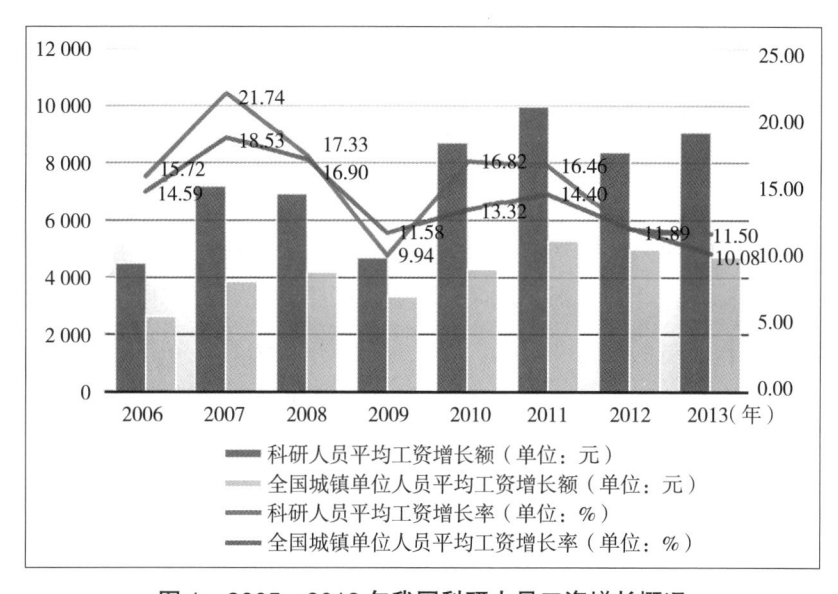

图 1 2005—2013 年我国科研人员工资增长概况

资料来源:根据《中国劳动统计年鉴 2006—2014 年》整理。

从学科看,人文社会科学和农业科学研究人员的平均工资水平显著低于其他学科类别。以 2012 年的数据为例,工程技术研究者的平均工资是人文社会科学研究者的 1.35 倍,自然科学研究者的平均工资是人文社会科学研究者的 1.21 倍,医学研究者的平均工资是人文社会科学研究者的 1.08 倍。从地域看,一线城市科研人员的平均工资水平相对较低。北京市统计信息网数据显示,2016 年北京市城镇非私营单位就业人员年平均工资为 119 928,与 2013 年的 93 006 元相比,增加了 26 922 元,增长 29%。据调研了解,中国社会科学院、中国宏观经济研究院、中国财政科学研究院等科研机构研究人员同期平均工资水平增长幅度根本达不到北京市城镇非私营单位就业人员年平均工资水平增长幅度。从平均工资数额看，中国社会科学院研究人员同期平均工资水平仅略高于北京市城镇非私营单位就业人员年平均工资水平。中国财政科学研究院研究人员同期平均工资水平则要低于北京市城镇非私营单位就业人员年平均工资水平。

（2）科研人员收入来源多样但不稳定

2011年《关于深化事业单位工作人员收入分配制度改革的意见》的出台，提出"协议工资制""合同工资制"等多种分配。2015年以前，按照《关于印发事业单位工作人员收入分配制度改革实施办法》（国人部发〔2006〕59号）规定，我国国有事业单位科研人员的收入构成主要包括四大部分：岗位工资、薪级工资、绩效工资和津贴补贴。其中，岗位工资和薪级工资构成了基本工资，主要通过财政资金进行安排。津贴补贴分为艰苦边远地区津贴和特殊岗位津贴补贴，由国家制订统一标准，此外，部分地区还享受地区津贴补贴及福利性补贴。绩效奖励主要体现工作人员的实绩和贡献。国家对事业单位绩效工资分配进行总量调控和政策指导。绩效工资一般由科研单位自主筹集，据调研了解，这部分资金来源主要是科研项目资金与其他来源收入。

目前，国有科研单位中，科研人员收入主要由两大部分构成，通过财政资金安排的人员工资，包括基本工资、岗位津贴等；通过其他来源发放的绩效奖励、与岗位无关的津贴补贴等。调研资料显示，科研人员工资收入结构大体如下：一是通过财政资金安排的人员工资占科研人员收入的20%~40%；二是通过科研项目资金安排的收入一般占到30%~40%；三是其他来源收入占30%~40%。国内部分科学事业单位科研人员的收入主要包括基本工资、年终绩效、科研项目收入（项目课题劳务费、稿费、评审专家咨询费等）、授课费和其他兼职收入。工资本应是绝大多数科研人员的主要收入来源，特别是以授课为主的科研人员其工资总收入占其全部收入的比例更高。另外一部分则是绩效收入。自20世纪80年代科技体制改革以来，我国科研人员的薪酬分配制度突出了绩效的重要性，大幅增强了薪酬制度的激励性。年终绩效是中低收入科研人员年收入的重要组成部分，其数额往往相当于一个月甚至数个月的工资。据调研数据显示，没有年终奖金的科研人员有36.75%；奖金0~2 000元的占10%；奖金2 000~4 000元的占

15%；奖金 4 000～6 000 元的占 9.8%；奖金 6 000～8 000 元的占 3.4%；奖金 8 000～10 000 元的占 2.7%；奖金 10 000～20 000 元的占 13.5%；奖金 20 000 元以上的占 8.85%。[①]

2. 科研院所科研人员收入分配状况

（1）科研人员的收入水平仍然较低

从纵向看，我国科研人员的薪酬激励水平较低。据 1930 年制订的中央研究院《职员薪酬标准及加薪办法草案》规定，中央研究院内专任研究员的薪酬标准自 200～500 元，共分 30 级，每级递增 10 元。当时，北京一个五口人的劳动家庭每年伙食费为 132 元，即每月 11 元即可维持，在北京收入较高的知识分子家庭，全家每月必需的生活费 80 元就很宽裕了。在计划经济时期，根据《关于 1956 年全国高等学校教职工工资评定和调整的通知》，研究人员工资等级大致与高校教师相同，一级教授工资相当于副部长的工资水平，教授工资范围是 190~390 元，而当时钢铁厂八级工人工资仅为 100 多元，科研人员工资水平处于社会中上水平。[②] 改革开放以来，我国科研人员工资水平在较长的时间内增长幅度低于其他行业工资水平，虽然近年来增长速度有所加快，但依然处于历史的低点位置。

当前，无论是与国内其他知识密集型行业，还是与国外同行相比，我国的科研人员工资性收入水平都较低。据 2012 年《中国劳动统计年鉴》数据显示，2011 年科研人员平均工资为 70 452 元，明显低于金融、证券、计算机等行业。

横向与其他国家科研人员工资水平相比，我国的科研人员工资水平处于中下水平。2012 年美国波士顿学院国际高等教育研究中心教授菲利普·艾尔巴克和同事的一项关于国立大学科研人员工资收入的调查结果，按购买力平价计算后中国相应科研人员的平均月工资为 720 美元（总水平），在受调查的 28 个国家中居倒数第三位。其中，排名第一的是加拿大，平均月工资为 7196 美元，几乎是我

[①] 张荆、赵卫华等：《高校教师收入分配与激励机制改革研究》，社会科学文献出版社，2014。
[②] 李晓轩、王彩燕：《科研事业单位科研人员薪酬制度的演变与特点》，《科学与社会》2012 年第 2 期。

国的 10 倍。[①]

与收入较低相对应的是科研人员较长的工作时长。据《青年科研人员职业发展现状调查》，只有 12.84% 的青年科研工作者每周工作时间不多于 40 小时，刚刚符合《劳动法》的规定（每周工作时间不超过 44 小时）；而多达 58.39% 的青年科研工作者平均每周工作时间超过 50 小时。

（2）基本工资在收入结构中所占比重相对较低

从 20 世纪 80 年代中期的科技体制改革开始，我国科研人员的收入分配相关政策逐渐增强了收入与绩效的关联度，使收入分配制度的激励性有所提升。例如，某些 211 和 985 高校规定，科研论文按照发表期刊的影响因子测算发放奖金。仅从科研成果的奖励看科研人员的收入分配激励机制发挥了重要的作用，但是，很多问题越发突出。

一是基本工资的比例过低，科研人员没有稳定可靠的薪酬保障。由于事业单位改革等原因，很多科学事业单位以及科研事业单位的科研人员工资性收入极低（有很多甚至已经低于同地、同级公务员或者教授的平均水平），使得科研人员的直接稳定收入不能较好地体现其科研工作价值。科研人员的收入与项目经费关联性日益增强。

此外，收入过多与项目和成果直接挂钩，造成科研人员围绕项目指挥棒转，受兴趣、好奇心和使命驱动、能潜心研究的科学家越来越少，功利化和利益驱动的科研活动越来越多，导致绩效工资制度逐渐偏离初衷，造成科研人员难以全身心投入科研工作，把过多的时间和精力放在了申请项目和追求论文数量上。

二是有些科研单位想方设法寻求多种渠道筹资，以缓解科研人员收入低的窘境。由于基本工资比例较低，许多单位为了稳定人才队伍、激励创新活力，采取多种方式筹措资金提高人员收入。除了事业费之外，很多单位都想方设法通过多争取项目经费获得"人员费"，或从成果转化、公共服务、房屋出租、投资收益中发放人员工资，有的单位为此承担了巨大的道德压力和法律风险。部分科研

[①] 李晓轩、王彩燕：《科研事业单位科研人员薪酬制度的演变与特点》，《科学与社会》2012 年第 2 期。

院所和高校工资支出的资金来源不规范、分配秩序较混乱、津补贴五花八门，评价导向过分依赖争取到的项目经费和发表的论文数量，未建立以岗位履职相关的薪酬决定机制。这种做法尽管出发点很好，但在没有明确政策依据和指引的前提下，容易面临道德和法律上的双重风险。有的科研单位通过尽量争取项目经费来提升科研人员收入，如成果转化、公共服务、房屋出租、投资收益等多种方法。[①] 这种模式管理并不规范，实际上不可取。

三是青年科研人员收入较低。由于科研人员获取外部资源与个人收入关联度息息相关，竞争课题以获取研究经费也成为科研人员的常态。一些资深研究员和权威专家在获得研究项目和经费时有绝对优势，而在学术界资历尚浅的还在默默积累阶段的中、青年科研科研人员就受制很多，青年科研人员的状况尤其尴尬。由于在获取外部资源方面不占优势，青年科研人员的收入水平普遍较低。青年科研人员是最有活力、最具创造力的力量，但同时也是生活负担最重的人群。在完成本职工作任务的同时，还要解决发表学术成果、申报课题经费、职称评定等一系列有关发展的大问题。做课题、申项目、有的还需要讲好课，都要做而且都要做好才有机会晋升职称。除了工作上的压力以外还要面对住房、子女教育等生活上的压力。据调研了解，一些在一线城市工作的科研事业单位的青年科研人员谈到他们目前的困扰，主要表现在生活压力过大。以目前的房价和收入买房困难，租房住房条件差。可以说科研人员的生存、生活状况离"体面"二字还有很大的距离。为了增加收入，青年科研人员就要不停地外出讲课、参加很多项课题，有的打趣说自己就是"科研民工"，可以说天天都是疲于奔命，唯独没有时间和精力静下心来做学术研究。在最富有创造力的年龄不得不为生活奔波。国家投入了大量财力和人力培养出来的人才却在生活的重压下无法体现他们的价值，这无疑是一种人才的极大浪费。

近年来香港高校吸引了大量的国际化学术人才，在科研人员薪酬等方面进行了一些改革和探索，推动了香港高校的创新发展。香港高校科研人员的薪酬主

---

① 曹凯、林芬芬：《科研单位科研人员工资制度改革政策之现状与问题》，《中国科技人才》2015 第 12 期。

要由基本工资、约满酬金和福利组成，根据职级的不同，工资和所享受的福利有所不同，除工资和福利外一般没有奖金。和中国内地的科研人员相比，香港高校的科研人员通过兼职获得收入的情况较少，其主要收入就是工资和福利。我们不妨借鉴香港高校的一些做法。首先为他们提供基本充足的物质保障，解除后顾之忧，在提高基本工资水平的基础上，适当考虑解决住房、孩子教育等问题。

（3）科研人员薪酬制度体系不健全

科研工作专业性强，薪酬设计也必须考虑职业特征和规律，做到三方面结合，按技能付酬、按劳付酬和按绩效付酬相结合确定科研人员薪酬。这一方面符合科研工作规律；另一方面体现正向激励，即多劳者多得、优劳者优得。我国公立的科研机构还占据主导地位，经费很大部分来自财政投入，人员也多是事业编制，有些科研机构还参照公务员管理。行政事业单位性质的工资制度必然难以符合科研工作要求，必须进一步深化科研机构改革。

四、我国目前科研经费管理现状及问题、成因

（一）我国科研经费管理现状

自 20 世纪 80 年代中期我国开始科技体制改革以来，我国科技经费配置的管理方式正逐渐从行政拨款和行政决策向国际惯例的科学基金制过渡，我国科学研究活动资助模式经历了初期的以单一"机构式"资助模式向以"机构+项目式"资助模式的转变。近年来，我国财政性科研经费投入保持稳定、快速增长。据统计，全国研究与试验发展（R&D）经费支出已从 2000 年的 895.66 亿元[1]增长至 2015 年的 14 169.9 亿元[2]。2015 年我国研发经费投入总量迈上 1.4 万亿元新台阶，研发经费投入强度达到 2.07%，研发投入规模和投入水平双双实现新的突破。研发投入增幅保持了 8.9% 的较快增长速度，增速比同期 GDP 现价增速高 2.5 个百分点；研发投入强度连续两年保持 2% 以上的水平，呈现稳定提升的态势。

---

[1] 引用自 2000 年全国 R&D 资源清查主要数据统计公报。
[2] 引用自 2015 年全国科技经费投入统计公报。

1. 研发投入结构得到优化

一是基础研究经费占比提高。2015年，我国基础研究经费为716.1亿元，比上年增长16.7%，增幅比上年提高6.1个百分点，比研发经费平均增速高7.8个百分点；基础研究占研发费用的比重为5.1%，比上年提高了0.4个百分点，改变了2007年以来基础研究经费占比一直在4.7%左右徘徊的局面。2015年应用研究经费为1 528.7亿元，增长9.3%，占研发经费的比重为10.8%，与上年相比保持稳定。2015年，全社会用于科学研究（包括基础研究和应用研究）的经费为2 244.8亿元，比上年增长11.6%。

二是政府资金占比提高。2015年，国家财政加大对科学技术的支出，支出规模首次超7千亿元，增速达8.5%，较上年提高4.1个百分点。为盘活存量、提高资金使用效率，2015年中央财政动用了以前年度结转资金用于科技支出，虽然当年中央财政科技支出增长较上年有所回落，但实际用于研发的支持力度进一步加大。在2015年全社会研发经费总量中，政府资金达3 013.2亿元，增长14.3%，增幅比上年提高8.9个百分点，是近三年增长最快的一年；政府资金所占比重为21.3%，比上年提高1个百分点。分研发活动执行主体看，政府属研究机构、高等学校和企业的政府资金分别为1 802.7亿元、637.3亿元和463.4亿元，分别比上年增长14%、18.8%和9.7%。

2. 研发投入力度尚需进一步加大

近年来，我国研发经费投入保持增长，研发经费仅次于美国，虽然经济体量居于世界第二，但研发投入强度与发达国家的水平还有较大差距，基础研究占比与发达国家15%左右的水平也有不小距离，研发投入效率还有待进一步提升，实现进入创新型国家前列的目标任务依然艰巨。政策体系还有待进一步完善，并确保相关政策的落地，引导和鼓励企业、研究机构、高等学校等加大研发投入力度。要加快对基础研究和一些重要关键领域的战略布局，加强原始创新和战略性科技创新能力建设。要深化科技体制改革，优化科技资源配置，提高研发投入的有效性，为创新驱动发展提供强有力的科技支撑。

3. 科研经费分配布局不合理

（1）科研项目立项的行政化导向明显

科研项目包括纵向科研项目和横向科研项目。

①纵向科研项目。纵向科研项目是指上级科技主管部门或机构批准立项的各类计划（规划）、基金项目，包括国家级项目，即科学技术部、国家发展和改革委员会、财政部、国家自然科学基金委员会、国家社会科学基金委员会下达的项目。

省部级项目。一般指省科技厅、省发展和改革委员会、财政厅、自然科学基金委员会下达的项目，以及除了科学技术部、发展和改革委员会、财政部以外的国家其他部委下达的部级项目。

市级和省厅局级项目。一般指市级项目以及省厅级、局级项目。

由于纵向科研项目是由政府部门（或者受政府部门委托）下达的，虽然经费不多，但带有一定的指导性，且很难获得，因此，纵向科研项目往往成为衡量一个单位（例如高等院校、科研机构）科研水平的重要指标，在科研评价体系中，具有比横向科研项目更高的权重价值。

②横向科研项目。横向科研项目指企事业单位、兄弟单位委托的各类科研项目，以及政府部门非常规申报渠道下达的项目。由于横向项目主要不是由政府部门（或者受政府部门委托）下达的，在科研评价体系中，横向项目的权重价值往往明显低于纵向项目。

从以上两种类别的科研项目可以看出，负责立项与经费拨付的管理部门非常多。除了国家有关部委，各级政府都设有科研管理部门，科研项目的立项、经费的划拨使用、成果鉴定等完全由政府相关部门统一计划管理，可以说这些管理部门对高校科研项目经费管理的导向性非常明显，科研立项还不能完全反映真正的科研问题和经济社会发展的实际需求。

（2）科研项目多头部署现象突出

目前除中央相关科技管理部门外，许多地方政府也设立了各自的科技计划。这些部门之间缺乏有效的联系和衔接，有时同一个研究团队，拿着处于同一研发阶段的同一研究项目，同时获取多项经费支持的现象，科研经费投入交叉重复问题严重。

（3）稳定性支持与竞争性支持比重失衡

目前我国科研项目资助机制单一、稳定支持不足。以高校的科研人员为例，尤其是刚工作不久的青年科研人员，由于学术影响力尚浅，无法获得稳定充足的科研经费资助，于是不得不花费大量的时间和精力申报各种竞争性项目的课题，填写各种繁杂的申请表格，应对立项答辩，汇报进度，接受检查，科研时间变得异常碎片化，科研工作受到很大影响。此外，面临评职称的压力，目前高校职称评价标准中重要的一类即是是否主持过国家级科研项目（包括国家自科基金、国家社科基金等），而这些科研项目的申请难度极高，有时投入很大精力准备很久，最终也只是重在参与，况且不得已去申请的这些项目可能本与这些科研人员的研究重点关系不密切。可以说，为了获取这些竞争性科研项目，消耗了科研人员宝贵太多的时间和精力。

4. 科研经费预算管理方式不合理

一是行政机关方式的预算编制方法不适应科研管理需求。目前科研经费预算管理往往实行列举式，预算支出科目包括设备费、资料费、劳务费、管理费、差旅费、会议费、咨询费、印刷出版费等，对预算科目之外的费用一概不予考虑。事实上，科研活动是一种探索性活动，具有灵感瞬间性、方式随意性、路径不确定性等特点，根据研究进展的具体情况和合理需要，对经费使用结构及比例进行调整不可避免。二是"按图索骥"的验收审计不利于科研活动的正常开展。目前，国家社科、自科基金及使用财政预算拨款"基本科研业务费"的科研项目，预算从一开始就要求做得详细、全面，预算刚性强，课题结项后验收审计需要对照预算一一核实，出现差异即被认定违规等。这种做法在实际操作中不尽合理，当预算结构需要调整而不能调整时，依据既定内容执行可能并不符合研究实际需要，造成非合理性支出和浪费；而按照实际需要来使用则可能在经费审计时面临违规风险。

5. 科研经费使用效率低下

（1）科研经费支出趋同，无法满足不同研究的特点和需求

在科研经费的使用环节，课题负责人有一定的自由支配权限，在预算科目

下，只要是合规的票据即可通过财务部门予以报销。但是，在不同的预算科目之间，经费不允许跨科目使用，也就是说设备费不能用于差旅费，会议费不能用于劳务费，等等。这样的制度设计有一个明显的弊端：由于没有考虑每个课题的不同情况，统一规定了几个主要科目的经费支出比例，使得研究过程中经常出现"有钱没处花"，而"该花的钱却没法花"的怪现象。以湖南为例，湖南省资助科研项目有自然科学类、社会科学类、软科学类、软件开发类等，但科研经费使用参照的管理规定、条例基本一致。由于支出结构基本雷同，即便在重大、重点项目上也区别甚微，基本未考虑自然科学和哲学社会科学的不同学科特点，严重忽视了以脑力劳动为主的哲学社会科学类研究的发展，影响了社科类研究人员积极性，也不利于提高科研经费的使用效率。二是对于来自政府的纵向经费和来自企业等私人部门的横向经费管理上"混同"。目前，各部门横向科研项目管理制度缺乏，没有专门的经费管理制度，在"加强科研经费管理""防止国有资产流失和科研腐败"等语境下，财政、审计部门往往把横向科研经费纳入高校事业经费统一管理，采取和纵向科研经费同样的管理标准，使得科研人员为经济社会服务的热情消减。

（2）重"物"轻"人"的支出结构影响科研人员积极性

人是科研创新的核心要素。但按照目前科研经费各项管理规定，有工资性收入人员的人员经费不得列入项目科研经费中，劳务费只能列支参与项目研究的研究生、博士后、访问学者以及项目聘用的研究人员、科研辅助人员等。科研项目对人员经费限制过死的做法，现实中不仅难以起到很好的约束作用，反而会引发会计信息失真、操作成本增加、财务监管漏洞、科研经费绩效评价困难等一系列问题。人力资本投入主体若无法合法取得合理报酬，就可能寻找其他变通的途径来获得补偿。例如，将模糊性较强、或者实际发生在科研活动中的项目又无法列支各类预算科目下的支出以及人力成本补偿"票据化"，这就不难解释有一些科研项目出现了客观数量的"电脑耗材、办公用品、图书资料"等费用支出项目。

对于科研人员反映，美国等国家科研项目中"人员费"比例较高，政策制定部门给予的解读和回应是：中美两国科研人员经费保障体制不尽相同，我国科研项目经费中"人员费"所占比重不宜与美国进行直接比较。美国研究型大学对于科研人员每年发放 9~10 个月的工资，其余 2~3 个月的工资通过科研项目经费列支，但科研人员从大学领取的工资加上从科研项目经费中领取的薪酬不能超过其 12 个月工资的总和。我国高校、科研院所对在编在职科研人员每年发放 12 个月工资，在基本支出中列支，已给予稳定保障。

2016 年中共中央办公厅、国务院办公厅印发了《关于进一步完善中央财政科研项目资金管理等政策的若干意见》（中办发〔2016〕50 号）。尽管《意见》制定已结合我国实际，进一步加大了科研项目资金对科研人员的激励力度，但在政策落地、执行过程中仍然有很多意想不到的困难。

（3）课题经费间接成本补偿机制不健全

以美国密歇根大学为例。除了科研项目发生的实际费用，还有支付大学因承担科研项目而导致的设施和管理成本，前者称为"直接成本"，后者称为"间接成本"。美国联邦行政管理和预算局（Office of Management and Budget OMB）制定并发布的 A—21 通告（Circulars A—21），在其首章节"目的与范围"中规定，由大学与代表联邦政府的机构谈判确定大学的间接成本比率，这种比率为所有联邦机构所接受，也适用于高校的所有联邦资助科研项目。密歇根大学每三年与美国卫生与人类服务部进行一次谈判，谈判确定的科研经费间接成本费比率，不但对所有联邦政府资助的项目都适用，对所有非联邦政府资助的项目也同样适用。2008—2013 年，密歇根大学间接成本费比率一直在 55% 左右，很好地补偿了学校因承担科研活动所发生的各类成本。

（4）科研经费管理"三公化"

很多科研事业单位均是部委下属单位，科研经费参照上级部门对"三公经费"的管理。以某部属科研机构为例，2016 年之前，这家单位"因公出国（境）学术交流经费"为 2009 年的编制预算额度，而这一额度是 2006—2008 年三个年度该单位因公出国（境）经费实际发生额的平均值为基数，再降低 10% 核定的。这一阶段恰巧是该单位出国交流及访问活动最少的几年。2009 年批复的该单位

"因公出国（境）经费"标准一直执行沿用至 2016 年。近年因经费原因该单位多次被迫放弃多项国际学术交流合作计划。

（5）科研经费结余管理有待进一步改革

目前，很多重大、难点科研项目和经费管理普遍存在"结题不结账"的问题。客观来说，课题验收后有一定的结余资金有多方面原因：一是项目验收和财务验收期间不一致导致结余不得不发生。如按照科研规律，有些经费通常是在项目完成后才发生的支出，如专利使用费、成果出版费等；二是某些项目科研经费拨款滞后。这一情况也直接影响了科研经费按期使用，造成项目结题时存在结余经费；三是有些结余是由于加强管理、勤俭使用所致。科研人员严格按照国家各项规定，本着规范及节俭使用的原则，对国家科研资金使用高度负责的精神，本应鼓励提倡，若不分主客观原因"一刀切"地收回，则会产生逆向激励，即越是节约搞科研，反而将越"吃亏"，导致科研项目执行中增加很多无谓的经费开支、助长科研活动铺张浪费的风气等行为。

中办发〔2016〕50 号文中对此内容有所调整，"项目实施期间，年度剩余资金可结转下一年度继续使用。项目完成任务目标并通过验收后，结余资金按规定留归项目承担单位使用，在 2 年内由项目承担单位统筹安排用于科研活动的直接支出；2 年后未使用完的，按规定收回。"但是"2 年"作为一个刚性时间指标，仍不免缺乏灵活性。

（二）我国科研管理现状的原因

1. 体制方面的原因

（1）科研经费管理部门之间统筹乏力

我国现行科技管理体制分为中央与地方，中央又分民口与军口。但这些部门间的职责关系并不清晰明确、部门工作目标并不统一，导致科技工作多头管理，缺乏有效的统筹协调和战略协同。

（2）科研管理忽略了科学研究工作的特殊性

科研工作具有不确定性，导致科研经费管理与一般经费管理具有较大差异。由于我国从事科研工作国立科研机构和大学都是国有事业单位，其人事制度、薪酬制度都遵循我国事业单位管理的一套程序和规范，不符合科研事业发展的客观规律，很大程度上制约了科研工作的自主性。

（3）学术咨询与行政决策缺乏沟通协调

学术咨询与行政决策的协调机制还不够健全，一方面存在行政权力干预学术咨询的情况，另一方面也存在政府部门过度依赖专家咨询而规避决策职责的问题。

（4）缺乏有效的信息公开机制

课题立项信息缺乏公开，不够透明。信息共享和查重机制不够健全。

2. 制度方面的原因

（1）评价与考核制度不完善

很多单位把承担科研课题数量和经费与职称晋升、个人待遇等直接挂钩，科研人员在这种导向下倾向于将同一研究内容重复申请和立项，导致科研人员拼命争取科研经费，无法全力投入科研工作。

（2）收入分配制度不健全

科研人员薪酬制度较为僵化，从科研人员的工资薪酬上没能体现科研人员智力贡献的价值，很大程度上限制了我国现有科学创新潜力的发挥。

（3）缺乏有效的问责机制

一方面对分配课题经费的部门缺乏问责；另一方面，对承担课题任务的单位和个人也缺乏问责；同时，验收、审计和评估过程没有发挥独立第三方的作用。

（4）重过程管理轻目标管理

我国现行拨款制度注重课题的申报和立项，对于资金投入后是否取得真正的成果缺少实质性的审核，导致研究者把主要精力放在课题和经费的申请，而不是放在课题的研究和成果上，造成科研经费整体使用效率低下。

（三）中央层面已出台的政策

党的十八大以来，以习近平同志为核心的党中央高度重视科技及科研创新工作以及科研人员的收入分配情况。党的十八大提出实施创新驱动发展战略，强调"完善劳动、资本、技术、管理等要素按贡献参与分配的初次分配机制"。党的十八届五中全会提出"实行以增加知识价值为导向的分配政策,提高科研人员成果转化收益分享比例"。自2015年以来,国家就在持续发放激发科研人员活力的政策礼包。

1. 关于优化学术环境的指导意见

为进一步优化学术环境,更好地调动广大科技工作者的积极性,深入实施创新驱动发展战略,推动大众创业万众创新,2015年12月,国务院办公厅发布《关于优化学术环境的指导意见》(国办发〔2015〕94号)。其中,有几项新的规定可以说向前迈了好几步。

(1) 坚持创新导向。

紧紧围绕创新驱动发展,破除制约创新的观念和体制障碍,支持有利于激活创新要素的探索和实践,鼓励科技工作者增强创新自信,创立新学说,开发新技术,开拓新领域,创造新价值。

(2) 优化科研管理环境,落实扩大科研机构自主权。

尊重科技工作者科研创新的主体地位,不以行政决策代替学术决策。优化科研管理流程,避免让科技工作者陷入各类不必要的检查论证评估等事务中,确保科技工作者把更多的时间和精力用在科研上。改革科研院所组织机构设置和管理运行机制,消除科研院所管理中存在的"行政化"和"官本位"弊端,实行有利于开放、协同、高效创新的扁平化管理结构,建立健全有利于激励创新、人尽其才、繁荣学术的现代科研管理制度。在国家政策制度框架下,扩大高校和科研院所在科研立项、人财物管理、科研方向和技术路线选择、国际科技交流等方面的自主权,逐步推广以项目负责人制为核心的科研组织管理模式。

这一点中"在国家政策制度框架下",可谓是一语中的。即便整个文件从头到尾都贯彻创新导向,但是在真正贯彻落实的时候,还是需要各项涉及资金、人事管理等方面具体的《管理办法》《细则》等制度支撑。

(3) 优化宏观政策环境,减少对科研创新和学术活动的直接干预。完善稳定支持和竞争性支持相协调的机制,改变科技资源配置竞争性项目过多的局面,对国家实验室等重大科研基地以稳定支持为主,鼓励其围绕重大科技前沿和国家目标开展持续稳定的研究。充分发挥国家科技计划在促进学科交叉、跨界融合中的平台作用，推动跨团队、跨机构、跨学科、跨领域协同创新。推动科研基础设施等科技资源开放共享，克服科研资源配置的碎片化和孤岛现象。率先在国家实验室等重大科研基地开展人事制度改革试点，建立具有国际竞争力的人才管理制度，增强对高端人才的吸引力。实行以增加知识价值为导向的分配政策，提高科研人员成果转化收益分享比例，以科技成果使用处置收益权管理改革为突破口，全面激发高校、科研院所科技工作者创新创业的积极性。改革科技评价制度，对从事基础和前沿技术研究、应用研究、成果转化等不同活动的人员实行分类评价，对以国家使命为导向的科研基地建立中长期绩效评价体系，拓宽科技社团、企业和公众参与评价的渠道，切实避免评价过多过繁、评价指标重数量轻质量和"一刀切"的现象。

2. 关于深化人才发展体制机制改革的意见

2016年3月，中共中央印发《关于深化人才发展体制机制改革的意见》（中发〔2016〕9号）指出，人才是经济社会发展的第一资源。人才发展体制机制改革是全面深化改革的重要组成部分，是党的建设制度改革的重要内容。协调推进"四个全面"战略布局，贯彻落实创新、协调、绿色、开放、共享的发展理念，实现"两个一百年"奋斗目标，必须深化人才发展体制机制改革，加快建设人才强国，最大限度地激发人才创新创造创业活力，把各方面优秀人才集聚到党和国家事业中来。

（1）建立科学人才评价机制，优化人才评价"指挥棒"

多年来，人才评和用的脱节被认为是科研人员职称制度中的一大弊端。用人单位缺乏自主权，很多时候"用的评不上，评的用不上"。对此，《意见》明确提出，"深化职称制度改革，提高评审科学化水平"，并强调要突出用人主体在职称评审中的主导作用，合理界定和下放职称评审权限。

（2）强化人才激励机制，突出创新创业导向

只有充分保障人才的知识成果产生相应的效益，才能更好地激发人才潜能，促进人才发展。在保护和激励创新中，知识产权保护，尤其是职务发明的产权收

益问题是一个绕不开的话题，付出与回报不成比例的现状寒了不少职务发明人的心。此次《意见》提出加快出台职务发明条例，将为合理划分单位和创新人才之间的权益、最大限度地调动人才创新积极性提供法律保障。

股权期权激励作为一种长期激励手段，让科研人员能够合理分享创新财富，而现实中，不少地方也已开始试行并取得了良好效果。总结推广各类创新创业孵化模式，打造一批低成本、便利化、开放式的众创空间，这顺应了时代热潮，有利于构建更加完善的人才激励机制。

3. 积极实行以增加知识价值为导向的分配政策

党和国家领导人近期也对科研创新以及科研人员的激励尤为关注。

2016年5月，全国科技创新大会上，习近平总书记指出，"要积极实行以增加知识价值为导向的分配政策，包括提高科研人员成果转化收益分享比例，探索对创新人才实行股权、期权、分红等激励措施，让他们各得其所"。李克强总理指出，要以体制机制改革激发科技创新活力。推进科技领域简政放权、放管结合、优化服务改革，在选人用人、成果处置、薪酬分配等方面，给科研院所和高校开展科研更大自主权。

2016年10月，国务院印发的《关于激发重点群体活力带动城乡居民增收的实施意见》提出，实行以增加知识价值为导向的激励机制，提高科研人员成果转化收益分享比例，通过工资性收入、项目激励、成果转化奖励等多重激励引导科研人员潜心研究工作，激发科技创新热情。

2016年11月，中共中央办公厅、国务院办公厅印发《关于实行以增加知识价值为导向分配政策的若干意见》，旨在激发科研人员创新创业积极性，在全社会营造尊重劳动、尊重知识、尊重人才、尊重创造的氛围。《意见》坚持价值导向原则，针对我国科研人员实际贡献与收入分配不完全匹配等问题，明确分配导向，完善分配机制，使科研人员收入与其创造的科学价值、经济价值、社会价值紧密联系。精神物质激励结合。采用多种激励方式，在加大物质收入激励的同时，注重发挥精神激励的作用，大力表彰创新业绩突出的科研人员，营造鼓励探索、激励创新的社会氛围。《意见》将推动形成体现增加知识价值的收入分配机制。一是逐步提高科研人员收入水平。在保障基本工资水平正常增长的基础上，逐步提高体现科研人员履行岗位职责、承担政府和社会委托任务等的基础性绩效工资水平，并建立绩效工资稳定增长机制。加大对做出突出贡献科研人员和创新团队的奖励力度，提高科研人员科技成果转化收益分享比例。强化绩效评价与考核，使收入分配与考核评价结果挂钩。二是发挥财政科研项目资金的激励引导作用。对不同功能和资金来源的科研项目实行分类管理，在绩效评价基础上，加大对科研人员的绩效激励力度。完善科研项目资金和成果管理制度，对目标明确的应用型科研项目逐步实行合同制管理。对社会科学研究机构和智库，推行政府购买服务制度。三是鼓励科研人员通过科技成果转化获得合理收入。逐步提高稿费和版税等付酬标准，增加科研人员的成果性收入。

2017年6月，国家发改委会同21个深化收入分配制度改革部际联席会议成员单位，制定出台了《2017年深化收入分配制度改革重点工作安排》，再次提出，实行以增加知识价值为导向的分配政策。2017年7月19日召开的国务院常务会议再次明确，我国允许科技人才在高校、科研院所和企业兼职。

在政策落地过程中，各地的实际情况各有不同。而且，同样面临"在国家政策制度框架下"执行的阶段性困难。如有关管理部门尽快制定相关配套的政策制度，相信对于科研人员来说无疑是真正迎来了春暖花开。

4. 关于进一步完善中央财政科研项目资金管理等政策的若干意见

2016年6月1日，国务院常务会议确定完善中央财政科研项目资金管理的措施。为贯彻落实中央关于深化改革创新、形成充满活力的科技管理和运行机制的要求，进一步完善中央财政科研项目资金管理等政策，7月，中办、国办印发了《关于进一步完善中央财政科研项目资金管理等政策的若干意见》（中办发〔2016〕50号）。

中央财政科研项目资金管理改革等政策是财政科技领域"放、管、服"改革的重要举措，旨在通过进一步简政放权、放管结合、优化服务、强化落实，改革和创新科研经费使用和管理方式，促进形成充满活力的科技管理和运行机制，更好地激发广大科研人员积极性和创造性。财政作为国家治理的基础和重要支柱，近年来，一方面，加大财政科技投入，为科技创新提供有力保障；另一方面，始终坚持问题导向，致力于建立健全既遵循科研活动规律，又符合依法理财要求的科技资金管理机制。努力以管理改革释放创新活力。

为了进一步贯彻落实《关于进一步完善中央财政科研项目资金管理等政策的若干意见》，促进中央财政科研项目资金管理改革举措落地生根，切实增强科研人员改革"成就感""获得感"，财政部发布了《关于进一步做好中央财政科研项目资金管理等政策贯彻落实工作的通知》（财科教〔2017〕6号）。

尽管如此，仍有一些高校、院所和科研人员改革获得感不够强，反映科研项目资金存在"过细过死""重物轻人"等问题。这些问题，有些属于政策措施已经明确，需要落实细化和加强宣传解释的问题；有些属于在项目和资金管理上需要进一步研究改进和完善的问题；有些还涉及事业单位管理体制、收入分配制度等深层次体制机制问题。

实际上，在"进一步"落实细化、研究改进和完善的过程中，有一点不容忽视，就是政策制定者与一线科研人员之间的信息不对称的问题。管理部门负责对使用财政科研项目资金的单位解读政策，并实施监督管理。尽管这个过程中，管理部门的工作人员会去各级、各类科研单位调研，但很多时候还是不一定完全清楚科研工作的实质及科研工作的独特性，甚至有些时候觉得一些哲学社科类科研人员的工作与他们并无两样，都是文字工作，都要面临"5+2""白加黑"的超负荷工作，自己都是不拿加班费义务在工作，而科研人员已经有那么多科研经费支持了，难道还有需要调整的？因此在制定及调整政策的时候难免偏颇或不够与时俱进。殊不知，科研工作的核心是创新，创新之艰难超乎想象，绝不仅仅是"文字工作"这么简单。因此，建议政策制定部门的工作人在一些科研机构进行中短期挂职交流，一方面，促进工作更接地气，另一方面以便今后的工作更加与时俱进。

5.关于深化职称制度改革的意见

2017年1月，中办、国办印发了《关于深化职称制度改革的意见》指出，要遵循人才成长规律，把握职业特点，以职业分类为基础，以科学评价为核心，以促进人才开发使用为目的，建立科学化、规范化、社会化的职称制度，为客观科学公正评价专业技术人才提供制度保障。

（四）各地出台的新政策、新举措

可以说，这些事关科研人员创新激励的顶层设计，对我国建设创新型国家及完善收入分配制度具有重要的现实意义和历史意义。国家层面的各项政策在地方不断得到细化和落实，近期多地更是密集发布关于科研人员的针对性激励计划。

北京市人力社保局发布的《关于支持和鼓励高校、科研机构等事业单位专业技术人员创新创业的实施意见》中，明确支持和鼓励高校、科研机构专业技术人员创新创业的"六种模式"，即兼职、在职创办企业、在岗创业、到企业挂职、参与项目合作、离岗创业。

上海市出台《关于完善本市科研人员双向流动的实施意见》，鼓励和促进高等院校、科研院所与科技企业之间的人才流动，以促进科技成果转化，提升科技创新能力。该市高校、科研院所的科研人员，可以到科技企业兼职从事高新技术成果转化、技术攻关服务，并获得相应报酬。企业创新创业人才也可以到高校、科研院所兼职，担任研究生兼职导师或指导教师。高校、科研院所的科研人员带着科技成果离岗创业的，在创业孵化期3~5年内，可保留与原单位的人事关系，保障基本工资待遇，除受到规定的处分（罚）外，每年可以正常晋升薪级工资，原单位代为缴纳社会保险和职业年金，可以正常参加专业技术职务评审和聘任，并可连续计算工龄及本单位工作年限等。科研人员流动所涉及的科研成果归属、收益分配、兼职报酬以及相关福利待遇等，可由相关各方通过协商的形式，明确各自的权利和义务。

山西省出台了《山西省促进科技成果转化若干规定》《山西省科研项目经费和科技活动经费管理办法（试行）》《关于完善知识技术密集、高层次人才集中等事业单位收入分配激励机制的实施意见》等共计14项政策支持科研人员创新创业。

辽宁省提出鼓励科研人员利用业余时间进行创新创业活动获得收入，允许科研人员适度兼职，在企业兼职的工作业绩可作为原单位参加职称评审、岗位竞聘、考核等重要依据。安徽省也提出，科研院所、高等学校科研人员在开发区兼职从事技术转移转化服务的，可按照规定取得报酬。山东省则提出，高校、科研院所的专业技术人员离岗创业可暂不转移养老保险。

江西省提出，扩大高校和科研院所自主权。支持用人单位自主开展职称评审工作，进一步健全职称评价体系。支持高校和科研院所在核定的岗位总量内，自主设置岗位聘用条件，自主决定聘用人员，允许教学科研人员离岗创新创业。江西鼓励和引导高校和科研院所教学科研人员以职务科技成果作价入股企业，不再限制科技成果作价份额占注册资本的比例。落实好教学科研人员创业创新的股权期权等税收优惠政策。扩大高校人才招聘的自主权。江西省属高校在招聘高层次人才时，可以依法依规自主决定招聘的岗位和条件、自主决定招聘时间、自主决定招聘人员的数量、自行组织开展考试或考核、自主公示拟聘人员。

河北省委省政府出台《关于深化人才发展体制机制改革的实施意见》，提出全省将着力破除束缚人才发展的思想观念和体制机制障碍，向用人主体放权，为人才松绑。河北省允许高校、科研院所等事业单位科研人员离岗在河北省内创办企业或到企业开展科技成果转化，5年内保留人事关系，代缴社会保险和住房公积金，档案工资和专业技术职务正常晋升。期满重返原单位的，工龄连续计算。鼓励党政机关优秀人才离岗到企业兼职，不在兼职企业领取任何报酬和投资入股，离岗期限3年，机关原待遇不变。

云南省政府办公厅下发《关于加快众创空间发展服务实体经济转型升级的实施意见》提出，高校、科研院所及其他研发、服务机构科研人员保留基本待遇到企业开展创新工作或创业，对于离岗创业的，经原单位同意，可在3年内保留人事关系，与原单位其他在岗人员同等享有参加职称评聘、岗位等级晋升和社会保险等方面的权利。为支持科技人员到众创空间创新创业，《意见》明确，对财政资金支持形成的，不涉及国防、国家安全、国家利益、重大社会公共利益的科技成果使用权、处置权和收益权，全部下放给符合条件的项目承担单位；高校和科研院所科技成果转化所获收益用于奖励科研负责人、骨干技术人员等重要贡献人员和团队的比例不低于60%。对高校、科研院所的创业项目知识产权申请、转化和运用，按照国家有关政策给予支持；同时鼓励企业通过集众智、汇众力等开放式创新，吸纳科技人员创业，创造就业岗位，实现转型发展。

湖北省《关于推动高校院所科技人员服务企业研发活动的意见》，出台9条激励措施，加快湖北省科技资源优势转化为经济发展优势，调动湖北高校院所科技人员直接服务企业研发活动的积极性。《意见》主要措施包括：对于省内企业委托高校院所研发项目经费，实行有别于财政科研经费的分类管理，赋予项目研发团队更多自主权；对科研人员承接企业委托项目劳务收入占团队使用经费部分的比例最高可达70%，最大限度地调动科技人员积极性。科技人员参与职称评审时，其主持研发的技术在省内企业成功实现转化和产业化的，技术转让成交额与纵向课题指标要求同等对待，对发明专利与成果转化应用成效突出的，可降低或免去相应论文要求；允许高校科技人员可自主到企业兼职开展技术研发，获得报酬按照规定计缴个人所得税后归个人所有；对承担有省内企业委托研发项目的高校，省级科技部门按照项目实际到位资金的5%~10%给予科技项目奖励支持，省级教育部门相应提高生均经费拨款系数。税务机关对高校为省内企业提供技术性服务依法免征增值税；省内企业委托高校研究开发项目的费用支出，税务机关仅需依据省技术合同登记机构认定登记的技术合同及付款凭证，即可落实企业研究开发费用税前加计扣除的鼓励政策。

五、国外、境外科研创新激励的主要经验与启示

（一）美国

1. 美国联邦政府科研经费管理

作为世界上最大的科技强国，美国的研发经费占全球的三分之一以上，仅联邦政府的研发预算就接近1 523亿美元（2017年），较2016年联邦政府研发预算增长4.2%。尽管美国政府对具体的科研活动干涉较少，但对于来自纳税人的政府研发资金，却高度重视其管理，完善的管理制度确保了美国联邦科研经费的高效利用。

表 2　美国 2017 财年 R&D 经费投入结构

单位：百万美元

	2014 财年 实际发生	2015 财年 实际发生	2016 财年 执行中	2017 财年 提交审议	占比 /%	2016—2017 财年的变化 增长额	增长率
基础研究	32 187	31 854	33 510	34 485	22.6	975	2.9
应用研究	32 546	34 178	35 439	38 361	25.2	2 922	8.2
发展研究	68 985	69 719	74 466	76 704	50.4	2 238	3
研发设施	2 617	2 527	2 723	2 783	1.8	60	2.2

资料来源：https://www.whitehouse.gov/ostp.

（1）美国科技经费管理体制

科技管理体制是政府对科技活动进行宏观管理的制度基础，直接决定采取什么样的科技经费管理模式。美国采用的是多元分散型的科技管理体制。在美国的行政科技管理体系中，联邦政府并没有设立专门的机构负责全国科技活动的组织。联邦政府主要依靠白宫科技政策办公室（OSTP）、国家科学技术委员会（NSTC）和总统科学技术顾问委员会（PCAST）这三个机构协同进行国家科学技术决策，并制定国家科技发展目标。

美国国会的参众两院都有负责科技事务的委员会，众议院负责科技事务的是科学委员会，参议院负责科技事务的是商务、科学与运输委员会，它们负责讨论并审议与科技有关的所有的拟议法案、决议及有关的信息。

①分类管理

美国联邦政府中与科技活动有密切关系的部门包括：国防部（DOD）、卫生部（DHHS）、能源部（DOE）、国家航空航天局（NASA）、国家科学基金会（NSF）等。各联邦部门分别负责所辖领域的科研活动的管理，尤其是与国家战略性目标有关的科研活动，如国防、卫生医药、能源等。

②宏观协调

美国多元分散型的科技管理体制决定了美国联邦科技经费的管理也采取了分散型的模式。国防部、卫生部、能源部等联邦部门根据自己的科技管理职责分别制订自己的研发预算，经白宫科技政策办公室、预算与管理办公室（OMB）、国会、总统审议通过后形成联邦年度预算法案，各联邦部门按照预算法案分别负责所辖经费的管理。尽管美国政府对于联邦研发经费采取了分散型的管理模式，但为了让联邦研发资金发挥最大效益，美国政府非常重视整体的宏观协调，白宫科技政策办公室、国家科学技术委员会等在这方面发挥着重要作用。例如，白宫科技政策办公室2006年公布的《美国竞争力计划》提出了美国基础研究主要资助机构的预算在未来十年内（2007—2016年）要翻一番的目标。根据该计划，美国科学基金会（NSF）、能源部科学办公室以及商务部的标准与技术研究院（NIST）这三个机构近年来的预算一直在快速增加。2006—2011年增加了34.6%。

（2）美国政府科技预算编制

美国联邦政府高度重视预算编制，这从源头上决定了政府科技预算的分配方向。联邦政府制定了严格规范的预算编制程序，并建立了统筹协调机制。

美国研发预算的编制分两个阶段：第一阶段由行政部门编制并向国会提交预算；第二阶段是由国会和总统审批预算。下面以201n年美国联邦研发预算的编制为例，说明美国研发预算的编制程序。

①研发预算编制阶段

20（1n-2）年春，美国国家经济委员会（NEC）和总统管理与预算办公室（OMB）向总统提交201n财年的预算指导方针，总统审查后将其下达各联邦部门。20（1n-2）年6月或7月，国家科技政策办公室和管理与预算办公室联合发布《科技预算优先领域备忘录》，各部根据该备忘录制订本部门研发预算的提案，并提交OMB审查汇总。OMB安排听证会或与各部门官员进行讨论，提出初审意见，最后将各部门审定的预算汇总成联邦政府预算建议草案。20（1n-1）年2月，总统审查后，将联邦政府预算建议草案提交国会审议，并在全国公布于众。

②预算审批阶段

国会收到总统提交的联邦预算草案后，就相关问题举行听证会，提交参众两院讨论，形成预算决议案，并于201n-1年9月将其提交给总统。如果总统同意国会的预算方案，签署后便开始生效；如果总统否决了国会通过的预算方案，那么，国会又要经过大体类似的审议过程，若仍有 2/3 以上议员反对，则总统的否决无效。

白宫科技政策办公室负责统筹协调各政府部门的研发预算：一方面，在各部门编制研发预算之前，白宫科技政策办公室和管理与预算办公室会联合发布《科技预算优先领域的备忘录》；另一方面，白宫科技政策办公室要对管理和预算办公室汇总后的各部门研发预算进行初审。

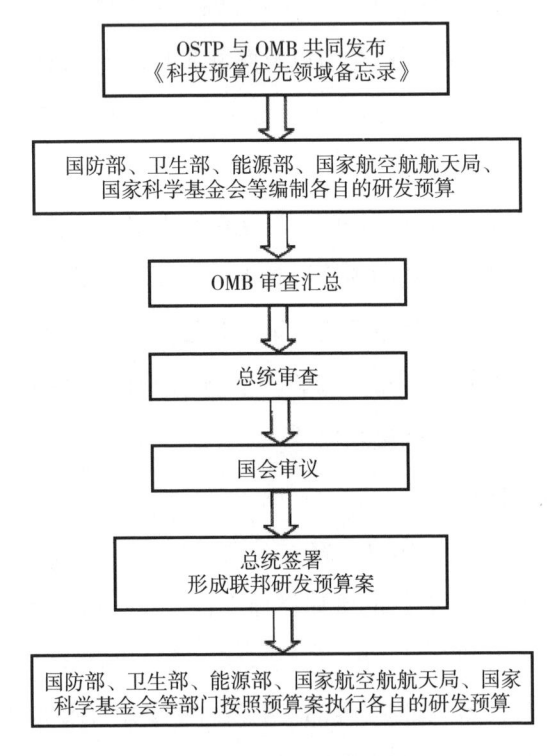

```
┌─────────────────────────────┐
│ OSTP 与 OMB 共同发布          │
│ 《科技预算优先领域备忘录》    │
└─────────────────────────────┘
              ↓
┌─────────────────────────────────────┐
│ 国防部、卫生部、能源部、国家航空航天局、│
│ 国家科学基金会等编制各自的研发预算     │
└─────────────────────────────────────┘
              ↓
┌─────────────────────────────┐
│ OMB 审查汇总                 │
└─────────────────────────────┘
              ↓
┌─────────────────────────────┐
│ 总统审查                     │
└─────────────────────────────┘
              ↓
┌─────────────────────────────┐
│ 国会审议                     │
└─────────────────────────────┘
              ↓
┌─────────────────────────────┐
│ 总统签署                     │
│ 形成联邦研发预算案           │
└─────────────────────────────┘
              ↓
┌─────────────────────────────────────────┐
│ 国防部、卫生部、能源部、国家航空航天局、国家│
│ 科学基金会等部门按照预算案执行各自的研发预算│
└─────────────────────────────────────────┘
```

图 2 美国联邦研发预算的编制程序

（3）科研计划的经费管理

当前，科技计划已经成为执行政府研发预算的重要形式，美国十分重视对科技计划经费的管理，建立了较为完善的经费监管制度。

①科技计划经费的资助比例

对于面向基础研究、主要由国立科研机构或高等院校承担的科技计划，美国政府一般采取全额资助的方式，即不需要项目承担单位自己提供配套资金，美国国家科学基金会设立的科技基金大都属于这种方式。而对于一些面向产业技术、主要由企业承担的科技计划，美国政府一般采取政府提供部分资助的方式，如美国的技术创新计划（TIY）。美国技术创新计划资助的是高风险、高回报的关键共性技术的开发，项目承担机构为中小企业或以中小企业为首的合作联合体，技术创新计划要求承担单位至少负担项目总费用的一半。

②预算编制方法及支出科目

鉴于联邦政府对其稳定性资助各不相同，对于不同类型的项目承担单位，其项目成本的编制原则和方法也不相同。教育机构，其预算编制要按照 OMB 的 A-21 通知执行；非营利性组织，其预算编制要按照 OMB 的 A-122 通知执行；州或地方政府，其预算编制按照 OMB 的 A-87 通知执行；商业公司，其预算编制按照《联邦采购法》（FAR）第 31 章执行。

以美国国家科学基金会（NSF）为例，说明美国科研项目可列支的内容。NSF 规定其资助的科研项目可列支的科目包括直接成本、其他直接成本和间接成本三种。直接成本包括：薪金、工资和附加福利（主要指无法从其他渠道获得工资性收入的人员，包括研究生、临时聘用人员等，高校教师在学术休假期间承担科研项目也可以从中列支工资），专用设备（价值超过 5 000 美元以上的专门用于本科研项目的设备），材料与消耗品（价值不足 5 000 美元），差旅费，计算机成本，咨询服务，成果发表、记载与传播等；其他直接成本包括调整与改造，新闻发布费，场地及专用设备的租赁费、会议费等。间接成本一般也采取直接成本间接成本率进行计算。不同高校的间接成本率有很大不同，私立大学普遍高于公立大学，例如，2010 年，斯坦福大学的间接成本率为 60%，麻省理工大学为 68%，加州大学伯克利分校为 53.5%。

NSF 资助政策指南对于每项可列支科目都有详细和具体的规定[①]，其原则是确保联邦政府研发资金高效运用，防止经费的不当使用。例如，在薪金、工资支出的具体规定中，特别提出了高校教师承担相关项目时只能列支寒暑假期间和学术休假期间的薪水；差旅费的支出要尽量厉行节约，尽可能乘坐火车、公共汽车或

---

① https://www.nsf.gov/pubs/policydocs/pappg17_1/index.jsp。

其他地面交通工具来替代飞机，如果必须乘坐飞机，也只能是经济舱，出国差旅要对项目的执行必不可少；在咨询服务方面，NSF 的雇员在任何情况下都不能从国家科学基金会支持的项目中取酬，避免了管理者的腐败。

（4）基于绩效的科研经费预算管理

美国联邦政府高度重视研发资金绩效评估，并将绩效评估结果与经费预算相挂钩，以便提高公共资金的使用效益和效率，使公共资源得到最有效的配置和利用。美国联邦研发资金主要通过联邦管理部门、联邦科技计划拨付给研究机构、大学和企业等研究执行机构。为此，绩效评估的对象主要包括联邦管理部门、联邦计划以及利用联邦研发资金开展研究的机构，它们的绩效评估结果将作为其预算调整的主要依据。

联邦管理部门的绩效评估主要根据美国《绩效评估与结果法案》（GPRA）来进行，GPRA 要求各联邦部门进行绩效评估，并将评估结果向总统、国会和公众报告，以接受监督。部门绩效评估是各部门发现问题、诊断问题和改进管理的重要手段，也是国会进行预算资源分配的重要依据。部门绩效评估主要由战略规划、年度绩效计划和年度绩效报告三个部分组成，其中战略规划中要提出本部门未来 5—10 年要达到总目标及实现目标所需的资源，年度绩效计划是根据战略规划提出的在本财年内要达到的绩效目标的计划，年度绩效报告主要描述本部门是否达到了年度绩效计划中提出的绩效目标。作为美国预算的管理机构，美国管理与预算办公室（OMB）主要负责监督各部门提交年度预算、年度绩效报告，该绩效报告将作为美国联邦政府制定下一财年研发预算的参考。

（5）美国联邦研发经费管理经验对我国的借鉴意义

我国正在不断改进和加强财政科技经费管理。但是，科技经费管理是一个综合性的问题，需要不断积累经验，不断提高管理的科学性和规范性。美国完善的经费管理制度对我国有重要的借鉴意义。

①加强科研经费的宏观统筹协调

尽管我国的科技管理体制与美国的不同（我国有主管部门—科学技术部），但在科技预算的管理执行方面，我国采取的方式与美国类似，分别由科学技术部、国家自然基金委等部门负责管理执行，宏观统筹协调还有待进一步完善。为此，需要进一步加强部门之间科研经费资源配置的协调沟通，提高科研经费运用效率。

②完善科技计划的经费管理

在科技计划的经费管理方面，我国近年来制定并完善了相应的管理办法。例如，在深化科研项目资金管理改革方面，会同科技部研究制定了《关于调整国家科技计划和公益性行业科研专项经费管理办法若干规定的通知》（财教〔2011〕434号），报请国务院印发了《关于改进加强中央财政科研项目和资金管理的若干意见》（国发〔2014〕11号），提出了一系列管理改革措施，努力以管理改革释放创新活力。但是，在具体的实施过程中，仍存在一些问题。一是不同性质的项目承担单位采用相同的预算编制方法。我国政府对科研机构、高校、企业的稳定性资助各不相同，这些机构在承担国家科研项目时，所需的成本也不一样，采取相同的预算编制方法并不合理。二是项目承担单位的间接费用补偿不足，管理费仍然过低。间接成本的合理补偿是落实项目承担单位管理责任的基本前提，间接成本过低会导致科研机构没有动力也没有压力进行项目管理和监督，从而导致资助部门直接面对诸多的项目和课题，管理难度加大。

为此，我国应该借鉴美国研发计划的经费管理，针对不同类型的项目承担单位，采取不同的成本编制方法；加大项目承担单位的间接费用补偿，放宽对管理费开支比例的限制，加大科研机构在科研项目监管中的责任，从而解决资助部门管理负担过重的问题。

③进一步完善基于绩效的经费管理

近年来，我国开始重视科技经费的绩效考评工作，2007年制定了《中央级民口科技计划（基金）经费绩效考评管理暂行办法》（财教〔2007〕145号），并会同国家自然科学基金委开展科学基金资助和管理绩效国际评估工作。然而，我国的科技绩效考评工作刚刚起步，需要进一步完善。为此，我们要总结自然科学基金开展绩效评估的经验和成效，逐步建立从科技管理部门、科技计划到科研机构和科技项目的系统绩效评估体系，完善绩效评估程序、评估内容、组织管理等,并将绩效评估结果与经费预算挂钩,对于绩效显著的科技管理部门、科技计划、科研机构加大投入、滚动支持,对于绩效较差的则减少投入,从而不断提高管理水平和资助效益。

附录1. 美国哈佛大学科研经费的管理模式

基于"私立"而多元化、源源不断的科研经费供应、不断增长的科研经费支出,为哈佛大学确保一流水平的科学研究提供坚实的物质基础,并形成教学、育人、科研水平与经费来源有效供给之间的良性循环。哈佛大学管理体系隶属于学校财务管理系统(FADI,Financial Administration),在该系统中,资助项目办公室,即OSP(Office For Sponsored Programs),是学校主管科研的管理部门,负责制定学校科研财务政策,对学校所有科研项目进行全过程管理,通过提供专业化的资金拨款管理、优良的客户服务,有效地协助哈佛大学研究与学术团队开展各项科学研究活动。

OSP形成了一个分工明确、各司其职、管理有序的"四部七队"的管理架构。OSP工作由主任全面负责,并对学校首席科研监察官负责并汇报工作。OSP下设四大部门:科研项目管理部、成本分析与执行部、财务服务部和行政事务部。其中,科研项目管理部专职管理除公共健康学院、医学院外其他学院(主要是文理学院)的科研项目经费,配备生命科学、自然科学/人文社会科学、质量评价与业务流程、合同与谈判4支工作团队。公共健康学院、医学院科研项目管理则由财务服务部具体负责,兼有现款管理职能,并相应配备3支工作团队。上述7支工作团队均由拨款、合同等事务专家和高级财务分析师、普通财务分析师组成。在科研项目管理部、财务服务部之外,成本分析与执行部专门就科研项目经费支出与使用状况进行财务分析与监督;行政事务部则具体处理OSP正常运行的日常行政事务。

OSP对科研项目经费实行专人负责的全流程管理。从管理流程来看,OSP对科研经费的管理环环相扣,包括寻找资金(finding funding)、申请(preparing a proposal)、立项(setting up anaward)、项目管理(managing an award)、结项

(closing out an award)等全部环节,并就每一环节都规定了详尽的内容要求、明确的业务程序,还提供了大量相应的指导信息。例如,就寻找项目资金而言,OSP不仅要及时收集联邦机构、基金会等校外机构或组织的大量信息并通报科研人员,而且要配合密尔顿基金等哈佛大学社区赞助人、学校教务长办公室等部门完成校内竞争性科研资金的申报与评审工作,并协助被提名人办理立项拨款前的一系列相关手续。就项目申请而言,OSP要协助申请人完成申请案,规定并审核申请案必备的组成部分:核心内容(主要包括封面、摘要、目录、研究计划陈述、预算及理由、其他信息、简历、其他支持条件、主要参考文献、选购图书单)、赞助人具体信息、大学基本情况说明书、学院院长或研究中心主任批准表。在申请阶段完成之后,OSP将积极促成科研项目的立项与拨款,并在"立项与赞助人拨款前—赞助人拨款后—现款到账后"这一全过程中承担全部的合同谈判、财务分析与管理、质量保证等科研管理责任,每一项任务都做到由专业人员、研究助手的薪水以及以占薪水一定比例来计算的附加福利,还有项目所需的设备、出版费用、差旅费、顾问费用以及分包合同费用等。间接成本(相当于国内大学的科研管理费用)主要包括设施与管理费用(F&A,Facilities and Administrative Costs)和成本分摊。设施与管理费用包括科研所需设施的使用和折旧费、水电费、绿化物的种植与维护费以及科研所须承担的必要的大学行政管理费用,包括学院和大学行政人员为科研所做的工作,科研辅助人员服务费,以及图书馆、网络中心各项服务费等。而成本分摊则包括那些不是由赞助者直接使用的项目费用。由于间接成本并非总是能够精确计算,其提取的一般做法是参照直接成本的一定比例收取。在哈佛大学,间接成本的提取比例由学院或科研机构根据本单位的情况自行决定;同时,根据科研经费来源的性质不同,科研项目经费的成本分配比例也有不同。如2008年哈佛大学非联邦政府资助的科研项目直接成本与间接成本的比例约为9:1,而联邦政府资助的科研项目的直接成本与间接成本的比例则约为7:3。显然,哈佛大学对联邦政府提供资助的科研项目提取的间接成本远远高于非联邦政府资助项目。

综上所述,科研经费对哈佛大学的发展发挥了重要、积极的影响,具有不可替代的作用，尤其是对医学院、公共健康学院、工程与应用科学学院来说，科研经费更具有主导性或决定性的意义。哈佛大学科研经费主要由联邦科研经费和基金会、地方政府、外国政府、公司、大学机构等提供的非联邦科研经费构成，反映了学校科研活动与国家需要、社会需要、行业需要之间的密切联系。在科研经费的管理上，OSP全面负责，构建起"四部七队"的管理架构，坚持成本管理理念和专人负责、全流程管理，并营造出规范而人性化的管理软环境。

（二）德国

德国之所以长时间居于制造大国地位，是源于完善的科研保障机制。德国从上到下建立了各种创新研发机构，形成了完善的研发体系、门类齐全的科研机构。

1. 公共研究机构

德国公共研究体系的主要载体是公共研究机构和大学（也包括应用科学大学）。虽然德国的大学与公共研究机构的大部分资金来自政府（机构与项目资助），但是它们坚持了德国传统的"科学独立"方针，在大学与公共研究机构研究方针和战略的制定上，机构具有完全的自主权，不接受行政部门的指示。它们聘用科研人员的薪酬也不直接与科研人员的科研成果挂钩。德国现有高等学校427所，绝大多数为由政府拨款办学的公立大学。德国大学秉承洪堡的教学与科研并举的理念，除了为社会培养人才，还将科研放在十分重要的地位。2011年，德国公共科研投入为244亿欧元，其中大学获得134亿欧元。德国大学的科研涵盖领域十分广泛，不仅从事基础研究，也从事应用研究及技术开发。在德国联邦制的框架里，德国大学的资金来源及其管理主要是联邦州的职权范围。由于在联邦制分税体系下，联邦预算的份额最大，联邦州获得的公共资金比较有限，所以德国大学长期在科研基金上捉襟见肘，这使德国大学同美国、英国、法国等科技大国的精英大学相比不够国际化。2005年，德国联邦政府发起了"精英倡议计划"，2005—2017年从联邦预算中拿出47亿欧元来推动德国精英大学和大学内精英研究集群的建设，这才使状况有所改观。[①]

---

① 参见《德国蓝皮书：德国发展报告（2017）》。

与大学不同，德国公共研究机构的大部分资金来自联邦预算。在科研使命上，马克斯·普朗克科学促进协会（其前身为威廉皇帝协会）和弗劳恩霍夫协会构成了德国公共研究机构中的两极：前者的80多个研究所主要从事前沿科学的基础研究，如医学、物理、化学、生物技术，经费绝大多数来自政府的机构资助资金；后者的60多个研究所则主要从事应用导向的研究，其经费中仅有30%来自政府的机构资助资金，另70%来自委托项目，其中既有来自联邦政府和欧盟委员会的项目，也有来自工业界的委托项目。德国亥姆霍兹国家研究中心联合会的18家研究中心主要从事大规模的研究，探索人类遇到的重大挑战如能源、健康、宇宙空间探索、环境及海洋问题的解决方案。因此，它也是德国公共研究机构中得到政府资金最多的机构。第四家公共研究机构是拥有81个研究所的莱布尼茨学会。它由联邦与联邦州政府共同出资，研究领域从社会和经济科学到环保问题等十分广泛。它还为其他研究体系提供基础设施和服务，并从事技术转让工作。

2. 高等院校的科研机构

主要分为三种。第一种是综合性大学的研究机构，这类研究机构的综合科研实力较强，而且和各国的科研机构交往广泛，信息互通频繁，对于世界科技的发展具有重要的引领作用，更多地进行基础性研究。第二种是单科型工业大学的研究机构，这类研究机构主要集中在产品设计，更多地趋向于实践应用型的研究，而且由于具有单一工业科目优势，往往更加精细化。第三种是应用技术大学的科研机构，这类研究机构与企业联系更加紧密，直接为企业进行技术服务，能够更好地了解企业的实际需要和市场需求，开发的产品更具实际应用性。

3. 企业内部科学研发机构

这类科研机构由于和生产紧密结合，一直以来得到德国政府的支持，所以数量众多，占据了全国科研机构80%，从业人员达到了30万人。

4. 中介组织：促进知识转化

德国不仅科研机构完善，还有众多的中介机构全面参与科研创新。这些中介机构覆盖的业务范围广泛，但又各司其职。有一类专门负责监督公共基金支持科研项目的中介机构。这类机构一般独立运营，但人员属于科研机构，机构人员的薪金和日常经费从项目中支出。它们的明确任务就是为资助项目进行前期准备、申请、项目评估。德国的商会、协会机构主要担负这样一些中介业务：在企业和政府之间进行沟通；帮助政府解决中小企业融资中信息不对称的问题；对中小企业的管理人才进行培训；为企业发展提供政策咨询等。

负责向企业进行技术转移的机构主要有：德国技术转移中心，属于非营利性机构，主要向企业提供技术、专利咨询等；史太白转移中心，隶属于民间机构史太白基金中心，该中心采取市场化运营模式，带有营利性质；弗朗霍夫协会，具有半官方性质，致力于技术研发，服务于中小企业。

5. 人尽其才的用人机制

人才是创新的关键，而良好的用人激励机制是实现科技创新的根本源泉。建立动态的科研机构用人机制是德国工业技术不断创新和发展的根本所在，围绕大学科研人员是实施这一机制的核心。

最初德国大学实行的是教授终身制，但这种制度限制了青年科研人员的发展空间。按照德国法律规定，大学教授的身份为公务员，享受政府规定的 C 级工资待遇，每两年自动上调，同时还可以享受特殊津贴。博士生毕业后在高校从事科研工作的年轻人，获得教授资格极为困难，他们必须用 7—8 年时间才能完成教授资格考试，然后进行教授资格职位的竞聘，在德国高校首次获得教授席位的年轻人年龄一般为 42 岁左右，但在获得教授席位前，他们的科研和教学都由教授安排。显然，无论从晋升教授程序上还是从事科研的方式上都大大制约了年轻科技人员的科研热情。与此同时，大学教授的聘用方式也制约了企业与高校之间的人才流动，因为作为教授如果流向企业就意味着必须放弃其薪水和养老金等待遇。鉴于此，德国近年来推出了一系列人才改革激励计划，进一步激发各类人才从事科研的动力，提高了高校和企业的国际竞争力。

实施"青年教授席位"计划。该计划在很大程度上解决了教授终身制对青年人才成长的阻碍，采取了一套更加有利于青年人竞聘的方式。"青年教授"拥有相对较多的科研、教学和带博士生等方面的权利，同时还掌握一定的科研经费。

"青年教授"可以应聘"终身教授",但需要在外校毕业,否则就要到外校应聘。与此同时,还规定以工作经历替代教授资格考试,这就大大激发了青年科研工作者的积极性。

科研机构人才国际化战略。人才队伍的高度国际化是德国国家公共科研机构的基本特征。德国通过人才机制吸引了各国人才,以留住在德国留学的外国高端人才为主要目的。同时,德国科研机构高度国际化的另一表现就是以大力实施国家间的科研合作为主要发展战略,德国的科研机构与国外的大学、企业等建立了广泛的合作关系。这在一定程度上充分展示出了德国科研机构的实力和影响力。

6. 持续稳定的资金投入

资金是进行科研的基础,没有持久和数额巨大的资金投入就无法顺利开展科研。德国为了保持工业、科技的创新力,对科研机构实施了持续、稳定的经费支持政策。德国在科研方面资金投入的基本原则是:少规划竞争性研究项目,多给予国家科学机构稳定支持。尽量保证科研人员将更多的时间和精力投入到科研工作中,让科研人员不必迫于科研经费的压力去争取项目。

从投入领域来看,德国科研经费更多地投入到了基础性研究中。这部分经费占科研投入资金总额的19%,高于美国和日本。此外,德国也非常重视对民间科研机构的投入,其比例、数额都远远高于其他发达国家。从投入项目来看,德国将更多的资金投向了重点项目,包括有益于提高经济实力、具有战略意义,以及与公众生活密切相关的关键项目。除了政府保证科研的资金投入外,德国企业普遍重视科研资金的投入。作为一个以工业制造为主体的国家,更多的是需要不断制造新产品。在对海外市场依赖程度较深的情况下,保持产品的创新性和先进性是企业生存和发展的根本所在。德国工业界对科技的投入占整个德国"研究和发展计划"预算比例的64%,居世界第二位。

2016年和2017年,加大对高校的投入成为德国政府科技政策的重点之一。2016年6月,德国政府公布了三项高校促进项目。第一,"精英战略"(Exzellenzstrategie)。与以往精英大学项目不同的是,在新的战略中,联邦政府和州政府的资助时间将不再限于几年,而是改变为长期资助,这也是联邦政府第一次对大学进行长期持续性的资金支持。联邦和各州在今后将向"精英集群"（Exzellenzcluster）和"精英大学"（ExzellenzUniversitäten）这两个高校促进项目每年投入5.33亿欧元，其中联邦政府负担75%的费用，相应的联邦州负担25%。德国精英大学的数量为11所，每年的项目经费共计1.48亿欧元，精英大学每7年会接受一次评估。另外的3.85亿欧元将每年投入45—50个"精英集群"中，这些集群都是大学之间的合作项目，平均每个集群每年能够获得300万—1 000万欧元的政府资助。

7. 经验借鉴

加强政府在基础研究、创新公共平台方面的作用，建立分工明确的公共研发体系。我国改革开放前的国家创新体系是按照苏联模式及在当时比较流行的技术创新的线性模式上建立起来的。据此，科学处于最高级；第二层级是技术，由应用研究机构为企业实施技术开发和试验；第三层级是技术的应用，由企业根据计划分工来实行。这些机构之间基本上是割裂的。30多年的市场化改革带来了不少积极的变化，许多应用研究机构转型为企业，它们研发投入高，成为我国技术创新的排头兵。

我国可强化政府在基础研究和建设公共平台方面的作用，加强政府投入，建立或调整类似于德国的类型齐全、分工明确的公共科研机构，促进产学研紧密合作。由于体制机制的原因，与德国相比较，目前我国高校和科研机构的公共科研投入仍不足。高校教师的待遇不高且过于强调与短期的绩效挂钩，严重地挫伤了广大高校教学科研人员的创新积极性。因此，我国应该学习德国的经验，加大对高校的科研投入，特别是保障性的经费资助。

（三）香港科研创新激励机制

在全球化的大背景下，面对国际间高校的激烈竞争，为了吸引和留住更优秀的人才，香港高校科研人员的薪酬激励制度在不断探索完善中，建立了在全球极富竞争力的科研人员薪酬体系。

1. 稳定且极富竞争力的薪酬待遇

香港高校科研人员的薪酬总体上很高，教师的福利待遇较好。香港高校科研人员的工资水平在全世界居于前列，而且科研人员可以享受房屋津贴、免费的医疗保障以及参加公积金计划，基本上无后顾之忧。较高水平的工资和福利能够保证教学科研人员全身心地投入教学和科研工作中，薪酬水平本身就是对教师工作的一种激励。

香港高校科研人员的薪酬主要由基本工资、约满酬金和福利（包括医疗、休假、住房、公积金、未成年子女教育等）等组成，根据职级的不同，工资和所享受的福利有所不同。除了工资和福利以外，一般没有奖金（bonus）。

（1）工资。目前香港高校科研人员的工资基本上还是参照公务员的总薪级表，入职时根据学历、经验等确定所属的薪级及起薪点，此后根据工作表现，通过考核后可以"增薪"，如果工作表现不佳甚至可以不增薪，但是一般不会减薪。高校还可以根据香港公布的生活指数在整体上调整薪酬。

（2）福利。高校的科研人员一般可以享受医疗福利、学术假期、住房津贴、公积金和未成年子女教育津贴等福利。科研人员还有研修假和会议假，可以用于参加研讨会等，不扣公假的天数。香港大学还有"学术假期"，科研人员工作满三年以后可以申请，每年可以申请最多两个月的学术假期，主要用于学术研究，可以到国外去也可以在香港，假期结束后休假者要提供一份报告。住房福利，目前香港高校一般的做法是发放住房津贴供研究人员租房居住。对于津贴的使用有严格的监督，住房津贴只能用于租房而不能作其他用途，也不可以使自己"获利"。

从总体上看，与世界上发达国家高校、中国大陆高校以及香港本地中小学相比，香港高校科研人员的工资水平都排在前列。香港高校教研人员的基本工资（不包括福利），平均水平助理教授大约为4万～6万港元/月，副教授6万～8万港元/月，教授8万～11万港元/月。高校教师薪酬的增长主要是由于薪级的提高和职级的提升。薪级的提高和职级的提升都需要通过严格的考核和评审。一般来说，被聘用的教师都会认真完成自己的任务，通过在教学、科研和社会服务等方面的考核，从而获得工资的增长。这是工资结构内部的增长机制。此外，根据社会经济情况及物价指数的变动工资还会相应调整。

（3）薪酬外收入。香港高校科研人员的收入主要是基本工资和福利，通过在校兼职而获得收入的情况非常少，亦不能从科研项目经费中获得收入。香港公立高校一般不允许科研人员在外兼职。因为工资是纳税人的钱，科研人员必须用于完成本职工作。科研人员在校内工资比较高，基本能够满足其生活以及住房等需要，一般不需要到校外去兼职。对于校外兼职学校有比较严格的纪律规范。首先必须通过申请，如果没有通过申请而从事校外工作是违规的，要受到纪律惩处。而且，如果科研人员到校外服务，一般都是视作个人的行为，不代表学校，也不是作为学校的一员去做，在这方面要受到法律的规范。这与美国的院校做法相似。香港地区不同高校之间、相同资历的科研人员基本上都属于同一个职级，收入差距很小，这对于稳定科研人员队伍起着很重要的作用。这从另一侧体现了薪酬的激励作用。

2. 薪酬的配套激励约束制度

大学薪酬制度的主要作用在于吸引、保留和激励科研人员产出高水平的科研成果，因而如何激励科研人员就成为构建薪酬架构的重要目标。目前中国香港高校的薪酬制度下，除了较高的薪酬水平和福利待遇以外，合约聘用制度以及严格的评审制度对于激发教研人员的积极性起着非常重要的作用。

（1）合约制聘用

高校科研人员的聘用都采用合约制，通过合同确定聘用关系。合同主要分为两种：固定年期合同和非固定年期合同。对于新到校人员一般签订固定年期合同，合同期限最短1年，最长一般为3年。合同到期后要进行续聘考核，考核合格后再签订1—3年的合同。合同满6年后进行教学系、学院和大学委员会的三级评审，以确定是否留任，考核合格后进行"实任"，签订非固定年期合同就等于获得了长期合约；如果考核不合格解除聘任合同，科研人员需要在一年的时间内寻找其他工作。在固定年期合同下，科研人员为了能够与校方继续签订下一个聘用合同，必须努力完成教学、研究以及服务等方面的工作。在6年时间内毫不松懈地进行科研，不断积累科研成果。6年之后，经考核合格就可以通过"实任"签订非固定年期合同，可以一直聘用到退休。"实任"在中国香港也叫作"长聘",接近于美国的终身教授(tenure)。因此,"实任"也成为激励科研人员积极性的一项非常重要的制度。高校也推行很多机制,来帮助青年科研人员进行教学和科研的工作,主要有三个特点:道德激励(moral incentive),创造机会(creating opportunity)和提供支持(providing support)。青年科研人员的授课任务比较少,基本上一学期只上一门课,而且青年科研人员一般不需要做杂事,主要精力就是做科研。一般的校内服务工作是由教授来承担。此外,学校人事处也会为青年科研人员提供到国外参加会议的机会,以及通过教学人员交流计划(与国内外院校交流)来获得教学、科研方面的经验。目前,为了更好地激励科研人员的积极性,一些高校也在探索对非固定年期合同人员的激励问题。

(2)严格的评审制

中国香港高校评审主要是续聘的审议、实任的审议以及延聘(到了退休年龄以后继续聘任)的审议。对于科研人员的审议和评审主要从四个方面进行:教学水平、科研成就、校内服务以及校外服务。科研成就主要看是否在认可的学报或期刊发表文章,学术论文所发表期刊的排名、科研经费的数量以及是否担任编委、研究所获奖项、专利等;校内服务主要指对院系、大学以及书院的服务等,包括参与委员会事务、学生辅导以及主持通识课程等;校外服务是指对专业组织和政府的服务。评审是通过三级委员会进行的:学系、学院和大学。三级评审委员会的成员是公开的,同时遵守审议内容保密、禁止游说、避免利益冲突等原则,以保证评审的公开和公平。审议都需要经过严格、谨慎的评价和审核,目的是为了保持高素质的科研人员,从而增强高校的竞争力。在这个过程中,对于科研人员来讲也起到了积极的激励作用,有助于科研人员发挥创造力和创新潜力。

3.其他激励措施

为了吸引全世界的优秀人才到香港高校工作,同时保持科研人员的高素质,香港各高校也在不断探索激励机制。

(1)多渠道的、充足的研究经费

中国香港高校的教学科研人员可以从多种渠道申请并获得研究经费来支持所从事的研究。一个主要渠道是来自香港大学教育资助委员会(University Grants

Committee，UGC），教育资助委员会下设研究资助局（Research Grants Council，RGC），向获得教资会资助的院校分配拨款，为院校的学术界人士提供经费，以进行学术研究。教资会资助院校在研究方面的主要拨款来源是院校的经常性或整体补助金，院校也可以通过其他途径获得研究项目拨款，包括由研究资助局管理的"研究用途补助金"。而大部分"研究用途补助金"是通过学术研究项目申请"优配研究金"（General Research Fund，GRF）的途径获得的。研究资助局通过《教资会资助与非教资会资助活动的成本分摊指引》供资助高校参考，以改善大学成本分摊方法和财政透明度。除了来自教资会的科研资助以外，高校还可以从香港政府、慈善团体、私人机构以及海外机构等获得研究项目的资助。科研人员还可以从学校、院系获得研究资助，因而对于科研人员而言科研环境非常好，可以获得多渠道的、充足的研究经费来从事科研项目的研究，而且每年都可以参加国际性的学术研讨会以促进研究。

（2）规范严格的科研项目经费管理

中国香港高校科研经费必须专款专用，所有政府拨款的使用都受到廉政公署（Independent Commission Against Corruption，ICAC）的监管。科研项目申请的经费必须全部用于科研工作，用于购买设备、聘请研究人员等，不可以转化为个人的收入。如果将科研经费当成科研人员的工资放到自己的账户里就是"公职人员行为不当"，可以构成犯罪。在科研经费或者房屋津贴的使用中都不能"让自己有得利"，这就是香港当局所设立的"防止利益冲突"制度。高校的科研人员也都非常注重自己的行为，避免产生"利益冲突"。

（3）多措并举鼓励科研成果转化

教资会通过多种措施，鼓励院校将其研究成果转化为对社会经济及民生的实质益处。"知识转移"[1]［即在高等教育院校和社会之间转移知识（包括科技、技术、专业知识及技能，所用的系统和方法）］，从而带动经济上或民生上的效益，与及带来创新及有经济效益的活动）普遍被视为大学（除教学及研究外）的"第三项使命"。教资会十分重视"知识转移"，因为它能够提升香港高等教育界在国

---

[1] http://www.ugc.edu.hk/chs/ugc/activity/knowledge.html。

际间的竞争力并令院校的研究方针更为充实。教资会成功游说政府并已获立法会通过由2009年起额外发放每年5 000万元的经常性拨款,以发展院校知识转移的能力及扩展这方面的领域,加强院校在科技与非科技学术范畴上知识转移的能力,促进院校互相之间及与海外院校交流。2016—2019年,用于知识转移的拨款增加至每年6 250万元。另外,所有获得资金的大学将同时配备自有资金,与知识转移拨款配套使用,以配合各自的知识转移策略和计划。自发放这笔专项拨款以来,各大学已做出骄人成绩,不但提升了内部知识转移文化、增强管理制度和引入员工激励,还大幅增加了知识转移量。这笔指定拨款同时为大学提供了一股新的原动力,引导更多学者积极从事知识转移工作。香港院校反映良好,知识转移的质和量均有提升。

香港大学教育资助委员会

香港大学教育资助委员会(简称"教资会")既无法定权力,亦无行政权力。各高等院校(包括香港城市大学、香港浸会大学、岭南大学、香港中文大学、香港教育大学、香港理工大学、香港科技大学、香港大学)均根据本身的法定条例成立,各自享有自主权并设有校董会,在课程与学术水准的控制、教职员与学生的甄选、研究的提出与进行,以及资源的内部调配等方面,都享有相当大的自主权。不过,各院校的经费基本上是由公帑资助,而且高等教育对社会、文化、经济均十分重要,政府和公众关注各院校的运作,诚属合情合理,目的是确保各院校以最具成本效益的方法,提供最高水准的教育。教资会在上述各方面致力维持适当平衡。

教资会的主要职能,是向受资助院校分配拨款,以及就香港高等教育的策略性发展和所需资源,向政府提供中立的专家意见。具体而言,教资会必须就政府可以拨出的款额、为配合社会需要而与政府商订每个学年各修课程度的整体学生人数指标,以及原则上各院校所同意的可招收的学生人数,向政府提出有关确实的补助金建议。此外,委员会就国际学术水准和惯例等事宜,向各院校提供意见。

在研究方面，教资会会进行研究评审工作，主要作为分配院校经常补助金内研究用途拨款的其中考虑因素，并向公众负责，以及鼓励院校改善研究工作。

教资会及研究资助局（研资局）一直通过经常补助金的分配工作及推行竞逐研究资助计划，培育本地的研究发展，为香港的研究工作奠定稳固的基础。

教资会以整体补助金的方式，向教资会资助大学提供研究拨款。研究用途拨款占整体补助金约23%。除研究用途拨款外，教资会在整体补助金项目下，拨款资助大学提供研究院研究课程。

为推动研究工作达到卓越水平，教资会根据各大学申请经学者评审的研资局研究用途补助金的结果，逐步以更具竞争性的形式分配研究用途拨款。教资会于九年内（由2012-2013学年起），以上述方式分配约50%的研究用途拨款，其余则根据大学研究评审工作的表现发放。

研究资助局职权范围：

通过教资会，向香港特别行政区政府建议香港高等教育机构在学术研究上的需要，包括鉴定优先范围，以发展一个足以维持学术蓬勃发展和合乎香港需要的学术研究基础。

通过高等教育机构，邀请和接受学术人士申请研究资助以及各类研究生申请奖学金；将香港特别行政区政府通过教资会提供的经费拨作研究资助和其他有关支出之用。此外，负责监管这些拨款的运用，以及最少每年一次通过教资会向香港特别行政区政府报告。

六、我国科研领域的激励创新为取向的收入分配认识框架和优化路径

（一）认识科研规律

1. 成果巨大的不确定性

科技作为"第一生产力"，具体分析观察，科技不是对传统生产力三要素（劳动力、劳动对象、劳动工具）做加法的第四项，而是做乘法，即产生一个乘

数的放大效应，所以科技的创新成为名列前茅的"第一"，其成功可以带来颠覆性创新、革命性进步，但在实际的推动过程中，它面临的又是具体事项上表现的巨大不确定性。

"在基础研究领域，包括一些应用科技领域，要尊重科学研究灵感瞬间性、方式随意性、路径不确定性的特点，允许科学家自由畅想、大胆假设、认真求证。"习近平总书记在2016年全国科技创新大会、两院院士大会、中国科协第九次全国代表大会上指出："不要以出成果的名义干涉科学家的研究，不要用死板的制度约束科学家的研究活动。"这道出了科学家的心声，也反映出科技界一直以来机械地以"出成果"为导向的现实。

科学研究需要出成果，这本是科研活动的应有之义。然而，一直以来，这种价值导向却演变为按照"计划""规定"计算科研产出的模式，各种有违科学规律的管理方法大行其道：快出文章、快出大成果、快拿大奖，诸如此类的说法和做法，"十几年如一日"。再加上具体政策和要求又不能随时更新，让科研人员感到无所适从。

时至今日，从政府到企业，从经济领域到社会领域对"数字"的强调与看重依然如故，科学研究领域也不例外。强化数字指标的管理本身并无不妥，但其导致的一种倾向就是强行规定增长速度，每年、每个季度，甚至每个月都要有"数字上"的变化。这种倾向显然与科学研究的特殊性相违背。大凡重大科技成果或重大突破，必然是长期坚持和积累的过程，"短、平、快"拼凑出来的所谓成果不仅华而不实，也不断侵蚀着科学研究的公信力，挫伤了一大批愿意长期坐冷板凳、潜心研究的科学家、科研人员的积极性。

同时，科技科研管理部门又进行各种各样的评估，科研人员不得不花大精力关注和应对这些评估，从而扰乱了正常的科研节奏。按有些科研人员的说法，他们百分之三四十的时间要用在写申请书找资金上，另外还要花时间应对验收、评审等。这样的时间与精力投入，已然严重影响了科研活动本身，更遑论所谓的科研产出了。对科研人员来说，有一定的压力和紧张感未必是坏事，但被评估和检查"追赶"的科研，显然不是正常的科研秩序。科学研究要着眼长远，不能急功近利，否则，欲速则不达。

创新难，原始创新更难，前无古人的工作失败的概率极大。因此，在科研管理上，鼓励创新重要，倡导宽容失败的科研文化更加重要。创新活动的过程与结果具有不确定性，历史上很多发明创造往往是经历诸多失败和挫折才最终取得成功的。正如习近平总书记在中国科学院考察工作时的讲话时谈到的："一年之计，莫如树谷；十年之计，莫如树木；终身之计，莫如树人。"要在全社会大力营造勇于创新、鼓励成功、宽容失败的良好氛围，为人才发挥作用、施展才华提供更加广阔的天地，让他们人尽其才、才尽其用、用有所成。

2.物质激励与人文关怀互补结合

中国要更多依靠一个鼓励创新的制度环境给出科技创新可能施展聪明才智的空间，现在中国广大创新者的智慧受到了制度空间、制度环境的约束，必须打破这种供给约束，要靠制度供给给出环境以后激发出科技创新的潜力，才能真正走通创新国家的道路。科技是第一生产力，为使供给侧要素里如此重要的因素发挥作用，就要营造符合科研规律的学术环境，从而使科研创新者心无旁骛地投身、献身面对巨大不确定性的创新活动。制度供给无疑至关重要，即制度所给出的创新环境，一定要打开创新主体的潜力区间，使这种不确定性的科技创新活动能够得到长效机制的支持。硅谷经验所表明，政府提供的应是带有公共产品性质的看起来"无为而治"的宽松环境，实际上体现深刻的人文关怀，体现对于创新者、创新主体的好奇心、个性与人格尊严的爱护，对他们的创新弹性空间及其背后的科研规律的充分的认知，以及相应的法治保障。

2014年政协俞正声主席曾特别强调，不要把八项规定出来以后用来约束官员的一些规则，包括经费管理的一些条条框框，简单地套用到知识分子科研人员身上，但这却不幸而言中；2015年到2016年这段时间，高校、科研机构及其"主管部门"管理环节手上有实权的人员，对科研人员的科研活动、"产学研"合作一线的课题研究等"加强管理"，而加强管理所依据的最基本的规则是官本位、行政化的一套规则。这些现象已引起李克强总理直截了当的批评意见。国务院办公厅有关优化学术环境的文件下发后，总理在很多场合多次强调要砍掉科研管理领域里的繁文缛节。除了国办文件里专门说到去官本位、行政化的指导方针之外，还有后来中央专门发出强调尊重人才，培养人才，让人才充分发挥作用的文件。李克强总理到北大、清华调研视察的时候，直截了当说到具体案例：教授做科研出行只能坐飞机的经济舱、高铁的二等座，这都是什么规定？

用"繁文缛节"式约束用于科研创新人员，首先已违反了常识与良俗，但在实际生活中却可以大行其道，而且变本加厉，把一些更细的东西都施加上来，还要往前追溯。比如，研究人员所做的横向课题是承包性质、自愿参加而在创新体系中又是不可缺少的，其受到的约束是追溯前几年所有已经报销的单据，翻出来要一张一张查对，已经坐的公务舱、一等座，算出和行政规范标准的差额以后，报销了的经费要退赔；餐费发票在很多高校（包括北京著名高校），已经做的是必须一一注明和谁吃的饭（注明的意思，就是可以找这些人来对质），然后按人均 50 元封顶，超出 50 元的部分要退赔；一天的市内交通费 80 元封顶，从北京市区到首都机场 100 多元打车费里，超出 80 元的部分退出来。学术带头人前些年担任独立董事的薪酬一般不是小数目，统统要退出来。包括国内外有影响的著名"海归"教授，前几年任独立董事的薪酬明令必须都退。试想有潜在可能性走归国报效祖国之路的科研人才，他们听到标杆式海归教授受到的上述对待，会做何感想？直截了当地说，这些是创了中国历史上历朝历代没有出现过的对于知识分子经济上刻薄对待的记录。在这种情况下，普遍听到的就是高校、研究机构的研究骨干说，我以后再也不做什么横向课题了，计划课题也是能不接就不接。

从科研规律讲，要调动起创新者内生的积极性，当然要有一些物质条件的因素，但一定还要有最基本的人文关怀、人格尊重，至少时间、氛围上应有传统体制下我国科研管理上就有说法的 5/6 以上的时间投入到科研的条件与心情。美国哈佛大学的教授威廉·詹姆士研究发现，在缺乏激励的环境中，人员的潜力只能发挥出小部分即 20%～30%；但在有着良好激励的环境中，同样的人员竟可以发挥出潜力的 80%～90%，可见良好激励的惊人效果。激励的方式除了包括传统上的晋升、薪酬、福利待遇等物质方面外，还有很大的比重是提供人文关怀等关注精神层面的人性化措施。人文关怀体现的是对人的终极关怀，关注的是人的精神世界，必然激发的是人的最大潜能。如果科研人员十分苦恼地整天翻账本，写检查、编思想认识汇报等，怎么能够有可持续的创新大潮和走创新之路意愿中的巨大成功？

3. 成果导向与文件规定相得益彰

目前，影响科技创新成果转化主要还有以下几方面的因素：

第一，科研创新的驱动。从资金来源看，目前我国在科研投入上，还是以国家为主。当国家是原始驱动力时，不可能给科学家和科研人员出具体题目，只能是大类引导。在具体科研项目与研发方向的选择上，更多依靠科研工作者本身的兴趣爱好，甚至是好不好发表论文，而不是现实的需要。这就必然导致很多项目只是为了科研而科研，而不是解决现实遇到的问题、生产发展的需求。科研立项时就没有充分考虑转化的可能性与必要性。有些科研项目，似乎是从现实需要出发，但往往不落地，似是而非，只是隔靴搔痒。

第二，科技创新成果评价的导向。无论在高校，还是科研院所，对科研人员的成就评价上，更重视的是论文、奖项，以及科研项目的资金多少，而不是实际取得的社会效益、经济效益，这也必然导致他们在选择科研课题和研究过程中，较少或甚至不会关心其研究成果的转化。

第三，配套的转化机制与文化问题。案头的科技创新成果不是拿过来就能用的，最后转化为实用技术或者产品，是比较复杂的过程，是需要经过很长时间才能完成。不仅需要时间投入，还需要巨大的人力和资金投入，而且还存在失败的风险。我国现阶段从事科技成果转化的专业化中介组织还不够健全，与技术创新相配套的风险投资的法律和制度安排尚未配套建立，缺乏技术与资金较好结合的外部环境。正因为缺乏这种认识与配套的机制文化，科研人员的权益也难以得到有效的保护。

国家实施科研经费严格管理肯定是必要的，科研工作者也是凡人，同样会因为受到诱惑而犯罪，如何能既避免科研经费的贪腐，又发挥科研工作者的科研积极性，关键点是要政策的制定者了解科研的性质，使政策与规则基于科研规律体现合理的激励与约束。财务制度的制定者和执行者，不能对科研是绝对外行，非此，就会陷入规范性与灵活性顾此失彼的两难之中。

科研经费考核的重点应该是其研究成果，国家投入大量财力支持科研，最后产出成果的效益如何，必须有严格与合理的考核和管理，因此，经费的管理要围绕考核成果来进行，如此纲举才能目张。如果仅仅是在项目完成后，通过单纯的财务制度作合规考核，就可能出现偏于形式主义的"花钱结账"，绩效约束缺失，不利于科研经费充分发挥其功能作用。

4. 规范约束与弹性掌握合理权衡

李克强总理在2016年国家科学技术奖励大会上提出："要加快改革科研项目管理机制，砍掉繁文缛节，让科技人员把更多精力用到研究上。"如何管理好科研经费，一直是舆论关注的焦点，相关部门也花了不少心思，但现在的突出问题是，项目管理繁文缛节，科研人员必须为此花费时间和精力，反而影响了集中精力用于研究。

之所以如此严苛，是因为之前有过惨痛教训，很长时间以来，屡见贪污科研经费的案例报道：浙江大学教授陈某某，就因贪污945万余元于2014年被法院判处有期徒刑10年，一个"知名环境领域专家"就这样毁了。但这种严苛带来了接下来的问题：一些真正亟须科研经费支持的，又未必能顺利申请到，不久前获得2016年"突破奖"的首位中国科学家王贻芳，大亚湾中微子大科学工程估算至少需要1.5亿元，但科研经费不过数百万元，王贻芳不得不一个一个"找支持"。即便是已经申请到经费的研究者，为了让科研经费报销合乎财务规范，每天陷于烦琐程序中，而最终结果是：只要花钱不出问题，只要花钱符合财务规定，出不出科研成果反倒没那么重要了，这显然陷入了本末倒置的科研怪圈。

科研经费管理应符合科研规律。科研经费管理不能将简单的事情复杂化，不能以限制为目的。很多科研经费管理规定过于死板，要求科研预算细致入微，且经费开支要严格按预算来，不能有任何的机动与灵活。开支报销要层层签字盖章，科研人员对经费使用所拥有的自主权微乎其微，经费使用的监管刚性有余，弹性不足。客观地讲，科研人员是项目研究专家，不是预算专家，科研预算出现不符合实际要求的情况是完全正常的。再者，即便当时预算是合理的，但科研进行过程中，情况也可能发生变化，经费使用就需要与之进行相应的调整。所以，科研经费管理应尊重科研进程的需要，尊重科研的价值。改革应以"两个尊重"为指导，做好服务工作。管理是服务，是激励，不是限制，不是约束，更不能变成阻碍和打击，要通过服务和激励，激发科研人员的创造潜能。

科研经费管理应当尊重创造性劳动的价值。离开了人的创造性，科研工作难以产出有价值的成果。但恰恰在这一点上，科研经费管理犯了大忌。很多科研经费管理，不尊重科研人员的劳动价值，在劳动报酬上限制科研人员。有的规定允许科研人员从科研经费中给助手和其他参与者支付一定的报酬，但不允许科研人员自己领取任何劳务费。科研人员个人的劳动价值只体现在科研成果的精神价值上，他的付出在科研经费中得不到体现。这样的限制严重挫伤了科研人员的积极性。因此，改革科研经费管理，应当树立正确的科研价值观，充分尊重创造性劳动的价值，坚持物质奖励与精神激励相结合，最大限度地激发科研人员的创造性，实现科研资助的价值。

科研经费管理改革需要政府部门和科研单位上下齐心、齐抓共治，狠抓落实。科研经费管理涉及政府部门和科研单位多个层面，改革是一项系统工程。改革科研经费管理，政府部门的作用很关键。政府不但要做好政策调整，修订和完善相关行政法规和规章制度，向科研单位和科研人员下放自主权，而且要做好督查工作，指导科研单位抓好落实。科研单位应当以负责任的态度，清理各种陈规，用改革的精神指导相关规章制度的订、改、废工作，同时加强科研人员业务和职业道德的培训教育，营造宽松的科研制度环境和工作环境，使科研人员能够轻装上阵，心无旁骛地投身科研工作，以优良的精神状态焕发最大的科研产能。

只有打破制度环境的约束，靠制度供给激发科技创新潜力，让科研经费真正成为创新的"助推器"，我国才能真正走上创新国家的道路。

（二）积极营造良好宽松的政策环境，促进科技创新人才发挥创新潜力

科研人员是一个组织乃至一个国家创新的中坚力量，从事的是富有想象力和创造性的工作，与一般劳动者的劳动难度确有不同。对于科研人员的激励不能简单地等同于一般加工制造产业"计件劳动＋出成果买成果"的产业工人激励方

式，而是需要为科研人员营造一个相对自由宽松的科研氛围（包括较为舒适优越的生活环境），通过"优化科研环境＋合理创新激励"增加知识和技术创新发生的概率。营造有利于科技创新人才发展的良好政策环境是提升人才效益、推动自主创新的必要条件。要充分发挥政府的引导作用，在全社会形成鼓励创新、支持创新的文化氛围，激发创新创造的热情。加大对基础研究、前沿高技术研究和社会公益类科研机构的稳定支持力度，对科技领军人才和创新团队给予长期支持。建立有效的科技创新人才激励机制。提高科技创新人才的物质生活待遇，为其提供良好的科研环境、充足的科研经费、宽松的科研自主权和优厚的科研奖励，着力创造一种开放、公平、竞争、透明的制度环境，充分发挥科技创新人才的主观能动性，造就科技创新人才潜心研究和勤于创新的优秀品质。完善科技创新人才考核评价体系，遵循创新的内在周期规律，克服考核短期化、过度量化的倾向，坚持德才兼备原则，以创新能力和科研业绩作为人才评价的主要标准。

（三）加强国家对科研管理工作的顶层设计

政府与市场是促进科技创新的两种重要力量，共同构成了科研创新的制度基础。在科技科研创新的实现过程中，市场要发挥基础性作用，而政府要发挥推动引导作用。不同类型的科技创新决定了要实现活跃的科技创新就需要政府与市场发挥不同的作用，实现两种制度基础的有机结合。政府不但要发挥政策激励作用，同时还要发挥规划引导和组织协调作用，促进科技创新成果的转化。在目前已有的顶层设计框架下，继续强化导向作用，为科研创新真正树立以人为本的理念，尊重人才，尊重智力投入。

1. 完善科研管理的制度设计

随着科技体制改革不断深入，科学研究主体的行政隶属身份与课题制所遵循的市场化科技资源配置原则之间的矛盾越来越突出，市场经济为导向的科研管理制度必须遵循知识生产的基本规律，其核心是，必须能够激励、引导智力要素对科技发展的投入，同时能够合理地体现其价值。因此，在现有科研管理制度基本框架内应积极探索科研中智力要素实现价值的模式，真正树立以人为本的理念，尊重人才，尊重智力投入。

我们已经具备了自主创新的物质技术基础,当务之急是加快改革步伐、健全激励机制、完善政策环境,从物质和精神两个方面激发科技创新的积极性和主动性。增强预见性和前瞻性,提高原创水平。要坚持科技面向经济社会发展的导向,围绕产业链部署创新链,围绕创新链完善资金链,消除科技创新中的"孤岛现象",破除制约科技成果转移扩散的障碍,提升国家创新体系整体效能。特别是要加强创新驱动的组织整合。

(1)尊重人力资本价值规律,在国家事业单位工资制度框架下,允许科技计划项目经费中有条件地列支人员费。

(2)在列支人员费用的前提下,加强人员费支出预算管理,保障资金规范高效使用。政府科研项目列支人员费,既要考虑政策导向问题,增强激励作用,又要体现约束机制,同时还要与政府科技计划管理改革紧密结合。这就需要做到以下几点:一是对人员费预算申请进行重点评估评审,科学核定人员费额度;二是加强单位内部管理,严格按照国家工资制度支付人员费;三是加强外部监督检查,严肃处理违纪违规行为。

(3)承认智力劳动成果的创造性溢价,建立以结果为导向的科研奖励制度,提高科研人员的激励水平,改善科研经费的投入产出效益。

(4)建立科研人员信用体系。建立科研人员学术信用档案制度,具体记录每位研究人员承担各类科研任务的完成情况及主要社会评价,以备作课题立项评审等学术评价时参考。同时,依托管理单位应提供课题主持人的有关学术信誉担保。

(5)创新人才评价制度。对教学、科研人员包括兼任行政职务的专家教授,实行符合智力劳动特点和规律的政策,不能简单套用针对行政人员的规定和经费管理办法,充分体现尊重知识、尊重人才的要求,给教学和科研人员更多经费使用权,更多创新成果使用、处置和收益权,更好地调动广大知识分子的积极性和创造性。要积极提携后进,为青年教师施展才华提供舞台,帮助他们解决实际困难,形成青蓝相继、人才辈出的局面,推动教育强国建设。"我们培养的是德才兼备发展的学生,只有这样一大批学生成长起来,我们的教育强国目标才可以实现。建立符合科研人员特点的人才评价机制。

（6）加大对创新人才激励力度。完善科研人员收入分配政策，依法赋予创新领军人才更大的人财物支配权、技术路线决定权，实行以增加知识价值为导向的激励机制。完善市场评价要素贡献并按贡献分配的机制。研究制定国有企事业单位人才股权期权激励政策，对不适宜实行股权期权激励的采取其他激励措施。探索高校、科研院所担任领导职务科技人才获得现金与股权激励管理办法。完善人才奖励制度。

（7）鼓励和支持人才创新创业。高校、科研院所科研人员经所在单位同意，可在科技型企业兼职并按规定获得报酬。允许高校、科研院所设立一定比例的流动岗位，吸引具有创新实践经验的企业家、科技人才兼职。鼓励和引导优秀人才向企业集聚。

（四）发挥市场机制在科研经费管理和使用中的作用

充分发挥市场机制作用，在全社会形成知识创造价值、价值创造者得到合理回报的良性循环。科研项目立项更加反映经济社会发展的需求，科研项目的评审更加注重对经济社会发展的实际贡献和影响，科研项目立项、审查、评审中更多地发挥中介机构的作用，在科研机构、大学科研活动管理中引入市场机制。

市场是科技创新的根本导向，市场的完善与作用的发挥对科研创新有重大的推动作用。因此，活跃的商品服务市场、完善的资本市场、劳动力市场、技术市场、信息市场，以及充分发挥市场的供求机制、价格机制和竞争机制对科技资源配置的基础性作用，使市场既能为科技创新提供物质、融资、人才、技术、信息，又能使科技创新者面临竞争压力，产生动力。否则，如果不能发挥市场对科技资源配置的基础性作用，或者市场体系发育不够完善而造成科技资源要素的扭曲，将不会出现活跃的科技创新，科技与经济将会脱节。

科技创新是与市场利润的实现紧密联系在一起的，企业利润只有在市场中才能实现。在整个科技创新的过程中，市场在整个科技资源配置中起到基础性作用，市场需求为科技创新产生发展提供了根本动力和内在压力。市场机制不仅为企业提供物质、融资、人才、信息以及技术更新，而且还可以为企业增加新产品、新工艺，另外还可提升产品或服务品质、缩减生产成本、提高经济效益。因此，合理的市场结构以及完善的产品、技术、资本、人才、信息等市场体系都是创新实现的必要条件。市场既是科技创新经济利润实现的诱因，为企业创新提供了强大动力，同时激烈的市场竞争也为企业进行创新提供了极大压力。因此，在创新的实现过程中，应当发挥市场这只"看不见的手"的资源配置的基础性作用。企业是市场经济的主体，只有企业的参与技术创新才能最终实现。市场是科技创新的最终归宿，一国科技创新体系的建立离不开以市场为导向，围绕市场需求，促进官产学研的有机结合。

发挥市场对科技资源配置的基础性作用。这意味着要发挥市场的竞争机制、价格机制、供求机制、激励机制、风险机制等对科技资源配置的基础性作用，即发挥市场在产品、服务、融资、人才、技术、信息等生产要素领域配置的基础性作用。同时，完善的市场有助于资本市场的健全发展，可以为科技创新提供有效融资。

（五）优化收入结构、规范分配秩序

1. 结合事业单位分类改革，稳定并逐步提高科研人员基本工资

从德国、中国香港等地的经验来看，科研人员的工资性收入占其全部收入比例较高，因为这是保障科研氛围的重要手段，是我们可以借鉴和学习的地方。

我国现行的科研人员工资由基本工资（岗位工资和薪级工资）、绩效工资和津贴补贴三部分构成，其中基本工资所占比重过低，科研人员的收入不能很好地体现岗位价值。要真正实现以知识价值为导向的科研人员分配体系，还必须进一步合理提升科研人员待遇水平，尤其是要大幅提高基本工资水平，做好基本保障。应该建立以岗位价值为主体的工资制度，提高基本工资在收入中的比重。规范津贴补贴种类，对规范后的部分津贴补贴进行适当归并，纳入基本工资。降低绩效工资和津贴补贴在收入中的比重。通过结合事业单位分类改革，稳定并逐步提高科研人员基本工资，至少使之可以基本保障科研人员生存、生活需求。

对从事不同类型科研活动的科研人员可采取实行不同的收入结构比例。从事基础研究、公益研究和国家战略领域研究的科研人员，其基本工资在收入中的比例、绩效工资中固定绩效所占比例，应当高于从事具有应用前景的科研活动的科研人员的相应比例。

同时还要规范分配秩序，清除不合理、不合规的津贴补贴。严格禁止采用将科研人员的收入与发表论文的数量和影响因子、专利授权、获得项目数量和项目金额等成果产出和承担项目直接挂钩的分配办法。

在确定科研人员收入分配体系时需要充分考虑地域、学科和职级因素。从相关数据看，科研人员收入待遇因地域、学科和职级不同而出现较大的差异。在设计科研人员收入分配体系时，要采用分类指导的方针。

要尽快打破对科研人员进行创新激励的诸多限制。绝大部分科研人员承担一定数量的科研项目，发挥好项目激励的功能将极大地调动科研人员的创新积极性。需要重新设计项目经费支出内容，以国家文件的明确条款，允许将一定比例的项目经费作为体现参与项目科研人员知识价值的智力补偿。另外，应鼓励各科研单位积极探索建立符合自身情况的绩效评价和奖励机制，完善财政资金对科研人员的后期资助制度。

2. 健全工资决定机制和正常增长机制

从国际范围看，科研人员收入在国民经济行业中一般排在前列。很多发达国家政府研究机构人员与公务员执行相同或相似的薪酬标准，科研机构的行政职员收入与相应级别的公务员收入相当，科研人员（研究人员、技术和辅助人员）的收入高于同等资历的职员收入，法律、金融等特殊人才按市场定价。一些发展中国家如南非、印度、巴西科研人员收入远高于一般社会职业。建议国家根据经济发展、财政状况、企业相当人员工资水平和物价变动等因素，合理确定科研人员收入水平，加快形成具有国际竞争力的科技人才薪酬制度优势。

科研人员基本工资可采取薪点制，国家根据经济发展、财政状况、企业相当人员工资水平和物价变动等因素按年度调整每个薪点对应的货币值，实现科研人员收入的动态增长机制。

确定科研人员工资水平时，应该统筹考虑薪资水平与福利保障两方面的因素。科研人员收入结构的确定要考虑新老员工（以 1998 年 1 月 1 日为界）之间、事业单位员工与机关公务员之间在福利分房、养老和医疗等方面的差异，建立公平、公正、可比的收入分配制度。

在职科研人员收入水平要与已退休职工收入平稳过渡，可参照规范后的京内、外中央事业单位退休人员津贴补贴标准，按照适当的比例系数确定在职人员的绩效工资。

另外，发挥收入分配制度在引导人员合理流动方面的作用。按生活成本指数编制地区薪酬系数，适当提高边远困难地区薪酬系数，提高边远困难地区科研人员收入水平。根据经济发展、财力增长及调控地区工资收入差距的需要，适时提高艰苦边远地区和特殊岗位的津贴标准。对基础研究、战略高技术研究和重要公益领域的事业单位高层次人才，逐步建立特殊津贴制度。

3. 建立有利于科研人员职业发展和有效激励科研人员积极性的薪酬体系

完善科研事业单位岗位设置，建立有利于科研人员职业发展的岗位类别、岗位等级和级别（薪级）。建议国家按照岗位等级和级别（薪级）确定基本工资（岗位工作和薪级工资）的薪点值。

科研事业单位岗位分为管理岗位、专业技术岗位、工勤技能岗位三种类别，其中专业技术岗位的科研人员可细分研究岗和技术辅助岗，实行分类评价。

当前，在进行科研人员薪酬设计时，要特别关注青年科研人员收入过低的问题。青年科研人员已成为研究队伍的主体，必须要通过大幅提高其工资水平来解决生活困难问题，使得他们能够过上体面有尊严的生活，营造潜心研究和专心完成国家任务的环境。另外要缩短青年科技人员的晋级晋升时间，建立职业早期薪酬快速增长机制。在职业早期阶段，科研人员薪酬应该保持较高的增长率，随着职业发展、岗位晋升，增长率可随之减缓。

（六）进一步改革科研经费管理制度，以制度创新保障科技创新

目前科研领域的制度创新已进入深水区，需要充分调动科研单位和人员的主动性和创造性，简化预算编制、将预算调剂权下放，充分体现对科研主体的尊重，遵循了实事求是的基本原则。而在政策设计的细节方面，不仅取消了劳务费的比例限制，还对设备采购管理、差旅费管理等部分制度进行了较大幅度的改革，是科研领域政府治理"放、管、服"改革的一次重大突破。而这种突破，是贯彻全国科技创新大会精神、提升自主创新能力、建设创新型国家和世界科技强

国的客观要求，也是秉承供给侧结构性改革思路、培育和升级经济发展新动能、推进产业转型升级的必然选择。

这也是进一步理顺政府与科研机构关系的重大进步，秉承三个"一定"的原则，该放的权一定要放足，简化中央财政科研项目预算编制，简化科研仪器设备采购管理，充分调动科研机构主动性和创造性；该管的事一定要管严，合理扩大基建项目自主权，精简各类检查评审，实现放管有效结合；该做的事一定要做好，大幅提高人员费比例，研究完善股权激励政策，让科研人员真正享受创新红利。

科研经费的杠杆效应，一项重大科研创新产生的经济效益是科研人头费、劳务费等科研经费数以百倍、千倍，甚至万倍，政府管理部门要开明大度，不必为区区费用而损巨大的效益，这是很简单的数学思维。那种既要马儿跑，又要马儿不吃草或少吃草的陈腐观念早该更新了。

创新是一个系统工程，创新链、产业链、资金链、政策链相互交织、相互支撑，改革只在一个环节或几个环节搞是不够的，必须全面部署，并坚定不移推进。科技创新、制度创新要协同发挥作用，两个轮子一起转。我们的科技计划在体系布局、管理体制、运行机制、总体绩效等方面都存在不少问题，突出表现在科技计划碎片化和科研项目取向聚焦不够两个问题上。要彻底改变政出多门、九龙治水的格局，坚持按目标成果、绩效考核为导向进行资源分配，统筹科技资源，建立公开统一的国家科技管理平台，构建总体布局合理、功能定位清晰、具有中国特色的科技计划体系和管理制度，以此带动科技其他方面的改革向纵深推进，为实施创新驱动发展战略创立一个好的体制保障。

完善稳定支持和竞争性支持相协调的机制，改变科技资源配置竞争性项目过多的局面，对国家实验室等重大科研基地以稳定支持为主，鼓励其围绕重大科技前沿和国家目标开展持续稳定的研究。充分发挥国家科技计划在促进学科交叉、跨界融合中的平台作用，推动跨团队、跨机构、跨学科、跨领域协同创新。推动科研基础设施等科技资源开放共享，克服科研资源配置的碎片化和孤岛现象。率先在国家实验室等重大科研基地开展人事制度改革试点，建立具有国际竞争力的人才管理制度，增强对高端人才的吸引力。实行以增加知识价值为导向的分配政策，提高科研人员成果转化收益分享比例，以科技成果使用处置收益权管理改革为突破口，全面激发高校、科研院所科技工作者创新创业的积极性。改革科技评价制度，对从事基础和前沿技术研究、应用研究、成果转化等不同活动的人员实行分类评价，对以国家使命为导向的科研基地建立中长期绩效评价体系，拓宽科技社团、企业和公众参与评价的渠道，切实避免评价过多过繁、评价指标重数量轻质量和"一刀切"的现象。

参考文献：

［1］白重恩，钱震杰.谁在挤占居民的收入——中国国民收入分配格局分析［J］.《中国社会科学》，2009（5）：99-115.

［2］白俊红.我国科研机构知识生产效率研究［J］.科学学研究，2013（8）：1198-1206.

［3］陈浩.人力资本对经济增长影响的结构分析［J］.数量经济技术经济研究，2007（8）：59-68.

［4］代谦，别朝霞、人力资本积累与经济增长［J］.经济研究，2006（4）：15-27.

［5］贺砾辉，谢良.创新型人力资本的定义及测度［J］.当代教育论坛，2007（10）：72-74.

［6］李实，史泰丽，古斯塔夫森.中国居民收入分配研究Ⅲ［M］.北京师范大学出版社，2008.

［7］李实.中国收入分配格局的变化与改革［J］.北京工商大学学报（社会科学版），2015，30（4）：1-6.

［8］林毅夫，张鹏飞.后发优势、技术引进和落后国家的经济增长［J］.经济学（季刊），2005b（10）：53-73.

［9］刘尚希，收入分配循环论［M］.北京：中国人民大学出版社，1992.

［10］张晓雯.基于经济增长和收入分配视角的中国税负研究［M］.北京：

经济科学出版社，2013.

[11] 范从来，张中锦. 提升总体劳动收入份额过程中的结构优化问题研究——基于产业与部门的视角 [J]. 中国工业经济, 2012（1）.

[12] 李升. 地方税体系：理论依据、现状分析、完善思路 [J]. 财贸经济, 2012（6）: 36-42.

[13] 行伟波，李善同. 地方保护主义与中国省际贸易 [J]. 南方经济, 2012, 30（1）: 58-70.

[14] 李升. 地方税体系：理论依据、现状分析、完善思路 [J]. 财贸经济, 2012（6）: 36-42.

[15] 郑秉文. "中等收入陷阱"与中国发展道路——基于国际经验教训的视角 [J]. 中国人口科学, 2011（1）: 2-15.

[16] 武鹏. 行业垄断对中国行业收入差距的影响 [J]. 中国工业经济, 2011（10）: 76-86.

[17] 张原. 中国行业垄断的收入分配效应 [J]. 经济评论, 2011（04）: 55-63, 124.

[18] 樊士德，姜德波. 劳动力流动与地区经济增长差距研究 [J]. 中国人口科学, 2011（2）: 27-38.

[19] 李文溥，李静. 要素比价扭曲、过度资本深化与劳动报酬比重下降 [J]. 学术月刊, 2011（2）: 68-77.

[20] 贾康，刘微. 提高国民收入分配"两个比重"遏制收入差距扩大的财税思考与建议. 财政研究 [J], 2010（12）.

[21] 宋冬林、王林辉、董直庆. 技能偏向型技术进步存在吗？——来自中国的经验证据 [J]. 经济研究, 2010,（5）: 68-69.

[22] 李福安. 论社会主义市场经济条件下政府调节初次分配的理论依据与路径 [J]. 当代经济研究, 2010（8）: 33-36.

[23] 蔡昉. 人口转变、人口红利与刘易斯转折点 [J]. 经济研究, 2010（04）.

[24] 齐明珠. 我国2010—2050年劳动力供给与需求预测 [J]. 人口研究, 2010（05）.

[25] 刘利，徐充. 我国初次分配格局的合理调适与建构——基于政府行为视角[J]. 改革与战略，2009，25（7）：15-17.

[26] SYLVIE DÉMURGER，MARTIN FOURNIER，李实. 中国经济转型中城镇劳动力市场分割问题[J]. 管理世界，2009，（3）：55-57.

[27] 安体富，任强. 税收在收入分配中的功能与机制研究[J]. 税务研究，2007（10）：22-27.

[28] 李扬. 论我国初次分配中的政府行为[J]. 求实，2007（12）：57-60.

[29] 麦克南，布鲁·麦克菲逊. 当代劳动经济学[M]. 第6版，人民邮电出版社，2004.

[30] 张志臣. 初次分配的公平对充分就业的影响[J]. 理论观察，2003（4）：78-80.

[31] 张超，陈璋. "中国式技术进步"视角下的收入分配失衡[J]. 现代经济探讨，2011（9）：14-17.

[32] 国家统计局. 国家劳动统计年鉴. 2004—2015[M]. 北京：中国统计出版社，2015.

[33] 中国劳动保障科学研究院. 中国劳动保障发展报告（2016）[M]. 北京：社会科学文献出版社.

[34] CHRIS FREEMAN.The "National System of Innovation" in historical perspective[J]. Cambridge Journal of Economics.1995（1）.

[35] 王春法. 主要发达国家国家创新系统的历史演变与发展趋势[M]. 北京：经济科学出版社，2003.

分报告十一　中小微金融视角下的收入分配与相关机制优化

基于目前中国社会经济发展的基本形态与客观需要，发展中小微企业已经成为解决城乡居民就业并改善其收入分配的重要途径，但中小微企业在发展过程中，融资已经成为最大的障碍之一，如何通过解决中小微企业的融资问题，进而促进其发展，并带动就业增长，优化收入分配，是本子课题的研究重点。[①]

一、中小微企业在我国收入分配中的作用及其融资困境

十一届三中全会以来，随着改革开放和微观经济体的活跃，中小微企业越来越为我国经济社会的全面发展做出重大贡献。根据工业与信息化部2014年的数据，工业和信息化部中小企业司公布，中小企业是中国数量最大、最具创新活力的企业群体，提供了50%以上的税收，创造了60%以上的国内生产总值，提供了80%以上的城镇就业岗位。[②] 如果再加上微型企业和个体户，这个数据将会更为可观，应该说近年来随着经济社会的进一步市场化，作为最具分散、灵敏特点的企业群体，中小微企业已经占到了企业总数的99%以上，提供了绝大部分的城镇就业岗位。然而，一直以来，中小微企业在生产经营过程中仍然处于弱势地位，特别

[①] 本子课题负责人：李全，南开大学金融学院教授；参加人：王博（南开大学金融学院副教授）、沈夏宜（中国财政科学研究院2016级研究生）、陈杨（南开大学金融学院2017级研究生）。
[②] 参见2014年5月27日国务院新闻办公室举行的新闻发布会公告，介绍中小企业发展等方面情况。

是中小微企业的融资困境,如果这些企业融资不畅,会影响其生产经营,进而影响相关员工的就业问题,并且从全社会的收入分配来看,会造成一个负面的大问题,如何解决这个问题,已经愈益成为社会经济发展进步过程中的一项重大的挑战。

(一)中小微企业在就业中的作用及效果

由于中小微企业在国民经济中具有举足轻重的作用,不仅仅能够扩大就业、提高国民收入,还能够提供广泛的税基、扩大税源。显然,如果能够促进中小微企业的快速稳定发展,有助于促进经济增长和收入分配的良性互动,如果能够形成长效机制,则有助于促进社会和谐发展,在十八届三中全会提出的公平收入分配的大背景下,尤其具有现实意义。

(二)中小微企业在税收中的作用及效果

中小微企业与税收之间的关系比较复杂,这在全球都是一个共性问题。一方面,中小微企业给国家贡献着半数以上的税收,为国民经济和社会发展贡献着重要的支撑力;另一方面,中小微企业税负较重,又存在较为常见的各类"税收筹划",希望能够通过各种路径减小税收压力。2014年春,国内首份《中小企业税收发展报告》(下称《报告》)出炉,《报告》由北京国家会计学院负责实施调研,在对18个省份5 002家中小微企业调研的基础上形成的。[①]《报告》显示,12.93%的企业认为"较重的税负"是经营过程中除"用工成本上升"(17.67%)及"原材料成本上升"(14.76%)以外最主要的困难。在所得税率上,小微企业的税收负担明显高于大中型企业。这些年以来国家出台了大量扶持中小微企业发展的财政税收政策,但由于大量中小微企业得到财政补贴、税收优惠的幅度有限,尤其是其比较难以进入资本市场,针对资本市场的大量财税支持政策往往无法与中小微企业对接,这些都让中小微企业获得财税政策支持都更难一些。

(三)中小微企业的融资困境及对收入分配的制约

长期以来,中小微企业受制于直接融资困难的现状,只好依赖于间接融资,但由于金融机构的审慎监管原则,中小微企业只好通过担保公司或其他机构进行增信,以获取金融机构的融资安排,这就会推高其融资成本,造成融资困难的中

---

① 新浪财经2014年4月15日,《首份中小企业税收发展报告出炉 新三板企业综合税负最高》。

小微企业成本更高。同时，近年来经济结构调整的过程中，中小微企业也需要大量的资金投入以进行产品升级和技术创新，这就导致中小微企业融资更为困难。融资难题会直接导致中小微企业的经营困难，进而产生对就业的负面压力，同时减少对税收的贡献。因此，解决本就资金紧张的中小微企业深化结构转型的问题，是目前解决中国收入分配问题的重要路径之一。

二、优化我国中小微企业融资及对收入分配的改善

目前我国中小微企业融资困难、融资成本高企，融资困境对中小微企业的经营压力有时会转嫁给企业员工，从而影响员工的薪酬议价能力，在部分中小微企业，员工更乐于选择现金收入而非包含"三险一金"甚至"五险一金"的综合性薪酬安排，从而对长远的收入分配机制造成伤害。因此，改善我国中小微企业的融资现状，将在改善中小微企业经营状况的同时优化其收入分配的结构。

> **专栏1：农民工工资与企业融资和经营状况关系密切**
>
> 人力资源和社会保障部下发通知，要求到2019年年底实现农民工工资"月薪制"全覆盖，并将这一措施作为根治农民工欠薪问题的重要手段。能否实行月薪制，往往和企业的自身实力以及资金周转能力挂钩。国有建筑企业一般都可以实施月结制度。但是私营企业，因为建筑行业的资金不是那么充足，资金周转或多或少都有压力。
>
> 河北省保障农民工工资整治行动已经开始落实，为切实保护农民工的合法权益，河北省保障农民工工资支付工作领导小组日前下发通知，即日起至2018年3月31日，在全省开展农民工工资支付情况专项检查。据河北省人社厅劳动监察局介绍，河北省在全国率先开展重点欠薪问题及隐患线索摸底排查，促进96起省督办重点案件限时结案。全面督促解决欠薪问题，廊坊、衡水、邯郸、定州等市重点案件解决进度快，清欠迅速，所有案件均在省开展专项督查前结案。截至2017年，全省共为11.6万名劳动者追发工资9.87亿元。

据人民银行统计，2010年以来，中小微企业的贷款比重有大幅度提高，银行体系对企业贷款比例中，大型企业、中型企业、小型企业三个组别贷款总量基本各占3/1。这意味着中小微企业所得到的金融支持也越来越多，然而，根据2010年6月发布的《2009年度中国中小企业融资与担保状况调研报告》披露，

我国中小企业融资仍然主要依靠商业银行贷款，而政策不完善导致中小微企业又难以取得商业银行的贷款。令人吃惊的是，虽然中小微企业贷款占商业银行总贷款的比例逐年上升，但目前仍只占 0.9%—1%。实际上，大量中小微企业在经营过程中的资金压力导致其无法实现大比例的分红送配，甚至无法给员工提供达到社会平均水平的薪酬，从生产经营中获取的利润基本上又投入到生产经营中。统计数据反映了我国中小微企业的融资困境，同时也说明了解决这个融资困境的可能方法，那就是给中小微企业更加全面的融资平台，促进其快速稳定增长，帮助中小微企业改善经营状况，完善薪资体系，也能够有效地推动其收入分配的合理化。

（一）中小微企业的财务结构与融资需求

中小微企业的财务结构往往资产负债率较高，其中每逢年关、重大研发、扩大生产经营等阶段，基于人员工资、奖金和福利、税收等财务支出压力，每每有较强的融资需求。从总体上来看，中小微企业是国民经济体系中最为活跃也波动最大的一个群体，首先，其数量众多，分布行业较广，几乎涉及所以行业，因此其资金需求应该是多视角的，而非单一的筹资方式。其次，中小微企业体制灵活，组织效率比较高，基于其紧密的财务结构和高度集权的管理体制，其筹资模式又往往局限于一种单一的筹资方式。此外，中小微企业目前仍然包含着浓厚的家族化色彩，在决策集中的同时也易于导致财务管理科学性不足；而其产出规模较小，竞争力较弱，管理水平相对规模以上企业较低，因此单一的筹资方式和狭窄的资金渠道又会给中小微企业带来更大的财务风险。

这些风险主要表现在中小微企业的各个经营层面。技术、产品都比较新，企业此时还处于产业发展的初期，没有成体系的管理模式和产品体系，也没有较多的经验可以参考；新的产品体系和较低的集约化程度又会导致经济效益难以快速提升，难以体现出良好的财务结构，也难以应用充分的现金流去扩大再生产，当然也难以吸引行业内的高端人才加盟。

这就要求在筹资过程中降低中小微企业的风险，并提升中小微企业的财务安全系数。在企业层面，应提高企业的管理水平，减少单一方式的资金来源，加

分报告十一　中小微金融视角下的收入分配与相关机制优化

快投资主体多元化、分散化,增强企业的抗风险能力。在单一项目或单一产品的经营中,首先要探求产品的独特性,这也是公司核心竞争力的重要基础,然后进行充分的财务规划,生产资金的筹集和利润分配成为重要的支撑,并要设计保证赢利性和安全性之后的资本退出机制,这就更加强调了资金来源的广泛性和多元化。总体上看来,中小微企业融资模式可以分为权益性融资与债务性融资。权益性融资主要指融资过程同时伴随着企业股权结构的变化,企业通过引入新股东的方式进行了直接融资;债务性融资则是指融资过程同时伴随着企业债权的变化,企业通过引入债权人的方式进行了间接融资。

从降低财务风险的角度,提升产业创新能力并加速价值实现,中小微企业减少银行贷款这种单一品种的融资结构已成为其改善财务结构的重要手段。中小微企业应该增加权益性融资的比重,不仅仅因为权益融资所筹集的资本具有永久性,有利于保证企业对资本的最低需要和维持企业长期稳定的发展;还因为其没有固定的股利负担,没有固定的还本付息的压力,所以筹资风险较小;应该说权益资本是企业最基本的资金来源,它既反映了公司实力的大小,又是其他融资方式的基础,增强企业负债的能力;在筹资技术处理中,权益融资容易吸收资金,尤其是在通货膨胀时期,很多投资者更愿意对实物资产进行投资,应该说中小微企业是一个很好的选择,可在一定程度上抵消通货膨胀的影响。当然,进行权益性融资还要求企业控制筹资比例,因为对于快速成长的中小微企业,权益性筹资的成本较高,处理不当还会导致企业转移控制权,从而对企业长远战略产生不良影响。

当然,从快捷、低成本的角度来说,债务性融资也依然是中小微企业重要的融资途径。根据所筹集资金可使用时间的长短,负债融资可分为长期负债融资和短期负债融资。短期负债融资一般指使用期限在一年以下的资金,使用期限在一年以上的就是长期负债融资。长期负债融资可以满足企业长期发展资金的不足,还债压力小,因而风险相对较小。但长期负债筹资成本较高,长期负债的利率一般会高于短期负债融资的利率,其融资的限制也较多,债权人往往会向债务人提出一些限制性条件以保证能够及时、足额偿还债务本金和利息,如规定债务人必须定期向债权人提供财务报表并接受债权人的质询等。短期负债融资的资金到位快,容易取得，融资富有弹性，其限制条件相对宽松，因而使融资企业的资金使用较为灵活、富有弹性，而且融资成本较低。但短期负债需要在短期内偿还，这就要求融资企业在短期内能够拿出足够的资金偿还到期债务，如果企业资金安排不当，届时就可能会陷入财务危机，因而短期负债融资的风险相对较高。

（二）中小微企业的融资方式与财务成本

中小微企业的融资模式是中小微企业从融资渠道取得资金的结构形式，包括权益性融资和负债性融资，而这些融资模式又可以有不同的具体筹资方式。

权益性融资又分为吸收直接投资和公开发行股票。吸收直接投资是指企业按照"共同投资、共同经营、共担风险、共享利润"的原则来吸收国家、法人、个人、外商投入资金的一种筹资方式。投资者的出资方式主要有现金投资、实物投资、工业产权投资、土地使用权投资等。吸收直接投资与发行股票、留存收益都属于企业筹集自有资金的重要方式。它是非股份有限责任公司筹措资本金的基本形式。吸收直接投资的优点是有利于增强企业信誉、有利于尽快形成生产能力、有利于降低财务风险。吸收直接投资的缺点是资本成本较高、容易分散控制权。

发行股份股票则是公开筹集权益性资金的方式。公司的资本金称为股本，是通过发行股票方式筹集的。股票是指股份有限公司发行的、用以证明投资者的股东身份和权益并据以获得股利的一种可转让的书面证明。股票的发行、股票的上市有严格条件和法定程序，在我国须遵守《公司法》和《证券法》的规定。按股东权利和义务股票分为普通股和优先股，普通股是股份公司资本的最基本部分。普通股筹资的优点是筹资风险小、有助于增强企业的借债能力、筹资数量大、筹资限制较少。普通股筹资的缺点是资金成本较高、容易分散控制权。

债务性融资又分为商业信用、银行贷款、租赁、发行债券、发行融资券等具体方式。商业信用是指企业通过自身的信用向其他企业或个人进行的短期资金筹集方式，又可以细分为应付账款、应付票据、预收账款等，企业以商用信用筹资的方式资金成本较低，如果不放弃现金折扣，则几乎没有筹资成本，但商业信用一般只能用于企业短期资金的筹集。

银行贷款又分为银行长期贷款和银行短期贷款，银行长期贷款是指企业向银行、非银行金融机构和其他企业借入的、期限在一年以上的借款，它是企业长期负债的主要来源之一。银行长期贷款筹资的优点是筹资速度快、筹资成本低、借款弹性好、不必公开企业经营情况、有杠杆效应。银行长期贷款筹资的缺点是财务风险较大、限制条款较多、筹资数额有限。银行短期贷款是指企业向银行、非银行金融机构和其他企业借入的，期限在一年以内的借款，它是企业短期负债的主要来源之一。银行短期贷款往往是企业筹集短期资金的最佳途径，但其限制条款较多、筹资数额有限。

债权融资是企业筹集大额、长期资金的有效方式，债券是由企业或公司发行的有价证券，发行债券的企业以债权为书面承诺，答应在未来的特定日期，偿还本金并按照事先规定的利率付给利息，是企业主要筹资方式之一。债券筹资的优点是资金成本低、保证控制权、可以发挥财务杠杆作用、债券筹资具有优化资本结构、提高公司治理的作用。债券筹资的缺点是筹资风险高、限制条件多、筹资额有限。

租赁其实也是一种较为普遍的筹资模式，分为经营性租赁和融资性租赁。在我国，由于经营习惯和筹资成本等问题，企业使用这类筹资所占比重相对较低。

经营性租赁是指出租人向承租人提供短期租赁设备，并承担维修责任，承租人按期支付租金但不拥有所有权的一种租赁行为。经营性租赁方式灵活，可随时进行并可随时解除租赁关系，承租人不承担与租赁标的物所有权有关的风险、义务和责任，对于资金紧张、短期使用设备的用户有着很大的吸引力。融资租赁又称为财务租赁，是区别于经营租赁的一种长期租赁形式，它满足企业对资产的长期需要，故也称为资本租赁，分为售后租回、直接租赁、杠杆租赁。融资租赁资产所有权有关的风险和报酬实质上已全部转移到承租方，现在融资租赁已成为仅次于银行信贷的第二大融资方式。融资租赁筹资的优点是筹资速度快、有利于保存企业举债能力、设备淘汰风险小、财务风险小、可以获得减税的利益。融资租赁筹资的缺点是租赁成本高、利率变动的风险。二者在税收方面的差异很大。融资租赁企业缴纳的营业税税基是抵扣成本后的余额，而经营性主体从事的租赁活动缴纳的营业税税基是合同的价额，显然后者承担了比前者更重的税负。

值得注意的是对于融资租赁企业来说，若租赁物的所有权期满归承租方所有，则要缴纳增值税。对于要缴纳印花税的金融租赁企业来说，税率比经营性租赁要高一些。

（三）中小微企业的融资的组合模式及战略构想

1. 中小微企业融资的结构性选择

首先要结合中小微企业的资本结构，对于规模更小一些的中小微企业，由于其信用度和抵押品均有限，因此其权益资金的比例大于负债资金，极端的情况下，其财务报表中就没有来自负债途径的融资。对于这类企业，我们采取的方法是加大负债类筹资的比例，但又往往难以体现在银行贷款的方式，更无法以发行债券或短期融资券的方式来筹资，因此就剩下两个选择，一是商业信用，二是租赁。在商业信用中，应付账款、应付票据、预收账款的应用都是很好的筹资选择，当然，中小微企业可以考虑现金折扣的问题，以利于投资方接受；在租赁中，中小微企业在初期可以大量采用经营性租赁的模式来解决资金不足的问题，这会迅速解决其资金短缺问题，成本也比较低。

但对于有一定规模的中小微企业，由于已经纳入了商业银行的视野，因此其资本结构中往往会呈现负债性筹资大于权益性筹资的情形，这种情况下可以考虑增加权益性筹资的比重，比如说引进创业投资，或是对原有股东定向募集的方式来进行权益性资金的筹集。如果销售规模再大一些，成长性好的企业可以选择在美国纳斯达克证券交易所或香港的创业板市场公开发行股票募集资金，对于利润情况也不错的企业，则可以在香港联交所或深圳证券交易所选择在中小板市场公开发行股票上市。

当然，这里还有一个问题，就是要求中小微企业筹集资金的总量要与企业发展状态结合起来，中小微企业筹资较难，所以在筹资时或许会争取尽量多的募集资金，在资金到位后又没有清晰的募集资金投向，如果进行了不当投资，也会给企业造成严重的伤害，这就要求中小微企业进行适合于本产业的适度融资。

2. 中小微企业融资体系的构建

中小微企业融资的难题破解，另一个就是中小微企业的融资体系问题，这不仅仅是企业的事，也需要政府和其他部分协调配合来解决。

这要从两个方面来分析：

一方面，要建立健全中小微企业融资体系，这是制约其发展的主要障碍。虽然很多银行表示支持中小微企业发展，但商业银行的风险防控体系决定了大银行很难将大额信贷资金投入到中小微企业。

目前，我国金融市场细分程度不够，工、农、中、建等大银行与中小型的区域性商业银行相比，比如，农村商业银行、城市商业银行与其业务及服务对象高度重叠，在业务执行中存在较大的竞争关系。一个健康的间接融资体系应该是大银行针对大企业、零售银行针对个人和个体工商户、中小银行针对中小微企业进行信贷投放。我们已经推出的小额贷款公司试点，就从某种意义上支持了中小微企业的发展，现阶段来看，其发展速度及发展势头良好，但其可放贷资本金总量相对较小，仍有很大的市场空间可以拓展，仍有空间让民间资本运转起来，有效支持农户、个体工商户、中小微企业等小额贷款或者微贷款项目。

另一方面，对于权益融资，现状就是中小微企业上市难度较大。从这个方面来看，我国的资产证券化率与发达国家相比还比较低，这些企业一般不具备很畅通的路径。继续加大中小微企业权益性融资的比例，应该是有效推动中小微企业快速成长的重要环节，特别是，如果能够通过权益性融资，使这些企业在融资过程中又解决了产业限制、技术壁垒、人员结构的不足，这确会在促进其发展的同时也带动整个产业的进步。

因此，如果能在债务融资和权益融资这两个方面给中小微企业营造一个比较宽松的环境，中小微企业才有可能得到长足发展。这方面我们可以借鉴其他国家的经验，如美国，设立了"中小企业局"，提供商业银行贷款、融资担保、创业投资风险资本政府资助等服务，降低了中小微企业的融资门槛。另外还有日本的3个"金融公库"、52个金融担保公司等模式，我们都可以从中学习，当然，也并不能完全照搬，我们还应进一步降低资本市场的准入门槛，加速优质资产证券化。要发展出一套适合我国中小微企业的全口径、多层次、市场细分的综合融资体系。

从产业结构上看，很多中小微企业从事的产业还是很有发展潜力的，但并不集中，如果政府能够主动帮助中小微企业进行产业集聚，对其发展或是有帮助的。如风电项目，我并不提倡政府对所有的项目环节都提供直接支持，而应该着力抓几个重点环节，在核心技术领域下功夫，比如兆瓦级风力发电机轮毂、超低温风力发电机铸件铸态生产技术等关键制造技术，扶持这些优势产业做精做大。在企业做精之后，重新进行市场整合，形成规模以上的产业集聚。而一些不适合大中型企业做的项目或者产业，就应该完全放手给中小微企业去做，以免造成规模不经济。

综上所述，中小微企业融资历来是一个难题，在全球范围内也有着广泛的争论。一个优秀的中小微企业，应该从历史的角度考虑其发展阶段，再综合计算其筹资成本和资源投放的收益，以决定其筹资结构，最后落实到不同的筹资方式中，形成一个完善的筹资系统。一个完善的筹资系统，是可以帮助中小微企业筹集资金、规避风险、促进产业发展的。

三、小额信贷的公司的融资改善及对收入分配的改善

如上所述，中小微企业从金融机构的融资难度较大，是否可以设计更多的融资路径，目前已经实现的线下金融机构中，小额贷款公司的尝试对这些企业的融资颇有成效。根据人民银行公布的数据显示，截至 2017 年 9 月末，全国共有小额贷款公司 8 610 家，贷款余额 9 704 亿元，2017 年前三季度贷款就增加了 409 亿元。此前的几年时间里，每年小额贷款公司的贷款余额都在万亿左右，对中小微企业提供了重要的支持作用。相比之下，关于银行的经营模式的讨论中，很多观点都认为银行可以经营全方位的信贷业务，这里当然也包括小额信贷业务。可是，虽然很多大银行业在做微小型贷款，但银行的这种微小型信贷并不是其主流业务，如果没有特定的模式和技术，也难以持久。一个成功的经验，美国富国银行的大宗贷款和微小信贷品种都做得很好，前提是其微小型贷款是在经历了磨炼以后，形成了独立的经营部门，继而才开始蓬勃发展，并显示出了巨大的生命力。因此，真正适合微小信贷的机构应该是受区域性经济限制和微观金融准入特

点的贷款机构。也有一些小额贷款公司在进行各种业务创新,研究如何和大银行、信用社争夺业务,这在长期看来大可不必,大银行经营微小型贷款成本较高,难以广泛扩面,这个层次的业务,天然就应该是小额信贷机构的市场份额。这有两个层面的问题需要解决,一方面是从政府主管部门、监管部门的角度来看,应该主动设计并提供一些制度基础,这些制度因素会让市场有一个大致的市场划分;另一方面,对经营者自己来说,应该慎重考虑自己设计的业务模式是否有一定的产业基础,以适应适合该区域的业务特点。在细分的金融市场中,为了降低成本,小额信贷机构的业务应该是可以复制的,建议逐步提高其放贷产业的选择和区域经济的重合度,就会有效促进其业务的可复制性。微小型信贷的业务越是可以复制,贷款的成本就会越低,贷款业务的普及面也就有可能越高,就越能够符合我们设计的小贷公司的初衷。所以,小贷公司不应什么都做,自己对每一类业务也没有统计,只要是小型贷款、微型贷款全都放,小贷公司应该有几个和区域经济密切联系的主营业务。这样才能发展得更快。

但目前的情况是,小额贷款公司本身也存在融资难的问题。2017 年 6 月底,全国小额贷款公司贷款余额与注册资本的比率为 1.16∶1,即公司对外融资率为 16%(实际还没有这么多,因为有利润和利润留存),与国家规定"小额贷款公司银行融资不得超资本净额 50%"的规定上线距离较远,与大多数地方政府规定"小贷融资比例提高至净资产的 200%~300%",更是相距甚远。实际上小额贷款公司已经开始出现资本增长速度下降的趋势,截至 2017 年 6 月末,全国小贷公司实收资本 8 271.4 亿元,环比(较 2017 年 3 月末)增加 37.4 亿元,增长 0.45%;同比(较 2016 年 6 月末)减少 107.8 亿元,降低 1.29%。在竞争日趋激烈的状况下,有部分小额贷款公司开始退出市场,截至 2017 年 6 月末,全国共有小额贷款公司 8 643 家,环比(较 2017 年 3 月末)减少 22 家,下降 0.25%;同比(较 2016 年 6 月末)减少 167 家,下降 1.9%。其中,有 15 个省市自治区小贷公司数量减少,占总数的 48.39%,近一半省市地区的小贷数量下降。同时全国小贷公司从业人员数 10.81 万人,环比(较 2017 年 3 月末)减少 950 人,降低 0.87%;同比(较 2016 年 6 月末)减少 7071 人,下降 6.14%。如何能够保留这一支支持中小微企业融资的队伍，显然需要从融资安排上有所考虑，增加了小贷公司的融资路径和融资额，就从另一个角度增加了中小微企业的发展空间，有助于优化全社会大量中小微企业从业人员的收入分配。

（一）小贷公司在金融市场中的位置

从法律意义上来界定，小额贷款公司属于工商企业，基于此的定义是：小额贷款公司是由自然人、企业法人与其他社会组织投资设立，不吸收公众存款，经营小额贷款业务的有限责任公司或股份有限公司。作为企业法人，小额贷款公司有独立的法人财产，享有法人财产权，以全部财产对其债务承担民事责任。小额贷款公司股东依法享有资产收益、参与重大决策和选择管理者等权利，以其认缴的出资额或认购的股份为限对公司承担责任。当然，小额贷款公司应执行国家金融方针和政策，在法律、法规规定的范围内开展业务，自主经营，自负盈亏，自我约束，自担风险，其合法的经营活动受法律保护，不受任何单位和个人的干涉。小贷公司与其他金融机构的区别见表1所示。

由于小额贷款公司的性质是工商企业而不是银行，因此小额贷款公司将依照各个地方的要求，为中小微企业、"三农"及个体工商业户提供优质、高效的服务，严格按照国家有关规定运营，不吸收公众存款，主要资金来源是股东缴纳的资本金。公司股东为符合《小额贷款公司试点暂行管理办法》规定的企业法人、自然人及其他经济组织。小额贷款公司的贷款利率比银行灵活一些，应该说，小额贷款公司利率放开但不支持高利贷。限定其按照市场化原则进行经营，贷款利率上限不超过司法部门规定的上限即人民银行公布的一年期基准贷款利率的4倍，下限为贷款基准利率的0.9倍，具体浮动幅度按市场原则自主确定。小额贷款公司的客户选择，主要是对小额贷款公司所在县、市辖区范围内的个人或中小微企业。因此小额贷款公司的贷款业务最大的特点是：小、快、灵。贷款以"小额、分散"为原则，办理手续较之金融机构更为简便、快捷，贷款和还款方式很灵活。

分报告十一　中小微金融视角下的收入分配与相关机制优化

表1　小额贷款公司和其他金融机构的区别[①]

项目	小额贷款公司	商业银行	老山西票号	地下钱庄
吸收存款		能吸收个人和企业存款	能	主要非法来自各类出资人
经营范围	只贷不存，最高不超过10万元的小额贷款	存款业务，贷款业务，中间业务，证券投资基金托管业务，国际业务，海外分行业务，信用卡业务等	存款、各类贷款和异地汇兑等	非法融资，可以吸收民间各种资金无限制
服务对象	服务对象主要是农户，然后是个体工商户等	无限制	无限制	特定对象
经营区域	注册所在的行政区域	全国	全国	无限制，一般在所在地区，通过熟人介绍业务
经营手段	单一，只贷不存	多样化	贷款、汇兑等	贷款、洗黑钱，汇兑等
利率水平	市场化利率，但不得高于法定利率的4倍	法定利率	随行就市	相互协商，无上限，最高年利率可达70%

这样看来，作为民间金融的合法化经营机构，小额贷款公司的准入条件还是比较严格的，业务模式也相对有限，从这个角度上来说，这也是政府防范小额贷款公司设立及运行中违规经营的有效步骤。

（二）小贷公司的自身的治理缺陷与资金缺口

虽然已从传统金融行业中进行了业务细分，但在公司治理方面，小贷公司仍有较多掣肘。因为小额信贷的业务特点就是小、急、频，但在其操作业务的过程中，最重要的判断既不是抵押品，也不仅仅是利率，而是要保证资金的流动性，即要把第一还款来源作为放贷的核心指标。从规模来看，我们还是应以小额为主，这也能有效加速资金的流动性。既然要追求流动性，既然第一还款来源很重

[①] 李志军：《国内首批民间信贷公司挂牌"草根金融"试水平遥》，第一理财网，2006年1月13日。

要,那就要在贷款发放的过程中设置一些控制指标,进而形成一个有效的指标体系,有些小贷公司在对农户和个体工商户发放贷款的时候,自己设计了一个指标体系,便于体现业务的筛选和风险的排查功能。

从经营结构的方向来看,微小型贷款如果由小额贷款公司发放,那么怎么放?建议要重点考察两个指标:一个是市场占有率;一个是产业增长率。小贷公司去放款的对象应该是市场占有率比较低的,产业增长率比较高的小企业或个体工商户。如果不人为地创造一些适合于微小型贷款的经营理念和经营模式,就势必会造成和大银行或其他大型金融机构的冲突,这些冲突在部分领域还会比较严重,这种无谓的市场竞争当然是市场失效的反映。还有一个指标是净现金流量,小额贷贷款公司所放贷款的对象应该是当期净现金流量反向较多、但在下一期现金流量会转为正数,并迅速增加。

目前已成立开业的小额贷款公司,大部分规模有限。因为相关规定要求其资金来源有两个方面:一个方面是股东提供的资本金,是由银行提供的50%的资金支持。这里的问题就很明确了,股东的资金是有限的,各个地方更是多规定了其注册资金的上限;另一方面,银行的资金取得有一定难度,即便取得了,也不是同业拆借的性质,而是贷款的性质,这导致贷款公司的成本陡然增加。可喜的是,我们看到有些地方政府在逐步给予大力支持。各省的小额信贷主管部门,特别是金融办和中小企业局,为小额贷款公司争取了很多优惠政策,在资金来源和税收支持方面,内蒙古和浙江开了一个好头,在市场准入的优秀企业的遴选方面,有些地区的超前经验也很值得借鉴,比如放宽了小贷公司和股东之间的增资限制。现在中西部地区和东北地区也在积极制定各项政策,促进小额信贷业务的快速增长。当然,现在政府主管部门支持的力度比较大,但各个部门之间协调的配合还有待加强。如果说小额信贷机构的资金来源能够和人民银行的同业拆借系统有一定的对接,应该可以最终解决小额信贷机构的资金瓶颈。

之所以很多小贷公司都曾经重点关注如何转变为村镇银行的问题,其核心还是营运资本,特别是信贷资金的来源问题。如果资金来源和业务选择的问题都解决了,小贷公司将有着乐观的发展前景,因此不应该把转村镇银行作为唯一的最终定位。小贷公司转村镇银行的成本非常高，包括人员成本、风控成本、安保成本、信息化成本等。另外，我们回顾一下 1929—1933 年波及全球的金融危机，其间的金融崩溃反映出小银行的抗风险能力非常弱，村镇银行应该控制其风险，是另外一个微观金融的问题。在条件逐步具备的条件下，小贷公司应继续坚持自己的主业来做，逐步扩大自己的经营范围，这包括业务范围和区域范围。

小额信贷业务的另一个方向，建议将股权投资和债权投资结合起来。从财务规划的角度来说，我们设计的规则应该符合制度安排，对已经设立的和正在申报的小额信贷机构进行全方位的政策支持，这个政策支持应该是能够覆盖大部分小贷公司的。而不是只能覆盖其中小部分的。所以从这个角度说，主张综合股权投资加债权投资来促进小贷公司的发展。如果我们有一些小企业，以后有可能就是优秀的规模以上企业，因此小额贷款机构及其股东实际上是一个有效的孵化器，在孵化器中成长起来的企业，包括一些上市公司，虽然小额贷款公司的放贷对象不应该是这些企业，但由于其成长过程中有小额信贷的身影，这些所放贷的小型企业在逐渐发展起来之后，应该有权益性资本的支持促进其上台阶，这又和现在小额贷款公司的股东性质结合起来了，这些优秀的股东当然也可以成为孵化出来企业的股东，在这里，小额信贷机构其实也和创业板市场有着一定的联系。

（三）小贷公司的经营模式与财务规划

在经营机制方面，小额贷款公司应实行商业化运作，以切实可行的经营策略和灵活的商业运作模式，制定行之有效的商业运做机制；在管理上要与国际金融运作接轨，学习和借鉴国内外微贷款管理的先进理念和技术，结合本地实际，制订全新的小额贷款业务流程和工作机制，不断发展现代化经营网点，拓展业务。由于行业的特殊性和专业的需要，公司的激励机制应更加注重与约束机制相结合，可以考虑采用基本薪金加奖金期权的模式，即以一定的基本薪金以及各种必要的社会保险作为员工必要的生活保障；以业务激励，实行客户经理责任制，奖金与绩效挂钩，把员工的个人利益与公司的利益和长期发展有机结合起来形成整体利益。另外，采用部分费用报销政策，鼓励员工积极参加进修，以提高业务水平。

根据公司的整体发展战略，应根据实际情况不断地拓展服务功能，完善服务机制，为各类中小微企业、个体工商户、农村多种经营户和种养农户提供多样化、个性化的金融服务，使小额信贷随"三农"经济实现可持续发展。这就应该以市场原则和商业化运作为前提，以广大农民、个体工商户和中小微企业为核心客户，带动辖区及周边地区的经济发展；积极开展节能环保型、科技领先型企业的信贷工作，推进本地区加强生态建设和节能环保工作，促进资源高效利用、循环利用，建设资源节约型、环境友好型城市；学习借鉴国际理念和先进技术，全力打造服务于本地区广大农民、个体工商户和中小微企业的品牌公司，全面实施小额贷款企业可持续发展的经营战略。

在网点布局方面，为了更好地服务本地区人民，体现个性化服务，增强便民、利民功能，对市场进行调研的基础上科学划分区域，进而做出科学的营业机构布局规划，针对不同乡镇或街道开设不同功能的网点。按照"重点突出、规模适度、结构合理、功能完善"的原则，借鉴商业银行网点布局思路，又要考虑小额贷款公司的本土性特点，进行网点布局、选址，充分体现"以人为本"的个性化、多样化服务，提高网点营销的核心竞争力。

从财务规划上来看，小额贷款公司的经营范围包括小额信用贷款，小额担保贷款，经批准开展的其他业务。采用专业团队分析，董事会集体决策的方式运作。在法规和政策允许的范围内综合考虑借款人的信用等级、贷款金额、贷款期限等因素，在浮动区间内自主确定小额贷款利率。公司贷款以服务"三农"、中小民营企业和个体工商户为宗旨，采用抵押、质押、信用和担保等多种形式，实现利率市场化。以银行基准利率的4倍为上限，在县或市辖区开展贷款业务。

在积极有效的发展过程中，小额贷款公司年度实现的税后净利首先用于支付人员费用，其次提取10%的法定公积金，提取5%～10%的法定公益金。最后按董事会决议提取一定比例的风险准备金及扩大经营需求的流动资金，余留部分按公司约定的年回报率，并以年末总股本为计算依据分配给公司股东。

综上所述，小额信用贷款是一次有意义的金融实践创新，小额信贷有利于解决"三农"问题，发展农牧区经济，增加农牧民收入，减轻国家负担，促进新农村建设步伐；有利于解决中小民营企业和个体工商户融资难、解决就业岗位、解决社会问题；有利于解决下岗再就业创业难问题，承担政府负担；有利于促进社会进步与社会和谐；有利于遏制两极分化，缩小贫富差距。

为了进一步推动收入分配改革，我们应该为小额信贷发展探索新的方向，寻找新的方法，需要各小额贷款公司大胆引进国内外小额信贷的公司治理先进经验和创新模式，与各界金融机构及有关单位进一步深化合作、进行商洽，为本地区农牧民的增收，中小民营企业和个体工商户的发展提供科学、有效、便捷的服务。在为中小微企业提供综合融资服务的同时，也从更深层次为我国中小微领域从业者的收入分配完善起到了积极的推动作用。

四、互联网金融在中国的创新发展及其对收入分配的优化

在改革开放近四十年来，我国社会主义市场经济长足发展，但过程中也产生了一些副产品，比如收入分配差距拉大，这与我国"共同富裕"的基本国策不相吻合，如何从发展路径和交易模式上解决这个问题，理论方面有大量研究成果涌现。但近年来在实践领域的科技创新，尤其是"互联网+"的创新发展，实际上已经大大拓展了中小微企业的经营路径，这使整个中小微领域参与国民经济收入分配的模式大为优化，尤其是互联网金融的长尾效应，使中小微企业的融资、经营、分配等诸环节的交易成本显著下降，通过第三方支付、众筹、大数据金融等交易路径，帮助中小微企业快速发展，提升了其在整个经济体系中的经营能力和交易效果，对我国收入分配的体制机制改善都有推动作用。

具体来看，近年来互联网金融在中国大行其道，从支付宝购物到微信 AA 收款，从 P2P 理财到众筹咖啡筹资，互联网金融打通了众多传统金融模式下支付、交易、评价的掣肘，在一些环节大大优化了居民的支付、交易路径，也在一些领域显著提高了企业产供销的效率，在金融支付和商品流通领域更是大有引导产业变革之势。但问题也纷至沓来，部分 P2P 平台逾期、跑路、倒闭，部分衍生品交易平台被登记入公安部非法集资案件投资人信息登记平台，其中个别平台甚至因挤兑引发了群体性事件，由此也引发了对互联网金融的一系列争论。客观说，

互联网金融既是金融领域的商业模式创新，也有利率市场化进程中政策套利的超额收益；其通过互联网平台的畅通路径打通了产业链的流通环节，实际上也是产业链运用互联网工具进行业务推进的一种方式。应该说问题的讨论还需要一分为二：一方面，互联网金融的快速发展确实大大提高了金融业的资源配置和服务实体经济的效率；另一方面，对各种创新模式的监管仍然不足甚至是空白。因此，互联网金融的持续、稳定、快速发展离不开有序、全面的制度基础，让互联网金融在合理的制度框架内运行是促进其发展的应有之义，这就需要在有效监管的环境下加快互联网金融的创新发展。不仅仅有助于促进互联网金融对实体经济的有效支持，更有助于中小微企业的稳定发展，进而改善相关领域的收入分配。

（一）互联网金融的定义

互联网金融的定义在国际上较为鲜见，但各种实际意义上的互联网金融运作模式在欧洲和美国金融市场并不少见，早在20世纪90年代，国际上就已经有网络银行、互联网证券、互联网保险、互联网基金乃至于第三方支付等各种互联网金融的表现形式，但由于发达国家利率市场化进程较早，因此并未出现各类互联网业态大规模集中爆发的情况。与国际市场大为不同的是，近年来中国金融市场改革中互联网金融大行其道，其各种表现形式也层出不穷。这一方面依赖于各类政策特别是顶层设计方案的集中支持，另一方面也源于一些监管制度不完善而形成的监管套利。

中国首次提出互联网金融概念，是由谢平与邹传伟2012年4月7日在当时的"中国金融四十年"年会上进行了初步表述。他对互联网金融的完整定义是，以互联网为代表的现代信息科技，特别是移动支付、社交网络、搜索引擎和云计算等，将对人类金融模式产生根本影响。可能出现既不同于商业银行间接融资、也不同于资本市场直接融资的第三种金融融资模式，称为"互联网直接融资市场"或"互联网金融模式"。[①]此后他又对互联网金融进行了更加详细的表述，把互联网金融分为金融互联网化、移动支付与第三方支付、互联网货币、基于大数据的征

---

① 谢平、邹传伟、刘海二：《互联网金融模式研究》，中国金融四十人论坛课题，2012年8月。

信与网络贷款、众筹融资等共六大类。①而后谢平教授又在不同文献中对互联网金融有多次、不同层面的表述，核心都是为了把互联网金融与传统金融区分出来。

罗明雄和丁玲则对互联网金融从产品创新的角度进行了定义和梳理。他们认为，互联网金融是利用互联网技术和移动通信技术等一系列现代信息科技技术实现资金融通的一种新兴金融模式，在此种模式下，市场信息不对称程度非常低，资金供需双方能够通过网络直接对接，交易成本大大减少。②并进而把互联网金融区分为第三方支付、P2P网贷、大数据金融、众筹、信息化金融机构、互联网金融门户等六大模式。

也有研究不认为互联网金融已经可以明确称为一种模式，杨东在研究中提出，当下的理论语境中，"互联网金融"尚未成为一个有着明确内涵与外延的正式概念，而是泛指各种以互联网为手段或平台并在形态结构和运作机制等方面有别于线下现实环境中的银行、保险、信托、证券等传统金融领域的新的金融现象。互联网金融并不是金融与互联网的简单结合，而是现代金融创新与科技创新的有机融合。③他把互联网金融归结为一种金融现象，而这种现象正在层出不穷地出现，因此需要在互联网金融快速发展的同时加强监管。

皮天雷则更加明确地提出，金融业的本质就是信息数据，所有的金融产品只是不同信息数据的组合而已，这些数据并非由银行或其他金融机构生成，真正形成数据的是互联网上的每一个"节点"（互联网平台）。因此互联网金融就是互联网技术和金融功能的有机结合，依托大数据和云计算在开放的互联网平台上形成的功能化金融业态及其服务体系，包括基于网络平台的金融市场体系、金融服务体系、金融组织体系、金融产品体系以及互联网金融监管体系等，并具有普惠金融、平台金融、信息金融和碎片金融等不同于传统金融的典型特征。④他不认为互联网金融是单纯的模式、产品抑或现象，实际上已经形成了一个完整的体系，这个体系基于技术可以包含与金融有关的众多信息数据。

---

① 谢平：《互联网金融的核心要点》，《第一财经日报》2015年5月12日。
② 罗明雄、丁玲：《互联网金融六大模式深度解析》，《中国科技财富》2013年第9期。
③ 杨东：《互联网金融监管体制探析》，《中国金融》2014年第8期。
④ 皮天雷：《互联网金融：范畴、革新与展望》，《财经科学》2014年6期。

官方的定义则从业务角度进行了定义，中国人民银行发布的《中国金融稳定报告（2014）》中将广义的互联网金融定义为既包括作为非金融机构的互联网企业从事的金融业务，也包括金融机构通过互联网开展的业务。狭义的互联网金融仅指互联网企业开展的、基于互联网技术的金融业务。[①]可见官方的观点相对更务实，更考虑业务发展过程中的持续、稳定和后续的监管需求。

可见，对于互联网金融的各种定义尚未形成共识，各类概念差距较大，对互联网金融的理论基础、创新发展和制度约束自然就会不同，但目前的现状是，部分互联网金融机构出现了逾期、跑路甚至破产清算的现象，这些问题如果不能得到较好的解决，势必会影响我国经济金融的稳定发展，当然有必要对互联网金融机构进行清晰的区分并辅以合理的监管。

（二）互联网金融在中国的发展模式及存在的问题

虽然对于互联网金融的定义争论较多，但在实践中互联网金融的各种业态并没有停步，而是呈现出快速成长的状态，并逐渐形成了各具特色的互联网金融模式。本文根据互联网金融的商业模式及其具体表现形式，将其分为三类模式，即交易模式、交互模式以及综合数据服务模式。

1. 交易模式

在交易模式中，主要有第三方支付、P2P 网贷、众筹和数字货币等表现形式，这些表现形式的一个共同特征就是由交易而生并为交易服务。

（1）第三方支付（Third-PartyPayment）

第三方支付往往指的是一些有信誉保障和业务实力的机构通过计算机、通信技术等手段，并辅以严格的网络信息安全防范，经与银行签约后实现的用户和商业银行支付清算系统直接对接的交易模式。中国人民银行 2010 年在《非金融机构支付服务管理办法》中给出的非金融机构支付服务的定义，从广义上讲第三方支付是指非金融机构作为收、付款人的支付中介所提供的网络支付、预付卡、银行卡收单以及中国人民银行确定的其他支付服务。[②]实际上目前的第三支付已不

[①] 中国人民银行：《中国金融稳定报告（2014）》，2015 年 4 月。
[②] 中国人民银行：《非金融机构支付服务管理办法》，2010 年。

分报告十一　中小微金融视角下的收入分配与相关机制优化

再局限于最初的互联网支付,已经日益发展成为线上线下一体的、提供综合服务的、应用场景更为丰富的综合支付工具。

根据第三方支付的运营特征及其所承担的责任,可以分为两种模式,一种是不承担担保功能的独立的第三方支付模式,这种第三方支付平台仅仅提供支付产品和支付系统及相关服务,其运营独立于电子商务平台或其他金融平台,比较典型的代表有拉卡拉、快钱、汇付天下、易宝支付等,这些机构的特色是专业做支付平台,根据对所服务行业的理解,提供专门口径或是全方位的支付解决方案,这些平台的收入主要来源于为企业提供服务;另一种模式是依托于一些电子商务网站或金融交易平台来运营的第三方支付模式,比如依赖于淘宝网的支付宝,或依赖于微信的财付通。在这种支付模式中,买方在电子商务平台选购商品的同时要使用第三方支付的账户进行付款,但款项并不直接支付给卖家,这两次支付的时间间隔是买方确认所购商品无异议,或由电子商务平台代为确认无异议(买方已收货但尚未进行确认操作的情况),第三方支付平台才向卖方转账,因此这类第三方支付平台业务运营中的资金占用实际上已经形成了一定的资金池,值得注意的是,池中是无息的沉淀资金,这一类平台的收入主要来源于交易过程中的手续费、服务费,以及将资金池的的资金通过一定渠道出借而产生的利息收入。

第三方支付机构的兴起给商业银行的中间业务发展带来了很大的压力,尤其是现在的第三方支付平台已经在技术上走向了支付流程的最前端,其使用的介质从台式电脑向平板电脑和手机过渡的过程中,已经形成了越来越独立的支付体系,并逐步涉足基金、保险、证券交易等方方面面的金融业务,呈现出在支付业务上和传统商业银行分庭抗礼之势。一些走在前面的第三方支付机构还通过互联网整合所积累的各种客户资源,将交易中碎片化的采购、交易、结算等各类信息综合起来,并设计出综合的金融服务方案,已经形成了供应链金融的雏形。更有甚者,部分支付机构已经开始渗透到流通和金融领域,开始涉足信用卡业务,甚至开始变向从事消费信贷服务。可以想象,如果这些第三方支付机构能够拥有开设、管理金融账户的权利,则传统金融机构将会面临颠覆性的挑战。

当然,对第三方支付机构的监管也日趋严格,从 2011 年 5 月央行首次发放第三方支付牌照至今，共发放了八批共 270 张牌照，在严格监管和支付机构自身的优胜劣汰中，第三方支付生态体系会日益健全。

（2）P2P（Peer-to-Peerlending）

P2P 可以翻译为点对点信贷，指的是资金的借贷双方在互联网上通过第三方平台进行交易，借方将包含所需额度、期望利率等用款需求置于 P2P 平台，贷方将可提供额度、底线利率等放款条件也置于该平台，而后 P2P 平台进行借贷资金的匹配，并收取一定的管理费或服务费等中介费用，中介费用收取的逻辑主要来自平台的管理费和借贷双方的评估费用。

2005 年，英国产生了最早的 P2P 平台 Zopa，其早期核心业务是个人贷款，并于 2013 年开始提供综合性的小微企业贷款服务。Zopa 依据个人信用记录来评分，具体的操作程序是将借款人根据其信用记录进行评级，再考虑其借款期限、借款金额等因素综合确定借款利率，同时对每笔贷款向借贷双方收取佣金作为平台的收入来源。该平台的风控措施非常严格，将借款者需求和资金提供者的供给都分为 N 个 10 英镑，实行多对多的借款机制，这大大分散了风险。2013 年其还建立了 Zopa 的安全基金，资金主要来自借款者的手续费，由非营利性的信托机构 P2PSLimited 保管，安全基金中的资金只能用来偿还违约贷款的本金与利息。

随后，美国于 2005 年 11 月创办了专注于小额贷款的 PROSPER 平台，该平台也是由资金提供者向借款人提供贷款并收取利息，从 2016 年 2 月运营开始，该平台累计贷款余额约为人民币 12.5 亿元，逾期三个月以上的比率只有 2.83%，众多投资机构也看好这家 P2P 平台，并多次对其进行投资。随后美国陆续出现了类似的互联网借贷平台，比如 2006 年开始运营的 prosper.Com 通过网站直接经营，2007 年开始运营的 LendingClub 通过 Facebook 等社交网络进行资金撮合。

由于此前 P2P 在中国大陆没有准入门槛，相应监管制度、行业标准均为空白，而长期以来的中小微企业和个人的融资瓶颈问题催生了 P2P 平台的野蛮生长。2015 年，中国互联网金融业的客户数量已追平传统银行，突破了金融变革的临界点。中国已经是世界上最大的 P2P 市场，中国的 P2P 平台规模约为 669 亿美元，是美国的四倍，但随着中国 P2P 平台的数量增加，P2P 放贷规模和存在问题平台数量同时增加。2015年，中国的P2P平台数量已经达到3 600家，而存在问题的P2P平台数量也超过1 000家，即只有约2 600个正常运营的P2P平台。[①] 已经爆发的恶性案件中最为典型的是e租宝，由于缺乏监管，该平台创造了大量虚拟借款人，将其对接给寻求高收益的出资者，最终导致平台崩盘，至今仍拖欠投资者大量资金。

目前国内P2P模式变种很多，但形式只是其次，究其根本，是否形成了资金池，是否实施了实名制，是否保本保息，是否取得了真实、可靠、完整的信用记录，是甄别其合规的重要判断依据。

（3）众筹（Crowdfunding）

众筹就是大家一起筹集的意思，该词是舶来品，在台湾地区译作"群众募资"，在香港译作"群众集资"。众筹的条件首先要有缺乏资金但有创造能力的发起人，以及对发起人的筹资标的感兴趣由有能力提供资金的支持者，以及在互联网上为支持者和发起人提供交易的众筹平台。众筹的门槛较低，只要有新的想法和创造力，众筹者的年龄、性别、职业、地位等均不受限。最早的众筹起源于美国的Kick Starter网站，该网站帮助有创造能力的人在互联网上进行筹资并实现梦想。而众筹的标的早期多为艺术家或作家为创作作品而进行资金筹措的手段，现状则囊括了科技、影视、设计、漫画、音乐、摄影、游戏、出版、食品等多个门类，已经成为初创期的企业为项目筹资早期资金的互联网交易渠道。众筹的参与者甚众，既包括专业的投资者，也包括行业参与者甚至普通消费者和投资者，但众筹的标的必须已经达到可展示的状态并通过平台的审核方可实施。在实施过程中，众筹的标的必须在预设的时间内筹足或超额募集目标金额才可，如果筹资失败，已获得资金需要全额退还支持者，如果众筹成功，则发起人必须根据预先的承诺给支持者提供投资回报或提供相应的产品或服务。

众筹的发展目前面临众多障碍，首当其冲的是相关法律尚为空白，虽然2014年12月18日已经出台了《股权众筹融资管理办法（试行）》（征求意见稿），但仍然没有解决有关众筹的一些基本争论。比如超过200人的众筹是否会

---

① 花旗银行：《数字化颠覆——金融技术如何迫使传统银行到达临界点》，2016年3月。

定性为非法集资，有人说这只是团购，但实际上有些众筹已经不仅仅是为了获取产品和服务，获取投资收益的众筹已经触碰了《公司法》等法律的红线。也有人认为众筹将会成为企业融资的一种渠道，但现实情况下众筹的金额一般都较小，且受到筹资范围的限制，发展较为缓慢。

（4）数字货币（Digital Currency）

数字货币简称DIGICCY，是在互联网被广泛应用的前提下推出的人类历史上唯一不需要媒介的货币，其中包括数字货币和密码货币等形式，目前全球发行的数字货币约数千种，虽然其历史较短，但发展迅速，很多国家都在做数字货币的尝试。欧洲2015年数字货币的交易量已超过10亿欧元，挪威最大的银行DNB早已取消了柜台现金业务，并呼吁政府停止使用纸币，因为现金支付的成本是电子支付的两倍，而且数字货币还能提高流通、交易、投资的效率，为经济活动提升透明度和便利性，英国也已开始讨论是否应该使用数字货币。但反对的观点则认为，由于缺乏监管，数字货币有可能给金融体系带来系统性风险，美国国会就曾为数字货币是否加密发起争论。

当然，数字货币绝对不仅仅是货币数字化的简单描述，一旦中央银行发行法定的数字货币，将会对货币体系中的货币政策、发行和清算、金融机构和金融交易方式产生重大影响，因此目前尚未有任何一家央行发行数字货币。目前常见的数字货币都是民间的虚拟货币，一种由用区块链（Block chain）技术和其他配套支持所推出的互联网数字货币，比如比特币，其数量有限，约2 100万个，且其开放源码，每一个比特币的产生都是透明不受操控的；另一种则是虚拟货币，往往为某家公司或机构所控制，源码不开放，被人为所控制，有被无限增发的可能性。

从长远来看，以区块链技术发展起来的数字货币将会成为主流，这些互联网数字货币在区块链技术下形成一个金融体系的大账，从而使所有交易和记录都得以保存，并可以通过大数据等技术强化管理，这种数字货币能够对货币的流通过程实时跟踪，在优化税制管理、反洗钱、反商业贿赂等环节都将会有用武之地。

2. 交互模式

在交互模式中，主要有搜索引擎、社交网络、虚拟现实等表现形式，其共同特点就是参与者各方都或多或少通过各种途径发生着互动。

（1）搜索引擎（Search Engine）

搜索引擎是根据一定的指令，在互联网上通过特定的程序收集信息，并将这些信息归类、整理后供用户检索。搜索引擎包括目录索引、全文索引、门户搜索引擎、集合式搜索引擎、元搜索引擎、垂直搜索引擎、免费链接列表等多个类别。

搜索引擎最初的作用是为用户提供搜索信息的服务，而后竞价排名等搜索引擎日益成为其主流的商业模式，一方面搜索引擎可以给各行各业进行竞价排名并收取费用，另一方面还可以为各种企业做广告收取费用，这种广告是根据点击率来确定广告费的。而后搜索引擎产生了更加深入的交互功能，比如说百度每时每刻都可以统计出对某关键词的搜索数量、区域分布等数据，并可以根据这些数据进行相应的商业推送，进而在商业交易中以自带的第三方支付工具进行支付，甚至吸引客户进行理财（比如百度的理财平台百赚），由此形成了一个集各类客户为一体的综合金融服务的交互式平台。

（2）社交网络（Social Network Service）

社交网络即通过互联网形成的社交渠道，这包括软件、服务、硬件等各方面的应用，应该说1971年第一封电子邮件的发送是社交网络诞生的起点。此后1991年超链接的万维网（WWW）出现，1994年斯沃斯莫尔学院（Swarthmore College）的学生Justin Hall创建了博客并于外界开始互动，1995年帮助从幼儿园同学到大学同学取得联系的社交网站Classmates.com成立，1996年可以进行简单提问的早期搜索引擎Ask.com开始运营，1997年，实时在线的社交工具AIM在美国上线，同年先锋博客的作者Jorn Barger创造了"weblog"一词，1999年，博客工具Blogger和LiveJournal出现，2000年，Jimmy Wales和Larry Sanger共同成立了首个全球开源、协作、在线的百科全书Wikipedia，2002年，首家用户规模上百万的社交网络Friendster上线，2004年，目前全球最大的社交网络Facebook成立，2006年，以字数限制而迅速成为快捷交流的自媒体平台Twitter成立，2011年为智能终端提供即时通信服务的免费程序微信（WeChat）上线。

与以往任何一种互联网应用程序不同的是，社交网络迅速扩张并进入金融服务领域，以微信为例，2015年第一季度微信每月活跃用户已达到5.49亿，各品牌的微信公众账号总数已经超过800万个，移动应用对接数量超过85 000个，微信支付用户则达到了4亿左右。悄然发生变化的是，这些社交网络上进行的互联网金融交易规模在日趋扩大，并呈现出对金融产业链全覆盖的趋势。

（3）虚拟现实

虚拟现实技术是以互联网集合计算机仿真系统来生成模拟环境并体验虚拟世界的多元信息融合的交互模式，这种模式中人们易于沉浸于实体行为和三维动态视景中。目前虚拟现实是互联网交互模式的高端形态，将会把环境、传感、技能等各个方面纳入互联网，将会生成视觉、听觉、力觉、味觉、触觉等各种交互式感知，这种技术有可能广泛地应用于制造业、服务业，在给用户提供产品和服务的过程中实现轻松自然的付费，并可以给客户提供更深度的服务，不仅仅是理财和交易，甚至包括财富的创造乃至于盈利模式的设计。

3. 综合数据服务模式

综合数据服务模式则包含了大数据和云计算、互联网金融门户等多种表现形式，其核心体现是给用户提供更加深入、全面的金融服务，最典型的特点是服务无死角。

（1）大数据金融和云计算

大数据管理和云计算往往是同时存在的，大数据金融是通过互联网信息收集和云计算的基础统计分析，将海量碎片化数据进行整合、计算、分析，进而描述出用户的全貌，挖掘客户的消费习惯、交易信息和潜在需求，进而给客户提供全方位服务的集电子商务与互联网金融为一体的系统性工程。大数据金融和传统金融的最大区别就是精准的市场营销和全面而又高效的风控措施，其能够从非结构化的数据中迅速抓取、统计、分析信息并得出结论，做出决策，相当于在提供产品和服务的同时已经为用户提供了全面的预算、交易、理财服务。

（2）互联网金融门户

互联网金融门户指的是以互联网进行金融产品提供和管理的综合服务平台。与其他门户一致的是，互联网金融门户可以给用户提供综合的"搜索+比价"服务，有利于客户进行更效率的选择，为客户提供更质优价廉的服务；另一方面，互联网金融门户有助于在客户挑选服务的同时进行反向管理,帮助金融机构快速、稳妥地进行战略调整,改变产品、改善服务、实施有效多元化的综合服务。

互联网金融门户既是个入口,能够为用户提供全方位的服务;又是个出口,可以为用户进行信息反馈和咨询,帮助用户量身定做,有助于将用户的需求和金融创新深度融合。

(三)对互联网金融实施服务性监管

互联网金融的创新发展不仅仅推动了经济发展,也给社会进步注入了新鲜的活力。但由于发展初期的制度空白,一些风险也在酝酿并逐步积累,不法证券期货行为、地下钱庄、金融诈骗等环节犯罪活动时有发生,数据显示,2015年我国金融犯罪案件频发,由于一些网络借贷平台在运营过程中缺乏监管、缺乏标准,被一些不法分子利用沦为非法集资非法放贷的平台,P2P、融资担保等领域的非法集资案件仅在2015年就增长了48.8%。针对互联网金融的监管措施和制度建设亟待完善,但单纯的查处也非长久之计,如何以改革的积极态度和无缝对接的监管体系相衔接,促进互联网金融的稳健发展是下一步互联网金融发展的要点。笔者建议,起码应该从以下三个方面入手,实施互联网金融的综合监管。

1. 实施金融综合监管、打破金融市场垄断

由于我国金融行业的垄断程度仍然较高,这就导致了金融机构不愿积极主动地推动改革,特别是对小微、"三农"等领域的金融支持,由于风险相对较高,利润相对较低,金融机构没有动力满足这些领域的有效融资需求。而互联网金融开放、无边界的特点又易于让资金产生合理、不合理、合法、不合法的流动,一旦监管不严,就有可能引致金融违法行为的发生。因此,监管的首要环节应该是积极实施综合监管的方案,打破金融机构的垄断现状,充分发挥市场的力量来优化交易和服务方式。

2. 以大数据和云计算等方式完善征信体系建设

我国征信体系建设不健全,导致了金融违法违规行为易于逃避监管,而社会责任和信任度的缺乏,又不利于市场化改革的推进。如果能够以大数据统计的方法,将各行业、每个单位、每个人的数据进行综合、全面的统计,再以云计算的

方法把这些碎片化的信息整理、归集，并得出无死角、高精度的征信数据，这些数据一方面可供金融机构进行有效客户选择和风险甄别，也有利于监管部门进行全面、高效的监管。

3. 加快互联网金融领域产业链的创新

如果说金融机构的互联网服务创新给客户带来了更多的交易体验和方便，那么电子商务中广泛地引入互联网金融则造成了产业更迭，以及人们生活模式的重大变革。而随着大数据时代的到来，企业的供应链系统与物流监管、银行等系统的实时数据交互、流程衔接更为紧密，从亚马逊书店到阿里巴巴，互联网金融不断进行着产业交易模式的创新，并且深刻地改变着人们的生活。良好的产业链服务自然就是有效的监管系统，让非法交易和非法服务没有生存空间。

以电信运营商为例，中国联通的手机支付产品"沃刷"个人版手机刷卡器已经正式商用，目前正处于全国推广阶段。据悉，此款手机刷卡器支持银行卡余额查询、信用卡还款、转账汇款、话费充值、游戏点卡充值、水/电/燃气缴费等便民支付业务。用户可通过手机下载"沃刷客户端"搭配音频口刷卡硬件一起使用，无须对已有银行卡开通网银即可享受便利支付业务。该产品支持银联标识的借记卡及信用卡。[①] 此前，中国联通已先后发布了多款支付产品，包括网银网关、快捷支付、无卡支付、移动收银台、POS 收单、银行卡代扣、代理商资金归集、手机公交、手机银行等。此次最新推出的"沃刷"手机刷卡器主要面向合适的产品绑定客户、集团优质客户及高端客户，为其提供安全便捷的支付服务。在这种便捷、全面服务的背后，非法的产品和服务较难进入用户视野，大大降低了监管的难度。

总之，互联网金融的各种交易模式已经大大促进了中小微企业的创业、拓展的市场机遇，为优化我国中低收入者的收入分配结构提供了广阔的空间。当然，新生事物的发展壮大总有一个合理的过程，如何通过互联网金融的崛起来撬动我国中小微企业的快速稳定发展，进而推动相关行业和领域的收入分配优化，甚至改善全社会的收入分配，就需要我们深入研究其内部的交易机制，以及监管方向。根据 2017 年 7 月召开的第五次中央金融会议的精神：一是强调金融对实体经济的

---

① 李全：《中国小微金融》，经济科学出版社，2013 年版。

支持；二是强调不发生系统性金融风险。创新和监管是对于互联网金融的稳健发展是一个问题的两个方面，既不能因为创新而触碰法律法规，也不应由于监管而限制了行业的良性生长，如何在这两方面寻找一个平衡，是行业健康发展和高效监管的核心，这也为我们进一步拓展了我国居民、企业收入分配升级的具体路径。

五、优化中小微企业在价值链中的收入分配机制

随着中国经济的快速稳定发展，中小微企业目前正面临重要的发展机遇期，但也面临着前所未有的困难，小型微型企业困难更加突出，这不仅仅体现在融资困难的问题上，更越来越体现在产业结构调整的深层次讨论中。由于融资难、招工难，而且在产业链中长期处于中低位置，导致了这些企业之间博弈加剧，相互蚕食利润的情况屡见不鲜，这也导致这些企业在收入分配的安排过程中优先按照债权人、客户、供应商、股东、员工的顺序进行分配。但中小微企业的股东尤其员工数量巨大，其收入分配情况直接影响着千家万户，如何通过提升中小微企业在产业链中的地位，来改善其收入分配的运行机制，意义重大。同时，如何在产业链中有效地开展中小微企业服务活动，组织和动员全社会的力量来关心和支持其发展，帮助中小企业特别是小型微型企业渡过难关，加快结构调整和转型升级，实现平稳健康发展，正是助力中小微企业发展的主旨。而实际上，我国中小微企业发展过程中确实面临产业结构调整的重要关口，如何一改过去这些企业"小而全"的经营模式，形成国家产业化格局中的重要基础，并深刻地改善相关领域大量员工和创业者的收入分配问题，将会是我们未来一段时期内的研究重点。

（一）中小微企业在产业链发展中的政策基础

不仅仅在十九大报告中明确提出了对科技型中小微企业的促进和发展，长期以来，中小微企业都不缺少良好发展的政策红利，多年前，为贯彻落实党的十五大和十五届四中全会精神，切实加大对中小微企业特别是高新技术类中小微企业的扶持力度，促进中小微企业健康发展，国家提出了《关于鼓励和促进中小企业

发展的若干政策意见》，要求各级政府充分利用经济结构调整的有利时机，大力推进中小微企业结构调整。提出认真执行已颁布的《淘汰落后生产能力、工艺和产品的目录》《工商投资领域制止重复建设目录》，鼓励先进，淘汰落后。要求将国家扶持的重点放在科技型、就业型、资源综合利用型、农副产品加工型、出口创汇型、社区服务型等中小微企业，使之不断提高产品质量和技术档次、增加产品品种，满足市场需求。对那些技术落后、质量低劣、污染环境、浪费资源，以及不符合安全生产条件的中小微企业，依据国家法律法规和政策，采取有力措施，坚决予以关闭。还提出鼓励中小微企业向"专、精、特、新"方向发展，形成与大企业大集团分工协作、专业互补的关联产业群体。着力扶持"优强"中小微企业发展，不断总结推广不同类型中小微企业的发展经验和典型模式。如果这些产业政策都能落地，必将大幅提升中小微企业在产业链中的地位，助力其收入分配结构的改善。

（二）中小微企业快速发展中的产业瓶颈

应该说，中小微企业是市场经济体制的微观基础，是深化改革的主要推动力量。中小微企业大多数从事第三产业，贴近市场，贴近用户，活跃在市场竞争最为激烈的领域，是市场经济的主体和市场体制的微观基础。相对大企业而言，中小微企业改革成本低，操作便利、社会震荡小、新机制引入快。因此，在改革进程中，中小微企业往往是试验区。中小微企业的各项改革成果，为大企业的改革实践提供了有益经验，也为创造多种经济成份共同发展的大好局面做出了贡献。

中小微企业与大企业相比，最典型的瓶颈是投融资瓶颈，此类讨论比较多，争论也很激烈。但实际上我们往往忽略了另一个重要瓶颈，就是中小微企业的产业结构及其在整个产业链中的地位。从中小微企业劳动密集的特点来看，中小微企业大都生存并发展于劳动密集型企业，就业容量和就业投资弹性均明显高于大企业。中小微企业比大企业单位资金安置劳动人数要高，有的要高出一倍，正因为如此，在过去多年中国的工业化进程所以没有出现严重的社会就业问题，中小微企业功不可没。但现在的劳动力密集型企业随着劳动力成本的高涨而存在着巨大的生存压力，这些压力并没有随着中国经济的快速发展而消退，反而随着科技创新技术的发展，会愈演愈烈。

换一个角度来说，一部分中小微企业没有随着中国经济的快速发展而实现全面的产业升级。确实有些优秀的中小微企业较早地进入资本市场，依赖社会资本的投入迅速发展起来了，实现了产业的升级换代，有的已经蜕变为大企业。但仍有很多中小微企业在原地踏步，这主要表现在产业链的地位方面。这些中小微企业确实在财务指标方面有较快的增长，但更多只是体量的扩大或说一般意义上的规模增长，并没有突破原有的产业瓶颈。因此，如何加快中小微企业的产业转型乃至产业升级，已经成为制约中小微企业快速发展的重要瓶颈。

（三）中小微企业在经济增长中的价值链分析

价值链分析法是由美国哈佛商学院教授迈克尔波特提出来的，是一种寻求确定企业竞争优势的工具。这种分析方法认为企业的价值增值过程，按照经济和技术的相对独立性，可以分为既相互独立又相互联系的多个价值活动，这些价值活动形成一个独特的价值链。价值活动是企业所从事的物质上和技术上的各项活动，不同企业的价值活动划分与构成不同，价值链也不同。

对于我国中小微企业广泛存在着的制造业来说，其价值链的基本活动包括企业集群的内部后勤、外部后勤、市场营销、服务；辅助活动包括企业基础设施、人力资源管理、技术开发、采购。每一活动都包括直接创造价值的活动、间接创造价值的活动、质量保证活动三部分。那么，中小微企业在发展过程中，如果能够嵌入价值链中而快速发展，关键就要看它是否提供了后续活动所需要的东西、是否降低了后续活动的成本、是否改善了后续活动的质量。每项活动对企业创造价值的贡献大小不同，对企业降低成本的贡献也不同，每一个价值活动的成本是由各种不同的驱动因素决定的。价值链的各种联系成为降低单个价值活动的成本及最终成本的重要因素。而价值链各个环节的创新则是企业的竞争优势的来源。而实际上，中小微企业完全可以秉承自身的特点，在价值链中寻找自身的优势领域，以补充大企业发展中的瓶颈。

从最简单的价值链分析来看，大企业的某个最终产品都是由不同的零配件组成的，这些零配件如果都由大企业来生产，则势必形成"大而全"的格局，这是我们在改革过程中曾经走过的道路，在工业化进程中会造成产业的低效率。如何将这个最终产品的各个部分分解为不同的产品，并将这些产品分配给各类中小微企业来生产，并形成规模化的产业格局，以提升产业链中的整体效率，已经成为产业经济学研究的重点。我国区域经济中出现了大量的"一村一品"和"一乡一品"就是一个明显的论据。从更复杂一些的价值链来分析，大企业还可以将其他部分产业分割交给中小微企业来做，效率也会更高。常见的模式比如客户服务外包，物流外包等经营模式，已经成为生产性服务业快速发展的重要增长点。从最复杂的价值链来看，中小微企业还可以参与一些个体特征明显高效率的活动，比如文化创意产业的技术开发，这个产业中的每项价值活动都包含着技术成分，无论是技术诀窍、程序，还是在工艺设备中所体现的技术。技术开发由一定范围的各项活动组成，这些活动可以广泛地分为改善产品和工艺的各种努力。技术开发可以发生在企业中的许多部门，与产品有关的技术开发对整个价值链发展起辅助作用，而其他的技术开发则与特定的基本和辅助活动有关。随着这些链条交由中小微企业来做，整个产业链的发展速度将会有一个明显的提升，这也正是产业升级的必要环节。

当然，还可以由中小微企业积极参与大量的辅助活动，这也是价值链高效率的一个具体体现。比如企业的人力资源管理指与各种人员的招聘、培训、职员评价以及工资、福利相关联的各种活动。它不仅对单个基本辅助活动起作用，而且支撑着整个价值链。再如，企业基础设施由大量活动组成，包括总体管理、计划、财务、会计、法律、政治事务和质量管理等。它与其他辅助活动不同，它不是通过单个活动而是通过整个价值链起辅助作用。这些辅助活动往往会因作为企业的一个部门而体现出低效率或不公平的现象发生，但如果在价值链中以中小微企业的快速发展来涵盖此类业务，则有可能是一个高效率的模式。

综上所述，产业结构转型和升级是各国产业化进程中的必由之路，也是我国经济快速稳定发展的重要支撑，如何通过价值链分析来完善我国的产业结构，提升产业运营效率，已日益成为我国经济快速增长中需要关注的核心问题。当然，将中小微企业发展有效地嵌入整个产业的价值链中，还需要一些辅助政策的支持，这就需要继续贯彻落实国家关于加强技术创新，发展高科技，实现产业化的一系列决定，加大风险投资基金对中小微企业的大力支持，在提高技术创新能力、促进科技成果产业化等方面，对中小微企业特别是科技型企业予以有效扶持。还应在工业园区带动、辐射功能基础上，突出区域性、行业性中小微企业技术创新服务机构的支持作用，加快培育中小微企业技术创新基地和产业化基地。各类中小微企业凡在我国境内投资符合国家产业政策的技术改造项目，应深入研究其各项支持政策，包括融资便利、税收支持政策、行业扶持政策、政府采购政策、各类政府奖励等。中小微企业嵌入整个产业链的发展，是过去的问题、现在的问题，更是将来的问题，如何帮助中小微企业快速发展，提升其产业链地位，将较大地拉动我们在面临"中等收入陷阱"时遇到的困境，营造良好的收入分配运行机制，应该说这项改革仍然任重而道远，如何有效施行，仍值得我们期盼。

六、中小微企业融资创新与优化收入分配的要领

上述诸多路径都有助于缓解中小微企业的融资困境，但对于创业期的企业，其融资就更加困难，相关领域的收入分配也就成为更难解决的问题，如何支持创新、创业企业的融资，助力此类企业的可持续发展，改善其收入分配现状，是本部分研究的又一个新问题。在创新型中小微企业目前的发展进程中，我们需要进一步厘清其融资路径，并在相关机制方面进行深入的创新与落实，这起码需要在在三个方面进行制度创新与具体设计：一是商业性融资与政策性融资协调发展，这样有助于对中小微企业的融资路径全覆盖；二是在创新型产业发展的过程中，尤其在早期创业阶段，需要有相应的财税政策支持，而此时最有效的路径之一就是对相关领域优化税制结构；三是需要迎合先进技术的发展进行中小微企业融资模式的创新。

（一）商业性融资与政策性融资双轨协调

基于全球化进程的加快，我国纳入国际市场的速度在加快，金融市场的变革也在加快，在利率市场化的进程中，要进一步通过金融改革与创新促进中小微企业的发展。

一方面要提高小微金融的市场化程度，帮助中小微企业在其发展的各个阶段都能够得到市场化的融资安排。尤其在中小微企业进入成长期以后，越来越多的资金需求应来自市场，各类股权投资机构与债权融资机构也都乐于在企业的快速发展过程中参与其中。当企业小规模发展时，通过产业链上下游的商业信用融资就可以解决一部分资金短缺的压力，不足部分由银行或市场化的小微金融机构来提供；但当企业进入发展的快车道时，其日渐上升的资产负债率已无法满足企业日常生产经营的需要，这就需要私募股权投资等资金提供方进行大量的融资支持，这不仅仅解决了企业的融资需求，也降低了企业发展过程中的财务风险。

另一方面，在中小微企业发展的初级阶段，获得商业化的资金难度较大，需要通过政策性金融的制度设计予以支持，具体可以采取对创业企业的贴息支持，以及由政府引导基金对创新型企业直接投资，并通过政策性银行等金融机构的债权融资支持，帮助企业早期发展中融资最困难的一段时期。

其实在政策方面甚至有专门针对创新型中小微企业发展的人才计划，相关配套资金不仅仅可以直接支持相关创业项目，也可以直接作为薪酬发放给优秀的研究人员，这不仅仅支持了创新型企业，也支持了创新型人才的发展，是收入分配改革中值得推崇的政策"亮点"。

（二）"双创"发展中税收支持的呼应

目前我国创新、创业事业的发展形势很好，但依然有很多企业在早期创业阶段和创新型产业的发展过程中面临着较大的经营成本，这种成本在某些时期比大企业成本更高，比如企业已经越过了小规模纳税人时期，又尚未达到申请高新技术企业标准之前，就很难享受到税收优惠，但这些企业对国家的创新发展意义重大，从相当意义上对产业结构的调整、对增长方式的转变都有积极的作用。因此，有必要对创新、创业等领域进行更大力度也更为有效的税收支持。具体来看，可以根据产业发展中创新型产业的分类进行税率的优化，对创新型产业减按15%的税率征收企业所得税，对创新型产业中的创业企业均按小规模纳税人的要求进行税收征管。此外，还应对创新、创业领域的优秀企业家和投资者实施一定程度的税收优惠，对其投资收益再投资的部分按照个人所得税减半征收等税制设计。如果能够以优化的税收政策坚持不懈地支持"双创",几年后必将取得良好的经济与社会效益。

对于创新、创业型企业的税收扶持政策,不仅仅有助于提升"双创"型企业的快速发展,也有利于吸引创新型人才的回归和落地,随着人才计划的落实,又会反哺创新型产业计划。

(三)互联网、大数据时代的小微金融创新

随着技术革新和新型交易工具的推陈出新,小微金融也应融入其中,在政府管制放松与新技术不断完善的背景下,促进该领域的蓬勃发展。最直接的方式就是通过云计算和大数据金融的快速发展,通过互联网技术对小微金融机构的交易双方进行深度的数据挖掘,通过将碎片化的信息整合、归类、计算、分析、精准推送,实现金融产品的最优配置。

我国当前中小微企业比较常用的互联网融资工具有蚂蚁花呗、京东白条、华为花瓣等,实际上除了这些代表性产品之外,各家互联网金融机构都有一系列的产品设计和推送,这个市场非常广阔,这不仅仅是具体产品甚至产业的创新,实际上已经是商业模式的创新,如何在小微金融发展的过程中将这种商业模式的创新快速形成生产力,就需要深入研究如何技术与市场的深度融合。大数据金融对于传统行业的变革和推动作用尤为明显,通过大数据和云计算的高效运作,可以显著降低这些行业的经营成本,并有助于其全面地规避风险和精准地提供服务。

目前看来,技术革新不仅仅推动着中小微企业的融资改善,也提升了这些企业的生产经营能力,随着相关企业的经营日趋活跃,一方面,有助于提升企业内部收入分配的水平;另一方面,从深层次改善了创业市场的发展基础,有助于催生创新型人才的发展与梯队建设。这些领域的改革又会对我国经济增长方式的转变起到积极的推动作用,随着产业结构的不断优化,我国将最终实现产业提升与收入分配改善的相互促进,形成创新型发展的良性循环。

参考文献：

［1］崔健.浅谈企业筹资方式［J］.江苏商论，2009（3）：181.

［2］谷祺，刘淑莲.财务管理［M］.大连：东北财经大学出版社，2000（3）.

［3］韩复龄.公司融资渠道选择与资本运营［M］.北京：中央财经大学出版社，2002-10（1）.

［4］李全.中国小微金融［M］.北京：经济科学出版社，2013.

［5］李全.为小微金融立"数字标杆"［N］.经济日报，2015-5-6（10）.

［6］李全.拉动小微经济发展的关键是制造业［N］.经济日报，2015-6-5（6）.

［7］李全.三季度将成为小微经济复苏关键时点［N］.经济日报，2015-7-9（9）.

［8］李全.政策扶持有待进一步强化［N］.经济日报，2015-8-5（8）.

［9］李全.政策加码小微经济预期好转［N］.经济日报，2015-10-10（5）.

［10］李全.供给侧改革下的小微经济展望［N］.经济日报，2015-12-4（16）.

［11］李全.小微经济平稳收官［N］.经济日报，2016-1-5（12）.

［12］李全.小微企业经营压力待解，复苏尚需时日［N］.经济日报，2016-2-3（8）.

［13］李全.小微步入调结构深水区日［N］.经济日报，2016-3-16（14）.

［14］李全."十三五"落子开启小微经济转型之旅［N］.经济日报，2016-4-5（7）.

［15］李全.优化结构是小微经济发展主旋律（N）.经济日报，2016-6-18（6）.

［16］李全.小微经济复苏需要时间和耐心［N］.经济日报，2016-7-7（11）.

［17］李全.小微经济持续底部运行［N］.经济日报，2016-8-12（7）.

［18］李全.小微经济持续底部徘徊［N］.经济日报，2016-9-5（3）.

[19] 罗明雄,丁玲.互联网金融六大模式深度解析[J].中国科技财富,2013(9):38-41.

[20] 倪忠森.企业筹资方式的比较与选择[J].企业家天地,2005(10):5-6.

[21] 皮天雷.互联网金融:范畴、革新与展望[J].财经科学,2014(6):22-30.

[22] 邵华.企业筹资方式探讨[J].行政法制,2003(1):19-24.

[23] 孙瑜.企业筹资方式的选择[J].经济师,2007(9):167-168.

[24] 谢平,邹传伟.互联网金融模式研究[J].新金融评论,2012(1):11-12.

[25] 杨东.互联网金融监管体制探析[J].中国金融,2014-8:45-46.

[26] 章元,李全.论产出分布对团体贷款还款率的影响[J].经济研究,2003(2):43-54.

[27] 章元,李全.关于团体贷款的建议[J].金融理论与实践,2004(9):3-5.

[28] 张智楠.市场经济条件下企业筹资方式的研究[J].北方经济,2006(6):36-37.

[29] 邹冰峰.中小企业融资的创新举措[J].江南论坛,2011(3):24-25.

分报告十二　住房保障、房地产市场发展与收入分配制度改革研究

一、住房保障、房地产市场发展与收入分配制度的关系

（一）住房保障制度与收入分配

1. 住房保障制度的内涵

住房保障是指符合住房保障准入条件的家庭或个人由于获得低于市场价格的保障性住房（包括经济适用房、廉租房、公租房、限价房）而产生的收益或直接获得的货币补贴收益。理论上，为了保障公平，住房保障收益应该随不同收入阶层调整，一般来说，收入越低，所得的保障性住房福利应该越大，相反，收入越高，所获得的收益越大，将会造成高收入人群对社会保障资源的挤占效应，拉大阶层之间的收入差距，就难以起到住房保障"提高促低、保障公平"的作用。

2. 保障性住房调节收入再分配的机理分析

衣食住行是人类赖以生存的基本条件。然而，市场经济充满了各种风险和高度的不确定性，任何家庭或者个人都可能因为个人、家庭、社会或自然原因等无法从市场中获得维持基本生存的居住权，如果得不到及时的救助，极易发生贫困，甚至陷入长期的贫困。我国住房保障制度的根本出发点在于实现"住有所居"，政府以满足低收入无房家庭最基本的居住需求为目标，向上述群体提供一定的实物援助，直接保障了低收入群体的基本生存。

分报告十二　住房保障、房地产市场发展与收入分配制度改革研究

住房保障制度在保障居民基本住房需求的同时，参与调节了社会收入再分配。具体体现在：在家庭名义收入不变的情况下，国家通过新建或产权转换的形式获得保障性住房存量，然后通过向处于最低住房标准之下的低收入阶层实施实物救助，直接降低市场经济下低收入居民生活基本支出中的住房支出部分，从而使这部分家庭的财产发生总量和结构的变化。

从收入分配角度，不同的保障政策有一个共同的保障目标，即保障居民有一定额度的资金用于非住房支出。虽然保障性住房形式不同，但是各种房屋均享受了政府补贴。从补贴的形式上看，政府补贴分为两种类型。一种是一次性补贴，包括以出售为目的经济适用住房、限价商品房、共有产权房，政府通过土地划拨、限房价竞地价的方式给予买房人一次性的隐性补贴。另一种是长期补贴，包括以出租为目的的政府持有的产权房屋、租金补贴政策，政府通过低租金政策，给予被保障对象长期补贴。在现行土地出让收入采取一次性交纳的政策背景下，一次性补贴与长期补贴相比，难以实现收入分配公平。家庭收入是动态的，一般来说人到中年时家庭收入会达到顶峰，而刚刚参加工作的青年人工资相对较低。以出售为目的的住房保障方式，以一个时点的家庭收入、资产状况作为判断依据，给予个人一次性的政府隐性补贴。当家庭收入发生变化时，政府缺乏有效的手段来减少政府补贴额度，受土地供应限制，这一保障方式不具有可持续性。而长期补贴可以根据居民收入情况调整补贴标准，停止对不符合保障条件的家庭进行政府补贴。长期补贴可以分为三种形式：第一种是政府提供产权房，通过低租金政策给予居民收入补贴；第二种是社会提供产权房，政府直接向居民提供租金补贴；第三种，也是最为复杂的一种是实行土地出让净收益收缴制度改革，由一次性收取变更为分年收取，以此来调整购买经济适用住房、限价商品房的家庭享受政府补贴的额度，达到公平保障的目的。

（二）房地产市场价格与居民收入分配

改革开放以来，经济的持续快速增长促进了我国居民收入的持续增加，但居民收入分配差距不断扩大，基尼系数远超过国际警戒线已接近0.5。在扩大的居民收入差距中，房地产价格上涨的收入分配效应如何？只有弄清房地产价格的收

入分配效应，才能有效地采取对策，促进房地产业的健康发展，缩小居民收入分配差距，避免落入"中等收入陷阱"。

1.房地产价格的收入分配效应

大部分学者认为房地产价格扩大了居民收入差距。李实等认为，房价上涨使高收入阶层受益更多，从而拉大了地区之间和居民之间的收入差距。陈灿煌研究了1991—2004年的样本数据，认为房价上涨与城市居民收入差距之间既存在短期单向因果关系，又存在长期稳定的均衡关系，即城镇居民商品房平均销售价格每上升一个百分点，城镇居民的收入差距将上涨0.5339个百分点。汤浩等认为，1998年以后商品房平均价水平对城镇居民收入差距基尼系数的影响很大，商品房价格每变动一个百分点，城镇居民基尼系数就变动0.36292个百分点。尹向飞等认为，房价上涨使得10%的最高收入阶层收入增长速度加快，使得财富分配差距进一步拉大。高东胜等发现，房价上涨1%会使资本收入份额提升0.16%到0.43%，资本收入份额上升1%则会推动房价上涨约0.39%—0.54%。沈悦等对2000—2010年收入差距与住宅价格变化互动关系进行研究认为，房地产投资机会是导致收入差距扩大的一个重要原因。黄伟等计算房价和基尼系数之间的相关系数发现，当期相关系数为0.945，房地产市场价格与收入差距存在很强的正相关关系。张传勇认为，我国总体上以及东、西部地区房价波动与收入差距呈正相关，房价上涨明显拉大了居民之间的收入差距，但中部地区房价上涨对居民收入差距的影响并不明显。

房价上涨催生了一批以房地产开发商为代表的庞大利益群体，过多的资金流向了房地产业及其相关产业，再加上开发商在获取土地和银行贷款上的便利，导致了财富向房地产领域的大转移。"中国2007年500富豪榜"数据显示，亿万富翁的人数（1.8万）仅次于美国，居世界第二。在上榜的500富豪中房地产富豪128人，房地产业成了名副其实的"富豪高产田"。房价暴涨加剧贫富差距的深层次原因应该是制度方面的缺陷。房产开发商资金靠银行、土地靠政府，要在房地产市场站稳脚跟，要拿出巨额资金进行打点（至少是房价的20%，这些巨额开支统统都要计入成本，最后由购房的消费者承担。另外"按揭"的"超前消费"机制，使购房需求膨胀，房价步步攀升，投机炒房者蜂拥而入，外国"热钱"参

分报告十二 住房保障、房地产市场发展与收入分配制度改革研究

与其中,为楼价推波助澜,房产从买方市场转为卖方市场,形成房子修得越来越多、房价越涨越高、抢购成风、越涨越抢、越抢越涨的局面。房地产暴利使投机炒房者赚得盘满钵满,也使得开发商登上富豪榜。银行也是房价上涨的最大得利者之一,不但贷款给开发商买地和建房,而且通过按揭大量贷款给自住房消费者和炒房投机者,房价越高房贷越多,银行赚取储蓄和贷款之间的利息差就越多、经济效益就越高。在以"房产"为门槛的"财富拉力赛"中,普通劳动者与投资者之间的收入"鸿沟"加速变宽。目前国际上通行的房价收入比为1:3至1:6,而我国很多城市大都在1:10甚至1:20以上。

2.房地产价格收入分配效应的传导机制

房地产价格的变化,并不直接表现为居民收入的变化,而是间接地影响到居民的财富和收入分配,其中需要一定的机制来实现传导。

(1)购销传导机制

1998年我国实施房改以来,房地产市场逐步形成,房地产具有了商品性质。房地产的价格也和其他商品一样,取决于价值并受供求关系的影响。由于多种原因交积在一起,导致我国房地产市场长期处于供不应求状态,结果是房地产价格较大幅度地持续上涨房价收入比畸高。人们通常认为,房价收入比的合理区间应在3到6之间。而据清华大学政治经济学研究中心、中国社科院社科文献出版社和河南财经政法大学联合发布的《房地产买卖行为与房地产政策》调研结果推算,我国城镇房价收入比为12.07,一线城市甚至高达25.25,远高于纽约(7.9)和伦敦(6.9)等国际大都市。[①] 房地产价格上涨,一方面致使购房者的购房成本增加,降低了购买力,获取的实际工资或实际财富量减少;另一方面致使房地产开发商可以轻易获取丰厚的利润甚至"暴利"。据统计,2013年胡润富豪榜中,大中华地区上榜富豪比例最高行业中房地产成为绝对首位,占28.4%。可见,房地产价格上涨通过购销渠道将购房者收入大量输送给房地产开发商,扩大了收入分配差距。

---

① 叶檀.中国的房价收入比多少合理?[EB/OL].http://www.fang.com/news/2012-08-21/8387655 all.html。

（2）租赁传导机制

房地产商品不同于一般商品，它既有消费品属性，又有资本品属性。人们拥有房产，既可因房地产价格上升实现财富增值，又可获取效用（用于自住）或租赁收入（用于出租），且租赁收入一般随房地产价格上升而增加。我国房地产价格上涨，扩大了社会收入和财富差距。一是城镇低收入者和农民难以获取房地产价格上涨的增值收益。首先，城乡低收入者拥有的房产少。据中国统计局信息网资料，中国家庭分项财产中，家庭房产差距最大，20%的最富有人口拥有65.84%的房产，而20%的最贫困人口仅有1.05%的房产。[1] 又据国家统计局2013年发布的《2012年全国农民工监测调查报告》显示，以受雇形式从业的农民工中仅有0.6%的外出农民工在务工地自购房。我国市民之间房屋资产基尼系数已经达到了0.6382，农民工与市民之间的房产资产基尼系数高达0.9941。[2] 其次，城市低收入者和农民的房产难以流转。城镇低收入持有的保障性住房和农村居民住房，因品质相对较低以及政策限制，往往难以流转，即使流转其增值也相对有限；二是城镇低收入者和农民工租房成本因房地产价格上涨而增加。城镇低收入者、农民工和刚毕业的大学生由于收入低，面对日益上涨的房价和房租，只能望房兴叹，不得已只能拼租、群租。可见，在房地产价格上涨中，无房的低收入者不仅不能分享房价上升的增值收益，反而要承担更多租房成本。而拥有房产多的家庭，既可享有房地产价格上涨带来的增值收益，也可获取更多的租赁收益。

（3）金融传导机制

房地产与金融存在着密不可分的关系，房地产金融影响收入分配。一是商业银行的房地产信贷影响行业收入差距。房地产商进行房地产开发，从银行获取开发贷款进行项目启动，然后进行期房预售，此时又依赖商业银行为购房者进行按揭贷款，房地产商依存于商业银行。同时，商业银行也从房地产贷款中获取丰厚的收益。正因如此，我国的房地产业和银行业在房地产价格的持续上涨中成为行业收入居高的

---

[1] 赵人伟：《我国居民收入分配和财产分布问题分析》，《当代财经》，2007年第7期。
[2] 胡晓登、邓元时、侯显涛：《基于收入的基尼系数与基于房产资产的基尼系数——兼论农民工市民化的城市资产建设口》，《贵州社会科学》，2013年第9期。

分报告十二　住房保障、房地产市场发展与收入分配制度改革研究

稳定行业。房地产开发商与商业银行是利益共同体，一荣俱荣，一损俱损。当房地产价格大幅上涨，房地产商获得暴利，商业银行也可获得丰厚收益；当房地产泡沫破灭，房地产商将大量倒闭，那么金融系统性风险也难以避免。二是房地产信贷扩大了居民收入差距。我国居民购买房产，尤其是投资于房产，是基于房产具有保值增值功能。现实中，通货膨胀时常存在，有些年份甚至很高，结果是实际利率往往低于名义利率甚至为负。在通货膨胀中，持有存款等固定索求权资产的人会受损，而持有房产等变动价格资产的人可以获益。现实中，购买房产虽可通过银行按揭进行，但以支付"首付款"为前提。低收入者由于无力支付首付款，难以实现购房梦，节衣缩食下来的少量资金只能以存款存于银行，在通货膨胀中被稀释。而高收入者借助于银行按揭购买数套甚至更多的房产，房产价格上涨幅度大于银行按揭利率且高于CPI的情形下，意味着"借鸡生蛋"，以低收入者存于银行的钱来生钱，结果是在通货膨胀中低收入者的部分财富通过金融通道隐秘地向高收入者逆向转移。

（4）增长传导机制

从根本上来说，居民收入的增长取决于经济增长。只有经济增长，才能增加就业岗位，增加居民的劳动收入和要素收入。一是房地产业发展有利于增加农民的工资性收入和经营性收入。房地产业是国民经济中前向联系和后向联系都很大的产业，既能够带动设计、测绘、建筑、水泥、钢材等行业，也能带动家电、日用品、物管等行业。有学者运用投入产出模型计算发现，我国房地产业每增加1单位产值可带动国民经济各产业增加1.416单位产值，其中对商业、金融保险业的带动效应最大为0.145，对建筑、化工等其他行业也有带动作用。[①] 从房地产市场化改革以来，房地产业成为国民经济增长点，甚至成为支撑经济增长的支柱产业。房地产业的景气指数高，拉动经济快速增长，从而促进就业尤其农民工的就业，增加了农村剩余劳动力转移，有利于增加农民的工资性收入和经营性收入。二是房地产业发展有利于增加农民的财产性收入。城镇房地产业的发展，需要土地，这就必然增加对农村土地的需求。尽管我国现有的土地征用制度存在缺陷，没有充分保障农民的土地权益，但是房地产业发展客观上还是有利于农民土地资产收益的增加。

---

① 许明：《房地产泡沫膨胀破灭与经济的繁荣衰退》，《中国房地产》2009年第9期。

（三）房产净值变化与收入分配

1. 经济社会发展中房产净值的上升趋势

由经济日报社中国经济趋势研究院编制的《中国家庭财富调查报告（2017）》显示，2016年我国家庭人均财富为169 077元，与2015年相比，增长幅度为17.25%，其中城乡差异较为明显。此外，家庭财富也存在着一定地区差异，东部地区家庭人均财富水平最高，中部地区次之，西部地区最低。从数值上看，东部地区家庭人均财富为242 604元，中部、西部地区分别为119 768元和92 304元，东部地区家庭人均财富分别是中部、西部地区的2.03倍和2.63倍。

家庭人均财富增长，一方面是由于收入的累积作用，另一方面则是由于财产的市场价值有所提高。2016年房价继续走高，推动了房产净值增长。相比2015年，2016年全国居民房产净值增长幅度达17.95%，城镇居民更多地从房产价格上升中获益。房产净值的增长也成为家庭人均财富增长的最重要因素，对全国居民而言，房产净值的增长额占到了家庭人均财富增长额的68.24%。与农村居民相比，城镇居民房产净值增长在家庭人均财富增长中的比重更大。

2. 房产净值上升对于收入分配、财富分布的影响

（1）房产净值成为家庭财富的重要组成部分

家庭财富由金融资产、房产净值、动产与耐用消费品、生产经营性资产、非住房负债以及土地等六大部分组成，其中房产净值是指房产现价减去住房债务。房产净值是家庭财富最重要的组成部分。在全国家庭的人均财富中，房产净值的占比为65.99%，在城镇和农村家庭的人均财富中，房产净值的比重分别为68.68%和55.08%。调查数据显示，全国人均房产净值是人均可支配收入的4.48倍，相比人均房产原值，房产升值幅度达61%。相对于房产现值而言，负债率仅为5%。尽管农村房产价值低，但农村居民房产债务负担却高于城镇居民。分地区来看，东部地区房产净值明显高于中、西部地区，是中部地区的2.37倍，西部地区的2.7倍，远高于东部与中部地区以及东部与西部地区的人均可支配收入之比。

（2）房地产市场化和房产净值的增长成为居民财产差别化增长的重要因素

我国居民拥有的房地产延续着一个从无价到有价、从低价到高价的发展过

分报告十二 住房保障、房地产市场发展与收入分配制度改革研究

程。改革开放前，我国居民住房基本上属于公房，大部分居民都不拥有房产所有权，只拥有使用权，而且房地产市场基本上不存在，即使当时存在的极少量私房也很难有交易。

1998年实行住房制度改革之后，我国将大部分公有住房通过各种方式出售给个人，大量居民开始拥有房地产，并且迅速成为其所拥有的主要财产。从住房制度改革实施过程看，在不同单位之间由于历史积累的差异和单位本身财力的不同，居民之间的住房分配差别非常明显，城镇住房改革并没有刻意去矫正传统分房制度遗留下来的不均等，反而通过"公房私有化"的过程直接导致以前居民住房福利的隐性不均等转化为居民财产分配的不平等。

在住房制度改革之后，居民失去了通过单位分房的机会，新就业人员逐步进入房地产市场购买商品房，从而带动房地产市场的火爆，加上一些投资者的炒作，我国房地产价格迅速上涨。尤其是2009年以来，北京、上海、深圳等一线城市的房地产价格上涨了四五倍，这种情况迅速拉开了"有房和无房""大房和小房""多套房和一套房"家庭之间的财产差距，并且拥有多套住房的居民可以通过出租获得财产性收入，从而使我国居民家庭之间财产部分的差距加速扩大。

房地产分布差距的扩大还表现在城镇居民与农村居民拥有的房地产价值的巨大不平衡，由于房地产价格的地域性因素非常强，大城市的房地产价格要高于中小城市，更远远高于农村地区，这种市场价格的差别性上涨导致了大城市居民与中小城市居民之间以及中小城市居民与农村居民之间拥有房地产净值的差异都在不断扩大。

（3）收入差距和财产差距如影随形、相互激励

目前我国收入分配差距的扩大，实际上是和财产分布状态的差距扩大如影随形而且相互激励的。收入差距迅速扩大，在很大程度上源于财产性收入，最主要的构成原因之一是来自不动产财富的增值、溢价收入。财产分配及与之伴随的收入分配往往具有一种"马太效应"，容易导致富者越富，穷者越穷，财产分布不均等造成的差距还可以代际相传，加剧收入分配的不平等。收入分配的差距与财产分布的差距又互为因果，且很容易形成所谓"正反馈"而不断自我加剧。

财产差距和收入差距形成了一个相互影响、相互推进的过程。从统计数据看，

过去30年，中国收入差距基本呈现扩大的趋势，居民收入差距处在高水平上，现在我们又看到了居民财产差距的扩大也处在一个高水平上。财产差距扩大会对收入差距有一定的影响，收入差距又会反过来影响财产差距。居民占有的收入份额与其占有的财产份额之间有非常强的正相关性，而且不同收入组所占有的财产份额不同，高收入群体占有的财产份额比低收入群体高得多。也就是说，收入差距扩大在助推着财产差距扩大，财产差距扩大反过来又导致更大的收入差距。

（四）房地产税收制度与收入分配

1. 房地产税收制度对国民收入分配的作用机制

房产税是以房产为征税对象，政府可以通过房产税调节居民财富分配，是许多国家采用的宏观调控的政策工具之一。从房产的属性来看，房产是个人财富的象征，其价值体现了个人财富的多与少。而且一个人房产的多少与其财富水平呈正相关，通过征收房产税，可以增加房产持有者的持有成本，成本增加对房屋市场能够起到一定的调节作用，对居民收入也会起到调节的作用。而且，从税收归宿来看，国际上一般把房产税都用于民生的改善，这就更加体现了收入分配的正效应。从房产税的属性看，房产税是直接税，不容易转嫁，对收入分配调节效果较好。

收入与财产这两个概念在目前的收入分配格局里如影随形，很多收入现金流是和财产配置以后产生的收益、溢价和影响力密切相关的，而且由于财产配置的作用，致使很多社会成员实际收入的差距进一步扩大。收入差距迅速扩大，在很大的程度上源于财产性收入，最主要的构成原因之一是来自不动产财富的增值、溢价收入。这于客观上需要得到一定的再分配优化调节和制约。在房地产保有环节开征房地产税，客观上将增加住多套房、高档房的高收入阶层的税负，所筹得资金转而用于国家财政支出将更多扶助低收入阶层，这种再分配调节作用，对于我国推进收入分配合理化的相关制度建设，现实意义重大，社会要求迫切。房产税是在我国今后税制整体优化过程中逐步发挥财产税再分配调节作用，抑制"两极分化"式过大收入差距的不可或缺税种。

2. 实施房产税改革的正面效应

处理好房产税改革和制度建设，至少会带来五个方面的正面效应：

分报告十二 住房保障、房地产市场发展与收入分配制度改革研究

第一,房产税改革渐进实施后,中国直接税的比重会有所增加,可以提供降低流转税税负的条件,从而降低中低端收入者的税收痛苦。第二,房产税改革可以助力解决中国地方税体系不成型的问题,为地方提供支柱税种,进而落实省以下分税制,促使政府职能转变和市场经济健康化。房地产税的概念可宽可窄,广义上房产税是指和房地产相关的所有税收,狭义上是指不动产保有环节的税收。美国人把不动产税称为 property tax 或 real estate tax。它是美国地方政府最主要的税,来自住房保有环节,而且每隔一段时间就要重评税基,由地方通过立法程序和每年的预算程序决定具体征收方案和税率。房地产税成为地方政府最主要财源,使得地方政府只要维持好市场经济正常运行,优化本地投资环境,提升本地公共服务水平,财源建设问题自然而然随之解决——在这种努力下,辖区内的不动产进入升值轨道,地方政府也就不用侧重于短期行为和其他财源去解决主要的支出资金筹措问题。只要地方政府踏踏实实、不偏不倚地发挥好市场经济所要求的职能,整个财力分配体系里的支柱财源问题就一并解决,这是由内生因素引致的职能转变和激励—兼容式优化的制度建设。第三,促使已实施的房地产调控新政体现其应有的"治本"水准。房地产保有环节从无税到有税,可以预见,会有诸如压抑投机炒作动机、减少泡沫、降低空置率等很多正面效应,配合其他的变革,会使新型城镇化更为健康。第四,房地产税还可以优化收入再分配和财产配置,抑制两极分化,缓解这方面的一些矛盾因素。第五,房地产税制度建设与公众的不动产形成了十分直接的关联,客观上可以形成推进"税收法定"、税务法治化建设的重要切入点,特别是此税是适合于配置在地方、基层的直接税,牵动千家万户利益的同时,十分需要在社区、地方辖区层面广泛、实质性的公众参与,以高透明度引发公众的知情权、质询权、建议权、监督权、问责权,自然客观地形成法治化、民主化制度要素的累积与提升,带动公民意识、公众参与式预算等民主机制的培训和培育,这对于必须大力提升国家治理体系和治理能力现代化水平的当代中国,弥足珍贵,意义重大,不啻是以税收的制度建设推进法治化、民主化历史进程。

总之,房地产税制度建设在全局之中关系着我们所追求的长治久安、可持续

发展以及十八大以后明确提出的中国现代化的"中国梦"战略愿景的实现。

(五)住房金融制度与收入分配

1. 住房金融制度的内涵

住房金融是指围绕着居民住房消费和维护等经济活动而发生的货币信用行为及相关的社会资金融通活动的总称,这里的住房消费,既包括居民购买住房用于自住、对外租赁、投资等活动发生的资金需求和使用住房过程中发生的物业费、房地产税、取暖等使用费用和维修费用等,也包括居民租赁住房以解决住房需求的活动。住房金融的资金融通渠道,既包括通过商业性金融机构的融资,又包括政府的政策性金融的融资;社会资金的融通,既包括货币信用(存贷款)、货币流通、保险及货币结算等各项资金融通活动,还包括资金需求方直接向供给方融通资金的活动。同时,住房金融除了各种住房抵押贷款之外,还包括住房抵押贷款证券化之后产生的抵押证券的二级流通市场。

与住房金融相关的还有房地产金融,一般而言,住房金融是房地产金融的一个组成部分,但也是最受政府关注的部分。房地产金融是房产金融和地产金融的合称,地产金融是指围绕土地所有权和使用权的交易和转让等而开展的资金融通活动,不与居民的住房消费产生直接关联。房产金融则是指作为商品的房屋和建筑物在生产、流通、消费和维护过程中发生的社会资金融通活动的总称,房产金融包括住房金融,但与住房金融的差异在于:(1)房产既包括居民住房,也包括住房以外的建筑物,比如办公楼、商铺、工业厂房、仓库等商业建筑;(2)房产金融既包括了住房消费过程中的融资活动,也包括了住房生产(住房开发)等过程的融资活动。在房产金融中,住房金融是房产金融的重要组成部分,不仅在于住房的数量多、规模大,而且在于住房的重要性要高于完全市场化调节的商业性建筑物,由于住房问题事关政府的居民住房保障目标,政府往往对居民的住房问题保持更多的关注,提供更多、更直接的住房政策支持。

2. 收入分配视角下完善住房金融制度的必要性分析

发展住房金融是改善居民居住条件、提高居民居住水平的重要途径。住房作为居民"吃穿住行"的重要组成部分,不仅是人们生活的基本消费资料,还是人们安居乐业的关键所在,居民居住水平的高低对于居民的生活质量有着十分重要的影响。同时,住房是一种价值不菲的商品,一般情况下,平均收入水平的购房者需要集中数年甚至数十年的收入才具有支付能力,这种需求与购买力不足之间的矛盾,直接影响居民的居住水平。住房金融则可以为居民购买或者租赁住房提供资金支持,解决居民即时支付能力不足的问题,使其对住房的需求转为有效的购买力,促进居民居住水平的提高。因此,住房金融对于提高居民住房的有效需求、推动房地产业的发展和人民居住水平的提高发挥着重要作用。

发展住房金融能够充分发挥住房产业的带动作用,促进国家经济增长。由于房地产行业的特殊性,无论从技术领域还是从产业链角度看,作为房地产行业主体的住房产业都与国民经济的众多产业部门有着广泛而密切的联系,住房产业发展会带动相关产业部门的快速增长。住房产业属于资金密集型产业,无论是住房的供给方还是需求方,都需要来自外界的资金支持,以解决自身资金不足的问题。因此,住房金融在住房产业的发展中起着极为重要的作用,它为住房产业的发展提供可持续的资金支持,推动住房产业成为国民经济的先导产业。

发展住房金融有助于居民合理安排生命期的总体收入现金流,实现居民收入跨时合理配置。在没有住房金融的情况下,居民无力直接购买住房,需要等到积累的资金额度足以购买其所需要的住房之后,才会付款购房。而有了住房金融业务的资金支持,居民可以在积蓄不够支付购房款的情况下,也可以借入资金住上自己心仪的住房,但居民则需要在接下来的很长一段时间定期偿还本息。住房金融的这种作用,可以使得居民对整个生命期的收入水平进行优化,从而有能力提前住上条件较好的住房。

住房金融已成为国家金融体系的重要组成部分。目前,以住房抵押贷款为主体的住房金融业务是商业银行等住房金融机构的重要且较为优质的资产类别,成为它们不可或缺的业务,许多国家的住房金融已经超过其全部金融机构贷款余额的30%,比例最高的国家都已经超过了50%。住房抵押贷款证券化业务形成的住房金融二级市场也已经成为一国资本市场的重要组成部分。随着资产证券化技术的发展,住房金融二级市场可以提供一些收益率高于国债、政府机构债甚至企业债，但风险水平却相差无几的证券化产品，成为养老基金、保险公司等风险控制较为严格的机构投资者重要的资产类别。

二、我国住房政策体系的调控及现状分析

（一）我国房地产市场宏观调控政策的现状分析

近年来，为了保障房地产市场的健康运行，我国针对房地产市场的变化，实施了一系列调节政策，总体而言，取得了一定的效果，但也存在诸多问题。

1. 调控政策变化较大

有人将近几年的房地产调控政策形象地比喻为"过山车"。的确，近几年来调控政策变化比较大，大体上经历了"紧缩—刺激—紧缩"的过程，但政策调整主要是依据经济形势的变化做出的。房地产调控政策的变化大，从侧面也反映出了经济形势的变化比较大。从 2003 年到 2008 年 8 月，这一阶段的房地产政策总体来说是围绕规范市场运行、控制价格过快上涨这一目的来制定的，注重防止因房地产价格过快上涨而引发经济过热现象。政策的重点在于加强房地产开发贷款管理、土地管理，调整住房供应结构，整顿和规范房市场秩序，此时房地产信贷政策和土地政策处于紧缩状态。

到了 2008 年 9 月之后，受世界金融经济危机的影响，我国宏观经济形势出现了较大变化。宏观调控的首要任务从年初"两防"调整为年中的"保持经济平稳较快增长、控制物价过快上涨"，到 2008 年年底完成了"一保"的方向性转变，即保持经济平稳较快增长。在这种情况下，房地产调整政策发生了较大变化，以前的紧缩信贷政策逐渐松绑，先后 5 次下调贷款基准利率，降低房地产项目资本金比例，给予房地产商信贷支持，同时也对居民购房在信贷、税收等方面实施了一系列的优惠措施，支持居民购房。

然而，随着我国经济形势的好转，房价上涨较快，房地产市场出现了过热势头，在这种情况下，房地产政策又一次实现了较大转变。先后 11 次上调准备金率、5 次上调金融机构人民币存贷款基准利率，收缩信贷，取消房贷七折利率，

提高购房首付比例，而且政策一次比一次严厉，一些城市甚至发布了"限购令"，将紧缩的调控政策推向了高峰。

2. 调控政策的协调性增强

调控政策的系统性、协调性增强主要表现在调控手段的运用上，不仅反映经济、行政和法律三大手段之间的协调性增强，也反映在其内部调控手段协调性的增强。不同层面、不同手段的调控政策结合在一起，逐渐形成了较为系统的调控政策体系。

首先，从经济、行政和法律三大手段之间的搭配来看，我国逐渐从以行政手段为主逐渐过渡到经济、行政和法律三大手段协调搭配，更加注重经济政策的运用。2003—2005年我国的房地产调控主要是以行政手段为主，无论是在加强房地产开发贷款管理，提高项目自有资本金，还是在加强审批，改进规划管理，调控土地供应，严格控制土地供给总量，都带有浓厚的行政色彩。到2007年，我国在适当采用行政手段的基础上，更加注重经济和法律手段的运用。2010年以来，在经济手段效果不是很明显的情况下，以"限购令"为代表的行政手段又再次发挥了重要作用。

其次，从调节手段的内部来看，协调性的增强主要体现在经济手段内部。在21世纪初的前几年，我国房地产市场调控中的经济手段主要依赖于金融政策，而且金融政策的重点主要放在信贷规模控制上。例如，在房地产开发企业申请银行贷款时，对其自有资金规模的规定以及适时调整项目资本金比例。随着调控的进行，金融手段不断完善，存款准备金率、人民币存贷款基准利率等手段成为主导。与此同时，财税政策也逐渐走向前台，发挥了积极的作用。例如，在控制房价时，采取征收契税、个人所得税、营业税等；而刺激房地产市场时，则通常采取减税政策。这样逐渐形成了以金融与财政为主的经济调控政策体系，对于经济手段的运用也不在仅仅依赖某一项政策，而是各种政策搭配使用，协调性明显增强。

3. 调控政策的针对性增强

近几年来，我国在房地产调控方面一个明显的进步就是调控政策的针对性增强，改变了调控之初"一刀切"的状况，这主要体现在四个方面：一是需求调节的针对性增强。为了控制投资和投机需求，实行了差别化的信贷和税收政策。例如，2010年9月对房贷做出规定：暂停发放居民家庭购买第三套及以上住房贷款；首付款比例调整到30%及以上；对贷款购买第二套住房的家庭，严格执行首付款比例不低于50%、贷款利率不低于基准利率1.1倍的规定以及其他相关规定。二是供给调节的针对性增强。不仅调节商品房供给，而且加大保障房供给，出台了诸多相应的调节政策。三是区域调节的针对性增强。2010年4月"国十条"出台，对区域房地产政策提出了一些要求，例如：价格过高、上涨过快、供应紧张的地区，商业银行可暂停发放购买第三套及以上住房贷款；对不能提供1年以上当地纳税证明或社会保险缴纳证明的非本地居民暂停发放购买住房贷款。北京率先出台了"限购令"，此后深圳、厦门、上海、广州等多个城市陆续公布限购令。四是人群调节的针对性增强。实际上，这一方面是与其他三个方面紧密结合的。人群调节主要分为两个层面，一个是针对有能力购买商品房的群体。针对这部分群体购买住房的数量情况，采取差别化的税收、信贷政策。另一个是针对低收入者和"夹心层"等购房困难的群体，则采取优先供应土地、资金扶持、税收优惠、贷款贴息等方式，促进廉租住房建设、经济适用住房建设、棚户区改造和公共租赁住房建设，使低收入者和"夹心层"等购房困难群体的住房条件有了很大改善。

（二）我国保障性住房供应及分配制度现状分析

自2008年年底《国务院办公厅关于促进房地产市场健康发展的若干意见》下发以来，全国各级财政部门认真贯彻落实党中央、国务院的决策部署，积极拓宽筹资渠道，完善财税政策，创新支持方式，全国保障性安居工程建设取得了重大进展。截至2012年年底，全国累计开工建设城镇保障性安居工程3400多万套，基本建成2100多万套；累计支持农村危房改造及游牧民定居工程1100多万户。其中，2012年全国共开工建设城镇保障性住房和棚户区改造住房781万套，基本建成601万套；支持农村危房改造及游牧民定居工程572.7万户。2012年国家财政用于保障性住房的资金达到3800多亿元，比2007年增长近38倍，推动住房保障制度建设取得了一系列重大成就、已经进入跨越式发展的新阶段。

分报告十二 住房保障、房地产市场发展与收入分配制度改革研究

1. 保障体系逐步完善，保障覆盖面逐步扩大

目前，我国已经初步建立了 7 大类、11 个品种的保障性住房体系，包括廉租住房、公共租赁住房、各类棚户区改造、经济适用住房、限价商品住房，以及农村危房改造和游牧民定居工程等；将包括城镇中低收入家庭、低收入家庭、低保家庭，国有林区、垦区、矿区等的棚户区，新就业职工，部分进城务工的农业转移劳动力，农村危房家庭等住房困难家庭纳入住房保障范围，保障覆盖面提高到了一个新的高度。

2. 政策体系逐步建立

近年来，中央有关部门根据党中央、国务院的决策部署，先后制定了一系列法规规章制度，各地结合本地实际制定了具体实施办法，规定了保障范围、保障标准、分配管理和准入退出办法，并明确了保障性安居工程的规划设计、面积控制标准、质量安全要求等内容。与此同时，国家财政建立了相应的财税政策体系，制定了与保障性安居工程相关的中央补助资金管理办法和地方财政投资机制，设计了相应的税费优惠政策。为加快保障性安居工程建设、公平合理地分配保障性住房，提供了有效的制度保障。

3. 政府投入快速增加

财政支持保障性安居工程建设的资金渠道主要包括中央财政专项补助资金、地方各级财政公共预算安排资金、住房公积金增值收益安排的资金、从土地出让收益中安排的资金、地方政府债券收入安排的资金等，已形成多渠道的财政投入机制。财政投入增速前所未有。2007—2011 年，中央财政累计下达保障性安居工程补助资金 3 290 亿元；其中，2011 年下达 1 705 亿元，比 2007 年增加 1 633 亿元，年均增长 120.6%。与此同时，地方各级政府也不断加大对保障性安居工程的投入力度。2007—2010 年，全国财政累计用于保障性安居工程建设的实际支出为 3 076.86 亿元，年均增长 161.1%。

"十一五"末期，通过保障性安居工程建设，我国基本解决了 1 500 万户城镇低收入和中等偏下收入家庭住房困难问题，对 162 万户农村危房实施了改造，越来越多的家庭改善了住房条件，实现了"安居梦"。财政资金带动其他资金支

持我国保障性住房建设，取得历史性成就，在扩大内需、促进房地产市场健康发展、改善城镇低收入家庭住房条件等方面发挥了重大而积极的作用。保障性住房被正式纳入政府公共服务职责范围，各地均列为政府工作的重要内容，住房供给呈现"市场轨"与"保障轨"协调并行的新格局。中央和地方有关部门相继制定一系列法规规章制度和实施办法，各职能部门分工明确、协调联动的机制在磨合中日臻完善。

（三）我国现行的房地产税收制度

1. 房地产税收现状分析

表1 房地产相关税收情况表

征收环节	税种	税率
开发环节	耕地占用税 营业税（现已废止） 土地增值税 印花税 契税	定额税率（12.5~45元/平方米） 税率（3%） 超率累进税率（30%~60%） 定额税率（5元）；比例税率（0.05%~0.1%） 比例税率（3%~5%）
交易环节	土地增值税 营业税（现已废止） 城市维护建设税 教育费附加 企业所得税 个人所得税 印花税 契税	超率累进税率（30%~60%） 税率（5%） 营业税*（5%~7%） 营业税*3% 25% 20% 定额税率（5元）；比例税率（0.05%~0.1%） 比例税率（3%~5%）
保有环节	房产税 城镇土地使用税	余值*1.2%；租金*12% 定额税率（0.6~30元/平方米）

改革开放以来，作为税收体系的重要组成部分，我国的房地产税制经历了多次改革和调整。现行的税收制度是由1994年税制改革及之后的微调所形成。目前，房地产相关的税种有10个，税种的征收总体来说处于两大环节：一是流转环节（即开发、交易环节），包括土地增值税、耕地占用税、营业税（已废止）、城市维护建设税、契税、个人所得税、企业所得税和印花税；二是保有环节（即

使用环节），包括房产税和城镇土地使用税。

（1）流转环节

土地增值税。土地增值税是为规范房地产交易市场秩序，合理调节土地增值收益，维护国家权益而开征的税种。纳税人为转让国有土地使用权、地上建筑物并取得收入的单位和个人，以转让房地产所取得增值额为计税依据，实行30%—60%的四级超率累进税率。

耕地占用税。耕地占用税是为了合理利用土地资源，加强土地管理，保护农用耕地而开征的税种。纳税人包括占用耕地建房或从事其他非农业建设的单位和个人，一般以县为单位的人均耕地面积为标准确定差别幅度税额，实行一次性征收。2007年12月1日，为统一内、外资企业耕地占用税税收负担，新修订的《中华人民共和国耕地占用税暂行条例》将原条例规定的税额标准的上下限同时提高4倍左右。

契税。契税是土地、房屋权属转移时向时向产权承受人征收的一种税。区分土地、房屋权属转移的不同情况确定计税依据：出售土地使用权和买卖房屋的按成交价征收，赠与土地使用权和房屋的按市场价格核定，交换土地使用权和房屋的按交换差价征收。实行3%—5%的幅度比例税率。

营业税。（营业税目前已废止——编者注）在中国境内转让土地使用权或销售房地产的单位和个人，就其营业额按税率计征营业税。在房地产开发中，建筑、安装等工程作业按3%的税率纳税，销售房地产时按5%的税率缴纳营业税。自2010年1月1日起，个人将购买不足5年的非普通住房对外销售的，全额征收营业税；个人将购买超过5年（含5年）的非普通住房或者不足5年的普通住房对外销售的，按照其销售收入减去购买房屋的价款后的差额征收营业税；个人将购买超过5年（含5年）的普通住房对外销售的，免征营业税。城市维护建设税对在房地产开发、转让过程中缴纳营业税的单位和个人，按照营业税实缴税额的一定比例计算征收。

其他相关税种。当房地产开发涉及合同或凭证的设计时，需缴纳印花税。对于销售、转让不动产的单位和个人还需要缴纳体现一般所得课税原则的企业所得税和个人所得税。2013年3月1日，"新国五条"细则明确了二手房交易中的个人所得税按照个人所得的 20% 征收，堪称政府使用税收手段调节房地产的最严厉之举。

（2）保有环节

房产税。房产税是以城镇中的房产为课税对象，按照房产的计税余值或租金收入向房产所有人或经营人征收的一种税。依照房产余值计征的，税率为 1.2%；依照房产租金收入计征的，税率为 12%。现行房产税征税范围较窄，对个人自有居住用的房地产和农村企业的房地产不征税。

城镇土地使用税。城镇土地使用税是对在城镇和工矿区范围内使用土地的单位和个人，按占用的土地单位面积分等定额征收的一种税。开征此税的目的是为了促进土地资源的合理利用和开发，调节土地级差收入，提高土地的使用效益，加强土地管理。现行城镇土地使用税的基本法律依据是国务院 1988 年 9 月 27 日发布，2006 年 12 月 31 日修改并公布了《中华人民共和国城镇土地使用税暂行条例》。暂行条例修订的主要内容有：一是基于统一税政和公平税负的需要，把征收范围扩大到外资企业外籍个人占用的土地；二是提高城镇土地使用税税额标准，将每平方米年税额在 1988 年暂行条例规定的基础上提高 2 倍。

1994 年分税制改革以来，保有环节房地产税收经历了收入规模偏小、增长缓慢和收入增长明显加快的两个阶段。以城镇土地使用税为例，1994 年之前，由于土地计税面积变化不大，全国城镇土地使用税收入长期停留在 30 亿元左右的规模；1994 年实行分税制后，各地纷纷改按幅度税率的上限征收，1994—2004 年，该税收入逐渐增长但增长速度依然较慢，年均增幅在 10% 左右，低于该阶段税收总收入的年增幅 15%；随着房地产业行业的快速发展，自 2005 开始，该税收收入快速增长，尤其是 2008—2012 年，出现连续大幅攀升，2008 年，全国城镇土地使用税为 816.9 亿元，增长幅度达到 112%。但总体来看，保有环节房地产税收收入的增长速度仍落后于税收总收入的增长速度。

此外，与发达国家相比，我国房地产税收收入占税收收入和地方财政收入的比重较低。2012 年，我国房产税收入为 1 372.49 亿元，城镇土地使用税收入 1 541.72 亿元，两者合计占地方本级财政收入的比重仅为 4.77%。根据经济合作组织（OECD）统计，一些国家财产税（主要为房地产税）在地方财政收入中普遍占有较大比重，美国为80%，加拿大为84%，英国为93%，澳大利亚为99.6%。房地产税作为这些国家地方（基层）政府的主体税种，是地方本级财政收入的主要来源。

2. 房地产收费现状分析

通常情况下，可以依法依规收取的土地收费主要有两类：一类是规费，即政府部门对居民或法人提供某种特定劳务或履行专项职能而收取的手续费和工本费，包括产权登记费、证照工本费、公证费等；另一类是受益费，即土地与房产所有者、使用者直接或间接享用各项工程而必须付出的补偿性费用，相当于为购买相应产品和劳务的付费，例如，事业单位提供服务而相应收取的环境影响评价费、交通影响评价费、施工图审查费、沉降观测费等。

目前，我国房地产和建筑业收费项目繁多，且涉及多个部门，收费收入的总体规模较大。除了上述两类收费之外，还有一些类似基础设施配套费、地方教育附加、水利建设基金等为发展特定社会事业而征收的政府性基金，而且这一类收费的规模还很大，占地方可用财力的比重也很高。以2012年为例，我国地方政府性基金本级收入34 216.74亿元，其中城市基础设施配套费884.06亿元，地方教育附加936.74亿元，两项合计为1 820.8亿元，是当年房产税收入的1.33倍。

三、我国住房政策体系存在的问题及其对收入分配的影响

（一）现行房地产宏观调控政策与基础性制度建设存在的问题及影响因素

1. 存在的主要问题：行政手段为主，治标不治本；"冰火两重天"格局形成后矛盾更为凸显

虽然房地产调控政策取得了一定成效，但也存在的诸多问题，这主要表现在以下三个方面：

（1）大城市房地产市场价格高位运行，三四线城市房地产去库存压力加大

经过十多年波动中间实际的"单边市"，中国房地产市场在2014年以后进入了明显分化的状态，演变成冰火两重天的局面，其中"冰"的一边也焦虑，"火"

的一边也焦虑。冰的焦虑是很典型的：在中央强调供给侧结构性改革，而且已把它表述为一个战略方针之后，"三去一降一补"作为切入点，其中有非常重要的一项是要去库存，一般人理解，首先针对的就是我们房地产市场大量的库存。但具体分析，它主要分布在大批的三四线城市，这些库存怎么去？做了这么多的探讨之后，今年看到的它的进展其实并不太明显，三四线城市只是降低了四个百分点左右。另外一边火的呢？就是在2014年上半年很多人惊呼中国房地产市场要崩盘，要出现一去不回的向下的拐点之后，一线城市抗跌能力是非常明显的，到了2015年，北京首先明显地企稳，然后深圳迅速升温，再其后一线城市普遍进入升温状态，后面带出的是二线城市、所谓2.5线城市和一直到今年下半年一大批更多的城市进入了升温状态，而且很快就成了火得烤人，引出了一系列严重的社会焦虑等问题，各地决策层不得不在"9·30"前后出手，以行政手段为主做限购限贷。

这样分化的局面摆在眼前，我们不能只看到"9·30"之后确实遏制了原来大家最焦虑的一批城市房价表现的迅速升温势头，同时，必须看到再往前的发展会是什么样子？如果按照前面十几年的演变来看，最大的可能是继续"打摆子""坐过山车"式地从一端摆到另外一端。前面总结下来，平均15个月为期，要从一端转到另外一端，现在的限购限贷过去已屡次出现，但出现后经过一段时间，新的焦虑转到了经济低迷、房地产市场不振，就必须取消限购限贷，甚至不惜以地方政府层面不约而同地给予补贴、加强贷款支持等措施，来使房地产市场升温。到了一定时候，再摆回来，就是像我们"9·30"以后看到的这一段。如果这样几轮政策调控都在打摆子，都在坐过山车，那我们是不是可以进一步提出一个问题，就是人民日报作为权威媒体已经非常明确地挑明了过去的这些所谓政策调控，只是治标而没有治本。跟着要问的是：是不是应该长记性了，要考虑如何体现政府在尊重市场资源配置决定性作用后面更好发挥作用所应有的"标本兼治而治本为上"的调控高水平，这就是笔者在第一个层面最基本、粗线条的观察之后所要表明的这个判断。

（2）房地产供求矛盾未得到有效解决，尚未形成完善、稳定的调控机制

虽然调控思路逐渐明确，但仍未形成较为完善、稳定的调控机制。主要表现在两个方面：一是调控政策主要是针对短期市场供求状况而实施的，缺乏长期

分报告十二 住房保障、房地产市场发展与收入分配制度改革研究

的稳定的制度安排,不利于形成一个合理的市场预期;二是调控手段的运用存在一些不合理、不匹配的现象,例如,过度依赖行政手段,使政策的"后遗症"较多,不利于长期房地产市场的发展,并且有时会出现政策冲突的现象。

(3) 房地产市场运行仍不规范

市场主体资格的不规范。巨大利润空间引发"房地产热",诱使大批不具备资质条件的企业纷纷涉足房地产,致使市场主体资格参差不齐。例如,一些房地产开发企业规模较小,组建的时间短,资质较差,有的企业甚至只有几个低级技术人员或无正式技术人员;有的企业因项目临时成立,无经营场所,无充足资金,内部管理不规范;还有的企业属于没有主体资格的"黑企业"。由于种种利益驱动,在房地产开发中存在着超越本身资质能力、无资质开发等问题,导致开发的专业化程度和标准化程度较低,竞争力较弱,难以形成规模。再加上一些企业虽具有相应的资质条件,但由于缺乏内部管理,从而产生许多安全问题。例如,在我国许多地方都出现了所谓的"楼倒倒""楼歪歪""楼脆脆""地陷陷"等。这些问题的出现,虽然与地质条件有一定的关联,但开发企业的管理不善、内部控制不规范也是一个重要的原因。

市场主体的非理性。我国房价的上涨,并非真实地反映了房地产市场的合理性需求与供给状况,在一定程度上反映了市场主体的非理性。在房价上涨的预期下,导致了消费者和开发商的非理性行为,从而进一步推动了房价的上涨。对于消费者而言,其非理性主要表现在两种情况:一是消费心理不成熟,缺乏对相关知识和信息的了解,自我保护意识淡薄,受从众心理的影响以及一些宣传的误导,容易出现盲目跟风,从而导致提前购房或超越自身消费能力而购房等多种非理性行为;二是投资投机心理较重,出现了大量的靠倒卖房屋、赚取差价的"房虫",导致投资投机需求旺盛。在一些大城市,拥有多套住房的人不在少数,有的甚至拥有一二十套住房,投机行为可见一斑。对于开发商而言,其非理性主要表现在高价购地和用地上。上文所提到"地王"就属于这一情况。虽然从企业和个人角度而言,这种追求利益最大化的行为也许是合理的,但从整个房地产市场而言,就会出现"合成谬误",即导致许多地方的炒楼、炒土地的情况较为严重,

致使市场运行出现混乱无序的局面,催生了房地产的泡沫。

市场主体行为的不规范,主要表现在以下几个方面:一是土地交易行为不规范。例如,在农地征用方面,随意解除农村承包合同,以较低的补偿标准强制性征用农民承包的土地,致使农民没有充分享受土地增值带来的收益;一些单位和个人以各种名义,采取未批先用、多征少用等手段大规模圈地;在城区改造、拆迁等方面,通过不合理的拆迁计划和拆迁补偿标准,以低廉价格获得土地使用权,有的甚至采取暴力手段,摧毁居民房屋设施,实行强制拆迁;在土地使用权出让、转让方面,一些企业或个人利用土地招拍挂政策的缺陷,通过各种特殊关系,以假招标、协议等暗箱操作方式低价取得土地使用权,或对批文、立项批准书、许可证等资料和资格进行炒卖,哄抬地价。在土地使用方面,一些企业大量囤积土地,购而不用,或者擅自改变土地用途,致使土地使用不规范。二是房地产开发行为不规范。例如,在规划设计上,随意改变原定方案;在工程发包上,有资质和无资质者同轨经营,一些不具备开发资质的小企业利用各种关系参与开发建设;在建筑施工中,更改设计方案,使用假冒伪劣材料,偷工减料,违规建设;在工程监理上,有关部门的监管形同虚设,使一些不合格工程蒙混过关。三是房地产销售行为不规范。一些开发商利用标价混乱、信息不透明、价格欺诈、制造虚假信息等方式哄抬房价,牟取暴利。一些开发商随意提价,造成部分楼盘出现"一月一价""一日一价"。有的开发商在未取得预售许可的情况下,擅自进行预售,或者通过认购、预订、排号等方式,向购房人收取或变相收取定金。此外,还存在建筑面积"缺斤短两"、产权不清晰、一房多售等不规范的销售行为。四是房地产信贷行为不规范。在开发融资上,一些开发企业通过假按揭等方式套取或骗取银行贷款,或通过包装上市、做假账、炒作股票等方式在资本市场上融通资金。在消费信贷上,一些购房者通过开具假收入证明,进行远超过自己承受能力的抵押贷款购房,或通过假按揭、重复抵押等方式骗取银行贷款,进行投机性炒房。五是房地产中介行为不规范。例如,评估行为不规范,评估结果以满足委托评估单位的需求为主,缺乏客观性;一些中介公司缺乏诚信,唯利是图,隐瞒重要信息,发布虚假广告,欺骗消费者,赚取不正当差价,损害相关当事人的利益,有的甚至参与炒房。中介行为的不规范,除了监

分报告十二 住房保障、房地产市场发展与收入分配制度改革研究

督、处罚机制不完善之外，还与中介服务体系发展不平衡有关。一些中介服务企业规模较小，从业人员素质较低，资质差，经营不规范。

房地产市场监督体系不完善、法律约束不力。监管约束和法律约束是市场正常运转的必要条件，然而我国当前房地产市场存在着监督体系不完善，法律体系不健全，致使监管约束和法律约束不力。一是监督体系不完善，监管约束不力。一个完善的监督体系，应该监督主体健全、内容全面、方法有效，是包括资质审查、准入监管、质量监管、销售监管等在内的全方位监管体系，但我国目前的监管体系存在很多问题。例如，从监管主体角度而言，在横向上看，由于房地产环节较多，监管职责分散于政府各职能部门，容易造成职能交叉、职责不清，一些部门在制定调控政策时，仅从本部门去考虑，而没有从整体角度出发，造成出台的政策相互矛盾，削弱了调控力度；从纵向上看，中央与地方之间的监管职责也划分不清，造成了监管不力。从监管的方式上而言，当前使用的"以罚代管"的市场监管方法，是造成众多问题的一个重要原因。以罚代管，最大的问题在于企业违规成本过低，导致产品质量伪劣、销售欺诈等问题。例如，对于商品销售不明码标价的，罚款的最高限额为5000元，相较于房屋销售的高额利润，这样的处罚明显力度不够。二是法律体系不健全，法律约束不力。例如，在土地市场，对于土地收购、储备及其具体的操作方法，并没有确切的法律依据，土地补偿也缺少法律规范，强制性的征用和按照农产品的产量或收益进行补偿的不合理的方式，极大损害了农民的利益。在产权市场，没有明确的法律规定在私有房屋所有人享有完整的房屋所有权的期间，保护期土地使用权，也未对国家行使土地所有权进行必要限制。在销售市场、中介市场和房产信贷市场，都普遍存在法律和制度不健全的问题，现有法规的广度和深度还不能满足实际需要，造成了房地产市场的种种隐患和问题。

2. 房地产价格波动对居民收入分配的影响因素分析

房价上涨将推动政府、企业和居民三部门的收入增长，但不改变部门收入分配向政府倾斜的现状；房价上涨会加剧城镇居民家庭之间的收入分化，房产溢价的利益固化已成为近年来贫富差距恶化的主要原因。

房地产业还直接或间接地影响着全社会的收入与财富分配。在房地产快速膨

胀的过程中，土地和各种相关税费逐渐成为地方政府揽财的重要工具。2012年，土地出让金在地方财政收入中的比重已超过六成，营业税等房地产税收占比也达到20%左右，以致形成全社会收入不断向政府倾斜的分配格局。更严峻的问题是，在初次分配和再分配之余，高涨的房价造成了迅速拉开贫富差距的第三次财富分配。房产急剧升值和租金快速上涨产生的财富效应和财产性收入远远超出普通居民工资收入的积累，这不但加大了多套住房家庭、单一住房家庭与无房家庭之间的贫富差距，还会将这种差距通过代际转移等途径传递下去，形成贫者愈贫、富者愈富的"马太效应"，任其发展必将严重影响社会的和谐稳定。

房地产价格波动对居民财产性收入分配影响包含三个方面的因素：

一是住房制度渐进改革因素。在转型经济学中，渐进改革通常被认为是减少改革成本的可行选择。尽管激进式变革具有彻底性，然而激进式改革带来的福利改进很难实现帕累托最优。相反，渐进式改革可以很好地利用原有体制惯性，特别是在市场化主体缺失的时期，能够充分利用政治组织的动员优势，推动改革的进行。我国城镇居民住房制度改革实质上是取消福利分房，实施市场化配置住房制度的过程。回顾住房制度改革经历的几个重要阶段：1978年允许单位自筹资金建设住宅，实施以租养房的政策;1999年取消福利分房，实施住房货币化，逐渐确立了房产的私有财产属性。在双轨制的运行下，房地产市场最终在1998年以后得到迅速释放，逐渐成为国民经济的重要产业。与之对应，住宅成为居民投资和消费的热点，成为继金融资产之后的重要财产性收入渠道。然而由于渐进改革的弊端，在双轨制运行的影响下，不同部门、行业所面临的同质房产价格差异较大，诸如垄断部门和公共部门的高额补贴是其他行业居民难以享受到的福利。[①] 因此，住房制度渐进改革下的政策差异是间接影响居民财产性收入分配的重要因素。

二是城乡差异。尽管改革开放初期的家庭联产承包责任制始于农村，但是这种自下而上的实验式改革在农村没有得以延续，取而代之的是自上而下的实验式改革，

[①] 根据中国社科院中国居民收入分配课题组的调查，1995年中国居民产权结构中公有住房和私有住房的比例为56.75%、42.57%；2002年公有住房、房改私房和私有住房的比例为15.57%、61.43%、18.48%（李实、罗楚亮；2007）。

分报告十二 住房保障、房地产市场发展与收入分配制度改革研究

改革的重心从农村转移到城市,从内地转向沿海,最终成为城市导向特别是中心城市导向的经济政策。资源和政策向大中城市的倾斜与政府主导型经济发展的逻辑相吻合,同时也符合"先富"的效率原则。为减少全面放开可能带来的冲击,计划经济时期城乡分割的政策被延续下来。因此,随着市场化的推行,城镇居民逐渐受益于市场化推行带来的资产价格收益,而农村居民却由于改革的滞后陷入制度贫困。

三是居民的初始享赋。不同的初始享赋是解释相同政策环境下回报差异的首要原因,依此原则来审视资产价格波动给不同群体带来的财富分配效应同样有效。行为资产定价理论当中,财富的初始配置状况和信息分布决定了回报的差异。现代金融市场当中,资产价格的波动受制于信息的影响。信息的易变性、易传播性和边际成本为零的特性决定了资产价格波动的周期越来越短,因而能否掌控信息的嬗变意味着能否在资产价格波动中实现财富最大化。就耐用性资产而言,交易金额一般较大,通常依赖于信贷市场,不同初始享赋的居民参与信贷市场的约束条件不同,因此能够通过金融市场来平滑消费的程度也不尽相同,而这恰恰是资产价格波动财富分配效应实现的重要渠道。因此,居民的初始享赋同样对最终的财产性收入分配有重要影响。

就房地产市场而言,我们认为,房地产价格波动影响居民财产性收入分配主要有以下几个渠道:一是房地产价格波动造成居民直接的财产性收入发生变动,这种变动可能是绝对数额上的,也可能是比例上的;二是房地产价格变动影响居民财产结构中金融资产的变动;三是房地产价格变动影响居民的收入预期,从而产生财富效应,表现为居民消费结构中耐用消费品(特别是房产)的消费增加。

(二)现行住房保障制度存在的问题

一个时期以来,我国住房保障制度存在着制度存在不少矛盾和问题,既有住房保障制度不够健全、政策不够完善的问题,也有管理不到位和实施过程中操作不规范的问题,无论是在实现保障功能,还是在调控房地产市场方面,保障性住房政策功效都彰显不足。概括起来,当前我国住房保障制度主要存在以下几方面的问题。

1. 保障性住房房源筹集方式单一

保障性住房房源筹集方式单一,主要是政府自建并存在易产生扭曲的模糊概

念。目前我国保障性住房的房源筹集方式偏于单一，主要由政府主导自建各形态保障性住房，财政支出压力大，加重了政府债务负担。据财政部科研所的计算，目前我国在保障性住房方面的财政支出占 GDP 的比重、占总财政支出的比重，均高于发达国家，也高于发展中国家[①]。同时，保障房供给中还包括"限价商品房""经济适用房"等概念模糊、极易产生扭曲和设租寻租行为的品种，会增加公共资源误配置的发生率。

2. 各地保障性住房的任务分配和建设标准过于划一

各地保障性住房的任务分配和建设标准过于划一，导致房源不足与过量配置并存。目前，我国保障性住房建设任务采取中央定规模、然后层层向下分解的模式，没有充分考虑地区间经济发展差距和对保障性住房的需求差异，形成最需要保障性住房的一些城市建设规模和可供房源不足、而不太需要保障性住房的城市有过量配置。而且，保障性住房的建设标准由国家统一规定，没有充分考虑不同地区人们的居住习惯和居住要求，搞"一刀切"，也导致有些地方（特别是县级城市）保障性住房适应性不足和闲置。

3. 部分保障性住房存在"居住隔离"现象

"居住隔离"现象的产生，主要由于以下两种情况：一是部分保障性住房位置偏僻，周边就业机会少，居住者远离工作地和服务区且交通不便；二是部分保障性住房小区功能配套不完备，缺少教育、医疗、体育、商业、文化活动等配套设施，生活不方便。"居住隔离"影响入住保障房的中低收入群体满意度、幸福感和发展机会，还容易导致保障性住房小区贫民窟化、社会治安混乱等多方面问题。

4. 分配环节政策执行出现异化，容易滋生不公与腐败

对于保障性住房保障对象的确定，多采用收入标准和住房面积标准。但目前我国尚未形成完整的国民收入统计和住房统计系统，往往不能为确定保障对象提供有力的数据支撑。在实际执行过程中，出现了申请对象谎报瞒报收入和住房面积以骗取保障资格、相关管理部门和形形色色的中间人设租寻租等种种乱象，甚

[①] 贾康、张晓云：《我国住房保障模式选择与政策优化：政府如何权衡"倒 U 曲线"演变中的机会公平与结果均平？》财政部财政科学研究所研究报告，2012 年第 66 期（总第 1342 期）。

至出现开着宝马车住经济适用房、保障性住房成了特权部门家属小区的闹剧,影响社会公平,损害社会风气。

5. 退出机制不完善且实际执行困难,影响住房保障体系的可持续发展

从当前实践看,各地针对不同型态的保障性住房均按照居民家庭收入情况设立了不同的准入标准,但普遍缺乏收入水平变化、不符合住房保障条件后的退出机制,客观上存在"管进不管出"的问题。有些地方虽有具体的退出机制安排,但是由于制度保障不完善,缺乏针对退出者的过渡保障措施,再加上高房价背景下购房的困难,导致退出机制形同虚设,享受住房保障的城镇居民由于历年累积而规模愈来愈大,这也意味着需要政府建设和供应的保障性住房将越来越多,政府背负的经济负担也就越来越重,政府住房保障资金的流失和浪费现象也就越来越普遍。这将严重削弱政府尤其是地方政府提供保障性住房的积极性,不利于保障性住房运作的良性循环。

(三)现行房地产税制存在的问题及其对收入分配的影响

1. 税种繁多,存在重复征税现象

我国目前实际开征的18种税中,与房地产相关的就有10种,有些税种虽然在形式上相互独立,但是实质上却对同一税基重复征税。在房地产流转环节,房地产开发企业的契税和印花税税基交叉性带来了一定程度上的重复征税,房地产产权转让过程中签订的产权转移书据或契约,承受方既要缴纳印花税又要缴纳契税;同时,对房地产转让行为既要按取得的纯收入征收25%的企业所得税,又要按土地增值额计征土地增值税。在房地产保有环节,房产税与城镇土地使用税存在重复征税的情况:房屋依土地而建,房价与地价密切相关难以分割,但我国按房产和土地分设税种,对土地从量计税,对房产从价或从租计税,对房产价值中所含地价既按照价值征收房产税,又按照房屋所占土地面积征收土地使用税。此外,对房产租金征收的房产税与营业税计税依据相同,一笔房租收入要同时征收房产税和营业税,租赁双方还要按照与此相关的租赁合同所载金额分别缴纳印花税,税基重叠比较严重。

房地产领域出现的重复征税现象造成税负不公,不利于房地产市场的健康

发展。

2.征税范围相对狭窄，税款流失较多

房产税和城镇土地使用税的征收仅限于城市、县城、建制镇和工矿区，没有包括农村及所辖的行政村。目前我国城郊结合部许多未征收的土地，其利用早已"城市化"，城乡差距逐渐缩小，同等用地而税负不均，违背了公平税负、普遍纳税的原则。此外，我国房地产税一般只涉及经营活动所使用的房地产，个人自有居住用房被排除在征税范围之外。随着城镇化提速和住房改革加快推进，我国房地产商品化程度不断提高，房产购买主体结构发生了重大变化，个人购房比重逐步上升，房产已经成为家庭的主要财富。对自有居住用房免除房产税实际上等同于国家放弃了调节收入分配的一种手段。

延续原来的征税范围与现实情况明显不符，限制了房地产税收收入的正常增长。同时，大部分房地产税为地方税，实行原税制规定较窄的征税范围使得地方政府失去了一块稳定税源。

3.计税依据不够合理，落后于经济发展现实需要

我国现行房产税的计税依据是房产余值或房产租金收入。这实际上是仅从静态考虑问题，没有进行定期重估市场价格的制度设计，导致税基不能随经济条件的变化而正常增长。我国经济多年保持高速增长态势，土地和房产大幅度升值，特别是城市新房市值与旧房市值相差非常大，以余值为计税依据无疑是大大缩小了税基。另一方面，同一房地产采用从价法或从租法计算的税额差异很大，失去了征税的合理性。

城镇土地使用税是以土地面积为依据计税，无法体现对土地级差收益的调节，计税依据与财产的现有价值严重背离。税收收入不能随着土地价值的提升而增加，便难以起到促进集约利用土地资源的作用。

房地产保有环节税收调节的关键，是要对土地和房产的增值部分进行调节，以实现自然增值部分"涨价归公"的目标。而现行这两个税种的设计，都没有定期重估土地和房产价格的制度安排，计税依据都不能准确反映财产的现有价值，不能充分反映土地的级差收益和房地产的时间价值，不利于随着经济的发展、房

地产的增值而相应增加税收收入和很好地发挥其调节经济的作用。加之在土地与房产分离征税、全国各地房地产登记信息没有统一联网的情况,地方政府难以全面确切掌握纳税人拥有房产的真实情况,不可避免地扩大了免税范围,导致房地产保有环节税收流失严重。

4. 房地产流转与保有环节税负不均衡,消费住房保有环节税收缺失

地产开发、交易、持有等各个环节,但税负分布不均衡,流转环节税负重,保有环节税负轻,在消费住房的保有环节税负为空白(沪渝两地试点开始涉及增量和高端独立别墅)。造成这种现象的主要原因:一是保有环节税种虚置。由于历史原因,目前的房产税和城镇土地使用税的税率偏低,或只是象征性地征收定额税,并且没有对于房地产进行动态评估的配套机制,并不完全意义的房地产税。二是土地增值税实施不到位。理论上,在房地产税调节缺位的情况下,通过土地增值税的超率累进制,可以实现土地和房产"涨价归公"的目标,但我国土地增值税出台之时,虽然设计为四级超率累进制,由于各种原因一直难以严格进行清算,普遍实行象征性低税率的预征制,其结果是增值收益往往在很大比重上为开发商和个人获取,或形成官员与企业间"设租寻租"的弹性、灰色地带,缺乏"公平、规范"的操作保障。

这种典型的"轻保有、重流转"的税制模式十分不利于不动产使用权的流动和市场交易,削弱了房地产税收发挥应有的调控作用。一方面,房地产开发流通环节的税费过于集中势必提高新建商品房的价格,从而带动市场价格上扬。例如,在开发前期阶段,土地受让方为了获得土地不仅交纳了土地出让金,开发完毕前每年还要承担土地使用税(费),再缴纳契税,仅仅为了取得土地使用权就要承担如此之重的税费是不合理的。这种高价格在偏离建安成本、超出居民可承受房价的范围太远时,就会造成商品房的积压和空置,制约房地产市场正常的开发与再生产进程。另一方面,房地产保有环节税费种类相对少,税负较轻,阻碍了土地有偿使用市场的建立与健全。对土地的保有税负过低,使得大多数由使用者无偿取得的土地仍然近似无偿地被持有。与此形成鲜明对比的是,进入市场流通的土地却要因其流转和交易而承受过高的税负。这不仅抑制了土地使用权的正

常交易，助长了隐性流动的蔓延，还直接阻碍了划拨存量土地步入市场的进程，使得土地的要素作用无法得到发挥，土地闲置与浪费并存的现象日趋严重。

5. 费大税小，扭曲了税费关系

理论上，对同一税源，税费品种应尽量控制。从世界各国情况看，针对房地产分层设置单独的税种并辅之一些专项收费确有必要，但尽可能减少税费数量是一个共同趋势。这样做的正面效应有三点：一是避免对同一财源重复课税和收费；二是便于税费缴纳者履行义务；三是便于税费征管者操作。

然而，我国的现实情况是涉及房地产的收费五花八门，收费总额难以统计，费大税小已是不争之实。据粗略估计，北京市房地产业涉及的政府收费也不下40种。这些收费出自方方面面，包括很多带有行政职能的事业机构。房地产开发活动的任何一个环节都要面临多种收费，人们很难划清收费的具体针对性。从总体上看，房地产业收费一部分带有劳务补偿性；另一部分则带有连代补偿性，这种补偿形式是针对因房地产开发而带来相关利益集团物质利益损失所做出的补偿，比如青苗补偿费、建筑物补偿费和单位搬迁费等。拥有收费权利的机构对不交或少交费款的企业和个人都有惩治的权利，当然也有变通政策的权利。

显然，费大于税在房地产业往往比其他产业更为突出。这种现象产生了极大的不利后果，其对房地产市场的发展产生了三大阻碍作用：一是大幅度加重了购买者负担。从理论上讲，收费主要应属于"使用者付费"（User's Charge）性质，因此，收费规模和收费"品种"要受到严格限制，收费标准也不宜与市场交易规模浮动性挂钩。但我国的房地产业收费却非如此，收费成为我国房地产商品最终销售金额中的一个重要组成部分，对购买者来讲，这部分支出成为不可忽视的负担。二是限制了房地产业规模的正常扩张。费大于税直接加大房地产开发成本，同时又使得房地产开发者和需求者都对政府行为的规范性和稳定性产生极大怀疑，因而房地产规模扩张难以正常展开。三是直接限制了税收对房地产业发展的调节作用。从世界各国经验看，特别是在地方政府层面，税收是各级政府调节房地产业发展状况的重要工具，能够从财产存量和交易流量两个方面影响房地产开发和交易行为。在我国，房地产业涉及的税种主要是地方税，尽管地方政府没有

分报告十二 住房保障、房地产市场发展与收入分配制度改革研究

这些税的立法权，但却拥有一定的政策调整权。因此，政府完全有可能利用税收手段对地方房地产市场进行调控。但当费大于税、而且收费权力分散在多个部门的情况下，政府很难再利用税收手段实施有效调控，因为税的份量由主变辅大大降低，而且税率变动、税种变动以及税源选择已经没有多少空间。

如此众多的房地产业税费，不仅使纳税人产生了强烈的逆反心理，以致避税逃费时有发生，而且从政府角度看，也加大了税费制度建设成本和税费征管成本。更深层次的问题还在于，收费数量过多格局形成之后，政府各部门自然形成了一种"财源建设"心态，造成收费竞争，直接扭曲了收费的性质，变成部门创收，损害政府形象，降低公信力，助长分配领域和公共事务方面的紊乱。

6. 与现行土地出让制度弊端存在相关性

我国目前的土地使用制度是批租制，期限一般是40—70年，其中，大部分税费是在取得土地时一次性支付的，因此，房价中包含了土地批租期限内的几乎所有房地产税费。地方政府获得大量的批地收入，可以在短期内大大缓解地方政府的财政压力，使其对土地交易乐此不疲。由于土地资源的高度稀缺性，只考虑短期好处而大量批地，导致今后可用的土地资源迅速减少，其结果自然是难以为继。

所谓"土地财政"逻辑框架其实是别无选择的：因为搞城市化就必须要有扩大建成区的土地批租，有土地批租，就必须采取合法合理的有偿形式。由于没有地方税体系，也没有阳光融资制度配套，容易激发地方政府和想拿地的开发商之间以单一拍卖形式把地价冲高。"土地财政"主要的偏颇在于——地方政府只关注一次性把地价拿足，尽可能解决任期之内政绩需要，而如果没有其他的制度制约，就会一段时间源源不断涌现出"地王"，再往后则出现"无地可批"的窘境。但如果有了保有环节的税收等制度设计，有了其他融资条件的必要配合，各个参与者的预期就会改变。问题的实质仍然是有效制度供给与激励约束机制不足。

（四）现行住房金融制度存在的问题及其对收入分配的影响

1. 住房价格持续上涨导致住房金融制度建设面临外部环境约束

我国商品房建设规模迅速扩张，人均住房面积快速增长，居民住房紧张的局面得到一定程度的缓解，但在这一过程中，我国商品房价格快速上涨，并且在很

大程度上超出了居民的住房购买力水平，由此导致了我国的住房金融体系在发展过程中面临较为明显的外部环境约束。住房价格的持续快速上涨对住房金融体系的建设带来了诸多不利影响，主要表现在：

一是住房价格的快速上涨，与我国居民收入的缓慢增长形成了鲜明对比，居民收入与住房价格的比值越来越低，居民购买住房需要积累的时间越来越长，从而导致居民很难实现"住有所居"的梦想，由此也引发了社会公众对政府相关政策的不满。

二是导致商业银行住房贷款获得难。近年来，我国实行的控制住房价格快速上涨的相关政策更多的是控制居民住房的需求，对居民住房贷款的限制条件不断增加，加上2009年贷款接近10万亿元之后，整体信贷环境一直处于收紧的状态，商业银行加紧了对贷款者资质和收入水平的认定，这导致居民很难获得商业银行住房贷款的支持。

三是导致政策性住房金融的发展缓慢。住房公积金制度由于带有互助性的特点，对于每一个贷款对象的支持金额都有限制，这一限制在不同地区虽然不同，但即使在限额较高的城市，住房公积金贷款的限额也不超过100万元，这与动辄几百万元的购买住房的支出相差非常大，从而导致住房公积金贷款在这些城市成为"鸡肋"，在住房公积金最高限与购房总价之间的差距越来越大的情况下，住房公积金的利率优惠政策没有太大意义，加上住房公积金贷款的申请需要较长的审核过程，远不如商业性住房贷款申请过程的便利，因此，我国居民使用住房公积金贷款的现象越来越少，住房公积金业务量也在明显减少。

2. 商业性住房贷款快速增加导致金融风险向商业银行集中

由于我国金融市场发展处于初级向成熟过渡的阶段，间接金融在整个金融市场中还占绝对地位，资本市场等直接金融发展却相对落后，同时国有商业银行本身改革还不到位，导致了我国房地产融资主要依靠商业银行。通过住房消费贷款、房地产开发贷款、建筑企业流动性贷款和土地储备贷款等各种形式的信贷资金集中，商业银行直接或间接承受着房地产市场运行中各个环节的市场风险和信用风险。商业银行开展中长期住房贷款，容易导致其资产负债在数量、期限、结构上的不匹配，从而蕴含着较大的流动性风险。而且随着我国银行体系的深入改革和资本市场制度性缺陷的逐步解决，资本市场上居民储蓄开始分流，银行体系的居民储蓄存款占各项存款的比率呈逐年下降趋势，银行流动性风险将会快速增加。

3. 政策性住房金融不健全

以1999年4月国务院颁发《住房公积金条例》为标志，经过十多年的不断改革，我国住房金融业务得到了发展，形成了以住房公积金为主体的政策性住房金融体系，但这种政策性住房金融体系存在一些较为明显的问题。

政策性住房金融没有充分发挥应有的作用。作为我国政策性住房金融主要组成部分的住房公积金制度成立以来提供了大量住房公积金贷款，但贷款对象多是中上等收入者，大多数中低收入家庭很难从公积金制度中受益，这在很大程度上脱离了政策性住房金融设定的支持中低收入者获得住房的目的。同时，住房公积金制度管理落后，并没有真正形成独立的住房金融政策性金融机构，造成管理效率的低下和资金利用效率不高。

政策性住房金融与商业性住房金融之间的配合存在问题。政策性住房金融与商业性住房金融的配合也存在明显的问题，这主要表现在以下两个方面：

一是由于政策性与商业性住房金融之间没有很好地相互补充，导致我国住房金融体系存在空白地带，不能很好地满足我国居民住房融资的需要。我国住房公积金的缴交率不高，覆盖面不广。全国尚有40%的职工未参加住房公积金，这部分职工难以享用政策性住房金融，但它们的收入又不足以在市场上购买住房，从而造成住房金融的空白地带。加上近年来我国一直在实行贷款控制，商业性住房贷款也受到明显抑制，远不能满足中高收入家庭的购房信贷需要。

二是政策性与商业性住房金融存在重复区域。我国的住房公积金虽为政策性住房金融，但在服务对象上却没有根据收入水平而有所限制，这就造成参与住房公积金的职工，无论收入高低，均可享受我国的政策性住房金融，在实际操作中，由于收入高的职工有更强的住房消费能力和还贷能力，导致中高收入职工占了住房公积金贷款的大多数，而这部分中高收入居民实际上应该为商业性住房金融的消费者，由市场来解决住房融资问题。我国政策性与商业性住房金融的重复性不仅使政策性住房金融的实际效果大打折扣，造成住房资源配置的有失公平的现象；又减少了商业性住房金融的消费者，制约了其正常发展。

四、改革和完善住房政策体系，进一步优化收入分配制度的总体思路

（一）将住房制度提升至国家治理能力和治理水平的战略高度来定位

住房问题涉及国家经济体制和社会管理，住房制度是国家能力和社会建设水准的一种集中体现，住房模式选择也成为我国走向现代化的转轨时期中国家能力和社会建设的重要过程。住房供给与房地产调控对居民消费行为、居住与就业的空间匹配、城市建设投融资、公共服务资源布局与机制合理化、社会和谐状况等也都具有广泛和深刻的影响。

从历史看，1949—1978年，中国对城镇国有与集体就业职工实行"统一生产、无偿分配"的福利住房模式，这与当时的计划经济体制、低工资等相适应，但也造成了国家财政难以重负、个人对就业单位强烈人身依附、住房建设资金短缺、供应匮乏、维修管理不善等经济与社会发展障碍。1980年以后的住房模式，逐步从福利制向分配货币化、供应社会化和市场化转变，成为全面经济改革开放的重要组成部分，与住房相关的巨额经济资源配置得到改进和优化，并对劳动力市场发展起到了重要推进作用。1998年住房供应模式全面市场化，对21世纪初中国快速城市化和经济大发展起到了十分明显的推动作用，但过度投资品化的住房模式所产生的房地产过热、居民住房条件两极分化、低收入居民基本居住条件保障不足等问题，也给中国经济与社会发展带来了诸多矛盾、负担与多种隐忧。

很多国家在从中等收入国家向发达国家转型时，都把住房模式的选择放在国家发展战略层面给予高度重视。具有代表性的如新加坡，"新加坡的住房政策，从一开始就是其国家建设的一个基本国策，是新加坡国家建设核心中的核心"（郑永年，2009）[①]。新加坡一系列社会政策，都是围绕其住房模式展开，政府规划

[①] 郑永年：《在住房政策上中国要设计自己的道路》，2009年9月21日，http：//www.cnr.cn/newscenter/gnxw/200909/t20090921_505480099.html。

下的现阶段"组屋"成为这一系列社会政策的实现平台。同为"亚洲四小龙"的韩国和我国香港、台湾地区，在住房制度建设上也都有颇为值得关注与借鉴的经验。面对如此重大而牵动亿万人心的问题，我们必须把住房制度的合理化建设提升到打造现代化国家能力和实现可持续发展的社会建设的战略高度来定位，进而寻求通盘的优化设计。

（二）建立符合国情和可持续发展要求、双轨统筹的中国住房制度模式

为了维护人民"住有所居"基本权利，并维持中国房地产业对经济发展应有的支撑力，平稳实现全面建设小康社会目标，亟须对今后的住房供给机制做长远考虑，实行旨在长治久安的统筹，其中的关键，是使政府和市场各司其职：政府在做好国土开发和不动产建设"顶层规划"的同时，侧重于提供为低收入阶层托底的"保障轨"上的廉租房和适合于收入"夹心层"的适租房，同时，让"市场轨"去配置一般商品住宅等产权房，政府在加强制度建设和制定好"顶层规划"的同时，在产权房领域主要是管理好市场规则，并科学利用税收杠杆调节这一市场。

1. 理论解说：住房既包括私人产品部分，也包括公共产品部分，必须政府与市场合理分工，形成"双轨统筹"的配置框架

住房需求总体而言是一种高度分层和具有高度差异性的需求体系，人们在收入、职业、购买能力等方面的差异性，决定了其住房需求的显著差异性。概括地说，住房需求可以划分为以下三个基本层次：

首先，是基本的住房需求，即能拥有遮风挡雨的个人生活起居的空间和面积，满足生存需求的起码条件。这类住房需求的需求方属于社会收入阶层中的最低端，消费支付能力严重不足，市场机制无法满足其供给，然而却关系着社会稳定大局，其公共产品和准公共产品特征明显，需要政府通过公共政策进行保障。在这个需求层次上，对低收入阶层而言，"住有所居"的实现机制不应是要拥有产权房，而应主要通过取得政府公房廉租或租金补贴等方式来满足其基本需求，这对应于"基本人权保障"的"人人有房住"的福利概念和政府责任。

其次，在基本住房需求之上，存在既需保障基本居住条件，又对住房综合功能（如水、暖、电、气配套）、周边环境、交通便利性、公共配套设施（如商

业服务、医院、学校）有一定要求，属于"宜居层面的普通住房需求"。对于这种需求，由于房地产市场竞争的非充分性，也往往缺乏足够激励在低平价位上供应，这就需要政府通过完善的公共政策包括土地规划、税收、金融等调控政策，来引导和促进房地产开发商，以适合大多数普通居民消费能力的住房供给、以满足其住房需求，当然也包括鼓励规范的集资建房、合作建房等供应方式。

此外，还存在更高层次上的住房消费需求，也就是中高档住房乃至豪华住房的享受性需求。这时，住房功能不再仅仅是一种居住产品，而已发展成为一种高值享受品，甚至成为一种炫耀性消费品。这类消费者对住房的需求往往超越了其产品的居住功能本身，而更多地体现在诸如住房品味、所带来的身份地位形象与优越感等需求层次上，体现出消费的多元性和个体独特性。高端群体对住房产品的品质、结构、内涵等方面的需求千差万别，而市场分散化的决策机制、灵敏的价格利益导向机制正好适应了这种住房需求模式。因此，对高端的住房需求应基本上将其纳入市场调节的范畴。

基于以上住房需求的层次性，住房供应体系大的制度框架上必须强调我们要实施一种合理的"双轨统筹"：政府在做好国土开发和不动产建设"顶层规划"的同时，侧重于提供为低收入阶层托底的"保障轨"上的廉租房和适合于收入"夹心层"的适租房，同时，让"市场轨"去配置一般商品住宅等产权房。

2. 实践导向："保障房的事总理管，商品房的事总经理管"

当前，房地产调控应当、也正在明确树立起宏观调控层面的"双轨统筹"框架目标——"让政府的归政府，市场的归市场"，并以政府的顶层设计来统筹。在任何一个政府辖区内包括住房建设在内的国土开发通盘规划，是政府必须牵头尽责的"顶层规划"，是无法简单地由非政府的微观主体在"试错"中自行解决的基本配置问题。不仅是不同属性的住房，所有的基础设施（如道路、桥梁、隧道、涵洞、水、电、气等）、功能单位（如学校、医院、商业网点等）都需要在此规划内被覆盖。

"顶层规划"之下，住房的"市场轨"由市场主导，政府的职责重点在于做好基于公平竞争规则的调控和监管。而优化房地产调控，追求房地产市场持续健康稳定发展,理应以经济手段为主,其中包括税收的手段,从土地开发到商品房的交易和保有各环节上的税费应系统地合理化。调控中原则上宜区别住房的居住需求、投资性需求和投机性需求,采取差异化政策区别对待。

"保障轨"由政府主导,政府的职责重点在于组织资源、制定规则和实施对入住者的"进与退"的管理。建设上应发挥财政资金的杠杆效应和引导作用,带动地方政府、金融机构、相关企业等多方参与,组织资金、土地、建设主体、社会组织等资源进入保障房运营。同时,应明确保障对象和保障标准,设置合理的准入退出标准,制定科学有效的工作机制,加强监督管理,努力确保公平。

"双轨制"的要义在于明确政府与市场的作用边界,统筹协调"市场轨"和"保障轨"的良性运转。同时,两者又始终应统一协调在住房供应体系的顶层设计之下。政府组织专家加强研究做好规划,使住房供应体系建设在整体国土开发中和新型城镇化发展道路相一致,与居民收入水平和社会和谐的需求相吻合。

总之,"双轨统筹"是统筹于政府牵头的顶层规划,政府在"保障轨"上主要管托底、管进退;在"市场轨"上主要管规则、管收税。

五、改革和完善住房政策体系,进一步优化收入分配制度的对策建议

(一)完善房地产市场宏观调控政策,进一步优化收入分配制度

1. 增强政策明确性和稳定性,形成稳定的市场预期

近几年来,房地产市场调控遇到的"一调就跌、一跌就放、一放就涨"的怪圈,在很大程度上是由于没有形成政策的稳定性,社会上普遍产生了调控之后房价必然大涨的心理预期,从而引发非理性的市场行为。形成稳定的市场预期,对于遏制投资冲动,防止市场大起大落至关重要。

形成稳定的市场预期,关键在于明确政府的调控目标,保持政策的明确性和稳定性。从我国城镇化进程和住房情况来看,未来的刚性需求和改善型需求依然旺盛。虽然我国的城镇化率已到达50%,但仍处于高速进程中,必然对城镇住

房产生刚性需求。人们收入水平的提高和社会的发展，也将带动大量的改善型需求。因此，从长期来看，城镇住房供求矛盾仍然非常突出。在这种情况下，抑制住房的投资投机不是一时的权宜之计，而应成为长久之策。这就需要政府继续坚定"促使房价合理回归不动摇"和"促进房地产市场长期、稳定、健康发展"的调控目标，并以政策的明确性和稳定性予以支持。目标明确、政策基本方向稳定，就会形成稳定的市场预期，进而改变地方政府、开发商和消费者的一些行为偏差。例如，使地方政府将地方的发展重心逐渐转移到加快转变发展方式上来，而不是过度地追求房地产业的发展；使开发商较低房价，适当让出部分利润，并形成稳定的投资预期；使消费者的消费更具理性化，消除盲目的从众行为。

对于房价回归到何种程度才算合理，观点不尽相同。虽然温总理给出了两条标准："一是房价与居民的收入相适应；二是房价与成本和合理的利润相匹。"我们不能简单照搬国际标准——房价收入比在3~6倍之间为合理区间，来认定我国合理的房价收入比。由于我国的人口众多、土地人均量偏低，我国合理的房价收入比应高于国际标准，并且一线城市和二三四线城市之间也应做明显的区分。

2. 把握微调时机和力度，增强其针对性

为了提高政策调控的有效性，实现调控目标，需要在坚持政策大方向不变的情况下，按照差异化与灵活性原则，依据宏观经济形势和房地产供求关系的变化，对政策进行微调。但对政策微调时，需要把握以下几点：

一是握好微调的节奏和力度，严防微调演变为普遍调整。当经济增长速度出现明显放缓或下滑时，则要对现有政策进行微调。微调的方式应以适当调整货币供应量为主，慎用大规模、大范围的减税政策。在节奏把握上应兼具科学性和艺术性，切不可轻易释放任何可能被外界解读为房地产调控要松动的信号。否则，将会改变预期，推动新一轮的房价上涨。

二是根据各地情况不同，实行渐进的差异化调整。我国的房地产市场发展非常不平衡，供求矛盾存在明显的差异。无论是一线和二线、三线、四线城市之间，还是东部和中西部之间、城市和农村之间，均存在着巨大的差异。这就要求

分报告十二　住房保障、房地产市场发展与收入分配制度改革研究

在调控中，对不同城市、不同地段、不同情况要做以区分，不能实行"一刀切"。例如，对北京、上海等房价上涨过快的城市应坚持现有政策不放松，而对于房价上涨缓慢的二线、三线和四线城市采取较为缓和的调控措施。

三是坚持有保有压、区别对待的原则，对不同需求采取不同政策。由于我国房地产市场结构性矛盾较为突出，因此应该实行更为灵活的政策。对于刚性需求，要适当给予政策支持，使其平稳地释放，而对于投资投机需求，则坚决不能放松。同时，要防止地方借"鼓励自住需求"为名，变相松动或放宽政策范围，改变调控政策的基本方向。

3. 短期调控与长期制度建设相结合，促进调控方式稳步转型

根治我国当前房地产市场中的种种弊端，不能仅靠近期的调控，而且应该着眼于长期的制度建设，形成稳定的调节机制，解决诸多深层次矛盾问题。为此，需要处理好两个问题：

一是优化现有调控手段，提高调控的针对性。做好金融、税收与"限购"等行政手段之间的协调和配合，优化差别化的住房信贷政策，适当地释放刚性消费需求，继续严格控制投资投机需求。由于我国的利率仍未完全市场化，市场对利率变动不够敏感，这导致了其对改变房地产市场主体行为的能力有限，因此，应注重完善更有针对性的货币供给量、贷款规模和贷款条件等调控手段。

二是在完善相关制度基础上，"限购"等行政手段逐渐淡出，形成以法律和经济手段为主的长期、稳定的调节机制。以法律手段和经济手段逐步代替行政手段，从法制建设上规范房地产商的行为，才符合市场经济的内在要求。这对房地产未来的健康发展至关重要。在调节制度建设中，关键是构建房地产税调节制度，使其在房地产保有环节形成有效的调节和制约。开征房地产税，不仅有利于形成长期、稳定的调节机制，而且对于构建地方税体系、调节收入和财产分配等起到积极作用。尽管"限购"等行政手段对房地产市场调节发挥了重要作用，但其后遗症也非常明显。从房地产发展的长远角度考虑，"限购"等行政手段逐渐淡出非常有必要。但是，淡出的时机，取决于制度建设的状况，特别是房地产税的推进情况。

4. 构建透明、合理的利益博弈机制

构建一个透明、合理的利益博弈机制，既是增强调控政策有效性的必然要求，又是规范相关利益主体的博弈行为、防止催生房地产泡沫、促进房地产健康发展的重要措施。构建一个透明、合理的利益博弈机制，关键在于处理好消费者与开发商、中央政府与地方政府的博弈和利益分配关系，为此，需要抓好两个方面的制度建设：

一是建立健全房地产市场信息披露和监测体系，确保信息公开、透明、齐全，截断房地产商由信息优势到市场力量强势的发展链条，减弱因信息不对称引起的从众行为、开发商合谋等不公平的博弈方式。其一，完善房地产统计制度，建立全国联网的城镇居民家庭住房数据库；其二，建立住房成本监测制度，定期测算并公布商品住房的社会平均成本，提高房价的透明度；其三，改进房价及相关宏观统计指标，避免指标过于笼统，多角度反映不同区域房价变动情况，以使消费者准确、全面地了解房价的真实情况。

二是推动财政体制改革，理顺中央与地方的分配关系，削弱地方政府与开发商利益合谋的动机。完善分税制财政体制，构建起财权与事权相呼应、财力与事权相匹配财税体制。其中，尤为重要的是尽快构建地方税主体税种，完善转移支付制度，使地方有稳定、充裕的收入来源，逐步消除对"土地财政"的过度依赖。在中央与地方的分配关系理顺之后，才能减弱两者在房地产调控目标和行为的不一致性，增加地方政府配合中央调控的积极性，进而提高调控效果。

5. 优化推进住房市场化改革，完善居民住房制度

房地产市场化改革后仍有一些城镇"权势"单位进行福利房开发，结果出现房产"同质不同价"的不公。农村房地产不能享有城镇房地产的财产权，严重制约了农民财产性收入的增长。为此，要深化市场化改革，彻底取消城镇福利分房制度，赋予农民房地产抵押担保权和公平交易权。

第一，房地产市场的渐进式改革推动了中国房地产市场的稳步发展，然而由于改革缺乏彻底性，双轨制运行使得不同居民所购置的住房"同质不同价"现象

存在，从而形成居民财产性收入体制分配不公，现实中通常表现为以低于市场价格购置房产等。为消除住房双轨制改革带来的弊端，进一步的市场化改革势在必行。只有逐渐清理体制内福利分房制度，实施完全的住房制度市场化政策，才能消除体制分配不公。

第二，从改革的路径来看，由于政策的滞后，农村居民财产性收入陷入制度性贫困，这直接影响农村居民的财富增长。受制于制度的壁垒，农村和城镇居民初始享赋存在较大差异，在缺乏交易权利下，财富差异愈加明显。因此，未来的改革应侧重消除住房双轨制改革的弊端，通过城乡融合的相关政策缩小城乡之间财产性收入差距的初始享赋，通过赋予居民谈判权利和住房、土地交易制度来实现农村制度减贫。

（二）改革和完善住房保障制度，进一步优化收入分配制度

1. 保障性住房的供应方式

目前中国的住房保障体系有多种类型，包括廉租房、公共租赁房、经济适用房、限价商品房、棚户区改造五种主要类型。其中，廉租房和经适房时间较早，公租房的大力建设始于2010年，正逐步成为住房保障的主体。关于保障性住房供应相互之间的，政策对象存在着交叉重叠，有的政策可操作性低，容易在执行中走样。发展方向上一是继续明确将公租房作为保障性住房的主要形态，以棚户区改造等为托底，大力发展公租房，并压缩经济适用房（只允许在"有限产权"概念下运营，以封杀其套利空间）、取消"限价商品房"。当前7大类11个品种的保障房形态，既不利于合理划分保障层次，影响了政策的有效实施，又增加了执行操作成本。而且，带有完全产权性质的经济适用房和限价商品房在实际运行中暴露出来的问题层出不穷，导致有限的住房保障资源误配置，并削弱了政府住房保障工作的公平性。大力发展公租房、廉租房，有利于清晰界定并广泛覆盖城镇中低收入家庭、住房"夹心层"和进城务工的农业转移人口；而且，在有条件的地区、时机成熟时，可以方便地探索公租房转为产权房、租售并举的新制度，既满足原住房保障家庭在条件改善后"居者有其屋"的产权渴求，又减轻了政府财政支出的压力。

二是推动公租房与廉租房并轨运行，便于统筹使用住房保障资金、扩大住房保障覆盖面并降低管理成本。当前，住房公积金增值收益只能用作廉租房补充资金，再加上中央财政下拨的廉租房保障专项资金，使得没有那么多的廉租房需求的一些城市出现廉租房保障资金富余，导致这笔资金没有充分发挥作用。在制度上将廉租房、公租房并轨，将为统筹使用这些资金打开一个政策通道。另外，根据现有的制度设计，廉租房主要针对具有户籍的低收入住房困难家庭，而公租房主要是针对中等偏下收入住房困难家庭、新就业职工和有稳定职业并在城市居住一定年限的外来务工人员。将公租房与廉租房并轨，有利于这两类人群的住房保障实现无缝对接，扩大住房保障覆盖面，避免形成所谓的住房"夹心层"。

2. 保障性住房建设的公共财政保障机制

（1）合理划分中央与地方住房保障事权与财政支出责任

明确中央与地方政府在住房保障中的财政成本承担责任，是有效落实住房保障政策实施工作、提高住房保障执行效率与执行效果的关键。一般地，我国在划分中央与地方以及各级地方政府之间事权与支出责任上遵循受益范围、成本效率、基层优先的基本原则。在明确划分各级政府支出责任的基础上，逐步做到属于地方政府事务，其自有收入不能满足支出需求的，中央财政原则上通过一般性转移支付给予补助；属于中央委托事务，中央财政通过专项转移支付足额安排资金；属于中央地方共同事务和支出责任的支出，明确各自的负担比例。

目前在我国，根据中央与地方政府事权划分的相关体制，住房保障主要属于地方政府事权。住房保障的各项显性和隐性成本（如保障性住房土地和税费优惠），主要由地方政府承担。但是，在现实中以地方为主（地方政府中又以基层政府为主）承担住房保障事权和支出责任的体制已经遇到一些困境和不少尴尬。突出表现为地方政府缺乏保障性住房投资、建设和供给的意愿。在地方看来，建设保障性安居工程、廉租房等是负担，是一件不"划算"的买卖，会使自己的利益受到损害。一些地方官员甚至还认为，拿出一定的土地建设经济适用房，意味着地方政府不能再通过经营土地获取巨额土地收益，等于断了自家的"财路"。在这样的认识下,许多城市廉租房、经济适用房供应普遍不足,中低收入群体被迫购买价格高昂的商品房,经济适用房、廉租房在一些城市仅成为"花瓶"和"点缀"。

为此,现阶段中央政府将住房保障工作纳入地方政府的年度工作目标和考核内容,将国家保障性住房建设目标通过层层分解并纳入其绩效考核指标体系,甚至不惜动用签订责任状、诉诸行政问责的手段,以此强化地方政府在保障性住房建设方面的责任。这是典型的中央决策、地方买单,造成决策权和支出权、执行权的脱节和分离。在强化督查的同时,近年来中央财政也连续大幅度增加了对地方政府保障性安居工程的财政转移支付和专项补助。不仅对中西部地区给予补助,对东部地区(如山东、福建等有关地区)也补,容易造成中央和地方住房保障事权和财政支出责任承担体制上的混淆不清。

基于理论和现实分析,都有必要重塑中央和地方政府之间的住房保障责任划分体制,厘清责任边界,建立规范化、长效性的住房保障事权分担体制。而这其中的重要内容是将住房保障财政支出(筹资)责任更多地上移到中央政府来承担。但是这一转变必然会受到我国行政管理体制和现实制度环境的制约,不是单单依靠住房保障事业自身可以改变的,关系到中央与地方政府相关事权和支出责任的划分以及相关社会体制与制度的综合配套改革。目前,我国覆盖全体居民的社会保障制度尚未正式建立,各类社会保障(如基本养老、基本医疗、失业保险)统筹层次仍然停留在地方和城市政府层面,以及我国特有的城乡二元的户籍制度使农村移民很难获得各类社会保障。由于这些历史路径依赖性,将住房保障的主要支出责任提高到由中央政府承担需要经历一个渐进的过程和综合配套改革。

(2)加强住房支出财政资金的统筹安排

目前用于保障性住房建设的财政资金包括:各级公共财政预算安排的专项建设资金、提取贷款风险准备金和管理费用后的住房公积金增值收益余额、土地出让金收益划转、政府性保障性住房建设融资(包括银行贷款和住房公积金贷款等)、出租出售保障性住房的收益、政府性债券收入(包括中央国债和地方政府债)、保障性住房配建商铺等商业配套设施的出售、出租收入以及其他方式筹集的资金等,这些资金在管理职能部门、资金使用成本、财务管理方式以及可获得性的难易程度等多方面存在着显著的差异,目前的使用管理也十分分散,不能发挥不同资金类型的特点并形成合力提高保障性住房建设资金的使用效率。因此,有必要加强住房支出财政资金的统筹安排,对于信用能力较强的各级财政专项资金、土地收益资金、保障性住房配建商铺等商业配套设施的出售、出租收入等资金应当通过政策性金融的方式,通过信贷式放大,发挥"四两拨千斤"的作用,扩大保障房建设资金的来源渠道和融资规模。

3. 保障房建设、融资、运营等方面的多元化

自2008年年底《国务院办公厅关于促进房地产市场健康发展的若干意见》下发以来,各级财政部门加大资金投入力度。财政资金带动其他资金支持我国保障性住房建设,取得历史性成就,在扩大内需、促进房地产市场健康发展、改善城镇低收入家庭住房条件等方面发挥了重大而积极的作用。与此同时,我国保障房融资面临严峻形势,不仅资金缺口巨大,而且目前的融资方式仍然以地方政府或融资平台公司为主体,形成的保障房产权归地方政府或融资平台公司,地方政府将因此而背负较大的债务责任,如果最终出现大范围还款困难,可能会引发偿债危机。由地方政府直接投资建设保障房,并非是解决保障房供应不足的最有效率的方式,也不能从根本上解决保障房后续管理中的潜在风险。

解决保障房融资困难问题,应积极探索和创新保障房的投融资制度,并注意把握以下几点要领:

一是强调将公租房作为保障性住房的主要形态,大力发展公租房和廉租房,压缩经济适用房,取消限价商品房。我国保障性住房包括廉租房、公租房、经济适用房、限价商品房等多种概念和形态,后两者存在概念模糊、边界不清引发的管理困难,特别是经济适用房和所谓限价商品房在实际运营中反映出的分配不公、设租寻租等问题,已经广受诟病。应该强调和坚持已渐趋明确的从棚户区改造到廉租房、公租房的供给作为保障性住房的主要形态,特别是大力发展公租

房,满足城镇低收入群体和"夹心层"的合理住房需求;同时,压缩经济适用房的建设规模,并只允许"有限产权"形式,封杀套利空间。至于所谓"限价商品房",则应取消。

二是在租赁性保障房建设融资过程中,创新财政资金支持保障房建设的形式和方式,逐步形成以公共财政为引导,企业、金融机构、社会资金多方参与的保障房投融资格局,有效解决保障房融资难的问题。在此过程中,可以大力发展PPP(公私合作伙伴关系)模式下的多种运作机制,强化政府和私人机构在保障性住房建设方面的合作,解决不同形式保障性住房的资金需求。对于公租房,由于投资主体可以通过一定的经营管理获得较高水平的租金,因此,可以考虑通过"建设—运营—转让(BOT)"的方式鼓励和引导社会资金进入这一领域;而对于廉租房,即使是各级政府的责任,在合适的情况下,也可以通过政策性安排,引导社会资金为廉租房建设提供支持,例如,可以通过"建设—转让"(BT)的方式鼓励社会资金为政府建设保障房,实际上,目前很多城市就是让开发商配套建设一定数量的廉租房,政府则与其签署相关协议,承诺在建成后一定时间内向开发商回购,从而给予开发商一个稳定的回报预期。

三是在时机成熟时,在住房供应相对充足(包括空置房潜力可调动)的地区,可考虑改变实物保障方式为租金补贴方式,即从"补砖头"转为"补人头",发展"市场建房、居民租房、政府补贴、社会管理"的"保障轨"模式。具体的补贴方式可以按"国库集中支付"路径,比照政府采购直接付给房东。我国广大二三线城市和县级城市,住房供应往往已较为充足,并有一定规模的房屋空置,住房保障工作要解决的主要问题是如何将空置房屋盘活进入租房市场。在这些地区,政府不宜大规模新建保障房"补砖头",而应该采用租金补贴方式"补人头",因地制宜地实现"住有所居"目标。在一线城市和部分大中城市,聚集效应还会使人口大量涌入,短时期内住房供应短缺现象明显,当前"补砖头"为主的保障房供给方式是合适的。但是,在经过一段时间的大规模保障房建设并投入使用后,政府有关部门要及时对当地住房短缺情况和保障人群情况进行评估测算,适时转变住房保障方式。

4.保障性住房的管理制度：建立健全分配、准入与退出机制

除投融资制度以外，我国保障房体系建设的还需要进一步健全准入与退出机制、转换机制等管理制度，并将保障性住房建设与城镇化趋势紧密结合起来。

一是建立健全保障性住房的准入与退出机制，加强全方位监督，力求确保分配公平。对于保障性住房保障对象的确定，多采用收入标准和住房面积标准。但目前我国尚未形成完整的国民收入统计和住房统计系统，往往不能为确定保障对象提供有力的数据支撑。在实际执行过程中，出现了申请对象谎报瞒报收入和住房面积以骗取保障资格，以及相关管理部门和形形色色的中间人设租寻租等种种乱象，甚至出现开着宝马车住经济适用房、保障性住房成了特权部门家属小区的闹剧，影响社会公平，损害社会风气。公平分配是保障性住房的"生命线"，使民生工程真正惠民生、得民心。一是应逐步建设完整的居民收入统计和住房信息统计系统，为准入与退出机制的设计与运行提供基础数据支撑。二是要加强保障性住房申请、公示、分配等环节的透明度，并实行动态调整与持续跟踪，做到全过程公开。三是要加强全方位监督，逐步形成政府监督与社会监督和新闻媒体监督互补互动的良好局面，力求确保分配公平。

二是积极探索保障性住房中公租房的转为产权房、租售并举的新机制。在城市化过程中，由于经济发展水平、政府财政能力的限制和城市住房总供给不足、住房价格高企，政府不可能独揽公租房建设和供应责任。探索公租房和产权房的租售衔接机制，在入住者收入提高过程中，在一定条件下允许部分保障对象把公租房转换为产权房，既满足原住房保障家庭在条件改善后"居者有其屋"的产权渴求，又减轻了政府财政支出压力。

三是在城镇化快速推进的大趋势下做好保障性住房科学规划，加强配套基础设施、生活服务功能建设。目前，我国保障性住房建设任务采取中央定规模、层层向下分解的模式，没有充分考虑地区间经济发展差距和对保障性住房的需求差异，形成最需要保障性住房的一些城市建设规模和可供房源不足，而不太需要保障性住房的城市又过量配置。而且，保障性住房的建设标准由国家统一规定，没有充分考虑不同地区人们的居住习惯和居住要求，搞"一刀切"，也导致有些地方（特

别是县级城市）保障性住房适应性不足和闲置。我国尚处于工业化中期，城镇化进程在城镇化率迈过 50% 之后仍将快速推进，在此趋势和背景下，保障性住房规划与建设应该与城市、城镇发展规划紧密结合。保障性住房规划应结合不同地区、不同住房已有格局和其他相关要素，作有针对性的"顶层规划"的动态优化，新城镇建设更要作必要的前瞻性考虑和设计，使之成为未来全局优化的有机组成部分。站在建设新型和谐城镇与社区的高度，处理好保障性住房配套基础设施建设的升级和生活服务功能的配套，并适当增进保障房标准因地制宜的多样化。这样，一方面解决保障性住房"居住隔离"问题，另一方面丰富与细化适应不同地区特点与特定居住习惯的保障房标准体系，并加强不同城市建设任务的适应性、合理性。

（三）完善住房金融政策体系，进一步优化收入分配制度

1. 构建多层次住房金融体系

多层次的住房金融体系能够满足不同人群的住房融资需求，它们在不同领域各自发挥着独特的作用，共同组成无缝连接的住房金融体系，为绝大多数居民提供住房资金。在构建多层次住房金融体系过程中，要根据不同住房金融业务的特征明确各自的发展方向和重点，采取不同的政策措施实现多层次住房金融体系的健康发展。因此，我国在构建多层次住房金融体系时应该放开商业性住房金融、做实政策性住房金融、发展互助储蓄性住房金融。

（1）放开商业性住房金融

商业性住房金融是我国住房金融体系中占据绝对优势地位的业务领域，我国已经建立了较为成熟的商业银行住房抵押贷款业务体系，承担了住房金融体系的大部分业务量。今后较长一段时间，商业银行间接融资仍然占据社会融资体系的主体地位，因此，商业性住房金融仍然需要承担大量的住房融资业务。根据重构后的住房金融体系分工，商业性住房金融将主要负责高收入人群住房业务的融资需求以及大部分中等收入阶层购买住房的融资需求。

放开我国商业性住房金融领域主要做两方面的工作：一是放开住房金融业务的提供机构。目前只有商业银行可以开展商业性住房金融，今后应放开提供商业性住房金融业务机构的范围，可以逐步放开信托公司、保险公司、财务公司、小

贷公司甚至证券公司等金融机构参与商业性住房金融业务，破除商业银行在商业性住房金融领域的垄断，通过市场竞争，改善居民获得的住房金融服务条件。二是放开商业性住房金融业务的运行方式。目前，商业银行开展商业性住房金融业务只有住房抵押贷款一种，贷款利率方式较为单一，灵活性不足，因此，今后改革的方向，一是要允许商业性住房金融机构在业务经营方面根据自身条件和外部经济环境的情况开发住房金融产品，以更为灵活的方式为居民购买住房提供融资；二是进一步放开商业性住房金融的融资形式、融资期限和贷款利率等条件，允许金融机构以更为灵活的方式、更为优惠的融资条件和更为便捷的融资服务等向居民提供住房融资业务。

（2）做实政策性住房金融

在政策性住房金融领域，前期以住房公积金制度为基础的政策性住房金融业务开展得并不理想，虽然它建立了一种普惠制的低利率住房公积金贷款的业务模式，但这对于政策性住房金融机构而言是不够的，最主要的问题是该制度在住房保障方面存在明显缺位，因此，要采取措施真正做实政策性住房金融体系。

具体而言，做实政策性住房金融，就是要对现有的住房公积金制度进行彻底改革，将其真正转制为政策性住房金融机构，将新机构的业务运作的目标人群定位为中低收入阶层，满足他们的住房需求。

对于中等收入阶层和低收入阶层而言，他们在住房融资方面的需求是不一样的，新的政策性住房金融机构要有针对性地给予满足。中等收入阶层的住房金融需要注意政策性住房金融与商业性住房金融的配合，要对两者功能划分一定的界限，例如，政策性金融机构可以从满足中等收入阶层基本住房需求着手，商业性住房金融机构则着重在于解决中等收入阶层的改善性或投资性住房需求等。对于低收入者以及贫困人口住房需求问题，要改变由政府直接提供保障性住房的做法，逐步由政策性住房金融机构接手保障性住房的建设和经营管理。

（3）发展互助储蓄住房金融

互助储蓄住房金融是互助住房金融和储蓄住房金融的统称，互助住房金融和储蓄住房金融都是以体系内的成员为住房金融支持对象的，与商业性住房金融相比，互助储蓄住房金融业务发展更有针对性，机制更为灵活，对资金申请人的支持更为明确，在很多国家是中产阶级获得住房融资的主要渠道。

我国住房金融的重构过程中，在商业性住房金融和政策性住房金融之外，可以将互助储蓄性住房金融作为着力发展的领域，鼓励互助性住房金融机构和储蓄性金融机构的设立和发展，为商业性住房金融和政策性住房金融的运作起到拾遗补阙的作用。具体思路上，可以在一些大中城市、大型企业或者特殊行业等进行试点，建立一些互助性住房金融机构，为成员间的住房融资提供支持；另外，还可以在中德住房储蓄银行运行经验的基础上，在多个大中城市设立储蓄性住房金融机构，在提高居民储蓄的同时，为他们提供住房金融服务。

2. 鼓励和促进住房金融市场健康发展

住房金融体系是一个立体的体系，不仅有向购房者提供资金支持的各种住房贷款业务，还包括将这些住房贷款出售给市场投资者的住房金融市场体系，即住房贷款的二级市场，在这个市场里，购房者的住房贷款经过统一打包包装后，可以成为一系列的标准化的固定收益产品，能够在证券市场上进行交易，并且能够满足不同投资者的需求。我国今后也需要建立住房金融市场体系，主要目的是：

一是住房贷款证券化可以提高资本充足率，降低金融机构整体风险，解决我国住房金融风险过于向商业银行集中的问题；二是证券化之后回收的资金可以继续发放贷款，可以充分利用有限的信贷资金；三是住房贷款证券化产品能够为证券市场的投资者提供风险收益特征各不相同的工具，满足投资者的需求；四是住房贷款的证券化，为小型金融机构进入住房贷款市场提供了条件，有助于提高住房金融服务质量。

因此，今后我国住房金融体系发展的一个重点环节就是发展住房金融市场，通过构建完善的住房贷款证券化市场，实现住房贷款所有权由商业银行向证券市场投资者的转换，并且将住房贷款证券化市场作为证券市场的一个有机组成部分，实现住房金融资金的顺畅循环。

3. 改善住房公积金使用者的融资条件

要对强制性储蓄机制和社会成员互动机制的缺陷进行有效的修补。对不能购买住房，而又长期加入住房公积金的储蓄者应研究改善其融资条件在新加坡的住房公积金制度中,不公平问题主要是通过"多功能集成"的住房公积金制度中的"无差异组合"来解决的,即低收入者尽管在购房消费中可能丧失一定的补贴有先权,但在养老和就业保障方面又得到政府的优先权;而高收入者则刚好相反。而中国的住房公积金制度中住房、养老和就业保障是相互隔离的,一时不可能通过多能集成来解决这个问题。但可通过住房公积金制度运行参数的互动调整,对支撑住房公积金制度运行的强制储蓄和社会成员互动互助等机制的缺陷进行修补,并通过这种修补使强制储蓄和社会成员互助等机制与中国住房公积金制度预期及该制度的运行环境等实际不断磨合,形成真正有中国特色的政策性住房金融制度。

(四)改革和完善房地产税制,优化强化收入再分配机制

1. 房地产税改革的基本原则

(1)法治规范原则:正租、明税、少费、加快立法

租、税、费之间具有本质的区别。地租、土地税和使用费三者之间的差别,是十分明显的。土地和不动产税收,是国家借政治权力,依靠立法强制、无偿、固定地取得的一部分国民收入,它是国家政治权力的体现。只要国家存在,不管社会制度如何,税收就必然存在,土地税也就会以各种形式存在,这是各个国家发展的一条基本规律。地租则是土地所有者依据经济原则,向土地使用者索取的一种收入,是土地所有权在经济上的体现。只要存在土地所有权垄断,只要存在土地所有权与使用权的分离,就必然存在地租,这是商品经济存在和发展的基本规律和原则。使用费与上述两者不同,它是对土地投入资金、劳务、工本之后所产生的,没有投入就不能取得收入,它完全是一种对于投入的补偿回报性质。正因为如此,应明确,税收是一种依法强制规定的权利和义务关系,收税是政府的权利,交税是纳税人的义务。纳税人交税,并不是因为使用了国家的各种资源或财产,需要给政府以经济补偿,而是一种应尽的义务,它是以法律规定为依据无偿交纳的。地租是一种协议之上的经济关系,是由于土地使用者使用了土地所有者的土地要向土地所有者交纳的一部分收益,是纯粹的经济关系,是以协议的土地出让和使用关系为基础的,当协议撤销时,这种关系自然就消失。使用费是

分报告十二 住房保障、房地产市场发展与收入分配制度改革研究

对使用土地、不动产设施及其相关服务的补偿，是以一种自愿和购买的形式出现的，不以所有权垄断为基础。

目前，我国政府的土地出让收入是指市县人民政府依法出让国有土地使用权取得的全部收入，主要包括招拍挂和协议出让土地收入、划拨土地收入、土地年租金等。土地税收收入是指与土地和房地产业相关的税收收入，涉及土地增值税等11个税种。土地收费是指与土地和房地产业相关的收费收入，主要包括城市基础设施配套费等政府性基金以及耕地开垦费等收费。我国作为集体所有与国有并存的土地公有制国家，土地出让收入规模远大于西方市场经济国家。土地税收相关收入由于税制不完善等原因，目前的规模相对较小。土地收费项目近年来逐步减少，政府收费行为随着"收支两条线"改革的深入推进也趋于规范。

我国在改革中已推出的"土地出让金"，其性质是土地使用权的价格，即国家凭借所有者身份对使用权持有人收取的地租；而在地皮之上的不动产，包括消费住房保有环节征收房地产税，其性质是不动产保有环节上使用权持有人所必须缴纳的法定税负，收取者（国家）凭借的是社会管理者的政治权力，在立法授权下强制地征税调节。"租"与"税"两者是可以合理匹配、并行不悖的关系，不是非此即彼、两者只能取其一的关系，不存在所谓不可克服的"法理障碍"和"不能容忍的重复征收"问题。其实关键问题不是重复不重复，而在于重复搭配得合理不合理。中国早已经形成了多种税、多环节、多次征收的复合税制，只需讨论如何合理地"重复"。至于具体启动、实施过程中，由于有税、无税境况会对住房的价格形成产生不同影响，有必要的话，可以考虑采取"老地老办法、新地新办法"区别对待，在税负上做出必要的差异化，调节"出让金生成机制"前后变化带来的价位差。

在房地产税改革中，要坚持"正租、明税、少费"的原则。明确土地出让金的租的特点，在房地产税改革中，合理调整相关房地产税的计税基础、税率等，简化与房地产相关的税、费体系。城镇土地使用税、房产税等都存在着部分以税代租的现象，其中尤以城镇土地使用税最为突出。城市维护建设税实际是向享受城市建设设施利益的从事生产经营的企业、个人征收的一种费。在诸如上述租税

费没有一定明确的界限的情况下，需要以"正租、明税、少费"为原则来全盘整合和理顺，以使整个房地产税费体系适应我国的市场经济发展和政府职能转变的需要。

（2）区别对待原则：坚持住房保有环节税收只调节高端，基本住房层面不涉税，给社会公众吃"定心丸"

应该非常清晰地给社会公众一个"定心丸"：以后所有社会成员的所谓第一套房或者家庭人均计算下来的一定标准之下的基本住房，是不被房地产税覆盖的。对二套住房能不能税率从轻？也完全可以探讨。对高端征税，也不会硬要"伤筋动骨"，应该完全符合市场经济税制的"支付能力"原则来"抽肥补瘦"。

我国对消费住房的房产税可否实行"普遍征收"，这直接涉及房地产税改革的方案设计思路问题。推进房地产税改革，在中国可以预见的未来一个时期内，主要是调节高端。作为牵一发而动全身的改革，在这个事项上只调节高端的原则非常重要，应及早明确，给全社会吃"定心丸"。美国式的"普遍征收"不适合中国国情，会使这一改革无法施行，也就是说，在可以预料的时间段内，开征房产税时应该有"梯级差别"，比如第一套住房不征收，或是人均居住面积的指标应该放得相对宽松一些予以免税。如果比照重庆试点办法，对独立别墅征税，也有必要像重庆试点那样划出一个"起征点"，即免税规模（重庆为180平方米）；第二套的税率也可考虑从低，因为第二套房征收税率从低具有适应改善性需求的一定合理性和可行性；从第三套开始则按标准税率征收，这样可以使房产税的框架建立和征收工作较顺利推进。那些因房地产税的经济负担作用而由原空置转为出售或出租房子的情况，可以减少房屋空置率，提高租房市场上的供应量，从而平抑房租的涨幅，是明显的资源配置优化和提效。

（3）渐进性原则：在加快立法进程中，必要时允许进一步试验和分步推进

要肯定房产税改革的大方向、必要性，同时考虑此项改革的复杂性、渐进性。当下的关键在于，一定要将短期考虑与中长期目标通盘考虑，并勇于、善于化解既得利益阻碍，进而考察开征房产税的可行性或相关条件。

路径要先从比较具备条件、能形成决策层共识与决心、容易操作的地方试

分报告十二　住房保障、房地产市场发展与收入分配制度改革研究

行,同时也必然需要从住宅高端及增量为主入手。除了这些策略要领外,十分重要的是需要给中低收入家庭、中等收入阶层和"先富"阶层都吃定心丸——中国未来的房产税改革绝不可能覆盖低收入人群,而且还应当借鉴日本模式,明确地给所有人留出至少"第一套房不实征"的"基本待遇"。

上海、重庆两地以房产税名义启动的改革试点,是在全国人大对国务院授权的法律框架下实施的,不存在有些人声称的所谓"违法"问题。通过房产税试点总结经验、改进调控和推进制度建设的房产税探索、开拓路径已初见端倪。今后在总结试点经验的同时,还应积极征求各方意见,开诚布公地展开讨论、做情况通报、安排听证等。至于这一税种由全国人大制定和通过相关的税法,自然十分重要,但客观地说可能还需待以时日,等待相关的立法审批条件成熟。实际上,我国的近20种税种上升为"法"的形式的,尚屈指可数。在启动"加快立法"工作后,如有必要,还是不应排除新的试点,支持这项难度较大的改革,经过试点走完必要的经验积累和方案优化过程,有效地支持立法。遗憾的是,2016年有关部门出于短期考虑,并没有把它作为年度改革方案内的具体任务,只有全国人大表态房地产税已经列入一类立法规划。但近期一线城市的迅速升温和形成的社会压力,再次提醒我们,房地产税这个地方税的立法过程没有必要搁置,立法如果能够完成,显然它应该按照不同地方区别对待,首先考虑在一些有特别现实的社会压力的一线城市和迅速升温形成压力的二线城市,考虑推出与这个税法实际执行相关的改革。房地产税改革在中国,是完全可以考虑先有立法以后区别不同区域来形成供给侧改革的理性供给管理方案的。

2. 房地产税费租的协调

税、费、租应该按照经济性质各归其位。税是凭借政府社会管理者的政治权力要征收的;租是凭借土地使用权所有者的财产权利索取的;费是作为政府系统正税之外的收入补充形式,应该以规范的规费形式收取,数量应该不太大、有一些灵活性。在公共财政框架下,还应该允许和引导使用者付费的规范形式逐渐发展,使收费更体现它的直接对应性。这也是公共财政框架里面与公共部门提供服务有关的一种收费形式。这三个大的收入种类(税、费、租)应该按照经济性

质，各归其位。

(1) 完善房地产税收制度

首先，合理简化税种。归并、整合现有的城市房地产税、房产税、城镇土地使用税、契税、耕地占用税和房地产开发领域一部分行政事业性收费，以房产税课税税基，覆盖部分高端消费住房，实行可以减少征管成本而又跟市场经济相适应的新房产税。将城市维护建设税和印花税并入增值税、消费税、营业税、企业所得税和个人所得税，将土地增值税并入企业所得税、个人所得税和房地产税，并取消不合理的房地产方面的行政性收费。通过上述简化措施，不仅可以减少与房地产有关的税收和收费的数量，减轻纳税人的经济负担，而且还可以优化税负结构，即减少房地产转让、出租环节的税收，增加房地产持有、使用环节的税收。

例如，房产税、房地产交易中的契税、印花税、营业税等，可考虑合并成一种或两种。房地产交易中，只要交纳契税（税率可提高），就应当给予办理过户手续（划拨的土地应补交出让金），因为转让价值包含了土地的价值。为控制农业耕地的减少，耕地占用税应保留。土地使用税，是国家向使用国有土地的单位和个人征收的税种，其有利于调节土地使用方向和促使用地单位合理使用土地，充分提高土地的使用效率，可以考虑保留。但它的含义不是地租，对原划拨和出让的土地一视同仁都收取土地使用税。存量土地中未交纳地租的原行政划拨的土地，应确定使用年限，按期或按年分期收取一定量的地租（土地租金），这样就完全形成了一种平等的市场竞争机制，市场经济的运行才能走向规范。

其次，统一税制，逐步扩大税基和征收范围。科学设置房产税的税基、税率、减免税优惠，房地产税的征税范围应当扩大到城镇个人住宅（未来也不排除扩大到农村地区），同时，通过规定适当的免税项目和免征额的方法将低收入阶层排除在纳税人以外。房地产税的税率应当根据不同地区、不同类型的房地产分别设计，由各地在规定的幅度以内掌握，如中小城市房地产的适用税率可以适当从低，大城市房地产的适用税率可以适当从高；普通住宅的适用税率可以适当从低，高档住宅和生产、经营用房地产的适用税率可以适当从高，豪华住宅和高尔夫球场还可以适当加成征税。在设计税基和税率的时候，应当兼顾纳税人的负担能力和财政收支的需要、中央政府与地方政府的财政收支,并参考其他国家,特别是发展中国家和周边国家同类税收的做法。此外,应合理调整计税依据,确立根据房产评估值计征的制度框架。评估时要考虑面积、地段、朝向、楼层、市场影子价格等多种因素。参考国际经验,评估可 3~5 年进行一次。具体年数,可依据经济周期等方面的情况而定。

最后,适当下放税权,加强征收管理。应当将房地产税作为中国地方税的主体税种加以精心培育,使之随着经济的发展逐步成为市(县)政府税收收入的主要来源,并且在全国统一税制的前提下赋予地方政府较大的管理权限(包括征税对象、纳税人、计税依据、税率、减免税等税制基本要素的适当调整),以适应国家之大,各地经济发展水平不同的实际情况,促使地方因地制宜地通过此税增加财政收入和调节经济。

加强房地产税的征收管理,堵塞漏洞,减少税收流失。为此,税务机关要加快完善有关管理制度和信息化建设的步伐,并加强与各有关部门的工作配合。通过上述措施,可以进一步完善中国的房地产税制度,加强房地产税管理,从而适当扩大房地产税收入的规模,提高房地产税收入占地方税收收入和全国税收收入的比重,更好地发挥房地产税对于增加地方财政收入和调节经济的作用。

(2)规范房地产收费体系

坚决取缔不合理的收费项目。不合理收费项目的增加,不仅推动房价的过快上涨,制约居民住宅建设和房地产的健康发展,还助长腐败现象和不正之风的蔓延。要坚决取缔不合理、不合法、纯属"三乱"性质的收费项目,以减轻纳税人的税外收费负担,同时,将具有经营性质的房地产收费从行政事业性收费中分离出去,以规范政府行为。收费项目要严格以成本来核定收费标准,坚决按照收费的范围和标准足额及时征收,禁止设立多余的收费项目进行乱收费。严格管理经营性收费,政府行政管理部门不应以任何明示或暗示的手段要求开发企业到某些特定机构办理业务。房屋买卖、预售等的公证行为,应本着自愿的原则,由当事人自己决定,不得强制公证并收取公证费。

合并简化收费项目。将一部分名费实税的房地产收费改为税,如可以将耕地复垦基金、新菜地开发建设基金、征地管理费合并到耕地占用税中一次性征收，将土地闲置费改为土地闲置税。同时，可根据费用的征收环节和征收部门，合理的归并房地产收费项目，如房屋租赁登记费、房屋租赁手续费、房屋租赁证书费等，完全可以统一征收，简化收费程序。

保留合理的收费项目，并纳入预算管理。对确需保留的收费项目则通过"规范费"的办法分别纳入"规费"和"使用费"系列，并纳入财政预算内管理。同时，应该把合理的房地产收费项目以国家法律或地方法规的形式确定下来，使房地产收费真正做到有法可依、有法必依、执法必严、违法必究。

（3）完善土地出让制度，积极探索土地年租制

我国在改革中已推出的"土地出让金"，其性质是土地使用权的价格，即国家凭借所有者身份对使用权持有人收取的地租。现阶段的土地出让制度存在一定的缺陷，土地出让金的利益分配机制不合理。土地出让金是若干年（在我国目前为40~70年）土地使用期内的地租之和，某一届政府获得的土地出让金，实际上是一次性预收并一次性预支了未来若干年限的土地收益总和。一次性收取后马上用光，是一种对土地收益的"透支"，这对于未来往后的多届政府显然是不公平的。土地批租环节其他的弊端还有设租寻租使土地隐形成本提高，开发商囤地导致土地垄断加剧等。

当前，从资金视角完善我国土地出让制度的重点，是着手解决土地出让金的预算管理、支出安排和运行监管等方面的问题，提高其规范性与合理性。

落实土地出让金收支预算制度，加强土地出让金收支管理。首先，要将土地出让收支全额纳入预算，实行"基金预算"管理，提高土地出让金收支管理的透明度。其次，由于受土地供应规模、外部宏观经济情况等因素影响，土地出让收入波动较大，不利于土地出让收入的预测和支出安排。为此，财政部门要参与同级国土部门的土地利用计划的制订，加强国有土地投放控制，确保土地出让的平稳增长，提高土地出让收入预算的准确度。第三，为了保护土地出让金预算制度的约束刚性，土地出让金收支预算不得随意变动或超收、超支。对于政府在土地出让高峰期获得的超预算的收入，应建立"土地出让收益基金"制度，要求各级

分报告十二 住房保障、房地产市场发展与收入分配制度改革研究

政府不得将当期出让土地使用权获得的土地收益全部用于当期支出，将不低于当期土地收益一定比例的部分作为土地收益留成进行专项管理，留作以后年度地方政府按预算使用。

规范土地出让金的支出使用方向，提高土地出让金的使用效率。对土地出让金使用方向进行合理分配，明确各使用用途的支出比例，确保惠及民生的项目资金到位。在征地过程中，要依法逐步提高土地补偿费、安置补助费以及地上附着物和青苗补偿费标准，切实保障失地农民利益。土地补偿费和安置补助费之和达到法定上限，尚不足以使失地农民保持原有生活水平的，当地政府可以用土地出让金收入予以补贴。地方政府土地出让金的支出使用应以"取之于民，用之于民"为原则，重点加大对廉租房、经济适用房和政策性租房补贴的投入力度，缓解城镇中低收入者住房压力。政府税收收入中来自农村土地相关税收的部分主要用于农村土地的整理、农田改造和基础设施建设，避免以往土地出让金使用过度向城市倾斜的弊端。

积极探索土地年租制。地租按年支付即为年地租，是对当年利润的一种扣除。若将未来无穷年或若干年的地租的贴现总值一次性支付，即是地价。在无穷年情况下相当于土地所有权价格，若干年或有限年情况下相当于土地使用权价格。因此，不论是地租，或地价，本质上都是土地所有权（在我国是一定年期的土地使用权）让渡所反映的经济价值，是土地所有权在经济上的实现形式。年地租按年度计算和收取，地价（土地使用权格）则是若干年地租贴现值的一次性支付或缴纳。土地年租制与土地出让，从本质上而言，都是国家对地租的收取，是土地国家所有权在经济上的体现，只是两者收取方式不同而已。土地年租制以年为单位，是地租的直接表现形式，有偿出让是一定年期地租贴现值之和，是地租的间接表现形式，其实质是地租的资本化。在无每隔若干年重评一次税基的房地产税制度框架的情况下，土地出让金的生成价位较高，如果采取土地年租制，可以动态地调整年租，进而反映经济的发展状况，保证了政府财政的长期稳定收入，可以把一时、一次性的土地出让收入分散到40~70年期限内，有利于降低房价，缓解住房压力，促进居民住房等家庭消费更加合理。

3. 房地产税改革中不同环节税种的协调

在保有环节交税的同时，确保流转环节的税收合理化，两者应该共同发挥作用，形成抑制房地产过度投机的机制。

（1）流转环节税收

房地产开发阶段实际上是房地产商品的生产过程，如果课税，将会影响房地产商品的供给，从而也可以起到控制投资规模和调节投资结构的作用。开发环节税制重在建立对土地资源进行合理补偿的税收机制，对土地资源进行合理利用的调节机制，建议在突出主体税种的同时，合并印花税和契税，最终在流转环节仅保留印花税和转让所得税（在企业所得税、或个人所得税中征收）。与此同时，应积极推动开征土地闲置税，研究开征遗产税和赠与税。

房地产流通（转让和出租）阶段是房地产价值的实现环节，国家应该利用税收手段参与价值的分配，通过征税，一方面可以影响房地产市场的供给和需求，另一方面也可以抑制某些房地产投机行为。

在房地产转让环节对房地产开发商征收营业税及附加，增加了房地产企业的税收负担，其结果，一方面提高了商品房的价格，抑制了市场需求；另一方面，如果市场需求水平低，对税负转嫁的承担能力较弱，缩减了房地产的利润空间，反过来又阻碍了市场供给。在房地产购买环节对购房者征收契税，将增加购房者的购房成本，从而使消费者的有效需求减少，同时也将影响房地产商品的供给水平。相反，在房地产转让和购买环节的税收优惠政策，则可以促进住房市场的供求平衡。对住宅转让征收的个人所得税实行有差别的税收待遇，在实现打击住宅投机交易、稳定住宅市场价格、提高住宅利用效率、缓解住宅供求紧张等社会、经济目标方面，具有积极意义。对转让国有土地使用权及其地上建筑物、附着物所取得的增值收入开征土地增值税，对抑制房地产业投资过热，促进产业结构、经济结构协调发展，具有积极的作用。

（2）保有环节税收

从供给方面看，保有环节征税可以增加开发商和投机者持有土地、房产的机会成本，鼓励不动产的流动，刺激土地和房产市场的有效供给，优化配置资源。

分报告十二　住房保障、房地产市场发展与收入分配制度改革研究

从需求方面看，保有环节形成的税负会对三类人造成影响：一是自住者（永久持有）。如果自住者对保有环节的税负有清醒的预期，在做购房决策时就会更考虑实惠，一般的购房自住者将继续倾向于按好的地段与合意的朝向、位置购房，但会更多选择中小户型。二是投资者（中长期持有）。这一类购房者是把买房看成购买商业性的社会保险，这在经济上有道理，但房产税的出现会改变一部分长期持有者对于空置住房无所谓的态度，以持有成本的压力迫使其出租自持的房屋，从而减少空置率。无论是因房产税导致的小户型倾向还是空置率降低效应，都是值得肯定和应该追求的积极、正面因素。三是炒作者（短期持有）。这种购房者作为需求方是大量买进与卖出的炒房者。有观点认为炒房者并不在乎一点房产税，因为这部分人是获高利的。但其他人行为的改变会影响炒房者，使之收敛自身的行为，因为炒房者要跟随市场走，市场总体的氛围会随房产税的推出而趋于沉稳。另外，市场上接盘的人有相当大部分是自住，自住者又主要需要中小户型，那么上述的种种因素会促使供方的开发商顺应市场需求结构的变化而在建设安排上使中小户型增加。而从供给优化的角度来看，使开发商为适应市场需求更好地集约利用土地，提供更多的中小户型，正是调控应追求的正面结果。这样，土地集约化利用水平上升，同时空置率降低，可用资源在租房市场上更活跃，于是即使社会中并不增加投入，也会使市场供给量增加，资源配置更合理，客观上使配置综合绩效上升，市场上更平衡、更沉稳、泡沫更少。

4. 房地产税改革中不同环节的税负水平设计

房地产的持有行为属于存量财产，为了平衡存量财产与流量财产的税负，有必要建立对存量财产进行调节的税收机制。目前"轻保有，重流通"的房地产税收，一方面，相当于给土地保有者以无息贷款，导致土地利用的低效率；另一方面，国家无法对房地产保有期间的自然增值部分参与分配，导致财政收入的流失。因此，从长远来看，必须加大对房地产保有环节的课税。重在建立对存量财产进行有效调节的税收机制，确保房地产供求平衡的约束机制，强化公平分配功能的实现机制。

（1）流转环节税收

目前，我国房地产流转方面的税种税率比较高，而且层层征、不规范。比如契税，特别是大中城市的房地产交易环节上的契税税率明显偏高。北京市目前在商品房销售环节规定购买者要负担房款2%的契税，其中超过120平方米部分契税税率高达4%，这种做法极大地抑制了房地产市场的正常发展。可以考虑扩大契税征税范围，降低契税税率水平，取消对房地产产权交易征收印花税的规定，避免契税和印花税对房地产产权取得行为的重复课税。

交易环节的税收应积极探讨"区别对待"的调节。如果购房者买房后，在很短的时间内就出手，则可能带有炒房或者投机色彩。依据国际经验，对这种短期内出手的行为，应该课以较重的交易税；如果持有2年以上再交易，可能税率上降低一个台阶；持有5年以上，再降一个台阶；8年以上，就降到一个相对低水平的常规税率。这是国际经验值得借鉴。在保有环节交税的同时，怎样确保交易环节的税收合理化十分重要。两者应该共同发挥作用，形成抑制房地产过度投机的机制。

（2）保有环节税收

现行定量征收城镇土地使用税和以余值计算的房产税，使得保有环节税收难以发挥应有的调节经济、筹集收入的作用。鉴于我国房地产价格偏高的现实情况和有必要利用税收政策刺激房地产业不断发展以缓解房产供求矛盾并有效促进经济增长的客观要求，房产税税负不宜确定在高限，为此，我国似应采用低税率、宽税基的思路确保房产税收入的正常增长。房产税税率可分类设计，比如，对经营性房产，可采行1%~3%的浮动税率，具体选择值的确定由省级政府进行。对个人房产，一般商品房可采行0.1%~1%的税率，具体税率选择由省级政府定。按照房屋的性质采用不同的比例税率，普通住宅税率1%，因拥有多套而闲置的房屋、豪宅和高档公寓可以按照面积或单价施行1.5%~3%的分档税率，2年以上未开发的空地按照3%的税率征收。扣除面积。对首套房不征税，因为是居民的基本生活资料，对第二套房可考虑按本地区上年公布的人均住房面积的标准扣除。

同时，需进一步完善房地产保有环节的相关税收优惠政策：一是对用于农业生产的土地和农民的宅基地和住房免税，对农村地区的非农业生产的房产可以先暂免，今后条件成熟时征税。二是对学校、公园、宗教的房产免税，但是行政机关及其他事业单位所用房产征税。三是对房产税占个人收入的比重规定一个上限，超过上限的应进行税收减免。由于历史原因我国许多居住大面积房的离退休人群收入不高，所以要对这部分人群进行税收救济。四是房产税税款应允许在个人所得税税前扣除。

附录　国民收入分配两种效应的理论推导及现有观点分歧的兼容性分析

本报告所指出的关于国民收入分配的主流观点中，白重恩等认为过去十余年，居民部门在分配格局中的占比呈现长期下降趋势；而王小鲁则认为，大量黑色或灰色收入没有被统计在内，因此居民收入分配占比实际上被大幅低估，但同时居民部门内部收入分配不公也被明显低估。为了调和这两种观点存在的分歧，本文试图从理论和兼容性分析框架两个层面进行尝试和探索。

一、马太效应与涓滴效应

国民收入分配过程中，存在两种影响公平与效率的理论效应，即马太效应和涓滴效应。马太效应，指的是市场经济所与生俱来的两极分化效果。涓滴效应，则表明经济生活中存在的内生平衡性机制。

以下将从理论角度，研究马太效应和涓滴效应这两种看似冲突的机制，在社会经济系统中如何达成均衡。分析过程参考南开大学李星伯等（2005）关于马太效应和涓滴效应的分析。

（一）马太效应

假定代表性居民在时期的财富积累为 W_t，那么 $t+1$ 期则为 W_{t+1}；E_n 为纯工薪收入；E_s 为作为投资人的资本性收入；r 为市场利率，i 为借款利率（且 $r<i$）；d

为基本生存积累（能够贷款）门槛，而 Th 为投资的最低门槛；θ 为每期消费系数；以 A_n 和 A_s 代表当期不进行投资和进行投资后的次期期初禀赋。

那么市场中的三种代表性情况居民，即无力投资、借款投资和闲置资金投资分别的动态差分方程为：

$A_n(W_t) = (1-\theta) \cdot [(1+r) W_t + E_n]$，$X_t < d$

$A_n(W_t) = W_t + 1 = (1-\theta) \cdot [(1+r) \cdot Th - (W_t - Th)(1+i) + E_s]$，$d < X_t < Th$，

$A_s(W_t) = (1-\theta) \cdot [(1+r) \cdot Th + (W_t - Th)(1+r) + E_s]$，$X_t > Th$

那么，马太效应的表征即为：

对于第一类居民，其财富积累将收敛于较低水平 $\overline{W_n} = \dfrac{(1-\theta)W_n}{1-(1-\theta)(1+i)}$；

对于第二类居民，在 t 期其财富积累如果能越过转捩点，即 $\dfrac{(1-\theta)[(1+r)Th-(1+i)Th+E_s]}{1-(1-\theta)(1+i)}$，则其将与第三类居民类似地，财富趋向收敛于较高水平，即

$$\overline{W_s} = \frac{(1-\theta)E_s}{1-(1-\theta)(1+i)}$$

而如果第二类居民财富积累没有能够越过转捩点，则趋向于与第一类居民收敛于较低水平 $\overline{W_n}$。

这里所体现的经济含义为，由于每期收入分配和初始禀赋积累不同，长期动态中，贫者越贫、富者越富，并最终固化为两个不同的财富阶层。

（二）涓滴效应

假设在一个总个体数为 m 的社会中，代表性消费者 p 愿意为社会投入公共资金 T_p，那么社会总公共资金投入 $T = \sum T_p$，那么代表性消费者投入公共资金的反映函数为（其中为拉格朗日乘数）：

$$T_p = (1-\tau)E_p - \tau \sum_{q \neq p} T_q$$

那么，当居民收入水平存在差距的情况下，即 $E_p \neq E_q$ 时，最优的公共资金总投入水平为：Tbest = $(1-\tau) \sum E_p$，$p \in m$。

此时个人投资社会公共资金的意愿为：$\frac{T_p}{E_p} = [(m-2)\tau + 1] - \tau \cdot \frac{\sum_{q \neq p} E_q}{E_p} + (n-1)\tau$。

由于投资公共资金意愿为工资 E_p 的增函数，因此随着收入提高，发生社会财富通过公共资金从富人向穷人转移的涓滴效应。

（三）联合效应

考虑在马太效应的差分方程中加入公共资金投入的转移，假设 $\delta(E_p) = \frac{T_p}{E_p}$ 为公共资金财富转移函数，且 $\delta(E_p) > 0$ 而 $\delta''(E_p) < 0$，那么原来的三组方程变为：

$A_n(W_t) = (1-\theta) \cdot (1-\delta(E_p)) \cdot [(1+r)W_t + E_n]$，$X_t < d$

$A_n'(W_t) = W_{t+1} = (1-\theta) \cdot (1-\delta(E_p)) \cdot [(1+r) \cdot Th - (W_t - Th)(1+i) + E_s]$，$d < X_t < Th$

$A_s(W_t) = (1-\theta) \cdot (1-\delta(E_p)) \cdot [(1+r) \cdot Th + (W_t - Th)(1+r) + E_s]$，$X_t > Th$

此时，决定马太效应与涓滴效应转换的财富积累关键值为：

$$W^* = \frac{(1-\theta)(1-\delta(E_p))(Th(r-i) + E_s]}{1 - (1-\theta)(1-\delta(E_p))}$$

且不难比较发现相比于前文马太效应分析，有：

$$W^* > \frac{(1-\theta)[(1+r)Th - (1+i)Th + E_s]}{1 - (1-\theta)(1+i)}$$

即考虑涓滴效应后，贫富分化的门槛显然能够得以降低。但如果考虑到能够进行投资的富人的投资并不局限于社会内部（国内），而是全球配置，即富人的收益 r 来自假定社会外部，同时资产配置也流出社会外部，那么可用于社会内部公共投资的比例大幅降低，甚至极端情况下 $\delta(E_p)$ 由于国外投资因素变为负值，那么 W^* 相对于原来的贫富分化积累门槛不仅没有降低，反而可能抬高，即进一步导致贫富分化形势加剧。

因此，总结以上理论分析的结论主要有：

附录　国民收入分配两种效应的理论推导及现有观点分歧的兼容性分析

马太效应来自初始积累用于投资所得收益；

涓滴效应能够显著降低贫富分化的初始禀赋门槛；

考虑富裕阶层资产向国外流出，会加剧马太效应而降低涓滴效应。

二、居民收入分配占比情况

上文的理论分析表明，在考虑社会公共投入的情况下，马太效应和涓滴效应有可能形成均衡和收敛。针对本文开头提到的白重恩和王小鲁的观点冲突问题，以下将尝试以一个兼容性的分析框架，达成这两种看似冲突的观点间的均衡点。

（一）白重恩研究路线

根据白重恩、钱震杰（2009）的研究，通过经济普查后的资金流量表能够分析我国国民收入中企业、政府和居民三部门间分配格局的变化。这里基于2008年、2013年经济普查修订的资金流量表，采取类似白重恩等人的方法，得到2000—2014年初次分配、二次分配两种情况下的分配格局如表1、表2所示，居民分配占比情况如图1所示。需要注意的是，这里采用的是实物贸易资金流量表。

表1　2000—2014年国民收入初次分配格局

时间/年	初次分配/亿元				占比/%			
	住户	政府	非金融企业	金融机构	住户	政府	非金融企业	金融机构
2000	65 811.00	12 865.20	18 529.92	794.40	67.15	13.13	18.91	0.81
2001	71 248.72	13 697.28	21 617.68	1 504.54	65.93	12.67	20.00	1.39
2002	76 801.57	16 599.95	23 666.49	2 027.70	64.49	13.94	19.87	1.70
2003	86 512.46	18 387.52	27 132.28	2 944.75	64.09	13.62	20.10	2.18
2004	97 489.67	21 912.66	36 979.34	3 071.90	61.14	13.74	23.19	1.93
2005	112 517.06	26 073.94	41 532.18	3 494.24	61.28	14.20	22.62	1.90
2006	131 114.93	31 372.99	48 192.56	5 223.88	60.73	14.53	22.32	2.42
2007	158 805.28	39 266.86	61 525.47	6 824.39	59.61	14.74	23.09	2.56

续表

时间/年	初次分配/亿元				占比/%			
	住户	政府	非金融企业	金融机构	住户	政府	非金融企业	金融机构
2008	185 395.44	46 549.14	74 609.24	9 476.51	58.66	14.73	23.61	3.00
2009	206 544.03	49 606.34	73 275.18	10 894.40	60.69	14.58	21.53	3.20
2010	241 864.51	59 926.74	83 385.82	14 582.48	60.50	14.99	20.86	3.65
2011	284 282.94	72 066.93	94 853.93	17 358.58	60.67	15.38	20.24	3.70
2012	319 462.37	80 975.88	97 023.47	20 753.02	61.65	15.63	18.72	4.00
2013	353 759.88	88 745.04	120 826.03	19 865.78	60.66	15.22	20.72	3.41
2014	387 473.11	98 266.40	137 142.34	21 909.25	60.09	15.24	21.27	3.40

表2　2000—2014年国民收入二次分配格局

年份	再次分配/亿元				占比/%			
	住户	政府	非金融企业	金融机构	住户	政府	非金融企业	金融机构
2000	66 538.67	14 314.06	17 152.68	517.59	67.90	14.61	17.50	0.53
2001	71 865.34	16 324.18	19 327.19	1 254.42	66.50	15.11	17.88	1.16
2002	77 423.32	19 505.94	21 313.62	1 927.53	65.01	16.38	17.90	1.62
2003	87 268.45	21 946.82	24 339.09	2 866.89	64.65	16.26	18.03	2.12
2004	98 508.92	26 517.58	33 246.66	3 075.63	61.78	16.63	20.85	1.93
2005	112 910.16	32 573.69	36 987.87	3 100.65	61.49	17.74	20.14	1.69
2006	131 426.42	39 724.85	42 687.11	4 303.44	60.87	18.40	19.77	1.99
2007	158 558.63	51 192.09	54 207.96	5 284.53	59.51	19.21	20.35	1.98
2008	185 926.31	60 544.07	65 450.94	7 106.18	58.83	19.16	20.71	2.25
2009	207 302.37	62 603.34	64 171.08	84 05.70	60.91	18.40	18.86	2.47
2010	243 121.74	74 116.25	72 069.17	13 206.55	60.82	18.54	18.03	3.30
2011	285 772.58	90 203.21	78 990.47	15 179.18	60.99	19.25	16.86	3.24
2012	321 399.16	101 301.11	78 875.93	16 855.35	62.02	19.55	15.22	3.25
2013	357 113.36	110 375.99	100 204.35	14 963.20	61.23	18.93	17.18	2.57
2014	391 109.95	121 574.23	116 262.29	15 932.81	60.66	18.85	18.03	2.47

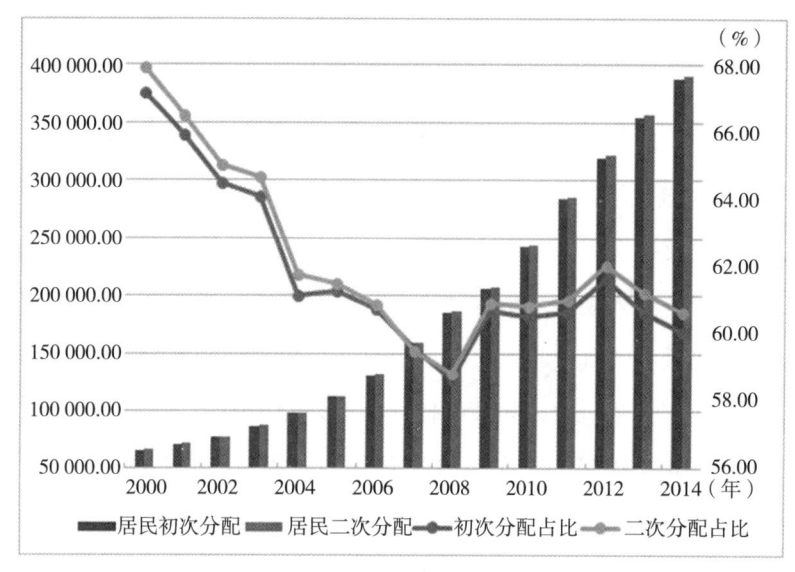

附录　国民收入分配两种效应的理论推导及现有观点分歧的兼容性分析

图 1　2000—2014 年居民收入占比 [①]

不难看到，根据白重恩等的研究，近 15 年来居民部门在初次分配和二次分配格局中的份额最多时下降了近 10 个百分点，而 2009 年以后有所回升，整个考察期内下降约 7 个百分点。根据白重恩另外的研究显示，低收入人群由于基础设施建设投入带来的就业机会和收入增加是 2009 年以后回升的重要原因之一。

（二）王小鲁研究路线

根据王小鲁（2007；2010）的研究认为，灰色收入主要来源包括：公共资金流失、金融腐败（正规付息外付费）、行政许可和审批中寻租、土地收益流失（未招拍挂国有土地）、垄断行业收入。

王小鲁对灰色收入的推算依据是中国家庭收入调查（CHIP），其中根据 2005 年、2006 年两年调查，初步推算，占城镇居民家庭 10% 的最高收入居民，2005 年人均可支配收入 9.7 万元，相当于原有统计数据的 3 倍多。平均而言，2005 年城镇居民人均可支配收入可能达到 1.96 万元，而不是原来统计的 1.05 万元。推算全国城镇居民收入中没有统计到的隐性收入可能达到 4.8 万亿元。以其中有数量依据的项目推算，包括金融腐败、土地收益流失、企业用于行贿的旅行

[①] 初次和再次分配占比为右轴；收入单位：亿元。

和娱乐支出、垄断行业灰色收入等，已接近3万亿元，占了4.8万亿元遗漏收入的大部分。

然而，王小鲁的灰色收入估计法有两个方面的问题。首先是推算方法，即根据调查得到的占城镇居民家庭10%的最高收入居民的调查人均可支配收入为统计的3倍多，去反推全国人均可支配收入，再与统计的居民人均可支配收入相比的轧差认为是灰色收入规模。但这种推算方法并不能一概而论，因为高收入家庭的漏计可能性要远高于其他收入区间的家庭；如果漏计较多的只是高收入家庭而不是所有家庭，那么灰色收入规模的估计显然是偏高的。当然，如果认为我国的收入分配极不平均，以最高收入的10%居民占有当年收入20%来计算，那么即便所有的漏计都算在高收入家庭，那么这一规模也达到了4.5万亿元。

其次是灰色收入的来源部分。事实上自2012年年底中央发布"八项规定"以来，公共资金流失、土地收益流失和行政寻租（企业行贿）这几方面的灰色甚至黑色收入已经得到了显著抑制，反腐所取得的成绩有目共睹。此外，金融腐败中的利息外收费项目，即变相加息问题也在2014年后得到了整治，显著改观。目前只有垄断行业高利润转为职工高收入这一情况还可能存在。根据中共中央编译局办公厅主任崔友平（2015）[①]指出，垄断行业职工平均工资为全国平均水平的5～10倍，近20年中差距拉开43%。但行业职工工资是统计内的项目，所谓灰色收入，则应体现为非工资性收入，而这是以审计、管理不严格为前提的；此外通过提高垄断行业上缴利润比例，也能够有效调控收入差距问题[②]。

综合上述两个方面的问题，王小鲁的灰色收入规模估计是很有可能偏高的；自2012年以来由于我国整体国内环境的变化，也可以认为其分析的灰色收入来源正受到极大压缩。

[①] 崔友平，《缩小行业收入差距须破除行政垄断》，红旗文稿，2015年11月9日。
[②] 根据2016年发布的《中央国有资本经营预算管理暂行办法》和《中央企业国有资本收益收取管理办法》，中央企业国有资本收益收取比例分为五类：第一类为烟草企业，收取比例25%；第二类为石油石化等资源型企业，收取比例20%；第三类为钢铁等一般竞争型企业，收取比例15%；第四类为军工企业、中央文化企业等收取比例10%；第五类为政策性企业，免交当年应交利润。

（三）综合考虑白、王观点的分析框架和估算

我国 GDP 统计方法自 1985 年建立以来，先后经历了 1993 年、2003 年和 2015 年三次大的调整，紧跟 IMF 的国际统计规范标准并为诸多国际组织采信。因此，基于上述分析，需要明确的一个基本判断是，我国的国民经济和收入统计数据可以采信而不必作出大的调整。

因此，本文对王小鲁估计的灰色收入进行调整，即基于 CHIP 调研数据，仅认为最高一档收入人群存在高估，并且假定分配的不平等状况没有发生剧烈变化以定值估计，并分别增补到 2005—2014 年历年的居民收入中，则所得的收入分配和占比情况如表 3 所示；居民分配份额调整后变化趋势如图 2 所示。

从调整后的结果对比表 2 不难发现，居民分配所得份额不同年份补充灰色收入后上升 1~3 个百分点不等；居民分配在 2008 年以前呈现下降，近几年呈现先升后降的总体趋势却没有发生大的改变；近八年，我国居民分配所得所占份额并未呈现一直下降而是在 65% 左右水平波动。而与此同时，另一个需要注意的现象是，从表 1 和表 2 中不难看到，初次和二次分配之后的结果是住户部门份额小幅上升，非金融企业和金融机构份额下降，而政府份额相对上升幅度大于住户份额的上升幅度。这说明我国二次分配的结果更多是资源向政府部门的流动。当然二次分配的结果也可能主要是住户部门内部的"抽肥补瘦"效应，而这一点从总额数据上是难以反映出来的。

表 3　2005—2014 年国民收入分配调整后格局

时间/年	再次分配/亿元				占比/%			
	住户	政府	非金融企业	金融机构	住户	政府	非金融企业	金融机构
2005	158 074.22	32 573.69	36 987.87	3 100.65	68.51	14.12	16.03	1.34
2006	178 238.92	39 724.85	42 687.11	4 303.44	67.27	14.99	16.11	1.62
2007	207 019.57	51 192.09	54 207.96	5 284.53	65.16	16.11	17.06	1.66
2008	236 035.69	60 544.07	65 450.94	7 106.18	63.94	16.40	17.73	1.93
2009	259 060.18	62 603.34	64 171.08	8 405.70	65.71	15.88	16.28	2.13

续表

时间/年	再次分配/亿元				占比/%			
	住户	政府	非金融企业	金融机构	住户	政府	非金融企业	金融机构
2010	296 527.99	74 116.25	72 069.17	13 206.55	65.04	16.26	15.81	2.90
2011	340 827.27	90 203.21	78 990.47	15 179.18	64.89	17.18	15.04	2.89
2012	378 102.29	101 301.11	78 875.93	16 855.35	65.74	17.61	13.71	2.93
2013	415 464.92	110 375.99	100 204.35	14 963.20	64.81	17.22	15.63	2.33
2014	451 109.95	121 574.23	116 262.29	15 932.81	64.00	17.25	16.49	2.26

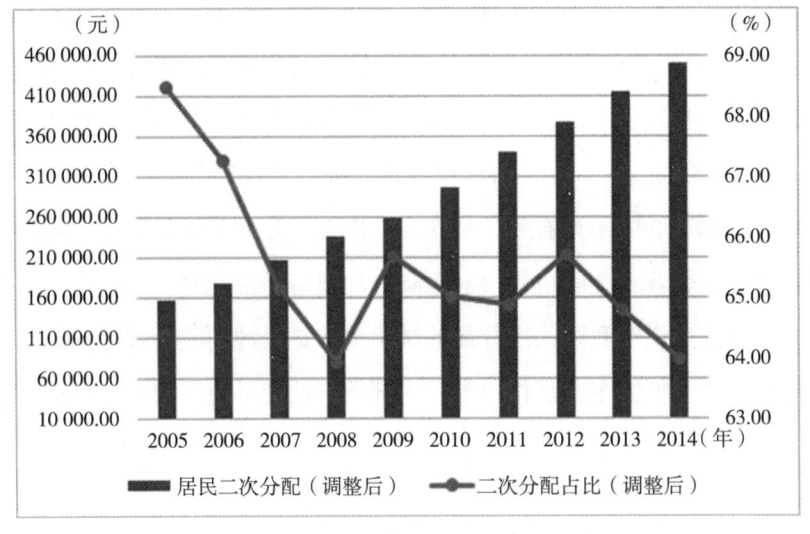

图 2 2005—2014 年居民收入占比情况（调整后）[①]

不难看到，考虑王小鲁收入估测中合理部分对白重恩的研究框架进行修正后，2005—2014 年的 10 年，居民部门的收入份额依旧呈现下降趋势，其中 2008 年最低，下降约 5 个百分点，而 2014 年回调至下降约 3.5 个百分点。兼容二者观点后，白重恩判断的趋势并没有改变，只是程度上有所缓和。

---

① 居民份额为右轴；收入单位：亿元。

三、流量与存量双重分配不公问题

第二部分中的计算，主要反映的是流量问题。而对于存量财富效应的变化则难以反映。如果在基尼系数较高的情形下，那么一方面低估居民部门未统计收入的可能性增大；另一方面财富效应（以及对应的马太效应）会尤其突出。

表 4 中列出了国家统计局、西南财大家庭金融调查和北大家庭动态追踪调查项目对基尼系数的流量角度测算结果，且后两者的结果明显要大于前者。而从存量角度，北大测算的财富基尼系数认为，存量财富收益带来的两级分化从 2002 年的 0.55 已经上升到 2012 年的 0.73。这与皮克斯的《21 世纪资本论》当中的资本导致贫富分化的观点也是一致的。

因此，目前我国的收入分配不公实际上存在流量和存量两个不同层面，而且存量财富效应导致的不公可能远超过流量分配不公的程度；而不论是从统计局数据还是高校研究项目结果来看，目前基尼系数都已经超过了 0.4 这一通常认为的警戒线范围。

表 4　各类来源基尼系数比较

数据源 年份	国家统计局	西南财大 CHFS	北大 CFPS
2002	0.454	—	0.55（财产）
2003	0.479	—	—
2004	0.473	—	—
2005	0.485	—	—
2006	0.487	—	—
2007	0.484	—	—
2008	0.491	—	—
2009	0.490	—	—
2010	0.481	0.60	—
2011	0.477	—	—
2012	0.474	0.61	0.49/0.73（财产）
2013	0.473	—	—

续表

数据源 年份	国家统计局	西南财大 CHFS	北大 CFPS
2014	0.469	—	—
2015	0.462	0.60	—
2016	0.465	—	—

此外，另一个值得注意的情况是近几年来民间投资数据的下滑和资金外流的情况，根据第一部分的理论分析这也会进一步加剧两极分化态势。

若要验证存量财富体现的收入分配格局问题，以及具体根据第一部分的理论分析通过数据验证我国国民收入分配格局中，马太效应和涓滴效应两种机制的效果及均衡问题，就需要分析大量一手微观调研数据。但相关微观数据目前难以获得，如上述的 CHFS 和 CFPS 以及 CHIP 项目的调查数据，目前只公开了较为少量的单个不连续年份的数据，难以支撑对应分析所需的面板数据需求。因此，本文对存量国民收入分配的研究限于可得数据，就只能限于前面汇报的纸面理论研究。

总体来看，通过本文的分析，至少可以认为主流观点中白重恩的趋势判断是成立的，王小鲁的观点只是对其程度的修正而非方向性改变；此外，王小鲁的观点更多可以从白重恩的流量分析转到存量分析，而存量分析中涉及马太效应和涓滴效应能否在实际分配中达成收敛的均衡或是"不是东风压倒西风，就是西风压倒东风"。此外，基尼系数所体现的分配不公，更多也是来自存量分配效果。

重点参考文献

[1] 白重恩，钱震杰. 谁在挤占居民的收入——中国国民收入分配格局分析[J]. 中国社会科学. 2009（5）：99-115.

[2] 贾康，刘微. 提高国民收入分配两个比重遏制收入差距扩大的财税思考与建议[J]. 财政研究. 2010（12）：2-18.

［3］李星伯，刘秀柱，李健. 马太效应与涓滴效应：一个收入差距演化的新格局［J］. 当代经济研究. 2005（8）：35-36.

［4］王小鲁. 灰色收入与居民收入差距［J］. 中国税务. 2007（10）：48-49.

［5］王小鲁. 我国国民收入分配现状、问题及对策［J］. 国家行政学院学报. 2010（3）：23-27+37.

［6］MELTZER A. H., RICHARD S. F. A positive theory of economic growth and the distribution of income［J］. Research in Economics 2015（69）：265‐290.